2024年度版

マンション管理士

項目別過去8年問題集

TACマンション管理士講座 編

TAC出版
TAC PUBLISHING Group

はじめに

本書は「マンション管理士」の本試験・**直近８年分（さらにデータ２年分＊を加え 10 年分）**を分野別・テーマ別に編集した「**過去問題集**」です。「どのような順序で学習すれば最も効率が良く、最も効果が上がるか」を十分踏まえ、受験生の皆さんに「ぜひ合格してほしい」という思いを込めて制作しました。

マンション管理士における過去23回の本試験では、その難度の高さにふさわしい応用問題および事例問題が多く出題されてきています。本書をご利用いただくことは、単に「**過去の出題パターン**」に慣れるだけでなく、そこから導かれる、**今後さらに狙われる論点に習熟すること**につながります。したがって、本書での学習は、マンション管理士試験合格のための「必須条件」といえるでしょう。合格をより確実なものとするために、繰り返しチャレンジしてください。

また、姉妹本『**管理業務主任者　項目別過去８年問題集**』をご利用いただくことは、管理業務主任者試験・マンション管理士試験の“**ダブル合格**”のために必要不可欠です。どちらもきちんとマスターするように心がけてください。

１人でも多くの方が、最も少ないエネルギーで、最もスマートに「**合格**」の栄誉を勝ち取られることを、講座講師一同、強く祈念しています。

2024 年２月　TAC マンション管理士講座

＊ 読者様限定ダウンロードサービス。詳細は（6）頁をご覧下さい。

本書は，2024年2月現在施行されている法令等（2024年4月1日まで施行が明らかなものを含む）に基づいて執筆されています。
法改正等については，『法律改正点レジュメ』をWeb 登録で無料でご提供いたします（2024年９月上旬頃発送予定）。
【登録方法】 お手元に本書をご用意の上，インターネットの「情報会員登録ページ」からご登録ください（**要・パスワード**）。

TAC 情報会員　**検索**

【登録用パスワード】 025-2024-0943-25
【登録期限】 2024年11月１日まで

本書の特長

「特A」から解こう！ わかりやすい重要度

すべての問題に「重要度」表示（高いほうから「特A」～「C」）を設けました。まずは最重要の「特A」から解いていくなど、学習の進捗度に応じてチャレンジしましょう。

出題された「年度・問題番号」です。法改正等による補正がされている問題には改アイコンが付されています。

問題のテーマ

その問題の「出題論点」を明示しています。自分が今、何の問題にチャレンジしているのかを意識することが、体系的な学習につながります。

間違えた問題には必ず「✓」マークを付けておきましょう。そして、試験直前は「✓」が多い箇所を重点的に復習しましょう。

民法

7 共　有

□□□ CHECK!　H28-問12　重要度 A

A、B及びCは、等しい持分の割合で、甲マンション201号室の区分所有権を共有している。この場合に関する次の記述のうち、民法の規定及び判例によれば、誤っているものはどれか。

❶ AとBは、A、B及びCの間の協議に基づかずに201号室を単独で占有しているCに対し、AとBの持分の価格が201号室の価格の過半数を超えるからといって、当然に同室の明渡しを請求することはできない。

❷ Aが201号室の持分権を放棄した場合には、Aの持分権はBとCに帰属し、同室はBとCの共有となる。

❸ Dが不法に201号室を占有している場合には、Bは、単独でDに対して同……ことができる。

……貸している場合において、Eとの賃貸借……C全員が同意した上で、共同で解除の……

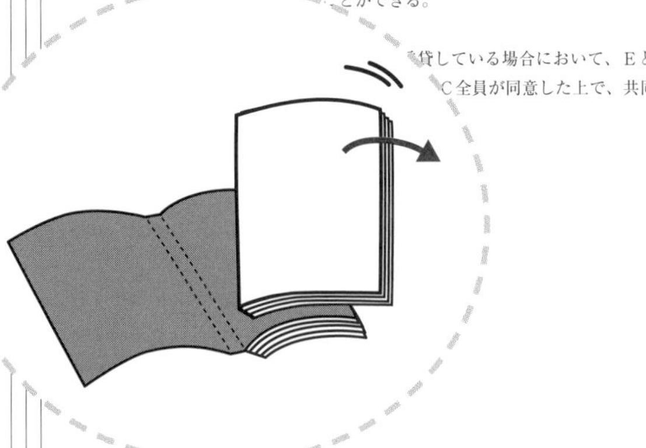

14

学習に便利な「２分冊・セパレート形式」のつくりです。

アイコンで“肢の性質”を説明

該当する肢の特徴をひとめでわかる「アイコン」で表示しました。

よく狙われる論点。確実に正誤を判断できるようにしましょう！

少しひねりのある選択肢です。注意しましょう。

難易度の高い肢です。余力のあるときにじっくり考えて、本試験までには必ずマスターしましょう。

共有物の賃貸借契約の解除→管理行為であり共有者全員の同意は不要。

民法等

❶ **正しい** 各共有者は、共有物の全部について、その持分に応じた使用ができる（民法249条1項）。そのため、共有者の1人（C）が共有者間の協議に基づかずに単独で占有している場合でも、他の共有者（A・B）は、当然には、共有物の明渡しを請求できない（判例）。つまり、本肢の「Cに対し、AとBの持分の価格が201号室の価格の過半数を超える」ことは、明渡しの理由にはならず、したがって、当然には同室の明渡しを請求できない。

❷ **正しい** 共有者の1人（A）が、その持分を放棄したとき、または死亡して相続人がないときは、その持分は、他の共有者（BとC）に帰属する（255条）。したがって、「Aの持分権はBとCに帰属し、同室はBとCの共有」となる。

❸ **正しい** 共有物の不法占拠者（D）に対する明渡しの請求は、共有物の保存行為に該当する。そして、この保存行為は、各共有者（B）が単独でできる（252条5項）。

❹ **誤り** 「全員が同意した上で」➡「各共有者の持分の価格の過半数で」

共有物の賃貸借契約の解除は、（狭義の）管理行為に該当する（判例）。そして、共有物の（狭義の）管理（共有物の管理者の選任・解任を含み、共有物に変更を加えるものを除く）に関する事項は、各共有者の持分の価格に従い、その過半数で決する（252条前段）。したがって、本問のA・B・Cのうち2人が同意をすれば足り、共有者全員の同意は不要である。

【共有物の保存・管理・変更のまとめ】

種類		定義	行為内容
保存行為（252条5項）		共有者の現状を維持する行為	各共有者が単独でできる行為
管理行為（広義）	（狭義の）管理（252条1項）	共有物の管理者の選任・解任を含み、共有物に変更を加えるものを除く	各共有者の持分の価格に従い、その過半数で決する行為
	軽微変更（251条1項・252条1項）	その形状[※1]または効用[※2]の著しい変更を伴わない変更 【例】砂利道のアスファルト舗装、建物外壁・屋上防水等の修繕工事	
重大（軽微以外）変更行為（252条の2第1項）		その形状または効用の著しい変更を伴わないものを除く	共有者全員の同意が必要な行為

※1 形状：外観・構造等のこと。
※2 効用：機能・用途のこと。

15

この問題の“キモ”を「ひとこと」で説明しています。正解のヒントが満載です！

必ずチェックしたい文言は赤字で表記しました。重要ポイントがひとめでわかります。

解説はまず結論から！

可能な限り各解説の冒頭には、結論を示しました。「その選択肢のどこが違っているから×」を端的に示しています。結論を踏まえたうえで解説を読めば、いっそう理解が深まります。

解説を補う周辺・関連知識をまとめています。

＊「平成26・27年度　本試験問題・解答解説」ダウンロードサービスについて

本書ご利用の読者様限定で、本書未掲載の平成26・27年度分の本試験問題・解答解説をダウンロードサービスにてご提供いたします。

以下の要領でアクセスし、ダウンロードの上ご利用ください。

❶「TAC出版」で検索、TAC出版Webページ「書籍販売サイトCyberBook Store(サイバーブックストア)」へアクセス。
❷「各種サービス」より「書籍連動ダウンロードサービス」を選択し、「マンション管理士/管理業務主任者」→『2024年度版 マンション管理士項目別過去８年問題集』と進み、パスワードを入力してください。

パスワード：**241110955**

※本書冒頭「はじめに」でご案内している「法律改正点レジュメ」のパスワードとは異なります。ご注意ください。

目　　次

【第 1 分 冊】

第1編　民　法　等

第２編　区分所有法等

第３編　管理委託契約書・標準管理規約・その他関連知識

【第 2 分 冊】

第4編　管理組合の会計・財務等

第5編　マンションの維持・保全等

第６編　マンション管理適正化法

マンション管理士本試験・年度別索引

【令和４年度】					
問題番号	出題テーマ	本書掲載頁	問題番号	出題テーマ	本書掲載頁
問１	区分所有法（共用部分の定義）	98	問26	標準管理規約（防犯対策）	378
問２	区分所有法・不動産登記法（敷地利用権）	290	問27	標準管理規約（修繕積立金）	318
問３	区分所有法（管理所有）	130	問28	標準管理規約（ＷＥＢ会議システム等）	348
問４	区分所有法・民法（管理者の立場等）	138	問29	標準管理規約（議決権行使等）	346
問５	区分所有法（管理者の職務）	134	問30	標準管理規約（ＩＴの活用）	360
問６	区分所有法（電磁的記録・方法）	178	問31	標準管理規約（理事・理事会等）	390
問７	区分所有法・民法・判例（議決権）	170	問32	標準管理規約（団地型）	434
問８	区分所有法（議案の要領の通知）	168	問33	標準管理規約（団地型・複合用途型）	440
問９	区分所有法（義務違反者に対する措置）	210	問34	管理組合の会計（比較収支報告書）	454
問10	被災マンション法・民法	254	問35	管理組合の会計（収支予算案）	476
問11	区分所有法（団地）	230	問36	長期修繕計画	650
問12	民法（意思表示）	2	問37	外壁の劣化・不具合と調査内容	670
問13	民法・判例（対抗問題等）	80	問38	マンションの防水施工	686
問14	民法（第三者の弁済）	36	問39	マンションの調査・診断方法と目的	678
問15	民法（各種契約）	300	問40	マンションの各部の計画	726
問16	民法・借地借家法	294	問41	マンションの構造	730
問17	民法・判例（相続）	72	問42	マンションのバリアフリー	544
問18	区分所有法・不動産登記法（敷地権の登記）	286	問43	排水設備の清掃・維持管理	610
問19	建替え等円滑化法（敷地分割事業）	272	問44	給水設備	572
問20	都市計画法（都市計画）	514	問45	建築設備	618
問21	建築基準法（総合）	532	問46	管理適正化法（管理士の登録）	768
問22	水道法（貯水槽水道）	596	問47	管理適正化基本方針	824
問23	消防法（消防用設備）	568	問48	管理適正化法（推進計画等）	750
問24	警備業法（総合）	540	問49	適正化法に定める管理計画認定	754
問25	標準管理規約（配管設備の工事等）	356	問50	管理適正化法（重要事項の説明等）	784

【令和３年度】					
問題番号	出題テーマ	本書掲載頁	問題番号	出題テーマ	本書掲載頁
問１	区分所有法・民法（管理組合・敷地利用権）	142	問26	標準管理規約（賃借人等）	412
問２	区分所有法・民法（共有物の分割請求権）	110	問27	標準管理規約（理事会）	386
問３	区分所有法（管理組合法人）	156	問28	標準管理規約（配偶者）	414
問４	区分所有法（管理者・管理所有）	128	問29	標準管理規約（役員の選任）	324
問５	区分所有法（敷地利用権の分離処分）	124	問30	標準管理規約（議決権行使）	342
問６	区分所有法（規約）	184	問31	標準管理規約（団地型）	432
問７	区分所有法（電磁的方法による決議）	176	問32	標準管理規約（複合用途型）	442
問８	区分所有法（規約による別段の定め）	194	問33	標準管理規約（複合用途型）	446
問９	区分所有法（建替え決議等）	222	問34	管理組合の会計（貸借対照表）	482
問10	区分所有法（団地共用部分）	226	問35	管理組合の税務（法人税・消費税）	500
問11	被災マンション法（再建決議）	244	問36	長期修繕計画作成ガイドライン	646
問12	民法（意思表示）	6	問37	大規模修繕工事	664
問13	民法（消滅時効）	12	問38	鉄筋コンクリート造の劣化現象	668
問14	民法・判例（物権変動）	78	問39	修繕積立金ガイドライン	652
問15	民法（遅延損害金）	24	問40	マンションの各部の計画	636
問16	民法・判例（連帯保証）	46	問41	マンションの室内環境	708
問17	民法（賃貸借）	86	問42	マンションの計画	722
問18	不動産登記法	278	問43	マンションの排水設備	608
問19	建替え等円滑化法（建替組合）	262	問44	マンションの消防用設備	566
問20	都市計画法	512	問45	マンションの設備	630
問21	建築基準法（総合）	526	問46	管理適正化法（管理士の登録）	762
問22	水道法（簡易専用水道）	586	問47	管理適正化法（管理士）	772
問23	消防法（防火管理者等）	554	問48	管理適正化法（管理受託契約）	788
問24	警備業法	536	問49	管理適正化法（財産分別管理）	804
問25	標準管理規約（専有部分の修繕等）	310	問50	管理適正化法（管理士）	758

【令和２年度】					
問題番号	出題テーマ	本書掲載頁	問題番号	出題テーマ	本書掲載頁
問１	区分所有法（規約共用部分・規約敷地）	106	問26	標準管理規約（団地型・複合用途型）	438
問２	区分所有法・民法・判例（不法行為）	54	問27	標準管理規約（管理費・修繕積立金）	394
問３	区分所有法・判例（総会の招集通知）	166	問28	標準管理規約・個人情報保護法	424
問４	区分所有法・民法（管理者）	136	問29	標準管理規約（総会の議長）	332
問５	区分所有法・民法・判例（規約の保管・閲覧）	190	問30	標準管理規約（閲覧請求）	400
問６	区分所有法（管理組合法人の解散事由）	158	問31	区分・規約（管理組合の運営）	406
問７	区分所有法・民法（配偶者居住権）	182	問32	区分・規約（書面等による決議）	364
問８	区分所有法（義務違反者に対する措置）	206	問33	標準管理規約（理事会の運営）	388
問９	区分所有法・民法（地震による建物の滅失）	216	問34	仕訳	470
問10	区分所有法（建替え承認決議）	234	問35	比較貸借対照表	450
問11	被災マンション法・民法（建物敷地売却決議）	256	問36	マンションの調査・診断	684
問12	民法・判例（無権代理）	8	問37	マンションの防水	688
問13	民法・判例（抵当権）	18	問38	長期修繕計画作成ガイドライン	642
問14	民法（根保証契約等）	50	問39	大規模修繕工事	660
問15	民法（契約不適合責任）	32	問40	マンションの構造	742
問16	民法・判例（賃貸借）	88	問41	マンションの室内環境	704
問17	民法（配偶者居住権）	76	問42	マンションの計画手法	634
問18	不動産登記法	280	問43	マンションの給水設備	582
問19	建替え等円滑化法（敷地売却組合）	264	問44	マンションの排水設備	606
問20	都市計画法（地域地区）	510	問45	マンションの換気設備・給湯設備	624
問21	建築基準法（総合）	520	問46	管理適正化法（管理業者等）	780
問22	水道法（貯水槽水道・簡易専用水道）	590	問47	管理適正化法（定義）	746
問23	消防法（総合）	556	問48	管理適正化法（管理士）	764
問24	共同住宅の防犯指針	718	問49	管理適正化基本方針	812
問25	標準管理規約（専有部分の賃借人）	330	問50	管理適正化法（総合）	778

【令和元年度】					
問題番号	出題テーマ	本書掲載頁	問題番号	出題テーマ	本書掲載頁
問1	区分所有法（規約）	**198**	問26	標準管理規約（給水管工事）	**352**
問2	区分所有法（規約敷地）	**120**	問27	標準管理規約（理事会の部会）	**320**
問3	区分・民法（先取特権）	**116**	問28	標準管理規約（理事の転出）	**322**
問4	区分・民法・判例（区分所有権売渡請求権）	**118**	問29	標準管理規約（理事会・総会決議）	**362**
問5	区分所有法（一部共用部分）	**104**	問30	標準管理規約（監事）	**410**
問6	区分所有法（集会招集手続き）	**164**	問31	標準管理規約・個人情報保護法	**426**
問7	区分所有法（団地管理組合法人）	**224**	問32	標準管理規約（団地型）	**430**
問8	区分・民法等（滞納管理費等）	**494**	問33	標準管理委託契約書	**306**
問9	区分所有法（復旧・建替え）	**218**	問34	仕訳	**466**
問10	区分所有法（建替え承認決議）	**232**	問35	管理組合の会計	**474**
問11	被災マンション法（区分所有者集会）	**252**	問36	長期修繕計画作成ガイドライン	**644**
問12	民法・借地借家法・判例	**298**	問37	外壁の劣化現象	**666**
問13	民法・判例（遺産分割と登記）	**70**	問38	マンションの調査・診断	**682**
問14	民法・判例（保証契約）	**48**	問39	大規模修繕工事	**662**
問15	民法・判例（他人物売買）	**30**	問40	マンションの住棟形式	**632**
問16	民法・判例（請負契約）	**62**	問41	マンションの構造	**738**
問17	民法・判例（利益相反行為）	**64**	問42	マンション各部の計画	**724**
問18	不動産登記法	**288**	問43	マンションの給水設備	**576**
問19	建替え等円滑化法（マンション建替組合）	**260**	問44	マンションの排水設備	**604**
問20	都市計画法（地域地区）	**508**	問45	マンションの各種設備	**628**
問21	建築基準法（総合）	**528**	問46	管理適正化基本方針	**816**
問22	水道法（貯水槽水道・簡易専用水道）	**598**	問47	管理適正化法（管理業者の業務）	**792**
問23	消防法（消防用設備等）	**562**	問48	管理適正化法（管理適正化推進センター）	**808**
問24	共同住宅の防犯指針	**716**	問49	管理適正化法（管理士）	**774**
問25	標準管理規約（専有部分の修繕等）	**308**	問50	管理適正化法（管理業務主任者）	**776**

【平成30年度】					
問題番号	出題テーマ	本書掲載頁	問題番号	出題テーマ	本書掲載頁
問1	区分所有法（規約）	188	問26	標準管理規約（役員の選任等）	336
問2	区分所有法（管理者）	126	問27	標準管理規約（管理組合・総会）	340
問3	区分所有法・判例（規約の変更）	200	問28	標準管理規約（総会の決議）	354
問4	区分所有法（建物・敷地）	94	問29	標準管理規約（理事会）	382
問5	区分・民法（義務違反者に対する措置）	212	問30	標準管理規約（会計）	396
問6	区分所有建物等・管理組合法人	146	問31	標準管理規約（団地型）	436
問7	区分所有法（電磁的方法による決議）	174	問32	標準管理規約（複合用途型）	444
問8	区分所有法（管理組合法人）	152	問33	標準管理委託契約書	304
問9	区分所有法（管理組合・管理組合法人）	242	問34	管理組合の会計（貸借対照表）	480
問10	区分所有法（団地管理組合）	238	問35	管理組合の税務	498
問11	被災マンション法	250	問36	建物・設備の維持管理	736
問12	民法・判例（意思表示等）	4	問37	劣化診断の目的と調査機器	674
問13	民法・区分所有法（抵当権）	38	問38	長期修繕計画の作成・見直し・修繕設計	656
問14	民法・判例（相殺）	40	問39	マンションの修繕工事	694
問15	民法・借地借家法（借家権）	292	問40	マンションの構造	740
問16	民法（委任）	60	問41	バリアフリー設計	546
問17	民法・判例（遺言）	74	問42	建築材料	698
問18	不動産登記法	276	問43	マンションの給水設備	570
問19	建替え等円滑化法（マンション敷地売却組合）	270	問44	マンションの排水設備	600
問20	都市計画法（地域地区）	506	問45	マンションの各種設備	622
問21	建築基準法（総合）	530	問46	管理適正化法（重要事項の説明）	782
問22	水道法（簡易専用水道）	588	問47	管理適正化法（管理業者の業務等）	800
問23	消防法（防火管理者の業務）	552	問48	管理適正化法（マンション管理士）	760
問24	共同住宅の防犯指針	712	問49	管理適正化基本方針	814
問25	標準管理規約（管理費等）	316	問50	管理適正化法（用語の定義）	748

【平成29年度】					
問題番号	出題テーマ	本書掲載頁	問題番号	出題テーマ	本書掲載頁
問１	区分所有法・判例（３条の団体）	144	問26	標準管理規約（役員等）	358
問２	管理組合の財務等（管理費等の滞納処理）	492	問27	標準管理規約（役員）	334
問３	区分所有法・民法（設置・保存の瑕疵）	122	問28	標準管理規約（議決権）	338
問４	区分所有法・民法（管理者の職務）	132	問29	標準管理規約（理事会）	384
問５	区分所有法（集会）	162	問30	標準管理規約（雑則・その他）	420
問６	区分所有法（集会・規約の変更）	180	問31	標準管理規約（会計・その他）	404
問７	区分所有法（管理組合法人）	150	問32	標準管理委託契約書	302
問８	区分所有法（集会・規約等）	202	問33	標準管理規約（雑則・その他）	416
問９	区分所有法（区分所有建物の復旧）	214	問34	管理組合の会計・財務等（仕訳）	458
問10	区分所有法（団地）	228	問35	管理組合の会計（収支報告書・貸借対照表）	452
問11	被災マンション法	248	問36	大規模修繕（劣化対策）	672
問12	民法・判例（時効）	12	問37	マンションに関わる法令	548
問13	民法・判例（賃貸借・転貸借）	82	問38	大規模修繕（外壁の補修工法）	690
問14	民法・判例（債務不履行）	22	問39	長期修繕計画作成・修繕積立金ガイドライン	654
問15	民法（契約不適合責任）	34	問40	マンションの構造	728
問16	民法（抵当権）	20	問41	大規模修繕（室内環境）	702
問17	民法（相続）	66	問42	マンションに関わる法令（建築物省エネ法）	550
問18	不動産登記法（区分所有建物）	284	問43	給水設備	578
問19	建替え等円滑化法（マンション敷地売却組合）	268	問44	設備総合	616
問20	都市計画法（都市計画の種類と内容）	504	問45	設備総合	614
問21	建築基準法（総合）	524	問46	管理適正化基本方針	818
問22	水道法（貯水槽水道）	594	問47	管理適正化法（マンション管理士－罰則等）	770
問23	消防法（消防用設備等）	564	問48	管理適正化法（管理業者の業務）	798
問24	大規模修繕（防犯）	710	問49	管理適正化法（マンション管理適正化推進センター）	806
問25	標準管理規約（管理）	314	問50	管理適正化法（管理業者の業務）	794

【平成28年度】					
問題番号	出題テーマ	本書掲載頁	問題番号	出題テーマ	本書掲載頁
問1	区分所有建物（共用部分）	100	問26	標準管理規約（理事会・その他）	366
問2	区分所有法（3条の団体・管理者）	140	問27	標準管理規約（暴力団の排除）	328
問3	区分所有建物（先取特権）	114	問28	標準管理規約（理事会・その他）	398
問4	標準管理規約（雑則・その他）	408	問29	標準管理規約（修繕積立金）	392
問5	区分所有建物（共用部分の所有）	108	問30	標準管理規約（理事会・その他）	370
問6	区分所有法（規約）	186	問31	標準管理規約（管理組合）	368
問7	区分所有法（公正証書による規約設定）	192	問32	標準管理規約（理事会・その他）	372
問8	区分所有法（管理組合法人）	148	問33	標準管理規約（管理費の滞納）	402
問9	区分所有法（管理組合法人）	154	問34	管理組合の会計・財務等（仕訳）	460
問10	区分所有法（義務違反者に対する措置）	208	問35	管理組合の会計（残高証明書）	486
問11	区分所有法（団地）	236	問36	大規模修繕（劣化対策）	676
問12	民法（共有）	14	問37	大規模修繕（外壁の補修工事）	692
問13	民法（保証債務－連帯保証）	44	問38	大規模修繕	658
問14	民法等（賃貸借契約）	84	問39	長期修繕計画作成ガイドライン	648
問15	民法（債務不履行）	26	問40	建築構造（耐震改修）	732
問16	民法・失火責任法・判例（不法行為）	52	問41	マンションに関わる法令	542
問17	民法（相続）	68	問42	大規模修繕（室内環境）	700
問18	不動産登記法（区分所有建物）	282	問43	給水設備	574
問19	建替え等円滑化法	266	問44	排水設備等（排水設備）	602
問20	都市計画法（総合）	516	問45	その他の設備等	626
問21	建築基準法（総合）	534	問46	管理適正化基本方針	820
問22	水道法（簡易専用水道）	584	問47	管理適正化法（マンション管理士－罰則等）	766
問23	消防法（防炎物品・消防用設備等）	558	問48	管理適正化法（管理業者の業務）	796
問24	警備業法（警備業務）	538	問49	管理適正化法（管理業者の業務－重要事項の説明）	786
問25	標準管理規約（駐車場）	326	問50	管理適正化基本方針	810

凡　例

本書収録の問題部分の前文および解説本文で用語・法令名等を「略称」で表記しているものについて、正式な名称は次のとおりです。

＊ マンション
……マンションの管理の適正化の推進に関する法律第２条第１号イに規定するマンション

＊ マンション管理適正化法
……マンションの管理の適正化の推進に関する法律（平成12年法律第149号）

＊ 区分所有法……建物の区分所有等に関する法律（昭和37年法律第69号）

＊ 管理組合……区分所有法第３条に規定する区分所有者の団体

＊ 管理組合法人……区分所有法第47条第１項に規定する法人

＊ 団地管理組合……区分所有法第65条に規定する団地建物所有者の団体

＊ 失火法……失火ノ責任ニ関スル法律（明治32年法律第40号）

＊ 被災マンション法
……被災区分所有建物の再建等に関する特別措置法（平成7年法律第43号）

＊ マンション建替え等円滑化法
……マンションの建替え等の円滑化に関する法律（平成14年法律第78号）

＊ 宅地建物取引業者
……宅地建物取引業法（昭和27年法律第176号）第２条第３号に規定する者

＊ 品確法……住宅の品質確保の促進等に関する法律（平成11年法律第81号）

＊ 個人情報保護法……個人情報の保護に関する法律（平成15年法律第57号）

＊（マンション）標準管理委託契約書
……マンション標準管理委託契約書及び同コメント（平成30年３月９日国土動指第97号）

＊（マンション）標準管理規約
……マンション標準管理規約（単棟型）及び同コメント（単棟型）（令和３年６月22日国住マ第33号）

＊ バリアフリー法
……高齢者、障害者等の移動等の円滑化の促進に関する法律（平成18年法律第91号）

＊ 省エネ法……エネルギの使用の合理化等に関する法律（昭和54年法律第49号）

＊ 建築物省エネ法……建築物のエネルギー消費性能の向上に関する法律（平成27年法律第53号）

＊ 耐震改修法……建築物の耐震改修の促進に関する法律（平成７年法律第123号）

＊ マンション管理業者……マンション管理適正化法第２条第８号に規定する者

＊ 管理業務主任者……マンション管理適正化法第２条第９号に規定する者

＊ マンション管理適正化基本方針
……マンションの管理の適正化の推進を図るための基本的な方針（令和３年９月28日国土交通省告示第1286号）

MEMO

【執筆・監修】

TACマンション管理士講座 主任講師

吉田 佳史

2024年度版 マンション管理士 項目別過去8年問題集

（平成15年度版 2003年6月30日 初版発行）

2024年3月28日 初版 第1刷発行

編 著 者 T A C 株 式 会 社
（マンション管理士講座）

発 行 者 多 田 敏 男

発 行 所 TAC株式会社 出版事業部
（TAC出版）

〒101-8383
東京都千代田区神田三崎町3-2-18
電話 03(5276)9492(営業)
FAX 03(5276)9674
https://shuppan.tac-school.co.jp/

印 刷 株式会社 ワ コ ー

製 本 株式会社 常 川 製 本

ISBN 978-4-300-10955-7

N.D.C. 673

1 「らくらくわかる! マンション管理士速習テキスト」を読み「マンション管理士 項目別過去8年問題集」を解く

試験に必要な知識を身につける

つぎに!

2 「速攻マスターWeb講義」と「過去問攻略Web講義」を視聴する

講義トータル 約20時間(予定)

著者のWeb講義で合格ポイントを効率的に吸収

さらに!

4

TAC マンション管理士講座「全国公開模試」で総仕上げ

知識が実戦力に!

学習効果をさらに引き上げる!

3 「ラストスパート マンション管理士 直前予想模試」「法律改正点レジュメ」で直前対策!

独学では不足しがちな法律改正情報や最新試験対策もフォロー!

「独学で合格」のポイント 利用中のサポート 法律改正点レジュメ・質問カード

独学では、「正しく理解しているだろうか」「問題の解き方がわからない」、「最新の法改正が手に入らない」といった不安がつきものです。そこで独学道場では、「法律改正点レジュメ」と「質問カード」(5回分)をご用意！学習を阻害する不安から解放され、安心して学習できます。

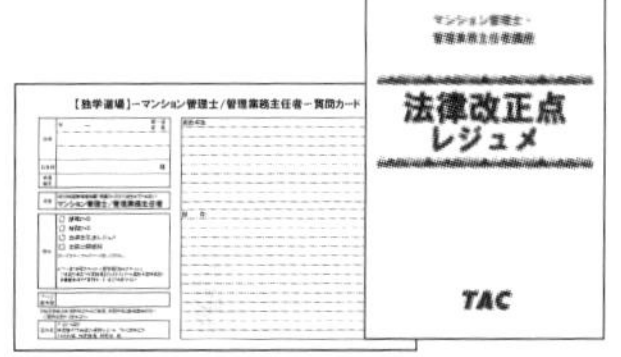

コンテンツPickup!

マンション管理士講座「全国公開模試」

『全国公開模試』は、多数の受験生が受験する全国規模の公開模擬試験です。独学道場をお申込の方は、この全国公開模試を自宅受験または、期日内に手続きを済ませれば、会場受験も選択できます。詳細な個人成績表はご自身が受験生の中でどの位置にいるかも確認でき、ライバルの存在を意識できるので、モチベーションが一気にアップします！

※会場受験は【定員制】となり、会場によっては満席となる場合がございます。あらかじめご了承ください。
※状況により、会場受験を見合わせる場合がございます。

お申込み・最新内容の確認

インターネットで

TAC出版書籍販売サイト「サイバーブックストア」にて

TAC 出版 検索

https://bookstore.tac-school.co.jp/

詳細は必ず、TAC出版書籍販売サイト「サイバーブックストア」でご確認ください。

管理業務主任者独学道場もご用意しています!

マンション管理士・管理業務主任者

2月・3月・4月・5月開講　初学者・再受験者対象

マン管・管理業両試験対応 **W合格本科生S**（全42回：講義ペース週1～2回）／マン管試験対応 **マンション管理士本科生S**（全36回：講義ペース週1～2回）／管理業試験対応 **管理業務主任者本科生S**（全35回：講義ペース週1～2回）

合格するには、「皆が正解できる基本的な問題をいかに得点するか」、つまり基礎をしっかりおさえ、その基礎をどうやって本試験レベルの実力へと繋げるかが鍵となります。
各コースには「過去問攻略講義」をカリキュラムに組み込み、
基礎から応用までを完全マスターできるように工夫を凝らしています。
じっくりと徹底的に学習をし、本試験に立ち向かいましょう。

5月・6月・7月開講　初学者・再受験者対象

マン管・管理業両試験対応 **W合格本科生**（全36回：講義ペース週1～2回）／マン管試験対応 **マンション管理士本科生**（全33回：講義ペース週1～2回）／管理業試験対応 **管理業務主任者本科生**（全32回：講義ペース週1～2回）

毎年多くの受験生から支持されるスタンダードコースです。
基本講義、基礎答練で本試験に必要な基本知識を徹底的にマスターしていきます。
また、過去20年間の本試験傾向にあわせた項目分類により、
個別的・横断的な知識を問う問題への対策も行っていきます。
基本を徹底的に学習して、本試験に立ち向かいましょう。

8月・9月開講　初学者・再受験者対象

管理業務主任者速修本科生
（全21回：講義ペース週1～3回）

管理業務主任者試験の短期合格を目指すコースです。
講義では難問・奇問には深入りせず、基本論点の確実な定着に主眼をおいていきます。
週2回のペースで無理なく無駄のない受講が可能です。

9月・10月開講　初学者・再受験者・宅建士試験受験者対象

管理業務主任者速修本科生（宅建士受験生用）
（全14回：講義ペース週1～3回）

宅建士試験後から約2ヵ月弱で管理業務主任者試験の合格を目指すコースです。
宅建士と管理業務主任者の試験科目は重複する部分が多くあります。
その宅建士試験のために学習した知識に加えて、
管理業務主任者試験特有の科目を短期間でマスターすることにより、
宅建士試験とのW合格を狙えます。

TACの学習メディア

教室講座　Web講義フォロー標準装備

- 学習のペースがつかみやすい、日程表に従った通学受講スタイル。
- 疑問点は直接講師へ即質問、即解決で学習時間の節約になる。
- Web講義フォローが標準装備されており、忙しい人にも安心の充実したフォロー制度がある。
- 受講生同士のネットワーク形成ができるだけでなく、受講生同士で切磋琢磨しながら、学習のモチベーションを持続できる。

ビデオブース講座　Web講義フォロー標準装備

- 都合に合わせて好きな日程・好きな校舎で受講できる。
- 不明点のリプレイなど、教室講座にはない融通性がある。
- 講義録(板書)の活用でノートをとる手間が省け、講義に集中できる。
- 静かな専用の個別ブースで、ひとりで集中して学習できる。
- 全国公開模試は、ご登録地区の教室受験(水道橋校クラス登録の方は渋谷校)となります。

Web通信講座

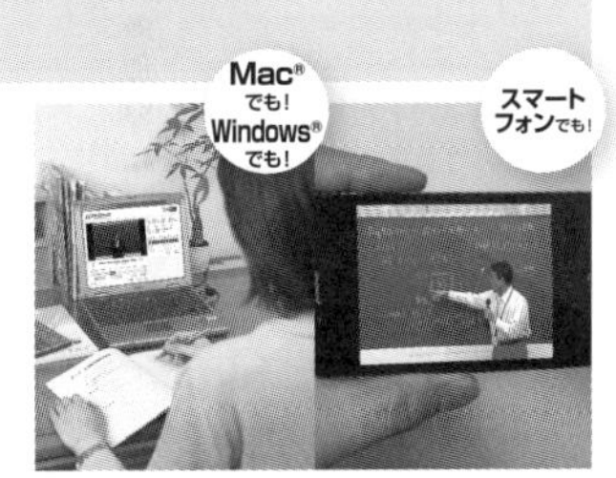

- いつでも好きな時間に何度でも繰り返し受講できる。
- パソコンだけではなく、スマートフォンやタブレット、その他端末を利用して外出先でも受講できる。
- Windows®PCだけでなくMac®でも受講できる。
- 講義録をダウンロードできるので、ノートに写す手間が省け講義に集中できる。

DVD通信講座　Web講義フォロー標準装備

- いつでも好きな時間に何度でも繰り返し受講することができる。
- ポータブルDVDプレーヤーがあれば外出先での映像学習も可能。
- 教材送付日程が決められているので独学ではつかみにくい学習のペースメーカーに最適。
- スリムでコンパクトなDVDなら、場所をとらずに収納できる。

●DVD通信講座は、DVD-Rメディア対応のDVDプレーヤーでのみ受講が可能です。パソコン、ゲーム機等での動作保証はしておりませんので予めご了承ください。

マンション管理士・管理業務主任者

2024年合格目標　初学者・再受験者対象　2月 3月 4月 5月開講（W合格本科生S・2月開講のみ）

注目
「過去問攻略講義」で、過去問対策も万全！

マン管・管理業両試験に対応 **W合格本科生S**

マン管試験に対応 **マンション管理士本科生S**

管理業試験に対応 **管理業務主任者本科生S**

ムリなく両試験の合格を目指せるコース

学習期間 6～11ヶ月　講義ペース 週1～2回

合格するには、「皆が正解できる基本的な問題をいかに得点するか」、つまり基礎をしっかりおさえ、その基礎をどうやって本試験レベルの実力へと繋げるかが鍵となります。
各コースには**「過去問攻略講義」**をカリキュラムに組み込み、基礎から応用までを完全マスターできるように工夫を凝らしています。じっくりと徹底的に学習をし、本試験に立ち向かいましょう。

カリキュラム〈W合格本科生S（全42回）・マンション管理士本科生S（全36回）・管理業務主任者本科生S（全35回）〉

INPUT［講義］

基本講義　全22回　各回2.5時間

マンション管理士・管理業務主任者本試験合格に必要な基本知識を、じっくり学習していきます。試験傾向を毎年分析し、その最新情報を反映させたTACオリジナルテキストは、合格の必須アイテムです。

民法／区分所有法等	9回
規約／契約書／会計等	6回
維持・保全等／マンション管理適正化法等	7回

▼

マン管過去問攻略講義　全3回（※1）各回2.5時間
管理業過去問攻略講義　全3回（※2）各回2.5時間

過去の問題を題材に本試験レベルに対応できる実力を身につけていきます。マンション管理士試験・管理業務主任者試験の過去問題を使って、テーマ別に解説を行っていきます。

▼

総まとめ講義　全4回　各回2.5時間

本試験直前に行う最後の総整理講義です。各科目の重要論点をもう一度復習するとともに、横断的に知識を総整理していきます。

OUTPUT［答練］

基礎答練　全3回　70～80分解説

基本事項を各科目別に本試験同様の四肢択一形式で問題演習を行います。早い時期から本試験の形式に慣れること、基本講義で学習した各科目の全体像がつかめているかをこの基礎答練でチェックします。

民法／区分所有法等	1回（70分答練）
規約／契約書／会計等	1回（60分答練）
維持・保全等	1回（60分答練）

▼

マン管直前答練（※1）　全3回　各回2時間答練・50分解説

管理業直前答練（※2）　全2回　各回2時間答練・50分解説

マンション管理士・管理業務主任者の本試験問題を徹底的に分析。その出題傾向を反映させ、さらに今年出題が予想される論点などを盛り込んだ予想問題で問題演習を行います。

▼

マンション管理士全国公開模試（※1）　全1回

管理業務主任者全国公開模試（※2）　全1回

▼

マンション管理士本試験

管理業務主任者本試験

※5問免除科目であるマンション管理適正化法の基礎答練は、自宅学習用の配付のみとなります（解説講義はありません）。
（※1）W合格本科生S・マンション管理士本科生Sのカリキュラムに含まれます。
（※2）W合格本科生S・管理業主任者本科生Sのカリキュラムに含まれます。

受講料一覧（教材費・消費税10%込）

教材費は全て受講料に含まれています！別途書籍等を購入いただく必要はございません。

W合格本科生S

学習メディア	通常受講料	宅建割引制度	再受講割引制度	受験経験者割引制度
教室講座※	¥143,000	¥110,000	¥ 96,800	¥110,000
ビデオブース講座※	¥143,000	¥110,000	¥ 96,800	¥110,000
Web通信講座	¥143,000	¥110,000	¥ 96,800	¥110,000
DVD通信講座	¥154,000	¥121,000	¥107,800	¥121,000

※一般教育訓練給付制度は、2月開講クラスが対象となります。予めご了承ください。

マンション管理士本科生S

学習メディア	通常受講料	宅建割引制度	再受講割引制度	受験経験者割引制度
教室講座	¥132,000	¥ 99,000	¥ 86,900	¥ 99,000
ビデオブース講座	¥132,000	¥ 99,000	¥ 86,900	¥ 99,000
Web通信講座	¥132,000	¥ 99,000	¥ 86,900	¥ 99,000
DVD通信講座	¥143,000	¥110,000	¥97,900	¥110,000

管理業務主任者本科生S

学習メディア	通常受講料	宅建割引制度	再受講割引制度	受験経験者割引制度
教室講座	¥126,500	¥ 95,700	¥ 83,600	¥ 95,700
ビデオブース講座	¥126,500	¥ 95,700	¥ 83,600	¥ 95,700
Web通信講座	¥126,500	¥ 95,700	¥ 83,600	¥ 95,700
DVD通信講座	¥137,500	¥106,700	¥94,600	¥106,700

2022年マンション管理士／管理業務主任者 合格者の声

笹木 裕史 さん

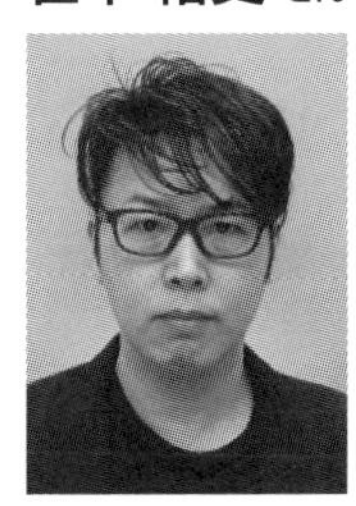

管理業務主任者

W合格

マンション管理士と管理業務主任者の試験範囲の多くが被っており、勉強するうえで、両者の試験を分けて考えたことはありませんでした。両方の過去問を解くことで、問題演習量も充実するため、結果的に合格への近道になると思います。ですので、ぜひ、ダブル受験・合格を目指して頑張ってください！

近藤 勇真 さん

マンション管理士

管理業務主任者

W合格

私は運よくW合格することができましたが、両試験には片方の資格を持っているともう片方の受験の際に5問免除される制度があります。マンション管理士試験の受験者は、4割の方が管理業務主任者資格者という情報もあり、W合格を目指す方はそこで差がつかないように力を入れるべきかと思います。日々取れる学習時間を考えて、管理業務主任者に集中されるのも良いと思います。

お申込みにあたってのご注意

※0から始まる会員番号をお持ちでない方は、受講料のほかに別途入会金（¥10,000・10%税込）が必要です。会員番号につきましては、TAC各校またはカスタマーセンター（0120-509-117）までお問い合わせください。
※上記受講料は、教材費・消費税10%が含まれます。
※コースで使用する教材の中で、TAC出版より刊行されている書籍をすでにお持ちの方は、TAC出版刊行書籍を受講料に含まないコースもございます。
※各種割引制度の詳細はTACマンション管理士・管理業務主任者講座パンフレットをご参照ください。

マンション管理士・管理業務主任者

全国公開模試

マンション管理士
11/9(土)実施(予定)

管理業務主任者
11/16(土)実施(予定)

詳細は2024年8月刊行予定の「全国公開模試専用案内書」をご覧ください。

全国規模
本試験直前に実施される公開模試は全国18会場(予定)で実施。実質的な合格予備軍が結集し、本試験同様の緊張感と臨場感であなたの「真」の実力が試されます。

高精度の成績判定
TACの分析システムによる個人成績表に加えて正答率や全受験生の得点分布データを集計。「全国公開模試」の成績は、本試験での合否を高い精度で判定します。

本試験を擬似体験
合格のためには知識はもちろん、精神力と体力が重要となってきます。本試験と同一形式で実施される全国公開模試を受験することは、本試験環境を体験する大きなチャンスです。

オプションコース ポイント整理、最後の追い込みにピッタリ!

全4回(各回2.5時間講義) 10月開講　**マンション管理士/管理業務主任者試験対策**

総まとめ講義

今まで必要な知識を身につけてきたはずなのに、問題を解いてもなかなか得点に結びつかない、そんな方に最適です。よく似た紛らわしい表現や知識の混同を体系的に整理し、ポイントをズバリ指摘していきます。まるで「ジグソーパズルがピッタリはまるような感覚」で頭をスッキリ整理します。使用教材の「総まとめレジュメ」は、本試験最後の知識確認の教材としても好評です。

日程等の詳細はTACマンション管理士・管理業務主任者講座パンフレットをご参照ください。

各2回　11月・12月開講(予定)　**マンション管理士/管理業務主任者試験対策**

ヤマかけ講義 問題演習+解説講義

TAC講師陣が、2024年の本試験を完全予想する最終講義です。本年度の“ヤマ”をまとめた『ヤマかけレジュメ』を使用し、論点別の一問一答式で本試験予想問題を解きながら、重要部分の解説をしていきます。問題チェックと最終ポイント講義で合格への階段を登りつめます。

詳細は8月上旬刊行予定の全国公開模試リーフレット又はTACホームページをご覧ください。

●オプションコースのみをお申込みの場合に限り、入会金はいただいておりません。オプションコース以外のコースをお申込みの場合には、受講料の他に入会金が必要となる場合があります。予めご了承ください。
●オプションコースの受講料には、教材費及び消費税10%の金額が含まれています。
●各日程の詳細につきましては、TACマンション管理士・管理業務主任者講座パンフレット又はTACホームページをご覧ください。

無料公開イベント&個別相談会のご案内

参加無料

無料公開セミナーはテーマに沿って、TACマンション管理士・管理業務主任者講座の講師が担当いたします。

※無料公開セミナーのテーマは都合により変更となる場合がございます。予めご了承ください。
※TAC動画チャンネルでも各セミナーを配信いたします。視聴無料ですのでぜひご利用ください。

無料公開イベント出席者特典 ¥10,000入会金免除券プレゼント!!

無料公開イベント&講座説明会 参加者全員にプレゼント!!
◆マンション管理士・管理業務主任者講座案内一式
◆月刊TACNEWS 他

無料イベント日程

1～7は、マンション管理士・管理業務主任者を目指される方対象の無料公開セミナーです。
(セミナー40～50分+講座説明会20～30分)
★は、開講前無料講座説明会です。

個別受講相談も実施しております!!

	新宿校	池袋校	渋谷校	八重洲校
2024年 1月	19(金)19:00～ 1	—	27(土)10:00～ 1	24(水)19:00～ 1
2月	9(金)19:00～ 2	—	17(土)10:00～ 2	14(水)19:00～ 2
3月	5(火)19:00～ 3 31(日)10:30～ 4	—	2(土)10:00～ 3 16(土)10:00～ 4	27(水)19:00～ 3
4月	28(日)10:30～ 1	—	20(土)10:00～ 3	10(水)19:00～ 4
5月	12(日)10:30～ 3	—	18(土)10:00～ 4	—
6月	—	—	1(土)12:30～ ★	5(水)18:00～ ★
7月	—	—	—	—
8月	—	15(木)19:00～ 5	—	17(土)13:00～ 6 31(土)13:00～ ★
9月	8(日)10:30～ 5	5(木)18:30～ ★ 16(祝)11:00～ 7	—	22(日)11:00～ 5 29(日)10:30～ 7

無料公開セミナー&講座説明会 テーマ一覧

マンション管理士・管理業務主任者を目指される方《セミナー40分～50分+講座説明会20分》 ●初学者向け ●学習経験者向け

	テーマ	内容
1	● 早期学習でW合格を掴む! ●「マン管・管理業 W合格のすすめ!」	マンション管理士試験と管理業務主任者試験は試験範囲が似通っており、また試験日程も近いため、効率的に2つの資格を勉強できます。当セミナーではW合格にスポットを当てて、W受験のメリットや合格の秘訣についてお伝えいたします。
2	2023年度の本試験を徹底解説! ●「マン管・管理業 本試験解答解説セミナー」	2023年マンション管理士試験・管理業務主任者試験を徹底分析し、合否の分かれ目・難易度・出題傾向など最新の情報をお伝えします。第1回本試験から培ってきたTACの合格ノウハウ・分析力を体感してください!
3	● 合格の秘訣を伝授! ●「マン管・管理業 本試験合格に向けた正しい学習法」	マンション管理士試験・管理業務主任者試験で合格を掴み取るには、どのような学習方法が効果的なのでしょうか。誰もが悩むその疑問をTACの講師陣がズバリ解決!2024年度の両本試験合格のための正しい学習法をお伝えします。
4	● 過去の本試験から出題傾向を知る! ●「マン管・管理業 2024年本試験の傾向と対策」	当セミナーでは、近年の本試験の出題傾向を丸裸にし、今年の試験に合格するための対策をお伝えいたします。これから合格を目指される方はもちろん、学習経験者にも必見のセミナーです。
5	● 直前期の過ごし方が合否を左右する! ●「マン管・管理業 直前期の正しい過ごし方」	直前期から本試験までに取り組むべきことや押さえておきたいポイントなど、残された時間で最大の学習効果を得るために「今すべきこと」についてお伝えいたします。当セミナーでライバルに差をつけましょう!

管理業務主任者を目指される方《セミナー40分～50分+講座説明会20分》 ●初学者向け ●学習経験者向け

	テーマ	内容
6	● 効率よく短期合格へ ●「管理業務主任者試験の分野別学習法」	分野ごとの特徴を押さえ、対策を立てることは短期合格を目指す法うえで重要です。当セミナーでは管理業務主任者試験の分野別学習法をお伝えします。
7	宅建士試験の学習が活きる ●「宅建士×管理業 W合格のすすめ!」	宅建士試験と管理業務主任者試験は出題内容が重なる部分があり、宅建士の学習経験が非常に役立ちます。当セミナーでは宅建士学習経験者を対象に、管理業務主任者試験合格に向けた効果的な学習法をお伝えします。

書籍の正誤に関するご確認とお問合せについて

書籍の記載内容に誤りではないかと思われる箇所がございましたら、以下の手順にてご確認とお問合せをしてくださいますよう、お願い申し上げます。
なお、正誤のお問合せ以外の**書籍内容に関する解説および受験指導などは、一切行っておりません。**
そのようなお問合せにつきましては、お答えいたしかねますので、あらかじめご了承ください。

1 「Cyber Book Store」にて正誤表を確認する

TAC出版書籍販売サイト「Cyber Book Store」の
トップページ内「正誤表」コーナーにて、正誤表をご確認ください。

CYBER BOOK STORE TAC出版書籍販売サイト

URL:https://bookstore.tac-school.co.jp/

2 1の正誤表がない、あるいは正誤表に該当箇所の記載がない ⇒ 下記①、②のどちらかの方法で文書にて問合せをする

★ご注意ください★

お電話でのお問合せは、お受けいたしません。
①、②のどちらの方法でも、お問合せの際には、「お名前」とともに、
「対象の書籍名(○級・第○回対策も含む)およびその版数(第○版・○○年度版など)」
「お問合せ該当箇所の頁数と行数」
「誤りと思われる記載」
「正しいとお考えになる記載とその根拠」
を明記してください。
なお、回答までに1週間前後を要する場合もございます。あらかじめご了承ください。

① ウェブページ「Cyber Book Store」内の「お問合せフォーム」より問合せをする

【お問合せフォームアドレス】

https://bookstore.tac-school.co.jp/inquiry/

② メールにより問合せをする

【メール宛先 TAC出版】

syuppan-h@tac-school.co.jp

※土日祝日はお問合せ対応をおこなっておりません。
※正誤のお問合せ対応は、該当書籍の改訂版刊行月末日までといたします。

乱丁・落丁による交換は、該当書籍の改訂版刊行月末日までといたします。なお、書籍の在庫状況等により、お受けできない場合もございます。
また、各種本試験の実施の延期、中止を理由とした本書の返品はお受けいたしません。返金もいたしかねますので、あらかじめご了承くださいますようお願い申し上げます。

TACにおける個人情報の取り扱いについて
■お預かりした個人情報は、TAC(株)で管理させていただき、お問合せへの対応、当社の記録保管にのみ利用いたします。お客様の同意なしに業務委託先以外の第三者に開示、提供することはございません(法令等により開示を求められた場合を除く)。その他、個人情報保護管理者、お預かりした個人情報の開示等及びTAC(株)への個人情報の提供の任意性については、当社ホームページ(https://www.tac-school.co.jp)をご覧いただくか、個人情報に関するお問い合わせ窓口(E-mail:privacy@tac-school.co.jp)までお問合せください。

(2022年7月現在)

【本書のご利用方法】

分解して利用される方へ

色紙を押さえながら、セパレート式「2分冊」の各冊子を取り外してください。

（各冊子と色紙は、のりで接着されています。乱暴に扱いますと破損する恐れがありますので、丁寧にお取り外しいただきますようお願いいたします。）

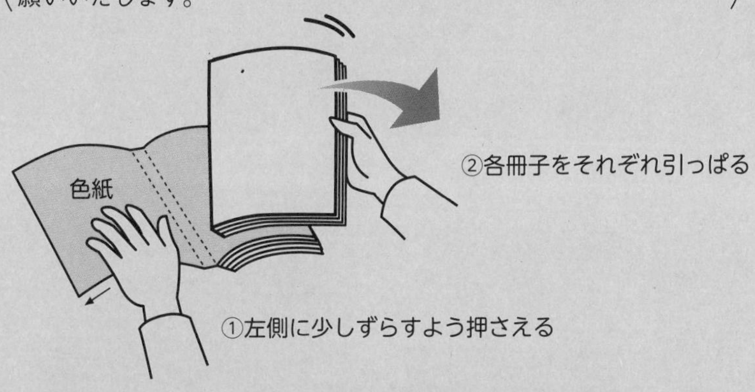

＊ 抜き取りの際の損傷についてのお取替えはご遠慮願います＊

TAC出版
TAC PUBLISHING Group

マンション管理士
項目別過去8年問題集

法令等・
標準管理規約等

- ・民法等
- ・区分所有法等
- ・管理委託契約書
- ・標準管理規約
- ・その他関連知識

第1編

民法等

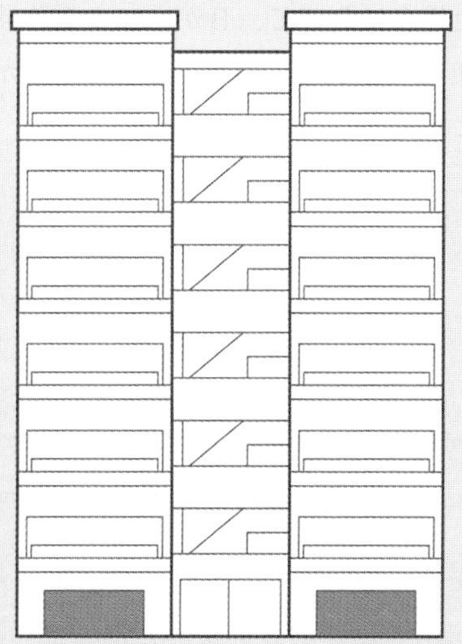

Aは、Bとの間で、甲マンションの１室である202号室をBに売却する旨の売買契約を締結した。この場合に関する次の記述のうち、民法（明治29年法律第89号）の規定によれば、誤っているものはどれか。

❶　Aは、本心では202号室を売却するつもりはなく売買契約を締結した場合において、Bがそのことを知り、又は知ることができたときは、売買契約は無効となる。

❷　Aは、本心では202号室を売却するつもりはなかったが、借入金の返済が滞り差押えを受ける可能性があったため、Bと相談のうえ、Bに売却したことにして売買契約を締結したときは、売買契約は無効となる。

❸　Bは、甲マンションの近くに駅が新設されると考えて202号室を購入したが、そのような事実がなかったときは、Bが駅の新設を理由に購入したことがAに表示されていなくても、Bは売買契約を取り消すことができる。

❹　Bは、知人のCによる詐欺により、202号室を購入することを決め、Aと売買契約を締結した場合において、BがCによる詐欺を理由に売買契約を締結したことをAが知らず、かつ、知ることもできなかったときは、Bは売買契約を取り消すことができない。

表意者が購入動機に関し相手方に明示や黙示の表示をしない➡取消し不可。

❶ 

正しい　表意者が**真意でないことを知りながら意思表示**をした場合、その意思表示は**有効**であるが（民法93条1項本文）、**相手方**がその意思表示が表意者の**真意ではないことを知り**、又は**知ることができたとき**は無効となる（同ただし書）。したがって、Aは本心では202号室を売却するつもりがないことを、Bが知っていたか、又は知ることができたときは、当該売買契約は無効となる。

❷ 

正しい　Aは、本心では202号室を売却する意思がないにもかかわらず、Bと相談のうえ、Bに売却したことにして売買契約を締結している。これは**相手方と通じてした虚偽の意思表示**であるので、売買契約は無効となる（94条1項）。

❸ 

誤り　**「購入した理由が表示されていなければ、売買契約を取り消すことはできない」**

Bは、甲マンションの近くに新駅ができると考えて202号室を購入しているので、購入の意思表示をした動機に錯誤が生じている。意思表示をした動機に錯誤がある場合、表意者は、その**動機が契約をする基礎となっていること**が意思表示の内容として**相手方に表示（明示又は黙示の表示）されて**いたときに限り、その意思表示を取り消す**ことができる**（95条1項2号、2項、判例）。したがって、Bが202号室を購入した動機がAに明示又は黙示により表示されていなければ、Bは売買契約を取り消すことはできない。

❹ 頻出

正しい　相手方に対する意思表示について**第三者が詐欺を行った場合**には、**相手方がその事実を知り、又は知ることができたときに限り**、その意思表示を取り消す**ことができる**（96条2項）。第三者の詐欺によって意思表示をした場合には、相手方は詐欺の事実を知らないことが普通であるから、**相手方保護のために取消しが制限される**。したがって、Bが第三者Cの詐欺によって売買契約をする意思表示をしていた場合には、Aがその事実を知っていたか、又は知ることができたときに限り、Bは詐欺を理由として売買契約を取り消すことができる。

正解 ❸

2 意思表示②・請負

H30-問12

甲マンション203号室を所有しているＡは、高齢になり判断能力に不安を抱えていたところ、Ｂとの間で、Ｂに高額の報酬を支払って同室の内装をリフォームしてもらう旨の請負契約（以下「本件請負契約」という。）を締結した。この場合に関する次の記述のうち、民法の規定及び判例によれば、誤っているものはどれか。

❶　本件請負契約を締結した時にＡに意思能力がなかった場合には、Ａは、意思能力を欠いていたことを理由として、本件請負契約の無効を主張することができる。

❷　本件請負契約を締結した時に、Ａについて後見開始の審判はなされていなかったが、Ａが精神上の障害により事理を弁識する能力を欠く常況にあった場合には、Ａは、行為能力の制限を理由として、本件請負契約を取り消すことができる。

❸　Ｂが、実際にはリフォームをする必要がないにもかかわらず、リフォームをしないと健康を害するとＡをだまし、これによりＡがリフォームをする必要があると誤信して本件請負契約を締結していた場合には、Ａは、Ｂの詐欺を理由として、本件請負契約を取り消すことができる。

❹　本件請負契約を締結する際に、Ｂが、Ａの窮迫・軽率・無経験を利用して、相場よりも著しく高額な報酬の支払をＡに約束させていた場合には、Ａは、公序良俗に違反することを理由として、本件請負契約の無効を主張することができる。

意思能力のない者がした法律行為 ➡ 無効！

❶ **正しい**　契約を締結するには意思能力が必要であり、**意思能力のない者がした法律行為**は無効である（民法３条の２）。したがって、本人Aは、Bに対し、本件請負契約の無効を主張できる。

❷ **誤り**　**「取消しできる」➡「できない」**

ひっかけ

　後見開始の審判を受けた者（**成年被後見人**）がした**法律行為**は**取消しで きる**（９条本文）。しかし、**成年被後見人**となるには、後見開始の審判が必要であり（８条）、後見開始の審判がなされていないAがした法律行為については、行為の時に精神上の障害により事理を弁識する能力を欠く状況にあったとしても、取消しができない。

❸ **正しい**　**詐欺による意思表示**は、**取消しできる**（96条１項）。したがって、Bにだまされて契約を締結したAは、Bの詐欺を理由として、本件請負契約を取消しできる。

❹ **正しい**　相手方の窮迫・軽率・無経験を利用して、相場より著しく高額な報酬を支払うことを約束させる請負契約は、**公序良俗に反する**ものとして無効となる（90条）。したがって、Aは、公序良俗に違反することを理由として、Bに対し、本件請負契約の無効を主張できる。

正解 ❷

3 意思表示③（詐欺・強迫）

R 3-問12

甲マンション203号室を所有するAは、Bとの間で、同室をBに売却する旨の契約（この問いにおいて「本件売買契約」という。）を結んだ。本件売買契約の代金は同室の時価をかなり下回るものであった。この場合に関する次の記述のうち、民法の規定によれば、正しいものはどれか。

❶ AがBの詐欺によって本件売買契約をする意思表示をしていた場合であっても、Bの詐欺によって意思表示をしたことについてAに過失があったときは、Aは詐欺を理由として自己の意思表示を取り消すことができない。

❷ Aが第三者Cの詐欺によって本件売買契約をする意思表示をしていた場合には、Bがその事実を知っていたか、知ることができたときに限り、Aは詐欺を理由として自己の意思表示を取り消すことができる。

❸ AがBの強迫によって本件売買契約をする意思表示をしていた場合であっても、Bの強迫によって意思表示をしたことについてAに過失があったときは、Aは強迫を理由として自己の意思表示を取り消すことができない。

❹ Aが第三者Dの強迫によって本件売買契約をする意思表示をしていた場合には、Bがその事実を知っていたか、知ることができたときに限り、Aは強迫を理由として自己の意思表示を取り消すことができる。

第三者詐欺の場合、相手方が事実を知るか知ることができた ➡ 取消し可能。

❶ ひっかけ **誤り** 「Aに過失があったときは…取り消すことができない」
➡「Aに過失があっても…取り消すことができる」

詐欺による意思表示は取り消すことができる（民法96条1項）。詐欺にあった者は被害者であるから、詐欺によって意思表示をしたことについて**表意者に過失があったときでも、取り消すことができる**。

❷ 頻出 **正しい** 相手方に対する意思表示について**第三者が詐欺**を行った場合は、**相手方がその事実を知り、又は知ることができたときに限り**、その意思表示を取り消す**ことができる**（96条2項）。第三者の詐欺によって意思表示をした場合、これを信じた表意者にも落ち度があるから、**相手方保護のために取消しが制限される**。したがって、本肢のとおりである。

❸ **誤り** 「Aに過失があったときは…取り消すことができない」
➡「Aに過失があっても…取り消すことができる」

強迫による意思表示は取り消すことができる（96条1項）。強迫された者は被害者であるから、強迫によって意思表示をしたことについて**表意者に過失があったときでも**、取り消す**ことができる**。

❹ **誤り** 「Bがその事実を知っていたか、知ることができたときに限り」
➡「Bがその事実を知っていたか、知ることができたかにかかわらず」

相手方に対する意思表示について**第三者が強迫**を行った場合は、**相手方がその事実を知っていたか、又は知ることができたかにかかわらず**、その意思表示を取り消す**ことができる**（96条2項反対解釈）。第三者の強迫によって意思表示をした場合は、**表意者に落ち度はない**ので、第三者による詐欺の場合と異なり（❷解説参照）、表意者保護のために、**意思表示を取り消すことに制限はない**。したがって、Aが第三者Dの強迫によって本件売買契約をする意思表示をしていた場合には、Bがその事実を知っていたか、知ることができたかに「かかわらず」、Aは強迫を理由として自己の意思表示を取り消すことができる。

正解 ❷

Ａは、甲マンションの１室を所有し、Ａの子Ｂと同室に居住しているが、ＢがＡから代理権を与えられていないにもかかわらず、Ａの実印を押捺(なつ)した委任状を作成し、Ａの代理人と称して同室を第三者Ｃに売却する契約を締結し、登記も移転した。この場合に関する次の記述のうち、民法の規定及び判例によれば、正しいものはどれか。

❶　Ｂが作成したＡの委任状を真正なものとＣが信じ、かつ信じたことに過失がないときには、当該売買契約は有効である。

❷　当該売買契約締結後に、Ａが死亡し、ＢがＡを単独で相続した場合、売買契約は相続とともに当然有効となる。

❸　Ｃが、マンションの同室をＡＣ間の売買事情を知らないＤに転売した場合、ＤがＣの所有権登記を信じ、信じたことに過失もないときは、ＡはＤに自らの権利を主張できない。

❹　売買契約後にＢに代理権がなかったことを知ったＣが、Ａに対し「７日以内に追認するかどうかを確答して欲しい」旨の催告をしたが、Ａがその契約の内容を判断する能力があるにもかかわらず、その期間内に確答しなかったときは、その契約を追認したものとみなされる。

表見代理で保護される相手方 ➡ 無権代理人の直接の相手方に限られ、転得者は含まれない。

❶ 誤り 「表見代理が成立するには、相手方が善意・無過失であっても、本人に一定の帰責性が必要である」

表見代理の成立には、本人に一定の帰責性が必要とされており（本肢は認められない）、①**代理権授与表示**による表見代理等（民法109条）、②**権限外の行為**の表見代理（110条）、③**代理権消滅後**の表見代理等（112条）に限定される。さらに、相手方が善意・無過失でなければならない。

❷ 頻出 正しい 無権代理人が本人を単独で相続した場合、無権代理人は、**本人自ら法律行為をしたのと同様の地位が生じる**ため、本人としての地位に基づいて、**無権代理行為の追認を拒絶できない**（判例）。したがって、無権代理行為は**当然有効**となり、無権代理人に効果帰属する。

❸ 誤り 「AはDに自らの権利を主張できない」➡「主張できる」

表見代理によって保護されるべき相手方は、無権代理人の**直接の相手方**に限られ、**転得者は含まれない**（判例）。表見代理は（無権）**代理人に代理権があると信頼して取引をした相手方**を保護する制度であるため、保護の対象は無権代理人の直接の相手方に限られる。転得者は、（無権）代理人と直接の取引をしておらず、代理権があると信頼する機会がないため、保護の対象から除外される。

❹ 誤り 「追認したものとみなされる」➡「追認を拒絶したものとみなされる」

無権代理人の相手方は、本人に対し、相当の期間を定めて、その期間内に追認をするかどうかを確答すべき旨の催告ができる。そして、本人がその期間内に**確答をしない**ときは、**追認を拒絶**したものと**みなされる**（114条）。

正解 ❷

甲マンションの区分所有者Ａが、管理組合（管理者Ｂ）に対し、管理費を滞納している場合における管理費債権の消滅時効に関する次の記述のうち、民法の規定及び判例によれば、正しいものはどれか。

❶　ＢがＡに対し管理費の支払請求訴訟を提起すれば、その訴えが却下された場合でも、時効は更新する。

❷　管理費債権の一部について、すでに消滅時効が完成しているにもかかわらず、Ａが時効完成の事実を知らないで、Ｂに対し、滞納額全額を支払う旨の承認書を差し入れたときは、以後、完成した当該消滅時効の主張は認められない。

❸　Ａが自ら破産手続開始の申立てをし、破産手続開始の決定がなされた場合、Ｂが滞納管理費債権について破産債権として届出をしただけでは、時効は完成猶予しない。

❹　ＢがＡに対し書面で支払の催告を行う場合、内容証明郵便によるものでなければ、時効の完成猶予事由としての催告の効力は生じない。

時効の完成猶予事由としての催告の効力➡内容証明郵便でなくても発生。

❶ 誤り 「更新する」➡「更新しない」

裁判上の請求は、時効の更新事由であるが、**訴えの却下または取下げの場合には、時効の更新の効力を生じない**（民法147条２項参照）。なお、訴えが却下されたり、訴えを取下げした場合でも、訴訟の提起（裁判上の請求）があれば時効の完成猶予の効力があり、訴えの却下・取下げによるその終了後６ヵ月を経過するまで、時効の完成猶予は認められる（同１項）。

❷ 正しい 債務の**消滅時効が完成した後に債務の承認**をした場合、債務者は、**時効完成の事実を知らなかった**としても、その**完成した時効の援用はできない**（判例）。したがって、本肢のように、Ａは、Ｂに対して滞納額全額を支払う旨の承認書を差し入れた時に時効完成の事実を知らなかったとしても、それ以後は、完成した当該消滅時効を主張できない。

❸ 誤り 「完成猶予しない」➡「完成猶予する」

破産手続参加（破産手続において、破産債権者として破産債権の届出を行うこと）をすると、債権の**消滅時効は**完成猶予する（147条１項４号）。

❹ 誤り 「内容証明郵便によらなければ、催告の効力は生じない」
➡「内容証明郵便によらなくても、催告の効力が生じる」

時効の完成猶予事由としての**催告**を書面で行う場合は、**内容証明郵便によるものでなくても差し支えない**。なお、催告をし、時効の完成猶予をした債権について、さらに時効の完成猶予及び時効の更新をするには、重ねて６ヵ月以内に裁判上の請求等が必要であり、この裁判上の請求等をすれば、時効は完成猶予し、確定判決等により更新する（150条、147条１項１号・２項）。

正解 ❷

滞納されているマンションの管理費(この問いにおいて「滞納管理費」という。)の消滅時効に関する次の記述のうち、民法の規定によれば、誤っているものはどれか。

❶　管理組合が、管理費を滞納している区分所有者Aに対して、内容証明郵便をもって累積している滞納管理費分の支払の請求をした場合には、6ヵ月間の時効の完成猶予の効力が生じるが、その期間中になされた再度の支払の請求には、時効の完成猶予の効力が生じない。

❷　管理組合が、管理費を滞納している区分所有者Aに対する支払の催告に基づく時効の完成猶予期間を経過した後に、その支払額や支払方法について、あらためてAと協議を行う旨の合意が書面でなされたときには、その合意から1年を経過した時、協議期間を定めている場合にはその期間を経過した時、当事者の一方から相手方に対して協議の続行を拒絶する通知を書面で送付した場合にはその通知の到達から6ヵ月を経過した時、の最も早い時まで時効の完成猶予が認められる。

❸　管理費を滞納している区分所有者Aが自ら破産手続開始の申立てをし、破産手続開始の決定がなされた場合、管理組合が滞納管理費債権について破産債権として届出をしただけでは、時効の更新の効力は生じない。

❹　滞納管理費の存在が、確定判決又は確定判決と同一の効力を有するものによって確定した場合には、その時効期間は10年である。

時効完成猶予の間にされた再度の催告は、猶予の効力が生じない。

❶ 頻出
正しい　内容証明郵便による支払いの請求は、催告にあたる。**催告があったときは、その時から６ヵ月を経過するまでの間は、時効の完成は猶予される**（民法150条１項）。しかし、催告によって時効の完成が猶予されている間にされた**再度の催告**は、**時効の完成猶予の効力を有しない**（同２項）。したがって、内容証明郵便によって滞納管理費の支払いを請求した場合、６ヵ月間の時効の完成猶予の効力が生じるが、その期間中になされた再度の支払いの請求には、時効の完成猶予の効力が生じない。

❷ ひっかけ
誤り　**「既に消滅時効が完成しているので、その後協議を行う旨の合意が書面でなされても時効の完成猶予は認められない」**

権利についての協議を行う旨の合意が書面でされたときは、一定の期間、**時効の完成が猶予される**（151条１項）。しかし、**それは時効が完成していないことが前提**となる。本肢においては、管理組合が、管理費を滞納している区分所有者Ａに対する支払いの催告に基づく「時効の完成猶予期間が経過」しているから、その時点で**消滅時効が完成している**（150条１項参照）。したがって、その後に滞納管理費の支払額や支払方法について、あらためて協議を行う旨の合意が書面でなされても、「時効の完成猶予は認められない」。

❸
正しい　区分所有者Ａについて破産手続開始の決定がなされた場合に、管理組合が滞納管理費債権について破産債権の届出をすると、**時効の「完成猶予」の効果が生じる**（147条１項４号）。しかし、それだけでは**時効の「更新」の効力は生じない**。

❹ 頻出
正しい　滞納管理費のような債権の消滅時効期間は、原則として、債権者が権利を行使できることを知った時から５年間である（166条１項）。しかし、**確定判決又は確定判決と同一の効力を有するものによって確定した権利**については、10年より短い時効期間の定めがあるものであっても、その**時効期間は、10年となる**（169条１項）。

正解 ❷

A、B及びCは、等しい持分の割合で、甲マンション201号室の区分所有権を共有している。この場合に関する次の記述のうち、民法の規定及び判例によれば、誤っているものはどれか。

❶ AとBは、A、B及びCの間の協議に基づかずに201号室を単独で占有しているCに対し、AとBの持分の価格が201号室の価格の過半数を超えるからといって、当然に同室の明渡しを請求することはできない。

❷ Aが201号室の持分権を放棄した場合には、Aの持分権はBとCに帰属し、同室はBとCの共有となる。

❸ Dが不法に201号室を占有している場合には、Bは、単独でDに対して同室の明渡しを請求することができる。

❹ A、B及びCが201号室をEに賃貸している場合において、Eとの賃貸借契約を解除するためには、A、B及びC全員が同意した上で、共同で解除の意思表示をする必要がある。

共有物の賃貸借契約の解除➡管理行為であり共有者全員の同意は不要。

❶ **正しい** 各共有者は、共有物の**全部**について、その**持分に応じた使用**ができる（民法249条1項）。そのため、共有者の1人（C）が共有者間の協議に基づかずに単独で占有している場合でも、他の共有者（A・B）は、**当然には**、**共有物の明渡し**を**請求できない**（判例）。つまり、本肢の「Cに対し、AとBの持分の価格が201号室の価格の過半数を超える」ことは、明渡しの理由にはならず、したがって、当然には同室の明渡しを請求できない。

❷ **正しい** **共有者**の1人（A）が、その持分を放棄したとき、または死亡して相続人がないときは、その持分は、**他の共有者**（BとC）**に帰属**する（255条）。したがって、「Aの持分権はBとCに帰属し、同室はBとCの共有」となる。

❸ **正しい** 共有物の**不法占拠者**（D）**に対する明渡し**の**請求**は、共有物の保存行為に該当する。そして、この保存行為は、各共有者（B）が**単独**でできる（252条5項）。

❹ **誤り** **「全員が同意した上で」➡「各共有者の持分の価格の過半数で」**

共有物の**賃貸借契約の解除**は、（狭義の）**管理行為**に該当する（判例）。そして、共有物の（狭義の）管理（共有物の管理者の選任・解任を**含み**、共有物に変更を加えるものを**除く**）に関する事項は、**各共有者の持分の価格**に従い、その過半数で決する（252条前段）。したがって、本問のA・B・Cのうち2人が同意をすれば足り、共有者全員の同意は不要である。

ひっかけ

【共有物の保存・管理・変更のまとめ】

種類		定義	行為内容
保存行為（252条5項）		共有者の現状を維持する行為	各共有者が**単独でできる行為**
管理行為（広義）	**（狭義の）管理**（252条1項）	共有物の管理者の選任・解任を**含み**、共有物に変更を加えるものを**除く**	**各共有者の持分の価格**に従い、その過半数で決する行為
	軽微変更（251条1項・252条1項）	**その形状**※1**または効用**※2**の著しい変更を伴わない変更** 【例】砂利道のアスファルト舗装、建物外壁・屋上防水等の修繕工事	
重大（軽微以外）変更行為（252条の2第1項）		その形状または効用の著しい変更を伴わないものを除く	共有者全員**の同意が必要な行為**

※1　形状：外観・構造等のこと。
※2　効用：機能・用途のこと。

正解 ❹

Aは、甲マンションの508号室を所有しているが、同室及び同室内の壁に飾ってあった風景画（この問いにおいて「絵画」という。）をBに賃貸した。この場合に関する次の記述のうち、民法の規定及び判例によれば、正しいものはどれか。

❶ Bが死亡し、その後Bを単独で相続した子Cが、絵画をBの所有物であり相続財産に属するものであると過失なく信じて、現実に占有していたときは、Cは、即時取得により所有権を取得するため、AがCに絵画の返還を請求しても認められない。

❷ Bが自らの所有物であると称してDに絵画を売却し、Dは、Bの所有物であると過失なく信じていた場合において、Bが絵画を以後Dのために占有する意思を表示してその現実の占有を継続したときは、Dは、即時取得により所有権を取得するため、AがDに絵画の返還を請求しても認められない。

❸ Bが自らの所有物であると称してDに絵画を売却した場合において、絵画の引渡しを受けた当時、Bの所有物であると過失なく信じていたことをD自身で立証しない限り、Dは、即時取得により所有権を取得しないため、AがDに絵画の返還を請求すれば認められる。

❹ 無職のEが、Bが不在の間に508号室に侵入して絵画を盗み、Fに売却したところ、FがEの所有物であると過失なく信じていた場合において、絵画の占有が現実にEからFに移転されたときであっても、Aは、盗難の時から２年以内にFに絵画の返還を請求すれば認められる。

占有物が盗品なら、被害者は盗難時から２年間占有者に物の回復請求可。

即時取得（民法192条）は、動産取引において、前主の占有を信頼して取引をした者は、前主が無権利者であっても、なおその信頼を保護して権利の取得を認める制度である。したがって、動産の前主が無権利者である場合に適用される。本問のＢは、絵画を借りているだけなので、所有者ではない。以下、これを前提に検討する。

❶ 誤り **「即時取得するため、返還請求は認められない」**
➡「取引行為がないので即時取得は成立せず、返還請求は認められる」

即時取得（民法192条）は**動産取引の安全を保護するための制度**であるから、その成立には、**動産の前主との間に有効な取引行為**が存在しなければならない。

Ｃは絵画の**占有**をＢからの**相続により承継**しており、**取引行為に基づいて取得したものではない**。したがって、Ｃに**即時取得は成立せず**、絵画の所有権はＡにあるので、Ａの絵画の**返還請求は認められる**。

❷ 誤り **「即時取得するため、返還請求は認められない」**
➡「占有改定では即時取得は成立せず、返還請求は認められる」

ハイレベル

即時取得が成立するには、**動産の占有が平穏・公然・善意無過失で取得されることが必要**となる。本肢のＤは、売買契約に基づいて、善意無過失で絵画を取得しているが、Ｂが絵画を以後Ｄのために占有する意思を表示してその現実の占有を継続する方法（「**占有改定**」183条）**により占有を取得**している。即時取得が成立するためには、**一般外観上従来の占有状態に変更を生じるような占有を取得することを要し、占有改定は一般外観上の変更を来さない**ため、即時取得の要件である「**占有を始めた**」**には含まれない**（判例）。したがって、Ｄに**即時取得は成立せず**、絵画の所有権はＡにあるので、Ａの絵画の**返還請求は認められる**。

❸ 誤り **「過失なく信じていたことをＤ自身で立証しない限り」**
➡「Ｄに無過失の立証責任はない」

即時取得の成立要件のうち、**平穏・公然・善意**は動産を**占有することにより推定される**（186条１項）。また、**占有者が占有物について行使する権利は、適法に有するものと推定される**ので（188条）、**Ｄは無過失の立証責任を負わない**（判例）。したがって、Ｄ自身でＢの所有物であることを過失なく信じていたことを立証しない限り、即時取得が成立しないというわけではない。

❹ 正しい　Ｆは、Ｅが絵画の所有者であると過失なく信じて、売買契約により絵画を取得しているので、即時取得が成立する要件を満たしている。しかし、**占有を取得した物が盗品であるときは、被害者は、盗難の時から２年間**占有者に対して**その物の回復を請求できる**（193条）。したがって、Ａは、盗難の時から２年以内にＦに絵画の返還を請求すれば認められる。

正解 ❹

Aが所有する甲マンション201号室には、AのBに対する債務を担保するためにBの抵当権が設定されている。この場合に関する次の記述のうち、民法の規定及び判例によれば、誤っているものはどれか。

❶ Bの抵当権の効力は、Bの抵当権が設定された当時、既に201号室内に存在していた従物に及ぶ。

❷ Bの抵当権について設定登記がされる前に、Cが、Aから201号室を賃借して同室の引渡しを受けていた場合において、Bの抵当権が実行されてDが同室を買い受け、Cに対して同室の明渡しを請求したときは、Cは、同室の賃借権を有することを理由にその請求を拒むことができる。

❸ Bの抵当権が設定された後であっても、Aは、201号室をEに賃貸し、Eから賃料を収取することができる。

❹ 201号室にAのFに対する債務を担保するためにFの抵当権が設定された場合には、Bの抵当権とFの抵当権の順位は、抵当権設定契約の前後によって決まる。

抵当権設定当時に存在した従物については、抵当権の効力が及ぶ。

❶ **正しい** 抵当権設定当時に**存在**した従物については、抵当権の効力が及ぶ(判例)。

❷ **正しい** **抵当権設定登記**前に、抵当権の目的となった土地や建物について賃借権が設定され、その**賃借権**に**対抗要件**が備えられている場合、賃借人は、抵当権者や競売による買受人に賃借権を対抗できる(民法605条、177条)。この対抗要件には、借地借家法上の対抗要件である「**建物の引渡し**」も含まれる(借地借家法31条)。

❸ **正しい** **抵当権設定**後であっても、抵当権設定者は、抵当権者の承諾を得ることなく自由に、抵当目的物を**賃貸できる**。なぜなら、抵当権は、抵当権設定者(債務者)が、その目的物を**占有したままの状態**で、債務の担保に供する担保物権だからである。

❹ **誤り** **「抵当権設定契約の前後」➡「抵当権設定登記の前後」**
抵当権は、抵当権者と抵当権設定者との間の合意によって成立する。抵当権設定**登記**は、第三者に対する**対抗要件**である(民法177条)。したがって、設定された抵当権の**順位**は、抵当権設定**登記の前後**によって決定する(373条)。

正解 ❹

Ａは、甲マンション206号室を購入する際にＢ銀行から購入資金を借り受け、これを担保する目的で同室にＢのための抵当権を設定し、その旨の登記がなされた。この場合に関する次の記述のうち、民法の規定によれば、正しいものはどれか。

❶　抵当権設定登記後に、206号室が全焼し、保険会社からＡに火災保険金が支払われた。この場合には、Ｂは、Ａに支払われた火災保険金に対して、抵当権に基づく物上代位権を行使することができない。

❷　抵当権設定登記後に、ＡがＣ銀行から金銭を借り受けるに当たり、206号室にＣのための抵当権を設定する場合には、Ｂの承諾を得なければならない。

❸　抵当権設定登記後に、Ｄが、206号室にＢの抵当権が設定されていることを知らずに、Ａから同室を購入しその旨の登記がなされた。この場合には、Ｄは、同室にＢの抵当権が設定されていることにつき善意であったことを理由として、Ｂに対し、抵当権設定登記の抹消を請求することができる。

❹　抵当権設定登記後に、Ａが206号室をＥに賃貸し、Ｅが同室に居住し始めた。その後、Ｂの抵当権の実行による競売において同室をＦが買い受けた場合には、Ｅは、Ｆの買受けの時に直ちに同室をＦに引き渡さなければならない。

物上代位権行使➡払渡し・引渡し前に差押えが必要！

❶ 頻出 **正しい**　抵当権の目的物である206号室について火災保険契約が締結されていた場合、同室が全焼（滅失）した場合、抵当権者Bは、**火災保険金請求権に物上代位**ができる（民法372条、304条）。しかし、物上代位をするには、火災保険金が**債務者等に支払われる前に差押え**をしなければならない（304条１項ただし書）。したがって、火災保険金が保険会社からAに既に支払われている本肢では、Bは、火災保険金に物上代位できない。

❷ **誤り**　**「Bの承諾を得なければならない」➡「Bの承諾は不要」**

抵当権は、同一の不動産に重ねて設定でき、その順位は登記の前後による（373条）。そして、**後から抵当権を設定**する場合、**先順位の抵当権者の承諾を得る必要はない**。

❸ **誤り**　**「抹消請求できる」➡「できない」**

本肢では、先に抵当権設定登記があるので、抵当権者Bは、後に所有権移転登記を受けた買主Dに対して対抗できる。したがって、**買主**（D）は、すでにされている**抵当権設定登記の抹消を請求できない**。そして、このことは、たとえ買主が、その抵当権の存在を知らなかったとき（善意）でも、同様である。

❹ **誤り**　**「Eは直ちに引き渡さなければならない」**
➡「Eは引渡しの猶予を受けることができる」

抵当権設定登記後に行われた賃貸借は、引渡し等の対抗要件（借地借家法31条）を備えていても、**抵当権者**および**抵当権の実行による競売の買受人等に対抗できない**（民法177条）。ただし、抵当権の目的である建物につき、競売手続の開始前から使用・収益をする者等は、その建物の競売における買受人の**買受け時から６ヵ月を経過するまで**は、その建物を**買受人に引き渡す必要はない**（395条１項）。したがって、Eは、Fの買受け時から６ヵ月を経過するまでは、206号室の引渡しの猶予を受けることができる。

正解 ❶

11 売買契約①（債務不履行）

H29-問14改

ＡとＢとの間で、甲マンション707号室を代金2,000万円でＡがＢに売却する旨の契約（以下「本件売買契約」という。）が結ばれた。その後、Ｂは代金全額をＡに支払ったが、Ａは履行期を過ぎても同室をＢに引き渡していない。この場合に関する次の記述のうち、民法の規定及び判例によれば、正しいものはどれか。

❶　ＢがＡに対して707号室の引渡債務について、民事執行法その他強制執行の手続に関する法令の規定に従い、直接強制、代替執行、間接強制その他の方法による履行の強制を裁判所に請求するには、Ａの責めに帰すべき事由によって同室の引渡しが遅滞している必要がある。

❷　Ａの責めに帰すべき事由によって707号室の引渡しが遅滞している場合において、ＢがＡに対して履行遅滞による損害賠償を請求するには、相当の期間を定めて同室の引渡しを催告しなければならない。

❸　Ａの責めに帰すべき事由によって707号室の引渡しが遅滞している場合において、Ｂが履行遅滞を理由として本件売買契約を解除したときには、Ｂは、Ａに対し、707号室の引渡しが遅滞したことによって生じた損害の賠償を請求することができない。

❹　Ａの責めに帰すべき事由によって707号室の引渡しが遅滞している場合において、Ａが707号室をＣに売却し、ＡからＣへの同室の所有権移転登記がなされたときには、Ｂは、Ａに対し、履行不能によって生じた損害の賠償を請求することができる。

二重譲渡で片方の買主への登記がされた➡もう片方の買主への債務は履行不能となる。

❶ **誤り** **「Aの責めに帰すべき事由によって遅滞している必要がある」➡「その必要はない」**

債務者Aが**任意に債務の履行をしない**場合、債権者Bは、民事執行法その他強制執行の手続に関する法令の規定に従い、**直接強制、代替執行、間接強制**その他の方法による**履行の強制**を**裁判所に請求**できる（民法414条1項本文）。この強制履行は、単に本来の債権の実現を求めるものなので、それにあたり、**債務者の責めに帰すべき事由の存在は不要**である。

❷ **誤り** **「相当の期間を定めて催告」➡「催告は不要」**

債務者がその責めに帰すべき事由により**債務の本旨に従った履行をしない**ときまたは債務の履行が不能であるときは、債権者は、これによって生じた損害賠償を請求できる（415条1項）。そして、履行遅滞の場合に原則として履行の催告が必要なのは、契約解除のときであって（541条）、損害賠償を請求するにあたっては、履行の**催告は不要**である。

❸ **誤り** **「請求できない」➡「請求できる」**

❷解説のとおり、債務者がその責めに帰すべき事由により**債務の本旨に従った履行をしない**場合、債権者は、これによって生じた損害賠償を請求できる（415条1項）。また、当事者の一方がその債務を履行しない場合、相手方が相当の期間を定めてその履行の催告をし、その期間内に履行がないときは、「その期間を経過した時における債務の不履行がその契約・取引上の社会通念に照らして軽微であるときを除き、」相手方は、契約の解除ができる（541条）。そして、**解除権の行使と損害賠償の請求は、並存し得る**とされているため（545条4項）、契約を解除した場合でも、損害賠償の請求をあわせてすることは可能である。

❹ **正しい** 売主Aが、707号室について引渡し・所有権移転登記等の債務を買主Bに対して負っている場合に、Aが同室を他の買主Cに売却して、**AからCへの所有権移転登記**がなされると、BはCに対して同室の所有権を対抗できなくなるため（177条）、**AのBに対する当該債務**は、そもそも**履行不能**となる（判例）。そして、この履行不能はAの責めに帰すべき事由によるものであるから、BはAに対して、**履行不能**によって生じた**損害賠償を請求**できる（415条1項）。

正解 ❹

甲マンションの101号室を所有するＡが管理費を滞納した場合の遅延損害金に関する次の記述のうち、民法の規定によれば、誤っているものはどれか。

❶　甲マンションの管理規約に遅延損害金の利率の定めがない場合、Ａが令和３年１月末日を支払期限とする管理費を滞納したときは、Ａは、令和３年２月１日から支払済みまで年５％の割合による遅延損害金の支払義務を負う。

❷　甲マンションの管理規約に遅延損害金の利率を年10％とする定めがある場合、Ａが令和６年７月末日を支払期限とする管理費を滞納したときは、Ａは、令和６年８月１日から支払済みまで年10％の割合による遅延損害金の支払義務を負う。

❸　甲マンションの管理規約に遅延損害金の利率の定めがない場合、Ａが令和６年１月末日を支払期限とする管理費を滞納したときは、Ａは、令和６年２月１日から支払済みまで年３％の割合による遅延損害金の支払義務を負う。

❹　甲マンションの管理規約に遅延損害金の利率を年１％とする定めがある場合、Ａが令和６年７月末日を支払期限とする管理費を滞納したときは、Ａは、令和６年８月１日から支払済みまで年３％の割合による遅延損害金の支払義務を負う。

Point 遅延損害金の利率については、法定利率に優先する約定利率による。

❶ 
正しい **金銭債務の不履行**（管理費の滞納等）については、その**損害賠償**（**遅延損害金**）**の額**は、債務者が遅滞の責任を負った最初の時点における**法定利率**によって定める（民法419条１項本文）。法定利率は、令和３年４月１日施行の**民法改正前は年５％**であったが、改正によって**現在は年３％**となっている（404条２項）。この法定利率の適用について、**改正民法の施行日前に債務者が遅滞の責任を負った場合**における遅延損害金を生ずべき債権に係る**法定利率**については、419条１項の規定にかかわらず、**なお従前の例による**とされている（附則17条３項）。本肢のＡが滞納している管理費は、民法改正前の令和３年１月末日を支払期限とするものであるから、Ａが支払うべき遅延損害金の利率については旧民法の規定が適用され、Ａは、令和３年２月１日から支払済みまで、年５％の割合による遅延損害金の支払義務を負う。

❷ **正しい** **金銭債務の不履行**については、その**損害賠償**（**遅延損害金**）**の額**は、債務者が遅滞の責任を負った最初の時点における**法定利率**によって定める（民法419条１項本文）。本肢のＡが滞納している管理費は令和６年７月末日を支払期限とするものなので、その**法定利率は年３％**となる（404条２項、❶解説参照）。しかし、遅延損害金の利率については、**約定利率が法定利率に優先し、「約定」利率による**。本肢では、管理規約に遅延損害金の利率を年10％とする定め（**約定利率**）があり、**法定利率を超えている**ので、Ａは、令和６年８月１日から支払済みまで、約定利率である年10％の割合による遅延損害金の支払義務を負う（419条１項ただし書き）。

❸ **正しい** **金銭債務の不履行**については、その**損害賠償**（**遅延損害金**）**の額**は、債務者が遅滞の責任を負った最初の時点における**法定利率**によって定める（419条１項本文）。本肢のＡが滞納している管理費は令和６年１月末日を支払期限とするものなので、その**法定利率は年３％**となる（404条２項、❶解説参照）。したがって、Ａは、令和６年２月１日から支払済みまで、年３％の割合による遅延損害金の支払義務を負う。

❹ 
誤り **「年３％」➡「年１％」**

❶～❸解説参照。本肢のＡが滞納している管理費は令和６年７月末日を支払期限とするものなので、Ａが支払うべき遅延損害金の利率は、原則として、**年３％の法定利率**となる（419条１項本文、404条２項）。しかし、本肢では管理規約に**遅延損害金の利率を年１％とする定め**（**約定利率**）**がある**ので、**約定利率が優先**し、Ａは、令和６年８月１日から支払済みまで、年１％の割合による遅延損害金の支払義務を負う（419条１項ただし書き参照）。

正解 ❹

13 売買契約③（債務不履行）

H28-問15

Aは、その所有する甲マンションの101号室を、敷金を24万円、月額賃料を８万円として、法人であるＢ社に賃貸し引き渡したが、Ｂ社が初めて１ヵ月分の賃料の支払いを失念したため、Ｂ社に対し、相当の期間を定めて１ヵ月分の賃料及びこれに対する遅延損害金の支払いを催告するとともにその支払いがない場合には契約を解除する旨の意思表示をした。この場合に関する次の記述のうち、民法の規定及び判例によれば、正しいものはどれか。

❶ Ａの催告後、当該「相当の期間」が経過しても賃料及び遅延損害金の支払いがない場合には、当然に賃貸借契約は解除される。

❷ Ｂ社は支払いを怠った賃料及び遅延損害金につき、敷金から控除することをＡに対し主張できる。

❸ Ａの催告後、「相当の期間」が経過する前に、Ｂ社が８万円をＡに支払ったとき、Ａ及びＢ社間において充当についての合意がなく、かつ、両者のいずれからも充当の指定がない場合には、Ｂ社の支払額は、まず遅延損害金に充当され、残額が賃料元本に充当される。

❹ ＡとＢ社間の賃貸借契約において、賃料の支払いに関し、年30％の遅延損害金を定めていた場合、Ｂ社は、遅延損害金全額の支払いを免れる。

Point 約定利率が法定利率を超える場合➡約定利率による。

❶ **誤り** **「当然に賃貸借契約は解除される」**

➡「当事者の信頼関係が破壊されていなければ解除できない」

ひっかけ

当事者の一方がその債務を履行しない場合、相手方が**相当の期間**を定めて**履行の催告**をし、その**期間内に履行がない**ときは、「その期間を経過した時における債務の不履行がその契約及び取引上の社会通念に照らして軽微であるときを除き、」相手方は、**契約の解除ができる**（民法541条）。しかし、賃貸借契約を解除する場合、賃借人に債務不履行があるときでも、当事者間の信頼関係を破壊しない事情があれば、賃貸人は当該契約を解除できない（判例）。したがって、本問でいう「1ヵ月分の賃料の支払いを失念した」程度では、当事者間の信頼関係を破壊したとはいえない。

❷ **誤り** **「B社はAに対し主張できる」➡「できない」**

敷金は、いかなる名目によるかを問わず、賃料債務その他の賃貸借に基づいて生ずる賃借人の賃貸人に対する金銭の給付を目的とする債務を担保する目的で、賃借人が賃貸人に交付する金銭をいう（622条の2第1項）。そして、賃貸人は、賃借人が賃貸借に基づいて生じた金銭の給付を目的とする債務を履行しないときは、敷金をその債務の弁済に充てることができるが、**賃借人側**から、賃貸人に対し、その債務（賃料・遅延損害金等）を**敷金から控除**するよう**主張できない**（同2項）。

❸ **正しい** 「充当の合意がなく、かつ、充当の指定がない」状況で、債務者が1個または数個の債務について、元本の他利息や費用を支払う場合で、弁済をする者がその**債務の全部を消滅させるのに足りない給付**をしたときは、給付金を**費用➡利息➡元本の順に充当**しなければならない（489条1項）。

本肢でのB社は、「1ヵ月分の賃料（8万円）と遅延損害金の支払いを催告」されたにもかかわらず、Aに支払った金額は8万円のみであるから、「債務の全部を消滅させるのに足りない給付をした」といえる。そこで、支払額は、まず「**利息に含まれる遅延損害金**」に、次に、残額が「**元本である賃料**」に充当される。

❹ **誤り** **「全額の支払いを免れる」➡「免れない」**

金銭の給付を目的とする債務の不履行に係る損害賠償の額は、債務者が遅滞の責任を負った最初の時点における**法定利率**によって定める。ただし、約定利率が**法定利率を超える**ときは、約定利率による（419条1項）。したがって、当事者間の合意で「年30%の遅延損害金を定めていた」場合、約定利率である年30%の遅延損害金の支払義務は免れない。

正解 ❸

Aが所有し、居住する甲マンションの101号室をBに3,000万円で売り渡す旨の契約を締結し、Bから手付金として300万円を受領した場合に関する次の記述のうち、民法の規定によれば、誤っているものはどれか。ただし、AB間の売買契約には、手付に関する特約はないものとする。

❶ Aは、Bが履行の着手をする前に、Bに600万円を現実に提供すれば、Bがこれを受領しなくとも売買契約の解除をすることができる。

❷ Bは、B自身が履行の着手をしても、Aが履行の着手をしなければ、手付金300万円を放棄して売買契約の解除をすることができる。

❸ Aは、Bの債務不履行により売買契約を解除したときは、Bに手付金300万円を返還することなく、Bの債務不履行により生じた損害全額の賠償を請求することができる。

❹ Aが履行の着手をする前に、Bが手付金300万円を放棄して売買契約の解除をしたときは、Aは、売買契約の解除によって300万円を超える損害が生じても、Bに対して損害賠償の請求はできない。

手付解除は約定解除権の行使なので、損害賠償の問題は生じない。

❶ **正しい** 買主が売主に**手付を交付したときは**、**売主**は、買主が契約の履行に着手する前であれば、交付された**手付の倍額**を買主に対し**現実に提供して、契約の解除をすることができる**（民法557条１項）。買主が受領することは、手付による解除の要件とされていない。

❷ **正しい** 買主は手付を放棄して契約を解除できるが、**手付による契約の解除は、相手方が契約の履行に着手した後はすることができない**（557条１項）。したがって、Ｂ自身が履行の着手をしても、Ａが履行の着手をしていなければ、Ｂは、手付を放棄して契約を解除できる。

❸ **誤り** **「Ａは、手付金300万円を返還することなく、生じた損害全額の賠償請求はできない」**

ひっかけ

手付の種類として、買主の債務不履行の際に**手付金額の没収をして、それとは別に債務不履行に基づく損害賠償**（415条）**もできる違約手付**があるが、これは**特約により認められる**ものであり、**特約がない場合**には**解約手付と推定される**（557条１項本文）。本問では手付に関する特約はなく、手付金額の没収を認める違約手付と解することはできないので、Ａは、Ｂの債務不履行により売買契約を解除した場合には、Ｂに手付金300万円を返還し（545条１項）、債務不履行により生じた全損害の賠償を請求するか（415条）、損害賠償額から300万円分を差し引いて請求することになる（505条１項、415条１項）。

❹ **正しい** **手付による解除は約定解除権の行使**であるから、債務不履行に基づく解除の場合のように**損害賠償の問題は生じない**（557条２項）。

正解 ❸

15 売買契約⑤（他人物売買）

R元-問15改

Ａは、Ｂとの間で、甲マンション401号室を代金1,500万円でＢに売却する旨の売買契約（この問いにおいて「本件契約」という。）を締結したが、同室はＣの所有するものであった。この場合における次の記述のうち、民法の規定及び判例によれば、正しいものはどれか。

❶ 本件契約は、ＡがＣから401号室の所有権を取得した時に、条件が成就して成立する。

❷ Ｂは、本件契約の時に、401号室の所有権がＡに属しないことを知っていた。この場合において、ＡがＣから同室の所有権を取得してＢに移転することができないときであっても、Ｂは、本件契約を解除することはできない。

❸ Ａは、本件契約の時に、401号室の所有権が自己に属しないことを知らなかった。この場合において、Ａは、Ｃから同室の所有権を取得してＢに移転することができないときでも、Ｂに対して損害を賠償して本件契約を解除することはできない。

❹ 本件契約の締結後にＡが死亡し、ＣがＡを単独で相続した場合には、Ｃは、Ｂに対し、本件契約上の売主としての履行義務を拒むことができない。

他人物売買の売主は、債務不履行扱いで、その権利を取得して買主に移転する義務を負う。

❶ **誤り** 「本件契約はＡＢ間で締結した時点から成立する」

売買契約は**当事者の意思表示の合致**によって成立する（民法555条）。そのため、他人物売買であっても、契約は**締結した時点から有効に成立**している。したがって、「ＡがＣから401号室の所有権を取得した時に、条件が成就して成立する」のではない。

❷ **誤り** 「解除できない」➡「できる」

他人の権利を売買の目的とした場合、**売主**は、その**権利を取得して買主に移転する義務を負う**（561条）。もし売主が義務を果たさないときは、債務不履行の一般規定（損害賠償請求・解除権行使）によって処理されることになる。したがって、買主Ｂは、解除権の行使にあたり、Ｂの責めに帰すべき事由によるときは解除できないが（543条）、401号室の所有権がＡに属しないことを知っていた（**悪意**）としても、**契約を解除できる**。

❸ **正しい** **売主**は、契約時に、売却した権利が**自己に属しないことを知らなかった場合**で、その権利を取得して**買主に移転できない**ときでも、❶解説のとおり、その**権利を取得して買主に移転する義務を負う**ので、損害を賠償して、契約の解除をすることはできない（561条）。

❹ **誤り** 「履行義務を拒むことができない」➡「拒むことができる」

権利者は、相続によって売主の義務ないし地位を承継しても、相続前と同様その権利の移転につき諾否の自由を保有し、**信義則に反すると認められるような特別の事情のないかぎり、売買契約上の売主としての履行義務を拒否できる**（判例）。権利者は、相続人として承継した売主の履行義務を直ちに履行できるが、他方、権利者としてその権利移転について諾否の自由を保有しており、それが**相続による売主の義務の承継という偶然の事由によって左右されるべき理由はない**。したがって、401号室の所有者である相続人Ｃは、売主としての履行義務を拒むことができる。

正解 ❸

16 売買契約⑥（契約不適合責任）

R 2-問15改

Aが、Bに対し、令和6年8月20日に中古マンションを売却し、Bが引渡しを受けた後に当該マンションの天井に雨漏りが発見された場合におけるAの責任に関する次の記述のうち、民法の規定によれば、正しいものはどれか。ただし、雨漏りにつきBの責めに帰すべき事由はなく、売買契約にAの責任についての特約はなかったものとする。

❶ Bは、Aに対して、損害賠償請求をすることができ、また、契約の目的を達することができないときは契約解除をすることができるが、雨漏りの補修を請求することはできない。

❷ Bが、Aに対して、雨漏りを発見した時から1年以内に損害額及びその根拠を示して損害賠償を請求しないときは、Bは損害賠償請求をすることができない。

❸ Bが、Aに対して、相当の期間を定めて雨漏りを補修するよう催告をし、その期間内に補修がされない場合において、雨漏りの範囲や程度が売買契約及び取引上の社会通念に照らして軽微でないときは、Bは売買契約の解除をすることができる。

❹ Bが、Aに対して、相当の期間を定めて雨漏りの補修の催告をし、その期間内に補修がされないときは、雨漏りについてAの責めに帰すべき事由がある場合に限り、Bは雨漏りの範囲や程度に応じて代金の減額を請求することができる。

買主に帰責事由があれば、買主は代金減額請求不可。売主の帰責事由は要件ではない。

❶ **誤り　「補修を請求できない」➡「補修を請求できる」**

売買契約において引き渡された目的物が品質に関して契約の内容に適合しないものであるときは、買主は、売主に対し、①目的物の**修補**、代替物の引渡し又は不足分の引渡しによる履行の追完請求、②代金の減額請求、③損害賠償請求、④契約解除ができる（民法562～564条）。

❷ **誤り　「不適合を知った時から１年以内にその旨を売主に通知すればよい」**

売主が品質に関して契約の内容に適合しない目的物を買主に引き渡した場合、買主がその不適合を**知った時から１年以内**にその旨を売主に通知しないときは、買主は、その不適合を理由として、①履行の追完請求、②代金の減額請求、③損害賠償請求、④契約解除ができない（566条本文）。したがって、損害賠償請求をするには、１年以内に通知することが必要なのであり、「損害額及びその根拠を示して損害賠償を請求」することまでは必要ない。

❸ **正しい**　当事者の一方がその債務を履行しない場合、相手方が相当の期間を定めてその履行の**催告**をし、その期間内に**履行がない**ときは、相手方は、契約**解除**ができる。ただし、その期間を経過した時における債務の不履行がその契約及び取引上の社会通念に照らして**軽微であるときは解除できない**（564条、541条）。したがって、雨漏りを補修するよう相当の期間を定めて催告したのに補修されず、その雨漏りの範囲や程度が、売買契約及び取引上の社会通念に照らして軽微でないときには、契約解除ができる。

ひっかけ

❹ **誤り　「Ａの責めに帰すべき事由がある場合に限り」**
➡「Ａの責めに帰すべき事由がなくても」

買主に**帰責事由**がある場合には、買主は、代金減額請求ができない（563条３項）。しかし、**売主の帰責事由**は、代金減額請求の**要件とはされていない**。

正解 ❸

17 売買契約⑦（契約不適合責任）

H29-問15改

Ａが所有する甲マンションの301号室に、契約の内容に適合しない（以下「契約不適合」という。）排水管の腐食があった場合に関する次の記述のうち、民法の規定によれば、誤っているものはどれか。

❶ ＡＢ間の賃貸借契約に基づき、Ｂが賃借人となった301号室に契約不適合があったときは、特約のない限り、Ｂは、Ａに対し、契約不適合について損害賠償の請求をすることができ、又は賃貸借契約の解除をすることができるが、当該排水管の修繕を請求することはできない。

❷ ＡＣ間の負担付使用貸借契約に基づき、Ｃが借主となった301号室に契約不適合があったときは、Ａは、その負担の限度において、売主と同じく契約不適合責任を負う。

❸ Ａが死亡し、相続人Ｄ及びＥの遺産分割協議に基づき、Ｄが単独で取得した301号室に契約不適合があったときは、共同相続人であるＥは、Ｄに対し、売主と同じく、その相続分に応じて担保の責任を負う。

❹ Ｆが民事執行法その他の法律の規定に基づく競売によって取得した301号室の種類又は品質に契約不適合があったときは、Ｆは、Ａに対し、契約不適合について損害賠償の請求をすることはできない。

強制競売物件に契約不適合➡買主は当該責任の追及不可！

❶ **誤り 「排水管の修繕を請求できない」➡「できる」**

売買の契約不適合責任の規定（民法562条・564条）は、賃貸借契約にも準用されるので（559条）、賃貸借契約の目的物である301号室に契約不適合があった場合、賃借人Ｂは、賃貸人Ａに対して契約不適合責任を追及できる。したがって、Ｂは、Ａに対して、**損害賠償の請求や契約の解除**もできる（564条）。そして、ＡＢ間における301号室の**賃貸借契約に基づき、賃貸人**Ａは、「賃借人Ｂの責めに帰すべき事由によってその修繕が必要となったときを除き」**目的物の修繕義務を負っている**ので（606条１項）、賃借人Ｂは、原則として、Ａに対して、当該排水管の修繕をあわせて請求できる。

❷ **正しい** **負担付使用貸借契約**がなされた場合、**貸主**は、その負担の限度において、売主と同じく使用貸借の目的物の**契約不適合**について、その**責任を負う**（596条、551条２項）。

❸ **正しい** 各共同相続人は、**他の相続人に対して、売主と同じく**、その**相続分に応じて担保の責任を負う**（911条）。したがって、共同相続人Ｄ・Ｅの遺産分割協議に基づいて、Ｄが単独で取得した301号室に契約不適合があったときは、他の共同相続人Ｅは、Ｄに対し、売主と同様に、その相続分に応じて担保の責任を負う。

❹ **正しい** 民事執行法その他の法律の規定に基づく**競売における買受人**は、債務者に対し、契約の解除をし、または代金の減額を請求できる（568条１項、563条）。また、債務者が物や権利の不存在を知りながら申し出なかったとき、または債権者がこれを知りながら競売を請求したときは、**買受人**は、これらの者に対し、**損害賠償の請求**ができる（568条３項）。しかし、**競売の目的物の種類・品質に関する不適合**については、**当該責任を負わない**（同４項）。したがって、Ｆが競売によって取得した301号室に種類・品質に関する契約不適合があった場合、Ｆは、売主Ａに対し、契約不適合について損害賠償の請求はできない。

ハイレベル

正解 ❶

Ａが所有する甲マンションの201号室を賃料月額20万円としてＢに賃貸し、令和５年８月分の賃料をＣがＡに対して弁済しようとする場合に関する次の記述のうち、民法の規定によれば、誤っているものはどれか。

❶　ＡＢ間の賃貸借契約において、Ｂ以外の第三者の賃料支払を禁止していたときは、Ｃが弁済をするについて正当な利益を有していても、ＡはＣの弁済を拒絶することができる。

❷　ＡＢ間の賃貸借契約において、Ｂ以外の第三者の賃料支払を禁止又は制限していなかったときは、Ｃが弁済をするについて正当な利益を有していなくても、ＢがＣに弁済の委託をし、これをあらかじめＡに伝えていれば、ＡはＣの弁済を拒絶することができない。

❸　ＡＢ間の賃貸借契約において、Ｂ以外の第三者の賃料支払を禁止又は制限していなかった場合、Ｃが弁済をするについて正当な利益を有していても、Ｃの弁済がＢの意思に反していることをＡが知っていたときは、ＡはＣの弁済を拒絶することができる。

❹　ＡＢ間の賃貸借契約において、Ｂ以外の第三者の賃料支払を禁止又は制限していなかった場合、Ｃが弁済をするについて正当な利益を有していなくても、Ｃの弁済がＢの意思に反していることをＡが知らなかったときは、ＡはＣの弁済を受領することができる。

弁済するについて正当な利益を有する第三者➡債務者の意思に反し弁済可。

❶ **正しい**　債務の弁済は第三者もできるが（民法474条１項）、**当事者の意思表示**により、**第三者の弁済を禁止**し、又は**制限等することができる**（同４項後段）。したがって、ＡＢ間の賃貸借契約において、Ｂ以外の第三者の賃料支払を禁止していたときは、Ｃが弁済をするについて正当な利益を有していても、ＡはＣの**弁済を拒絶できる**。

❷ **正しい**　弁済をするについて正当な利益を有しない第三者は、**債権者の意思に反して**弁済できないので（474条３項本文）、債権者は、正当な利益を有しない第三者からの弁済がその意思に反するときは、その弁済の受領を拒絶できる。しかし、その第三者が**債務者の委託**を受けて弁済をする場合、そのことを**債権者が知っていたときは**、**弁済は**有効となる（同ただし書）。本肢では、ＢがＣに弁済を委託し、その旨をＡに伝えているので、ＡはＣの弁済を拒絶できない。

❸ **誤り**　**「Ｃの弁済がＢの意思に反していることをＡが知っていたときは、ＡはＣの弁済を拒絶できる」➡「弁済を拒絶できない」**

弁済をするについて正当な利益を有している第三者は、**債務者の意思に反しても**弁済できる（474条２項本文反対解釈）。したがって、Ｃの弁済がＢの意思に反していることをＡが知っているときでも、ＡはＣの弁済を拒絶できない。

❹ **正しい**　弁済をするについて正当な利益を有しない第三者は、**債務者の意思に反して**弁済できないので、その弁済は無効となるが（474条２項本文）、**債権者**が、その弁済が**債務者の意思に反することを**知らなかったときは、有効となる（同ただし書）。

正解 ❸

19 弁済・抵当権

□□□ CHECK!　H30-問13　重要度 B

Ａは、弟Ｂが事業資金500万円の融資をＣ銀行から受けるに際して、Ａが所有し、居住している甲マンションの103号室にＣ銀行のために抵当権を設定し、その登記もされた場合に関する次の記述のうち、民法及び区分所有法の規定によれば、正しいものはどれか。

❶　Ａは、ＢのＣ銀行に対する債務について、Ｂの意思に反してもＣ銀行に対して、第三者としての弁済をすることができる。

❷　Ｃ銀行の抵当権の効力は、Ａが有する共用部分の共有持分には及ばない。

❸　Ｃ銀行の抵当権の実行により、Ａが103号室の所有権を失った場合には、ＡはＢに対して求償することはできない。

❹　Ａが103号室を売却するときは、Ｃ銀行の承諾を得なければならない。

正当利益ある第三者➡債務者意思に反しても弁済OK。

❶ 
正しい　金銭債務の弁済について、**正当な利益を有しない第三者**は、債務者の意思に反することを債権者が知らなかった場合を除き、**債務者の意思に反して弁済できない**（民法474条２項）。しかし、Aは、BのC銀行に対する債務の**物上保証人**であるので、Bの債務の弁済について**正当な利益を有する**。したがって、Aは、Bの意思に反しても、C銀行に対して、第三者として弁済ができる。

❷ **誤り**　**「共用部分の共有持分には及ばない」➡「及ぶ」**

共用部分に関する共有者の持分は、その有する**専有部分の処分に従う**（区分所有法15条１項）。したがって、C銀行のA所有の103号室（専有部分）に対する抵当権の効力は、Aが有する共用部分の共有持分にも及ぶ。

❸ **誤り**　**「求償できない」➡「できる」**

物上保証人は、その債務を弁済した、または**抵当権の実行**によって**抵当目的物の所有権を失った**ときは、**債務者に対して求償ができる**（民法372条、351条）。したがって、C銀行の抵当権の実行により、Aが103号室の所有権を失った場合、AはBに対して求償できる。

❹ **誤り**　**「C銀行の承諾を得なければならない」➡「承諾を得る必要はない」**

物上保証人は、**抵当権者の承諾を得ることなく**、**抵当目的物**を**売却できる**。なぜなら、抵当権者C銀行は、103号室の売却代金に物上代位でき（372条、304条）、また、抵当権の登記があれば、103号室を買い受けた者に対しても抵当権を対抗できるため、C銀行の不利益にならないからである（177条）。

正解 ❶

Aがその所有する甲マンションの101号室を、賃料を月額10万円としてBに賃貸し、これを使用中のBが、Aに対し、5月分の賃料10万円の支払を怠った場合に関する次の記述のうち、民法の規定及び判例によれば、誤っているものはどれか。なお、AB間に相殺禁止の特約はないものとし、遅延利息については考慮しないものとする。

❶　Bは101号室の敷金として20万円をAに差し入れているが、Bは、Aに対し、当該敷金返還請求権20万円のうち10万円と5月分の賃料10万円とを相殺することはできない。

❷　Bが101号室の故障したガス給湯設備の修繕費用として適切である10万円を支出し、AB間に費用負担の特約がないときは、Bは、Aに対し、当該費用の償還請求権10万円と5月分の賃料10万円とを相殺することができる。

❸　BがAに対し弁済期が到来した50万円の貸金債権を有しているとき、Bは、Aに対し、当該貸金債権と101号室の5月分の賃料10万円及びいまだ支払期限の到来していない6月から9月までの賃料40万円とを相殺することができる。

❹　AがBに対して悪意による不法行為を行った結果、BがAに対する損害賠償債権30万円を有しているとき、Bは、Aに対し、損害賠償債権30万円のうち10万円と101号室の5月分の賃料10万円とを相殺することはできない。

不法行為に基づく損害賠償請求権を自働債権とする相殺は可。

❶ **正しい** 賃貸人は、敷金を受け取っている場合、「**賃貸借が終了**し、かつ、賃貸物の**返還を受けた**とき」は、賃借人に対し、その受け取った敷金の額から賃貸借に基づいて生じた賃借人の賃貸人に対する金銭の給付を目的とする債務の額を控除した残額を**返還**しなければならない（民法622条の2第1項1号）。他方、賃借人は、賃貸人に対し、敷金をその債務の弁済にあてることを請求できない（同2項後段）。本問では、Bが101号室を「使用中」である。BからAに対し、敷金返還請求権20万円のうち10万円と5月分の賃料10万円とを相殺できない。

❷ **正しい** 賃借人は、賃借物について賃貸人の負担に属する**必要費**を支出したときは、賃貸人に対し、**直ちにその償還を請求できる**（608条1項）。よって、Bは、Aに対して、必要費であるガス給湯設備の修繕費用10万円の償還を直ちに請求できるため、当該費用の償還請求権10万円と5月分の賃料10万円とを相殺できる（505条1項本文）。

❸ **正しい** 相殺をするには、双方の債権が弁済期にあること（＝相殺適状）が必要だが（505条1項本文）、相殺をする者は、受働債権について期限の利益を放棄できる（136条2項本文）。本肢のBの50万円の貸金債権（自働債権）は弁済期が到来しているので、Bは、Aに対し、当該「貸金債権50万円」と、「5月分の賃料10万円および期限の利益を放棄して受働債権の弁済期が現実に到来したものと扱う6月～9月の賃料40万円」（計50万円）とを相殺できる。

❹ **誤り** **「相殺できない」➡「できる」**

被害者Bの有する**悪意による**不法行為**に基づく損害賠償請求権**を、受働債権とする相殺はできないが、**自働債権**とする相殺（Bからの相殺）はできる（509条1号）。本肢は、BがAに対して有する悪意による不法行為に基づく損害賠償請求権30万円を自働債権とする相殺なので、Bは、Aに対し、損害賠償請求権30万円のうちの10万円と、5月分の賃料10万円とを相殺できる。

正解 ❹

21 詐害行為取消権

□□□ CHECK!　R5-問13　重要度 B

甲マンション301号室を所有するAは、その債権者Bを害することを知りつつ、301号室をCに贈与し、その旨の所有権移転登記がされた。Bが、Aのした贈与について、Cに対して詐害行為取消請求をする場合に関する次の記述のうち、民法の規定及び判例によれば、正しいものはどれか。

❶ Bによる詐害行為取消請求に係る訴えは、AがBを害することを知って行為をした時から2年を経過したときは提起することができない。

❷ BのAに対する債権がAのCに対する贈与の前の原因に基づいて生じたものではない場合には、Bは詐害行為取消請求をすることができない。

❸ 甲マンション301号室の時価が900万円、BのAに対する債権が400万円である場合には、Bは、400万円の限度においてのみ、Aのした贈与の取消しを請求することができる。

❹ Bは、Cに対する詐害行為取消請求において、Aのした贈与の取消しとともに、直接自己に甲マンション301号室の所有権移転登記をするよう請求することができる。

詐害行為取消権による被保全債権は、詐害行為前の原因によるもの。

❶  **誤り** 「行為をした時から」⇒「行為をしたことをBが知った時から」

詐害行為取消請求に係る訴えには、出訴期間の制限があり、債務者が債権者を害することを知って行為をしたことを債権者が「知った時」から2年を経過したときは、提起できない（民法426条）。

❷ **正しい** 詐害行為取消権は、債権者の債権を害する債務者の行為を取り消して、元の状態に戻すことにより責任財産を保全するものであるから、詐害行為取消権により保全される債権（被保全債権）は、詐害行為前の原因に基づいて生じたものでなければならない（424条3項）。したがって、BのAに対する債権がAのCに対する贈与の前の原因に基づいて生じたものではない場合には、Bは詐害行為取消請求ができない。

❸  **誤り** 「自己の債権額の限度のみ取消し請求ができる」

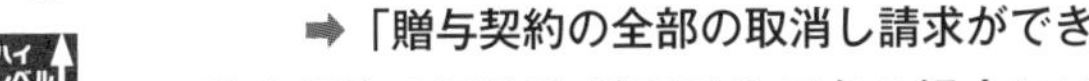
➡「贈与契約の全部の取消し請求ができる」

詐害行為の目的物が不可分である場合には、目的物の時価が被保全債権の額を上回るとしても、詐害行為全体を取り消して、目的物自体の回復を求めることができる（424条の8第1項参照、判例）。Aの贈与の目的物である301号室は不可分であるから、301号室の時価（900万円）が被保全債権であるBのAに対する債権の額（400万円）を上回る場合でも、BはAの贈与全体を取り消すことができる。

❹  **誤り** 「Bは、直接自己に所有権移転登記をするよう請求できない」

不動産が債務者の責任財産から逸出するということは、実質的には、債務者から受益者に対して所有権移転登記がなされていることになる。そこで債権者は、受益者に対して、登記の原因行為である法律行為の詐害行為による取消し請求と、これに基づく所有権移転登記抹消請求をすることになる。詐害行為取消権は、債務者の責任財産を保全するために認められるから、直接債権者であるBに、所有権移転登記をするように請求できない（判例）。

正解 ❷

Aは、甲マンション503号室を購入するに当たり、購入資金に充てるための金銭をB銀行から借り受けた。その際、この借入金債務について、Aの姉Cが、Bとの間で、Aと連帯して保証する旨の契約（以下「本件保証契約」という。）を書面で結んだ。この場合に関する次の記述のうち、民法の規定によれば、誤っているものはどれか。

❶ Aの委託を受けないで本件保証契約を結んだCは、Aの委託がないことを理由に本件保証契約を取り消すことはできない。

❷ Bが本件保証契約に基づいて債務の履行をCに対して請求した場合に、Cは、Aに弁済をする資力があり、かつ、Aの財産に対する執行が容易であることを証明することによって、Bの請求を拒むことができる。

❸ AがBに対する借入金債務を承認したことによる時効の更新は、Cに対してもその効力を生じ、本件保証契約に基づくCの債務についても時効の更新の効力が生じる。

❹ Cは、Aの委託を受けて本件保証契約を結んだ場合において、Aに代わってBに弁済をしたときは、Aに対し、そのために支出した財産の額（その財産の額がその債務の消滅行為によって消滅した主たる債務の額を超える場合、その消滅した額）の求償権を取得する。

連帯保証人には、催告の抗弁権・検索の抗弁権がない。

❶ **正しい** 保証契約は、債権者と保証人との間で締結される。したがって、主たる債務者Aの**委託を受けず**に保証契約を締結した保証人Cは、それを理由に当該契約を**取り消すことはできない**。

❷ **誤り** 「拒むことができる」➡「できない」

債権者が保証人に債務の履行を請求した場合、保証人は、まず主たる債務者に催告するよう請求できる（「**催告の抗弁権**」民法452条本文）。また、債権者が主たる債務者に催告をした後であっても、保証人が主たる債務者に弁済をする資力があり、かつ、執行が容易であることを証明したときは、債権者は、まず主たる債務者の財産について執行をしなければならない（「**検索の抗弁権**」453条）。しかし、「**連帯**」**保証人**には、**催告の抗弁権・検索の抗弁権がない**（454条）。

❸ **正しい** **主たる債務者**に対する履行の請求その他の事由による**時効の**完成猶予および**更新**は、**保証人**に対しても、その**効力を生ずる**（457条1項）。そして、債務の**承認**は、時効の**更新**事由である（152条1項）。したがって、主たる債務者Aが債権者に対して承認をした場合、主たる債務の消滅時効のみならず、Cの**保証債務の消滅時効も**更新する。

❹ **正しい** 保証人が主たる債務者の**委託を受けて保証**をした場合、**主たる債務者に代わって弁済**その他自己の財産をもって債務を消滅させたときは、その保証人は、**主たる債務者**に対し、そのために**支出した財産の額**（その財産の額がその債務の消滅行為によって消滅した主たる債務の額を超える場合は、その消滅した額）の求償権を取得する（459条1項）。

【保証と連帯保証の相違点】

○＝あり　×＝なし

	分別の利益	催告の抗弁権	検索の抗弁権
保　証	○	○	○
連帯保証	×	×	×

正解 ❷

Ａがその所有する甲マンションの301号室をＢに賃貸し、ＣがＢの賃料支払債務について連帯保証した場合に関する次の記述のうち、民法の規定及び判例によれば、誤っているものはどれか。

❶　Ｂが賃料の支払を怠り、Ａから保証債務の履行を請求されたＣは、Ａに対し、まずＢに対して賃料支払の催告をするよう請求することはできない。

❷　ＡＢ間の賃貸借契約において賃料債務についての遅延損害金の定めがない場合には、ＡＣ間の連帯保証契約において保証債務についてのみ遅延損害金を定めることはできない。

❸　Ｂの賃料支払債務が時効により消滅した場合、Ｂが時効の利益を放棄しても、Ｃは自ら賃料支払債務の消滅時効を援用し、保証債務を免れることができる。

❹　ＡがＣに対して保証債務の履行を請求し、その時効の更新が生じても、ＡとＢが別段の意思表示をしない限り、Ｂに対する時効更新の効力は生じない。

連帯保証人への履行請求で時効更新発生 ➡ 主たる債務者への時効更新発生せず。

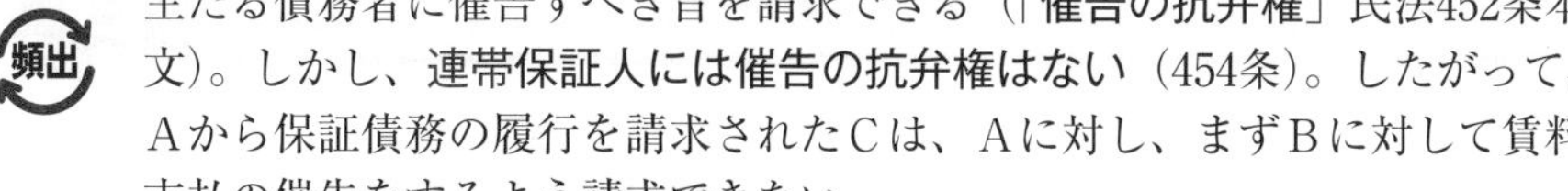

❶ **正しい** 債権者が保証人に債務の履行を請求したときは、保証人は、まず主たる債務者に催告すべき旨を請求できる（「**催告の抗弁権**」民法452条本文）。しかし、**連帯保証人には催告の抗弁権はない**（454条）。したがって、Aから保証債務の履行を請求されたCは、Aに対し、まずBに対して賃料支払の催告をするよう請求できない。

❷ **誤り** **「遅延損害金を定めることはできない」➡「できる」**

保証人は、その**保証債務についてのみ、違約金又は損害賠償の額を約定**できる（447条２項）。このことは、連帯保証においても同じである。したがって、ＡＢ間の賃貸借契約において賃料債務についての遅延損害金の定めがない場合でも、ＡＣ間の連帯保証契約において保証債務についてのみ遅延損害金を定めることが「できる」。

❸ **正しい** **主たる債務者が時効の利益を放棄しても、保証人にその効力を及ぼさない**（判例）。時効の利益の放棄は当事者の意思を尊重するものであるから、その効力も相対的である。そして、このことは連帯保証においても同じである。したがって、Bが時効の利益を放棄しても、Cは自ら賃料支払債務の消滅時効を援用して、保証債務を免れることができる。

❹ **正しい** **保証人について生じた事由は、主たる債務者にその効力を及ぼさない**（保証債務の付従性）。そして、**連帯保証**においては**連帯債務の絶対効の規定等が準用されるが**（458条）、連帯債務において**履行の請求**は、債権者及び連帯債務者の１人が別段の意思表示をしない限り、**他の連帯債務者に対してその効力を生じない**（相対効）とされている（441条）。したがって、AのCに対する保証債務の履行の請求はBに対して効力を生じないので、AがCに対して保証債務の履行の請求をしてその時効の更新が生じても（147条参照）、Bに対する時効の更新の効力は生じない。

正解 ❷

Ａがその所有する甲マンションの301号室をＢに対して期間を３年と定めて賃貸し、ＣがＢのためにＡとの間で保証契約を締結した場合における次の記述のうち、民法の規定及び判例によれば、正しいものはどれか。

❶　ＡとＢとの間で賃貸借契約が合意更新された場合、Ｃは更新後も保証を継続する旨の意思表示をしない限り更新後の賃料債務については保証債務を負わない。

❷　Ｂの賃料不払により賃貸借契約が解除された場合、Ｃは未納賃料のみならず、Ｂが301号室を契約に基づき返還すべきところ返還しないことによってＡが被った損害の賠償債務についても保証債務を負う。

❸　ＣがＢと連帯して保証する旨の特約があり、Ｂの賃料不払によりＡがＣに対して保証債務の履行を請求した場合、ＣはＡに対し、まずＢに対して履行の催告をするように請求することができる。

❹　Ｂの賃料債務が時効により消滅した場合であっても、Ｃが保証債務の存在を承認したときには、Ｃは保証債務を免れない。

保証債務は、主たる債務に対し付従性を有する。

❶ **誤り** 「保証債務を負わない」➡「負う」

期間の定めのある建物の賃貸借において、賃借人のために保証人が賃貸人との間で保証契約を締結した場合には、**反対の趣旨をうかがわせるような特段の事情のない限り、保証人が更新後の賃貸借から生ずる賃借人の債務についても保証の責めを負う**趣旨で合意がされたものと解するのが相当であり、保証人は、賃貸人において保証債務の履行を請求することが信義則に反すると認められる場合を除き、**更新後の賃貸借から生ずる賃借人の債務についても保証の責めを免れない**（判例）。したがって、更新後の賃料債務については保証債務を負う。

❷ **正しい** 保証人は、主たる債務者がその債務を履行しないときに、その**履行をする責任を負う**（民法446条１項）。そして、保証債務は、主たる債務に関する利息・違約金・**損害賠償**その他その債務に従たるすべてのものを**包含する**（447条１項）。また、契約当事者の保証人は、特に反対の意思表示のない限り、債務不履行により契約が解除された場合における**原状回復義務についても責任を負う**（判例）。

❸ ハイレベル **誤り** 「請求できる」➡「できない」

連帯保証人には、**催告の抗弁権・検索の抗弁権は認められていない**（454条、452条、453条）。したがって、ＣはＡに対し、まずＢに対して履行の催告をするように請求できない。

❹ 頻出 **誤り** 「保証債務を免れない」➡「免れる」

保証債務は、主たる債務に対して付従性を有する（448条参照）。そのため、主たる債務であるＢの賃料債務が時効により消滅すると、Ｃの**保証債務も消滅**する。したがって、Ｃは保証債務を免れる。

正解 ❷

Ａが所有する甲マンションの301号室をＢに対して賃貸し、ＣがＢの委託を受けてＢのＡに対する賃借人の債務についてＡとの間で書面によって保証契約を締結した場合に関する次の記述のうち、民法の規定によれば、誤っているものはどれか。

❶　ＡとＣとの保証契約が令和元年５月１日に締結された場合、法人でないＣが極度額を当該契約書面に記載せずに保証契約を締結したときは、その契約は有効である。

❷　ＡとＣとの保証契約が令和６年５月１日に締結された場合、法人であるＣが極度額を当該契約書面に記載せずに保証契約を締結したときは、その契約は無効である。

❸　ＡとＣとの保証契約が令和６年５月１日に締結された場合、法人でないＣが極度額を当該契約書面に記載せずに保証契約を締結したときは、その契約は無効である。

❹　ＡとＣとの保証契約が令和６年５月１日に有効に締結された場合、法人でないＣがＡに対してＢの賃料支払状況に関する情報を求めたときは、Ａは遅滞なくこれをＣに提供しなければならない。

個人根保証契約は、極度額を定めなければ、その効力を生じない。

❶ **正しい**　**個人根保証契約は、極度額を定めなければ、その効力を生じない**（民法465条の２第２項）。ただし、この規定の**施行日**は、**令和２年４月１日**であり、**それ以前に締結された保証契約には適用されない**。本肢の保証契約は、**令和元年５月１日**に締結されたものであるから、**極度額の定めがなくとも有効**である。

❷ **誤り**　**「無効である」➡「有効である」**

極度額を定めなければ効力を生じない根保証契約は、保証人が**個人**（自然人）の場合である（465条の２第２項）。したがって、保証人が**法人**の場合には、**極度額の定めがなくとも有効**である。

❸ **正しい**　❷解説参照。本肢の保証契約は、保証人が**個人**（自然人）の場合であるため、**極度額の定めがなければ無効**である。

❹ **正しい**　保証人が主たる債務者の委託を受けて保証をした場合、**保証人の請求**があったときは、債権者は、保証人に対し、遅滞なく、主たる債務の元本及び主たる債務に関する利息・違約金・損害賠償その他その債務に従たる全てのものについての**不履行の有無**並びにこれらの残額及びそのうち弁済期が到来しているものの額に関する**情報を提供しなければならない**（「**主たる債務の履行状況に関する情報の提供義務**」458条の２）。

正解 ❷

Aがその所有する甲マンションの301号室を、Bに事務所として賃貸したところ、Bの事業の執行中に従業員Cの過失により同室で火災が発生し、当該火災により、同室及びその直下のD所有の201号室にそれぞれ損害が生じた。この場合に関する次の記述のうち、民法及び失火法の規定並びに判例によれば、誤っているものはどれか。

❶ 当該火災が成年Cの重過失による場合には、BのCに対する監督についての過失の有無にかかわらず、Dは、Cに対し、損害賠償を請求することができる。

❷ 当該火災が16歳のCの重過失による場合において、BのCに対する監督について重過失があるときは、Dは、Bに対し、損害賠償を請求することができる。

❸ 当該火災が成年Cの重過失による場合には、BのCに対する監督について重過失があるときに限り、Dは、Bに対し、損害賠償を請求することができる。

❹ 当該火災が成年Cの重大ではない過失による場合において、BのCに対する監督について重大ではない過失があるときは、Aは、Bに対し、損害賠償を請求することができることがある。

不法行為責任は、失火者に重過失がなければ免責される。

民法上、原則として、故意・過失によって他人の権利または法律上保護されるべき利益を侵害した者は、これによって生じた損害を賠償する責任を負う（「**一般不法行為責任**」、民法709条）。もっとも、この不法行為責任は、失火の場合に失火者に重過失があったときを除いて、免除される（失火責任法）。これは、失火者に失火による過大な責任が生ずることを軽減するための規定である。

上記を前提に、以下、検討する。

❶ **正しい**　当該火災は、失火者であるＣ自身の重過失によるものであるため、Ｃの不法行為責任は**免除されない**。したがって、ＤはＣに対し、損害賠償を請求できる（民法709条）。

なお、本肢の損害賠償請求は、失火者であるＣに対するものなので、ＢのＣに対する監督についての過失の有無には関係がないことに注意。

❷ **正しい**　本肢の「ＤのＢに対する損害賠償請求」は、不法行為責任のうちの**使用者責任**に基づくものである（715条１項本文）。この使用者責任は、被用者に「一般不法行為責任」が成立することを前提に生じるが、**使用者が被用者の選任**およびその事業の**監督について相当の注意をした**（無過失の）とき、または相当の注意をしても損害が生ずべきであったときには、**免除**される（同項ただし書）。本肢では、失火者である**被用者Ｃに重過失**があり、加えて**使用者Ｂにも**被用者Ｃの**監督について重過失**があるので、Ｂは**使用者責任を負う**。

なお、本肢の火災は未成年者Ｃの重過失によるものであるが、「16歳」は、不法行為責任が免除される責任無能力者とは扱われないことに注意。

❸ **誤り**　**「ＢのＣに対する監督について重過失があるときに限り」➡「限られない」**

❶❷解説参照。本肢では、**失火者である被用者Ｃ**自身**に重過失**があるため、**使用者ＢにＣの選任・監督について**「過失」があり**さえすれば、使用者責任を負う**（判例）。したがって、Ｂが被害者Ｄに対して使用者責任を負うのは、**ＢのＣに対する監督について**重過失**がある場合**に限られない。

❹ **正しい**　❶❷解説参照。本肢では、失火者である**被用者Ｃに重過失がなく**、ＣはＡに対して**不法行為責任を負わない**ため、**ＢのＡに対する**使用者責任は免責される。しかし、**失火責任法**は、債務不履行には適用されない（判例）。したがって、ＡはＢに対して、**「債務不履行」に基づく損害賠償を請求できることがある**（415条１項）。

正解 ❸

甲マンション管理組合Aの組合員であるBが所有する住戸部分をCに賃貸していたところ、当該住戸の道路側の外壁タイルが自然に落下して、通行人Dが負傷した。この場合に関する次の記述のうち、民法及び区分所有法の規定並びに判例によれば、誤っているものはどれか。

❶ Dは、土地の工作物の設置又は保存の瑕疵（かし）によって損害を被ったとして、その工作物の共用部分の所有者である区分所有者全員に対して、その共有持分の範囲で分割債権として損害賠償請求することになる。

❷ Cが、共用部分の維持管理に関与できる立場になく、損害の発生を防止するのに必要な注意を払う義務がない場合には、Dは、Cに対して損害賠償請求をすることはできない。

❸ 外壁タイルの落下原因が、大規模修繕工事において外壁タイル工事を実施した工事業者の施工不良にあっても、A及びAを構成する区分所有者全員が、Dに対して損害賠償責任を負うことになる。

❹ 甲マンションの建設当時から、建物としての基本的な安全性を欠いていることが原因である場合には、建物の建築を担った設計士、施工業者、工事監理者は、特段の事情がない限り、Dの損害について、それぞれ連帯して不法行為に基づく損害賠償責任を負うことになる。

被害者は、損害全額の賠償請求ができる。

❶ **誤り 「その共有持分の範囲で分割債権として」➡「その全額を」**

本問は、「住戸の道路側の外壁タイルが自然に落下」とあるので、甲マンションの**共用部分に瑕疵**があることは明らかである。マンションを含む土地の工作物の**設置又は保存に瑕疵**があることによって他人に損害を生じたときは、その工作物の**占有者**は、被害者に対してその**損害を賠償する責任**を負う。ただし、占有者が**損害の発生を防止するのに必要な注意**をしたときは、**所有者**がその損害を**賠償**しなければならない（「**工作物責任**」民法717条１項）。そして、共用部分は、**区分所有者全員の共有**に属するので（区分所有法11条１項本文）、共用部分を**占有**し、**所有**する者は、通常**区分所有者全員**ということになる。すると、外壁タイルの落下の防止について必要な注意をしていなかった占有者である区分所有者は「占有者」として、また、注意をしていた区分所有者全員は「所有者」として、Ｄに対して**損害賠償責任**を負う。この損害賠償責任は、**連帯して損害を賠償する責任**を負う関係にある。したがって、Ｄは、損害の全額の賠償請求ができる。

❷ **正しい** Ｃは、甲マンションの占有者であるが、共用部分の維持管理に関与できる立場になく、損害の発生を防止するのに**必要な注意を払う義務がない**ので、外壁タイルの落下についての**過失が認められない**。すると、Ｃは、Ｄに対して、**占有者としての工作物責任を負うことはない**し（❶解説参照）、**一般の不法行為責任を負うこともない**（民法709条）。したがって、Ｄは、Ｃに対して、損害賠償請求はできない。

❸ **正しい** ❶解説のとおり、管理組合Ａを構成する**区分所有者全員**は、Ｄに対して**損害賠償責任**を負う。また、**管理組合Ａ**は、共用部分を管理すべき立場にあるので（区分所有法３条）、その**管理に落ち度**があれば、Ｄに対して**損害賠償責任**を負う（民法709条）。この損害賠償責任は、外壁タイルの落下原因が工事業者の施工不良にあったとしても、否定されない。なお、Ｄに対して損害を賠償した管理組合Ａ及びＡを構成する区分所有者全員は、当該工事業者に求償することができる（717条３項参照）。

❹ **正しい** 外壁タイルの落下原因が、甲マンションの建設当時から建物としての基本的な安全性を欠いていることにある場合には、建物の建築を担った設計士・施工業者・工事監理者の**共同不法行為**となる（719条１項前段）。したがって、本肢の設計士・施工業者・工事監理者は、特段の事情がない限り、Ｄの損害について、それぞれ**連帯**して不法行為に基づく損害賠償責任を負う。

ハイレベル

正解 ❶

甲マンションの501号室に居住するAは、令和3年5月1日午後1時、同室のベランダに干していた布団を誤って屋外に落としてしまい、Bが所有し運転していた自転車に落下した布団が当たり、同自転車が転倒し破損するとともに、転倒したBが負傷した。その後、Bには後遺症が残ったものの、Bの治療が令和3年7月31日に終了し、同日に症状固定の診断を受けた場合に関する次の記述のうち、民法の規定及び判例によれば、正しいものはどれか。ただし、BはAが布団を誤って屋外に落としたことを事故当日に知っており、時効の更新事由あるいは完成猶予事由はないものとする。

❶ BのAに対する人身傷害に係る損害賠償請求権は、令和8年7月31日の経過時に時効により消滅する。

❷ BのAに対する自転車損傷に係る損害賠償請求権は、令和8年5月1日の経過時に時効により消滅する。

❸ BのAに対する人身傷害に係る損害賠償請求権は、令和8年5月1日の経過時に時効により消滅する。

❹ BのAに対する自転車損傷に係る損害賠償請求権は、令和6年7月31日の経過時に時効により消滅する。

不法行為による賠償請求権消滅時効➡人身被害者等が損害と加害者を知って5年。

❶ **正しい** **人の生命・身体を害する不法行為による損害賠償の請求権**は、被害者又はその法定代理人が**損害及び加害者を知った時から５年間行使しないときは時効によって消滅する**（民法724条の２、724条１号）。被害者であるＢは、加害者がＡであることを事故当日に知っている。そして、令和３年７月31日に**症状固定の診断を受けた時点が**、ＢがＡによる不法行為の**損害を知った時**となる（判例）。したがって、ＢのＡに対する人身傷害に係る損害賠償請求権の**消滅時効の起算点は令和３年７月31日**となり、**令和８年７月31日の経過時**に時効により消滅する。

❷ **誤り** **「令和８年５月１日の経過時に時効により消滅する」**
➡「令和６年５月１日の経過時に時効により消滅する」

ひっかけ

人の生命・身体を害する不法行為**「以外」**の**不法行為による損害賠償請求権**の消滅時効期間は、被害者又はその法定代理人が**損害及び加害者を知った時から３年間**である（724条１号）。自転車損傷の結果が生じたのは令和３年５月１日であり、Ｂは、その日に加害者がＡであることを知っている。したがって、**令和３年５月１日**が自転車損傷による損害賠償請求権の**消滅時効の起算点**となり、この請求権が**時効により消滅するのは令和６年５月１日の経過時**となる。

❸ **誤り** **「令和８年５月１日の経過時に時効により消滅する」**
➡「令和８年７月31日の経過時に時効により消滅する」

ひっかけ

❶解説参照。ＢのＡに対する人身傷害に係る損害賠償請求権の**消滅時効の起算点**は、**令和３年５月１日ではなく**、**令和３年７月31日**であるから、令和８年７月31日の経過時に時効により消滅する。

❹ **誤り** **「令和６年７月31日の経過時に時効により消滅する」**
➡「令和６年５月１日の経過時に時効により消滅する」

ひっかけ

❷解説参照。ＢのＡに対する自転車損傷による損害賠償請求権の**消滅時効の起算点**は、**令和３年７月31日ではなく**、**令和３年５月１日**であるから、令和６年５月１日の経過時に時効により消滅する。

正解 ❶

Aは、甲マンションの202号室を所有して居住しているが外国出張で不在にしており、Bは、その隣室である203号室を所有して居住しており在室していた。この場合に関する次の記述のうち、民法の規定によれば、誤っているものはどれか。なお、各記述におけるBの行為は、Aの意思や利益に明らかに反しないことを前提とする。

❶ 台風による強風で飛来物が衝突し202号室の窓ガラスが割れた場合には、Bは、Aから依頼を受けていなくても、割れた窓ガラスを修理することができるが、その修理作業は、最もAの利益に適合する方法によって行わなければならない。

❷ 台風による強風で飛来物が衝突し202号室の窓ガラスが割れた場合には、Bは、Aから依頼を受けていなくても、割れた窓ガラスを修理することができるが、その修理費用は、Bが負担しなければならない。

❸ 台風による強風で飛来物が衝突し202号室の窓ガラスが割れた場合には、Bは、Aから依頼を受けていなくても、割れた窓ガラスを修理することができるが、そのことをAが知らない場合には遅滞なくAに通知しなければならない。

❹ 202号室の室内で火災が発生していたため、Bがやむを得ずベランダから進入し、202号室の窓ガラスを割って室内に入り消火作業をした場合には、BはAに窓ガラスの修理費用を支払う必要はない。

義務のない他人の管理者は、本人利益に適合する最良方法で事務管理する。

他人の物を管理する場合、通常は、委任契約等に基づいて行われるが、そのような契約関係がなく、**義務を負っていないのに、他人のために何らかの行為を行う**ことも想定される。このような場合に**事務管理**の規定（民法697条以下）が適用される。以下、これを前提に検討する。

❶ **正しい** **義務なく他人のために事務の管理を始めた者**（以下「管理者」という）は、その事務の性質に従い、**最も本人の利益に適合する方法によって、その事務の管理をしなければならない**（「事務管理」697条１項）。したがって、本肢のＢは、Ａの依頼を受けずに、他人であるＡのために、隣室の割れた窓ガラスの修理を事務管理として行う場合、最も本人の利益に適合する方法によって行う必要がある。

❷ **誤り** **「修理費用は、ＢではなくＡが負担しなければならない」**

管理者は、本人のために**有益な費用を支出したとき**は、**本人に対し、その償還を請求できる**（702条１項）。この「有益な費用」には必要費も含まれる（判例）。したがって、隣室の割れた窓ガラスの修理を事務管理として行った場合、Ｂは、その修理費用をＡに対して請求できる。

❸ **正しい** **管理者**は、**本人が既に知っている場合を除いて、事務管理を始めたことを遅滞なく本人に通知**しなければならない（699条）。したがって、Ｂが隣室の割れた窓ガラスの修理を事務管理として行う場合、Ｂは、Ａがそのことを知らない場合には、遅滞なくＡに通知しなければならない。

ハイレベル

❹ **正しい** **管理者**は、本人の身体、名誉又は財産に対する**急迫の危害を免れさせるために事務管理**（緊急事務管理）をしたときは、**悪意又は重大な過失があるのでなければ**、これによって生じた**損害を賠償する責任を負わない**（698条）。Ｂが火災によるＡの財産の焼失を免れさせるために、202号室の窓ガラスを割って消火作業を行ったことは、緊急事務管理に該当するので、Ｂは、窓ガラスの修理費用を支払う必要はない。

ハイレベル

正解 ❷

甲マンションの301号室を所有するＡが、長期間入院することとなり、その間の同室の日常的管理を302号室のＢに委託した。この委託が準委任に当たるとされる場合に関する次の記述のうち、民法の規定によれば、正しいものはどれか。

❶ Ｂが報酬の特約をして管理を受託したときは、Ｂは301号室を自己のためにすると同一の注意をもって管理すれば足りる。

❷ Ｂが報酬の特約をして管理を受託したときは、委託事務を処理するための費用の前払を請求することはできない。

❸ Ｂは、Ａに不利な時期であってもＡＢ間の委託契約を解除することができ、やむを得ない事由があればＡに損害が生じたときでもＡの損害を賠償する義務は生じない。

❹ Ａが後見開始の審判を受けたときは、ＡＢ間の委託契約は終了する。

受任者は、善管注意義務を負う。

準委任（法律行為でない事務の委託）には、委任に関する規定が準用される（民法656条）。

以下、このことを前提に解説をする。

❶ 誤り 「自己のためにすると同一の注意」➡「善良な管理者の注意」

受任者は、委任の本旨に従い、善良な管理者の注意をもって、委任事務を処理する義務を負う（644条）。したがって、Bは、301号室を善良な管理者の注意をもって管理しなければならない。なお、このことは、委任について報酬の特約の有無を問わない。

❷ 誤り 「費用の前払を請求できない」➡「できる」

委任事務の処理について費用を要するときは、委任者は、受任者の請求により、その前払をしなければならない（649条）。したがって、Bは、Aに対して、委託事務を処理するための費用の前払請求ができる。なお、このことは、委任について報酬の特約の有無を問わない。

❸ 正しい 委任は、各当事者がいつでもその解除ができる（651条1項）。委任の解除をした者は、①相手方に不利な時期に委任の解除をしたとき、②委任者が受任者の利益（専ら報酬を得ることによるものを除く）をも目的とする委任を解除したときには、やむを得ない事由があったときを除き、相手方の損害を賠償しなければならない（同2項）。したがって、Bは、Aに不利な時期であってもAB間の委託契約を解除することができ、また、本肢のようにやむを得ない事由があれば、Aに損害が生じても、Aの損害を賠償する義務を負わない。

❹ 誤り 「終了する」➡「終了しない」

委任は、①委任者の死亡・破産手続開始の決定、②受任者の死亡・破産手続開始の決定・「後見開始の審判」により終了する（653条）。したがって、後見開始の審判を受けたのが、受任者Bではなく委任者Aであれば、AB間の委任契約は終了しない。

正解 ❸

甲マンションの305号室を所有するAは、同室のキッチンの設備が老朽化したことから、業者Bとの間で、その設備を報酬100万円でリニューアルする旨の請負契約を締結した。この場合における次の記述のうち、民法の規定によれば、正しいものはどれか。

❶ ＡＢ間での請負契約に係る別段の特約のない限り、Ａは、Ｂがリニューアルの工事に着手するのと同時に、報酬100万円をＢに支払わなければならない。

❷ Ｂは、リニューアルの工事を完成させるまでの間であれば、いつでもＡに生じた損害を賠償して請負契約を解除することができる。

❸ Ｂがリニューアルの工事を完成させるまでの間にＡが破産手続開始の決定を受けた場合であっても、Ｂは、請負契約を解除することができない。

❹ Ｂはリニューアルの工事を完成させたがその工事の品質に関して契約の内容に適合しない仕事の目的物をＡに引き渡した場合において、Ｂがその材料が不適当であることを知りながら告げなかったとき等を除き、Ａは、Ａの供した材料の性質によって生じた不適合を理由として、履行の追完の請求をすることができない。

請負人が仕事を完成しない間➡注文者はいつでも損害を賠償して解除できる。

❶ **誤り 「工事に着手するのと同時」➡「工事が完成した後」**

本肢の工事は305号室のキッチン設備のリニューアルであり、工事の完成後に**引渡しを要しない**。この場合、報酬は、**工事が完成した後に支払う**ことになる（民法633条ただし書・624条１項）。したがって、「工事に着手するのと同時に支払わなければならない」のではない。

❷ **誤り 「Bは…Aに生じた損害を賠償して…」**
➡「Aは…Bに生じた損害を賠償して…」

請負人が仕事を完成しない間に、いつでも損害を賠償して契約の解除ができるのは、**注文者**である（641条）。したがって、「Bは解除できる」のではない。

❸ **誤り 「解除できない」➡「できる」**

ひっかけ

注文者が破産手続開始の決定を受けたときは、**請負人**または破産管財人は、**契約の解除が**「**できる**」が、**請負人**による契約の解除については、仕事を**完成した後はできない**（642条１項）。したがって、「Bは解除できない」のではない。

❹ **正しい** 請負人が種類または**品質**に関して**契約不適合**な仕事の目的物を注文者に引き渡した場合（引渡しを要しない場合は、仕事終了時に仕事の目的物が種類または品質に関して契約不適合のとき）において、**注文者**は、**注文者の供した材料の性質**または注文者の与えた指図によって生じた不適合を理由として、①**履行追完請求**、②報酬の減額の請求、③損害賠償請求および④契約解除が**できない**。ただし、**請負人**がその**材料**または指図が**不適当であることを知りながら告げなかった**ときは、**各種請求**や解除行使が**できる**（636条）。

正解 ❹

甲マンションの201号室の区分所有者Aが死亡し、その配偶者Bと未成年の子Cが同室の所有権を相続し、BとCが各$\frac{1}{2}$の共有持分を有し、その旨の登記がなされている場合における次の記述のうち、民法の規定及び判例によれば、正しいものはどれか。

❶　Bが金融機関から自己を債務者として融資を受けるに当たり、201号室の区分所有権全部について抵当権を設定しようとする場合に、Cの持分に係る抵当権の設定については、BはCのために特別代理人を選任することを家庭裁判所に請求しなければならない。

❷　Bが、Cに区分所有権全部を所有させるため、自己の持分を無償で譲渡する場合でも、BはCのために特別代理人を選任することを家庭裁判所に請求しなければならない。

❸　201号室の区分所有権全部を第三者に売却する場合、Cの持分の売却について、BはCのために特別代理人を選任することを家庭裁判所に請求しなければならない。

❹　201号室に係る固定資産税等の公租公課について、未成年者であるCが支払うに当たって、BはCのために特別代理人を選任することを家庭裁判所に請求しなければならない。

親権者の利益相反行為➡外形上子には不利益、親権を行う父母には利益となる行為。

本問でいう「利益相反行為」について、親権者は、その子のために**特別代理人を選任することを家庭裁判所に請求しなければならない**（民法826条１項）。そこで、親権者の行為が利益相反行為にあたるか否かが問題となるが、判例は、取引の安全に配慮して、**行為の外形から客観的に利益が相反しているか否か**によって判断し、親権者の主観的意図やその効果を具体的に判断すべきではないとしている（形式的判断説）。

❶ ハイレベル **正しい** 親権者Ｂは、**自己が負う債務の担保**として、子Ｃを代理して、**Ｃの持分にも抵当権を設定**しようとしている。この場合、**Ｂが債務を弁済しない**と抵当権が実行され、**Ｃは持分を失う**という不利益を受ける。したがって、**利益相反行為にあたる**ため、特別代理人を選任することを家庭裁判所に請求しなければならない。

❷ **誤り** **「請求しなければならない」➡「請求する必要はない」**

親権者Ｂは、**子Ｃに区分所有権全部を所有させる**ため、**自己の持分を無償で譲渡**しようとしている。この場合、**Ｂは持分を失う**という不利益を受けるが、**Ｃは持分を得る**という利益を受ける。したがって、**利益相反行為にあたらない**ため、特別代理人を選任することを家庭裁判所に請求する必要はない。

❸ **誤り** **「請求しなければならない」➡「請求する必要はない」**

親権者Ｂは、子Ｃと共同相続した201号室の**区分所有権全部を売却**するため、子Ｃを代理して、**Ｃの持分も売却**しようとしている。この場合、ＢＣは、**ともに売却代金を得る**一方、**それぞれの持分を失う**という関係にあり、ＢＣの利益は相反しない。したがって、**利益相反行為にあたらない**ため、特別代理人を選任することを家庭裁判所に請求する必要はない。

❹ **誤り** **「請求しなければならない」➡「請求する必要はない」**

親権者Ｂは、201号室に係る**固定資産税等の公租公課**について、子Ｃを代理して、支払おうとしている。この場合、**Ｃは金銭の支払**という不利益を受けるが、**公租公課の支払は義務**であり、この支払によって**Ｂが利益を受けることはない**。したがって、**利益相反行為にあたらない**ため、特別代理人を選任することを家庭裁判所に請求する必要はない。

正解 ❶

甲マンションの102号室を所有するAが死亡し、Aの配偶者がB、Aの子がCのみ、Cの子がDのみである場合における次の記述のうち、民法の規定によれば、誤っているものはどれか。

❶ CがAより先に死亡していたときは、B及びDが102号室の共同相続人となる。

❷ Cが相続の放棄をしたときは、B及びDが102号室の共同相続人となる。

❸ Cが相続人の欠格事由に該当したときは、B及びDが102号室の共同相続人となる。

❹ C及びDがAより先に死亡していた場合において、Dに子Eのみがあるときは、B及びEが102号室の共同相続人となる。

相続放棄 ➡ 代襲相続不可！

被相続人Aが死亡した場合、**配偶者Bは相続人**となる（民法890条本文）。また、子Cも同様に、相続人となる（887条1項）。

❶ **正しい** **子Cが被相続人Aより先に死亡していた場合、Cの子Dが、Cを代襲して相続**する（887条2項本文）。したがって、CがAより先に死亡していたときは、BおよびDが、102号室の共同相続人となる。

❷ **誤り** **「BおよびDが102号室の共同相続人」➡「Bのみが102号室の相続人」**

頻出

子Cが相続を放棄すると、C**は初めから相続人にならなかったものとみなされる**（939条）。そして、**Cが相続の放棄をした場合、Cの子DがCを代襲相続することもない**（887条2項参照）。したがって、本肢におけるAの相続人は**配偶者Bのみ**であるので、Bが単独で102号室の相続人となる。

❸ **正しい** 被相続人の子Cが相続人の欠格事由に該当した場合、Cは相続人とはならない（891条）。しかし、**子Cが相続欠格事由に該当した**ときは、**その子DがCを代襲相続**する（887条2項）。したがって、本肢では、BおよびDが102号室の共同相続人となる。

❹ **正しい** **子C**および**Cの子DがAより先に死亡していた**場合は、**Dの子Eが代襲してAの相続人となる**（「**再代襲**」887条3項・2項）。したがって、本肢では、BおよびEが102号室の共同相続人となる。

正解 ❷

甲マンションの301号室を所有するＡが死亡し、Ａの妻Ｂ及びＡの子Ｃが相続人である場合における次の記述のうち、民法の規定によれば、正しいものはどれか。

❶　Ｂが、自己のためにＡの相続の開始があったことを知った時から３ヵ月（以下「熟慮期間」という。）以内に、相続の放棄をしても、熟慮期間内であれば相続の放棄を撤回することができる。

❷　Ｃが、熟慮期間内に相続の承認又は放棄ができないときは、熟慮期間内に家庭裁判所に期間の伸長の届出をすれば、その期間は伸長される。

❸　Ｂが、自らの熟慮期間内に甲マンションの301号室を、Ｄに対して、賃貸期間を２年とする定期建物賃貸借契約により賃貸したときには、熟慮期間内であっても相続の放棄をすることができない。

❹　Ｃは相続人として、その固有財産におけるのと同一の注意をもって甲マンションの301号室を管理する義務を負うが、相続の承認をしたときは、この限りでない。

相続人は、「固有財産におけるのと同一の注意」で相続財産を管理する。

❶ **誤り 「撤回できる」➡「できない」**

相続人は、原則として、自己に関係する相続の開始があったことを知った時から３ヵ月以内（**熟慮期間**）に、相続について、単純・限定の承認または放棄をしなければならない（民法915条１項本文）。そして、いったん行った相続の承認および放棄は、**熟慮期間内でも、撤回できない**（919条１項）。

❷ **誤り 「届出をすれば伸長される」➡「請求により裁判所が伸長できる」**

３ヵ月の熟慮期間は、利害関係人または検察官の**請求**によって、**家庭裁判所が伸長**できる（915条１項ただし書）。本肢では単に「期間の伸長の届出」をしただけなので、当然に期間が伸長されるわけではない。

❸ **誤り 「相続放棄できない」➡「できる」**

次の①〜③の場合、相続人は、単純承認をしたとみなされ（921条）、相続放棄が不可能となる。

① 相続人が相続財産の全部または一部を**処分**したとき。ただし、**保存行為**および一定の期間（山林を除く**土地５年、建物３年等**）**を超えない賃貸（短期賃貸借）**をすることは、**単純承認とみなされない。**
② 相続人が、自己のために相続の開始があったことを知った時から３ヵ月以内に限定承認または相続の放棄をしなかったとき
③ 相続人が、限定承認または相続の放棄をした後であっても、相続財産の全部もしくは一部を隠匿し、私にこれを消費し、または悪意でこれを相続財産の目録中に記載しなかったとき。ただし、その相続人が相続の放棄をしたことによって相続人となった者が相続の承認をした後は、単純承認とみなされない。

本肢の「賃貸期間を２年とする定期建物賃貸借契約」の締結は、①の短**期賃貸借にあたる**ので、**単純承認とはみなされない**。したがって、Ｂは、相続の放棄ができる。

❹ **正しい** 相続人は、その固有財産**におけるのと同一の注意**をもって、相続財産を管理しなければならない。ただし、**相続の承認または放棄**をしたときは、除外される（918条１項）。

なお、「固有財産におけるのと同一の注意」（より低い程度の注意義務）と区別すべきものとして、「善良な管理者としての注意」（より高度な注意義務・「善管注意義務」）があることに注意。

正解 ❹

甲マンションの102号室を所有するAが遺言することなく死亡し、Aの相続人であるBとCがAの遺産全てをBが相続する旨の遺産分割をした場合における次の記述のうち、民法の規定及び判例によれば、誤っているものはどれか。

❶　AがDに対して、Aの死亡前に、102号室を譲渡したときは、Dは所有権移転登記なくしてBに対して102号室の所有権を主張できる。

❷　AがEに対して、Aの死亡前に、102号室を譲渡し、BC間の遺産分割後に、BがFに対して102号室を譲渡したときは、Eは所有権移転登記なくしてFに対して102号室の所有権を主張できない。

❸　BC間の遺産分割協議前に、CがGに対してCの法定相続分に当たる102号室の持分を譲渡し、Gが所有権移転登記をしたときであっても、BはGに対して102号室全部の所有権を主張できる。

❹　BC間の遺産分割協議後に、CがHに対してCの法定相続分に当たる102号室の持分を譲渡したときは、Bは遺産分割に基づく所有権移転登記なくしてHに対して102号室に係るCの法定相続分の権利の取得を対抗できない。

遺産分割前の第三者➡対抗問題ではない、遺産分割後の第三者➡対抗問題。

❶ **正しい**　Aの相続人であるBは、遺産分割によって被相続人であるAの遺産全てを相続している。遺産分割は、相続開始の時にさかのぼってその効力を生じ（民法909条本文）、相続人は、相続開始の時から、**被相続人の財産に属した一切の権利義務を承継する**（896条本文）。そのため、Bは、102号室の譲渡におけるAの**売主としての地位も承継**しているので、Aから102号室を譲り受けた**D**とは、102号室の譲渡において、当事者の関係にある。したがって、Dは、Bに対し、所有権移転登記なくして、102号室の所有権を主張できる。

❷ **正しい**　❶解説と同様、Bは、102号室の譲渡におけるAの**売主としての地位も承継**しているので、102号室について、Aから**Eに対する譲渡**とBから**Fに対する譲渡**は、**二重譲渡と同様の関係**にある（177条）。したがって、Eは、Fに対し、所有権移転登記なくして、102号室の所有権を主張できない。

❸ **誤り**　**「主張できる」➡「主張できない」**

遺産分割は、相続開始時にさかのぼって効力を生ずるが、**第三者の権利を害することはできない**（909条ただし書）。その趣旨は、**遺産分割前**に相続人から権利を取得した第三者の保護にあるが、第三者がこの権利を主張するには**対抗要件が必要**である（判例）。Gは、Cから**Cの法定相続分にあたる102号室の持分**（$\frac{1}{2}$）を譲り受けて、その**所有権移転登記**をしているので、Gは、Cから譲り受けた**102号室の持分**（$\frac{1}{2}$）**を主張できる**。したがって、Bは、Gに対し、102号室全部の所有権を主張できない。

❹ **正しい**　遺産分割は、第三者に対する関係では、**共同相続人が相続により一度取得した権利**について、**遺産分割時に他の共同相続人に譲り渡す**のと実質的に異ならない。そうすると、102号室に関し、**遺産分割によりCの法定相続分を取得した**Bと**遺産分割後**にCから**Cの法定相続分にあたる持分**（$\frac{1}{2}$）**を譲り受けた**Hは、**Cを起点とした二重譲渡と同様の関係**にある（177条、判例）。したがって、Bは、Hに対し、遺産分割に基づく所有権移転登記なくして、102号室に係るCの法定相続分の権利の取得を対抗できない（899条の2第1項参照）。

正解 ❸

36 相　続④（遺産分割協議）

□□□ CHECK!　R４-問17　重要度 A

甲マンション303号室の所有者Ａが死亡し、Ａの子であるＢ及びＣがＡを共同で相続した。Ａの遺産は、303号室と現金1,000万円である。この場合に関する次の記述のうち、民法の規定及び判例によれば、正しいものはどれか。ただし、Ａの遺言はないものとする。

❶　ＢＣ間の遺産分割の協議により、303号室と1,000万円をＢが取得し、Ｃは何も取得しない旨の遺産分割をした場合、この協議は無効である。

❷　ＢＣ間の遺産分割の協議により、303号室を売却して、その売却代金と1,000万円をＢＣで平等に分割する旨の遺産分割をすることができる。

❸　ＢＣ間の遺産分割の協議により、303号室をＢが、1,000万円をＣがそれぞれ取得する旨の遺産分割が行われた。その後、ＢＣは、その協議の全部を合意によって解除し、改めて、異なる内容の遺産分割の協議をすることはできない。

❹　ＢＣ間の遺産分割の協議により、303号室をＢが、1,000万円をＣがそれぞれ取得する旨の遺産分割が行われた。その後、Ｄからの認知の訴えが認められ、ＤもＡの共同相続人となった場合、ＢＣ間の遺産分割の協議はその効力を失い、Ｄを含めて再度の遺産分割の協議をしなければならない。

Point 共同相続人全員で成立した遺産分割協議を合意で解除し、再度協議できる。

❶ ひっかけ

誤り 「共同相続人の１人は何も取得しない旨の遺産分割をした場合、この協議は無効」➡「この協議もできる」

共同相続人は、相続が生じた際、共同相続人全員の**協議により遺産を分割**できる（民法907条１項）。協議による遺産分割は、共同相続人**全員の合意**によるので、法定相続分と異なる割合で相続分を決めることもでき、共同相続人のうちの１人について、何も相続しないとすることも可能である。

❷

正しい 協議による遺産分割では、分割の方法についても共同相続人の合意により選択できるので、**相続財産を売却**して、その**売却代金を分割**する**換価分割**の方法によることも可能である。したがって、303号室の売却代金と1000万円をＢＣで平等に分割する旨の遺産分割ができる。

❸ ひっかけ

誤り 「遺産分割協議の全部を合意によって解除し、改めて、異なる内容の遺産分割の協議はできない」➡「協議ができる」

共同相続人の全員がすでに**成立した遺産分割協議**の全部又は一部を**合意により**解除したうえで、改めて**遺産分割協議**をすることは、**法律上当然に妨げられない**（判例）。したがって、Ａの相続人であるＢとＣが、遺産分割協議の全部を合意によって解除し、改めて、異なる内容の遺産分割の協議をすることは可能である。

❹ 

誤り 「相続の開始後認知によって相続人となった者は、価額による支払請求権のみを有する」

相続の開始後認知によって相続人となった者が遺産の分割を請求しようとする場合、すでに他の共同相続人が遺産の分割その他の処分をしたときは、**相続の開始後認知によって相続人**となった者は、**価額のみによる支払の請求権**を有する（910条）。したがって、すでになされたＢＣ間の遺産分割協議は有効であり、Ｄを含めて再度の遺産分割協議をする必要はない。

正解 ❷

甲マンション305号室を所有するＡは、「305号室を娘Ｂに遺贈する。」という内容の遺言（以下「本件遺言」という。）をした。この場合に関する次の記述のうち、民法の規定及び判例によれば、誤っているものはどれか。

❶　本件遺言が公正証書によってなされた場合には、本件遺言を撤回することはできない。

❷　Ａが本件遺言をした後に、「305号室を息子Ｃに遺贈する。」という内容の遺言をした場合には、本件遺言を撤回したものとみなされる。

❸　本件遺言が自筆証書によってなされた場合において、Ａが本件遺言をした後に、文面全面に斜線を引く等故意にその遺言書の文面全体を破棄する行為をしたときは、本件遺言を撤回したものとみなされる。

❹　Ａが本件遺言をした後に、305号室を友人Ｄに贈与した場合には、本件遺言を撤回したものとみなされる。

遺言者➡いつでも遺言方式に従って遺言の全部や一部を撤回可。

❶ **誤り** **「撤回できない」➡「撤回できる」**

遺言者は、いつでも、遺言の方式に従って、その**遺言**の全部または一部を撤回できる（民法1022条）。そして、このことは、遺言が公正証書によってなされた場合でも同じである。

❷ **正しい** **前の遺言**が**後の遺言**と**抵触**するときは、その**抵触する部分**については、後の遺言で前の遺言を撤回**したものとみなされる**（1023条１項）。本肢の「305号室を息子Ｃに遺贈する」旨の後の遺言は、前にした「305号室を娘Ｂに遺贈する」旨の本件遺言と抵触するため、本件遺言を撤回したものとみなされる。

❸ **正しい** **遺言者**が、本肢のように遺言の文面全面に斜線を引く等、**故意に遺言書を破棄**したときは、その破棄した部分については、遺言を**撤回したものとみなされる**（1024条前段）。

❹ **正しい** **遺言**が**遺言後の生前処分**その他の法律行為と**抵触**する場合には、その**抵触する部分**については、遺言後の生前処分等によって前の遺言を**撤回したものとみなされる**（1023条２項）。したがって、本肢のように、Ａが本件遺言をした後に、305号室を友人Ｄに贈与した場合には、本件遺言を撤回したものとみなされる。

正解 ❶

38 相　続⑥（配偶者居住権）

□□□ CHECK!　R 2-問17

重要度 C

甲マンションの102号室にAとBが同居し、AがBと同居したまま令和6年7月1日に死亡した場合における次の記述のうち、民法の規定によれば、誤っているものはどれか。ただし、AにはBのほかに相続人がいるものとする。

❶ Aが配偶者Bに対し令和6年6月1日に配偶者居住権を遺贈した場合でも、甲マンションの102号室がAとBとの共有であったときには、Bは配偶者居住権を取得しない。

❷ 甲マンションの102号室がAの所有であり、BがAの配偶者であっても、配偶者居住権を遺産分割によってBが取得するものとされず、また、配偶者居住権が遺贈あるいは死因贈与の目的とされていない場合には、Bは配偶者居住権を取得しない。

❸ 甲マンションの102号室がAの所有であり、Aが配偶者Bに対し令和6年6月1日に配偶者居住権を遺贈した場合でも、BがAの内縁の配偶者であったときには、Bは配偶者居住権を取得しない。

❹ 甲マンションの102号室がAの所有であり、BがAの配偶者であっても、AがBに対し令和元年6月1日に配偶者居住権を遺贈あるいは死因贈与した場合には、配偶者居住権を遺産分割によってBが取得するものとされない限り、Bは配偶者居住権を取得しない。

配偶者居住権 ➡ ①遺産分割や②遺贈の目的なら取得。

❶ **誤り** **「取得しない」➡「取得する」**

被相続人の**配偶者**は、被相続人の財産に属した建物に相続開始の時に居住していた場合において、①**遺産の分割**によって配偶者居住権を取得するものとされたとき、又は②配偶者居住権が**遺贈・死因贈与の目的**とされたときは、その居住していた建物（以下「居住建物」という）の全部について無償で使用及び収益をする権利（以下「**配偶者居住権**」という）**を取得する**（民法1028条1項本文、554条）。ただし、**被相続人**が相続開始の時に居住建物を**配偶者以外の者と共有**していた場合には、配偶者は、配偶者居住権を**取得しない**（同ただし書）。本肢は、102号室を被相続人Aと配偶者Bが共有していたので、Bは、配偶者居住権を「取得する」。

❷ **正しい** ❶解説のとおり。本肢は、Bが配偶者居住権を遺産分割によって取得するものとされず、また、配偶者居住権が遺贈あるいは死因贈与の目的とされていないので、Bは、**配偶者居住権**を**取得しない**。

❸ **正しい** 本肢のBは、**「内縁」の配偶者**であり、法律上の配偶者ではないため、**配偶者居住権**を**取得しない**。

❹ **正しい** 配偶者居住権の規定は、施行日以後に開始した相続について適用され、**施行日前**にされた遺贈については**適用されない**〔附則（平成30年7月13日法律72号）10条〕。配偶者居住権の**施行日**は、**令和2年4月1日**である。したがって、**令和元年6月1日**における遺贈・死因贈与によっては、Bは、**配偶者居住権**を**取得しない**。

正解 ❶

物権変動の対抗要件①

R3-問14

甲マンション102号室を所有するAは、Bとの間で、同室を代金1,000万円でBに売却する旨の契約を結んだ。その後、Aは、Cとの間で、同室を代金1,200万円でCに売却する旨の契約を結んだ。この場合に関する次の記述のうち、民法の規定及び判例によれば、誤っているものはどれか。

❶ CがBよりも先に代金1,200万円をAに支払った場合であっても、BがCよりも先にAから102号室の引渡しを受けたときは、Bは同室の所有権の移転登記を備えなくても、Cに対し、同室の所有権を取得したことを対抗することができる。

❷ BがCよりも先に代金1,000万円をAに支払い、CがBよりも先に102号室の引渡しを受けたが、両者とも同室の所有権の移転登記を備えていないとき、BもCも互いに、同室の所有権を取得したことを対抗することができない。

❸ CがAとの売買契約を結んだ当時、Bが既に102号室をAから買い受けたことを知っており、かつ、CがBの登記の不存在を主張することが信義に反すると認められる事情がある場合には、Bは同室の所有権の移転登記を備えなくても、Cに対し、同室の所有権を取得したことを対抗することができる。

❹ CがBよりも先にAから102号室の引渡しを受けた場合であっても、Bが同室の所有権の移転登記を備えたときは、Bは、Cに対し、同室の所有権を取得したことを対抗することができる。

登記不存在の主張者が背信的悪意者 ➡ 登記なくして所有権取得を対抗可。

❶ ひっかけ **誤り** 「対抗できる」➡「対抗できない」

不動産が二重に売買された場合、第一の買主はその登記をしなければ、所有権を取得したことを第二の買主に対抗できない（民法177条）。第一の買主Bは、102号室の引渡しを受けているが、未だ所有権の移転登記を備えていない。したがって、Bは、第二の買主Cに対して、同室の所有権を取得したことを対抗できない。なお、CがBより先に代金1,200万円をAに支払ったことは、Bが同室の所有権を取得したことをCに対抗できるかどうかとは関係がない。

❷ 頻出 **正しい** ❶解説参照。B及びCのいずれも102号室の所有権の移転登記を備えていないときは、BもCも互いに、同室の所有権を取得したことを対抗できない（177条）。代金の支払いをしたことや102号室の引渡しを受けたことは、B又はCが相手方に対して、所有権を取得したことを対抗できるかどうかには関係がない。

❸ **正しい** ❶解説参照。不動産が二重に売買された場合、第一の買主は登記を備えなければ、所有権を取得したことを第二の買主に対抗できないのが原則である（177条）。このことは、第一の売買契約があることを第二の買主が知っていた場合も同じである。登記の不存在を主張する相手が信義に反する背信的悪意者であるときは、登記を備えていなくても所有権取得を対抗できる。したがって、第二の買主Cが背信的悪意者であるときは、第一の買主Bは102号室の所有権の移転登記を備えていなくても、Cに対して、同室の所有権を取得したことを対抗できる（判例）。

❹ **正しい** ❶解説参照。Bが102号室の所有権の移転登記を備えたときは、CがBよりも先にAから同室の引渡しを受けていても、Bは、Cに対して、同室の所有権を取得したことを対抗できる。

正解 ❶

40 物権変動の対抗要件②

□□□ CHECK!　R4-問13　重要度 B

Ａは、Ｂとの間で、甲マンションの１室である501号室をＢに売却する旨の売買契約を締結した。この場合に関する次の記述のうち、民法の規定及び判例によれば、誤っているものはどれか。

❶ Ａが501号室を退去した後に、居住するための権利を有しないＣが同室に居住している場合、ＡからＢへの501号室の区分所有権の移転登記が経由されていないときは、Ｂは、Ｃに対して、同室の明渡しを請求することができない。

❷ ＡからＢへの501号室の区分所有権の移転登記が経由されない間に、ＡがＣに同室を売却する旨の売買契約を締結し、Ｃに同室が引き渡された場合において、ＡからＢ及びＣのいずれに対しても同室の区分所有権の移転登記を経由していないときは、Ｂは、Ｃに対して同室を明け渡すように請求することができない。

❸ ＡからＢに501号室の区分所有権の移転登記を経由した後に、ＡがＢの詐欺を理由にＡＢ間の売買契約を取り消したが、その後にＢがＣに同室を売却する旨の売買契約を締結して、区分所有権の移転登記をＢからＣに経由し、Ｃが居住しているときは、Ａは、Ｃに対して、同室の明渡しを求めることができない。

❹ ＡからＢに501号室の区分所有権の移転登記が経由された後に、ＡがＢの代金未払いを理由にＡＢ間の契約を解除したが、その解除の前にＢがＣに同室を売却する旨の売買契約を締結してＣが居住している場合、区分所有権の移転登記がＢからＣに経由されていないときは、Ａは、Ｃに対して、同室の明渡しを求めることができる。

無権利者に対し、移転登記が経由されていなくても、所有権を主張できる。

❶ **誤り** **「移転登記が経由されていないときは、不法占拠者は、明渡しを請求できない」➡「明渡しを請求できる」**

501号室の所有権は、ＡＢ間の売買契約の成立により、Ｂに移転している（民法176条）。そして、この**物権変動**は、登記をしなければ**第三者**に対抗できない（177条）。しかし、505号室に居住しているＣは、居住するための権利を有していないので、**不法占拠者**である。不法占拠者は、177条の「**第三者**」**に該当しない**ので、Ｂは、移転登記を経由していなくても、所有権に基づいて、501号室の明渡しをＣに対して請求できる（判例）。

❷ **正しい** 不動産の物権変動は、登記をしなければ第三者に対抗できないので（177条）、不動産が**二重譲渡**された場合、その登記がなければ、契約の先後を問わず、**双方の譲受人**は**所有権を主張できない**。したがって、501号室がＢとＣに二重に譲渡され、Ｂ及びＣの**いずれも移転登記を経由していないとき**は、Ｂは、Ｃに対して501号室の明渡しを請求できない。

頻出

❸ **正しい** ＡＢ間の売買契約がＢの詐欺**を理由に取り消された**後に、ＢからＣに対して501号室が売却された場合には、**96条３項**の第三者を保護する規定は**適用されず**、**対抗問題**として177条の適用を認めるのが判例である。したがって、ＣがＢから移転登記を経由している場合、Ａは、Ｃに対して同室の明渡しを請求できない。

❹ **正しい** ＡＢ間の売買契約がＢの代金未払いを理由に解除された場合、その解除前にＢがＣとの間で501号室の売買契約を締結していたときは、Ｃの権利を害することができない（545条１項ただし書）。しかし、Ｃが**第三者**として**保護されるためには対抗要件**（不動産の場合は**登記**）を備えていなければならない（判例）。したがって、Ｃは、501号室の移転登記を経由していないので、Ａは、Ｃに対して、同室の明渡しを請求できる。

正解 ❶

Aがその所有する甲マンションの101号室をBに賃貸した場合に関する次の記述のうち、民法の規定及び判例によれば、正しいものはどれか。

❶ Bが101号室を、Aの承諾を得ずにCに転貸した場合において、Bの転貸がAに対する背信行為と認めるに足りない特段の事情の存在をBが主張立証したときは、AはBとの賃貸借契約を解除できない。

❷ Bが101号室を、Aの承諾を得てDに転貸したとき、Aは、Bに対して賃料の請求をすることができるが、Dに対して直接賃料の請求をすることはできない。

❸ Bが101号室を、Aの承諾を得ずにEに転貸したとき、BE間の転貸借契約は無効である。

❹ Bが101号室を、Aの承諾を得てFに転貸したときでも、AとBが賃貸借契約を合意解除すれば、Aは合意解除をもってFに対抗することができる。

賃貸人の承諾なく転貸➡背信行為ではない旨を立証すれば契約は解除されない。

❶ 頻出 **正しい** 賃借人Bが、**賃貸人Aの承諾を得ずに賃借物の転貸**をして、第三者に使用・収益をさせた場合、**賃貸人**は、**契約の解除ができる**（民法612条2項）。ただし、賃借人の行為が賃貸人に対する**背信的行為と認めるに足りない特段の事情があると**きは、賃貸人は、契約の**解除ができない**（判例）。

❷ **誤り 「転借人に対して直接賃料の請求はできない」➡「できる」**

賃借人が（賃貸人の承諾を得て）適法に賃借物を転貸した場合、転借人は、**賃貸人と賃借人との間の賃貸借に基づく債務の範囲を限度**として、賃貸人に対して転貸借に基づく債務を直接履行する**義務を負う**（613条1項前段）。したがって、Aは、賃貸借関係があるBに対してはもちろん、転借人Dに対しても、直接賃料の請求ができる。

❸ ひっかけ **誤り 「賃借人と転借人間の転貸借契約は無効」➡「有効」**

❶解説のとおり、賃借人が、**賃貸人の承諾を得ずに転貸**をして、第三者に賃借物の使用･収益をさせた場合、**賃貸人**は、**契約の解除ができる**（612条2項）。しかし、**無断転貸**の場合でも、本来のAB間の賃貸借契約の解除原因となり得るだけであって、**転貸借契約自体は**有効である。

❹ **誤り 「合意解除をもって転借人に対抗できる」➡「対抗できない」**

適法に転貸借がなされた場合、賃貸借契約が賃貸人と賃借人との間で合意解除されたとしても、**賃貸人**は、**賃貸借契約の合意解除をもって、転借人に対抗**できない（613条3項本文）。ただし、その解除の当時、賃貸人が賃借人の債務不履行による解除権を有していたときは、対抗できる（同3項ただし書）。

正解 ❶

42 賃貸借契約②

□□□ CHECK! H28-問14 重要度 特A

Ａが所有し、Ｂに賃貸し、かつ、Ｂが居住している甲マンションの301号室を、ＡがＣに2,000万円で売却する契約を締結した場合に関する次の記述のうち、民法及び借地借家法（平成３年法律第90号）の規定並びに判例によれば、正しいものはどれか。

❶ Ｃが売買契約締結時に解約手付として200万円をＡに支払った後、中間金として1,000万円を支払った後でも、Ａが契約の履行の着手前であれば、Ｃは200万円の手付を放棄して売買契約を解除し、中間金1,000万円の返還を請求することができる。

❷ ＡとＢの賃貸借契約に基づき、ＢからＡに差し入れられた敷金の返還債務は、Ｂの同意がなければＣに承継されない。

❸ Ａが、Ｂの承諾を得ずに、Ｃとの売買契約を締結したときは、ＡからＣへの賃貸人の地位の移転をＢに主張することができない。

❹ Ｂが有益費を支出した後に、301号室の所有権移転により賃貸人がＡからＣに交替したときは、特段の事情のない限り、Ａがその有益費の償還義務を引き続き有し、Ｃはその償還義務を負わない。

自分が履行に着手しても、相手方が履行着手前なら手付解除は可。

❶ **正しい** 買主が売主に手付を交付したときは、「**相手方が契約の履行に着手するまで**」は、**買主**はその手付を**放棄**し、また、**売主**はその**倍額**を現実に**提供**すれば、**契約の解除**ができる（「**解約手付**」民法557条１項）。そして、契約の解除の効果としては、当事者双方に**原状回復義務**が生ずる（545条１項本文）。したがって、「Ｃが解約手付を支払った後、中間金を支払った後でも、（相手方である）Ａが契約の履行の着手前であれば、Ｃは手付を放棄して売買契約を解除し、中間金の返還を請求」できる。

❷ **誤り** 「承継されない」➡「承継される」

賃貸借契約終了**前**に賃貸人たる地位に移転（交替）が生じた場合、**敷金返還債務**は、旧賃貸人に対する未払賃料等を控除した**残額**について、**当然に新所有者**（**新賃貸人**）に承継される（605条の２第４項）。つまり、Ｂの同意は不要である。

❸ **誤り** 「主張できない」➡「できる」

賃貸借の対抗要件を備えた賃借物の**賃貸人たる地位**は、**賃貸建物の所有権移転**に伴い、一定の場合を除き、新所有者に**当然に移転**する（605条の２第１項・２項）。

なお、この賃貸人の地位の移転を賃借人に対抗するには、新賃貸人は対抗要件（登記）を備えることを要する（同３項）ことに注意。

❹ **誤り** 「Ａが有益費の償還義務を引き続き有し、Ｃは償還義務を負わない」
➡「Ａは償還義務を負わず、Ｃが償還義務を負う」

賃借人（Ｂ）が有益費を支出した後、**賃貸人が交替**した場合は、特段の事情のない限り、**新賃貸人（Ｃ）が償還義務者たる地位を承継**する（605条の２第４項、608条２項）。そのため、賃借人は、**旧賃貸人**に対して有益費の償還を請求できない。

正解 ❶

Ａは、甲マンション404号室をＢから賃借して居住していたが、存続期間の満了によってＡＢ間の賃貸借契約は終了した。この場合に関する次の記述のうち、民法の規定によれば、誤っているものはどれか。

❶　Ａの居住中に404号室に損傷が生じた場合であっても、その損傷が通常の使用収益によって生じた損耗に当たるときは、Ｂは、Ａに対し、その損傷を原状に復するよう請求することができない。

❷　Ａの居住中に404号室に損傷が生じた場合であっても、その損傷がＡの責めに帰することができない事由によるものであるときは、Ｂは、Ａに対し、その損傷を原状に復するよう請求することができない。

❸　Ａが、賃貸借契約終了の２ヵ月前に、404号室に物を附属させていた場合であっても、その物を同室から分離することができないとき又は分離するのに過分の費用を要するときは、Ａは、Ｂに対し、その物を収去する義務を負わない。

❹　Ａが、賃貸借契約終了の２ヵ月前に、404号室についてＢの負担に属する必要費を支出した場合であっても、その必要費の償還を請求しないまま賃貸借契約が終了し、同室をＢに返還したときは、その後は、Ａは、Ｂに対し、その必要費の償還を請求することができない。

賃借人が負担した必要費の償還請求権については、賃借物を返還後も失われない。

❶ **正しい** **賃借人**は、賃借物を受け取った後にこれに生じた**損傷**（**通常の使用及び収益によって生じた賃借物の損耗並びに賃借物の経年変化を除く**）がある場合、**賃貸借が終了したとき**は、その損傷を原状に復する義務**を負う**（民法621条本文）。したがって、404号室の損傷がAの通常の使用収益によって生じた損耗に当たるときは、Bは、Aに対し、その損傷を原状に復するよう請求できない。

❷ **正しい** ❶解説参照。賃借人は、賃貸借が終了したときに、賃借物に生じた損傷を原状に復する義務を負うが、その**損傷が賃借人の責めに帰することができない事由によるものであるとき**は、その**義務を負わない**（621条ただし書き）。したがって、Bは、Aの責めに帰することができない404号室の損傷について、Aに対し、原状に復するよう請求できない。

❸ **正しい** **賃借人**は、賃借物を受け取った後にこれに附属させた物がある場合、賃貸借が終了したときは、その**附属させた物を収去する義務を負う**。ただし、賃借物から**分離できない物**又は**分離するのに**過分の費用を要する**物**については、その義務を負わない（622条、599条1項）。したがって、Aは、404号室に附属させた物を収去する義務を負わない。

❹ **誤り** **「請求できない」➡「できる」**

賃借人は、賃借物について賃貸人の負担に属する**必要費を支出**したときは、**賃貸人に対し**、直ちに**その償還を請求できる**（608条1項）。この請求権は、当該費用の支出後に賃貸借契約が終了して、賃貸人に賃借物を返還しても失われることはない。したがって、Aは、404号室をBに返還した後でも、Bに対し、404号室について支出したBの負担に属する必要費の償還を請求できる。

正解 ❹

甲マンション707号室を所有するAは、同室をBに賃貸する旨の契約（この問いにおいて「本件賃貸借契約」という。）を結び、同室をBに引き渡すとともに、Bから敷金の交付を受けた。この場合に関する次の記述のうち、民法の規定及び判例によれば、正しいものはどれか。

❶　Bが交付した敷金は、本件賃貸借契約の存続中にBがAに対して負担する未払賃料債務だけでなく、本件賃貸借契約終了後、707号室をAに明け渡すまでにBがAに対して負担する不法占拠を理由とする賃料相当額の損害賠償債務をも担保する。

❷　本件賃貸借契約が終了し、AがBに対して707号室の明渡しを請求した場合には、Bは、Aに対し、敷金の返還との同時履行を主張して同室の明渡しを拒むことができる。

❸　Bが賃料の支払を怠っていることから、AがBに対してその賃料の支払を請求した場合には、Bは、Aに対し、敷金をその賃料の弁済に充てることを請求することができる。

❹　Aが707号室をCに譲渡して所有権の移転登記をした後、本件賃貸借契約が終了して、同室がBからCに明け渡された場合には、Bは、Cに対し、敷金の返還請求権を行使することができない。

Point 敷金返還請求権 ➡ 「明渡し」「敷金返還」は同時履行でない。

❶ **正しい** 敷金とは、いかなる名目によるかを問わず、賃料債務その他の賃貸借に基づいて生ずる賃借人の賃貸人に対する金銭の給付を目的とする債務を担保する目的で、賃借人が賃貸人に交付する金銭をいう（民法622条の２第１項）。つまり、敷金は、滞納された賃料や、賃借人が目的物を不適切に使用したために賃貸人に対して負担することとなった損害賠償債務など、賃借人が賃貸人に対して負担する一切の債務を担保するために賃借人から賃貸人に支払われるものである。したがって、本件賃貸借終了後、707号室をＡに明け渡すまでにＢがＡに対して負担する不法占拠を理由とする賃料相当額の損害賠償債務も担保される。

❷ 頻出 **誤り** 「明渡しを拒むことができる」➡「明渡しを拒むことはできない」

敷金返還請求権は、賃貸借契約が終了して目的物の明渡し完了時に、それまでに生じた賃借人に対する債権を控除した残額について発生する（622条の２第１項１号参照）。先に明渡しをする必要があるので、「明渡し」と「敷金の返還」は同時履行の関係にはならない。したがって、賃借人は、敷金が返還されないことを理由に目的物の明渡しを拒むことはできない（判例）。

❸ **誤り** 「請求できる」➡「請求できない」

賃貸人は、賃借人が賃貸借に基づいて生じた金銭の給付を目的とする債務を履行しないときは、敷金をその債務の弁済に充てることができる。しかし、賃借人は、賃貸人に対し、敷金をその債務の弁済に充てることを請求できない（622条の２第２項）。

❹ **誤り** 「Ｂは、Ｃに対し、敷金の返還請求権を行使できる」

賃貸人が、目的物を第三者に譲渡し賃貸人の地位が移転した場合、敷金返還債務は、旧賃貸人に対する未払い賃料等を控除した残額について、新所有者（新賃貸人）に承継される（605条の２第４項）。したがって、賃借人は、新賃貸人に対し、敷金の返還請求権を行使できる。

正解 ❶

甲マンション202号室を所有しているAは、友人であるBとの間で、同室を無償で貸す旨の使用貸借契約を締結し、Bに引き渡した。この場合に関する次の記述のうち、民法の規定によれば、正しいものはどれか。

❶ 使用貸借契約が書面でされていない場合には、Aは、書面によらない使用貸借であることを理由に、使用貸借契約を解除することができる。

❷ 災害によって202号室が損傷した場合には、Bは、Aに対し、その修繕を請求することができる。

❸ 使用貸借契約の締結後にBが死亡した場合には、使用貸借契約に基づく借主の地位はBの相続人に相続され、Bの相続人が202号室を無償で使用することができる。

❹ 使用貸借契約において、使用貸借の期間並びに使用及び収益の目的を定めなかったときは、Aは、いつでも使用貸借契約を解除することができる。

使用貸借は、借主の死亡によって終了する。

❶ 誤り 「借主に借用物が引き渡されているので、貸主は解除できない」

書面によらない使用貸借について、貸主の解除が認められるのは、借主が借用物を受け取るまでの間である（民法593条の２）。本肢では、借用物である202号室は、すでにＢに引き渡されているので、Ａは、書面によらない使用貸借であることを理由に使用貸借契約を解除できない。

❷ 誤り 「修繕を請求できる」➡「できない」

使用貸借においては、借主が借用物を無償で使用収益できることから、貸主の義務は軽減されており、貸主は、借用物について修繕義務を負わない。

❸ 誤り 「使用貸借は、借主の死亡により終了する」

使用貸借は、当事者間の人的な信頼関係に基づくものであるから、借主の死亡によって終了する（597条３項）。したがって、Ｂの借主の地位が相続されることはない。

❹ 正しい 当事者が使用貸借の期間並びに使用及び収益の目的を定めなかったときは、貸主は、いつでも使用貸借契約を解除できる（598条２項）。

正解 ❹

第2編

区分所有法等

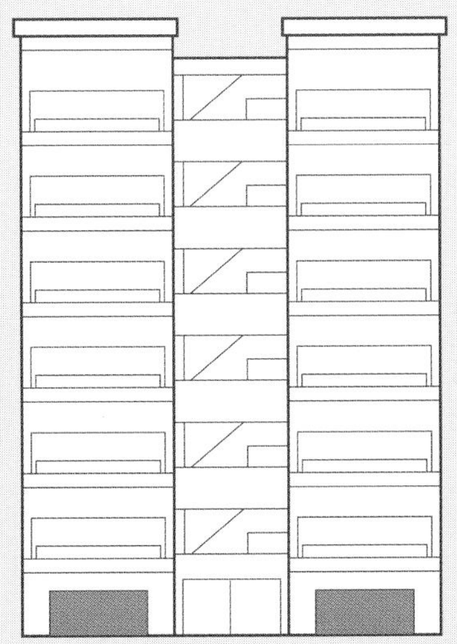

区分所有法の定める建物及びその敷地に関する定義によれば、次の記述のうち、正しいものの組合せは、❶～❹のうちどれか。

ア　建物の敷地には、建物が所在する土地のほか、それと一体として管理又は使用する土地で規約により建物の敷地とされたものも含まれる。

イ　専有部分は、規約により共用部分とすることができるが、附属の建物については、規約により共用部分とすることはできない。

ウ　専有部分は、区分所有権の目的たる建物の部分であり、その用途は、住居、店舗、事務所又は倉庫に供することができるものに限られる。

エ　専有部分を所有するための建物の敷地に関する権利である敷地利用権には、所有権だけでなく賃借権や地上権も含まれる。

❶　アとイ

❷　イとウ

❸　ウとエ

❹　エとア

専有部分・附属の建物➡規約により共用部分にできる。

ア　**正しい**　建物の敷地には、**建物が所在する土地**だけでなく、区分所有者が建物および建物が所在する土地と一体として管理・使用をする庭・通路その他の土地で、**規約により建物の敷地**とされたもの（規約敷地）も含まれる（区分所有法２条５項、５条１項）。

イ　**誤り**　**「附属の建物…できない」➡「附属の建物…できる」**

専有部分および**附属の建物**は、規約により共用部分**とすることができる**（４条２項前段）。したがって、専有部分だけでなく、附属の建物も規約により共用部分とすることができる。

ウ　**誤り**　**「限られる」➡「限られない」**

専有部分とは、区分所有権の目的たる建物の部分をいう（２条３項）。そして、一棟の建物に構造上区分された数個の部分で独立して住居・店舗・事務所・倉庫その他建物としての用途に供することができるものがあるときは、その各部分は区分所有権の目的とすることができる（１条）。つまり、**専有部分の用途**は、**「住居・店舗・事務所・倉庫」に限られない**。

エ　**正しい**　敷地利用権とは、専有部分を所有するための建物の敷地に関する権利であり（２条６項）、**所有権**だけでなく、使用借権・**賃借権**・**地上権**も含まれる。

したがって、**正しい組合せ**はエ・アであり、**正解は❹**となる。

正解 ❹

次の記述のうち、区分所有法の規定によれば、誤っているものはどれか。

❶　専有部分は、規約により共用部分とすることができるが、附属の建物は、規約により共用部分とすることはできない。

❷　区分所有者が建物及び建物が所在する土地と一体として管理又は使用する土地は、規約により建物の敷地とすることができる。

❸　区分所有者の数人で建物の敷地を所有する場合には、その所有権は「敷地利用権」である。

❹　専有部分に属しない建物の附属物は、「共用部分」である。

専有部分に属しない建物の附属物は共用部分。

❶ 

誤り 「附属の建物は規約により共用部分とすることはできない」

➡「附属の建物も規約により共用部分とできる」

専有部分となり得る建物の部分は、区分所有者の規約によって共用部分とすることができる。また、**附属の建物**も区分所有者の規約により**共用部分とすることができる**（区分所有法４条２項）。

❷ 頻出

正しい **区分所有建物及び法定敷地**と**一体的に管理・使用することが可能な地**は、**規約**で定めることによって**建物の敷地**（規約敷地）**とすることができる**（５条１項）。

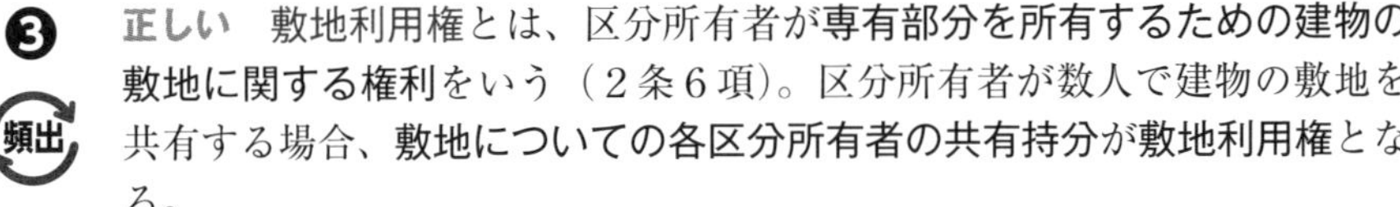

❸ 頻出

正しい 敷地利用権とは、区分所有者が**専有部分を所有するための建物の敷地に関する権利**をいう（２条６項）。区分所有者が数人で建物の敷地を共有する場合、**敷地についての各区分所有者の共有持分**が**敷地利用権**となる。

❹ 頻出

正しい 建物の附属物とは、建物に附属し、**構造上・効用上**その建物と**不可分な関係にあるもの**をいう。そして、**建物の附属物が附属する建物の部分**が**専有部分に属しない共用部分**である場合には、当該**附属物は共用部分**となる（２条４項）。

正解 ❶

次に掲げる事項のうち、区分所有法の規定によれば、「共用部分」であるものはいくつあるか。

ア　専有部分以外の建物の部分

イ　専有部分に属しない建物の附属物

ウ　専有部分のある建物の敷地

エ　規約により共用部分と定められた附属の建物

❶　一つ

❷　二つ

❸　三つ

❹　四つ

専有部分のある建物の敷地➡法定敷地であり共用部分ではない。

共用部分とは、①専有部分以外の建物の部分、②専有部分に属しない建物の附属物、③区分所有法４条２項の規定により共用部分とされた附属の建物をいう（区分所有法２条４項、以下同様）。

以下、これを前提に検討する。

ア　**共用部分である**

上記①のとおり、**専有部分以外の建物の部分**は、**すべて共用部分**となる。なお、法律上当然に共用部分となるものと、規約により共用部分となるものがある。

イ　**共用部分である**

建物の附属物とは、**建物に**附属し、**構造上・効用上、建物と不可分の関係にあるもの**をいう。**附属物が附属する建物の部分が専有部分**であれば**専有部分**となり、上記②のとおり、**専有部分に属しない建物の部分**であれば**共用部分**となる。

ウ　**共用部分でない**　**「敷地が共用部分となることはない」**

上記①〜③に該当しないので、共用部分ではない。専有部分のある建物の敷地は、建物が所在する土地（法定敷地）である。

エ　**共用部分である**

上記③のとおり、規約により、区分所有建物とは別個の不動産である附属の建物を共用部分とすることができる。

以上より、**共用部分であるものはア・イ・エの三つ**であり、**正解は❸**となる。

正解 ❸

共用部分に関する次の記述のうち、区分所有法の規定によれば、正しいものはどれか。

❶　各共有者は、共用部分の全部について、持分に応じて使用することができる。

❷　共有者の持分は、規約に別段の定めがない限り、その有する専有部分の処分に従う。

❸　各共有者の持分は、その有する専有部分の床面積の割合によるとされ、その床面積は、壁その他の区画の内側線で囲まれた部分の水平投影面積によるとされているが、これらは規約で別段の定めをすることもできる。

❹　共用部分の変更（その形状又は効用の著しい変更を伴わないものを除く。）を行う場合の議決権割合は、規約でその過半数まで減ずることができる。

専有部分の床面積は内側線によるが、規約で別段の定めもOK。

❶ **誤り 「持分に応じて」➡「用方に従って」**

各共有者は、**共用部分**（の全部）をその**用方に従って**使用できる（区分所有法13条）。したがって、「持分に応じて」ではない。

❷ **誤り 「規約に別段の定めがない限り」➡「法に別段の定めがある場合を除いて」**

ひっかけ

共有者の持分は、その有する専有部分の処分に従う（15条１項）。そして、共有者は「**区分所有法に別段の定めがある場合を除いて**」、専有部分と分離して持分を処分できない（同２項）。

❸ **正しい** 各共有者の持分は、その有する専有部分の床面積の割合による（14条１項）。その床面積は、壁その他の区画の**内側線**で囲まれた部分の水平投影面積によるが（同３項）、**規約で別段の定め**をしても差し支えない（同４項）。

❹ **誤り 「議決権割合」➡「区分所有者の定数」**

頻出

共用部分の変更（**その形状または効用の著しい変更を伴わないものを除く**）は、**区分所有者および議決権の各$\frac{3}{4}$以上**の多数による集会の決議で決する。ただし、この「**区分所有者の定数**」は、**規約でその過半数まで減ずることができるが**（17条１項）、「議決権割合」は減ずることができない。

共用部分等の管理及び変更に関する次の記述のうち、区分所有法の規定によれば、正しいものはいくつあるか。ただし、共用部分の変更が専有部分の使用に特別の影響を及ぼすことはないものとする。

ア　共用部分の変更(その形状又は効用の著しい変更を伴わないものを除く。)は、集会において区分所有者及び議決権の各$\frac{3}{4}$以上の多数の決議で決するが、区分所有者の定数は、規約でその過半数まで減ずることができる。

イ　共用部分の管理に関する事項は、共用部分の変更(その形状又は効用の著しい変更を伴わないものを除く。)の場合を除いて、集会における区分所有者及び議決権の各過半数の決議で決するが、規約において、集会出席者の過半数で決すると定めることもできる。

ウ　共用部分以外の附属施設で区分所有者の共有に属するもの(これに関する権利を含む。)の変更(その形状又は効用の著しい変更を伴わないものを除く。)は、集会において区分所有者及び議決権の各$\frac{3}{4}$以上の多数の決議で決するが、区分所有者の定数は、規約でその過半数まで減ずることができる。

エ　区分所有者の共有に属する建物の敷地(これに関する権利を含む。)の各共有者は、規約に別段の定めがない限りその持分に応じて、建物の敷地の負担に任じ、建物の敷地から生ずる利益を収取する。

❶　一つ

❷　二つ

❸　三つ

❹　四つ

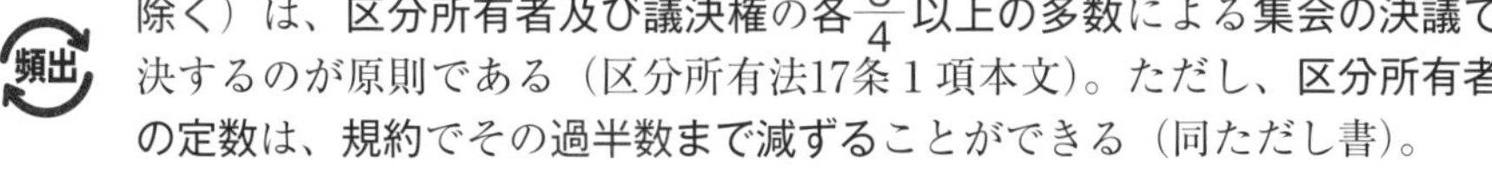

ア　正しい　共用部分の変更（その形状又は効用の著しい変更を伴わないものを除く）は、区分所有者及び議決権の各$\frac{3}{4}$以上の多数による集会の決議で決するのが原則である（区分所有法17条1項本文）。ただし、区分所有者の定数は、規約でその過半数まで減ずることができる（同ただし書）。

頻出

イ　正しい　共用部分の管理に関する事項は、共用部分の変更（その形状又は効用の著しい変更を伴わないものを除く）の場合を除いて、区分所有者及び議決権の各過半数の集会の決議で決するのが原則である（18条1項）。ただし、規約で別段の定めをすることができるので（同2項）、規約により、集会出席者の過半数で決することができる。

頻出

ウ　正しい　共用部分以外の附属施設（これらに関する権利を含む）が区分所有者の共有に属する場合には、区分所有法17条から19条の規定が準用される（21条）。したがって、区分所有者の共有に属する附属施設の変更（その形状又は効用の著しい変更を伴わないものを除く）は、区分所有者及び議決権の各$\frac{3}{4}$以上の多数による集会の決議で決するが、区分所有者の定数は、規約でその過半数まで減ずることができる（21条、17条1項）。

頻出

エ　正しい　建物の敷地（これらに関する権利を含む）が区分所有者の共有に属する場合にも、区分所有法17条から19条の規定が準用される（21条）。したがって、各共有者は、規約に別段の定めがない限りその持分に応じて、建物の敷地の負担に任じ、建物の敷地から生ずる利益を収取する（21条、19条）。

ハイレベル

以上より、正しいものはア～エの四つであり、正解は❹となる。

正解 ❹

一部の区分所有者のみの共用に供されるべきことが明らかな共用部分（この問いにおいて「一部共用部分」という。）の管理に関する次のマンション管理士の説明のうち、区分所有法の規定によれば、誤っているものはどれか。

❶　一部共用部分の管理のうち、区分所有者全員の利害に関係するものは、一部共用部分を共用する一部の区分所有者だけで行うことはできません。

❷　一部共用部分の管理は、区分所有者全員の規約に定めがあるものを除き、これを共用すべき区分所有者のみで行うことになります。

❸　すべての一部共用部分について、その管理のすべてを区分所有者全員で行う場合には、一部の区分所有者のみで構成される区分所有法第３条に規定される区分所有者の団体は存在しないことになります。

❹　一部共用部分に関する事項で区分所有者全員の利害に関係しないものについての区分所有者全員の規約の設定は、当該一部共用部分を共用すべき区分所有者の$\frac{1}{4}$を超える者又はその議決権の$\frac{1}{4}$を超える議決権を有する者が反対したときは、することができません。

一部共用部分の管理 ➡ 例外として「区分所有者全員」で管理。

❶ **正しい** 一部共用部分の管理のうち、①「区分所有者全員の利害に関係するもの」または②「区分所有者全員の規約に定めがあるもの」は「区分所有者全員」で、「その他のもの」はこれを「共用すべき区分所有者のみ」で行う（区分所有法16条）。したがって、一部共用部分の管理のうち、区分所有者全員の利害に関係するものは、一部共用部分を共用する一部の区分所有者だけで行うことはできない。

頻出

❷ **誤り** 「一部共用部分の管理でも、区分所有者全員の利害に関係するものは、一部共用部分を共用する一部の区分所有者だけで行うことはできない」

一部共用部分の管理のうち、❶解説の②「区分所有者全員の規約に定めがあるもの」を除いたとしても、❶解説の①「区分所有者全員の利害に関係するもの」がある可能性は否定できない。したがって、本肢の場合、一部共用部分の管理について、一部共用部分を共用する一部の区分所有者だけで行うとは言い切れず、本肢は誤っている。

❸ **正しい** すべての一部共用部分について、その管理のすべてを区分所有者全員で行う場合には、一部の区分所有者のみで管理すべき部分は存在しない。つまり、一部の区分所有者のみで構成される区分所有者の団体は存在し得ないことになる。

❹ **正しい** 一部共用部分に関する事項で区分所有者全員の利害に関係しないものについての区分所有者全員の規約の設定、変更または廃止は、当該一部共用部分を共用すべき区分所有者の$\frac{1}{4}$を超える者またはその議決権の$\frac{1}{4}$を超える議決権を有する者が反対したときは、することができない（31条2項、30条2項）。

頻出

規約共用部分及び規約敷地に関する次の記述のうち、区分所有法の規定によれば、誤っているものはどれか。

❶　マンション内に、上層階専用、下層階専用の二基のエレベーターがあり、それぞれが一部共用部分である場合に、その大規模修繕については、区分所有者全員の規約で定め、清掃等の日常の管理や使用方法については、区分所有者全員の利害に関係しないものとしてそれぞれ上層階、下層階の区分所有者の規約で定めることができる。

❷　一部共用部分に関する事項で区分所有者全員の利害に関係しないものについての区分所有者全員の規約の設定、変更又は廃止は、当該一部共用部分を共用すべき区分所有者の４分の３以上で、かつ、議決権の４分の３以上の賛成を要する。

❸　未利用の規約敷地の一部について、特定の区分所有者に対して特に有利な条件で、かつ、排他的に使用収益をする権利を規約で設定する場合には、その集会の決議に当たり、他の区分所有者全員の承諾を得なければならない。

❹　建物が所在する土地の一部が分割により建物が所在する土地以外の土地となったときは、規約に別段の定めがない限り、専有部分との分離処分が禁止される。

一部共用部分➡原則これを共用すべき区分所有者が管理。

❶ **正しい** **一部共用部分は、一部共用部分を共用すべき区分所有者のみで管**理するのが原則である。ただし、一部共用部分の管理のうち、①「**区分所有者全員の利害に関係するもの**」、②「**区分所有者全員の規約に定めがあ**るもの」は、区分所有者**全員で管理**できる（区分所有法16条）。したがって、本肢の二基のエレベーターに関し、その大規模修繕については、区分所有者全員の規約で定め、清掃等の日常の管理や使用方法については、それぞれ上層階、下層階の区分所有者の規約で定めることができる。

頻出

❷ **誤り** **「区分所有者の$\frac{3}{4}$以上、かつ、議決権の$\frac{3}{4}$以上の賛成を要する」**
➡「区分所有者の$\frac{1}{4}$超の者又はその議決権の$\frac{1}{4}$超の議決権を有する者が反対したときはできない」

一部共用部分に関する事項で区分所有者全員の利害に関係しないものについての区分所有者全員の規約の設定・変更・廃止は、当該**一部共用部分を共用すべき区分所有者の$\frac{1}{4}$を超える者またはその議決権の$\frac{1}{4}$を超える議決権を有する者が反対**したときは、することができない（31条2項、30条2項）。したがって、当該一部共用部分を共用すべき区分所有者の$\frac{3}{4}$以上で、かつ、議決権の$\frac{3}{4}$以上の**積極的な賛成が必要とされているわけではない**。

❸ **正しい** 規約の設定・変更・廃止が**一部の区分所有者の権利に特別の影響**を及ぼすべきときは、その**承諾**を得なければならない（31条1項後段）。**特定の区分所有者**に対して**特に有利な条件**で排他的に使用収益をする権利（専用使用権）を規約で設定する場合は、規約の設定・変更・廃止が**一部の区分所有者の権利に特別の影響**を及ぼすべきときに該当する。したがって、専用使用権の設定を受ける区分所有者を除いた**他の区分所有者全員の承諾を得なければならない**。

❹ **正しい** 建物が所在する土地の**一部が分割**により**建物が所在する土地以外**の土地となったときは、その土地は、**規約で建物の敷地と定められたものとみなされる**（「**みなし規約敷地**」5条2項後段）。また、敷地利用権が数人で有する所有権その他の権利である場合には、区分所有者は、**規約に別段の定めがない限り**、その有する専有部分とその専有部分に係る敷地利用権とを**分離して処分できない**（22条1項）。

頻出

正解 ❷

共用部分の所有に関する次の記述のうち、区分所有法、民法及び不動産登記法(平成16年法律第123号)の規定によれば、正しいものはどれか。

❶ 共用部分は、規約の定めにより、区分所有者又は管理者でない者の所有に属させることができる。

❷ 規約で、共用部分を特定の区分所有者の所有に属させる場合、当該区分所有者の区分所有権に係る共有持分権に変動は生じない。

❸ 規約により共用部分とした建物の部分を、区分所有者でない管理者の所有に属させる場合、管理者は当該共用部分の所有権を登記できる。

❹ 管理者が共用部分を所有する場合、共用部分に加え、規約による建物の敷地も所有することができる。

管理所有者は、「対外的な所有者」になるだけ。共有関係は存続する。

❶ **誤り** 「できる」➡「できない」

共用部分は、原則として区分所有者全員の共有に属するが、規約で別段の定めができる。ただし、管理者が管理所有する場合を除いて、**区分所有者以外の者**を共用部分の所有者と定めることはできない（区分所有法11条1項本文・2項、27条1項）。したがって、規約で定めても、共用部分を**区分所有者または管理者でない者**の所有に属させることは**できない**。

❷ 頻出 **正しい** 規約で、共用部分を特定の区分所有者の所有に属させた場合でも、当該区分所有者の区分所有権に係る**共有持分権に変動は生じない**。なぜなら「管理所有」は、所有者と定められた者にその共用部分の管理を委ねるとともに、対外的な関係上のみでその者の所有とするだけで、実質的には、本来の共有者の共有関係が存続しているからである（「**所有権の性質**」11条2項参照）。

❸ **誤り** 「登記できる」➡「できない」

規約により共用部分とした建物の部分を、区分所有者でない**管理者の所有**に属させる場合でも、管理者が当該**共用部分の所有権を登記することは**できない（「**管理所有の性質**」27条1項参照）。

❹ **誤り** 「規約による建物の敷地も所有できる」➡「所有できない」

管理者は、規約に特別の定めがあれば、「共用部分」を所有（管理所有）できる（27条1項）。しかし、管理所有の対象は、あくまでも**共用部分に限られており**、規約による建物の**敷地**は、その**対象外**である。

正解 ❷

共有物分割請求権の行使に関する次の記述のうち、区分所有法及び民法の規定によれば、正しいものはいくつあるか。

ア　民法では、５年を超えない期間内は、共有物の分割をしない旨の契約をすることを妨げられていないが、当該契約の更新は認められない。

イ　区分所有建物の専有部分以外の建物の部分を共有する区分所有者は、当該建物の部分について、共有物分割請求権を行使することができない。

ウ　区分所有建物の専有部分を共有する区分所有者は、当該専有部分について、共有物分割請求権を行使することができない。

エ　区分所有建物の専有部分を規約により共用部分とした場合、当該規約共用部分を共有する区分所有者は、当該規約共用部分について共有物分割請求権を行使することができない。

❶　一つ

❷　二つ

❸　三つ

❹　四つ

共有物は原則いつでも分割請求可だが、共用部分の分割請求は不可！

ア　**誤り**　**「当該契約の更新は認められない」➡「認められる」**

各共有者は、いつでも共有物の分割を請求できる。ただし、５年を超えない期間内は分割をしない旨の契約をすることを妨げない（民法256条１項）。そして、**分割をしない旨の契約は更新できる**。ただし、その期間は、更新の時から５年を超えることができない（同２項）。

イ　**正しい**　区分所有建物の**専有部分以外の建物の部分は共用部分**であり（区分所有法２条４項）、共用部分は区分所有者全員の共有に属する（11条１項本文）。共有物はいつでも分割請求できるのが原則であるが（民法256条１項・ア解説参照）、**共用部分の分割請求はできない**。区分所有建物において、廊下や階段などの共用部分は建物の存在に不可欠なものであるし、共用部分について専有部分との分離処分を禁止する規定（区分所有法15条１項）からして、共用部分の分割請求はできないと解されている。なお、標準管理規約では「区分所有者は、敷地又は共用部分等の分割を請求できない」と規定（11条１項）している。

ウ　**誤り**　**「共有物分割請求権を行使できない」➡「できる」**

共有物はいつでも分割請求できるのが原則である（民法256条１項・ア解説参照）。そして、**専有部分**は各区分所有者の所有物であるから、数人で**共有されている場合**でも、共用部分のように**分割請求が禁止されることはない**（イ解説参照）。したがって、専有部分を共有する区分所有者は、当該専有部分について、共有物分割請求権を行使できる。

エ　**正しい**　区分所有建物の専有部分は、規約により共用部分とすることができる（「規約共用部分」区分所有法４条２項本文）。イ解説にあるように、共用部分の**分割請求はできない**。このことは**規約共用部分であっても同じ**である。したがって、規約共用部分を共有する区分所有者は、当該規約共用部分について、共有物分割請求権を行使できない。

したがって、**正しいものはイ・エの二つ**であり、**正解は❷**となる。

正解 ❷

ＡとＢはいずれも甲マンションの区分所有者である。Ａが、塔屋及び外壁（いずれも共用部分である。）と自ら所有する専有部分とをあわせて第三者に賃貸して賃料を得ている場合において、Ｂが、Ａに対して、塔屋及び外壁のうち、自らの持分割合に相当する部分について不当利得の返還請求権を行使できるかどうか等に関する次の記述のうち、判例によれば、誤っているものはどれか。なお、甲マンションの規約には、管理者が共用部分の管理を行い、共用部分を特定の区分所有者に無償で使用させることができる旨の定めがあるものとする。

❶　区分所有者全員の共有に属する共用部分を第三者に賃貸することは、共用部分の管理に関する事項に当たる。

❷　一部の区分所有者が共用部分を第三者に賃貸して得た賃料のうち各区分所有者の持分割合に相当する部分につき生ずる不当利得返還請求権は、各区分所有者に帰属する。

❸　区分所有者の団体は、区分所有者の団体のみが各区分所有者の持分割合に相当する部分につき生ずる不当利得返還請求権を行使することができる旨を集会で決議することはできない。

❹　甲マンションの規約の定めは、区分所有者の団体のみが各区分所有者の持分割合に相当する部分につき生ずる不当利得返還請求権を行使することができる旨を含むものと解することができる。

共用部分を第三者に賃貸するのは共用部分の管理に該当する。

❶ **正しい**　共用部分を第三者に賃貸することは共用部分の利用行為であり、その形状又は効用の著しい変更を伴う重大な変更行為にも、保存行為にも当たらないので、共用部分の管理に関する事項に該当する（区分所有法18条1項）。

❷ **正しい**　一部の区分所有者が共用部分を第三者に賃貸して得た賃料に対する他の区分所有者の不当利得返還請求権は、分割可能な金銭債権なので各区分所有者の持分割合に応じて各区分所有者に帰属する（判例）。

❸ **誤り**　「決議できない」➡「決議できる」

本問における不当利得返還請求権は、「共用部分の第三者に対する賃貸による収益を得ることができなかったという区分所有者の損失を回復するためのものであるから、共用部分の管理と密接に関連するものである。すると、区分所有者の団体は、区分所有者の「団体のみ」がこの請求権を行使できる旨を集会で決議し、又は規約で定めることが「できる」ものと解される」。そして、さらに、この集会の決議又は規約の定めがある場合には、各区分所有者は、この請求権を行使できないものと解するのが相当である（判例）。

❹ **正しい**　共用部分の管理を団体的規制に服させている区分所有法の趣旨に照らすと、管理者が共用部分の管理を行い、共用部分を特定の区分所有者に無償で使用させることができる旨の規約の定めは、「区分所有者の団体のみが上記請求権（不当利得返還請求権）を行使できる旨を含むものと解される」（判例）。

正解 ❸

区分所有法第７条に規定する先取特権に関する次の記述のうち、区分所有法及び民法の規定によれば、正しいものはどれか。

❶ 管理者に対して支払うべき報酬が定められ、管理者が、管理組合に対して報酬請求権を有する場合には、管理者の報酬請求権は、先取特権によって担保される。

❷ 区分所有法第７条の先取特権は、共益費用の先取特権とみなされ、他の一般の先取特権と競合する場合にはそれらに劣後する。

❸ 店舗を経営する区分所有者が、管理組合の承諾を得て、共用部分である廊下に自らの所有する動産であるショーケースを備え付けていた場合、このショーケースに対しては、先取特権の効力は及ばない。

❹ 区分所有者が、規約又は集会の決議に基づき他の区分所有者に対して有する債権について先取特権を行使するに際しては、当該他の区分所有者が第三者から借り受けていた家具についても即時取得の規定の準用がある。

管理者が管理組合に有する報酬請求権は、先取特権で担保されない。

❶ **誤り**　「担保される」➡「担保されない」

管理者は、その**職務を行うにつき区分所有者に対して有する債権**について、債務者（区分所有者）の「**区分所有権**（共用部分に関する権利および敷地利用権を含む）」および「**建物に備え付けた動産**」の上に**先取特権**を有する（区分所有法７条１項後段）。しかし、本肢の「**管理者の報酬請求権**」は、「職務を行うにつき区分所有者に対して有する債権」に**該当せず**、先取特権によっては**担保されない**。

❷ **誤り**　「劣後する」➡「優先する」

ひっかけ

区分所有法７条の先取特権は、優先権の順位および効力について、**共益費用の先取特権**とみなされる（７条２項）。そして、一般の先取特権の１つである共益費用の先取特権は、**他の一般の先取特権と競合**する場合、それらに「**優先**」する（民法329条１項、306条）。

❸ **誤り**　「及ばない」➡「及ぶ」

区分所有者は、共用部分・建物の敷地・共用部分以外の**建物の附属施設**について、他の区分所有者に対して有する債権または規約・集会の決議に基づき他の区分所有者に対して有する債権について、❶解説のとおり、**先取特権を有する**（区分所有法７条１項前段）。そして、この動産には、専有部分に備え付けられたものに限らず、**共用部分である廊下や屋上に備え付けられたものまでも含まれる**ので、本肢の「ショーケース」に対しても、先取特権の効力が**及ぶ**。

❹ **正しい**　**区分所有法７条の先取特権**には、**民法の即時取得**（「取引行為によって、平穏・公然と動産の占有を始めた者は、善意・無過失のときは、即時にその動産について行使する権利を取得する」）**の規定が準用**される（７条３項、民法319条、192条）。本肢のように、区分所有者が、規約または集会の決議に基づき他の区分所有者に有する債権に先取特権を行使する際は、当該他の区分所有者が第三者から借り受けていた家具についても、同様の扱いとなる。

正解 ❹

12 区分所有建物⑫（先取特権）

R元-問3

区分所有法第７条の先取特権に関する次の記述のうち、区分所有法及び民法の規定によれば、正しいものはどれか。

❶　区分所有者が有する区分所有法第７条の先取特権の被担保債権は、共用部分、建物の敷地又は共用部分以外の建物の附属施設につき他の区分所有者に対して有する債権に限られる。

❷　管理者が、管理組合との間に報酬を受ける特約がある場合において、管理組合に対して有する報酬債権は、区分所有法第７条の先取特権の対象となる。

❸　区分所有法第７条の先取特権は、債務者が専有部分を賃貸しているときは、民法第304条の物上代位により賃料に対して行使できる。

❹　区分所有法第７条の先取特権の目的物は、債務者の区分所有権に限らず、債務者の全ての財産である。

管理者が管理組合に有する報酬債権は、先取特権で担保されない！

❶ **誤り** **「限られる」➡「限られない」**

区分所有者は、①「共用部分、建物の敷地若しくは共用部分以外の建物の附属施設につき他の区分所有者に対して有する債権」または②「**規約若しくは集会の決議に基づき他の区分所有者に対して有する債権**」について、債務者の区分所有権（共用部分に関する権利および敷地利用権を含む）および建物に備え付けた動産の上に先取特権を有する（区分所有法７条１項前段）。本肢は、区分所有法７条の先取特権の被担保債権について、「共用部分、建物の敷地または共用部分以外の建物の附属施設につき他の区分所有者に対して有する債権」に限定しているため、誤っている。

❷ **誤り** **「対象となる」➡「対象とならない」**

区分所有法７条の先取特権は、優先権の順位および効力については、共益費用の先取特権とみなされる（７条２項）。共益費用とは、**対象物を保存等するために支出した諸費用**のことであり、これは、**他の債権者のためにもなる**ものである。そのため、管理者が管理組合に対して有する報酬債権は、この先取特権によって担保されないので、対象とならない。

❸ **正しい** 先取特権は、その目的物の売却、**賃貸**、滅失または損傷によって**債務者が受けるべき金銭**その他の物に対しても、行使することができる（「物上代位」民法304条１項本文）。この規定は、区分所有法７条の先取特権にも適用される。

❹ **誤り** **「全ての財産」➡「区分所有権（共用部分に関する権利および敷地利用権を含む）および建物に備え付けた動産」**

区分所有法７条の先取特権は、債務者の**区分所有権（共用部分に関する権利および敷地利用権を含む）および建物に備え付けた動産のみ**が対象となる（区分所有法７条１項前段）。したがって、「債務者の全ての財産」とするのではない。

正解 ❸

Aは、Bの所有する専有部分について、Bから賃借し、敷金を差し入れた上で、引渡しを受けてその使用を始めたが、Bが敷地利用権を有していなかったことから、専有部分の収去を請求する権利を有するCが、Bに区分所有権を時価で売り渡すべきことを請求する通知(この問いにおいて「本件通知」という。)を行った。この場合における次の記述のうち、民法及び区分所有法の規定並びに判例によれば、誤っているものはどれか。

❶ 本件通知の後に、AがCの承諾を得てDに対して賃借権を譲渡したときには、敷金に関するAの権利義務関係はDに承継される。

❷ 本件通知前にAがBに対して賃料を支払っていなかった場合、BのAに対する未払いの賃料債権は、債権譲渡がなされなければ、BからCに移転しない。

❸ 賃貸人の地位がBからCに移転したとしても、Cは、所有権の移転登記を経なければ、Aに対して、賃料請求をすることはできない。

❹ 本件通知がBに到達することによって、Bの承諾がなくても、BとCの間に専有部分及び共用部分の持分を売買対象とした売買契約成立の効果が生じることとなる。

区分所有権の売渡請求 ➡ 相手方の承諾なしに売買契約成立の効果が生じる。

❶ **誤り 「承継される」➡「されない」**

賃借権の譲渡があり賃借人が交代した場合、敷金に関する権利義務関係は、特段の事情のない限り、**譲受人（新賃借人）に承継されない**（判例）。敷金は、賃貸借関係において、旧賃借人自身が賃貸人に対して負う債務を担保するための金銭であり、**他人である新賃借人の債務まで担保するものではない**。したがって、承継されるとする本肢は誤っている。

❷ **正しい** Cが売渡請求権を行使したことにより、Bの専有部分はCに移転するので、賃貸人の地位もBからCに移転する。しかしながら、賃料債権は、**賃貸人に帰属する債権**であり賃借人に対して行使すべき債権である。そのため、未払いの賃料債権は、**債権譲渡がなされなければ**、賃貸人（譲渡人）から第三者（譲受人）に**移転することはない**。

❸ **正しい** 賃借権に対抗力がある場合、賃貸人の地位は、賃借物の所有権移転に伴い、一定の場合を除き、新所有者に当然に移転する（民法605条の2第1項・2項）。その上で、新所有者が新賃貸人として、賃借人に対し賃料を請求するには、その賃借物について**自己名義の所有権移転登記が必要である**（同3項）。

❹ **正しい** **敷地利用権を有しない**区分所有者があるときは、その専有部分の収去を請求する権利を有する者は、その区分所有者に対し、区分所有権を時価で**売り渡すべきことを請求できる**（区分所有法10条）。この請求権は**形成権**であり、相手方に対し**売渡請求**をすることにより、**直ちに売買契約成立の効果が生じる**ため、**相手方の承諾は不要**である。

ひっかけ

正解 ❶

規約により建物の敷地とされた土地に関する次の記述のうち、区分所有法の規定によれば、正しいものはいくつあるか。

ア　規約により建物の敷地とすることができる土地には、区分所有者が建物及び建物が所在する土地と一体として管理又は使用をする庭、通路、駐車場等の土地も含む。

イ　規約により建物の敷地とされた土地の管理は、民法（明治29年法律第89号）の定めるところによるのであり、区分所有法の定めるところによるのではない。

ウ　建物の所在する土地が建物の一部の滅失により建物が所在する土地以外の土地となったときは、その土地は、規約で建物の敷地と定められたものとみなされる。

エ　建物が所在する土地の一部が分割により建物が所在する土地以外の土地となったときは、その土地は、改めて規約で定めなければ建物の敷地とすることができない。

❶　一つ

❷　二つ

❸　三つ

❹　四つ

みなし規約敷地となるケースを覚えておこう！

ア **正しい** 区分所有者が建物および建物が所在する土地と**一体として管理または使用をする庭、通路その他の土地**は、規約により建物の敷地とすることができる（「**規約敷地**」区分所有法5条1項）。

イ **誤り** **「民法の定めるところではなく区分所有法の定めるところによる」**

区分所有者は、全員で、建物ならびにその**敷地**および附属施設の**管理を行う**ための団体を構成し、**「区分所有法」の定めるところにより**、集会を開き、規約を定め、および管理者を置くことができる（3条前段）。ここにいう敷地には、建物が所在する土地だけでなく**規約敷地も含まれる**。本肢のように、**民法の定めるところとするのではない**。

ウ **正しい** 建物が所在する土地が建物の**一部の滅失により建物が所在する土地以外の土地**となったときは、その土地は、**規約で建物の敷地と定められたものとみなされる**（「**みなし規約敷地**」5条2項前段）。

エ **誤り** **「改めて規約で定める必要はない」**

建物が所在する土地の**一部が分割により建物が所在する土地以外の土地**となったときは、その土地は、**規約で建物の敷地と定められたものとみなされる**（「**みなし規約敷地**」5条2項後段）。本肢のように、規約を定めなければ建物の敷地とすることができないということではない。

したがって、正しいものは**ア・ウの二つ**であり、**正解は❷**となる。

正解 ❷

Ａは、その所有する甲マンションの２階202号室について、上階の排水管から発生した水漏れによって被害を受けたことを理由に、損害賠償を請求することにした。この場合に関する次の記述のうち、区分所有法及び民法の規定によれば、誤っているものはどれか。

❶ 漏水の原因が甲マンションの３階部分にある排水管の設置又は保存の瑕疵によるものであることが立証された場合には、Ａは、排水管が共用部分に属するものであることを立証しなくても、管理組合に対して損害賠償を請求することができる。

❷ 漏水による損害賠償の責任を管理組合が負う場合には、管理組合は、敷地及び共用部分等の管理に要する経費に充てるために納入された管理費等を、賠償金に充当することを集会で決議することができる。

❸ Ａが受けた水漏れの損害については、３階部分の排水管の設置又は保存に瑕疵があることによって生じたものであることが区分所有法上推定される。

❹ 漏水の原因が202号室の直上階にある３階302号室の専有部分内に存する排水管の設置又は保存の瑕疵による場合において、302号室を賃借し居住しているＣが損害の発生を防止するのに必要な注意をしたときは、同室の所有者Ｂが損害賠償の義務を負う。

建物の設置・保存の瑕疵で損害が発生 ➡ 瑕疵は共用部分にあると推定。

❶ **正しい** 建物の設置または保存に瑕疵があることにより他人に損害を生じたときは、その瑕疵は、**共用部分の設置または保存にあるものと推定**される（区分所有法９条）。したがって、被害者Ａは、３階部分にある排水管が共用部分に属することを立証しなくても、共用部分の所有者に損害賠償を請求できる（民法717条１項）。そして、**共用部分**は、原則として**区分所有者全員の共有**に属するから（区分所有法11条１項本文）、Ａは、**管理組合に対して損害賠償を請求できる**。

❷ **正しい** **共用部分の瑕疵に起因する損害賠償の履行**については、**共用部分の管理に関する事項**に含まれるから、**集会の決議や規約**によって**定めることができる**（18条１項・２項）。したがって、管理組合は、当該管理費等について、賠償金に充当することを集会で決議できる。

❸ **誤り** **「３階部分の排水管…区分所有法上推定される」➡「推定されない」**

ひっかけ

❶解説のとおり、本問の瑕疵は、**共用部分の設置または保存にあるものと推定**される（９条）。しかし、本肢のように「３階部分の排水管の設置または保存に瑕疵があることにより生じた」ことについては、区分所有法上、推定されることはない。

❹ **正しい** 本肢の場合、302号室の占有者（Ｃ）または所有者（Ｂ）が、被害者（Ａ）に対して損害賠償責任（工作物責任）を負う（民法717条１項本文）。そして、**工作物責任**については、**第１次的に占有者**（Ｃ）が損害賠償責任を負うが、Ｃが**損害の発生を防止するのに必要な注意をしたとき**は、**第二次的**に、**所有者**（Ｂ）が**損害賠償責任**（無過失責任）を負う（同ただし書）。

正解 ❸

専有部分と敷地利用権の分離処分の禁止に関する次の記述のうち、区分所有法の規定によれば、誤っているものはどれか。

❶ 敷地利用権が数人で有する所有権その他の権利である場合には、規約に別段の定めがない限り、区分所有者は、その有する専有部分とその専有部分に係る敷地利用権とを分離して処分することができない。

❷ 敷地利用権が数人で有する所有権その他の権利である場合には、一筆の土地の一部について専有部分とその専有部分に係る敷地利用権とを分離して処分することを認める規約を設定することができない。

❸ 敷地利用権が数人で有する所有権その他の権利である場合の専有部分とその専有部分に係る敷地利用権との分離処分禁止に違反する処分は、分離処分禁止の登記がなされていない場合、その無効を善意の相手方に主張することができない。

❹ 最初に建物の専有部分の全部を所有する者は、その有する専有部分とその専有部分に係る敷地利用権とを分離して処分することができるとの規約を公正証書により設定することができる。

専有部分と敷地利用権たる「権利の一部」に分離処分を認める規約設定ＯＫ。

❶ **正しい**　敷地利用権が数人で有する所有権その他の権利である場合には、区分所有者は、その有する**専有部分**とその専有部分に係る**敷地利用権とを分離して処分できない**。ただし、規約に**別段の定め**があるときは、**分離して処分できる**（区分所有法22条１項）。

❷ **誤り**　**「設定できない」➡「できる」**

❶解説どおり、敷地利用権が数人で有する所有権その他の権利である場合でも、規約に別段の定めがあるときは、区分所有者は、その有する専有部分とその専有部分に係る敷地利用権とを分離して処分できる（22条１項）。この**分離処分を認める規約による定め**は、敷地利用権たる権利の全部についてのみならず、**敷地利用権たる「権利の一部」についてもすることができる**。したがって、一筆の土地の一部について専有部分とその専有部分に係る敷地利用権とを分離して処分することを認める規約を設定できる。

❸ **正しい**　敷地利用権が数人で有する所有権その他の権利である場合、規約に別段の定めがないにもかかわらず、**専有部分**とその専有部分に係る**敷地利用権とを分離して処分したときは**、その**無効を善意の相手方に主張できない**（23条本文）。ただし、不動産登記法の定めるところにより分離して処分できない専有部分及び敷地利用権であることを**登記した**後に、その処分がされたときは、**この限りでない**（同ただし書き）。

❹ **正しい**　**最初に建物の専有部分の全部を所有する者**は、**公正証書**により、①規約共用部分に関する定め、②規約敷地に関する定め、③**敷地利用権の分離処分ができる旨の定め**、④敷地利用権の持分割合の**規約を設定できる**（32条）。

正解 ❷

管理者に関する次の記述のうち、区分所有法の規定によれば、正しいものはどれか。

❶　集会の決議がなくとも、各区分所有者は、管理者の選任を裁判所に請求することができる。

❷　管理者は、集会において、毎年１回一定の時期に、その事務に関する報告をしなければならないが、規約の定めにより書面の送付をもって報告に代えることができる。

❸　管理者は、集会の決議により原告又は被告となったときは、遅滞なく、区分所有者にその旨を通知しなければならない。

❹　管理者は、規約に特別の定めがあるときは、共用部分を所有することができる。

管理者 ➡ 集会で事務報告すべき！　書面送付では代替✕。

❶ **誤り　「管理者の選任を裁判所に請求できる」➡「できない」**

区分所有者は、規約に別段の定めがない限り、集会の決議によって、管理者を選任または解任できる（区分所有法25条１項）。したがって、区分所有者は、管理者の選任を裁判所に請求できない。なお、解任については、各区分所有者は、管理者に不正な行為その他その職務を行うに適しない事情があるときは、例外的に、裁判所に請求できる（同２項）。

❷ **誤り　「書面の送付をもって報告に代えることができる」➡「できない」**

管理者は、必ず集会において、毎年１回一定の時期に、その事務に関する報告をしなければならない（43条）。つまり、「書面の送付をもって報告に代える」という規約の設定をすることはできない。

❸ **誤り　「通知しなければならない」⇒「通知する必要はない」**

管理者は、規約または集会の決議により、その職務に関し、区分所有者のために、原告または被告となることができる（26条４項）。そして、管理者は、規約により原告または被告となったときは、遅滞なく、区分所有者にその旨を通知しなければならない（同５項）。したがって、集会の決議により原告または被告となったときは、区分所有者に通知する必要はない。周知のこととなっているからである。

❹ **正しい**　管理者は、規約に特別の定めがあるときは、共用部分を所有（「管理所有」）できる（27条１項）。

正解 ❹

18 管理者②(管理所有)

□□□ CHECK!　R3-問4　重要度 A

管理者による管理所有に関する次の記述のうち、区分所有法の規定によれば、誤っているものはどれか。

❶ 規約において、法定共用部分だけでなく規約共用部分についても管理所有の対象とすることができる。

❷ 規約で管理者が建物の敷地及び附属施設を所有すると定めることにより、管理者はこれらの管理に必要な行為を行う権限を有する。

❸ 管理者による管理所有が規約で定められている場合、管理者は、共用部分につき損害保険契約を締結することができる。

❹ 管理者による管理所有が規約で定められていても、管理所有の対象としている共用部分の保存行為については、管理者だけでなく、共用部分を共有する各区分所有者がすることができる。

管理者による管理所有の対象は、法定共用部分だけでなく、規約共用部分も。

❶ **正しい** 管理者は、規約に特別の定めがあるときは、共用部分を所有できる（「**管理所有**」区分所有法27条１項）。**管理所有の対象となる共用部分**は法定共用部分だけでなく、**規約共用部分**も含まれる。

❷ **誤り** **「敷地及び附属施設を管理所有することはできない」**

❶解説どおり、管理者が管理所有できるのは「**共用部分**」である（27条１項）。したがって、**建物の敷地**又は**共用部分以外の附属施設**は、区分所有者の共有に属する場合でも、**管理所有の対象とはならない**。

❸ **正しい** **管理者による管理所有**が認められている場合、**管理者**は、区分所有者全員（一部共用部分については、これを共用すべき区分所有者）のために、その**共用部分を管理する義務を負う**（27条２項、20条１項前段）。そして、**共用部分につき損害保険契約をすること**は、共用部分の**管理に関する事項**とみなされる（18条４項）。したがって、管理所有者である管理者は、共用部分につき損害保険契約を締結できる。

❹ **正しい** **管理所有**が認められる場合でも、それはあくまで**共用部分の管理を円滑にするため**であるから、管理所有者は共用部分の独占的・排他的な支配権を有するものではない。**共用部分の所有権**はなお**区分所有者に属する**（27条、20条２項参照）。したがって、**管理所有の対象となっている共用部分**の「**保存行為**」については、管理所有者だけでなく、共用部分を共有する**区分所有者**もできる。

正解 ❷

管理所有に関する次の記述のうち、区分所有法の規定によれば、正しいものはどれか。

❶ 規約の別段の定めによっても、管理者は一部共用部分を所有することはできない。

❷ 規約の別段の定めによっても、共用部分の所有者を管理者以外の特定の区分所有者とすることはできない。

❸ 管理所有者は、その者が管理所有する共用部分を保存し、又は改良するため必要な範囲内において、他の区分所有者の専有部分又は自己の所有に属しない共用部分の使用を請求することができる。

❹ 管理所有者は、その者が管理所有する共用部分について、その形状又は効用の著しい変更を伴わないものであっても、変更をすることはできない。

管理所有者は、共用部分の軽微変更もできる。

❶ **誤り「管理者は一部共用部分を所有できない」➡「所有できる」**

管理者が共用部分の管理を円滑に行うことができるように、**規約に特別の定め**があるときは、**管理者**は**共用部分を所有**できる（区分所有法27条1項）。**一部共用部分**は、これを共用すべき区分所有者の共有に属するが（11条1項ただし書）、**規約で別段の定め**をすることにより、管理者が管理のために**一部共用部分を所有**できる（同2項本文）。

❷ **誤り「規約の別段の定めにより、共用部分の所有者を管理者以外の特定の区分所有者とすることができる」**

共用部分は区分所有者全員の共有に属するが（11条1項本文）、規約で**別段の定め**をすることにより、共用部分の所有者を**特定の区分所有者**とすることができる（同2項本文、20条1項）。この特定の区分所有者は、管理者以外でもよい。

❸ **正しい** 管理所有者は、その管理所有する共用部分を保存し、又は改良するため**必要な範囲内**において、他の区分所有者の**専有部分**又は**自己の所有に属しない共用部分**の**使用を請求**できる（27条2項、6条2項）。

❹ **誤り「管理所有者は、共用部分の軽微変更であってもできない」➡「できる」**

管理所有者は、形状又は効用の著しい変更を伴う共用部分の変更はできないが（20条2項、17条1項）、形状又は効用の著しい変更を伴わない共用部分の**軽微な変更はできる**（17条1項かっこ書参照）。

正解 ❸

管理者の職務に関する次の記述のうち、区分所有法及び民法の規定によれば、誤っているものはどれか。

❶　管理者の職務に関する代理権に加えた制限は、善意の第三者に対抗することができない。

❷　管理者は、規約の定めや集会の決議によらなくても、当然にその職務に関して区分所有者のために原告又は被告となることができる。

❸　管理者が職務を行うに当たって費用を要するときは、管理者は、委任の規定に従い、前払でその費用を請求することができる。

❹　管理者がその職務を行うため自己の過失なくして損害を受けたときは、管理者は、委任の規定に従い、その賠償を請求することができる。

管理者の代理権に加えた制限は、善意の第三者に対抗不可！

❶ 

正しい　**管理者**は、その職務に関し、区分所有者を代理する（区分所有法26条２項前段）。そして、**管理者の代理権に加えた制限は、善意の第三者に対抗できない**（同３項）。

❷ 頻出

誤り　**「規約の定めや集会の決議によらなくても、当然に」**
➡**「規約や集会の決議により」**

管理者は、規約**または**集会の決議があって初めて、その職務に関し、区分所有者のために、**原告または被告となることができる**（26条４項）。当然になるわけではない。

❸ **正しい**　**管理者の権利義務**は、区分所有法および規約に定めるもののほか、委任の規定に従う（28条）。そして、委任に関する民法の規定によれば、委任事務を処理する場合に**費用を要する**ときは、委任者は、受任者の請求により、その前払いをしなければならない（民法649条）。

❹ **正しい**　❸解説のとおり、管理者の権利義務は、委任の規定に従う（区分所有法28条）。そして、委任に関する民法の規定によれば、**受任者**は、委任事務を処理するために**自己に過失なく損害を受けた**ときは、**委任者に対し**、その賠償を請求できる（民法650条３項）。

正解 ❷

次に掲げる事項のうち、区分所有法の規定によれば、管理者の職務（区分所有者を代理するものも含む。）に当たるものはいくつあるか。

ア　共用部分につき損害保険契約をした場合における、同契約に基づく保険金額の請求及び受領

イ　共用部分について生じた不当利得による返還金の請求及び受領

ウ　規約の保管

エ　集会における毎年１回一定の時期に行う管理者の事務に関する報告

❶　一つ

❷　二つ

❸　三つ

❹　四つ

共用部分に生じた不当利得返還金請求・受領について、管理者は区分所有者を代理。

ア　**管理者の職務に当たる**

共用部分について損害保険契約が締結されている場合、**管理者**は、その**損害保険契約**に基づく**保険金額の請求**及び**受領**について、**区分所有者を代理**する（区分所有法26条２項、18条４項）。

イ　**管理者の職務に当たる**

共用部分について生じた**不当利得による返還金**の**請求**及び**受領**について、**管理者**は、**区分所有者を代理**する（26条２項）。

ウ　**管理者の職務に当たる**

規約は、**管理者が保管**しなければならない（33条１項）。

エ　**管理者の職務に当たる**

管理者は、**集会**において、**毎年１回一定の時期**に、その**事務に関する報告**をしなければならない（43条）。

以上より、**管理者の職務に当たるものはア～エの四つ**であり、**正解は❹**となる。

正解 ❹

区分所有する者が複数名である甲マンションにおいて、区分所有者Aが管理者である場合の管理者の立場等に関する次の記述のうち、区分所有法及び民法の規定によれば、誤っているものはどれか。

❶　Aは、やむを得ない事由があるときでなければ、管理者としての事務を第三者に委任することはできない。

❷　Aは、管理者としての事務を処理するについて費用を要するときは、管理組合に対して事務処理費用の前払いを請求することができる。

❸　Aは、甲マンションの敷地が区分所有者の共有又は準共有に属しない場合には、敷地に関して、これを保存し、集会の決議を実行し、並びに規約で定めた行為をする権限を有しない。

❹　Aがその職務を行うため自己の過失なくして損害を受けたときは、Aは、委任の規定に従い、管理組合に対してその賠償を請求することができる。

受任者が事務処理の際過失なく損害を受けた ➡ 委任者に賠償請求可。

誤り **「やむを得ない事由があるときでなければ」**

➡「委任者の許諾を得たとき、又はやむを得ない事由があるときでなければ」

管理者の権利義務は、区分所有法及び規約に定めるもののほか、**委任に関する規定に従う**（区分所有法28条）。そして、受任者（A）は、**委任者の許諾**を得たとき、又は**やむを得ない事由**があるときでなければ、復受任者を選任できない（民法644条の２第１項）。

❷ 頻出 **正しい** 委任事務を処理するについて**費用**を要するときは、委任者は、受任者（A）の**請求**により、その前払いをしなければならない（区分所有法28条、民法649条）。

❸ **正しい** 管理者は、共用部分並びに区分所有者の**共有に属する場合**における当該建物の**敷地**及び附属施設を保存し、集会の決議を実行し、並びに規約で定めた行為をする権利を有し、義務を負う（区分所有法26条１項）。

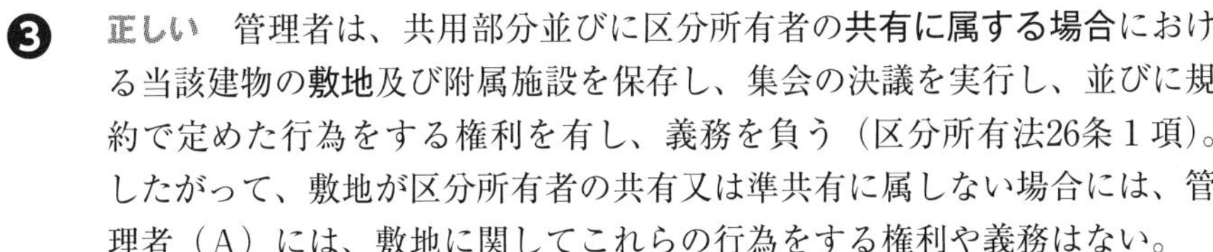

したがって、敷地が区分所有者の共有又は準共有に属しない場合には、管理者（A）には、敷地に関してこれらの行為をする権利や義務はない。

❹ 頻出 **正しい** 受任者（A）は、委任事務を処理するため**自己に過失なく損害を受けた**ときは、**委任者に対し**、その**賠償を請求**できる（区分所有法28条、民法650条３項）。

甲マンションにおける管理者が区分所有者Aである場合の管理者の立場等に関する次の記述のうち、区分所有法及び民法の規定によれば、正しいものはどれか。ただし、規約に別段の定めはないものとする。

❶ Aは、集会の決議を経ることなく、共用部分の保存行為をするとともにその形状又は効用の著しい変更を伴わない変更をすることができる。

❷ Aは、甲マンションの大規模修繕工事について、自己の利益を図る目的で請負契約を締結して工事代金を支払ったとしても、当該契約が集会の決議に基づき締結したものであれば、善良な管理者の注意義務違反を問われることはない。

❸ Aは、規約により、その職務に関し、区分所有者のために原告となることができるが、その場合には、遅滞なく、区分所有者にその旨を通知しなければならない。

❹ 甲マンションの敷地が、区分所有者の共有又は準共有に属しない場合、Aは甲マンションの敷地に関して、これを保存し、集会の決議を実行し、並びに規約で定めた行為をする権限を有する。

規約により原告又は被告となった➡遅滞なく、区分所有者に通知必要。

誤り **「共用部分の形状又は効用の著しい変更を伴わない変更ができる」➡「集会の決議に基づかなければできない」**

管理者は、**集会の決議を経ることなく**、共用部分の**保存行為**ができる（区分所有法26条１項）。しかし、**共用部分の形状又は効用の著しい変更を伴わない変更**については、**集会の普通決議**が必要とされ（17条１項）、管理者はその集会の決議に基づいて当該変更行為を実行しなければならない（26条１項）。管理者が管理所有者であれば集会の決議は不要となるが、本肢においては、管理者が管理所有をしているとの記述はないので、本肢は誤りとなる。

❷ 誤り **「自己の利益を図る目的で請負契約を締結…善管注意義務違反を問われることはない」➡「問われることはあり得る」**

管理者の権利義務については**民法の委任の規定が準用**されるので（28条）、受任者である管理者は、委任者である区分所有者に対して**善良な管理者の注意**をもって、その**事務を処理する義務**を負う（「善管注意義務」民法644条）。**自己の利益を図る目的**で請負契約を締結して工事代金を支払うことは、この**善管注意義務に違反**することになる。Aがその責任を免れるためには、委任者である区分所有者からその責任を免除する旨の意思表示を受けることが必要となるので、請負契約が集会の決議に基づき締結されたとしても、善管注意義務違反を問われることがあり得る。

❸ 正しい　管理者は、規約又は集会の決議により、その職務に関し、区分所有者のために原告又は被告となることができる（区分所有法26条４項）。そして、規約**により原告又は被告となったとき**は、遅滞なく、区分所有者にその旨を通知しなければならない（同５項）。

❹ 誤り **「敷地が区分所有者の共有又は準共有に属しない場合、管理者は敷地に関して保存し、集会の決議の実行等の権限を有する」➡「有しない」**

管理者は、共用部分を保存し、集会の決議を実行し、規約で定めた行為をする権利を有し、義務を負う（26条１項）。さらに、**建物の「敷地」又は共用部分以外の附属施設が区分所有者の共有に属し**、又はこれらの物に関する地上権、賃借権等の権利が**区分所有者の準共有に属している場合**には、管理者は、敷地及び附属施設について**共用部分と同様の権限を有し、義務を負う**（26条１項、21条）。したがって、本肢のように、区分所有者の共有又は準共有に属しない場合、Aは、甲マンションの敷地に関して、これを保存し、集会の決議を実行し、規約で定めた行為をする権限を有しない。

正解 ❸

区分所有法第３条に規定する区分所有者の団体（この問いにおいて「３条の団体」という。）又は管理者に関する次の記述のうち、区分所有法の規定によれば、正しいものはいくつあるか。

ア　３条の団体は、区分所有法によって設立が認められる法人である。

イ　３条の団体は、区分所有法の定めるところにより、集会を開き、規約を定め、及び管理者を置くことが義務づけられている。

ウ　管理者は、その職務に関し、区分所有者を代理する。

エ　管理者は、集会の決議により、その職務に関し、区分所有者のために、原告又は被告となったときは、遅滞なく、区分所有者にその旨を通知しなければならない。

❶　一つ

❷　二つ

❸　三つ

❹　四つ

管理者は、集会の決議で原告や被告になっても、区分所有者に通知義務はない。

ア　誤り　**「法人」➡「法人でなくてもよい」**

区分所有者は、**全員**で、建物ならびにその敷地および附属施設の管理を行うための**団体**（管理組合）**を構成**するが（区分所有法３条）、その「団体」は、必ずしも**法人に限られない**（47条１項参照）。

イ　誤り　**「義務づけられている」➡「任意でできる」**

区分所有者は、上記アのとおり、団体を構成し、区分所有法の定めにより集会を開き、規約を定め、および管理者を置くことが「できる」（３条）。つまり、義務ではなく、あくまでも任意である。

ウ　正しい　**管理者**は、その職務に関し、**区分所有者を代理**する（26条２項前段）。

エ　誤り　**「通知しなければならない」➡「通知義務はない」**

管理者は、規約や**集会の決議**により、その職務に関し、区分所有者のために、原告または被告となることができ（26条４項）、**規約**による場合は、遅滞なく、区分所有者にその旨を通知**しなければならない**（同５項）。しかし、**集会の決議**による場合は、通知する必要はない。

したがって、**正しいものはウの一つ**であり、**正解は❶**となる。

正解 ❶

管理組合・敷地利用権等

R3-問1

Ａは、甲地、乙地及び丙地の３筆の土地にまたがり、それぞれの上に、構造上、利用上も区分され、独立して住居の用途に供することができる建物の部分を有する１棟の建物（いわゆるタウンハウス）を建築し、甲地上の建物の部分（①）をＡ自身の居住用として使用し、乙地上の建物の部分（②）をＢに、丙地上の建物の部分（③）をＣにそれぞれ分譲した。ただし、Ａは、乙地をＢに、丙地をＣにそれぞれ賃貸しているものとする。

この場合に関する次の記述のうち、区分所有法及び民法の規定によれば、正しいものはいくつあるか。

甲　地	乙　地	丙　地
①	②	③

ア　この１棟の建物について、Ａ、Ｂ、Ｃの全員によって区分所有法第３条に規定する区分所有者の団体が組織される。

イ　敷地利用権について、ＢとＣは、乙地及び丙地の賃借権の準共有者となる。

ウ　Ｂは、建物の部分を第三者に譲渡する場合、その敷地利用権の譲渡について、Ａの承諾が必要である。

エ　Ｃは、建物の部分の敷地利用権に、Ａの承諾を得て抵当権を設定することができる。

❶　一つ

❷　二つ

❸　三つ

❹　四つ

賃借権である敷地利用権に抵当権を設定することは不可！

ア　**正しい**　本問の建物は、構造上・利用上区分され、独立して住居の用途に供することができる建物の部分を有する一棟の建物（区分所有建物）であり、それら区分された建物の部分（専有部分）をＡ・Ｂ・Ｃの３人が所有している。したがって、**区分所有者であるＡ・Ｂ・Ｃの全員は、この一棟の建物を管理するために区分所有法３条に規定する団体（管理組合）を当然に組織することになる**（区分所有法３条）。

イ　**誤り**　**「乙地及び丙地の賃借権の準共有者となる」**

➡「乙地及び丙地についてそれぞれの賃借権を有する」

乙地及び丙地はそれぞれ一筆の土地であり、**乙地はＢがＡから賃借し、丙地はＣがＡから賃借している**。したがって、乙地についてはＢが、丙地についてはＣが、それぞれ**独立して賃借権を有する**ことになる。賃借権の準共有となるのではない（民法264条参照）。

ウ　**正しい**　Ｂが、その所有する**建物の部分を第三者に譲渡**すると、その**敷地利用権も譲渡**したことになる（87条２項）。敷地利用権がないと当該第三者は建物を所有することができないからである。そして、Ｂが有する敷地利用権は**賃借権**であるから、その**譲渡**をするには、**賃貸人Ａの承諾が必要**となる（612条１項）。

エ　**誤り**　**「抵当権を設定できる」➡「できない」**

抵当権の目的となるのは**不動産（所有権）、地上権及び永小作権**である（369条）。Ｃが有する敷地利用権は「賃借権」であるから、Ａの承諾を得ても、その敷地利用権に抵当権を設定できない。

したがって、**正しいものはア・ウの二つ**であり、**正解は❷**となる。

正解 ❷

区分所有法第３条に規定する区分所有者の団体（この問いにおいて「３条の団体」という。）に関する次の記述のうち、区分所有法の規定及び判例によれば、正しいものはどれか。

❶　一棟の建物に二以上の区分所有者が存する場合には、管理者が定められず、かつ、規約が設定されていなくても、３条の団体が成立し、権利能力のない社団が存在する。

❷　３条の団体は、区分所有権を有する者がその構成員となる団体であり、区分所有権を有さずにマンションに居住している者は、集会の決議及び規約に拘束されることはない。

❸　特定の区分所有者が、建物の管理又は使用に関し区分所有者の共同の利益に反する行為を行い、その行為による共同生活上の障害が著しい場合には、その区分所有者について、区分所有権を保持させたままで３条の団体の構成員の資格を失わせることができる。

❹　一部の区分所有者のみの共用に供されるべきことが明らかな共用部分（この問いにおいて「一部共用部分」という。）があっても、一部共用部分の管理のすべてを区分所有者全員で行う場合には、一部の区分所有者のみで構成される３条の団体は存在しない。

管理者不在かつ規約が未設定➡「権利能力なき社団」とは認められない。

❶ **誤り 「権利能力のない社団が存在する」➡「存在しない」**

一棟の建物に２以上の区分所有者が存する場合には、３条の団体（管理組合）は成立する（区分所有法３条）。しかし、当該団体であっても、管理者が定められず、かつ、規約の設定がされていないときは、**「権利能力のない社団」は存在しない。**

なお、**「権利能力のない社団」**の要件は、次のとおりである（判例）。

① 団体としての組織を備えていること
② 多数決の原則が行われていること
③ 構成員の変更にもかかわらず、団体そのものが存続すること
④ その組織によって**代表の方法・総会の運営・財産の管理その他団体としての主な点が確定**していること

❷ **誤り 「拘束されることはない」➡「拘束される」**

３条の団体（管理組合）の構成員は区分所有者であるが、区分所有権を有さずにマンションに居住している者（**占有者**）も、建物またはその敷地・附属施設の使用方法につき、区分所有者が**規約**や**集会の決議**に基づいて負う義務と**同一の義務を負う**（46条２項）。

❸ **誤り 「区分所有権を保持させたままで３条の団体の構成員の資格を失わせることができる」➡「できない」**

区分所有者が、共同の利益に反する行為をして、その行為による共同生活上の障害が著しい場合には、その者の**区分所有権**および敷地利用権の**競売**ができるが（59条１項）、その場合、その者は**区分所有権を失うとともに、３条の団体の構成員としての資格も失う。**

❹ **正しい** 一部共用部分をそれらの区分所有者が管理する場合には、それら**一部の区分所有者のみ**で構成される**３条団体が存在**する（３条後段）。しかし、**一部共用部分の管理**のすべてを区分所有者全員で行う場合には、そのような「**一部の区分所有者のみで構成される３条の団体**」は、存在し得ない。

ハイレベル

マンションの登記に関する次の記述のうち、区分所有法及び不動産登記法の規定によれば、誤っているものはどれか。ただし、団地管理組合である場合を除くものとする。

❶ マンションの登記簿において、1つの登記記録に建物の専有部分と敷地権とが共に登記されることはない。

❷ マンションの登記簿の表題部（専有部分の建物の表示）の登記記録において、専有部分は登記されるが、法定共用部分は登記事項ではないので、登記されることはない。

❸ 専有部分を規約により共用部分とした場合に、その旨の登記をしなければ、これをもって第三者に対抗することはできない。

❹ 管理組合法人が成立するためには、区分所有者及び議決権の各$\frac{3}{4}$以上の多数による集会の決議で法人となる旨並びにその名称及び事務所を定め、登記をすることが必要である。

法定共用部分は登記不可、規約共用部分は登記しないと第三者に対抗不可。

❶ **誤り 「共に登記されることはない」➡「共に登記されることもある」**

専有部分と分離して処分できない敷地利用権であって、登記されたものを「**敷地権**」という（不動産登記法44条1項9号）。そして、専有部分に係る敷地利用権が敷地権であるときは、**専有部分の登記の表題部に敷地権の種類、敷地権の割合等が登記される**（不動産登記規則118条）。したがって、1つの登記記録に建物の専有部分と敷地権とが共に登記されることがある。

❷ **正しい** マンションの登記簿では、そもそも、**法定共用部分は登記事項とはされていない**ので、登記されることはない（区分所有法4条2項、不動産登記法44条1項6号参照）。

❸ 頻出 **正しい** **専有部分**となり得る建物の部分は、規約**により共用部分**とすることができる。この場合、その旨の登記をしない**と**、**第三者に**対抗できない（区分所有法4条2項）。

❹ 頻出 **正しい** 本肢のとおり、管理組合は、区分所有者および議決権の**各**$\frac{3}{4}$以上の多数による**集会の決議**で法人となる旨・その名称・事務所を定め、かつ、その主たる事務所の所在地で登記**をすることで**、**法人**となる（47条1項）。

正解 ❶

管理組合法人に関する次の記述のうち、区分所有法の規定によれば、誤っているものはどれか。

❶ 区分所有法第３条に規定する区分所有者の団体は、区分所有者及び議決権の各$\frac{3}{4}$以上の多数による集会の決議で法人となる旨並びにその名称及び事務所を定めることで直ちに法人となることができる。

❷ 管理組合法人の成立前の管理者の職務の範囲内の行為は、管理組合法人の成立後は、管理組合法人につき効力を有する。

❸ 管理組合法人は、区分所有者を代理して、損害保険契約に基づく保険金額の請求及び受領をすることができる。

❹ 管理組合法人の理事及び監事の任期は２年とされているが、規約で３年以内において別段の期間を定めたときは、その期間とする。

管理組合は、主たる事務所の所在地での登記で、はじめて法人となる。

❶ **誤り** **「直ちに」➡「登記をすることで」**

区分所有法3条に規定する団体（管理組合）は、区分所有者および議決権の**各$\frac{3}{4}$以上**の多数による集会の決議で**法人となる旨**ならびにその**名称**および**事務所**を定め、かつ、その主たる事務所の所在地において「登記」をすることによって**法人**となる（区分所有法47条1項）。したがって、特別決議で所定の事項を定めることで直ちに法人となるのではなく、さらに主たる事務所の所在地で登記をして、はじめて法人となる。

❷ **正しい** 管理組合法人の成立「前」の集会の決議、規約および**管理者の職務の範囲内の行為**は、**管理組合法人につき効力**を生ずる（47条5項）。

❸ **正しい** **管理組合法人**は、**損害保険契約に基づく保険金額**ならびに共用部分等について生じた損害賠償金および不当利得による返還金の**請求および受領**について、**区分所有者を**代理する（47条6項）。

❹ **正しい** **理事**の任期は、２年とするのが原則であるが、**規約で３年以内**において別段の期間を定めたときは、その期間となる（49条6項）。また、**監事**の任期についても**同様**である（50条4項）。

正解 ❶

管理組合法人に関する次の記述のうち、区分所有法の規定によれば、正しいものはどれか。

❶ 区分所有者以外の利害関係人は、裁判所に対する仮理事の選任の請求を行うことができない。

❷ 管理組合法人の成立前の集会の決議、規約及び管理者の職務の範囲内の行為は、管理組合法人には効力を生じない。

❸ 管理組合法人の財産をもってその債務を完済することができないときは、規約に別段の定めがない限り、区分所有者は等しい割合でその債務の弁済の責めに任ずる。

❹ 理事が欠けた場合又は規約で定めた理事の員数が欠けた場合には、任期の満了又は辞任により退任した理事は、新たに選任された理事（仮理事を含む。）が就任するまで、なおその職務を行う。

管理組合法人の成立前であっても職務の範囲内の行為は効力あり。

❶ **誤り　「区分所有者以外の利害関係人は、請求できない」➡「請求できる」**

理事が欠けた場合に、事務の遅滞により損害を生ずるおそれがあるときは、**裁判所**は、利害関係人または検察官の**請求**により、仮理事を選任しなければならない（区分所有法49条の４第１項）。しかし、この利害関係人が区分所有者に限定される旨は規定されていない。

❷ **誤り　「効力を生じない」➡「生じる」**

管理組合法人の成立前の**集会の決議・規約・管理者の職務の範囲内の行為**であっても、**管理組合法人については効力を生ずる**（47条５項）。

❸ **誤り　「等しい割合で」➡「共用部分の持分の割合で」**

管理組合法人の財産を充当してもその債務を完済することができない場合、区分所有者は、各々有する共用部分の持分の割合で、債務の弁済をしなければならない。ただし、**規約で**、建物やその敷地・附属施設の管理に要する経費につき負担の割合が**定められている**ときは、**その割合**によることになる（53条１項、14条、29条１項ただし書）。

❹ **正しい**　①**理事が欠けた**場合、または、②規約で定めた理事の**員数が欠けた場合**、**任期の満了**または**辞任**により**退任した理事**は、新たに選任された理事（仮理事を含む）が**就任するまで**は、引き続き**その職務を行わなければならない**（49条７項）。

正解 ❹

管理組合法人の理事及び監事に関する次の記述のうち、区分所有法の規定によれば、正しいものはどれか。

❶ 管理組合が主たる事務所の所在地において登記をすることによって管理組合法人となる場合において、管理組合法人の監事については登記はなされない。

❷ 代表権のある理事が管理組合法人所有の土地の一部を購入しようとする場合、当該理事は、他の理事全員の承諾を得た上で管理組合法人の代表者として当該売買契約を締結しなければならない。

❸ 複数の理事がいる管理組合法人において、理事全員が共同して管理組合法人を代表する旨が規約によって定められている場合、そのうちの理事１人と管理組合法人との間で利益相反事項が生じるときには、当該利益相反事項と関わりのない他の理事が管理組合法人を代表することができる。

❹ 理事が欠けた場合において、事務が遅滞することにより損害を生ずるおそれがあるときには裁判所によって仮理事が選任されるが、監事が欠けた場合には、事務が遅滞することにより損害を生ずるおそれがあるときであっても裁判所による仮監事の選任はなされない。

理事と監事の共通規定・相違規定を整理しよう！

❶ ひっかけ **正しい** 管理組合は、主たる事務所の所在地で**登記**をすることにより**管理組合法人**となる（区分所有法47条１項）。そして、管理組合法人に関する**登記事項**は、目的・業務、名称、事務所の所在場所、代表権を有する者の**氏名・住所・資格、共同代表の定めがあるときはその定め**である（47条３項、組合等登記令２条２項）。つまり、**監事は登記事項ではない。**

❷ **誤り** **「監事が管理組合法人の代表者として当該売買契約を締結する」**

代表権のある理事が管理組合法人所有の土地の一部を購入する行為は、**当該理事と管理組合法人**との利益相反行為となる。そして、そのような**利益相反行為**については、**監事が管理組合法人を代表する**（区分所有法51条）。したがって、当該理事は、他の理事全員の承諾を得たとしても、管理組合法人の代表者として当該売買契約を締結できない。

❸ **誤り** **「他の理事が管理組合法人を代表できる」➡「監事が管理組合法人を代表する」**

❷解説を参照。**共同代表の定めがある管理組合法人**で、理事の１人と管理組合法人との間で**利益相反事項**が生じるときには、**監事が管理組合法人を代表する**。なお、各自代表権を有する理事が数人ある場合で、理事の１人と管理組合法人との間に利益相反事項が生じた場合は、他の理事が法人を代表する。

❹ **誤り** **「監事が欠けた場合にも、裁判所によって仮監事が選任される」**

理事が欠けた場合、事務が遅滞することにより損害を生ずるおそれがあるときは、**裁判所**は、利害関係人または検察官の請求により、**仮理事を選任**しなければならない（49条の４第１項）。そして、この規定は**監事にも準用され**（50条４項）、監事が欠けた場合にも、同様に、仮監事が選任される。

正解 ❶

管理組合法人の事務に関する次の記述のうち、区分所有法の規定によれば、誤っているものはどれか。

❶ 管理組合法人の事務のうちの保存行為について、複数の理事がいる場合、規約に別段の定めがないときは、各理事が単独で決することができる。

❷ 管理組合法人が共用部分を管理者として所有することについて、規約で定めることはできない。

❸ 管理組合法人の事務のうち保存行為を除く事務に関しては、集会の決議につき特別の定数が定められている事項及び義務違反者に対する訴訟を提起するために集会決議が求められている事項を除き、規約の定めにより、理事その他の役員で決することができる。

❹ 管理組合法人が、支払不能による破産手続開始を申し立てられても、それをもって直ちに解散する事由にはあたらない。

「管理所有」は、管理組合法人には適用されない。

❶ **誤り** **「各理事が単独で」➡「理事の過半数で」**

ハイレベル

管理組合法人の事務のうち、**保存行為**については、法律上当然に、**理事**が決することができる（区分所有法52条２項）。そして、**理事が数人**ある場合には、規約に別段の定めがない限り、理事の過半数で決する（49条２項）。

❷ **正しい** **管理組合法人**においては、**規約**で、共用部分を管理者として所有（管理所有）する旨を定めることはできない（47条11項、「管理者」の規定を準用していない）。

❸ **正しい** 管理組合法人の事務は、区分所有法に定めるもののほか、すべて**集会の決議**によって行う。ただし、集会の決議につき**特別の定数**が定められている事項および**義務違反者に対する訴訟**を提起するために集会の決議が求められている事項を**除いて**、規約で、**理事その他の役員で決する**ことができる（52条１項）。

ハイレベル

❹ **正しい** 管理組合法人の**解散事由**は、次の３つに限られる（55条１項）。

頻出

① 建物（一部共用部分を共用すべき区分所有者で構成する管理組合法人にあっては、その共用部分）の全部の滅失

② 建物に専有部分がなくなったこと

③ 集会の特別決議

したがって、単に「支払不能による破産手続開始を申し立て」られることは、解散する事由にはあたらない。

正解 ❶

管理組合法人に関する次の記述のうち、区分所有法の規定によれば、誤っているものはどれか。

❶ 管理組合法人の理事は、規約又は集会の決議により、管理組合法人の事務に関し、区分所有者のために、原告又は被告となることができる。

❷ 管理組合法人は、区分所有者名簿を備え置き、区分所有者の変更があるごとに必要な変更を加えなければならない。

❸ 管理組合法人は、建物の全部の滅失又は建物に専有部分がなくなったことのほか、区分所有者及び議決権の各$\frac{3}{4}$以上の多数の集会の決議によっても解散する。

❹ 管理組合法人は、代表理事がその職務を行うについて第三者に加えた損害を賠償する責任を負う。

「管理組合法人」はその事務に関し、原告や被告となれる。理事がなるのではない！

❶ 誤り　「管理組合法人の理事」➡「管理組合法人」

ひっかけ

「管理組合法人」は、規約又は集会の決議により、その事務に関し、区分所有者のために、**原告又は被告となる**ことができる（区分所有法47条8項）。原告又は被告となるのは「管理組合法人」であり、管理組合法人の理事ではない。なお、実際の訴訟は、理事が管理組合法人を代表して追行する。

❷ 正しい　管理組合法人は、**区分所有者名簿**を備え置き、区分所有者の**変更があるごとに必要な変更**を加えなければならない（48条の2第2項）。

❸ 正しい　**管理組合法人**は、①**建物**（一部共用部分を共用すべき区分所有者で構成する管理組合法人にあっては、その共用部分）**の全部の滅失**、②建物に**専有部分がなくなったこと**、③**集会の決議**、**によって解散**する（55条1項）。そして、③の集会の決議は、**区分所有者及び議決権の各$\frac{3}{4}$以上の**多数で行う（同2項）。

❹ 正しい　**管理組合法人**は、**代表理事**がその職務を行うについて**第三者に加えた損害を賠償する責任を負う**（47条10項、一般社団法人及び一般財団法人に関する法律78条）。

正解 ❶

33 管理組合法人⑥（解散事由）

R 2-問6　重要度 B

甲マンション管理組合法人の解散事由に関する次の記述のうち、区分所有法の規定によれば、正しいものはいくつあるか。

ア　甲マンション建物の全部滅失

イ　分譲業者Aによる甲マンションの全区分所有権の買取り

ウ　甲マンション管理組合法人の破産手続開始決定

エ　集会における区分所有者及び議決権の各４分の３以上の多数決決議

❶　一つ

❷　二つ

❸　三つ

❹　四つ

管理組合法人の解散事由の１つに、「建物の全部滅失」がある。

ア **該当する** 管理組合法人の**解散事由**は、次の３つに限られる（区分所有法55条１項）。

頻出

① 建物（一部共用部分を共用すべき区分所有者で構成する管理組合法人にあっては、その共用部分）の全部の滅失

② 建物に専有部分がなくなったこと

③ 集会の特別決議

イ **該当しない** 上記ア解説参照。分譲業者による全区分所有権の買取りは、解散事由に該当しない。

ウ **該当しない** 上記ア解説参照。管理組合法人の破産手続開始決定は、解散事由に該当しない。

エ **該当する** 上記ア解説のとおり、管理組合法人は、**集会の決議**によって解散する。この集会の決議は、**区分所有者及び議決権の各４分の３以上**の多数ですることとされている（55条２項）。

頻出

したがって、**正しいものはア・エの二つ**であり、**正解は❷**となる。

正解 ❷

管理組合、団地管理組合及び管理組合法人に関する次の記述のうち、区分所有法及び民法の規定によれば、誤っているものはいくつあるか。ただし、規約に別段の定めはないものとする。

ア　法定共用部分を専有部分とする場合には、これについて、その共有者全員の同意が必要である。

イ　管理組合及び団地管理組合においては、その職務に関し、管理者が区分所有者を代理し、管理組合法人においては、その事務に関し、代表権のある理事が共同して区分所有者を代理する。

ウ　管理組合及び団地管理組合の管理者を共用部分の管理所有者とする規約を定めることができるが、管理組合法人の理事を共用部分の管理所有者とする規約を定めることはできない。

エ　共同利益背反行為に該当する行為により当該義務違反者に対して区分所有権の競売請求に係る訴訟を提起するため、管理組合及び団地管理組合の管理者、並びに管理組合法人の代表権のある理事を訴訟担当者として選任することは、それぞれの集会で決議することができる。

❶　一つ

❷　二つ

❸　三つ

❹　四つ

法定共用部分を専有部分とするには、共有者全員の同意が必要。

ア　正しい　区分所有建物のうち、「構造上区分所有者の全員又はその一部の共用供されるべき建物の部分」は、構造上の独立性又は利用上の独立性を有していないことから、法律上当然に共用部分とされる（「法定共用部分」区分所有法4条1項）。そして、法定共用部分は区分所有者の共有に属する（11条1項）。法定共用部分を専有部分とすることは、区分所有者の共用を廃止して区分所有権の目的とする共有物の処分行為に該当するが、この場合の区分所有法の明文規定はない。したがって、民法の原則による。これによれば、共有物の処分には共有者全員の同意が必要とされているので（民法251条1項）、法定共用部分を専有部分とするには、共有者全員の同意が必要となる。

イ　誤り　「代表権のある理事が共同して区分所有者を代理する」
➡「管理組合法人が区分所有者を代理する」

管理組合及び団地管理組合の管理者は、その職務に関し、区分所有者を代理する（区分所有法26条2項前段、66条）。管理組合法人において、その事務に関し、区分所有者を代理するのは管理組合法人であり、理事ではない（47条6項）。

ウ　誤り　「団地管理組合の管理者を共用部分の管理所有者とすることはできない」

頻出

管理組合の管理者は、規約に特別の定めがあるときは、共用部分を所有できる（「管理所有」27条1項）。この管理所有についての規定は、団地の管理者には準用されていないので（66条参照）、団地内の区分所有建物の共用部分を団地の管理者の所有とすることはできない。なお、管理組合法人においても、管理者の管理所有に関する規定は準用されておらず（47条11項）、また、管理組合法人の管理所有の制度も設けられていないので、管理組合法人の理事を管理所有者とすることはできない。

エ　誤り　「義務違反者に対する競売請求訴訟の訴訟担当者として、団地管理組合の管理者と管理組合法人の理事を選任できない」

義務違反者に対する競売請求に係る訴訟について、管理組合の管理者を、集会の決議により訴訟担当者として選任できる（57条3項、59条2項）。団地管理組合には、義務違反者に対する措置に関する規定（57条から60条まで）は準用されていないので（66条）、団地管理組合の管理者を競売請求に係る訴訟の訴訟担当者とすることはできない。管理組合法人においては、管理組合法人が、規約又は集会の決議により、その名において提起するので（47条8項）、その理事を訴訟担当者として選任することはできない。

以上より、誤っているものはイ～エの三つであり、正解は❸となる。

集会の招集に関する次の記述のうち、区分所有法の規定によれば、正しいものの組合せはどれか。

ア　集会の招集の通知をする場合において、会議の目的たる事項が規約の変更の決議であるときは、その議案の要領をも通知しなければならない。

イ　管理者がないときは、裁判所は、区分所有者の請求により、集会を招集する者を選任して、その者に集会を招集させることができる。

ウ　区分所有者の$\frac{1}{5}$以上で議決権の$\frac{1}{5}$以上を有するものは、管理者に対し、会議の目的たる事項を示して、集会の招集を請求することができるが、この定数は、規約で増減することができる。

エ　集会の招集の通知は、会日より少なくとも1週間前に、会議の目的たる事項を示して、各区分所有者に発しなければならないが、この期間は、規約で伸縮することができる。

❶　アとイ

❷　イとウ

❸　ウとエ

❹　エとア

管理者がないときに、裁判所が集会を招集できるという定めはない！

ア　**正しい**　集会の招集の通知をする場合、**会議の目的たる事項**（議題）が規約の変更の決議であるときは、その**議案の要領をも**あわせて通知しなければならない（区分所有法35条5項、31条1項）。

頻出

イ　**誤り**　**「裁判所は、…集会を招集させることができる」➡「この旨の規定はない」**

ひっかけ

管理者がないときは、区分所有者の$\frac{1}{5}$以上で議決権の$\frac{1}{5}$以上を有するものは、**集会を招集できる**（34条5項本文）。しかし、管理者がないときに、「裁判所が、区分所有者の請求により、集会を招集する者を選任して、その者に集会を招集させることができる」とする旨の規定はない。

ウ　**誤り**　**「増減できる」➡「減ずることができる」**

区分所有者の$\frac{1}{5}$以上で議決権の$\frac{1}{5}$以上を有するものは、管理者に対し、会議の目的たる事項を示して、集会の招集を請求できる。ただし、この定数は、**規約で減ずることができる**のみであり（34条3項）、増やすことはできない。

エ　**正しい**　集会の**招集の通知**は、会日より少なくとも1週間前に、会議の目的たる事項を示して、各区分所有者に**発しなければならない**。ただし、この**期間は、規約で伸縮できる**（35条1項）。

頻出

したがって、**正しいものの組合せ**はア・エであり、**正解は❹**となる。

正解 ❹

36 集　会②（集会招集手続き）

□□□ CHECK!　R元-問6　重要度 A

集会招集手続きに関する次の記述のうち、区分所有法の規定によれば、正しいものはいくつあるか。ただし、規約に別段の定めはないものとする。

ア　区分所有者の$\frac{1}{5}$以上で議決権の$\frac{1}{5}$以上を有するものが、管理者に対し、会議の目的たる事項を示して、集会の招集を請求した。

イ　区分所有者が法所定の手続きに従い管理者に対して集会の招集を請求したにもかかわらず、管理者が２週間経過しても集会の招集の通知を発しなかったため、その請求をした区分所有者が集会を招集した。

ウ　専有部分が二人の共有に属する場合、議決権を行使すべき者が定められていなかったときは、管理者は、集会の招集の通知を共有者の双方に発しなければならない。

エ　管理者がないときに、区分所有者の$\frac{1}{5}$以上で議決権の$\frac{1}{5}$以上を有するものが、集会の招集をした。

❶　一つ

❷　二つ

❸　三つ

❹　四つ

集会招集の基本的な手続を確認しよう！

ア　**正しい**　区分所有者の$\frac{1}{5}$以上で議決権の$\frac{1}{5}$以上を有するものは、管理者に対し、会議の目的たる事項を示して、**集会の招集を請求**できる（区分所有法34条３項本文）。

イ　**正しい**　区分所有者が、管理者に対し、集会の招集を請求した場合、２週間以内にその請求の日から４週間以内の日を会日とする集会の招集の**通知が発せられなかった**ときは、その請求をした区分所有者は、**集会を招集**できる（34条４項）。

ウ　**誤り**　**「共有者の双方に」➡「共有者の１人に」**

専有部分が数人の共有に属する場合、集会の招集通知は、議決権を行使すべき者が定められていないときには、**共有者の１人にすれば足りる**（35条２項、40条）。共有者の双方に発しなければならないのではない。

エ　**正しい**　**管理者がない**ときは、**区分所有者の$\frac{1}{5}$以上で議決権の$\frac{1}{5}$以上を有するもの**は、集会を招集できる（34条５項本文）。

したがって、**正しいものはア・イ・エの三つ**であり、**正解は❸**となる。

正解 ❸

総会の招集について説明した次の文章について、区分所有法の規定及び判例によれば、〔　ア　〕～〔　エ　〕の中に入るべき用語の組合せとして、適切なものはどれか。

総会の招集通知においては、通常は、〔　ア　〕を示せば足りますが、〔　イ　〕など一定の重要事項を決議するには、そのほかに〔　ウ　〕をも通知するべきであるとされています（区分所有法第35条第５項）。その趣旨は、区分所有者の権利に重要な影響を及ぼす事項を決議する場合には、区分所有者が予め十分な検討をした上で総会に臨むことができるようにするほか、〔　エ　〕も書面によって議決権を行使することができるようにして、議事の充実を図ろうとしたことにあると考えられます。そのような法の趣旨に照らせば、前記〔　ウ　〕は、事前に賛否の検討が可能な程度に議案の具体的内容を明らかにしたものである必要があるものと考えられます。

	〔　ア　〕	〔　イ　〕	〔　ウ　〕	〔　エ　〕
❶	会議の目的たる事項	規約の改正	議案の要領	総会に出席しない組合員
❷	会議の目的たる事項	建替え	議決権行使の手続	利害関係人
❸	議題	共用部分の変更	会議の目的たる事項	占有者
❹	議案の要領	管理者の選任	議題	総会に出席しない組合員

集会招集通知の際、会議目的が一定事項なら、議案要領も通知。

ア 「会議の目的たる事項」

集会（総会）の招集通知は、会日より少なくとも１週間前に、会議の目的たる事項を示して、各区分所有者に発しなければならない（区分所有法35条１項本文）。したがって、アには、「会議の目的たる事項」が入る。

イ 「規約の改正」

集会の招集通知をする場合、会議の目的たる事項が一定の重要事項であるときは、その議案の要領をも通知しなければならない（35条５項）。すると、イに入るべき一定の重要事項の内容が問題となる。続く文章中に「区分所有者の権利に重要な影響を及ぼす事項を決議する場合には、区分所有者が予め十分な検討をした上で総会に臨む」とあるので、「規約の設定、変更又は廃止が一部の区分所有者の権利に特別の影響を及ぼすべきときは、その承諾を得なければならない」という規定（31条１項後段）と関連すると推測できる。したがって、イには、「規約の改正」が入る。

ウ 「議案の要領」

上記イの解説のとおり、集会の招集通知をする場合、会議の目的たる事項が一定の重要事項であるときは、その議案の要領をも通知しなければならない。したがって、ウには、「議案の要領」が入る。

エ 「総会に出席しない組合員」

エの直後に「書面によって議決権を行使することができるようにして」とあるので、エには、「総会に出席しない組合員」が入る。

したがって、ア「会議の目的たる事項」、イ「規約の改正」、ウ「議案の要領」、エ「総会に出席しない組合員」であり、正解は❶となる。

正解 ❶

集会において次の事項を決議する場合、区分所有法の規定によれば、議案の要領の通知を要しないものはどれか。ただし、招集手続の省略について、区分所有者全員の同意を得ていないものとする。

❶ 区分所有建物の一部の階段室をエレベーター室へ変更すること。

❷ 管理員室を廃止して、来客用の宿泊室に転用すること。

❸ 管理者を解任すること。

❹ 建物の価格の$\frac{1}{2}$を超える部分が滅失したときに、滅失した共用部分を復旧すること。

管理者の解任を決議する場合➡議案の要領の通知は不要。

集会の招集通知をする場合、区分所有法35条5項に規定する**重要な決議事項**については、会議の目的たる事項に加えて、その**議案の要領をも通知**しなければならない。以下検討する。

❶ **通知を要する**

共用部分の重大変更（その形状又は効用の著しい変更を伴わないものを除く共用部分の変更）は、**議案の要領の通知を要する**（区分所有法35条5項、17条1項）。区分所有建物の一部の階段室を**エレベーター室へ変更**することは、**共用部分の形状、効用を確定的に変更**するものであり、共用部分の重大変更に該当する。

❷ **通知を要する**

共用部分である管理人室を廃止して、来客用の**宿泊室に転用**することは、**共用部分の効用を確定的に変更**するものであり、共用部分の重大変更に該当する。したがって、**議案の要領の通知を要する**（35条5項、17条1項）。

❸ **通知を要しない　「管理者の解任は、35条5項に列挙されていない」**

管理者の選任又は解任は、規約に特別の定めがない限り、**集会の普通決議**によってなされる（25条1項、39条1項）。35条5項に列挙されているものは、いずれも特別決議事項であり、管理者の解任を決議する場合に議案の要領の通知は必要ではない。

❹ **通知を要する**

建物の価格の$\frac{1}{2}$を超える部分が滅失したときに、**滅失した共用部分を復旧する決議**には**議案の要領の通知を要する**（35条5項、61条5項）。この決議は、区分所有者及び議決権の各$\frac{3}{4}$以上の特別多数が必要となる。

正解 ❸

甲マンション101号室の所有者Aが死亡し、Aの相続人である妻Bと子Cは、遺産分割協議中である。この場合に関する次の記述のうち、区分所有法及び民法の規定並びに判例によれば、誤っているものはどれか。

❶　BとCが集会において議決権を行使すべき者一人を定めていないときは、集会を開催するに当たって、集会の招集者は、BとCのいずれか一方に集会の招集通知をすれば足りる。

❷　Cが未成年の高校生であったとしても、BとCが合意をすれば、Cを議決権を行使すべき者と定めることができる。

❸　BとCが、Bを議決権行使者と定める旨の合意をし、管理組合に議決権行使者をBとする旨の通知をしていない場合であっても、Bは議決権行使者の指定を受けたことを証明することにより、議決権を行使することができる。

❹　Cは甲マンション101号室に居住しておらず、Bが同号室に居住している場合で、BとCが、Cを議決権行使者と定める合意をし、Cの住所を記載して書面で通知した場合であっても、規約に特別の定めがあるときは、集会の招集の通知は、建物内の見やすい場所に掲示してすることができる。

集会招集通知を受ける場所が通知➡その場所に宛てて通知を発する。

❶ 頻出 **正しい** **相続財産**である101号室の所有権は、相続開始後遺産分割確定までの間、共同相続人であるBとCの**共有**となるので（民法898条）、BとCは、どちらが集会における**議決権行使者**となるかを**定めなければならない**（区分所有法40条）。そして、集会の招集通知は、議決権行使者となった者に対してなされる（35条２項）。しかし、**議決権行使者が定められていないときには**、集会の招集者は、BとCの**いずれか一方**に対して通知をすれば足りる（同かっこ書）。

❷ **正しい** 甲マンションの101号室がBとCの共有に属する場合（❶解説参照）、集会における**議決権行使者の指定**は、**共有物の管理に関する事項**として、BとCの**持分の価格**に従い、その**過半数**で決する（民法252条）。そして、**議決権行使者の資格**については**区分所有法上の制限はない**。したがって、Cが未成年の高校生であったとしても、BとCとが**合意**をすれば、Cを議決権を行使すべき者と定めることができる。

❸ **正しい** 共有者間において議決権行使者を定めたがその旨の通知を管理組合にしていない場合でも、実体上、**共有者間で議決権行使者の指定がなされていれば**、指定を受けた者が、自己が共有者の協議により定められた**議決権行使者である旨を証明**することにより、議決権を行使できる。

❹ **誤り** **「通知は、建物内の見やすい場所に掲示してできる」**
➡「掲示による通知で個別の通知に代えることはできない」

集会の招集通知は、区分所有者が管理者に対して**通知を受ける場所を通知**したときは、**その場所に宛てて行う**（区分所有法35条３項前段）。**建物内に住所を有する区分所有者**又は**通知を受けるべき場所を通知しない区分所有者**に対しては、**規約に特別の定め**があるときは、**建物内の見やすい場所に掲示すること**で個別の通知に代えることができる（同４項前段）。しかし、Cは、建物内に居住しておらず、議決権行使者として住所の通知もしているので、**掲示による通知**によって個別の通知に**代えることはできない**。

正解 ❹

集会に関する次の記述のうち、区分所有法の規定によれば、誤っているものはどれか。ただし、規約に別段の定めはないものとする。

❶　区分所有者の$\frac{1}{5}$以上で議決権の$\frac{1}{5}$以上を有するものは、管理者に対し、会議の目的たる事項を示して、集会の招集を請求することができる。

❷　集会の議事に係る区分所有者の議決権は、書面で、又は代理人によって行使することができる。

❸　集会の招集の通知をする場合において、会議の目的たる事項が、管理者の選任であるときは、その議案の要領をも通知しなければならない。

❹　専有部分が数人の共有に属するときは、共有者は、集会において議決権を行使すべき者一人を定めなければならない。

数人の共有である専有部分➡共有者は議決権行使者１人を定める。

❶ **正しい** 区分所有者の$\frac{1}{5}$以上で議決権の$\frac{1}{5}$以上を有するものは、管理者に対し、会議の目的たる事項を示して、集会の招集を請求できる（区分所有法34条３項）。

❷ **正しい** 集会の議事は、区分所有法又は規約に別段の定めがない限り、区分所有者及び議決権の各過半数で決せられる（39条１項）。そして、この議決権は、書面で、又は代理人によって行使できる（同２項）。

❸ **誤り** **「議案の要領をも通知」➡「議案の要領の通知は不要」**

区分所有法上、議案の要領の通知が必要とされるのは法に列挙されている決議をする場合に限られる（35条５項）。具体的には、①共用部分の重大変更（17条１項）、②規約の設定・変更・廃止（31条１項）、③建物の大規模滅失の場合における復旧（61条５項）、④建替え（62条１項）、⑤団地内の建物について団地規約を定めることについての各棟の承認（68条１項）、⑥団地内の建物について一括建替え承認決議に付する旨（69条７項）の各決議である。したがって、議題が管理者の選任である場合に議案の要領の通知は必要ない。

❹ **正しい** 専有部分が数人の共有に属するときは、共有者は、議決権を行使すべき者１人を定めなければならない（40条）。

正解 ❸

集会の決議における電磁的方法の利用に関する次の記述のうち、区分所有法の規定によれば、誤っているものはどれか。ただし、規約に別段の定めはないものとする。

❶　区分所有法又は規約により集会において決議をすべき場合において、電磁的方法による決議をするためには、区分所有者の$\frac{3}{4}$以上の承諾がなければならない。

❷　集会を招集すべき者は、電磁的方法による決議を行うときには、回答の期限とされている日よりも少なくとも１週間前に、会議の目的たる事項を示して、各区分所有者に通知を発しなければならない。

❸　区分所有法又は規約により集会において決議すべきものとされた事項については、区分所有者全員の電磁的方法による合意があったときは、電磁的方法による決議があったものとみなされる。

❹　区分所有法又は規約により集会において決議すべきものとされた事項についての電磁的方法による決議は、集会の決議と同一の効力を有する。

書面・電磁的方法による決議 ➡ 集会の決議と同一の効力を有する。

❶ **誤り** 「$\frac{3}{4}$以上の承諾」➡「全員の承諾」

区分所有法または規約により、集会において決議をすべき場合、**区分所有者全員の承諾**があるときは、**書面または電磁的方法による決議**ができる（区分所有法45条1項本文）。

❷ **正しい** 書面または電磁的方法による決議については、**集会に関する規定が準用**される（45条5項）。そして、**集会の招集の通知**は、会日より少なくとも1週間前に、**会議の目的たる事項を示して**、各区分所有者に**発しなければならない**（35条1項本文）。

❸ **正しい** 区分所有法または規約により、集会で決議すべき事項については、**区分所有者全員の書面または電磁的方法による合意**があったときは、**書面または電磁的方法による決議**があった**とみなされる**（45条2項）。

❹ **正しい** 区分所有法または規約により集会において決議すべき事項についての書面または**電磁的方法による決議は、集会の決議と同一の効力を有する**（45条3項）。

頻出

正解 ❶

電磁的方法（電子情報処理組織を使用する方法その他の情報通信の技術を利用する方法であって法務省令で定めるものをいう。この問いにおいて同じ。）による議決権行使又は決議に関する次の記述のうち、区分所有法の規定によれば、誤っているものはどれか。

❶　区分所有者は、規約又は集会の決議により、集会の議事について書面による議決権の行使に代えて、電磁的方法によって議決権を行使することができる。

❷　区分所有者全員の承諾を得て電磁的方法による決議をした場合に、その決議は、集会の決議と同一の効力を有する。

❸　電磁的方法による決議をする場合には、電磁的方法による回答の期日とされている日より少なくとも３週間前までに、会議の目的たる事項を示して各区分所有者に通知を発しなければならない。

❹　区分所有者全員の電磁的方法による合意があったときは、電磁的方法による決議があったものとみなされ、その決議は、集会の決議と同一の効力を有する。

電磁的方法による決議 ➡ 回答期日１週間前まで会議目的事項を各区分所有者に発する。

❶ **正しい**　区分所有者は、**規約又は集会の決議により**、集会の議事について書面による議決権の行使に代えて、**電磁的方法によって議決権を行使**できる（区分所有法39条３項）。

❷ 頻出 **正しい**　区分所有法又は規約により集会において決議をすべき場合、**区分所有者全員の承諾**があるときは、**書面又は電磁的方法による決議**ができる（45条１項本文）。そして、この書面又は電磁的方法による決議は、**集会の決議と同一の効力**を有する（同３項）。

❸ ひっかけ **誤り**　**「３週間前までに」➡「１週間前までに」**

集会に関する規定は、**書面又は電磁的方法による決議**について**準用される**（45条５項）。そして、**集会の招集の**通知は、会日より少なくとも「１週間」前に、会議の目的たる事項を示して、各区分所有者に**発しなければならない**（35条１項本文）。したがって、電磁的方法による決議をする場合、電磁的方法による回答の期日とされている日より少なくとも「**１週間前**」までに、会議の目的たる事項を示して各区分所有者に発しなければならない。

❹ 頻出 **正しい**　区分所有法又は規約により集会において決議すべきものとされた事項については、**区分所有者全員の書面又は電磁的方法による合意**があったときは、書面又は**電磁的方法による決議があったものとみなされる**（45条２項）。そして、この書面又は**電磁的方法による決議**は、**集会の決議と同一の効力**を有する（同３項）。

正解 ❸

区分所有法に定める電磁的記録及び電磁的方法に関する次の記述のうち、同法の規定によれば、誤っているものはどれか。

❶　電磁的記録とは、電子的方式、磁気的方式その他人の知覚によっては認識することができない方式で作られる記録であって、電子計算機による情報処理の用に供されるものとして法務省令で定めるものをいう。

❷　電磁的方法とは、電子情報処理組織を使用する方法その他の情報通信の技術を利用する方法であって法務省令で定めるものをいう。

❸　集会の議事録を電磁的記録により作成するためには、規約による規定又は集会の決議が必要である。

❹　規約により集会において決議すべきものとされた事項については、区分所有者全員の書面又は電磁的方法による合意があったときは、書面又は電磁的方法による決議があったものとみなす。

議事録を電磁的記録で作成する場合、規約の規定や集会の決議は不要。

❶ **正しい** 電磁的記録とは、電子的方式・磁気的方式その他人の知覚によっては認識することができない方式で作られる記録であって、電子計算機による情報処理の用に供されるものとして法務省令で定めるものをいう。**規約の作成方式としての電磁的記録の定義である**（区分所有法30条5項かっこ書）。

❷ **正しい** 電磁的方法とは、電子情報処理組織を使用する方法その他の**情報通信の技術を利用する方法**であって**法務省令で定める**ものをいう。**集会における議決権の行使方法としての電磁的方法の定義**である（39条3項かっこ書）。

❸ **誤り** **「規約による規定又は集会の決議が必要」**

➡**「規約の規定も集会の決議も不要」**

集会の議事録は、**書面又は電磁的記録により作成**しなければならない（42条1項）。この議事録を電磁的記録により作成する場合に、**規約の規定又は集会の決議**は**不要**である。

❹ 頻出 **正しい** 区分所有法又は規約により集会において決議すべきものとされた事項について、**区分所有者全員の書面又は電磁的方法による合意**があったときは、**書面又は電磁的方法による決議**があったものとみなされ、**集会の決議と同一の効力**を有する（45条2項・3項）。

甲マンション301号室の区分所有者Ａが、専有部分をＢに賃貸している場合の次の記述のうち、区分所有法の規定によれば、正しいものはいくつあるか。

ア　規約を変更し専有部分を居住目的以外には使用禁止とすることについて集会で決議する場合、301号室を事務所として使用しているＢは、利害関係を有するとして集会に出席して当該規約変更に関する意見を述べることはできない。

イ　共用部分に係る大規模修繕工事の負担金増額について集会で決議する場合、Ｂは利害関係を有するとして集会に出席して当該決議に関する意見を述べることはできない。

ウ　規約を変更し毎月の管理費を増額することについて集会で決議する場合、管理費相当分を負担しているＢは、利害関係を有するとして集会に出席して当該規約変更に関する意見を述べることができる。

エ　規約を変更しペットの飼育を禁止することについて集会で決議する場合、301号室でペットを飼育しているＢは、利害関係を有するとして集会に出席して当該規約変更に関する意見を述べることができる。

❶　一つ

❷　二つ

❸　三つ

❹　四つ

占有者の意見陳述権の可否に関する各ケースを、整理しよう！

区分所有者の承諾を得て専有部分を占有する者は、会議の目的たる事項につき利害関係を有する場合、集会に出席して意見を述べることができる（区分所有法44条１項）。したがって、本問の、区分所有者Ａから301号室を賃借しているＢは、会議の目的たる事項について利害関係を有する場合には、集会に出席して意見を述べることができる。

上記を前提として、以下、ア～エを検討する。

ア　**誤り**　「Ｂは、意見を述べることはできない」➡「意見を述べることができる」

301号室を**事務所として使用**しているＢは、占有者として「**専有部分を居住目的以外には使用禁止**とする旨の規約変更決議」について**利害関係を有している**といえるから（46条２項）、集会に出席して**意見を述べることができる**。

イ　**正しい**　Ｂは301号室の**賃借人（占有者）**であり、所有者が支払うべきである**共用部分**に係る**大規模修繕工事の負担金**については、支払義務を負わない（11条、19条、46条２項）。したがって、Ｂは、「当該負担金の増額決議」について、**利害関係を有していない**から、**意見を述べることはできない**。

頻出

ウ　**誤り**　「Ｂは、意見を述べることができる」➡「意見を述べることはできない」

Ｂは301号室の**賃借人（占有者）**であり、管理組合に対して所有者が支払うべきである**管理費**については、**支払義務を負わない**（11条、19条、46条２項）。したがって、Ｂは、「管理費を増額する規約変更決議」について、**利害関係を有していない**から、**意見を述べることはできない**。

エ　**正しい**　301号室で**ペットを飼育している**Ｂは、「**ペットの飼育を禁止する旨の規約変更の決議**」について、**利害関係を有している**といえるから（46条２項）、**意見を述べることができる**。

したがって、**正しいものはイ・エの二つ**であり、**正解は❷**となる。

正解 ❷

甲マンション101号室の所有者Ａが死亡し、遺産分割協議によって同室は長男Ｃの単独所有とされた。同室についてはＡが遺言でＡと同居していた妻Ｂのために配偶者居住権を設定しており、Ａが死亡した後にも、Ｂは、Ｃの承諾のもとに、配偶者居住権に基づいて同室の居住を継続している。この場合に関する次の記述のうち、区分所有法及び民法の規定並びに判例によれば、誤っているものはどれか。

❶　Ｂは、会議の目的たる事項に利害関係を有していれば、甲マンションの集会に出席して意見を述べることができる。

❷　甲マンションの集会で決議された規約のうち、建物又はその敷地若しくは附属施設の使用方法に当たらない事項に関する定めについては、Ｂにはその効力は及ばない。

❸　Ｃは、101号室に係る固定資産税を、納付期限が迫っていたため自ら納付したが、これについてはＢに対して求償することができる。

❹　Ｂが建物の管理又は使用に関し区分所有者の共同の利益に反する行為を行っていた場合には、甲マンションの管理組合は、集会の決議によってＢの配偶者居住権を消滅させることができる。

配偶者居住権を有する配偶者は、通常の必要費を負担。

❶ **正しい**　区分所有者の承諾を得て専有部分を**占有する者**は、会議の目的たる事項につき利害関係**を有する**場合には、**集会に出席して意見を述べる**ことができる（区分所有法44条1項）。Bは、101号室の区分所有者であるCの承諾のもとに、配偶者居住権に基づいて同室の占有を継続しており、同室の占有者である。したがって、Bは、会議の目的たる事項につき利害関係を有する場合には、集会に出席して意見を述べることができる。

❷ 頻出 **正しい**　占有者は、建物又はその敷地若しくは附属施設の**使用方法**について、区分所有者が**規約**又は**集会の決議**に基づいて負う義務と**同一の義務を負う**（46条2項）。❶解説のとおり、Bは、101号室の占有者であるため、建物又はその敷地若しくは附属施設の使用方法に当たらない事項に関する規約の定めについては、効力が及ばない。

❸ ハイレベル **正しい**　配偶者居住権を有する被相続人の配偶者は、居住建物の**通常の必要費を負担**する（民法1034条1項）。101号室に係る**固定資産税**は、101号室の**維持に必要とされる費用**（必要費）であり、**本来はBが負担**するものである。そのため、負担する義務のないCが納付した場合には、Cは、Bに対して**求償**できる。

❹ ハイレベル **誤り**　**「（単なる）集会の決議によって」**

➡ **「集会の特別決議（$\frac{3}{4}$以上）による訴えをもって」**

占有者が共同の利益に反する行為をした場合には、**集会の決議**（区分所有者及び議決権の各$\frac{3}{4}$以上）**に基づき**、「**訴え**」をもって、当該行為に係る占有者が占有する**専有部分の使用又は収益を目的とする契約の解除及びその専有部分の引渡し**を請求できる（区分所有法57条4項・1項、60条1項）。設問によれば、「Bは、Cの承諾のもとに、配偶者居住権に基づいて101号室の居住を継続している」のでこの占有者に該当すると考え、Bには訴えをもって引渡しを請求することになる。本肢のように、単に「集会の決議によってBの配偶者居住権を消滅できる」とはいえない。

正解 ❹

区分所有法の規定によれば、規約に関する次の記述のうち、正しいものはどれか。

❶　建物の管理又は使用に関する区分所有者相互間の事項を規約で定めることができるのは、専有部分以外の建物の部分、専有部分に属しない建物の附属物及び共用部分とされた附属の建物の管理又は使用に関する事項に限られる。

❷　規約は、書面又は電磁的記録（電子的方式、磁気的方式その他人の知覚によっては認識することができない方式で作られる記録であって、電子計算機による情報処理の用に供されるものとして法務省令で定めるものをいう。）により、これを作成しなければならない。

❸　最初に建物の専有部分の全部を所有する者は、公正証書により、構造上一部の区分所有者の共用に供されるべき建物の部分を専有部分とする旨の規約を設定することができる。

❹　管理者がいる場合、規約に定めることにより、管理者が指名した者を規約の保管者とすることができる。

規約保管は管理者がする。規約に定めても、管理者から指名された者は保管不可。

❶ 頻出

誤り 「限られる」➡「限られない」

建物又はその敷地若しくは附属施設の管理又は使用に関する区分所有者相互間の事項は、区分所有法に定めるもののほか、規約で定めることができる（区分所有法30条１項）。そして、その対象となる事項は、「専有部分以外の建物の部分」「専有部分に属しない建物の附属物」及び「共用部分とされた附属の建物の管理又は使用に関する事項」に限られず、「専有部分」**についても**、その管理や使用が区分所有者全体に影響を及ぼすような事項については、**規約で定めることができる**。

❷ **正しい** 規約は、**書面又は電磁的記録**（電子的方式、磁気的方式その他人の知覚によっては認識することができない方式で作られる記録であって、電子計算機による情報処理の用に供されるものとして法務省令で定めるものをいう）により、これを**作成しなければならない**（30条５項）。

❸ 頻出

誤り 「専有部分とする旨の規約を設定できる」➡「できない」

最初に建物の専有部分の全部を所有する者は、公正証書により、**規約を設定できる**（32条）。しかし、**構造上区分所有者の全員又はその一部の共用に供されるべき建物の部分は、区分所有権の目的（専有部分）とはならない**（２条３項、４条１項）。したがって、当該部分を専有部分とする旨の規約は、たとえ最初に建物の専有部分の全部を所有する者が、公正証書によって定めるとしても、設定できない。

❹ 

誤り 「管理者が指名した者を規約の保管者とすることができる」➡「できない」

規約は、**管理者が保管**しなければならない。ただし、**管理者がないとき**は、**建物を使用している区分所有者又はその代理人で規約又は集会の決議で定めるものが保管**しなければならない（33条１項）。したがって、管理者がいるときは、管理者が保管しなければならないのであって、規約に定めても、管理者が指名した者を規約の保管者とすることはできない。

正解 ❷

規約に関する次の記述のうち、区分所有法の規定によれば、誤っているものはどれか。ただし、規約の定めは、区分所有者間の利害の衡平が図られているものとする。

❶　管理者が置かれていない管理組合が、規約を保管する者を集会で定める場合、区分所有者の代理人で建物を使用している者を、規約を保管する者として定めることができる。

❷　一部共用部分に関する事項で区分所有者全員の利害に関係しないものについての区分所有者全員の規約の設定、変更又は廃止は、当該一部共用部分を共用すべき区分所有者の$\frac{1}{4}$を超える者又はその議決権の$\frac{1}{4}$を超える議決権を有する者が反対したときは、することができない。

❸　建物について規約で定めることができる事項は、共用部分の管理又は使用に関する区分所有者相互間の事項に限られ、専有部分の管理又は使用に関する区分所有者相互間の事項は含まれない。

❹　数個の専有部分を所有する区分所有者が存在しない場合には、各区分所有者の議決権の割合について、規約で住戸一戸につき各一個の議決権と定めることにより、決議に必要な区分所有者の定数と一致させることができる。

「規約で定められる対象」には、専有部分の管理や使用制限等も含む。

❶ 頻出 **正しい** 管理者が置かれていない管理組合において、規約は、建物を使用している区分所有者またはその代理人で、規約または集会の決議で定めるものが保管しなければならない（区分所有法33条１項ただし書）。したがって、「区分所有者の代理人で建物を使用している者」を、規約の保管者として定めることも可能である。

❷ **正しい** 一部共用部分に関する事項で区分所有者全員の利害に関係しないものについての区分所有者全員の規約の設定・変更・廃止は、当該一部共用部分を共用すべき区分所有者の$\frac{1}{4}$を超える者またはその議決権の$\frac{1}{4}$を超える議決権を有する者が反対したときは、することができない（31条２項、30条２項）。

❸ 頻出 **誤り** **「規約で定める事項は、共用部分に関する区分所有者相互間の事項に限られず、専有部分の事項も含まれる」**

「建物（専有部分・共用部分）」・その敷地・附属施設の管理または使用に関する区分所有者相互間の事項は、区分所有法以外にも、規約で定めることができる（30条１項）。したがって、「建物」について規約で定めることができる事項には、共用部分についてのものだけではなく、「専有部分の管理または使用に関する区分所有者相互間の事項」も含まれる。

❹ **正しい** 各区分所有者の議決権は、規約に別段の定めがない限り、共用部分の持分割合（区分所有法14条に定める割合）による（38条）。したがって、各区分所有者の議決権割合は、規約でその割合を定めることができるので、本肢のように、「規約で住戸１戸につき各１個の議決権」と定めることにより、決議に必要な区分所有者の定数と一致させることができる。

正解 ❸

規約に関する次の記述のうち、区分所有法の規定によれば、正しいものはどれか。

❶　規約の設定、変更又は廃止については、集会を招集してその集会の決議によってこれを設定、変更又は廃止をする以外の方法は認められていない。

❷　規約の設定、変更又は廃止が一部の区分所有者の権利に特別の影響を及ぼすべきときは、当該区分所有者は、規約の設定、変更又は廃止の決議に賛成した区分所有者に対し、自己の区分所有権等を時価で買い取るべきことを請求することができる。

❸　一部共用部分の管理は、区分所有者全員の利害に関係するもの以外は、これを共用すべき区分所有者のみで行う。

❹　規約は、管理者がないときは、建物を使用している区分所有者又はその代理人が保管しなければならないが、保管する者の選任は、集会の決議によるほか規約で定めることもできる。

管理者がない場合➡規約や集会決議で定める建物使用の区分所有者等が保管。

❶ **誤り** 「…以外の方法は認められていない」➡「…以外の方法もある」

規約の設定、変更または廃止は、区分所有者および議決権の各$\frac{3}{4}$以上の多数による集会の決議でするのが原則である（区分所有法31条1項前段）。しかし、例外的に最初に建物の専有部分の全部を所有する者は、公正証書によってであれば、①規約共用部分に関する定め、②規約敷地に関する定め、③敷地利用権の分離処分ができる旨の定め、④敷地利用権の持分割合に関する定めについて、規約を設定できる（32条）。

❷ **誤り** 「このような規定はない」

規約の設定・変更・廃止が一部の区分所有者の権利に特別の影響を及ぼすときは、その承諾を得なければならない（31条1項後段）。しかし、本肢のように、規約の設定等によって特別の影響を受ける区分所有者が、規約の設定等の決議に賛成した区分所有者に対し、「自己の区分所有権を買取り請求できる」旨の規定はない。

❸ **誤り** 「区分所有者全員の利害に関係しないものでも、区分所有者全員で管理できる」

一部共用部分に関する事項で区分所有者全員の利害に関係しないものは、区分所有者全員の規約に定めがある場合を除いて、これを共用すべき区分所有者の規約で定めることができる（30条2項）。したがって、一部共用部分の管理で区分所有者全員の利害に関係しないものでも、区分所有者全員の規約に定めて管理できる。

❹ **正しい** 規約は、管理者が保管しなければならない。ただし、管理者がないときは、建物を使用している区分所有者またはその代理人で、規約または集会の決議で定めるものが保管しなければならない（33条1項）。したがって、管理者が不設置の場合の規約の保管者は、集会の決議によるほか、規約で定めることもできる。

頻出

正解 ❹

法人でない管理組合の規約の保管及び閲覧に関する次の記述のうち、区分所有法及び民法の規定並びに判例によれば、正しいものはいくつあるか。

ア　規約は、管理者がいる場合には管理者が、管理者がいない場合には、現に建物を使用している区分所有者又はその代理人の中から、規約又は集会の決議によって保管する者を定めて保管しなければならない。

イ　規約を保管する者は、建物内の見やすい場所に保管場所を掲示し、利害関係人の閲覧請求に対して、正当な理由なしに、規約の閲覧を拒んではならない。

ウ　区分所有権を第三者に譲渡して移転登記も済ませた者は、利害関係を有する閲覧請求権者には該当しない。

エ　規約を電磁的記録で作成・保管している場合は、当該電磁的記録に記録された情報の内容を紙面又は出力装置の映像面に表示する方法により表示したものを閲覧させる。

❶　一つ

❷　二つ

❸　三つ

❹　四つ

区分所有権を移転登記した者は、規約閲覧請求権者に非該当。

ア　**正しい**　規約は、管理者が保管しなければならない。ただし、**管理者がいないときは、建物を使用している区分所有者又はその代理人で規約又は集会の決議で定めるものが保管**しなければならない（区分所有法33条１項）。

頻出

イ　**正しい**　規約を保管する者は、**利害関係人の請求**があったときは、**正当な理由がある場合を除いて**、規約の**閲覧**（規約が電磁的記録で作成されているときは、当該電磁的記録に記録された情報の内容を法務省令で定める方法により表示したものの当該規約の保管場所における閲覧）**を拒んではならない**（33条２項）。そして、規約の**保管場所**は、建物内の**見やすい場所に掲示**しなければならない（同３項）。

頻出

ウ　**正しい**　上記イでいう**利害関係人**とは、法律上の利害関係がある者をいう。区分所有権を第三者に譲渡して移転登記も済ませた者は、**区分所有者ではなく**、さらには**管理組合の組合員の資格を喪失**しているため、利害関係を有する閲覧請求権者には該当しない（判例）。

エ　**正しい**　上記イの解説参照。規約が**電磁的記録**で作成されているときは、当該電磁的記録に記録された情報の内容を法務省令で定める方法により**表示したもの**を当該規約の保管場所において**閲覧**させる（33条２項）。この「法務省令で定める方法」は、当該電磁的記録に記録された情報の内容を**紙面又は出力装置の映像面に表示する方法**とされている（施行規則２条）。

ひっかけ

したがって、**正しいものはア～エの四つ**であり、**正解は❹**となる。

正解 ❹

区分所有法第32条の規定に基づく公正証書による規約の設定に関する次の記述のうち、正しいものはどれか。

❶ 等価交換方式によって、分譲業者が、地主の土地上にマンションを建築し、建築したマンションの一部を地主に譲渡した場合には、分譲業者が一般の者に販売を行う前であれば、分譲業者と地主が共同で公正証書による規約を設定することができる。

❷ 公正証書による規約を設定した者は、専有部分の全部を所有している間は、公正証書による規約の設定と同様の手続により、その規約を廃止することができる。

❸ 建物が所在する土地以外の土地が、建物及び建物が所在する土地と一体として管理又は使用されるものでなくても、公正証書による規約の設定をするのであれば、建物の敷地とすることができる。

❹ 建物が完成する前に公正証書により規約が設定された場合には、建物の完成前で所有権が取得されていなくても、規約の効力が生じるのは公正証書を作成した時である。

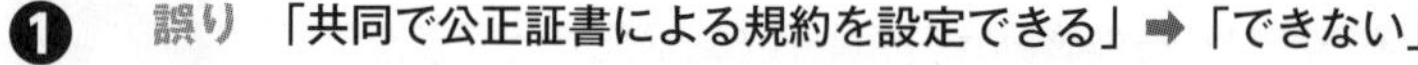

マンションの一部を地主に譲渡した分譲業者は、公正証書による規約設定不可。

❶ **誤り**　「共同で公正証書による規約を設定できる」➡「できない」

「最初に建物の専有部分の全部を所有する者（原始取得者）」は、公正証書により、一定事項について規約を設定できる（区分所有法32条）。この「原始取得者」とは、区分所有権は成立したが、その各専有部分がまだ個別の区分所有者に帰属しない段階でその全部を所有している者をいう。したがって、本肢のように、「等価交換方式（土地を提供した地主と、マンション建設費を負担した分譲業者が、完成マンションの専有部分を両者が出資した比率で分け合う方式）によって、分譲業者が建築したマンションの一部を地主に譲渡した」場合は、分譲業者は、もはや「最初に建物の専有部分の全部を有する者」に該当しないため、公正証書による規約の設定はできない。

❷ **正しい**　原始取得者が、専有部分の全部を所有している間は、公正証書によって規約を変更・廃止できる。

❸ **誤り**　「建物の敷地とできる」➡「できない」

原始取得者は、公正証書により、「規約敷地（建物が所在する土地以外の土地）に関する定め」を設定できる。しかし、規約敷地は、建物および建物が所在する土地と一体として管理または使用「される」ものでなければならない（5条1項）。

❹ **誤り**　「公正証書を作成した時」➡「建物完成時」

最初に建物の専有部分の全部を所有する者が、公正証書によって設定した規約の効力は、公正証書の作成の時に生ずる。しかし、建物完成「前」に公正証書が作成された場合には、「建物が完成した時（＝区分所有権が成立した時）」に、はじめて効力が生ずる。

正解 ❷

次の記述のうち、区分所有法の規定によれば、規約で別段の定めをすることができないものはどれか。

❶　各区分所有者による共用部分の保存行為について、管理者を通じて行うこと。

❷　共用部分の変更についての決議要件を、その変更の内容が軽微なものか重大なものかにかかわらず、区分所有者及び議決権の各過半数に減ずること。

❸　各住戸の面積等の差が軽微な場合において、共用部分の負担と収益の配分を、住戸数を基準に按分すること。

❹　一部共用部分について、これを共用すべき区分所有者の共有とするのではなく、区分所有者全員の共有とすること。

共用部分の重大変更に係る集会決議要件 ➡ 規約で過半数まで減らせるのは区分所有者の定数。

❶ 頻出

正しい 共用部分は、原則として、区分所有者全員の共有に属する（区分所有法11条１項本文）。そして、**共用部分の保存行為**は、共用部分の**各共有者ができる**（18条１項ただし書き）。ただし、この点については、規約**で別段の定めができる**（同２項）。したがって、各区分所有者による共用部分の保存行為については、管理者を通じて行うこととする旨の規約の定めができる。

❷ ひっかけ

誤り **「共用部分の重大変更に係る集会の決議要件については、議決権を過半数に減ずることはできない」**

共用部分の重大変更（その形状又は効用の著しい変更を伴わないものを除く共用部分の変更）は、**区分所有者及び議決権の各$\frac{3}{4}$以上の多数**による集会の決議で決する。ただし、この「**区分所有者の定数**」は、**規約でその過半数まで減ずることができる**（17条１項）。したがって、共用部分の重大変更に係る決議要件について、**議決権を過半数に減ずる旨を規約に定めることはできない**。なお、共用部分の「軽微」変更については、区分所有者及び議決権の各過半数の集会の決議で行うので（18条１項本文、39条１項）、それと同じ決議要件を規約で「定めることはできる」。

❸

正しい 共用部分の各共有者（区分所有者）は、**規約に別段の定めがない限り、その持分（その有する専有部分の床面積の割合）に応じて、共用部分の負担に任じ、共用部分から生ずる利益を収取する**（11条１項本文、14条１項、19条）。したがって、この点については規約で**別段の定めができる**ので、共用部分の負担と収益の配分を、住戸数を基準に按分することを規約で定めることができる。

❹ 頻出

正しい **一部共用部分**は、これを**共用すべき区分所有者の共有**に属する（11条１項ただし書き）。ただし、この点については**規約で別段の定めができる**（同２項本文）。したがって、一部共用部分について、区分所有者全員の共有とすることを規約で定めることができる。

次の記述のうち、区分所有法の規定によれば、規約に別段の定めとして規定することができないものはどれか。

❶ 集会の議長について、管理者及び集会を招集した区分所有者以外の者を選任すること。

❷ 敷地利用権が数人で有する所有権その他の権利である場合に、区分所有者が、その有する専有部分とその専有部分に係る敷地利用権とを分離して処分すること。

❸ 管理所有者が、共用部分の変更（その形状又は効用の著しい変更を伴わないものを除く。）を行うこと。

❹ 区分所有者全員の利害に関係しない一部共用部分を、区分所有者全員の管理にすること。

一部共用部分の管理が区分所有者全員の利害でない➡規約で全員の管理可能。

❶ **規定できる**

規約に別段の定めがある場合及び別段の決議をした場合には、集会において、管理者又は集会を招集した区分所有者以外の者を議長として選任できる（区分所有法41条）。

❷ **規定できる**

専有部分とその専有部分に係る敷地利用権とは分離して処分できないのが原則であるが、規約による別段の定めをすることが認められているので、分離処分を認める規約を設定できる（22条１項）。

❸ **規定できない**

共用部分の管理所有者は、共用部分の変更（その形状又は効用の著しい変更を伴わないものを除く）ができない（20条２項、17条１項）。この場合、規約による別段の定めをすることは認められていない。

❹ **規定できる**

一部共用部分の管理が区分所有者全員の利害に関係しない場合でも、規約で定めることにより、区分所有者全員の管理とすることができる（16条、30条２項、31条２項）。

正解 ❸

規約に関する次の記述のうち、区分所有法の規定によれば、その効力が認められないものの組合せはどれか。

ア　構造上区分所有者の全員又はその一部の共用に供されるべき建物の部分を専有部分とする規約の定め

イ　区分所有権の目的とすることができる建物の部分及び附属の建物を共用部分とする規約の定め

ウ　管理組合法人における理事の任期を３年とする規約の定め

エ　共用部分の変更(その形状又は効用の著しい変更を伴わないものを除く。)は、区分所有者の$\frac{3}{4}$以上の多数で、かつ議決権の$\frac{2}{3}$以上の多数による集会の決議で決するとする規約の定め

❶　アとイ

❷　イとウ

❸　ウとエ

❹　エとア

規約の効力が認められるか、られないかを区別しよう！

ア　**規約の効力が認められない**

「規約によって専有部分とすることは認められない」

数個の専有部分に通ずる廊下または階段室その他構造上区分所有者の全員またはその一部の共用に供されるべき建物の部分は、区分所有権の目的とならない（区分所有法４条１項）。したがって、これらを規約によって専有部分とすることはできない。

イ　**規約の効力は認められる**

区分所有権の目的とすることができる建物の部分および附属の建物については、規約により共用部分とすることができる（「規約共用部分」４条２項前段）。したがって、これらを規約によって共用部分とすることができる。

ウ　**規約の効力は認められる**

管理組合法人における理事の任期は２年とするのが原則であるが、規約で３年以内の期間を定めることができる（49条６項）。したがって、規約によって理事の任期を３年と定めることができる。

エ　**規約の効力が認められない**

「規約によって議決権を$\frac{2}{3}$とすることは認められない」

共用部分の変更（その形状または効用の著しい変更を伴わないものを除く）は、区分所有者および議決権の各$\frac{3}{4}$以上の多数による集会の決議で決するのが原則であるが、この区分所有者の定数は、規約でその過半数まで減ずることができる（17条１項）。したがって、規約によって議決権を$\frac{2}{3}$以上と定めることはできない。

したがって、効力が認められないものの組合せはア・エであり、正解は❹となる。

正解 ❹

マンションの駐車場が区分所有者の共有に属する敷地上にあり、その駐車場の一部が分譲時の契約等で特定の区分所有者だけが使用できるものとして有償の専用使用権が設定されている場合、使用料を増額するために規約を変更する集会の決議及び特別の影響について、区分所有法及び民法の規定並びに判例によれば、次のうち正しいものはどれか。

❶　駐車場の使用が管理組合と専用使用権者との間の駐車場使用契約という形式を利用して行われている場合には、管理組合は、専用使用権者の承諾を得ずに規約又は集会の決議をもって、使用料を増額することはできない。

❷　区分所有法第31条に規定されている特別の影響を及ぼすべきときに当たるのは、規約の設定、変更等の必要性及び合理性とこれによって一部の区分所有者が受ける不利益とを比較衡量し、区分所有関係の実態に照らして、その不利益が区分所有者の受忍すべき限度を超える場合である。

❸　使用料の増額について、増額の必要性及び合理性が認められ、かつ、増額された使用料が区分所有関係において社会通念上相当な額であると認められる場合であっても、使用料の増額に関する規約の設定、変更等は専用使用権者の権利に特別の影響を及ぼすものとなるため、区分所有法第31条の規定により専用使用権者の承諾が必要となる。

❹　専用使用権者が訴訟において使用料増額の効力を裁判で争っている場合であっても、裁判所の判断を待つことなく、専用使用権者が増額された使用料の支払に応じないことを理由に駐車場使用契約を解除し、その専用使用権を失わせることができる。

判例による「特別の影響を及ぼすべきとき」の見解を覚えよう！

❶ 誤り 「増額できない」➡「できる」

管理組合は、一定の手続要件に従い、規約または集会の決議で、専用使用権者の承諾を得ることなく使用料を増額できる。このことは、駐車場の使用が管理組合と専用使用権者との間の駐車場使用契約によって行われている場合でも、基本的に異なるところはない（判例）。

❷ 頻出 正しい 区分所有法31条の「特別の影響を及ぼすべきとき」とは、規約の設定、変更等の必要性および合理性とこれによって一部の区分所有者が受ける不利益とを比較衡量し、当該区分所有関係の実態に照らして、その不利益が区分所有者の受忍すべき限度を超えると認められる場合をいう（判例）。

❸ ひっかけ 誤り 「専用使用権者の承諾が必要である」➡「承諾は必要ない」

使用料の増額について、増額の必要性および合理性が認められ、かつ、増額された使用料が当該区分所有関係において社会通念上相当な額であると認められる場合、専用使用権者は使用料の増額を受忍すべきであり、使用料の増額に関する規約の設定、変更等は専用使用権者の権利に「特別の影響」を及ぼすものではない（判例）。したがって、当該専用使用権者の承諾は不要である。

❹ 誤り 「失わせることができる」➡「できない」

専用使用権者が訴訟において使用料増額の効力を争っているような場合、裁判所の判断を待つことなく、専用使用権者が増額された使用料の支払に応じないことを理由に駐車場使用契約を解除し、その専用使用権を失わせることは、契約の解除を相当とするに足りる特段の事情がない限り、許されない（判例）。

正解 ❷

集会の決議及び規約の定めに関する次の記述のうち、区分所有法の規定によれば、誤っているものはどれか。

❶ 管理組合法人の解散は、建物の全部滅失及び専有部分がなくなった場合を除き、区分所有者及び議決権の各$\frac{3}{4}$以上の多数の集会の決議によることが必要であり、規約で集会の決議以外の方法で決するものと定めることはできない。

❷ 管理者の選任及び解任は、集会の決議によるほか、規約で別段の定めをすることができる。

❸ 共同の利益に反する行為の停止の請求についての訴訟の提起は、集会の決議によるほか、規約で集会の決議以外の方法で決するものと定めることができる。

❹ 管理者がない場合の規約の保管については、建物を使用している区分所有者又はその代理人のうちから、規約又は集会の決議で定められたものがこれに当たる。

行為の停止等の請求についての訴訟提起➡集会決議で行う。

❶ **正しい** 管理組合法人は、①建物（一部共用部分を共用すべき区分所有者で構成する管理組合法人であればその共用部分）の全部の滅失、②専有部分がなくなったこと、③集会の決議、の3つの事由で解散する（区分所有法55条1項）。そして、③集会の決議は、区分所有者および議決権の各$\frac{3}{4}$以上の多数で行う（同2項）。したがって、規約で集会の決議以外の方法で決するものと定めることはできない。

❷ **正しい** 区分所有者は、規約に別段の定めがない限り、集会の決議によって、管理者を選任または解任できるので（25条1項）、本肢のとおり規約で別段の定めができる。

❸ **誤り** 「規約で集会の決議以外の方法で決するものと定めることができる」

➡「定めることはできない」

ひっかけ

共同の利益に反する行為の停止の請求についての訴訟の提起は、集会の決議による必要がある（57条2項）。規約で集会の決議以外の方法（管理者や理事等に訴訟提起の権限を授権）で決するものとすることはできない。

❹ **正しい** 規約は、管理者が保管しなければならないが、管理者がないときは、建物を使用している区分所有者またはその代理人で、規約や集会の決議で定められたものが保管しなければならない（33条1項）。

正解 ❸

甲マンション101号室はAが所有し、同室に隣接する102号室はBが所有して居住しているところ、101号室の室内には段ボール、空ペットボトル、ビニール袋に詰めたゴミなどがため込まれてこれらが積み上がった状況となり、悪臭などによってBを含むマンションの居住者に著しい迷惑が及んでいる。この状況のもとで、甲マンションの管理者又はBが講ずることができる措置に関する次の記述のうち、区分所有法及び民法の規定によれば、誤っているものはどれか。

❶ 甲マンションの管理者は、管理規約に訴訟の提起についての定めがあったとしても、集会の決議がなければ、Aに対して、101号室の室内のゴミなどの除去を求める訴えを提起することはできない。

❷ 甲マンションの管理者は、Aの所在を知ることができない場合には、裁判所に対して、101号室の専有部分と共用部分の共有持分を対象として、所有者不明建物管理人による管理を命ずる処分を求めることができる。

❸ Bは、Aによる101号室の管理が不適当であることによって自らの健康を害して通院、治療が必要となった場合には、Aに対して損害賠償を請求することができる。

❹ Bは、Aによる101号室の管理が不適当であることによって自らの権利が害されている場合であっても、裁判所に対して、101号室の専有部分と共用部分の共有持分を対象として、管理不全建物管理人による管理を命ずる処分を求めることはできない。

所有者不明建物管理制度は、区分所有建物には適用されない。

❶ 頻出 **正しい**　Bを含む甲マンションの居住者にゴミから生じた悪臭などによって著しい迷惑を与えているAの行為は、区分所有者の**共同の利益に反する行為に該当する**（区分所有法6条1項）。この行為の結果を除去するために**訴訟を提起するには、集会の決議が必要**となる（57条1項・2項）。この訴訟の提起については、その権限をあらかじめ規約により授権しておくことはできず、**集会の決議によって初めて訴訟を提起できる**。また、管理者に**訴訟を追行する権限を与える場合**についても、あらかじめ規約で授権しておくことはできず、**集会の決議が必要**となる（同3項）。

❷ 

誤り　**「所有者不明建物管理制度は、区分所有建物には適用されない」**

裁判所は、所有者を知ることができず、又はその所在を知ることができない建物について、必要があると認めるときは、その請求に係る建物又は建物の共有持分を対象として、**所有者不明建物管理人による管理を命ずる処分ができる**（民法264条の8第1項）。しかし、**所有者不明建物管理制度**は、**区分所有建物については適用されない**（区分所有法6条4項）。したがって、区分所有建物において、甲マンションの管理者は、裁判所に対して、所有者不明建物管理命令を求めることができない。

❸ **正しい**　Aの101号室の不適切な管理行為により、Bがその健康を害して通院・治療を必要とする状態になった場合、Aは、自らの**不適切な管理行為によりBの法律上保護されるべき利益を侵害した**といえ、**不法行為責任を負う**（民法709条）。したがって、このような場合、AはBに対して、不法行為に基づく損害賠償を請求できる。

❹ ハイレベル **正しい**　**裁判所**は、所有者による建物の管理が不適当であることによって他人の権利又は法律上保護される利益が侵害され、又は侵害されるおそれがある場合、必要があると認めるときは、利害関係人の請求により、**管理不全建物管理人による管理を命ずる処分ができる**（264条の14第1項）。しかし、**管理不全建物管理制度**は、**区分所有建物については適用されない**（区分所有法6条4項）。

正解 ❷

義務違反者に対する措置②

R 2-問8

マンションにおいて共同の利益に反する行為をした義務違反者に対する措置に関する次の記述のうち、区分所有法の規定によれば、正しいものはどれか。

❶　共同の利益に反する行為の停止の請求、専有部分の使用の禁止の請求、区分所有権の競売の請求及び占有者に対する専有部分の引渡し請求は、いずれも訴えをもってしなければならない。

❷　占有者が共同の利益に反する行為をした場合には、占有者に対して、専有部分の引渡しを請求することはできるが、その行為の停止を請求することはできない。

❸　規約に定めがあれば、区分所有者及び議決権の各４分の３以上の多数による集会における決議を経ることなく、専有部分の使用の禁止の請求をすることができる。

❹　区分所有権の競売の請求が認められた場合に、その判決に基づく競売の申立ては、その判決が確定した日から６月を経過したときは、することができない。

行為の停止請求は、訴えをもってする必要はない。

❶ **誤り 「共同の利益に反する行為の停止請求は、裁判外でもできる」**

区分所有者が共同の利益に反する行為をした場合又はその行為をするおそれがある場合には、**他の区分所有者の全員**又は管理組合法人は、区分所有者の共同の利益のため、その**行為を停止**し、その行為の結果を除去し、又はその行為を予防するため必要な措置を執ることを**請求できる**（区分所有法57条１項）。ただし、訴訟を提起するには、集会の決議によらなければならない（同２項）。したがって、行為の停止請求は、訴えをもってする必要はない。

❷ **誤り 「行為の停止請求はできない」➡「請求できる」**

占有者が共同の利益に反する行為をした場合又はその行為をするおそれがある場合には、他の区分所有者の全員又は管理組合法人は、区分所有者の共同の利益のため、その**行為を停止**し、その行為の結果を除去し、又はその行為を予防するため必要な措置を執ることを**請求できる**（57条４項・１項）。

❸ **誤り 「規約に定めがあれば…集会における決議を経ることなく」**
➡「区分所有者及び議決権の各$\frac{3}{4}$以上の多数による集会の決議を経ることにより」

区分所有者が共同の利益に反する行為をするときは、**集会の決議に基づき**、訴えをもって、当該区分所有者による専有部分の**使用の禁止**請求ができる（58条１項）。そして、この集会の決議は、**区分所有者及び議決権の各$\frac{3}{4}$以上**の多数ですることとされている（同２項）。

❹ **正しい** 区分所有者の共同利益背反行為による他の区分所有者の共同生活上の障害が著しく、他の方法によってはその障害を除去して共用部分の利用の確保その他の区分所有者の共同生活の維持を図ることが困難であるときは、他の区分所有者の全員又は管理組合法人は、集会の決議に基づき、訴えをもって、当該行為に係る区分所有者の区分所有権及び敷地利用権の競売請求ができる（59条１項）。そして、これを認容する判決に基づく競売の申立ては、その**判決が確定した日から６ヵ月を経過**したときは、することができない（同３項）。

正解 ❹

マンション内で共同利益背反行為を行っている占有者に対して、区分所有者の全員が集会の決議により訴えを提起しようとする場合に関する次の記述のうち、区分所有法の規定及び判例によれば、正しいものはどれか。

❶ 専有部分を賃借している占有者の共同利益背反行為による共同生活上の障害が著しく、行為の停止を求める請求によってはその障害を除去して共同生活の維持を図ることが困難であるときは、賃借人に対し、相当の期間の賃借人による専有部分の使用の禁止を請求することができる。

❷ 占有者が専有部分の転借人であるときに、専有部分の賃貸借契約を解除し、専有部分の引渡しを請求するためには、転貸人と転借人に加え、原賃貸人である区分所有者を共同被告として、訴えを提起しなければならない。

❸ 専有部分を区分所有者から賃借している占有者に対して、原告ではなく、賃貸人である区分所有者に対して専有部分を直接に引き渡すよう求めることはできない。

❹ 区分所有者及び区分所有者から専有部分を賃借している占有者に対して、専有部分の賃貸借契約を解除し、専有部分の引渡しを求める訴えを提起するための決議をするには、あらかじめ区分所有者に対して弁明の機会を与えなければならない。

引渡し請求➡占有者に対し専有部分を原告に引き渡すよう求めること。

❶ ひっかけ

誤り 「専有部分の使用の禁止を請求できる」➡「できない」

専有部分の使用禁止請求は、共同利益背反行為者が区分所有者本人である場合にのみ、可能である（区分所有法58条１項）。したがって、占有者である賃借人に対しては、できない。

❷

誤り 「原賃貸人である区分所有者を共同被告として」
➡「共同被告とする必要はない」

占有者に対する**引渡し請求訴訟**は、共同利益背反行為に係る占有者が占有する**専有部分の使用・収益を目的とする契約の解除**およびその**専有部分の引渡しを請求**するものである（60条１項）。本肢では、**転借人**が共同利益背反行為をしているので、被告とすべきは、**転貸借契約の当事者である転貸人と転借人**である。したがって、**原賃貸人である区分所有者**は、**共同被告の対象とはならない**。

❸ 頻出

正しい 占有者に対する**引渡し請求**は、被告である占有者に対し、専有部分を原告**に引き渡す**よう求めるものである。当該専有部分を**占有する権原を有する者**（貸主等）**に直接、引き渡すよう求めることはできない**。

❹

誤り 「区分所有者に対して弁明の機会」➡「弁明の機会は不要」

占有者に対する**引渡し請求**において、弁明の機会を与えるべき対象は、共同利益背反行為をした占有者であり、**専有部分の賃貸人**（**転貸人含む**）**ではない**（60条２項、58条３項、判例）。

正解 ❸

59 義務違反者に対する措置④

R 4-問9改

マンションにおいて共同の利益に反する行為（この問いにおいて「義務違反行為」という。）を行う者に関する次の記述のうち、区分所有法の規定によれば、正しいものはいくつあるか。

ア　区分所有者及び議決権の過半数による集会の決議があれば、義務違反行為を行う区分所有者に対し、他の区分所有者の全員が訴えをもって当該義務違反行為の停止を請求することができる。

イ　区分所有者及び議決権の各$\frac{2}{3}$以上の多数による集会の決議があれば、義務違反行為を行う区分所有者に対し、他の区分所有者の全員が訴えをもって当該区分所有者の専有部分の使用の禁止を請求することができる。

ウ　区分所有者及び議決権の各$\frac{3}{4}$以上の多数による集会の決議があれば、義務違反行為を行う区分所有者に対し、他の区分所有者の全員が訴えをもって当該区分所有者の区分所有権及び敷地利用権の競売を請求することができる。

エ　占有権原のある占有者が占有する専有部分の区分所有者以外の区分所有者の全員が訴えをもって、当該専有部分の区分所有者と当該占有者とを共同被告として、当該専有部分の使用又は収益を目的とする契約の解除及び義務違反行為を行う占有者に対し、その専有部分の引渡しを請求する場合、あらかじめ当該占有者に弁明の機会を与えなければならない。

❶　一つ

❷　二つ

❸　三つ

❹　四つ

専有部分使用禁止請求 ➡ 区分所有者および議決権の各$\frac{3}{4}$以上＋訴え提起。

ア **正しい**

義務違反行為を行う区分所有者に対し、**他の区分所有者の全員**が**訴訟**により当該**義務違反行為の停止**を請求する場合、**区分所有者及び議決権の各過半数**による**集会の決議**によらなければならない（区分所有法57条１項・２項）。

イ **誤り** **「区分所有者及び議決権の各$\frac{2}{3}$以上の多数」➡「各$\frac{3}{4}$以上」**

義務違反行為を行う区分所有者に対し、**他の区分所有者の全員**が当該区分所有者の**専有部分の使用の禁止**を請求する場合、**区分所有者及び議決権の各$\frac{3}{4}$以上**の多数による集会の決議に基づいて、訴えを提起しなければならない（58条１項・２項）。

ウ **正しい**

義務違反行為を行う区分所有者に対し、**他の区分所有者の全員**が当該区分所有者の**区分所有権及び敷地利用権の競売**を請求する場合、**区分所有者及び議決権の各$\frac{3}{4}$以上**の多数による**集会の決議**に基づいて、訴えを提起しなければならない（59条１項・２項、58条２項）。

エ **正しい**

本肢は、当該専有部分の区分所有者と占有権原のある占有者とを共同被告として、当該専有部分の**使用又は収益を目的とする契約を解除**した上で、義務違反行為をする占有者に対し、その**引渡しを請求**する場合である。また、その**請求の主体**は、区分所有法60条１項の**文言上**は「区分所有者の全員」とされているが、当該占有者に**占有権原を与えた区分所有者**は**当然に除外**されるので、「**当該占有者が占有する専有部分の区分所有者以外の区分所有者の全員**」となる。そして、当該占有者が占有する専有部分の使用又は収益を目的とする契約の解除及びその占有者に対する専有部分の引渡しを請求するには、**区分所有者及び議決権の各$\frac{3}{4}$以上**の多数による**集会の決議**に基づいて、訴えを提起することが必要となる（60条１項・２項、58条２項）。また、あらかじめ当該**占有者**に対して**弁明の機会**を与えなければならない（60条２項、58条３項）。

以上より、**正しいものはア・ウ・エの三つ**であり、**正解は❸**となる。

正解 ❸

未納の管理費等の回収や義務違反者に対する措置に関する次の記述のうち、区分所有法及び民法の規定によれば、誤っているものはどれか。

❶ 未納の管理費等に係る債権は、区分所有法第７条に規定する先取特権の実行としての担保不動産競売を申し立てることにより、他の一般債権者に優先して弁済を受けることができる。

❷ 区分所有法第７条に規定する先取特権は、不動産について登記をしなくても、特別担保を有しない債権者に対抗することができるが、登記をした第三者に対しては、この限りでない。

❸ 管理者は、区分所有法第59条の規定による区分所有権及び敷地利用権の競売について、規約又は集会の決議により、訴えをもって請求することができる。

❹ 区分所有法第59条の規定による競売請求の判決に基づく競売の申立ては、その判決が確定した日から６ヵ月以内に行わなければならない。

管理者の訴訟追行権 ➡ 規約によるあらかじめの授権は不可！

❶ 正しい　未納の管理費等に係る債権は、先取特権の被担保債権となる（区分所有法7条1項）。そして、先取特権を有する債権者は、担保不動産競売を申し立てることにより、他の一般債権者に優先して弁済を受けることができる。

❷ 頻出　正しい　先取特権は、優先権の順位・効力については、共益費用の先取特権（一般の先取特権）とみなされる（7条2項）。そして、一般の先取特権は、不動産について登記をしなくても、特別担保を有しない債権者に対抗できるが、登記をした第三者には対抗できない（民法336条）。

❸ ひっかけ　誤り　「規約または集会の決議により」➡「集会の決議により」

区分所有権および敷地利用権の競売については、管理者は、集会の決議により、他の区分所有者全員のために、訴訟を提起できる（区分所有法59条2項、57条3項）。つまり、あらかじめ「規約」を設定することにより、訴えをもって請求することはできない。

❹ 正しい　競売請求の判決に基づく競売の申立ては、その判決が確定した日から6ヵ月を経過したときは、もはや行うことができない（59条3項）。

正解 ❸

区分所有建物の復旧①

□□□ CHECK!　H29-問9　重要度 B

議決権及び共用部分の持分割合が等しいA、B、C及びDの区分所有者からなる甲マンションにおいて、地震によって建物価格の$\frac{1}{2}$を超える部分が滅失したために、集会で滅失した共用部分の復旧が議案とされ、区分所有者及び議決権の各$\frac{3}{4}$以上の多数で、滅失した共用部分を復旧する旨の決議がなされた（決議では、A、B及びCは決議に賛成し、Dは決議に賛成しなかった）。この場合の区分所有者の買取請求権行使に関する次の記述のうち、区分所有法の規定によれば、正しいものはどれか。ただし、その決議の日から２週間以内に買取指定者の指定がなされなかったものとする。

❶　DがAに対して買取請求権を行使し、裁判所がAの請求によってAの代金支払についての期限の許与を認めた場合には、Aの代金支払義務とDの所有権移転登記及び引渡しの義務は、同時履行の関係に立つ。

❷　DがBに対して買取請求をした場合におけるBからCに対する再買取請求は、復旧決議の日から２月以内にしなければならない。

❸　DがCに対して買取請求をし、CがA及びBに対して再買取請求をしたときには、A、B及びCがDの有する建物及びその敷地に関する権利を$\frac{1}{3}$ずつ取得する。

❹　地震による甲マンションの一部滅失によって、Dの専有部分が失われている場合には、Dは、買取請求権を行使することはできない。

再買取請求➡「請求日」から２ヵ月以内に行う！

❶ **誤り　「同時履行の関係に立つ」➡「所有権移転登記・引渡義務が先履行」**

建物価格の$\frac{1}{2}$超の部分の滅失（大規模滅失）の復旧決議が成立した後に、決議に不賛成のＤから決議賛成者Ａに対して建物・敷地に関する権利の買取請求権が行使された場合、裁判所は、買取請求を受けたＡの請求により、代金の支払について相当の期限を許与できる（区分所有法61条15項）。そして、この**期限の許与の裁判が確定**すると、Ａの代金支払義務と、買取請求をしたＤの所有権移転登記・引渡義務については、**同時履行の関係が解**消され、Ｄの所有権移転登記・引渡義務が先履行となる。

❷ **誤り　「復旧決議日から２ヵ月以内」➡「請求日から２ヵ月以内」**

大規模滅失の復旧決議に不賛成のＤが、決議賛成者Ｂに対して建物・敷地に関する権利の買取請求をした場合、その請求を受けたＢは、その**請求日から２ヵ月以内**であれば、他の決議賛成者（本問ではＡ・Ｃ）に対し、その持分の全部または一部について、**再買取請求ができる**（61条７項）。

❸ **正しい**　❷解説のとおり、大規模滅失の復旧決議に不賛成のＤが、決議賛成者Ｃに対して建物・敷地に関する権利の買取請求をした場合、買取請求を受けたＣは、他の決議賛成者Ａ・Ｂに対して再買取請求ができる。そして、**再買取請求をした場合の目的物は、復旧決議に不賛成のＤを除いたＡ・Ｂ・Ｃ３人の共用部分の持分割合に応じて算定した、Ｄが有していた建物・敷地に関する権利**であるから、Ｃは、Ａ・Ｂに対して、それぞれＤが有していた建物・敷地に関する権利の$\frac{1}{3}$ずつの買取りを請求でき、残りの$\frac{1}{3}$がＣに帰属する（61条７項）。以上から、ＣがＡ・Ｂに対して再買取請求をしたときは、Ａ・Ｂ・ＣがＤの有する建物・敷地に関する権利の$\frac{1}{3}$ずつを取得することとなる。

❹ **誤り　「買取請求権を行使できない」➡「行使できる」**

甲マンションの一部滅失によって、Ｄの専有部分が**失われても**、Ｄは、**共用部分の共有持分**および専有部分を所有するための**敷地に関する権利**は失わず、**なお有している**。したがって、Ｄは、それらの買取請求権を行使できる（61条７項）。

正解 ❸

62 区分所有建物の復旧②・民法

R 2-問9

共用部分及び敷地の共有持分の割合が等しいA、B、C及びDの区分所有者からなるマンション（この問いにおいて「甲マンション」という。）が地震によって滅失した場合に関する次の記述のうち、区分所有法及び民法の規定によれば、正しいものの組合せはどれか。ただし、同地震は、被災マンション法に基づいて政令の指定を受けた大規模災害ではないものとする。

ア　甲マンションの全部が滅失した場合には、A、B、C及びDのいずれの者も、他の者に対し、甲マンションの敷地について、分割を請求することができる。

イ　甲マンションの滅失がその建物の価格の$\frac{1}{2}$を超える部分に相当する部分の滅失である場合に、復旧に反対した区分所有者Aは、復旧に賛成した区分所有者の全員に対して、Aの建物及び敷地に関する権利を時価で買い取るべきことを請求することができるが、復旧に賛成した区分所有者のいずれか一人に対して請求することもできる。

ウ　甲マンションの滅失がその建物の価格の$\frac{1}{2}$以下に相当する部分の滅失である場合において、共用部分の復旧は常に集会の決議によるものとし、区分所有者単独での共用部分の復旧は認めないとする旨の規約を設定することはできない。

エ　甲マンションの滅失がその建物の価格の$\frac{1}{2}$以下に相当する部分の滅失である場合において、区分所有者Bが自己の専有部分の復旧の工事に着手するまでに復旧の決議があったときは、Bは、単独で専有部分の復旧をすることはできない。

❶　アとイ

❷　イとウ

❸　ウとエ

❹　エとア

復旧決議があったときに単独で復旧制限されるのは、共用部分のみ。

ア　**正しい**　各共有者は、**いつでも**共有物の**分割**を請求できる（民法256条１項本文）。マンションの全部が滅失した場合には、敷地のみが存在することになる。そして、本問の**敷地**は区分所有者の**共有**であるため、**民法の共有の規定が適用**される。

イ　**正しい**　建物の価格の$\frac{1}{2}$を超える部分が滅失（大規模滅失）し、その復旧の決議があった場合、その決議の日から２週間を経過したときは、決議に賛成した区分所有者（決議賛成者）以外の区分所有者は、**決議賛成者の全部又は一部に対し**、建物及びその敷地に関する権利を時価で買取請求できる（区分所有法61条７項前段）。

ウ　**誤り**　**「規約設定できない」➡「設定できる」**

建物の価格の$\frac{1}{2}$以下に相当する部分が滅失（小規模滅失）したときは、各区分所有者は、滅失した共用部分及び自己の専有部分を復旧できる（61条１項本文）。ただし、この規定は、**規約で別段の定めをすることを妨げない**（同４項）。

エ　**誤り**　**「単独で専有部分の復旧はできない」➡「復旧ができる」**

建物の価格の$\frac{1}{2}$以下に相当する部分が滅失（小規模滅失）したときは、各区分所有者は、滅失した共用部分及び自己の専有部分を復旧できる。ただし、共用部分については、復旧の工事に着手するまでに**復旧決議**、建替え決議又は一括建替え決議があったときは、**復旧できない**（61条１項）。したがって、復旧決議があったときに単独での復旧が制限されるのは、共用部分のみである。

したがって、**正しいものの組合せ**はア・イであり、**正解は❶**となる。

正解 ❶

マンションの一部が滅失した場合のマンションの復旧又は建替えに関する次の記述のうち、区分所有法の規定によれば、誤っているものはどれか。

❶ マンションの滅失が建物の価格の$\frac{1}{2}$以下に相当する部分の滅失であるときは、各区分所有者が滅失した共用部分を復旧することができるが、復旧の工事に着手するまでに集会において復旧又は建替えの決議があった場合はこの限りでない。

❷ マンションの滅失が建物の価格の$\frac{1}{2}$を超えるときは、復旧の決議をした集会の議事録には、その決議についての各区分所有者の賛否をも記載し、又は記録しなければならない。

❸ 建替え決議をするときは、決議事項の一つとして、建物の取壊し及び再建建物の建築に要する費用の概算額を定めなければならないが、併せて、その費用の分担に関する事項についても定める必要がある。

❹ 建替え決議を会議の目的とする集会を招集した者は、区分所有者からの要請がなければ、当該招集の際に通知すべき事項についての説明会を開催する必要はない。

建替え決議を会議目的とする集会招集者➡例外なく説明会を開催する必要がある。

❶ **正しい** 小規模滅失の場合、各区分所有者は、滅失した共用部分および自己の専有部分を復旧できる（区分所有法61条１項本文）。ただし、**復旧の工事に着手するまでに集会において復旧または建替えの決議があった**ときは、**滅失した共用部分の単独復旧ができない**（同ただし書）。

❷ **正しい** 大規模滅失における復旧決議をした集会の議事録には、その決議についての各区分所有者の**賛否をも記載**し、または**記録**しなければならない（61条６項）。

❸ **正しい** 建替え決議においては、①新たに建築する建物（再建建物）の設計の概要、②建物の取壊しおよび再建建物の建築に要する**費用の概算額**、③②に規定する**費用の分担に関する事項**、④再建建物の区分所有権の帰属に関する事項を定めなければならない（62条２項）。

❹ **誤り** **「説明会を開催しなければならない」**

ひっかけ

建替え決議を会議の目的とする集会を招集した者は、当該集会の会日より少なくとも**１ヵ月前までに**、当該招集の際に通知すべき事項について区分所有者に対し説明を行うための**説明会を開催しなければならない**（62条６項）。この説明会を不要とする**例外規定は設けられていない**ので、区分所有者からの要請がなくても、説明会を開催しなければならない。

正解 ❹

甲マンションの集会においてマンションの建替え決議が成立した。Eは建替え決議に賛成した区分所有者であり、A、B、C及びDはいずれも建替え決議に賛成しなかった区分所有者である。決議後、集会招集者が建替え決議に賛成しなかった区分所有者に対して建替え決議の内容により建替えに参加するか否かを回答すべき旨を書面で催告した場合の取扱いに関する次の記述のうち、区分所有法及び民法の規定によれば、正しいものはどれか。

❶　Aが催告を受けた日から2月以内に回答しなかった場合には、Aは、建替えに参加する旨を回答したものとみなされる。

❷　Bが催告を受けた日から2月以内に建替えに参加する旨を回答した場合であっても、EはBに対して、区分所有権及び敷地利用権を時価で売り渡すべきことを請求することができる。

❸　Cが建替えに参加しない旨を回答し、EがCに区分所有権及び敷地利用権を時価で売り渡すべきことを請求した場合において、EはCに対して建物の移転登記手続の履行を求めるためには、売買代金を提供しなければならない。

❹　Dが建替えに参加しない旨を回答し、EがDに区分所有権及び敷地利用権を時価で売り渡すべきことを請求した場合において、Dが建物の明渡しによりその生活上著しい困難を生ずるおそれがあるときは、裁判所は、代金の支払又は提供の日から1年を超えない範囲内において、Eに対する移転登記手続をする義務について相当の期限を許与することができる。

Point 建替え参加しない回答をした区分所有者に対し売渡し請求する。

❶ 頻出 **誤り** 「参加する旨を回答したものとみなされる」

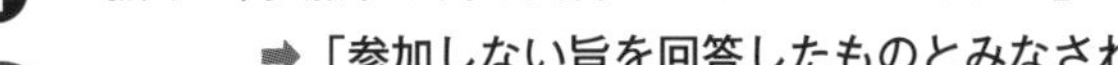

➡「参加しない旨を回答したものとみなされる」

建替え決議の内容により建替えに参加するか否かを回答すべき旨の**催告を受けた区分所有者は、2ヵ月以内に回答しなければならず**（区分所有法63条3項・1項）、この**期間内に回答しなかった場合、建替えに参加しない旨を回答したものとみなされる**（同4項）。

❷ 頻出 **誤り** 「EはBに対して…請求できる」➡「請求できない」

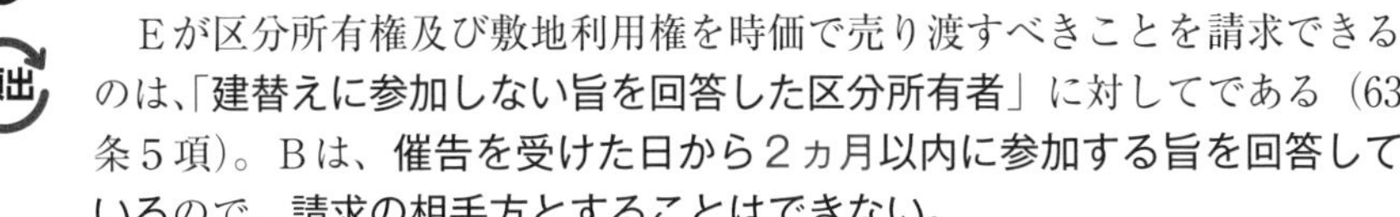

Eが区分所有権及び敷地利用権を時価で売り渡すべきことを請求できるのは、「**建替えに参加しない旨を回答した区分所有者**」に対してである（63条5項）。Bは、**催告を受けた日から2ヵ月以内に参加する旨を回答して**いるので、**請求の相手方とすることはできない**。

❸ **正しい** EがCに**区分所有権及び敷地利用権を売り渡すべきことを請求す**ると、**直ちに売買契約が成立**する（63条5項、民法555条）。この効果として、Cの区分所有権及び敷地利用権がEに移転し、Cは**専有部分の引渡義務及びその登記を移転する義務**を負い、Eは**時価による売買代金の支払義務**を負う。この**両者の義務は同時履行の関係**となる（533条）。したがって、EはCに対して建物の移転登記手続の履行を求めるためには、売買代金を提供しなければならない。

❹ **誤り** 「移転登記をする義務について」➡「建物の明渡しをする義務について」

Eの**売渡請求権の行使**によりDが建物の明渡しを強制され、そのために**生活上著しい困難を生じるおそれがあるときは、裁判所は、**代金の支払又は提供の日から**1年を超えない範囲内**において、**建物の明渡し**について**相当の期限を許与できる**（区分所有法63条6項）。

正解 ❸

マンションの建替え決議及びその後の手続に関する次の記述のうち、区分所有法の規定によれば、誤っているものはどれか。

❶ 建替え決議があったときは、集会を招集した者は、建替え決議に賛成しなかった区分所有者（その承継人を含む。）に対し、建替え決議の内容により建替えに参加するか否かを回答すべき旨を、決議の日から２ヵ月以内に書面で催告しなければならない。

❷ 建替え決議に賛成した各区分所有者、建替え決議の内容により建替えに参加する旨を回答した各区分所有者及び区分所有権又は敷地利用権を買い受けた各買受指定者（区分所有法第63条第４項に規定する買受指定者をいう。この問いにおいて同じ。）（これらの者の承継人を含む。）は、建替え決議の内容により建替えを行う旨の合意をしたものとみなされる。

❸ 建替え決議に賛成した各区分所有者若しくは建替え決議の内容により建替えに参加する旨を回答した各区分所有者（これらの者の承継人を含む。）又は買受指定者は、建替え決議で建替えに反対する旨の投票をし、その後建替えに参加するか否かの書面による催告に対し無回答で催告期間を終えた区分所有者（その承継人を含む。）に対して、催告期間満了の日から２ヵ月以内に、区分所有権及び敷地利用権を時価で売り渡すべきことを請求することができる。

❹ 売渡請求権の行使により区分所有権又は敷地利用権を売り渡した者は、正当な理由もなく建替え決議の日から２年以内に建物の取壊しの工事が着手されない場合には、この期間の満了の日から６ヵ月以内に、その区分所有権又は敷地利用権を現在有する者に対して、買主が支払った代金に相当する金銭を提供して、これらの権利を売り渡すべきことを請求することができる。

建替え決議後、集会招集者は遅滞なく不賛成者に、建替えに参加するか書面で催告。

❶ **誤り** 「決議の日から２ヵ月以内に」➡「遅滞なく」

建替え決議があったときは、集会を招集した者は、「**遅滞なく**」、建替え決議に賛成しなかった区分所有者（その承継人を含む）に対し、建替え決議の内容により**建替えに参加するか否かを回答すべき旨を書面で催告しなければならない**（区分所有法63条１項）。

❷ **正しい** **建替え決議に賛成した各区分所有者**、建替え決議の内容により**建替えに参加する旨を回答した各区分所有者**及び区分所有権又は敷地利用権を買い受けた**各買受指定者**（これらの者の承継人を含む）は、建替え決議の内容により**建替えを行う旨の合意をしたものとみなされる**（64条）。

❸ **正しい** 建替え決議に賛成した各区分所有者若しくは建替え決議の内容により建替えに参加する旨を回答した各区分所有者（これらの者の承継人を含む）又は買受指定者は、催告期間満了の日から２ヵ月以内に、**建替えに参加しない旨を回答した区分所有者**（その承継人を含む）**に対し、区分所有権及び敷地利用権を時価で売渡請求ができる**（63条５項前段）。そして、建替え決議で建替えに反対する旨の投票をし、その後建替えに参加するか否かの書面による**催告に対し無回答で催告期間を終えた区分所有者**（その承継を含む）は、**建替えに参加しない旨を回答したものとみなされる**（同１・３・４項）。

❹ **正しい** **建替え決議の日から２年以内に建物の取壊しの工事に着手しない場合には、売渡請求権の行使により区分所有権又は敷地利用権を売り渡した者は**、この期間の満了の日から６ヵ月以内に、買主が支払った代金に相当する金銭をその区分所有権又は敷地利用権を現在有する者に提供して、**これらの権利を売渡請求ができる**（63条７項本文）。ただし、建物の取壊しの工事に着手しなかったことにつき正当な理由があるときは、この限りでない（同ただし書き）。

正解 ❶

団地管理組合法人に関する次の記述のうち、区分所有法の規定によれば、誤っているものはどれか。

❶　団地管理組合法人は、団地共用部分に係る損害保険契約に基づく保険金額の請求及び受領について、団地建物所有者を代理する。

❷　団地管理組合法人の理事は、特定の行為の代理を他人に委任することを、規約又は集会の決議によって禁止されることはない。

❸　団地管理組合法人の監事は、財産の状況又は業務の執行について、法令若しくは規約に違反し、又は著しく不当な事項があると認め、これを報告するために必要があるときは、集会を招集することができる。

❹　団地管理組合法人は、団地建物所有者及び議決権の各$\frac{3}{4}$以上の多数による集会の決議によって解散することができる。

管理組合法人の規定は団地管理組合法人にも準用。

❶ **正しい** **団地管理組合法人**は、団地共用部分に係る損害保険契約に基づく保険金額ならびに団地共用部分等について生じた損害賠償金および不当利得による返還金の**請求および受領**について、団地建物所有者を代理する（区分所有法66条、47条６項）。

❷ **誤り** **「禁止されることはない」➡「禁止されることがある」**

ひっかけ

団地管理組合法人の理事は、規約または集会の決議によって**禁止されていないときに限り**、特定の行為の代理を他人に**委任できる**（66条、49条の３）。この委任については、条文上、規約または集会の決議によって「**禁止されていないときに限り**」**認められる**ので、規約または集会の決議により**禁止されることもある**ので、本肢は誤っている。

❸ **正しい** **団地管理組合法人の監事**は、財産の状況または業務の執行について、法令若しくは規約に違反し、または著しく不当な事項があると認めるときは、集会に報告をし、この**報告をするために必要**があるときは、**集会を招集できる**（66条、50条３項３号・４号）。

❹ **正しい** **団地管理組合法人**は、団地建物所有者および議決権の各$\frac{3}{4}$以上の多数による**集会の決議によって**解散できる（66条、55条２項・１項３号）。

正解 ❷

一団地内の附属施設たる建物を規約によって団地共用部分と定めることに関する次の記述のうち、区分所有法の規定によれば、誤っているものはどれか。

❶ 一団地内の附属施設たる建物が専有部分であっても、団地建物所有者は、その附属施設たる建物について、規約によって団地共用部分とすることができる。

❷ 一団地内の附属施設たる建物が、団地建物所有者の全部ではなく、一部の共有に属するものである場合であっても、団地建物所有者は、規約によって団地共用部分とすることができる。

❸ 一団地内の附属施設たる建物について団地共用部分とする規約を設定した場合には、その旨の登記をしなければ、団地共用部分であることをもって第三者に対抗することはできない。

❹ 一団地内の附属施設たる建物を団地共用部分とする規約の設定は、団地建物所有者及びその議決権の各$\frac{3}{4}$以上の多数による集会の決議によってする。

団地共用部分可能 ➡ 団地建物所有者全員の共有に属する附属施設たる建物。

❶ **正しい** 団地共用部分とすることができるのは「**一団地内の附属施設たる建物（区分所有法１条に規定する建物の部分を含む）**」である（67条１項前段）。そして、「**区分所有法１条に規定する建物の部分**」とは、「一棟の建物における構造上区分された数個の部分で独立して住居、店舗、事務所又は倉庫その他建物としての用途に供することができるもの」、すなわち「**専有部分**」である。したがって、一団地内の附属施設たる建物が専有部分であっても、当該建物を規約によって団地共用部分とすることができる。

❷ **誤り** **「団地共用部分とすることができる」➡「できない」**

団地共用部分について規定する区分所有法67条は、**法律上当然に団地の管理対象物となる附属施設**のうち、建物（専有部分を含む）について規約により共用部分にできるとしたものである（65条、67条１項参照）。したがって、**団地共用部分**とすることができるのは、**団地建物所有者全員の共有に属する附属施設たる建物に限られる**から、一団地内の附属施設たる建物が、一部の団地建物所有者の共有に属するものである場合には、当該建物は団地共用部分とすることができない。

❸ **正しい** **団地共用部分**については、その旨の**登記をしなければ**、これをもって**第三者に対抗できない**（67条１項後段）。

❹ **正しい** **団地共用部分**を定めるには**団地規約によってする**ことが必要である（67条１項本文、30条１項）。そして、**団地規約の設定**は、**団地建物所有者及びその議決権の各$\frac{3}{4}$以上の多数**による団地集会の決議によってする（31条１項前段）。

正解 ❷

一団地内に下図のとおり、専有部分のある建物であるＡ棟、Ｂ棟及び附属施設である集会所が存在し、Ａ棟及びＢ棟の団地建物所有者が土地及び附属施設である集会所を共有している。この場合に関する次の記述のうち、区分所有法の規定によれば、誤っているものはどれか。

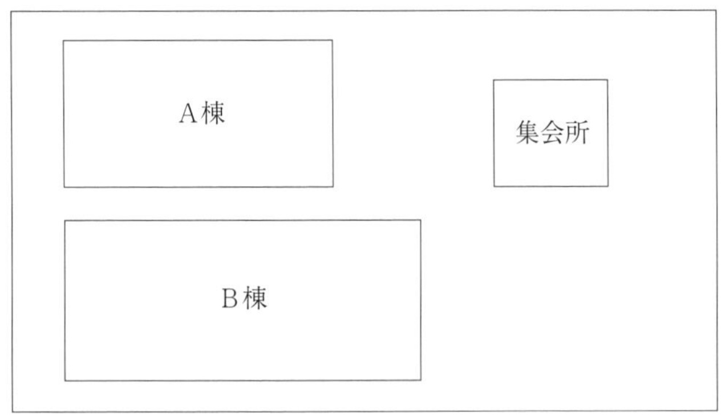

❶　集会所は、当然にＡ棟及びＢ棟の団地建物所有者によって構成される団地管理組合における団地共用部分となる。

❷　Ａ棟及びＢ棟の団地建物所有者によって構成される団地管理組合は、当然に集会所の管理を行う。

❸　Ａ棟については、Ａ棟の区分所有者だけによる管理を行うものとしたままで、Ｂ棟については、Ａ棟及びＢ棟の団地建物所有者によって構成される団地管理組合が管理を行うものとすることはできない。

❹　Ａ棟及びＢ棟の団地建物所有者によって構成される団地管理組合がＡ棟及びＢ棟の管理を行うものとする場合において、Ａ棟の管理とＢ棟の管理について、規約で異なる内容を定めることができる。

集会所は、団地規約により団地共用部分とできる。

❶ ひっかけ **誤り** 「当然に団地共用部分となる」➡「団地規約により団地共用部分となる」

一団地内の附属施設たる建物（本問の集会所）は、**団地規約によって初めて団地共用部分にできる**（区分所有法67条１項本文）。つまり、団地規約の定めが必要であり、当然に団地共用部分となるのではない。

❷ **正しい** 団地建物所有者の**共有に属する**団地内の**土地・附属施設**は、**当然に団地管理組合の管理の対象**となる（65条）。本問の集会所は、Ａ棟・Ｂ棟の団地建物所有者が共有しているので、当然に団地管理組合の管理の対象となる。

❸ **正しい** 団地内の数棟の建物（**区分所有建物**）も、**団地管理組合で管理**できる。その場合、棟単位の集会決議がすべて成立しなければ、区分所有建物に関する団地規約を設定できない。そして、全体の団地規約を設定するには、団地建物所有者全員の集会における特別多数決議（団地建物所有者および議決権の**各$\frac{3}{4}$以上の多数による決議**）を得る必要があるが、それに加え、団地内の**全部の区分所有建物**につき、それぞれの棟集会で区分所有者および議決権の**各$\frac{3}{4}$以上の多数による決議**も必要となる（68条１項２号）。したがって、Ａ棟については、「Ａ棟の区分所有者だけによる管理を行う」（なお、Ａ棟では、これを団地管理組合の管理対象とする集会の特別決議がない）としたままで、「Ｂ棟についてのみ団地管理組合の管理対象とする」ことは**できない**。

❹ **正しい** 「団地管理組合がＡ棟･Ｂ棟の管理を行う」とされている場合でも、**Ａ棟の管理とＢ棟の管理**について、**規約で異なる内容を定める**こともできる（65条参照）。例えば、「Ａ棟・Ｂ棟の**規模が異なる場合**」や、「**Ａ棟は住居専用**マンションであることに対して、**Ｂ棟が住居・店舗の複合用途型**等である場合」には、Ａ棟・Ｂ棟の管理について、**規約で異なる内容の定め**をすること等が挙げられる。

正解 ❶

一団地内にA棟及びB棟（いずれも専有部分のある建物）があり、団地の敷地はA棟及びB棟の各区分所有者の共有である場合に関する次の記述のうち、区分所有法の規定によれば、誤っているものはどれか。

❶　A棟の区分所有者は、A棟の集会の決議があれば、A棟の管理のための規約を定めることができる。

❷　団地内の区分所有建物に係る管理事項について、一部のみを団地管理組合で行い、その余を各棟の管理組合で行うものと定めることができる。

❸　団地管理組合において、A棟及びB棟の管理又は使用について団地管理規約（区分所有法第66条において準用する同法第30条第1項の規約をいう。以下、この問いにおいて同じ。）が定められている場合であっても、A棟の区分所有者の集会で、A棟の管理組合における管理者を定めることができる。

❹　団地管理規約に団地共用部分の定めを設けることにより、団地管理組合の管理者を団地共用部分の所有者と定めることができる。

各棟の管理組合は、団地関係に準用されない事項の規約を定めること可。

❶ 頻出 **正しい** 一団地内にあるA棟及びB棟の**敷地**は、A棟及びB棟の**各区分所有者の共有**であることから、A棟及びB棟の区分所有者による**団地管理組合が成立**する（区分所有法65条）。この場合でも、各棟の管理組合は存続するので、各棟の管理組合は、**団地関係に準用されていない事項**に関する**規約を定めることができる**。例えば、専有部分と敷地利用権との分離処分を可能にする規約の設定や（22条1項）、小規模滅失の復旧に集会の決議を必要とする旨の規約の設定等である（61条4項）。

❷ 頻出 **正しい** **団地内の区分所有建物**は、**団地管理規約**により、**団地管理組合**の**管理の対象**にできる（66条、30条1項）。この規約の設定には、「**団地建物所有者及び議決権の各$\frac{3}{4}$以上の多数**による**集会の決議**（66条、31条1項）」と「**管理対象となる専有部分のある区分所有建物の全部**について、**各棟の集会**における**区分所有者及び議決権の各$\frac{3}{4}$以上の多数**による**決議**（68条1項2号）が必要となるが、どのような管理事項を全体の**団地管理規約の対象**とするかは、その**団地管理組合の任意**である。したがって、団地内の区分所有建物に係る管理に関する事項の一部のみを団地管理組合で行い、その余を各棟の管理組合で行うと定めることは可能である。

❸ **正しい** 団地管理組合において団地管理規約が定められている場合でも、**各棟の管理組合は存続**するので、各棟の管理組合は、それぞれ**管理者を定めることができる**（25条1項）。

❹  **誤り** **「管理所有の規定は、団地に準用されていない」**

団地内の附属施設である建物（専有部分を含む）は、団地管理規約により、団地共用部分とすることができる（67条1項）。この場合でも、**管理所有**について規定する区分所有法27条は、**団地の管理者には準用されていないので**（66条参照）、団地管理組合の管理者を団地共用部分の所有者とすることはできない。

正解 ❹

70 団　地⑤（建替え承認決議）

CHECK!　R元-問10　重要度 A

A棟、B棟（いずれも分譲マンションで区分所有建物）及びC棟（賃貸マンションで単独所有建物）の三棟が所在する土地がこれらの建物の所有者の共有に属しており、その共有者全員で団地管理組合を構成している。この場合におけるA棟の建替え承認決議に関する次の記述のうち、区分所有法の規定によれば、誤っているものはどれか。なお、既にA棟の区分所有者の集会において、A棟の建替えが議決されているものとする。

❶　団地管理組合の集会において、A棟の建替え承認決議を得るためには、議決権の$\frac{3}{4}$以上の多数の賛成が必要であり、各団地建物所有者の議決権は、その有する建物又は専有部分の床面積の割合による。

❷　A棟の区分所有者は、A棟の区分所有者の集会において建替え決議に賛成しなかった場合でも、団地管理組合の集会におけるA棟の建替え承認決議では、全員が賛成したものとみなされる。

❸　建替え承認決議に係るA棟の建替えがB棟の建替えに特別の影響を及ぼすべきときは、A棟の建替えは、団地管理組合の建替え承認決議に係る集会において、B棟の区分所有者全員の議決権の$\frac{3}{4}$以上の議決権を有する区分所有者の賛成を得なければ行うことができない。

❹　建替え承認決議に係るA棟の建替えがC棟の建替えに特別の影響を及ぼすべきときは、A棟の建替えは、C棟の所有者の賛成を得なければ行うことができない。

建替え承認決議は、団地管理組合の集会で議決権の$\frac{3}{4}$以上の賛成が必要。

❶ **誤り 「建物または専有部分の床面積の割合」➡「土地の持分の割合」**

建替え承認決議は、団地管理組合の集会において**議決権の$\frac{3}{4}$以上**の多数の賛成が必要である(区分所有法69条1項)。この決議における議決権は、各団地建物所有者の有する「土地」**の持分の割合**による（同2項)。したがって、「建物または専有部分の床面積の割合」ではない。

❷ **正しい** 建替え承認決議の対象となる特定建物が専有部分のある建物である場合、その建替え決議またはその区分所有者の全員の同意が必要である。そして、当該特定建物の団地建物所有者は、建替え承認決議では、**いずれも賛成する旨の議決権の行使をしたものとみなされる**（69条3項本文・1項1号)。

頻出

❸ **正しい** 建替え承認決議に係る建替えが**特定建物以外の「区分所有建物」の建替えに特別の影響を及ぼす**べきときは、建替え承認決議に係る集会において、その区分所有建物の区分所有者全員の議決権の$\frac{3}{4}$以上の議決権を有する区分所有者が**賛成**しているときに限り、当該特定建物の建替えができる（69条5項1号)。

❹ **正しい** 建替え承認決議に係る建替えが**特定建物以外の「建物」の建替えに特別の影響を及ぼす**べきときは、建替え承認決議に係る集会において、その建物の所有者が賛成しているときに限り、当該特定建物の建替えができる（69条5項2号)。

正解 ❶

一筆の敷地上に、甲棟、乙棟及び丙棟があり、いずれの棟も専有部分のある建物である。また、敷地は区分所有者全員で共有している。この場合において、甲棟を取り壊し、かつ、従前の甲棟の所在地に新たに建物を建築すること（この問いにおいて「甲棟の建替え」という。）についての、団地管理組合の集会における建替え承認決議に関する次の記述のうち、区分所有法の規定によれば、誤っているものはどれか。ただし、甲棟の建替えは、他の棟の建替えに特別の影響を及ぼさないものとする。

❶ 団地管理組合の集会において建替え承認決議を行う場合には、団地管理組合の規約で別段の定めがある場合にも、規約で定められる議決権割合ではなく、敷地の持分の割合によって決議の成否が判定される。

❷ 甲棟の建替えを実施するためには、団地管理組合の集会において議決権の４分の３以上の多数による建替え承認決議を得なければならない。

❸ 団地管理組合の集会において建替え承認決議を行う場合には、集会を招集した者は、集会の会日より少なくとも１月前までに、団地内建物所有者に対し建替えに関する説明会を開催しなければならない。

❹ 甲棟の建替え決議が適法に成立したときには、甲棟の建替え決議において甲棟の区分所有者Ａが建替えに反対をしていたとしても、その後の団地管理組合の集会における甲棟についての建替え承認決議においては、Ａはこれに賛成する旨の議決権の行使をしたものとみなされる。

特定建物の団地建物所有者は全員建替え承認決議賛成者とみる。

❶ 頻出 **正しい** 建替え承認決議を行う場合、各団地建物所有者の議決権割合は、**規約に別段の定めがある場合でも**、建替えの対象となる建物（以下「特定建物」という）の所在する**土地**（**これに関する権利を含む**）**の持分の割合**による（区分所有法69条２項）。

❷ 頻出 **正しい** 建替え承認決議においては、①特定建物について建替え決議又は全員の同意（戸建て建物については所有者の同意）があること、②団地管理組合の集会において**議決権の$\frac{3}{4}$以上**の多数による承認の決議があることが必要である（69条１項）。

❸ ひっかけ **誤り** **「説明会を開催する必要はない」**

建替え承認決議については、建替え決議（62条６項）と異なり、集会を招集した者が、当該集会の会日より少なくとも１ヵ月前までに、当該招集の際に通知すべき事項について団地内建物所有者に対し説明を行うための**説明会を開催しなければならない旨の規定はない**。

❹ **正しい** 特定建物について建替え決議がなされている場合、**特定建物の区分所有者**はその決議に賛成したか否かを問わず、**全員建替え承認決議**に賛成したもの**とみなされる**（69条３項本文）。

正解 ❸

一団地内に専有部分のあるＡ棟及びＢ棟の２棟の建物がある。区分所有法第70条に基づき、この団地内の建物の一括建替え決議を行おうとする場合に関する次の記述のうち、区分所有法の規定によれば、誤っているものはどれか。ただし、Ａ棟及びＢ棟が所在する土地は、団地建物所有者の共有に属しており、その共有者全員で構成する団地管理組合において、団地管理組合の規約が定められているものとする。

❶　一括建替え決議を行う場合の議決権割合は、団地管理組合の規約に議決権割合に関する別段の定めがある場合にはその定めによる。

❷　Ａ棟の区分所有者Ｃが一括建替え決議に賛成しなかったときには、一括建替え決議に賛成したＢ棟の区分所有者Ｄは、Ｃに対して、区分所有権及び敷地利用権を時価で売り渡すべきことを請求することができる。

❸　団地建物所有者の集会において、団地内建物の区分所有者及び議決権の各$\frac{4}{5}$以上の多数の賛成を得るとともに、Ａ棟及びＢ棟ごとについて、区分所有者の$\frac{2}{3}$以上の者であって議決権の合計の$\frac{2}{3}$以上の議決権を有するものが賛成することが必要である。

❹　一括建替え決議においては、団地内建物の全部の取壊し及び再建団地内建物の建築に要する費用の概算額に加え、その費用の分担に関する事項を定める必要がある。

別棟の区分所有者に対しても、区分所有権・敷地利用権の売渡し請求は可能。

誤り **「別段の定めがある場合にはその定めによる」**
➡「別段の定めがあっても当該団地内建物の敷地の持分の割合による」

団地管理組合の規約に議決権割合に関する別段の定めがあっても、団地内建物の**一括建替え決議**における**各団地建物所有者の議決権**は、あくまで**「団地内建物の敷地の持分の割合」**による（区分所有法70条２項、69条２項）。

❷ **正しい** 団地内建物の一括建替え決議があった場合、**一括建替え決議に賛成した区分所有者**は、一括建替え決議に賛成しなかった区分所有者に対して、区分所有権および敷地利用権を時価で**売り渡すべきことを請求**できる（70条４項、63条４項）。この請求は、現存建物において**別棟の区分所有者に対しても認められる**。

❸ 頻出 **正しい** 団地内建物の一括建替え決議は、**団地建物所有者の集会**において、団地内建物の**区分所有者および議決権の各$\frac{4}{5}$以上**の多数の賛成を得るとともに、各棟ごとについて、**区分所有者の$\frac{2}{3}$以上**で、**議決権の合計の$\frac{2}{3}$以上の議決権**を有する者の賛成も必要である（70条１項）。

【団地内建物の一括建替え決議】

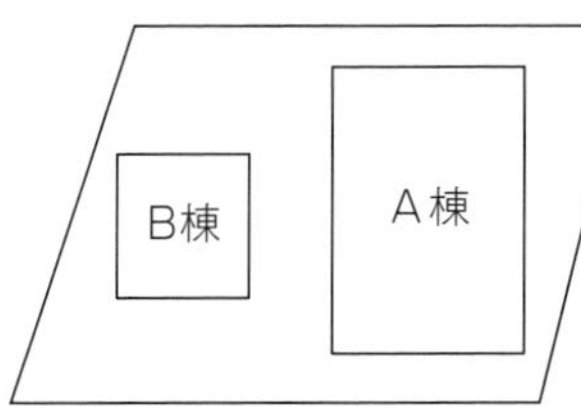

①**「各棟ごと」**
・区分所有者の$\frac{2}{3}$以上
・議決権（共用部分）の合計の$\frac{2}{3}$以上

②**「団地全体」**
・区分所有者および議決権（敷地）の各$\frac{4}{5}$以上

❹ 頻出 **正しい** 団地内建物の**一括建替え決議**においては、次の①～⑤に関する事項を定めなければならない（70条３項）。

① 再建団地内敷地の一体的な利用についての計画の概要
② 新たに建築する建物（「再建団地内建物」という）の設計の概要
③ **団地内建物の全部の取壊しおよび再建団地内建物の建築に要する費用の概算額**
④ ③に規定する費用の分担に関する事項
⑤ 再建団地内建物の区分所有権の帰属

一筆の敷地上に、甲棟、乙棟、丙棟が存在している。甲棟及び乙棟は戸建て住宅、丙棟は専有部分のある建物であり、また、甲棟の所有者はA、乙棟の所有者はB、丙棟の区分所有者はC、D、Eである。敷地は、A、B、C、D、Eが共有している。この場合の団地管理組合に関する次の記述のうち、区分所有法の規定によれば、正しいものはどれか。ただし、乙棟の建替えは他に特別の影響を及ぼさないものとする。

❶ 団地管理組合は、団地管理組合の集会において、共有持分の$\frac{3}{4}$以上を有するものが承認し、かつ、Aの同意があれば、甲棟を管理するための団地規約を定める決議をすることができる。

❷ Bが乙棟を取り壊し、かつ、従前の乙棟の所在地に新たに建物を建築しようとする場合には、団地管理組合の集会において議決権の$\frac{3}{4}$以上の多数による承認の決議を得なければならない。

❸ 団地管理組合が規約を定めて丙棟の管理を行っている場合に、地震によって丙棟の建物の価格の$\frac{1}{2}$以下に相当する部分が滅失したときに、その滅失した共用部分を復旧しようとするときは、団地管理組合の集会において、滅失した共用部分を復旧する旨の決議をする必要がある。

❹ 団地管理組合は、団地管理組合の集会において、区分所有者及び議決権の各$\frac{4}{5}$以上の多数で、団地内建物のすべてにつき一括して、その全部を取り壊し、かつ、同一敷地上に新たに建物を建築する旨の決議をすることができる。

戸建て住宅➡管理するための団地規約は設定不可。

❶ 頻出

誤り 「戸建て住宅（甲棟）を管理するための団地規約を定めることはできない」

団地内の「**専有部分のある建物**」については、当該建物の管理組合の集会において区分所有者および議決権の各$\frac{3}{4}$以上の多数による決議があれば、団地管理組合の集会において、当該建物を管理するための**団地管理規約を定める**ことができる（区分所有法68条1項2号）。つまり、「戸建て住宅」については、団地規約の設定は不可である。

❷

正しい 団地内建物の全部または一部が専有部分のある建物であり、かつ、その団地内の特定の建物（特定建物）の所在する土地が団地建物所有者の共有に属する場合、当該特定建物が**戸建て住宅**（乙棟）であるときは、その所有者の同意があり、かつ、**団地管理組合の集会において議決権の$\frac{3}{4}$以上の多数による承認の決議**（建替え承認決議）を得れば、当該特定建物の所有者は、当該特定建物を取り壊し、かつ、当該土地またはこれと一体として管理もしくは使用をする団地内の土地上に、**新たに建物を建築**できる（69条1項2号）。

❸

誤り 「団地管理組合の集会において…決議をする必要がある」
➡「復旧にあたり、団地管理組合の集会における決議は不要」

「**復旧・建替え**」の規定は**団地管理組合には準用されない**（66条参照）。復旧・建替えについては、当該棟の区分所有者の決定により、当該棟の区分所有者の費用で行うのが適当だからである。したがって、本肢の場合、団地管理組合の集会において、滅失した共用部分を復旧する旨の決議をする必要はない。

❹ ひっかけ

誤り 「決議ができる」➡「できない」

①**団地内建物の「全部」**が「**専有部分のある建物**」であり、かつ、②当該団地内建物の敷地が当該団地内建物の区分所有者の共有に属しており、当該団地内建物について団地管理規約が定められている場合は、③団地管理組合の集会において、当該団地内建物の区分所有者および議決権の各$\frac{4}{5}$以上の多数で、当該団地内建物につき一括して、その全部を取り壊し、かつ、当該団地内建物の敷地もしくはその一部の土地または当該団地内建物の敷地の全部もしくは一部を含む土地に新たに建物を建築する旨の決議（**一括建替え決議**）が**できる**（70条1項本文）。本問では、そもそも団地内建物の一部（甲棟・乙棟）が戸建て住宅のため、一括建替え決議はできない。

正解 ❷

団地内に専有部分のある建物であるＡ棟及びＢ棟があり、団地の敷地は団地建物所有者の共有に属し、その共有者全員で構成する団地管理組合において、規約が定められている。この場合に関する次の記述のうち、区分所有法の規定によれば、誤っているものはどれか。

❶　Ａ棟及びＢ棟が所在する土地は、当然にＡ棟及びＢ棟の団地建物所有者によって構成される団地管理組合における団地共用部分となる。

❷　Ａ棟及びＢ棟の団地建物所有者によって構成される団地管理組合がＡ棟及びＢ棟の管理を行うものとする場合において、Ａ棟の管理とＢ棟の管理について、規約で異なる内容を定めることができる。

❸　団地内建物の一括建替え決議を行おうとする場合、団地建物所有者の集会において、団地内建物の区分所有者及び議決権の各$\frac{4}{5}$以上の多数の賛成を得るとともに、Ａ棟及びＢ棟ごとに区分所有者の$\frac{2}{3}$以上の者であって議決権の合計の$\frac{2}{3}$以上の議決権を有するものが賛成することが必要である。

❹　団地内建物の一括建替え決議を行おうとする場合、再建団地内建物の区分所有権の帰属に関する事項についても、議案として決議しなければならない。

団地内建物の一括建替え決議➡再建団地内建物の区分所有権の帰属を定める。

❶ ひっかけ **誤り** **「団地の敷地は団地共用部分とすることはできない」**

団地共用部分とすることができるものは、団地内に存在する附属施設たる独立した建物又は団地内に存在する区分所有建物の専有部分たり得る部分である（区分所有法67条1項）。A棟及びB棟が所在する土地は、団地管理組合の管理の対象とはなるが（65条）、団地共用部分とはならない。

❷ 頻出 **正しい** 団地管理組合がA棟及びB棟の管理を行うものとする場合においても、**A棟の管理とB棟の管理の内容については、団地規約において異なる内容を定めることができる**（65条参照）。なお、この場合、A棟、B棟それぞれにおいて、集会での区分所有者及び議決権の各4分の3以上の多数の決議が必要となる（68条1項2号）。

❸ 頻出 **正しい** **団地内建物の一括建替え決議**が成立するには、団地建物所有者の集会において、**団地内建物の区分所有者及び議決権の各$\frac{4}{5}$以上の多数の賛成**を得るとともに、**A棟及びB棟ごとに区分所有者の$\frac{2}{3}$以上の者**であっ**て議決権の合計の$\frac{2}{3}$以上の議決権を有するものが一括建替え決議に賛成**している必要がある（70条1項）。

❹ 頻出 **正しい** **団地内建物の一括建替え決議**においては、再建団地内建物の区分所有権の帰属**に関する事項**を**定めなければならない**（70条3項5号）。なお、その他、① 再建団地内敷地の一体的な利用についての計画の概要、② 新たに建築する建物の設計の概要、③ 団地内建物の全部の取壊し及び再建団地内建物の建築に要する費用の概算額、④ ③の費用の分担に関する事項を定めなければならない（同1号～4号）。

正解 ❶

管理組合及び管理組合法人に関する次の記述のうち、区分所有法の規定によれば、正しいものはいくつあるか。

ア　規約を保管する者は、正当な理由がある場合を除き、利害関係人から請求のあった当該規約の閲覧を拒んではならない。

イ　集会の議事録の保管場所は、建物内の見やすい場所に掲示しなければならない。

ウ　管理者が集会の議事録の保管をしなかったときは、20万円以下の過料に処せられる。

エ　管理組合法人は、居住者名簿を備え置き、居住者の変更があるごとに必要な変更を加えなければならない。

❶　一つ

❷　二つ

❸　三つ

❹　四つ

管理者が集会の議事録を保管しない ➡ 20万円以下の過料。

ア **正しい** **規約を保管する者は、利害関係人の請求が**あったときは、正当な理由がある場合を除いて、**規約の閲覧を拒んではならない**（区分所有法33条2項）。

イ **正しい** 集会の**議事録の保管場所**は、**建物内の見やすい場所に掲示**しなければならない（42条5項、33条3項）。

ウ **正しい** **管理者が**集会の**議事録を保管しなかった**ときは、**20万円以下の過料**に処せられる（71条1号、33条1項本文、42条5項）。

エ **誤り** **「居住者名簿」➡「区分所有者名簿」**

ひっかけ

管理組合法人は、「区分所有者名簿」を備え置き、当該区分所有者の変更があるごとに必要な変更を加えなければならない（48条の2第2項）。

したがって、**正しいものはア～ウの三つ**であり、**正解は❸**となる。

正解 ❸

76 被災マンション法①

□□□ CHECK!　R3-問11　重要度 B

大規模な火災、震災その他の災害で政令で定めるものにより、区分所有建物の全部が滅失した場合において、区分所有建物の敷地利用権を有する者（この問いにおいて「敷地共有者等」という。）が開く集会で建物を建築する旨の決議（この問いにおいて「再建決議」という。）を行うことに関して、被災マンション法の規定によれば、誤っているものはどれか。ただし、区分所有建物の敷地利用権は数人で有する所有権その他の権利とする。

❶ 区分所有建物の全部が滅失した場合、区分所有建物において管理者として定められていた者は、敷地共有者等によって管理者と定められていなくても、再建決議をするための集会を招集することができる。

❷ 区分所有建物の全部の滅失が、直接に災害によるものではなく、災害により一部が滅失した後に区分所有者によって適切に手続きをとった上で取り壊された場合であっても、建物を建築する旨の再建決議をすることができる。

❸ 敷地共有者等の集会において、決議手続きや説明会の開催等について規約を定めることはできない。

❹ 敷地共有者等の集会においては、敷地共有者等の議決権の$\frac{4}{5}$以上の多数の賛成で建物の再建を決議することができるのであり、決議に際しては、賛成する敷地共有者等の数が$\frac{4}{5}$に足りていなくても決議することができる。

区分所有建物の管理者と、敷地共有者等が置く管理者とが同一とはいえない。

❶ ひっかけ **誤り** **「敷地共有者等によって管理者と定められなければ、再建決議をするための集会を招集できない」**

敷地共有者等が開く集会は、**管理者**又は**敷地共有者等が招集**する（被災マンション法３条１項、区分所有法34条１項・３項本文・４項・５項本文）。しかし、この**敷地共有者等が置く管理者**は、**敷地共有者等集会の決議によって選任される**（被災マンション法３条１項、区分所有法25条１項）。区分所有建物において管理者として定められていた者が、当然に敷地共有者等が置く管理者となるのではない。したがって、区分所有建物において管理者として定められていた者でも、敷地共有者等によって管理者と定められていなければ、再建決議（被災マンション法４条）をするための集会を招集できない。

❷ 頻出 **正しい** 区分所有建物が**政令指定災害**によって**大規模滅失**した場合、区分所有者の集会において、区分所有者及び議決権の各$\frac{4}{5}$**以上の多数**で、**区分所有建物を取り壊す旨の決議（建物取壊し決議）ができる**（11条１項）。そして、この**建物取壊し決議**によって**区分所有建物が取り壊された場合でも**、被災マンション法の規定によって、建物を建築する旨の**再建決議ができる**（２条、４条１項）。

❸ ひっかけ **正しい** **敷地共有者等の集会**においては、**規約を定めることはできない**（２条参照）。敷地共有者等の集会の目的は、当該敷地の管理一般にかかわる決議を行うことにあるのではなく、一定期間内に再建又は敷地の売却に関する決議を成立させることにあり、当該敷地の暫定的な管理を円滑に行うことを目的とするものだからである。

❹ **正しい** 敷地共有者等の集会においては、**敷地共有者等の議決権の**$\frac{4}{5}$**以上の多数**で、**建物を再建する旨の決議ができる**（４条１項）。したがって、当該決議に際しては、賛成する敷地共有者等の数が$\frac{4}{5}$以上である必要はない。

正解 ❶

77 被災マンション法②

CHECK!　R5-問11　重要度 A

大規模な火災、震災その他の災害で政令で定めるものにより区分所有建物の全部が滅失した場合において、区分所有建物の敷地利用権を有する者（この問いにおいて「敷地共有者等」という。）が開く集会で建物を建築する旨の決議（この問いにおいて「再建決議」という。）を行った場合、建物を再建することに関する次の記述のうち、被災マンション法の規定によれば、誤っているものはどれか。なお、区分所有建物に係る敷地利用権は数人で有する所有権その他の権利であったものとする。

❶　敷地共有者等が開く集会においては、敷地共有者等の議決権の５分の４以上の多数によって、再建決議をすることができる。

❷　敷地共有者等が開く集会においては、区分所有建物の全部が滅失した後に区分所有建物の敷地利用権を第三者に譲渡した敷地共有者等は、再建決議における議決権を有しない。

❸　敷地共有者等が開く集会においては、滅失した区分所有建物の敷地の一部を含み、かつ滅失した区分所有建物の敷地ではない土地を含む土地上に、新たに建物を建築する旨の再建決議をすることができる。

❹　滅失した区分所有建物の敷地利用権に設定されていた抵当権は、再建決議がなされて建物が再建された場合には消滅する。

滅失した区分所有建物の敷地利用権にあった抵当権は、当然に存続。

❶ **正しい** 敷地共有者等が開く集会においては、**敷地共有者等の議決権の$\frac{4}{5}$以上の多数によって、再建決議**ができる（被災マンション法４条１項）。

❷ **正しい** 敷地共有者等が開く**集会における議決権**は、**各敷地共有者等の敷地共有持分等の価格の割合**による（３条１項、区分所有法38条）。したがって、区分所有建物が滅失した後に区分所有建物の**敷地利用権**を**第三者に譲渡した敷地共有者等**は、敷地に関する権利を有しないので、再建決議における**議決権を有しない**。

❸ **正しい** **再建される建物の敷地の要件**は、「**滅失した区分所有建物の敷地若しくはその一部の土地又は当該建物の敷地の全部若しくは一部を含む土地**」とされている（被災マンション法４条１項）。したがって、**滅失した区分所有建物の敷地の一部を含んでいれば足りる**ので、再建建物の敷地が、滅失した区分所有建物の敷地ではない土地を含んでいてもその土地上に新たに建物を建築する旨の再建決議ができる。

❹ **誤り** **「敷地利用権に設定された抵当権は、消滅する」**

➡ **「敷地利用権に設定された抵当権は、当然に存続する」**

滅失した区分所有建物の**敷地利用権に設定されていた抵当権**は、建物が滅失しても、**当然に存続する**。再建決議がなされて建物が再建された場合に抵当権が消滅するという規定はない。

正解 ❹

78 被災マンション法③

□□□ CHECK!　H29-問11　重要度 B

大規模な火災、震災その他の災害で政令で定めるものにより区分所有建物の全部が滅失した場合における被災区分所有建物の敷地に関する次の記述のうち、民法及び被災マンション法の規定によれば、誤っているものはどれか。

❶ 区分所有建物に係る敷地利用権（区分所有法第２条第６項に規定する敷地利用権をいう。）が数人で有する所有権その他の権利であったときにその権利を有する者（以下「敷地共有者等」という。）は、政令の施行の日から起算して３年が経過する日までの間は、集会を開き、規約を定め、及び管理者を置くことができる。

❷ 敷地共有者等の集会を招集する者が、敷地共有者等の所在を知ることができない場合には、集会の招集の通知は、滅失した区分所有建物の敷地内の見やすい場所に掲示することによって行うことができる。

❸ 敷地共有者等のうち$\frac{1}{5}$を超える議決権を有する者は、政令の施行の日から起算して１月を経過する日の翌日以後当該施行の日から起算して３年を経過する日までの間に、敷地の共有物分割の請求をすることができる。

❹ 敷地共有者等の集会において敷地売却決議をするときは、売却の相手方となるべき者の氏名又は名称及び売却による代金の見込額を定めなければならない。

敷地共有者等➡「集会を開き管理者を置く」は可、規約を定めることは不可！

❶ **誤り　「集会を……置くことができる」➡「規約を定めることはできない」**

区分所有建物に係る敷地利用権が、数人で所有する所有権その他の権利であるときに、その権利を有する者（「**敷地共有者等**」）は、政令施行日から3年を経過する日までの間は、**集会**（「**敷地共有者等の集会**」）**を開き**、および**管理者を置くことができる**。しかし、敷地共有者等の集会は、再建決議や敷地売却決議が行われるまでの**暫定的な管理を目的**とするものであるから、**規約を定めることはできない**（被災マンション法2条）。

❷ **正しい**　敷地共有者等の集会を招集する者が、**敷地共有者等の所在を知ることができない**ときは、**集会の招集の通知**は、滅失した**区分所有建物の敷地内の見やすい場所に掲示**して行うことができる（3条2項）。

❸ **正しい**　政令で定める災害により全部が滅失した区分所有建物に係る敷地共有者等は、民法の規定にかかわらず、その**政令の施行日から1ヵ月を経過する日の翌日以後、当該施行日から3年を経過する日までの間**は、敷地共有持分等に係る土地またはこれに関する権利について、**分割の請求**ができない。ただし、$\frac{1}{5}$超**の議決権を有する敷地共有者等**は、**この期間内であっても分割請求**ができる（6条1項）。

❹ **正しい**　**敷地売却決議**では、①**売却の相手方となるべき者の**氏名・名称、②**売却による代金の見込額**に関する事項を**定めなければならない**（5条2項）。

正解 ❶

大規模な火災、震災その他の災害で政令で定めるものにより、区分所有建物の全部が滅失した場合における、被災区分所有建物の敷地共有者等の集会に関する次の記述のうち、被災マンション法の規定によれば、誤っているものはどれか。

❶ 敷地共有者等の集会を開くに際し、敷地共有者等に管理者がない場合の集会の招集権者は、議決権の$\frac{1}{5}$以上を有する敷地共有者等であって、この定数を規約で減ずることはできない。

❷ 敷地共有者等の集会を招集するに当たり、敷地共有者等の所在を知ることができないときは、集会の招集の通知を、滅失した区分所有建物に係る建物の敷地内の見やすい場所に掲示してすることができるが、敷地共有者等の所在を知らないことについて過失があったときは、到達の効力を生じない。

❸ 区分所有建物の全部が滅失した後に敷地共有者等が敷地共有持分等を譲渡した場合であっても、滅失の当時にその敷地共有持分等を有していた者は敷地共有者等の集会における議決権を有する。

❹ 集会における再建決議によって建築する建物は、滅失した区分所有建物に係る建物の敷地若しくはその一部の土地又は当該建物の敷地の全部若しくは一部を含む土地上に建築しなければならない。

共有持分等を譲渡した敷地共有者等 ➡ 集会で議決権を有しない。

❶ 頻出 **正しい** 敷地共有者等の集会の招集については、区分所有法の規定が準用される。したがって、敷地共有者等に**管理者がないときは、議決権の$\frac{1}{5}$以上を有する敷地共有者等は、集会を招集できる**（被災マンション法３条１項、区分所有法34条５項本文）。しかし、被災マンション法３条１項は、区分所有法34条５項ただし書を準用していないので、この「$\frac{1}{5}$」という**定数を規約で減ずることはできない**。

❷ 頻出 **正しい** **敷地共有者等の集会の招集者**が敷地共有者等の**所在を知ることができない**ときは、その**招集の通知**は、滅失した区分所有建物に係る**建物の敷地内の見やすい場所に掲示**して代えることができる（被災マンション法３条２項）。そして、この通知は、**掲示をした時に到達**したとみなされるが、敷地共有者等の集会を招集する者に、当該敷地共有者等の**所在を知らないことにつき過失**があったときは、**到達の効力を生じない**（同３項）。

❸ ひっかけ **誤り** 「議決権を有する」➡「有しない」

敷地共有者等の集会において**議決権を行使**できるのは、敷地共有持分等を現に有する**敷地共有者等**である（２条、３条１項、区分所有法38条）。したがって、**敷地共有持分等を譲渡した者**は、もはや敷地共有者等ではないため、敷地共有者等の集会において、**議決権を有しない**。

❹ **正しい** 敷地共有者等の集会において、敷地共有者等の議決権の$\frac{4}{5}$以上の多数で再建決議によって建築する建物は、滅失した区分所有建物に係る**建物の敷地・その一部の土地**または**当該建物の敷地の全部・一部を含む土地上**に建築しなければならない（被災マンション法４条１項）。

正解 ❸

大規模な火災、震災その他の災害で政令で定めるものにより区分所有建物の一部が滅失した場合において、当該政令の施行の日から起算して１年を経過する日までの間に、被災マンション法及び区分所有法の定めるところにより開催される区分所有法第34条の規定による集会（この問いにおいて「区分所有者集会」という。）に関する次の記述のうち、これらの法律の規定によれば、正しいものはどれか。

❶　区分所有者集会の招集の通知は、区分所有者が災害前に管理者に対して通知を受けるべき場所を届け出ていた場合には、その場所に宛ててすることができる。

❷　区分所有者集会の招集の通知は、当該集会を招集する者が区分所有者の所在を知っていたときであっても、区分所有建物又はその敷地内の見やすい場所に掲示してすることができる。

❸　区分所有建物に係る敷地利用権が数人で有する所有権その他の権利であるときは、区分所有者集会において、区分所有者、議決権及び当該敷地利用権の持分の価格の各$\frac{3}{4}$以上の多数で、当該区分所有建物及びその敷地を売却する旨の決議をすることができる。

❹　区分所有建物の滅失が建物の価格の$\frac{1}{2}$を超える場合には、区分所有者集会において、区分所有者及び議決権の各$\frac{3}{4}$以上の多数で、滅失した共用部分を復旧する旨の区分所有法に基づく措置を決議することができる。

大規模滅失➡各$\frac{3}{4}$以上で復旧する旨の区分所有法に基づく措置を決議できる。

❶ **誤り** 「災害前に」➡「災害が発生した時以後に」

区分所有者集会の招集の通知は、区分所有者が政令で定める**災害が発生した時以後**に管理者に対して通知を受けるべき場所を通知したときは、その場所に宛ててすれば足りる（被災マンション法８条２項前段）。したがって、区分所有者が**災害前**に届け出ていた場所に宛てて通知することはできない。

❷ **誤り** 「知っていたときであっても」➡「知ることができないときは」

区分所有者集会の招集の通知は、区分所有者集会を招集する者が区分所有者の所在を**知ることができない**ときは、当該区分所有建物またはその敷地内の見やすい場所に掲示してできる（８条３項）。したがって、区分所有者の所在を**知っていたとき**には、掲示による通知ができない。

❸ 頻出 **誤り** 「各$\frac{3}{4}$以上」➡「各$\frac{4}{5}$以上」

区分所有建物に係る敷地利用権が数人で有する所有権その他の権利であるときは、区分所有者集会において、**区分所有者、議決権および当該敷地利用権の持分の価格の各$\frac{4}{5}$以上**の多数で、当該区分所有建物およびその敷地を売却する旨の決議（建物敷地売却決議）ができる（９条１項）。各$\frac{3}{4}$以上ではない。

❹ ハイレベル **正しい** 区分所有者集会は、**区分所有法34条の規定による集会**としての機能を有する（７条）。そのため、区分所有建物の滅失が建物価格の$\frac{1}{2}$を超える**大規模滅失**の場合、区分所有者集会において、区分所有者および議決権の**各$\frac{3}{4}$以上**の多数で、**滅失した共用部分を復旧する旨の区分所有法に基づく措置**を決議することも可能である（区分所有法61条５項参照）。

正解 ❹

大規模な火災、震災その他の災害で政令で定めるもの（この問いにおいて「政令指定災害」という。）により、その全部又は一部が滅失（区分所有法第61条第１項本文に規定する場合（小規模滅失）を除く。）した場合の被災マンション法第３条の規定による敷地共有者等集会（この問いにおいて「敷地共有者等集会」という。）に関する次の記述のうち、被災マンション法及び民法の規定によれば、正しいものはどれか。

❶ 敷地共有者等集会の構成員は、政令指定災害によって全部又は一部が滅失した建物の区分所有者及び区分所有者以外の敷地の共有者である。

❷ 政令指定災害により、区分所有建物の一部が滅失した後、区分所有者全員の同意によって区分所有建物の全部を取り壊したときにも、政令の施行の日から起算して３年が経過する日までの間は、敷地共有者等集会を開くことが認められる。

❸ 敷地共有者等集会においては、滅失した区分所有建物に係る建物の敷地若しくはその一部の土地又は当該建物の敷地の全部若しくは一部を含む土地の管理に係る規約を定めることができる。

❹ 敷地共有者等が所在不明となっている場合に、敷地共有者等集会の招集の通知をするためには、民法第98条に定める公示送達による方法（裁判所の掲示場に掲示し、かつ、その掲示があったことを官報に掲載する方法）によらなければならない。

敷地共有者等集会の構成員➡敷地共有持分等を有する敷地共有者等である。

❶ 

誤り **「敷地共有者等集会の構成員は、一部滅失した建物の区分所有者および区分所有者以外の敷地の共有者」➡「この構成員に、この共有者は含まれない」**

敷地共有者等集会は、政令指定災害によって区分所有建物の全部が滅失した場合及び政令指定災害により区分所有建物の**大規模一部滅失**（区分所有法61条５項）が生じ、その後**当該区分所有建物が取り壊された場合**に開催される（被災マンション法２条）。そして、その**構成員**となるのは、その建物に係る**敷地利用権**として**数人で有する所有権その他の権利**（**敷地共有持分等**）を有する者（**敷地共有者等**）である。したがって、**一部が滅失した建物の区分所有者及び区分所有者以外の敷地の共有者は、構成員とはならない**。

❷ 頻出

正しい 政令指定災害により区分所有建物の一部が滅失した場合において、その後に**取壊し決議**（11条）又は、**区分所有者全員の同意**に基づいて、当該区分所有建物の**全部が取り壊されたとき**は、敷地共有者等は、政令施行日から**３年が経過するまでの間**は、**敷地共有者等集会**を**開くことができる**（２条）。

❸

誤り **「敷地共有者等集会で規約を定めることはできない」**

敷地共有者等集会においては、**規約を定めることはできない**（２条参照）。敷地共有者等の集会の目的は、当該敷地の管理一般にかかわる決議を行うことではなく、一定期間内に建物の再建又は敷地の売却に関する決議を成立させることにある。当該敷地の暫定的な管理を円滑に行うことを目的とするものだからである。

❹ 

誤り **「公示送達の方法以外にも通知の方法が認められている」**

敷地共有者等集会を招集する者が、**敷地共有者等の所在を知ることができないとき**は、**集会の招集通知**は、滅失した**区分所有建物に係る建物の敷地内の見やすい場所に掲示**してすることができる（３条２項）。

正解 ❷

82 被災マンション法⑦

R２-問11

大規模な火災、震災その他の災害で政令で定めるものにより、その一部が滅失（区分所有法第61条第１項本文に規定する場合（小規模滅失）を除く。）したマンションの建物及びその敷地の売却の決議（この問いにおいて「売却決議」という。）に関する次の記述のうち、被災マンション法及び民法の規定によれば、誤っているものはどれか。ただし、マンションの敷地利用権は、数人で有する所有権その他の権利とする。

❶　区分所有者は、区分所有者、議決権及び敷地利用権の持分の価格の各５分の４以上の多数による売却決議があれば、建物と敷地利用権の両方を売却することができる。

❷　売却決議を行うための区分所有者集会の招集については、規約をもってしても、その発出から会日までの期間を２ヵ月間よりも短縮することはできない。

❸　敷地利用権が土地の賃借権である場合にも、借地権設定者の同意を得ずに、建物及びその敷地の賃借権を売却することができる。

❹　区分所有者集会において売却決議がなされても、専有部分の賃借権は当然には消滅しない。

建物敷地売却決議目的の集会招集 ➡ 規約で２ヵ月より短縮は不可。

❶ **正しい**　政令指定災害により、区分所有建物の一部が滅失した場合、区分所有建物に係る敷地利用権が数人で有する所有権その他の権利であるときは、区分所有者集会において、**区分所有者、議決権及び当該敷地利用権の持分の価格の各$\frac{4}{5}$以上**の多数で、当該区分所有建物及びその敷地（これに関する権利を含む）を売却する旨の決議（建物敷地売却決議）ができる（被災マンション法９条１項）。

頻出

❷ **正しい**　建物敷地売却決議を会議の目的とする区分所有者集会を招集する場合、その集会の招集通知は、当該区分所有者集会の会日より少なくとも２ヵ月前に発しなければならない（９条４項）。建物敷地売却決議を会議の目的とする区分所有者集会を招集する場合は、**区分所有法の集会招集通知の規定を準用していない**（３条１項、区分所有法35条１項ただし書）。したがって、規約によっても、この２ヵ月の期間を**短縮することはできない**。

❸ **誤り**　**「借地権設定者の同意を得ずに」➡「同意を得て」**

賃借人は、**賃貸人の承諾を得なければ**、その賃借権を譲り渡したり、又は賃借物を転貸できない（民法612条１項）。この規定は、マンションの建物の敷地利用権が土地の賃借権である場合でも、同様に適用される。したがって、マンションの建物及びその敷地の賃借権を売却するには、借地権設定者（賃貸人）の同意（承諾）を得る必要がある。

❹ **正しい**　マンションの建物及びその敷地が売却された場合、当該マンションの専有部分に賃借権が設定され、その賃借権が対抗要件（賃借権の登記又は引渡し）を備えているときは、その専有部分の**賃貸人たる地位**は、専有部分の**譲受人に移転**するのが原則である（605条の２第１項）。したがって、区分所有者集会において売却決議がなされても、専有部分の賃借権が当然に消滅することはない。

正解 ❸

マンション建替事業に関する次の記述のうち、マンション建替え等円滑化法の規定によれば、誤っているものはどれか。

❶ 建替え合意者は、５人以上共同して、定款及び事業計画を定め、都道府県知事（市の区域内にあっては、当該市の長。）の認可を受けてマンション建替組合を設立することができる。

❷ マンション建替組合において、施行マンション（マンション建替事業を施行する現に存するマンションをいう。以下同じ。）の建替え合意者はすべて組合員となり、マンションの一の専有部分が数人の共有に属するときは、その数人を一人の組合員とみなす。

❸ 権利変換計画の変更は、組合員の議決権及び持分割合の各過半数で決することができる。

❹ 組合設立に係る認可の公告があったときは、施行マンションの区分所有権又は敷地利用権を有する者は、その公告があった日から30日以内に、施行者に対し、権利の変換を希望せず、自己の有する区分所有権又は敷地利用権に代えて金銭の給付を希望する旨を申し出ることができる。

権利変換計画・その変更➡組合員の議決権及び持分割合の各4/5以上で決議。

❶ **正しい** 建替え合意者は、5人以上共同して、定款及び事業計画を定め、知事（市の区域内では、当該市の長）の認可を受けて建替組合を設立できる（建替え等円滑化法9条1項）。なお、建替え合意者とは、区分所有法64条の規定により区分所有法62条1項に規定する建替え決議の内容によりマンションの建替えを行う旨の合意をしたものとみなされた者（マンションの区分所有権又は敷地利用権を有する者であってその後に当該建替え決議の内容により当該マンションの建替えを行う旨の同意をしたものを含む）をいう。

❷ **正しい** 施行マンションの建替え合意者等（その承継人（組合を除く）を含む）は、すべて組合の組合員となる（16条1項）。また、マンションの一の専有部分が数人の共有に属するときは、その数人は1人の組合員とみなされる（同2項）。

❸ **誤り** 「議決権及び持分割合の各過半数」

➡「議決権及び持分割合の各5分の4以上」

ひっかけ

総会の決議事項のうち、権利変換計画及びその変更は、組合員の議決権及び持分割合の各$\frac{4}{5}$以上で決する（30条3項、27条7号）。

❹ **正しい** 施行マンションの区分所有権又は敷地利用権を有する者は、建替組合の設立認可の公告があった日から起算して30日以内に、施行者に対し、権利の変換を希望せず、自己の有する区分所有権又は敷地利用権に代えて金銭の給付を希望する旨を申し出ることができる（56条1項）。

正解 ❸

マンション建替組合（この問いにおいて「組合」という。）が施行するマンション建替事業に関する次の記述のうち、マンション建替え等円滑化法の規定によれば、誤っているものはどれか。

❶ 理事及び監事は、特別の事情があるときは、組合員以外の者のうちから総会で選任することができる。

❷ 総会の決議事項のうち、権利変換計画及びその変更、組合の解散については、組合員の議決権及び持分割合の各$\frac{4}{5}$以上の多数による決議が必要である。

❸ 組合は、権利変換計画の認可の申請に当たり、あらかじめ総会の議決を経るとともに、施行マンション又はその敷地について権利を有する者（組合員を除く。）及び隣接施行敷地がある場合における当該隣接施行敷地について権利を有する者の同意を得なければならない。

❹ 組合は、権利変換期日後マンション建替事業に係る工事のため必要があるときは、施行マンション又はその敷地（隣接施行敷地を含む。）を占有している者に対し、明渡しの請求をした日の翌日から起算して30日を経過した後の日を期限として、その明渡しを求めることができる。

理事・監事は特別の事情があれば、組合員以外の者から総会で選任できる。

❶ **正しい**　理事および監事は、組合員のうちから総会で選挙する。ただし、**特別の事情**があるときは、**組合員以外の者**のうちから**総会で選任**できる(マンション建替え等円滑化法21条1項)。

❷ ひっかけ **誤り**　**「組合の解散は組合員の議決権および持分割合の各$\frac{3}{4}$以上」**

権利変換計画およびその変更については、組合員の議決権および持分割合の各$\frac{4}{5}$以上で決する（30条3項、27条7号）。しかし、**組合の解散**については、組合員の議決権および持分割合の**各$\frac{3}{4}$以上**で決する（30条1項、27条9号）。

❸ 頻出 **正しい**　組合は、権利変換計画の認可を申請しようとするときは、権利変換計画について、あらかじめ、「**総会の議決**」を経るとともに、「**施行マンション・その敷地について権利を有する者（組合員を除く）**および**隣接施行敷地がある場合における当該隣接施行敷地について権利を有する者の同意**」を得なければならない（57条2項本文）。

❹ **正しい**　組合は、権利変換期日後マンション建替事業に係る工事のため必要があるときは、施行マンション・その敷地（隣接施行敷地を含む）を占有している者に対し、期限を定めて、その明渡しを求めることができる（80条1項)。そして、この明渡しの期限は、**明渡しの請求をした日の翌日から30日**を経過した後の日でなければならない（同2項)。

正解 ❷

85 建替え等円滑化法③（建替事業）

□□□ CHECK!　R3-問19　重要度 B

マンション建替組合（この問いにおいて「組合」という。）が施行するマンション建替事業に関する次の記述のうち、マンション建替え等円滑化法の規定によれば、誤っているものはどれか。

❶ 組合において、権利変換計画について総会の議決があったときは、組合は、当該議決があった日から２ヵ月以内に、当該議決に賛成しなかった組合員に対し、区分所有権及び敷地利用権を時価で売り渡すべきことを請求することができる。

❷ 組合は、権利変換期日後遅滞なく、施行再建マンションの敷地（保留敷地を含む。）につき、権利変換後の土地に関する権利について必要な登記を申請しなければならない。

❸ 組合は、権利変換計画の認可を申請しようとするときは、権利変換計画について、あらかじめ、総会の議決を経るとともに施行マンション又はその敷地について権利を有する者（組合員を除く。）及び隣接施行敷地がある場合における当該隣接施行敷地について権利を有する者の同意を得なければならない。

❹ 組合は、権利変換計画に基づき補償金を支払う必要がある者に対して、権利変換期日後遅滞なく当該補償金を支払わなければならない。

施行再建マンション敷地➡登記申請：権利変換期日後遅滞なく、補償金支払：権利変換期日まで。

❶ **正しい**　組合において、**権利変換計画について総会の議決**があったときは、組合は、当該議決があった日から**２ヵ月以内**に、当該議決に賛成しなかった組合員に対し、区分所有権及び敷地利用権を時価で**売り渡すべきことを請求**できる（建替え等円滑化法64条１項）。

❷ **正しい**　施行者は、**権利変換期日後遅滞なく、施行再建マンションの敷地**（保留敷地を含む）につき、権利変換後の土地に関する権利について**必要な登記を申請しなければならない**（74条１項）。

❸ **正しい**　施行者は、**権利変換計画の認可を申請**しようとするときは、権利変換計画について、あらかじめ、**組合**にあっては「**総会の議決**」を経るとともに「施行マンション・その敷地について**権利を有する者**（**組合員を除く**）及び隣接施行敷地がある場合における当該隣接施行敷地について**権利を有する者の同意**」を得、個人施行者にあっては施行マンション又はその敷地（隣接施行敷地を含む）について権利を有する者の同意を得なければならない（57条２項）。

頻出

❹ **誤り**　**「権利変換期日後遅滞なく」➡「権利変換期日までに」**

ひっかけ

施行者は、次の①や②の者に対し、その補償として、権利変換期日までに、一定の基準によって算出した**補償金を支払わなければならない**（75条）。

① 施行マンションに関する権利又はその敷地利用権を有する者で、マンション建替え等円滑化法の規定により、権利変換期日において当該権利を失い、かつ、当該権利に対応して、施行再建マンションに関する権利又はその敷地利用権を与えられないもの

② 隣接施行敷地の所有権又は借地権を有する者で、マンション建替え等円滑化法の規定により、権利変換期日において当該権利を失い、又は当該権利の上に敷地利用権が設定されることとなるもの。

正解 ❹

マンション敷地売却組合（この問いにおいて「組合」という。）が実施するマンション敷地売却事業に関する次の記述のうち、マンション建替え等円滑化法の規定によれば、誤っているものはどれか。

❶ 組合には、役員として、理事３人以上及び監事２人以上を置く。また、役員として、理事長１人を置き、理事の互選により選任する。

❷ 組合は、その名称中にマンション敷地売却組合という文字を用いなければならない。

❸ 組合員の数が30人を超える場合は、総会に代わってその権限を行わせるために総代会を設けることができる。

❹ 組合員及び総代は、定款に特別の定めがある場合を除き、各１個の議決権及び選挙権を有する。

組合員数が「50」人超の組合➡総会に代わり総代会を設置可。

❶ 頻出 **正しい** 組合には、役員として、**理事3人以上及び監事2人以上**を置く（マンション建替え等円滑化法126条1項）。また、組合には、役員として、**理事長1人**を置き、**理事の互選**により選任する（同2項）。

❷ **正しい** 組合は、その名称中に**マンション敷地売却組合という文字**を用いなければならない（119条1項）。

❸ 頻出 **誤り** 「30人」➡「50人」

組合員の数が「50」人を超える組合は、総会に代わってその権限を行わせるために**総代会**を設けることができる（131条1項）。

❹ **正しい** **組合員及び総代**は、定款に特別の定めがある場合を除き、**各1個の議決権及び選挙権**を有する（133条1項）。

正解 ❸

マンション敷地売却組合（この問いにおいて「組合」という。）が施行するマンション敷地売却事業に関する次の記述のうち、マンション建替え等円滑化法の規定によれば、正しいものはどれか。

❶ 総会の決議において、定款の変更のうち政令で定める重要な事項及び組合の解散についての事項は、組合員の議決権及び敷地利用権の持分の価格の各$\frac{3}{4}$以上で決する。

❷ 審査委員は、土地及び建物の権利関係又は評価について特別の知識経験を有し、かつ、公正な判断をすることができる者のうちから都道府県知事（市の区域内にあっては、当該市の長。以下「都道府県知事等」という。）が選任する。

❸ マンション敷地売却合意者は、５人以上共同して、定款及び事業計画を定め、国土交通省令で定めるところにより、都道府県知事等の認可を受けて組合を設立することができる。

❹ 組合員及び総代は、書面又は代理人をもって、議決権及び選挙権を行使することができる。

組合員は書面・代理人で、総代は書面で、議決権・選挙権を行使する。

❶ **正しい** 総会の決議で、**定款の変更のうち政令で定める重要な事項**および**組合の解散**についての事項は、**組合員の議決権および敷地利用権の持分の価格の各$\frac{3}{4}$以上**で決する（マンション建替え等円滑化法130条、128条1号）。

❷ ひっかけ **誤り** **「知事等が選任」➡「総会で選任」**

審査委員は、土地および建物の権利関係または評価について特別の知識経験を有し、かつ、公正な判断ができる者のうちから「総会」**で選任**する（136条2項）。

❸ ひっかけ **誤り** **「事業計画」➡「資金計画」**

マンション敷地売却合意者は、**5人以上**共同して、定款および「資金計画」を定め、国土交通省令の定めに従って、**知事等の認可**を受けて**組合**（敷地売却組合）を**設立**できる（120条1項）。

❹ ひっかけ **誤り** **「総代は、書面または代理人をもって」➡「総代は、書面をもって」**

「**組合員**」は**書面または代理人**をもって、「**総代**」は**書面**をもって、議決権および選挙権を行使できる（133条2項）。したがって、総代は、代理人をもっては行使できない。

正解 ❶

88 建替え等円滑化法⑥（敷地売却事業）

CHECK!　H29-問19　重要度 B

マンション敷地売却組合（この問いにおいて「組合」という。）が施行するマンション敷地売却事業に関する次の記述のうち、マンションの建替え等円滑化法の規定によれば、正しいものはいくつあるか。

ア　組合が分配金取得計画について認可を申請しようとするときは、分配金取得計画について、あらかじめ、総会において出席組合員の議決権及び敷地利用権の持分の価格の各$\frac{3}{4}$以上の特別の議決を経る必要がある。

イ　組合が分配金取得計画について認可を申請しようとするときは、分配金取得計画について、あらかじめ、売却マンションについて賃借権を有する者の同意を得なければならない。

ウ　分配金取得計画においては、売却マンション又はその敷地の明渡しにより当該売却マンション又はその敷地に関する権利（組合員の有する区分所有権及び敷地利用権を除く。）を有する者で、権利消滅期日において当該権利を失うもの（売却マンション又はその敷地を占有している者に限る。）の受ける損失の額を定めなければならない。

エ　分配金取得計画においては、組合員が取得することとなる分配金の価額を定めなければならない。

❶　一つ

❷　二つ

❸　三つ

❹　四つ

分配金取得計画の認可の申請の可否➡出席組合員の議決権の過半数で行う。

ア　**誤り**　**「出席組合員の議決権および敷地利用権の持分の価格の各$\frac{3}{4}$以上の特別の決議」➡「出席組合員の議決権の過半数の決議」**

ひっかけ

組合は、**分配金取得計画**について**認可**を申請しようとする場合、当該計画について、あらかじめ、**総会の議決を経なければならない**（マンション建替え等円滑化法141条2項）。そして、この総会の議決は、出席した組合員の議決権の過半数で行う（129条、29条1項）。

イ　**誤り**　**「売却マンションについて賃借権を有する者の同意を得なければならない」➡「同意は不要」**

組合は、分配金取得計画について認可を申請しようとする場合、上記アのとおり、当該計画について、あらかじめ、**総会の議決**を経るとともに、売却マンションの敷地利用権が**賃借権**であるときは、売却マンションの敷地の所有権を有する者の**同意**を得なければならない(141条2項)。しかし、「賃借権を有する者の同意」**を必要とする旨の規定はない。**

ウ　**正しい**　分配金取得計画では、売却マンション、またはその敷地の明渡しにより当該売却マンション、またはその敷地に関する権利（組合員の有する区分所有権・敷地利用権を除く）を有する者で、**権利消滅期日において当該権利を失う者**（売却マンション・その敷地を占有している者に限る）が**受ける損失の額を定めなければならない**（142条1項5号）。

エ　**正しい**　**分配金取得計画**では、**組合員が取得することとなる分配金の価額を定めなければならない**（142条1項3号）。

したがって、**正しいものはウ・エの二つ**であり、**正解は❷**となる。

正解 ❷

建替え等円滑化法⑦（敷地売却事業）

H30-問19

マンション建替え等円滑化法の規定による、マンション敷地売却組合（この問いにおいて「組合」という。）が施行するマンション敷地売却事業に関する次の記述のうち、誤っているものはどれか。

❶ マンション敷地売却決議においては、売却による代金の見込額を定めなければならない。

❷ 組合は、分配金取得計画の認可を受けたときは、遅滞なくその旨を公告し、及び関係権利者に関係事項を書面で通知しなければならない。

❸ 分配金取得計画に定める権利消滅期日以後においては、売却マンション及びその敷地に関しては、売却マンション及びその敷地に関する権利について、組合の申請により必要な登記がされるまでの間は、他の登記をすることができない。

❹ 総会の議決により組合を解散する場合の当該議決については、分配金取得計画に定める権利消滅期日後に限り行うことができる。

組合が総会で解散の議決を行えるのは、権利消滅期日「前」のみ。

❶ **正しい** マンション敷地売却決議では、①買受人となるべき者の氏名・名称、②売却による代金の見込額、③売却によって各区分所有者が取得することができる金銭（分配金）の額の算定方法に関する事項を定めなければならない（マンション建替え等円滑化法108条２項）。

❷ **正しい** マンション敷地売却組合（以下「組合」）は、分配金取得計画もしくはその変更の認可を受けたとき、または分配金取得計画について一定の軽微な変更をしたときは、遅滞なく、その旨を公告し、関係権利者に関係事項を書面で通知しなければならない（147条１項）。

❸ **正しい** 組合は、権利消滅期日後遅滞なく、売却マンションやその敷地に関する権利について必要な登記を申請しなければならない（150条１項）。そして、権利消滅期日以後においては、売却マンションやその敷地に関しては、この登記がされるまでの間は、他の登記ができない（同２項）。

❹ **誤り** 「権利消滅期日後」➡「権利消滅期日前」

組合は、①設立についての認可の取消し、②総会の議決、③事業の完了またはその完了の不能により解散する（137条１項）。そして、②総会の議決を行えるのは、権利消滅期日「前」に限られる（同２項）。

正解 ❹

敷地分割組合（この問いにおいて「組合」という。）が実施する敷地分割事業に関する次の記述のうち、マンションの建替え等の円滑化に関する法律の規定によれば、誤っているものはどれか。

❶ 特定要除却認定を受けた場合においては、団地内建物を構成する特定要除却認定を受けたマンションの敷地（当該特定要除却認定マンションの敷地利用権が借地権であるときは、その借地権）の共有者である当該団地内建物の団地建物所有者（この問いにおいて「特定団地建物所有者」という。）及び議決権の各$\frac{4}{5}$以上の多数で、敷地分割決議をすることができる。

❷ 敷地権利変換計画においては、除却マンション敷地となるべき土地に現に存する団地内建物の特定団地建物所有者に対しては、除却敷地持分が与えられるように定めなければならない。

❸ 敷地権利変換手続開始の登記があった後においては、組合員は、当該登記に係る団地内建物の所有権及び分割実施敷地持分を処分するときは、都道府県知事の承認を得なければならない。

❹ 総会の決議により組合を解散する場合は、組合員の議決権及び分割実施敷地持分の割合の各$\frac{3}{4}$以上で決する。

総会で組合解散の場合、議決権及び分割実施敷地持分割合の各$\frac{3}{4}$以上で決定。

❶ **正しい** **特定要除却認定を受けた場合、団地内建物を構成する特定要除却認定マンションの敷地**（当該特定要除却認定マンションの敷地利用権が借地権であるときは、その借地権）**の共有者である当該団地内建物の団地建物所有者**（以下「特定団地建物所有者」という）は、団地建物所有者集会において、**特定団地建物所有者及び議決権の各$\frac{4}{5}$以上の多数で**、当該特定団地建物所有者の共有に属する**団地内建物の敷地又はその借地権を分割する旨の決議**をすることができる（建替え等円滑化法115条の2、115条の4第1項）。

❷ **正しい** **敷地権利変換計画**においては、除却マンション敷地となるべき土地に現に存する団地内建物の**特定団地建物所有者**に対しては、**除却敷地持分が与えられる**ように定めなければならない（193条1項）。

❸ **誤り** **「知事の承認」➡「組合の承認」**

組合は、設立の認可の公告があったときは、遅滞なく、登記所に、分割実施敷地に現に存する団地内建物の所有権（専有部分のある建物にあっては、区分所有権）及び分割実施敷地持分（既登記のものに限る）について、敷地権利変換手続開始の登記を申請しなければならない（189条1項）。そして、この**登記があった後**においては、**組合員**は、当該登記に係る**団地内建物の所有権及び分割実施敷地持分**を**処分するときは、「組合の承認」**を得なければならない（同2項）。

❹ **正しい** 組合は、①設立についての認可の取消し、②総会の議決、③事業の完了又はその完了の不能により、解散するが（186条1項）、**総会の決議により解散**する場合、**組合員の議決権及び分割実施敷地持分**〔分割実施敷地に存する建物（専有部分のある建物にあっては、専有部分）を所有するための当該分割実施敷地の所有権又は借地権の共有持分をいう〕の割合の**各$\frac{3}{4}$以上**で決する（177条8号、179条）。

正解 ❸

第3編

管理委託契約書・標準管理規約・その他関連知識

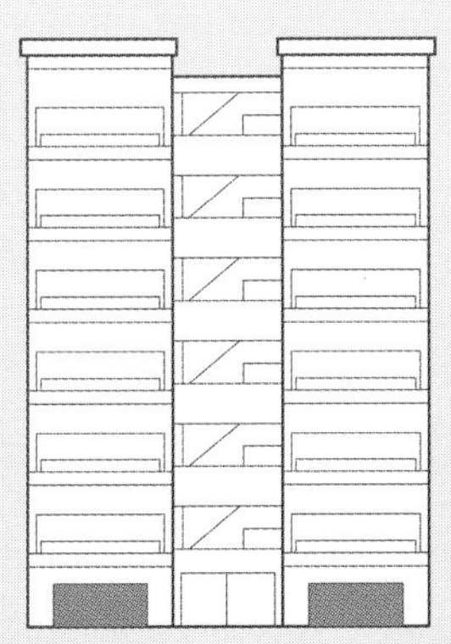

1 不動産登記法（区分所有建物①）

□□□ CHECK!　H30-問18　重要度 B

区分建物の登記の申請に関する次の記述のうち、不動産登記法（平成16年法律第123号）の規定によれば、正しいものはどれか。

❶ 区分建物の表題部所有者の持分についての変更は、表題部所有者が、当該区分建物について所有権の保存の登記をすることなく、その変更の登記を申請することができる。

❷ 区分建物の敷地権の更正の登記は、所有権の登記名義人について相続があったときは、相続人は、相続による所有権移転の登記をした後でなければ、その登記の申請をすることができない。

❸ 区分建物の所有者と当該区分建物の表題部所有者とが異なる場合に行う当該表題部所有者についての更正の登記は、当該表題部所有者以外の者は、申請することができない。

❹ 区分建物の表題部所有者の氏名又は住所の変更の登記は、表題部所有者について一般承継があったときは、その一般承継人は、その登記の申請をすることができる。

区分建物の敷地権更正・表題部所有者の住所等の変更登記➡相続人等からも申請可。

❶ ひっかけ
誤り「所有権の保存の登記をすることなく…できる」➡「できない」

区分建物の表題部所有者の**持分**についての**変更**は、①当該区分建物について「所有権**保存登記**」をした後に、②その「所有権移転登記」の手続をするのでなければ、**申請できない**（不動産登記法32条）。なぜなら、**表題部所有者の持分変更登記**は権利に**関する登記**にあたるからである。

❷
誤り「所有権移転の登記をした後でなければ…できない」➡「できる」

区分建物の敷地権の更正の登記は、**表題部所有者**または**所有権の登記名義人以外の者**は、申請できないのが原則である（53条1項、44条1項9号）。しかし、当該表題部所有者または登記名義人について**相続**その他の**一般承継**があったときは、それらの承継人は、**相続による所有権移転登記**を経ることなく、当該表示**に関する登記**を申請できる（30条）。

❸
誤り「当該表題部所有者以外の者」➡「当該不動産の所有者以外の者」

「**区分建物の所有者**」と当該「**区分建物の表題部所有者**」とが異なる場合における当該表題部所有者についての更正の登記は、当該区分建物の所**有者以外の者**は、**申請できない**（33条）。

❹ ハイレベル
正しい 区分建物の表題部所有者の**氏名・住所**についての変更の登記は、**表題部所有者以外の者**は、原則として、**申請できない**（31条）。しかし、当該表題部所有者について相続その他の**一般承継**があったときは、例外的に、それらの**承継人**は、当該**登記の申請ができる**（30条）。

区分建物の登記に関する次の記述のうち、不動産登記法の規定によれば、正しいものはどれか。

❶　所有権の登記がある区分建物が、これと接続する所有権の登記がある区分建物と合体して一個の建物となった場合には、当該各区分建物の所有権の登記名義人は、合体前の区分建物について表題部の変更の登記を申請しなければならない。

❷　表題登記がある区分建物の部分であって区分建物に該当する建物を、登記記録上別の区分建物とする建物の区分の登記は、当該建物部分の所有権を新たに取得した者が、申請することができる。

❸　抵当権の登記がある区分建物の附属建物を、当該区分建物から分割して登記記録上別の一個の建物とする建物の分割の登記は、当該区分建物の抵当権の登記名義人が、申請することができる。

❹　表題登記がある区分建物を、これと接続する表題登記がある他の区分建物に合併して登記記録上一個の建物とする区分建物の合併の登記は、各区分建物の表題部所有者が相互に異なるときは、することができない。

区分・分割や合体・合併の違いを確認しよう！

❶ ハイレベル 誤り 「合体前の建物の表題部の変更登記」
➡「合体後の建物の表題登記及び合体前の建物の表題部の抹消登記」

2以上の建物が合体して1個の建物となった場合において、合体前の2以上の建物がいずれも所有権の登記がある建物であるときは、当該建物の所有権の登記名義人は、当該合体の日から1ヵ月以内に、合体後の建物についての建物の表題登記及び合体前の建物についての建物の表題部の登記の「抹消」を申請しなければならない（不動産登記法49条1項5号）。

❷ ハイレベル 誤り 「新たに取得した者」➡「表題部所有者又は所有権の登記名義人」

建物の「区分」の登記は、表題部所有者又は所有権の登記名義人以外の者は、申請できない（54条1項2号）。

❸ ハイレベル 誤り 「抵当権の登記名義人」➡「表題部所有者又は所有権の登記名義人」

建物の「分割」の登記は、表題部所有者又は所有権の登記名義人以外の者は、申請できない（54条1項1号）。

❹ 正しい 表題部所有者又は所有権の登記名義人が相互に異なる建物の「合併」登記はできない（56条2号）。

正解 ❹

区分建物の登記に関する次の記述のうち、不動産登記法の規定によれば、正しいものはどれか。

❶　共用部分である旨の登記がある区分建物について、共用部分である旨を定めた規約を廃止した後に当該区分建物の所有権を取得した者は、当該区分建物の表題部所有者の変更の登記の申請をしなければならない。

❷　敷地権の登記のある区分建物について、敷地権の種類について変更があったときにする表題部の変更の登記の申請は、当該区分建物と同じ一棟の建物に属する他の区分建物についての表題部の変更の登記の申請と併せてしなければならない。

❸　区分建物が表題登記のある区分建物でない建物に接続して新築された場合には、当該区分建物の所有者がする表題登記の申請は、表題登記のある建物についての表題部の変更の登記の申請と併せてしなければならない。

❹　区分建物を新築して所有者となった法人が、建物の表題登記の申請をする前に合併により消滅したときは、当該法人の承継法人は、承継法人を表題部所有者とする当該建物についての表題登記の申請をしなければならない。

共用部分である旨の規約廃止 ➡ 1ヵ月以内に表題登記を申請。

❶ 誤り 「表題部所有者の変更登記の申請」➡「表題登記の申請」

共用部分である旨の登記がある区分建物について、**共用部分である旨**を定めた**規約を廃止**した場合には、当該建物の所有者は、当該規約の廃止の日から1ヵ月以内に、当該**区分建物の表題登記を申請**しなければならない(不動産登記法58条6項)。また、規約を廃止した後に当該区分建物の**所有権を取得した者**は、その所有権の取得の日から1ヵ月以内に、当該**区分建物の表題登記を申請**しなければならない(同7項)。「表題部所有者の変更の登記の申請」をするのではない。

❷ 誤り 「当該登記に係る区分建物と同じ一棟の建物に属する他の区分建物について併せてしなければならないわけではない」

敷地権の登記のある区分建物について、**敷地権の種類**について**変更**があったときは、表題部所有者又は所有権の登記名義人は、当該変更があった日から1ヵ月以内に、当該登記事項に関する**変更の登記**を申請しなければならない(51条1項、44条1項9号)。当該変更の登記は、当該登記に係る**区分建物と同じ一棟の建物に属する他の区分建物**についてされた**変更の登記**としての**効力を有する**(51条5項)。なお、変更の登記がされたときは、登記官が、職権で、当該一棟の建物に属する他の区分建物について、当該登記事項に関する変更の登記をしなければならない(同6項)。

❸ 正しい **区分建物が表題登記のある区分建物でない建物に接続して新築**された場合には、当該区分建物の所有者がする表題登記の申請は、**表題登記のある建物**についての**表題部の変更の登記の申請**と**併せてしなければならない**(48条3項)。

❹ 誤り 「承継法人を表題部所有者」➡「被承継法人を表題部所有者」

区分建物である建物を新築した場合に、その所有者について相続その他の一般承継(**合併**含む)があったときは、相続人その他の一般承継人も、「被」**承継人を表題部所有者**とする当該建物についての**表題登記を申請**できる(47条2項)。したがって、区分建物を新築して所有者となった法人が、建物の表題登記の申請をする前に**合併により消滅**したときは、当該一般承継法人も、「被」**承継法人を表題部所有者**とする当該建物についての**表題登記を申請**でき、承継法人を表題部所有者とする表題登記を申請するわけではない。

正解 ❸

区分建物の専有部分を規約による共用部分に変更した場合における、共用部分である旨の登記手続に関する次の記述のうち、不動産登記法の規定によれば、正しいものはどれか。

❶ 共用部分である旨の登記は、当該共用部分である旨の登記をする区分建物の、所有権の登記名義人以外の者は申請することができない。

❷ 共用部分である旨の登記は、当該共用部分である旨の登記をする区分建物に所有権の登記以外の権利に関する登記があるときでも、当該権利に関する登記に係る登記名義人の承諾を得ることなく申請することができる。

❸ 共用部分である旨の登記申請に際しては、当該区分建物について、表題部所有者の登記又は権利に関する登記の抹消についても申請しなければならない。

❹ 共用部分である旨を定めた規約を廃止した場合には、当該区分建物の所有者は、当該規約の廃止の日から１ヵ月以内に、当該区分建物の表題登記を申請しなければならない。

「共用部分」の登記は「表題部所有者・所有権登記名義人」以外は申請不可。

❶ **誤り** 「所有権の登記名義人以外の者は申請できない」➡「表題部所有者も申請できる」

「共用部分である旨の登記」または団地共用部分である旨の登記は、当該「共用部分である旨の登記」または団地共用部分である旨の登記をする区分建物の「表題部所有者または所有権の登記名義人」以外の者は、申請できない（不動産登記法58条2項）。

❷ **誤り** 「承諾を得ることなく申請できる」➡「承諾を得なければ申請できない」

「共用部分である旨の登記」または団地共用部分である旨の登記は、当該「共用部分」または団地共用部分である区分建物に所有権等の登記以外の権利に関する登記があるときは、当該権利に関する登記に係る登記名義人の承諾を得なければ、申請できない（58条3項）。

❸ **誤り** 「申請しなければならない」➡「登記官が職権で抹消しなければならない」

登記官は、「共用部分である旨の登記」または団地共用部分である旨の登記をするときは、職権で、当該区分建物について、「表題部所有者の登記または権利に関する登記」を抹消しなければならない（58条4項）。

❹ **正しい** 「共用部分である旨の登記」または団地共用部分である旨の登記がある区分建物について「共用部分である旨」または団地共用部分である旨を定めた規約を廃止した場合には、当該建物の所有者は、当該規約廃止日から1ヵ月以内に、当該区分建物の表題登記を申請しなければならない（58条6項）。

ハイレベル

正解 ❹

敷地権付き区分建物の登記等に関する次の記述のうち、不動産登記法、区分所有法及び民法の規定によれば、正しいものはどれか。

❶　敷地権付き区分建物の敷地権が地上権である場合に、敷地権である旨の登記をした土地には、当該土地の所有権を目的とする抵当権の設定の登記をすることができない。

❷　敷地権付き区分建物には、建物のみを目的とする不動産の先取特権に係る権利に関する登記をすることができない。

❸　敷地権付き区分建物の所有権の登記名義人の相続人は、区分建物と敷地権とをそれぞれ別の相続人とする相続を原因とする所有権の移転登記をすることができる。

❹　規約敷地を新たに追加し、敷地権である旨の登記がなされた場合には、当該規約敷地に、既に区分建物に登記されている抵当権と同一の債権を担保する敷地権のみを目的とする抵当権設定の登記をすることができる。

「敷地権が地上権」➡土地の所有権を目的とする抵当権設定登記はＯＫ。

❶ 誤り　「抵当権設定の登記ができない」➡「登記はできる」

敷地権である旨の登記をした土地には、原則として、敷地権の移転の登記、または敷地権を目的とする担保権（一般の先取特権・質権・抵当権）に係る権利に関する登記はできない（不動産登記法73条２項本文、１項柱書）。しかし、本肢の敷地権の目的は地上権であるので、当該土地の所有権を目的とする抵当権の設定の登記はできる。

❷ 誤り　「不動産の先取特権に係る権利に関する登記ができない」➡「できる」

敷地権付き区分建物には、当該建物のみの所有権の移転を登記原因とする所有権の登記、または当該建物のみを目的とする担保権（一般の先取特権・質権・抵当権）に係る権利に関する登記ができない（73条３項本文、１項柱書）。逆に言えば、建物のみを目的とする不動産の先取特権に係る権利に関する登記はできるということである。

一般の先取特権（民法306条～310条）と不動産の先取特権（325条～328条）とは扱いが異なるので注意しよう。

❸ 誤り　「別の相続人とする所有権移転登記ができる」➡「できない」

敷地権とは、登記された敷地利用権であって、専有部分と分離処分できないものをいう（不動産登記法44条１項９号、区分所有法22条１項）。敷地権付き区分建物については、区分建物と敷地権は一体として処分されるので、区分建物にされた登記は、敷地権にも当然に及ぶ（不動産登記法73条１項）。したがって、区分建物と敷地権とを、それぞれ別の相続人とする相続を原因とする所有権の移転登記はできない。

❹ 正しい　❶解説のとおり、敷地権である旨の登記をした土地には、敷地権を目的とする抵当権設定登記はできないのが原則である。しかし、本肢のように、規約敷地を新たに追加し、それについて敷地権である旨の登記がされた場合、当該規約敷地に、既に区分建物に登記されている抵当権と同一の債権を担保する敷地権のみを目的とする抵当権登記を追加設定することはできる。なぜかといえば、区分建物と敷地権が一体として抵当権の目的となることにより、区分建物と敷地権との分離処分を禁止した趣旨に沿うためである。

正解 ❹

区分建物の敷地権の登記に関する次の記述のうち、区分所有法及び不動産登記法の規定によれば、正しいものはどれか。

❶ 地上権の敷地権が登記された土地については、当該土地の所有権を対象とする抵当権を設定してその登記を申請することはできない。

❷ 敷地権の登記された土地の一部が分筆により区分建物が所在しない土地となった場合、当該土地については、敷地権の一部抹消のため区分建物の表題部の変更登記を申請しなければならない。

❸ 敷地権付き区分建物について相続を原因とする所有権の移転の登記をする場合、同時に、敷地権の移転の登記をしなければならない。

❹ 規約により建物の敷地とされた所有権の敷地権が登記された土地につき、当該規約が廃止されて、敷地権の一部抹消のため区分建物の表題部の変更登記が申請された場合、登記官は、当該土地の登記記録に敷地権であった権利、その権利の登記名義人の氏名又は名称及び住所並びに登記名義人が二人以上であるときは当該権利の登記名義人ごとの持分を記録しなければならない。

敷地権付き区分建物所有権移転登記の際、同時に敷地権移転登記は不要。

❶ 頻出 **誤り** 「抵当権を設定してその登記を申請できない」➡「申請できる」

敷地権である旨の登記をした土地には、原則として、**敷地権の移転の登記、又は敷地権を目的とする担保権**（一般の先取特権・質権・抵当権）に係る権利の登記はできない（不動産登記法73条２項本文、１項柱書）。しかし、敷地権が設定された土地であっても、敷地権の負担のついた土地の所有権を目的とする**抵当権の設定の**登記はできる。

❷ **誤り** 「敷地権の一部抹消のため表題部の変更登記を申請」

➡「敷地権の目的たる土地の表示の変更登記を申請」

敷地権の登記がされた土地の一部が分筆により区分建物が所在しない土地となった場合、その土地は**規約で建物の敷地と定められたものとみなされる**ので、分筆後も敷地権の対象となっている（区分所有法５条２項）。しかし、敷地権の目的たる土地について分筆の登記がされた場合、**土地登記簿上の土地の表示と建物登記簿上の敷地権の目的たる土地の表示に不一致**を生じることになるので、表題部所有者又は所有権の登記名義人（共用部分である旨の登記又は団地共用部分である旨の登記がある建物の場合は、所有者）は、当該変更があった日から１ヵ月以内に、当該**登記事項の変更の登記**を**申請しなければならない**（不動産登記法51条１項、44条１項１号）。

❸ **誤り** 「敷地権の移転の登記をしなければならない」

➡「敷地権の移転の登記は不要」

敷地権とは、**登記された敷地利用権**であって、**専有部分と分離して処分することができない**ものをいう（44条１項９号、区分所有法22条１項）。敷地権付き区分建物については、区分建物と敷地権は**一体として処分**されることから、**区分建物にされた登記**は、**敷地権についてされた登記としての効力を有する**ので（不動産登記法73条１項）、敷地権付き区分建物について所有権の移転登記をする場合、同時に、敷地権の移転の登記をする必要はない。

❹ **正しい** 登記官は、規約敷地についての規約が廃止され、敷地権であった権利が**敷地権でない権利となったことによる**建物の**表題部に関する変更の登記**をしたときは、土地の登記記録の権利部の相当区に、**敷地権であった権利、その権利の登記名義人の氏名又は名称**及び**住所並びに登記名義人が二人以上であるときは当該権利の登記名義人ごとの持分**を**記録**し、敷地権である旨の登記を抹消したことにより登記をする旨及び登記の年月日を記録しなければならない（不動産登記規則124条１項・２項）。

正解 ❹

7 不動産登記法（区分所有建物⑦）

CHECK!　R元-問18　重要度 B

敷地権付き区分建物に関する登記等に関する次の記述のうち、不動産登記法の規定によれば、正しいものはどれか。

❶ 敷地権付き区分建物について、敷地権の登記をする前に登記された抵当権設定の登記は、登記の目的等（登記の目的、申請の受付の年月日及び受付番号並びに登記原因及びその日付をいう。以下同じ。）が当該敷地権となった土地についてされた抵当権設定の登記の目的等と同一であっても、敷地権である旨の登記をした土地の敷地権についてされた登記としての効力を有しない。

❷ 敷地権付き区分建物について、敷地権の登記をした後に登記された所有権についての仮登記であって、その登記原因が当該建物の当該敷地権が生ずる前に生じたものは、敷地権である旨の登記をした土地の敷地権についてされた登記としての効力を有する。

❸ 敷地権付き区分建物について、当該建物の敷地権が生ずる前に登記原因が生じた質権又は抵当権に係る権利に関する登記は、当該建物のみを目的としてすることができる。

❹ 敷地権付き区分建物の敷地について、敷地権である旨の登記をした土地には、当該土地が敷地権の目的となった後に登記原因が生じた敷地権についての仮登記をすることができる。

建物のみの質権・抵当権登記➡敷地権発生前に原因あるなら登記ＯＫ。

❶ **誤り**　**「効力を有しない」➡「有する」**

ハイレベル

敷地権付き区分建物についての所有権や**担保権に係る権利**の登記は、敷地権である旨の登記をした土地の敷地権についてされた登記としての効力を有するのが原則である。しかし、敷地権付き区分建物についての所有権や担保権に係る権利の登記であって、区分建物に関する**敷地権の登記をする**「**前**」に登記されたものには**効力を有しない**（不動産登記法73条１項１号）。ただし、**担保権に係る権利**の登記では、当該登記の目的等（登記の目的、受付年月日および受付番号ならびに登記原因およびその日付）が当該敷地権となった土地の権利についてされた担保権に係る権利の登記の目的等と**同一であるものは除かれる**ので、**効力を有する**（同かっこ書き）。

❷ **誤り**　**「効力を有する」➡「有しない」**

❶解説参照。敷地権付き区分建物についての所有権に係る**仮登記**であって、区分建物に関する**敷地権の登記をした**「**後**」に登記されたものであり、かつ、その登記原因が当該建物の当該敷地権が生ずる**前に生じた**ものについても、例外として、敷地権である旨の登記をした土地の敷地権についてされた登記としての**効力を有しない**（73条１項２号）。

❸ **正しい**　敷地権付き区分建物には、当該**建物のみ**を目的とする担保権に係る権利の**登記ができない**。ただし、当該建物のみを目的とする質権若しくは抵当権に係る権利に関する登記であって、当該建物の**敷地権が生ずる**「**前**」にその登記原因が生じたものは、**登記ができる**（73条３項）。

ハイレベル

❹ **誤り**　**「仮登記できる」➡「仮登記できない」**

敷地権付き区分建物の敷地について、当該土地が敷地権の目的となった**後**に、敷地権についてする**仮登記**は、当該土地が敷地権の目的となる**前**にその登記原因が生じたものであれば、**することができる**（73条２項ただし書）。しかし、敷地権の目的となった**後**に登記原因が生じたものである場合には、**仮登記をすることはできない**。

正解 ❸

区分所有建物の敷地に関する次の記述のうち、区分所有法及び不動産登記法の規定によれば、正しいものはいくつあるか。

ア　借地上の区分所有建物における敷地利用権の場合には、専有部分と敷地利用権の分離処分禁止の原則は適用されない。

イ　敷地を専有部分の底地ごとに区画して別の筆とし、それぞれの区分所有者が当該区画について単独で所有権を有しているタウンハウス形式の区分所有建物の場合には、専有部分の登記簿の表題部に敷地権は表示されない。

ウ　土地の共有者全員で、その全員が区分所有する建物を建てた場合には、規約に別段の定めがない限り、敷地の共有持分は各区分所有者の専有面積の割合となる。

エ　区分所有法の敷地には、区分所有者が建物及び建物が所在する土地と一体として管理又は使用をする庭、通路その他の土地で規約に定めたものも含む。

❶　一つ

❷　二つ

❸　三つ

❹　四つ

敷地の共有持分 ➡ 区分所有建物を建てる前の土地の共有持分と同じ。

ア　**誤り**　**「分離処分禁止の原則は適用されない」➡「適用される」**

敷地利用権とは、区分所有者が専有部分を所有するための**建物の敷地に関する権利**をいう（区分所有法２条６項）。そして、区分所有者が敷地を共有又は準共有して、各区分所有者がその共有持分又は準共有持分を敷地利用権として有している場合、区分所有者は、**規約に別段の定めがない限り**、その有する**専有部分と専有部分に係る敷地利用権と**を**分離して処分できない**（22条１項）。**借地上の建物の敷地利用権**として、**賃借権・地上権・使用借権**が考えられるが、複数の者が**地上権・賃借権・使用借権**を敷地利用権として準共有している場合にも、専有部分と敷地利用権の**分離処分禁止の原則は「適用される」**。

イ　**正しい**

敷地権とは、**敷地利用権のうち登記された権利**で**専有部分と分離して処分することができないもの**をいう（不動産登記法44条１項９号）。本肢のように、敷地を専有部分の底地ごとに区画して別の筆とし、それぞれの区分所有者が**当該区画について単独で所有権を有している**場合（タウンハウス形式の区分所有建物等）、敷地利用権を「数人で有する」とはいえないので（区分所有法22条１項本文）、専有部分と敷地利用権である所有権との**分離処分は禁止されない**。したがって、不動産登記法における敷地権には該当しないので、その表示はなされない。

ウ　**誤り**　**「敷地の共有持分は各区分所有者の専有面積の割合」**
➡「敷地の共有持分は土地の共有持分」

土地の共有者全員で、その全員が区分所有する建物を建てた場合、各区分所有者が有する専有部分の**敷地利用権**は、各区分所有者が敷地となった**土地に対して有する共有持分**となる。したがって、敷地の共有持分は、区分所有建物を建てる前の土地に対する共有持分と同じであり、各区分所有者の専有面積の割合と必ずしも一致するわけではない。

エ　**正しい**

区分所有法の敷地には、**建物が所在する土地**である**法定敷地**（２条５項）と、規約によって敷地と定められた規約敷地とがある（５条１項）。本肢は、規約敷地についての記述である。

以上より、**正しいものはイ・エの二つ**であり、**正解は❷**となる。

正解 ❷

管理委託契約書・標準管理規約・その他関連知識

Ａが所有する甲マンションの201号室をＢに賃貸した場合に関する次の記述のうち、民法及び借地借家法（平成3年法律第90号）の規定によれば、正しいものはどれか。ただし、ＡＢ間の契約は定期建物賃貸借でないものとする。

❶ ＡＢ間の契約で賃貸期間を２年と定め、Ａ又はＢが、相手方に対し、期間満了の１年前から６ヵ月前までの間に更新拒絶の通知をしなかったときは、従前と同一の賃貸期間とする契約として更新される。

❷ ＡＢ間の契約で賃貸期間を10ヵ月と定めたときは、Ａに借地借家法の定める正当の事由があると認められる場合には、Ａは期間満了の前でもＢに解約の申入れをすることができる。

❸ ＡＢ間の契約で賃貸期間を60年と定めても、賃貸期間は50年とされる。

❹ ＡＢ間の契約で賃貸期間を定めなかったときは、Ａに借地借家法の定める正当の事由があると認められる場合には、Ａの解約の申入れにより、解約の申入れの日から３ヵ月を経過した日に、契約は終了する。

期間が１年未満の建物賃貸借 ➡ 「期間の定めがない」とみなされる。

❶ **誤り** **「従前と同一の賃貸期間」➡「期間の定めのないもの」**

ひっかけ

建物の賃貸借について**期間の定めがある場合**、当事者が期間満了の１年前から６ヵ月前までに、相手方に対して**更新しない旨の通知**または**条件を変更しないと更新しない旨の通知をしなかった**ときは、**従前の契約と同一の条件**で契約を更新したものとみなされる（借地借家法26条１項）。ただし、**更新後の「期間」**は、**定めのないもの**となる（同１項ただし書）。

❷ **正しい**　期間を１年未満とする建物の賃貸借は、**期間の定めがないもの**とみなされる（29条１項）。その場合、建物の賃貸人が賃貸借の**解約の申入れ**をしたときで、正当の事由があると認められれば、当該賃貸借は、解約の申入日から６ヵ月を経過すれば終了する（27条１項）。

❸ **誤り** **「50年」➡「60年」**

民法では、賃貸借契約の存続期間の上限は50年だが、借地借家法では、**50年よりも長い存続期間を当事者間で定めること**も**可能**である（29条２項、民法604条）。

❹ **誤り** **「３ヵ月」➡「６ヵ月」**

ひっかけ

❷解説参照。**期間の定めがない**建物の賃貸借は、賃貸人が解約の申入れをしたときに正当の事由があると認められれば、**解約の申入日から「６ヵ月」**の経過で終了する（借地借家法27条１項）。

正解 ❷

10 借地借家法（借家権②）・民法

□□□ CHECK!　R4-問16　重要度 B

Ａが所有する甲マンションの102号室を賃貸期間２年と定めて居住用としてＢに賃貸した場合に関する次の記述のうち、民法及び借地借家法の規定によれば、誤っているものはどれか。

❶ ＡＢ間の契約が、定期建物賃貸借でない場合、Ａが、Ｂに対し、期間満了の１年前から６ヵ月前までの間に更新をしない旨の通知又は条件を変更しなければ更新をしない旨の通知をしなかったときは、期間の定めのない賃貸借契約として更新される。

❷ ＡＢ間の契約が、定期建物賃貸借である場合、Ａが、Ｂに対し、期間満了の１年前から６ヵ月前までの間に期間満了により契約が終了する旨の通知をしなかったときでも、Ｂは期間満了による契約の終了をＡに主張できる。

❸ ＡＢ間の契約が、定期建物賃貸借でない場合、特約がない限り、Ｂは、Ａに対し、契約期間内に解約の申入れをすることはできない。

❹ ＡＢ間の契約が、定期建物賃貸借である場合、特約がなくとも、Ａがその親族の介護をするため甲マンションの102号室を使用する必要が生じて、Ｂに対し、解約の申入れをしたときは、当該定期賃貸借契約は、解約の申入れの日から１ヵ月を経過することによって終了する。

定期建物賃貸借において、解約の申入れができるのは、賃借人に限られる。

❶ 頻出

正しい　建物の賃貸借について**期間の定めがある**場合、当事者が期間の満了の１年前から６ヵ月前までの間に、相手方に対して**更新をしない旨の通知**又は**条件を変更しなければ更新をしない旨の通知をしなかった**ときは、**従前の契約と同一の条件**で契約を更新したものとみなされる（借地借家法26条１項）。ただし、**更新後の期間**は、**定めのないもの**となる。したがって、ＡＢ間の賃貸借契約は、期間の定めのない賃貸借契約として更新される。

❷

正しい　定期建物賃貸借において、期間が１年以上である場合には、建物の賃貸人は、期間の満了の１年前から６ヵ月前までの間に建物の賃借人に対し期間の満了により建物の賃貸借が終了する旨の通知をしなければ、その終了を建物の賃借人に対抗できない（38条６項本文）。しかし、**賃借人**は通知がなくても、**期間満了によって契約は終了したと賃貸人に主張できる**。したがって、ＡがＢに契約が終了する旨の通知をしなくても、Ｂは期間満了による契約の終了をＡに主張できる。

❸

正しい　**期間の定めのある賃貸借**では、**中途解約できる旨の留保がない限り**、当事者は、**契約期間中**に賃貸借契約を**一方的に解約できない**（民法618条参照）。したがって、特約がない限り、Ｂは、契約期間内に解約の申入れはできない。

❹ 

誤り　**「Ａが…解約申入れの日から１ヵ月を経過することによって終了」**

➡「Ａから解約申入れはできない」

定期建物賃貸借において、居住の用に供する建物の賃貸借（床面積が200㎡未満の建物に係るものに限る）において、転勤、療養、親族の介護その他のやむを得ない事情により、建物の賃借人が建物を自己の生活の本拠として使用することが困難となったときは、建物の**賃借人**は、**建物の賃貸借の解約の申入れができる**。この場合、建物の賃貸借は、解約の申入れの日から１ヵ月を経過することによって終了する（借地借家法38条７項）。**この規定による**解約申入れ**ができる**のは、賃借人に**限られる**。賃貸人から解約申入れはできない。したがって、Ａから解約の申入れはできない。

正解 ❹

甲マンションにおいて、区分所有者Aが所有する101号室をBに賃貸している場合に関する次の記述のうち、民法、区分所有法及び借地借家法の規定によれば、誤っているものはいくつあるか。ただし、甲マンションの規約においては、専有部分を専ら住宅として使用するものとし、他の用途に供してはならないとされている他には、別段の定めはないものとする。

ア　Aは賃貸業を営む事業者で、101号室には居住せずに、Bに同室を居住用として賃貸して賃料収入を得る営業行為を行っていたとしても、Aの行為は、甲マンションの用途違反には該当しない。

イ　甲マンションの管理組合で建替え決議がなされたため、AB間の賃貸借契約が期間満了するに際して、AがBに対して更新を拒絶した場合、Bは建替え決議遵守義務があるので、借地借家法による正当事由の有無を判断することなくAB間の賃貸借は終了する。

ウ　AB間の賃貸借契約に基づいて管理費等の支払義務はBにある旨を、あらかじめAから甲マンションの管理組合に届け出てBの銀行口座から自動的に引き落とされていた場合であっても、甲マンションの管理組合は、Aに対して滞納されている管理費等の請求をすることができる。

エ　甲マンション管理組合の集会を開催する場合、会議の目的たる事項についてBが利害関係を有しない場合であっても、Bのために、甲マンションの管理組合は、甲マンションの見やすい場所に、その集会の招集通知を掲示しなければならない。

❶　一つ

❷　二つ

❸　三つ

❹　四つ

利害関係を有しない賃借人には、掲示義務なし！

ア　**正しい**　Aは、甲マンション101号室の**所有者**であるから、101号室を**自由に使用・収益・処分できる**（民法206条）。したがって、Aは、101号室をBに賃貸して賃料収入を得ることができる。また、Aは賃貸業の営業行為として賃貸借契約を締結しているが、101号室は**居住用として賃貸され**、Bは**住宅として使用しているの**であるから、**甲マンションの規約に違反する点はない**。したがって、Aの行為は、甲マンションの用途違反には該当しない。

イ　**誤り**　**「Bに建替え決議遵守義務はなく、更新拒絶には正当事由が必要となる」**

甲マンションの建替え決議（区分所有法62条1項）の効力はBには及ばないので、Aが**賃貸借契約の更新を拒絶**するには、**正当事由の有無の判断が必要**となる（借地借家法28条）。**建替え決議があったことは、正当事由を構成する一要素として考慮できる**。しかし、建替え決議によりBの側に「建替え決議遵守義務」が生じることはないので、この義務を理由として、正当事由の有無の判断をすることなく、AB間の賃貸借契約が終了することはない。

ウ　**正しい**　甲マンションの管理組合に対し**管理費等の支払義務を負うのは**、101号室の所有者**であるA**である（区分所有法19条）。AB間の賃貸借契約に基づいてBが管理費等の支払いをしていたとしても、それはA側の事情であり、そのことをもってAの管理組合に対する管理費等の支払義務がなくなるわけではない。

エ　**誤り**　**「Bが利害関係を有しない場合には、集会の日時等の掲示義務はない」**

区分所有者の承諾を得て**専有部分を占有する者が、会議の目的たる事項について利害関係を有する場合には、集会に出席して意見を述べることができる**（44条1項）。そしてこの場合、集会を招集する者は、招集の通知を発した後遅滞なく、**集会の日時、場所及び会議の目的たる事項を建物内の見やすい場所に掲示**しなければならない（同2項）。しかし、賃借人であるBが**この利害関係を有しない場合**には、これらを**掲示する義務はない**。

以上より、**誤っているものはイ・エの二つ**であり、**正解は❷**となる。

正解 ❷

Aがその所有する甲マンションの101号室をBに賃貸した場合に関する次の記述のうち、民法及び借地借家法の規定並びに判例によれば、誤っているものはどれか。

❶　AとBとの間で、期間を３年として賃貸借契約を締結する場合に、契約の更新がないこととする旨を定めようとするときには、公正証書によって契約をしなければ、その旨の定めは無効となる。

❷　Aが、Cに対し、101号室を書面によらずに贈与することとして、その所有権をCに移転し、登記したときは、AはCに対する贈与を解除できない。

❸　Bは、Aの書面による承諾を得ていなくても、口頭による承諾を得ている場合は、Dに対し、101号室を転貸することができる。

❹　Eが、Aに対し、Bの賃料債務を保証する場合には、書面又はその内容を記録した電磁的記録によってしなければ保証契約は効力を生じない。

書面によらない贈与は、履行の終わった部分を除き、各当事者が解除できる。

❶ **誤り** **「公正証書によって」➡「公正証書による等書面によって」**

定期建物賃貸借契約を締結する場合は、**公正証書による等書面**によって契約をするときに限り、**契約の更新がない**こととする旨を定めることができる（借地借家法38条1項）。当該契約の締結は、**書面であればよく**、必ずしも公正証書でしなければならないわけではない。

❷ **正しい** **書面によらない贈与**は、各当事者が解除できる。ただし、**履行の終わった部分**については、**この限りでない**（民法550条）。したがって、贈与契約が書面によってなされていない場合でも、贈与契約に基づいて所有権移転**登記**がなされている以上、**履行が終わっている**といえ、AはCに対する贈与契約を**解除できない**。

❸ **正しい** 賃借人は、賃貸人の**承諾**を得なければ、その賃借権を譲り渡し、または賃借物を**転貸**できない（612条1項）。賃貸人の承諾は、必ずしも書面である必要はなく、口頭でもよい。

❹ **正しい** **保証契約**は、**書面または電磁的記録**でしなければ、その**効力を生じない**（446条2項・3項）。

正解 ❶

甲マンション302号室を所有しているAが各種の契約をする場合に関する次の記述のうち、民法及び借地借家法の規定によれば、誤っているものはどれか。

❶ Aが、Bとの間で、302号室をBに贈与する旨の贈与契約を成立させるためには、書面によって契約をする必要がある。

❷ Aが、Cとの間で、302号室を無償でCに貸す旨の使用貸借契約を成立させるためには、302号室の引渡しをする必要はない。

❸ Aが、Dとの間で、302号室を賃料月額10万円でDに賃貸する旨の賃貸借契約を成立させるためには、302号室の引渡しをする必要はない。

❹ Aが、Eとの間で、302号室を賃料月額10万円でEに賃貸する旨の定期建物賃貸借の契約を成立させるためには、書面によって契約をする必要がある。

使用貸借は当事者の合意で成立するので、目的物の交付（引渡し）は不要。

❶ 誤り 「書面によって契約をする」
➡「書面によらなくても贈与契約は有効に成立」

ひっかけ

贈与は、当事者の一方がある**財産を無償で相手方に与える意思**を表示し、**相手方が受諾**することによって、その効力を生ずる**諾成契約**である（民法549条）。したがって、書面によって契約をする必要はない。

❷ 正しい **使用貸借**は、当事者の一方が**ある物を引き渡すことを約し**、相手方がその受け取った物について**無償で使用及び収益**をして**契約が終了したときに返還をすることを約する**ことによって、その効力を生ずる**諾成契約**である（593条）。**使用貸借**は、**当事者の合意**があれば、目的物の交付（引渡し）がなくても成立する。

❸ 正しい 賃貸借は、当事者の一方が相手方に対し、ある物の**使用及び収益をさせることを約し**、相手方がこれに対してその**賃料を支払うこと**及び**引渡しを受けた物**を**契約の終了時**に**返還することを約する**ことによって、その効力を生ずる**諾成契約**である（601条）。したがって、契約の成立に引渡しは不要である。

❹ 正しい **定期建物賃貸借契約**は、公正証書による等**書面**に**よってしなければならない**（借地借家法38条1項）。なお、定期建物賃貸借契約がその内容を記録した電磁的記録によってされたときは、書面によってされたものとみなされる。

正解 ❶

甲管理組合と乙マンション管理業者との間の管理委託契約に関する次の記述のうち、標準管理委託契約書によれば、適切なものはどれか。

❶ 甲は、乙に管理事務を行わせるために不可欠な管理事務室等を無償で使用させるものとし、乙は、乙が管理事務を実施するのに伴い必要となる水道光熱費、通信費、消耗品費等の諸費用を負担するものとする。

❷ 乙は、管理事務を行うため必要なときは、甲の組合員及びその所有する専有部分の占有者に対し、甲に代わって、所轄官庁の指示事項等に違反する行為又は所轄官庁の改善命令を受けるとみられる違法若しくは著しく不当な行為の中止を求めることができる。

❸ 乙は、甲の会計に係る帳簿等を整備、保管し、当該帳簿等を、甲の事業年度終了後、遅滞なく、甲に引き渡さなければならない。

❹ 甲の組合員Aから当該Aが所有する専有部分の売却の依頼を受けた宅地建物取引業者Bが、その媒介業務のために、管理規約等の提供を求めてきた。この場合、当該管理規約等が電磁的記録により作成されているときは、乙は、甲に代わって、電磁的方法により、Bに提供しなければならない。

管理業者が管理組合に会計帳簿等を引き渡すのは、定期総会終了後。

❶ **不適切** 「管理業者は、……水道光熱費等の諸費用を負担」➡「管理組合が負担」

管理組合（甲）は、管理事務を行わせるために不可欠な**管理事務室・管理用倉庫・清掃員控室・器具・備品等**を、管理業者（乙）に**無償で使用させる**（標準管理委託契約書７条１項）。また、管理組合は、管理業者が管理事務を実施するのに伴い必要となる**水道光熱費、通信費、消耗品費等**の諸費用を**負担する**（６条４項）。

❷ **適　切**

管理業者は、管理事務を行うため必要なときは、管理組合の組合員およびその所有する専有部分の**占有者**に対し、管理組合に代わって、所轄官庁の**指示事項等に違反する行為**または所轄官庁の**改善命令を受けるとみられる違法**もしくは**著しく不当な行為の中止**を求めることができる（12条１項３号）。

❸ **不適切** 「事業年度終了後」➡「通常総会終了後」

管理業者は、管理組合の会計に係る**帳簿等を整備・保管**し、当該帳簿等を、管理組合の通常総会終了後、遅滞なく、**管理組合に引き渡す**（別表１の１(2)⑤一・二）。

❹ **不適切** 「電磁的方法により提供」➡「電磁的方法又は書面により提供」

管理業者は、管理組合の組合員から当該組合員が所有する専有部分の売却等の依頼を受けた宅建業者が、その媒介等の業務のために、理由を付した**書面**の提出又は**電磁的方法**により提出することにより、管理組合の**管理規約等の提供**又は別表第５の事項の**開示を求めてきた**ときは、甲に代わって、当該宅建業者に対し、**管理規約等の写しを提供**し、別表第５の事項について**書面**をもって、又は**電磁的方法により開示する**（15条１項前段）。

正解 ❷

甲管理組合と乙マンション管理業者との間の管理委託契約に関する次の記述のうち、「標準管理委託契約書及び標準管理委託契約書コメント」によれば、適切でないものはどれか。

❶ 乙は、管理事務のうち建物・設備等管理業務の全部を、別紙1に従って第三者に再委託（再委託された者が更に委託を行う場合以降も含む。）した場合においては、再委託した管理事務の適正な処理について、甲に対して、責任を負う。

❷ 甲は、甲の組合員がその専有部分を第三者に貸与したときは、その月の月末までに、乙に通知しなければならない。

❸ 乙が実施する理事会支援業務については、基幹事務以外の事務管理業務に含まれている。

❹ 管理委託契約の更新について甲又は乙から申出があった場合において、その有効期間が満了する日までに更新に関する協議が調う見込みがないときは、甲及び乙は、従前の契約と同一の条件で、期間を定めて暫定契約を締結することができる。

基幹事務以外の事務管理業務に、「理事会支援業務」は含まれる。

❶ **適　切**

管理業者は、管理事務のうち建物・設備等管理業務の全部もしくは一部を、別紙１に従って**第三者に再委託**（再委託された者が更に委託を行う場合以降も含む）でき、再委託した管理事務の適正な処理について、**管理組合に対して責任を負う**（標準管理委託契約書４条１項・２項、３条４号）。

❷ **不適切**　**「その月の月末までに」➡「速やかに」**

管理組合は、組合員がその**専有部分**を**第三者に貸与**したときは、速やかに、書面をもって、管理業者に**通知**しなければならない（13条２項２号）。

❸ **適　切**

「**基幹事務以外の事務管理業務**」には、管理業者が実施する**理事会支援業務が含まれる**（３条１号、別表１の２(1)）。

❹ **適　切**

管理委託契約の**更新**について、管理組合または管理業者から申し出があった場合、その有効期間の満了日までに更新に関する**協議が調う見込みがないとき**は、管理組合および管理業者は、**従前の契約と同一の条件**で、**期間を定めて暫定契約**を締結できる（23条２項）。

正解 ❷

16 標準管理委託契約書③

R元-問33改

甲管理組合と乙マンション管理業者との間の管理委託契約に関する次の記述のうち、「標準管理委託契約書及び標準管理委託契約書コメント」によれば、適切でないものはいくつあるか。

ア　甲又は乙は、それぞれ相手方に対し、少なくとも３月前に書面で解約の申入れを行うことにより、管理委託契約を終了させることができる。

イ　乙が反社会的勢力に自己の名義を利用させ管理委託契約を締結するものではないことを確約し、乙がその確約に反し契約をしたことが判明したときは、甲は何らの催告を要せずして、当該契約を解除することができる。

ウ　乙は、管理事務を行うため必要なときは、甲の組合員及びその所有する専有部分の占有者に対し、甲に代わって、組合員の共同の利益に反する行為の中止を求めることができる。

エ　乙が行う管理事務の内容は、事務管理業務、管理員業務、清掃業務及び建物・設備等管理業務となっているが、それぞれの業務について、管理事務の全部又は一部を、別紙１に従って第三者に再委託（再委託された者が更に委託を行う場合以降も含む。）することができる。

❶　一つ

❷　二つ

❸　三つ

❹　四つ

一部のみ第三者に再委託できるのは、事務管理業務である。

ア　適　切

管理組合又は管理業者は、その相手方に対し、少なくとも３ヵ月前に書面で**解約の申入れ**を行うことにより、管理委託契約を**終了**させることができる（標準管理委託契約書21条）。

イ　適　切

甲及び乙は、それぞれ相手方に対し、**反社会的勢力**に自己の名義を利用させ管理委託契約を**締結するものではない**ことを**確約**し、管理委託契約の有効期間内に、当該**確約に反し契約**をしたことが**判明**したときには、管理組合は、何らの**催告を要せずして**、管理委託契約を**解除**できる（27条１項３号、27条関係コメント、20条２項５号）。

ウ　適　切

管理業者は、管理事務を行うため必要があるときは、管理組合の組合員およびその所有する専有部分の占有者に対し、**管理組合に代わって**、次の**行為の中止を求める**ことができる（11条１項１～６号）。

①　法令、管理規約、使用細則又は総会決議等に違反する行為
②　建物の保存に有害な行為
③　所轄官庁の指示事項等に違反する行為又は所轄官庁の改善命令を受けるとみられる違法若しくは著しく不当な行為
④　管理事務の適正な遂行に著しく有害な行為（カスタマーハラスメントに該当する行為を含む）
⑤　**組合員の共同の利益に反する行為**
⑥　①～⑤のほか、共同生活の秩序を乱す行為

エ　不適切　**「事務管理業務は一部のみ第三者に再委託できる」**

管理業者は、「事務管理業務の管理事務」の**一部**又は「管理員業務、清掃業務、建物・設備等管理業務の管理事務」の全部若しくは一部を、別紙１に従って第三者に**再委託**（再委託された者が更に委託を行う場合以降も含む）できる（４条１項）。

したがって、**適切でないものはエの一つ**であり、正解は❶となる。

正解 ❶

区分所有者が専有部分の修繕等を行おうとする場合における次の記述のうち、標準管理規約によれば、適切でないものはどれか。ただし、電磁的方法が利用可能ではない場合とする。

❶ 共用部分又は他の専有部分に影響を与えるおそれがない専有部分の修繕等を行おうとする場合には、理事長の承認を受けなくても実施することができる。

❷ 専有部分の間取りを変更しようとする場合には、理事長への承認の申請書に、設計図、仕様書及び工程表を添付する必要がある。

❸ 主要構造部にエアコンを直接取り付けようとする場合には、あらかじめ、理事長にその旨を届け出ることにより、実施することができる。

❹ 専有部分の床をフローリング仕様に変更しようとして理事長への承認の申請をする場合、承認の判断に際して調査等により特別な費用がかかるときは、申請者に負担させることが適当である。

共用部分や他の専有部分に影響のおそれがない修繕等は、理事長の承認不要。

❶ 頻出 **適　切**

区分所有者は、その専有部分について、修繕、模様替えまたは建物に定着する物件の取付け若しくは取替え（以下「修繕等」という）であって共用部分または他の専有部分に**影響を与えるおそれのあるもの**を行おうとするときは、あらかじめ、**理事長**にその旨を**申請**し、**書面による承認**を受けなければならない（標準管理規約17条１項）。**影響を与えるおそれがなければ、当該承認は不要**である。

なお、区分所有者は、当該承認を要しない修繕等のうち、工事業者の立入り、工事の資機材の搬入、工事の騒音、振動、臭気等工事の実施中における共用部分または他の専有部分への影響について**管理組合が事前に把握する必要があるもの**を行おうとするときは、あらかじめ、**理事長**にその旨を**届け出**なければならない（同７項）。

❷ **適　切**

❶解説参照。本肢の**間取りの変更**は、「**共用部分または他の専有部分に影響を与えるおそれのある**」ものにあたる（17条関係コメント②）。また、区分所有者は、届出の際に、**設計図**、**仕様書**および**工程表**を添付した**申請書**を理事長に提出しなければならない（同２項）。

❸ ひっかけ **不適切**　**「理事長に…届け出る」**

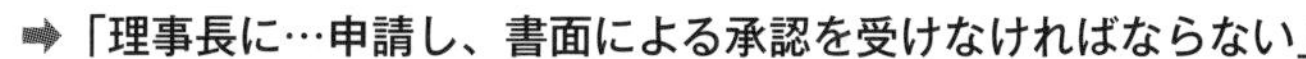
➡「理事長に…申請し、書面による承認を受けなければならない」

❶解説参照。**主要構造部にエアコンを取り付けること**は、「**共用部分または他の専有部分に影響を与えるおそれのある**」ものにあたるので、あらかじめ、**理事長**にその旨を**申請**し、**書面による承認**を受けなければならない（17条関係コメント②）。したがって、単なる理事長への届出では足りない。

❹ **適　切**

❶解説参照。**専有部分の床をフローリング仕様に変更**しようとすることは、「**共用部分または他の専有部分に影響を与えるおそれのある**」ものにあたるので、あらかじめ、**理事長**にその旨を**申請**し、**書面による承認**を受けなければならない（17条関係コメント②）。また、承認の判断に際して、調査等により**特別な費用**がかかる場合には、**申請者に負担**させることが適当である（同関係コメント⑥）。

正解 ❸

18 標準管理規約②（専有部分・附属部分の修繕等）

□□□ CHECK!　R 3-問25

区分所有者の一人が、その専有部分及びこれに附属する部分につき修繕等をする場合の手続きに関する次の記述のうち、標準管理規約によれば、適切でないものはどれか。

❶　専有部分の床のフローリング工事の申請があった場合、理事長が承認又は不承認の決定を行うに当たっては、構造、工事の仕様、材料等により共用部分や他の専有部分への影響が異なるので、専門的知識を有する者への確認が必要である。

❷　理事長の承認を受けた修繕等の工事後に、当該工事により共用部分や他の専有部分に影響を生じたときには、管理組合の責任と負担により必要な措置を講じなければならない。

❸　理事長の承認を要しない修繕等であっても、工事業者の立入りや工事の騒音等工事の実施中における共用部分又は他の専有部分への影響について管理組合が事前に把握する必要があるものを行おうとするときは、あらかじめ理事長にその旨を届け出なければならない。

❹　専有部分の内装工事とあわせて防犯上の観点から玄関扉を交換する工事の申請があった場合において、管理組合が計画修繕として同等の工事を速やかに実施できないときには、申請者はあらかじめ理事長の書面による承認を受けることにより、当該工事を自己の責任と負担において実施することができる。

理事長が専有部分の修繕の承認をする場合、専門家への確認が必要。

❶ 頻出 **正しい** 理事長が専有部分の修繕の承認を行うに当たっては、専門的な判断が必要となる場合も考えられることから、専門的知識を有する者（建築士・建築設備の専門家等）の意見を聴く等により専門家の協力を得ることを考慮する。特に、フローリング工事の場合には、構造・工事の仕様・材料等により影響が異なるので、専門家への確認が必要である（標準管理規約17条関係コメント⑤）。

❷ ひっかけ **誤り** 「管理組合の責任と負担」➡「工事を発注した区分所有者の責任と負担」

理事長の承認を受けた修繕等の工事後に、当該工事により共用部分又は他の専有部分に影響が生じた場合は、当該「工事を発注した区分所有者の責任と負担」により必要な措置をとらなければならない（17条6項）。

❸ **正しい** 区分所有者は、理事長の承認を要しない修繕等のうち、工事業者の立入り、工事の資機材の搬入、工事の騒音、振動、臭気等工事の実施中における共用部分又は他の専有部分への影響について管理組合が事前に把握する必要があるものを行おうとするときは、あらかじめ、理事長にその旨を届け出なければならない（17条7項）。

❹ **正しい** 区分所有者は、管理組合が共用部分のうち各住戸に附属する窓枠、窓ガラス、玄関扉その他の開口部に係る改良工事であって、防犯、防音又は断熱等の住宅の性能の向上等に資するものについて速やかに実施できない場合には、あらかじめ理事長に申請して書面による承認を受けることにより、当該工事を当該区分所有者の責任と負担において実施できる（22条2項）。

正解 ❷

マンションの修繕や改良工事に関する次の記述のうち、標準管理規約によれば、適切なものはどれか。

❶ 区分所有者は、専有部分の排水管（枝管）の取替え工事を行おうとするときに、設計図、仕様書及び工程表を添付した申請書を理事長に提出して書面による承認を得た場合には、承認の範囲内で、専有部分の修繕等に係る共用部分の工事を行うことができる。

❷ 台風により窓ガラスが割れたため専有部分に雨が吹き込んでいる場合であっても、当該専用部分の区分所有者は、事前に理事長に申請して書面による承認を受けたうえで、窓ガラスの張替え工事を実施する必要がある。

❸ 専有部分に設置されている窓ガラスは、当該専有部分の区分所有者が専用使用権を有しているため、経年劣化した窓ガラスの交換工事は、当該区分所有者の負担において行うことになり、管理組合の負担において行うことはない。

❹ 区分所有者が、断熱性向上のために窓枠と窓ガラスの交換工事を行う場合、あらかじめ理事長に申請して書面による承認を受ければ、工事を実施することができ、その費用については、管理組合に対して請求することができる。

区分所有者は、理事長に申請＋書面承認で一定工事を実施できる。

❶ 頻出 **適　切**

区分所有者は、その専有部分について、修繕、模様替え又は建物に定着する物件の取付け若しくは取替え（以下「修繕等」という）であって共用部分又は他の専有部分に影響を与えるおそれのあるものを行おうとするときは、あらかじめ、理事長にその旨を申請し、書面による承認を受けなければならない（標準管理規約17条１項）。本肢の専有部分の排水管（枝管）の取替え工事は、「共用部分又は他の専有部分に影響を与えるおそれのある」ものにあたる（同関係コメント②）。この場合において、区分所有者は、設計図、仕様書及び工程表を添付した申請書を理事長に提出しなければならない（同２項）。そして、書面による承認を得た場合には、区分所有者は、承認の範囲内において、専有部分の修繕等に係る共用部分の工事を行うことができる（同４項）。

❷ **不適切**　「事前に理事長に申請して書面による承認を受けたうえで…実施」
➡「理事長の承認を受けることなく行うことができる」

区分所有者は、バルコニー等の保存行為のうち、通常の使用に伴うものの場合又はあらかじめ理事長に申請して書面による承認を受けた場合を除き、敷地及び共用部分等の保存行為を行うことができない。ただし、専有部分の使用に支障が生じている場合に、当該専有部分を所有する区分所有者が行う保存行為の実施が、緊急を要するものであるときは、当該区分所有者は、保存行為を行うことができる（21条３項）。すなわち、台風等で住戸の窓ガラスが割れた場合に、専有部分への雨の吹き込みを防ぐため、割れたものと同様の仕様の窓ガラスに張り替えるには、当該窓ガラスの専用使用権者は、理事長の承認を受けることなく行うことができる（同関係コメント⑧）。

❸ **不適切**　「管理組合の負担において行うことはない」➡「行うことはある」

バルコニー等の経年劣化への対応については、管理組合がその責任と負担において、計画修繕として行う。ただし、バルコニー等の劣化であっても、長期修繕計画作成ガイドラインにおいて管理組合が行うものとされている修繕等の周期と比べ短い期間で発生したものであり、かつ、他のバルコニー等と比較して劣化の程度が顕著である場合には、特段の事情がない限りは、当該バルコニー等の専用使用権を有する者の「通常の使用に伴う」ものとして、その責任と負担において保存行為を行う。なお、この場合であっても、結果として管理組合による計画修繕の中で劣化が解消されるのであれば、管理組合の負担で行われる（21条関係コメント⑤）。したがって、経年劣化した窓ガラスの交換工事について、管理組合の負担において行うことはないとは言い切れない。

❹ **不適切**　「管理組合に対して請求できる」➡「請求できない」

共用部分のうち各住戸に附属する窓枠、窓ガラス、玄関扉その他の開口部に係る改良工事であって、防犯、防音又は断熱等の住宅の性能の向上等に資するものについて速やかに実施できない場合には、あらかじめ理事長に申請して書面による承認を受けることにより、当該工事を当該区分所有者の責任と負担において実施できる（22条２項）。したがって、この場合、その費用を管理組合に請求できない。

正解 ❶

20 標準管理規約④（管理）

H29-問25改

甲マンションの302号室の区分所有者Ａが、断熱性の向上のために窓ガラスの改良を行いたい旨の工事申請書を管理組合の理事長に提出した。この場合の理事長の各々の対応に関する次の記述のうち、標準管理規約によれば、適切なものはどれか。ただし、電磁的方法が利用可能ではない場合とする。

❶ 理事長は、２ヵ月後に管理組合で実施することが決定している計画修繕工事に申請内容の工事が含まれているので、申請を不承認とする旨を、理事会決議を経て、Ａに回答した。

❷ 理事長は、当分の間、管理組合で計画修繕工事の予定がないため申請を受け付けるとともに、申請書の添付書類として施工予定業者からの仕様書及び見積書を提出するようＡに回答した。

❸ 理事長は、当分の間、管理組合で計画修繕工事の予定がなく、かつ、当該工事の実施に当たっては、Ａの責任と負担において実施することが条件であることから、理事長の判断により申請を承認する旨Ａに回答し、次回の理事会でその承認の報告をすることとした。

❹ 理事長は、当分の間、管理組合で計画修繕工事の予定はないが、申請内容が既設のサッシへの内窓の増設であり、専有部分内の工事であって共用部分や他の専有部分に影響を与えるおそれはないことから、申請の必要がない旨Ａに回答した。

窓ガラス等の改良の実施が既に決定➡理事会の決議で申請を不承認とできる。

❶ 頻出 **適　切**

区分所有者は、管理組合が窓ガラス等の改良を**速やかに実施できない**場合には、あらかじめ**理事長に申請**して書面による承認を受けることにより、当該工事を当該区分所有者の責任と負担において実施できる（標準管理規約22条２項）。しかし、本肢では２ヵ月後に管理組合で**実施することが決定**しているので、この前提には該当せず、申請を**不承認**としたことは適切である。

❷ **不適切　「見積書を提出」➡「見積書を提出する必要はない」**

窓ガラス等の改良を申請する場合、区分所有者は、設計図・仕様書・工程表を**添付した申請書**を理事長に提出しなければならない（22条３項、17条２項）。しかし、**見積書**の提出までは**求められていない**。

❸ **不適切　「理事長の判断」➡「理事会の決議」**

承認の**申請先**等は**理事長**であるが、承認・不承認の判断は理事長独自のものでなく、あくまで**理事会の決議**による（22条関係コメント④、54条１項５号参照）。

❹ **不適切　「専有部分の工事であって、申請の必要がない」**
➡「共用部分の工事であるため、申請の必要がある」

共用部分のうち各住戸に附属する**窓枠**・窓ガラス・玄関扉その他の**開口部**に係る改良工事で、防犯・防音・断熱等の住宅の性能の向上等に資するものについては、**管理組合**がその責任と負担において、**計画修繕としてこれを実施**する（22条１項）。本肢の場合、**共用部分である開口部の工事**にあたり、区分所有者からの**申請が必要**となる（22条関係コメント①）。

正解 ❶

住居専用の単棟型マンションの管理組合における管理費等の取扱いに関する次の記述のうち、標準管理規約によれば、適切なものはどれか。

❶　建物の建替えに係る合意形成に必要となる事項の調査費用については管理費から支出することとされているが、各マンションの実態に応じて、修繕積立金から支出する旨を規約に定めることもできる。

❷　一定年数の経過ごとに計画的に行う修繕及び不測の事故その他特別の事由により必要となる修繕については修繕積立金を充当し、敷地及び共用部分等の変更については管理費を充当する。

❸　駐車場使用料その他の敷地及び共用部分等に係る使用料は、管理組合の通常の管理に要する費用に充てるほか、修繕積立金として積み立てる。

❹　管理費等の額については、各区分所有者の共用部分の共有持分に応じて算出するものとし、使用頻度等は勘案しない。

管理費等の負担割合の定め ➡ 使用頻度等は勘案しない。

❶ **不適切** 「管理費と修繕積立金の記述が逆」

管理組合は、建物の建替えに係る合意形成に必要となる事項の調査費用については、修繕積立金から取り崩すことができる（標準管理規約28条1項4号）。ただし、建替え等に係る調査に必要な経費の支出は、各マンションの実態に応じて、管理費から支出する旨を規約に定めることもできる（同関係コメント⑧）。

❷ **不適切** 「敷地および共用部分等の変更も、修繕積立金から取り崩す」

管理組合は、一定年数の経過ごとに計画的に行う修繕、不測の事故その他特別の事由により必要となる修繕のみならず、敷地および共用部分等の変更についても、修繕積立金から取り崩す（28条1項1～3号）。

❸ **不適切** 「管理組合の通常の管理に要する費用に充てる」
➡「それらの管理に要する費用に充てる」

ひっかけ

駐車場使用料その他の敷地および共用部分等に係る使用料は、それらの管理に要する費用に充てるほか、修繕積立金として積み立てる（29条）。

❹ **適　切**

管理費等の額については、各区分所有者の共用部分の共有持分に応じて算出するものとし、管理費等の負担割合を定めるに当たっては、使用頻度等は勘案しない（25条2項、同関係コメント①）。

正解 ❹

修繕積立金を取り崩して充当することができる経費に関する次の記述のうち、標準管理規約によれば、適切でないものはどれか。

❶　建物の建替え及びマンション敷地売却に係る合意形成に必要となる事項の調査費用

❷　敷地及び共用部分等の管理に関し、区分所有者全体の利益のために特別に必要となる管理費用

❸　WEB会議システムで理事会が開催できるようにするための理事全員分の器材一括購入費用

❹　不測の事故により必要となる修繕費用

建替え・敷地売却の合意形成に必要な事項の調査費用➡修繕積立金の取崩し可。

❶ **適　切**

建物の建替え及びマンション敷地売却に係る合意形成に必要となる事項の調査費用については、修繕積立金を取り崩すことができる（標準管理規約28条１項４号）。

❷ **適　切**

敷地及び共用部分等の管理に関し、区分所有者全体の利益のために特別に必要となる管理費用については、修繕積立金を取り崩すことができる（28条１項５号）。

❸ **不適切**　**「修繕積立金を取り崩して充当」➡「管理費から充当」**

WEB会議システムで理事会が開催できるようにするための理事全員分の**器材一括購入費用**は、**備品費**として**管理費**から充当する（27条４号）。

❹ **適　切**

不測の事故その他特別の事由**により必要となる修繕費用**については、修繕積立金を取り崩すことができる（28条１項２号）。

正解 ❸

１棟300戸の住宅のみで構成されるマンションの管理組合で、理事の定数が25名である理事会の効率的な運営の在り方として理事会の中に部会を設置することについて理事長から相談を受けたマンション管理士の次の発言のうち、標準管理規約によれば、適切でないものはどれか。

❶　貴マンションのような大規模なマンションの管理組合では、理事会のみで実質的検討を行うのが難しくなるので、理事会の中に部会を設け、各部会に理事会の業務を分担して実質的な検討を行うことが考えられます。

❷　部会を設ける場合、理事会の運営方針を決めるため、理事長及び副理事長により構成される幹部会を設けることが考えられます。

❸　部会を設ける場合、部会の担当業務とされた事項の決議は、そのまま理事会決議に代えることができます。

❹　部会を設ける場合、副理事長が各部の部長を兼任するような組織体制を構築することが考えられます。

理事会の組織構成・役員の体制、運営方針を確認しよう！

❶ **適　切**

200戸を超え、役員数が20名を超えるような大規模マンションでは、理事会のみで、実質的検討を行うのが難しくなるので、**理事会の中に部会を設け**、各部会に理事会の業務を分担して、**実質的な検討を行う**ような、複層的な組織構成、役員の体制を検討する必要がある（標準管理規約35条関係コメント③）。

❷ **適　切**

部会を設ける場合、理事会の運営方針を決めるため、**理事長・副理事長による幹部会**を設けることも**有効**である（35条関係コメント③）。

❸ **不適切**　**「理事会決議に代えることができます」**
➡「理事会決議に代えることはできません」

ひっかけ

理事会運営細則を別途定め、部会を設ける場合は、**理事会の決議事項**につき決定するのは、あくまで、**理事全員による理事会**であることを明確にする必要がある（35条関係コメント③）。

❹ **適　切**

部会を設ける場合、**副理事長が各部の部長と兼任**するような組織構成が望ましい（35条関係コメント③）。

正解 ❸

管理委託契約書・標準管理規約・その他関連知識

役員資格について、規約により区分所有者であることを要件としている管理組合において、理事の１名が２年間の任期の途中で住宅を売却して外部に転出した場合の取扱いに関する次の記述のうち、標準管理規約によれば、適切なものはどれか。

❶　外部に転出した理事が理事長であった場合、改めて総会で後任の理事長の選任を決議する必要があるが、それまでの間は理事会の決議で仮の理事長を選任してその職に当たらせる。

❷　外部に転出した理事は、後任の理事が就任するまでの間は、引き続き理事として理事会に参加し、議決権を行使することができる。

❸　外部に転出した理事の補欠となった役員の任期は、補欠として就任した時点からの２年間となる。

❹　外部に転出した理事の補欠について、組合員から補欠の役員を理事会の決議で選任することができると、規約に規定することもできる。

理事が外部に転出すると、理事会に参加したり、議決権の行使は認められない！

❶ **不適切** **「仮の理事長を選任して」➡「直接理事会で、理事長を選任できる」**

理事長、副理事長および会計担当理事は、**理事会の決議**によって、理事のうちから**選任**し、または解任する（標準管理規約35条３項）。したがって、本肢のような場合、**直接理事会**で、**理事長の選任**ができる。

❷ **不適切** **「外部に転出した理事はその地位を失う」**

本問の管理組合は、**役員資格**について、**区分所有者**であることを要件としている。したがって、外部に**転出した理事**は、後任の理事が就任するまでの間、引き続き理事として**理事会に参加**し、**議決権を行使できない**（36条３項・４項参照）。

❸ **不適切** **「補欠として就任した時点からの２年間」➡「前任者の残任期間」**

補欠の役員の任期は、**前任者の残任期間**とする（36条２項）。

❹ **適　切**

組合員である役員が転出、死亡その他の事情により任期途中で欠けた場合、組合員から**補欠の役員**を**理事会の決議**で**選任**ができると、**規約に規定**できる（36条関係コメント④）。

正解 ❹

25 標準管理規約⑨（役員の選任）

CHECK! R 3-問29 重要度 A

役員の選任についての、理事会における理事長の次の発言のうち、標準管理規約によれば、適切なものはどれか。

❶ 会計担当理事が組合員でなくなったことにより任期中にその地位を失った場合には、理事会の決議により、会計業務に精通している監事２人のうちの１人を新たに会計担当理事に選任することができます。

❷ 理事に欠員が生じた場合、理事会決議で補欠の理事を選任できるとする旨を管理規約で定めることはできません。

❸ 任期の満了に伴う役員の選任に係る議案が総会で否決された場合、あらためて新役員が就任するまでの間、新役員の任期として予定されている期間になった後も、これまでの役員が引き続きその職務を行わなければなりません。

❹ 外部専門家を役員として選任できることとした場合、外部専門家が役員に選任された後に組合員となり、その後、その外部専門家が組合員でなくなったときは、当然に役員としての地位を失います。

任期満了・辞任で退任する役員は、後任役員の就任まで引続き職務を行う。

❶ 不適切 「選任できます」➡「選任できません」

理事及び監事は、組合員のうちから、総会で選任する（標準管理規約35条２項）。したがって、理事会の決議により、監事２人のうちの１人を会計担当理事に選任できない。

❷ 不適切 「管理規約で定めることはできません」➡「定めることもできます」

組合員である役員が転出、死亡その他の事情により任期途中で欠けた場合には、組合員から補欠の役員を理事会の決議で選任できる旨を規約で定めることもできる（36条関係コメント④）。

❸ 適　切

頻出

任期の満了又は辞任によって退任する役員は、後任の役員が就任するまでの間引き続きその職務を行う（36条３項）。したがって、新役員が就任するまでの間、新役員の任期として予定されている期間になった後も、これまでの役員が引き続きその職務を行わなければならない。

❹ 不適切 「当然に役員としての地位を失います」
➡「役員としての地位を失いません」

外部の専門家として選任された役員は、専門家としての地位に着目して役員に選任されたものであるから、当該役員が役員に選任された後に組合員となった場合にまで、組合員でなくなれば当然に役員としての地位も失うとするのは相当でないので、役員としての地位を失わない（36条関係③）。

正解 ❸

26 標準管理規約⑩（用法・管理・管理組合〈駐車場〉）

□□□ CHECK!　H28-問25　重要度 A

マンションの駐車場に関し、マンション管理士が理事会で行った次の助言のうち、標準管理規約によれば、適切なものはどれか。

❶ 今後、駐車場に空き区画が出るようになった場合、組合員以外の方に外部貸しする方法がありますが、その駐車場使用料収入は、駐車場の管理に要する費用に充当した後に管理費全体の不足額に充当することができるため、管理費不足への対策として有効な方法です。

❷ 駐車場が不足している場合には、駐車場使用料を近傍の駐車場料金と均衡を失しないよう設定することが必要ですが、利便性の差異を加味して考えることも必要です。

❸ 管理費、修繕積立金の滞納等の規約違反の場合は、駐車場使用契約に、次回の選定時の参加資格をはく奪することができる旨の規定を定めることはできません。

❹ 今後、機械式駐車場から平置きの駐車場に変更しようとするときは、総会で出席組合員の議決権の過半数の決議があれば実施が可能です。

近傍同種の駐車場料金との均衡は、利便性の差異も加味して考える。

❶ ひっかけ **不適切** **「管理費全体の不足額へ充当」➡「修繕積立金として積み立てる」**

駐車場使用料その他の敷地および共用部分等に係る使用料は、それらの管理に要する費用に充てるほか、**修繕積立金として積み立てる**（標準管理規約29条）。したがって、駐車場使用料収入は、**管理費全体の不足額には充当されない**。

❷ **適　切**

駐車場が全戸分ない場合等には、駐車場使用料を**近傍の同種の駐車場料金と均衡を失しないよう設定**する等により、**区分所有者間の公平を確保す**ることが必要である。なお、近傍の同種の駐車場料金との均衡については、**利便性の差異も加味して考える**ことが必要である（15条関係コメント⑨）。

❸ **不適切** **「定めることはできません」➡「定めることもできる」**

管理費・修繕積立金の滞納等の規約違反の場合は、**駐車場使用細則・駐車場使用契約等に、契約を解除できる**、または**次回の選定時の参加資格をはく奪することができる**旨の規定を**定めることもできる**（15条関係コメント⑦）。

❹ **不適切** **「出席組合員の議決権の過半数」**

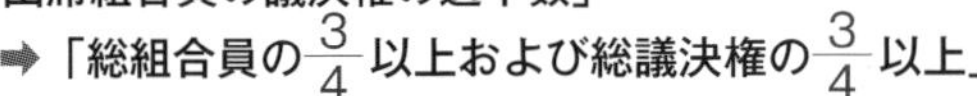
➡「総組合員の$\frac{3}{4}$以上および総議決権の$\frac{3}{4}$以上」

集会室・駐車場・駐輪場の**増改築工事**等で、**大規模なものや著しい加工を伴うものは、特別多数決議により実施可能**となる（47条関係コメント⑥カ）。本肢の「機械式駐車場から平置きの駐車場に変更する」ことは、駐車場の増改築工事で大規模なものに該当するため、**総組合員の$\frac{3}{4}$以上および総議決権の$\frac{3}{4}$以上の決議で実施**しなければならない。

正解 ❷

暴力団の排除について規約を定める場合、標準管理規約によれば、適切でないものは次のうちどれか。

❶　専有部分の用途として、暴力団事務所としての使用や、暴力団員を反復して出入りさせる等の行為について禁止すること

❷　暴力団員又は暴力団員でなくなった日から２年を経過しない者は役員にはなれないとすること

❸　賃借人が暴力団員であることが判明した場合において、区分所有者が賃貸借契約を解約しないときは、管理組合は、区分所有者に代理し、解約権を行使することができるとすること

❹　専有部分の貸与に関し、暴力団員への貸与を禁止することに加え、暴力団関係者、準構成員等についても貸与を禁止すること

暴力団員でなくなった日から５年を経過しないと、役員になれない。

❶ **適　切**

規約には、暴力団の排除のため、専有部分の用途として、**暴力団事務所としての使用**や、**暴力団員を反復して出入りさせる等の行為**について禁止する旨の**規定を追加**することも考えられる（標準管理規約12条関係コメント⑥）。

❷ **不適切**　**「２年を経過しない者」➡「５年を経過しない者」**

暴力団員等（**暴力団員**または**暴力団員でなくなった日から５年を経過しない者**をいう）は、**役員になることができない**（36条の２第３号）。

❸ **適　切**

区分所有者は、その専有部分を第三者に貸与する場合で、契約の相手方が**暴力団員であることが判明したとき**には、何らの催告を要せずに、賃貸人たる区分所有者は当該契約を解約できること、および、**区分所有者が解約権を行使しない場合**には、**管理組合は、区分所有者に代理して解約権を行使できること**を、その貸与に係る契約に定めなければならない（19条の２第１項２号・３号）。

❹ **適　切**

規約には、必要に応じ、**貸与を禁止する相手方の範囲**に、暴力団員だけでなく、**暴力団関係者や準構成員等を追加**することも認められている（19条の２関係コメント①）。

正解 ❷

28 標準管理規約⑫（専有部分の賃借人）

□□□ CHECK!　R 2-問25　重要度 B

専有部分の賃借人に関する次の記述のうち、標準管理規約によれば、適切でないものはどれか。

❶ 組合員が総会で代理人により議決権を行使する場合において、その住戸の賃借人は、当該代理人の範囲には含まれない。

❷ 組合員は、専有部分の賃貸をする場合には、組合員が管理組合と駐車場使用契約を締結し自らが使用している駐車場を、引き続きその賃借人に使用させることはできない。

❸ 組合員は、専有部分の賃貸をする場合には、規約及び使用細則に定める事項を賃借人に遵守させる旨の誓約書を管理組合に提出しなければならない。

❹ 賃借人は、会議の目的につき利害関係を有するときは、総会に出席して意見を述べることができる。この場合において、当該賃借人はあらかじめ理事長にその旨を通知しなければならない。

組合員は、賃借人を代理人として議決権行使できない。

❶ **適　切**

組合員が総会で**代理人**により**議決権**を**行使**する場合、その住戸（専有部分）の**賃借人**は、当該**代理人の範囲に該当しない**（標準管理規約46条５項参照）。

❷ **適　切**

頻出

組合員が、その所有する**専有部分**を他の区分所有者又は第三者に譲渡・貸与したときは、その区分所有者の**駐車場使用契約**は承継されず、**効力を失う**（15条３項）。したがって、組合員自らが使用していた駐車場を、引き続き**賃借人に使用させることはできない**。

❸ **不適切**　**「賃借人に誓約書を提出させなければならない」**

組合員は、その専有部分を**第三者に貸与**する場合には、この**規約及び使用細則**に定める事項をその**第三者に遵守**させなければならない（19条１項）。また、組合員は、その貸与に係る契約にこの規約及び使用細則に定める事項を遵守する旨の条項を定めるとともに、契約の相手方（**賃借人**）に、この規約及び使用細則に定める事項を**遵守する旨の誓約書**を**管理組合に提出**させなければならない（同２項）。

❹ **適　切**

区分所有者の承諾を得て専有部分を占有する者（**賃借人**等）は、会議の目的につき**利害関係を有する**場合には、**総会に出席**して**意見を述べる**ことができる（45条２項前段）。この場合、総会に出席して意見を述べようとする者は、あらかじめ**理事長**にその旨を通知しなければならない（同２項後段）。

正解 ❸

管理組合の総会の議長に関する次の記述のうち、標準管理規約によれば、適切なものはどれか。ただし、電磁的方法が利用可能ではない場合とする。

❶ 組合員が管理規約に定められた手続に従い総会の招集を請求したにもかかわらず、理事長が招集通知を発しない場合、当該組合員は臨時総会を招集することができるが、その臨時総会では、理事長が議長となることはできない。

❷ 監事が管理組合の業務の執行に係る不正を報告するために招集した臨時総会では、総会を招集した監事が総会の議長となる。

❸ 理事長が臨時総会を招集したが、臨時総会の当日に理事長に事故があって総会に出席できない場合には、副理事長が理事長を代理して総会の議長となる。

❹ 外部専門家が理事長となっている管理組合において、その外部専門家を役員に再任する議案を審議する通常総会では、総会の決議により理事長以外の議長を選任しなければならない。

監事は臨時総会招集OK。招集の監事が総会の議長になる定めなし。

❶ 不適切 **「理事長が議長となることはできない」➡「できる」**

組合員が管理規約に定められた手順に従い総会の招集を請求したにもかかわらず、理事長が招集通知を発しない場合、当該組合員は**臨時総会を招集できる**（標準管理規約44条１項・２項）。招集された当該臨時総会においては、**議長は**、総会に**出席した組合員**（書面又は代理人によって議決権を行使する者を含む）の**議決権の過半数**をもって、**組合員の中から選任**する（同３項）。したがって、**理事長**が組合員であれば、選任され**議長となる可能性もある**。

❷ 不適切 **「総会を招集した監事が総会の議長となるという定めはない」**

監事は、管理組合の**業務の執行及び財産の状況について不正がある**と認めるときは、臨時総会を招集できる（41条３項）。しかし、当該総会を招集した**監事**が総会の**議長**となるという「**定めはない**」。

❸ 適　切

総会の**議長**は、**理事長**が務める（42条５項）。そして、**副理事長**は、理事長を補佐し、**理事長に事故がある**ときは、その**職務を代理**し、理事長が欠けたときは、その職務を行う（39条）。したがって、総会の議長となることは理事長の職務であるが、理事長が事故により総会を欠席した場合は、**副理事長が理事長を代理して議長を務める**こととなる。なお、この規定は、通常総会と臨時総会とで差異はない。

❹ 不適切 **「理事長以外の議長を選任しなければならないとする定めはない」**

外部専門家が**理事長**となっている場合、その外部専門家を役員に**再任**する議案を審議する通常総会で、決議により**理事長以外の議長を選任しなければならない**とする「**定めはない**」（42条５項参照）。

正解 ❸

理事会において、次期通常総会に提出する役員選任の議案書作成に当たり、役員の選任要件について意見を求められたマンション管理士が行った次の助言のうち、標準管理規約によれば、適切でないものはどれか。

❶　管理組合や現理事長等との間で管理組合運営に関し裁判中である区分所有者Ａ氏は、役員とはなれないことから、役員候補者から外すべきです。

❷　禁固（錮）刑に処せられ、その刑の執行が終わって５年が経過している区分所有者Ｂ氏は、役員候補者になり得ます。

❸　細則において、派遣元の法人が銀行取引停止処分を受けている場合は外部専門家として役員となることができないとされているので、それに該当する外部専門家であるＣ氏は、役員候補者から外すべきです。

❹　区分所有者Ｄ氏は、破産者でしたが既に復権を得ているとのことなので、役員候補者になり得ます。

「管理組合運営に関し裁判中」➡役員の欠格要件には該当しない！

❶ 不適切 「役員とはなれないことから、役員候補から外す」➡「役員候補になれる」

ひっかけ

次のいずれかに該当する者は、役員となることができない（標準管理規約36条の２）。

> ① 精神の機能の障害により役員の職務を適正に執行するに当たって必要な認知、判断および意思疎通を適切に行うことができない者または破産者で復権を得ないもの
> ② 禁錮以上の刑に処せられ、その執行を終わり、またはその執行を受けることがなくなった日から５年を経過しない者
> ③ 暴力団員等（暴力団員または暴力団員でなくなった日から５年を経過しない者をいう）

本肢のＡ氏は、管理組合運営に関し裁判中であるものの、上記②のような刑に処せられたとはいえず、役員候補になることはできる。

❷ 適 切

❶解説②のとおり、禁錮刑に処せられ、その刑の執行が終わって５年が経過していれば、役員となることはできる（36条の２第２号）。

❸ 適 切

外部の専門家から役員の選任をする場合で、法人から専門家の派遣を受けるときに、細則の定めがあれば、銀行取引停止処分を受けている法人から派遣される役職員は、外部専門家として役員となることができない（36条の２関係コメント②イ、35条４項）。

❹ 適 切

❶解説①のとおり、破産者で復権を得ていれば、役員となることはできる（36条の２第１号）。

正解 ❶

31 標準管理規約⑮（役員の選任等）

H30-問26

役員の選任等に関する標準管理規約及び標準管理規約コメントの規定によれば、標準管理規約の本文には規定されていないが、管理組合の規約で定めることもできるとされている事項は、次のうちいくつあるか。ただし、外部専門家を役員として選任できることとしていない場合とする。

ア　組合員である役員が転出、死亡等により任期途中で欠けた場合には、組合員から補欠の役員を理事会の決議で選任することができるとすること。

イ　理事の員数を、○～○名という枠により定めること。

ウ　役員が任期途中で欠けた場合に備え、あらかじめ補欠を定めておくことができるとすること。

エ　役員の資格要件に居住要件を加えること。

❶　一つ

❷　二つ

❸　三つ

❹　四つ

補欠役員➡「規約で定められる」ことを要確認！

ア　**規約で定めることもできる**

組合員である役員が転出・死亡その他の事情により任期途中で欠けた場合には、組合員から補欠の役員を理事会の決議で選任できる、と規約に定めることができる（標準管理規約36条関係コメント④）。

イ　**規約で定めることもできる**

理事の員数については「**〇～〇名**」という**大まかな枠**により規約に定めることもできる（35条関係コメント②）。

ウ　**規約で定めることもできる**

組合員である役員が任期途中で欠けた場合につき、あらかじめ補欠の役員を規約に定めておくことができる（36条関係コメント④）。

エ　**規約で定めることもできる**

役員の**資格要件**について、規約にそれぞれのマンションの実態に応じて、「マンションに**現に居住する組合員**」とするなど、**居住要件を加えること**ができる（35条関係コメント①）。

したがって、標準管理規約の「本文」には規定されていないが、規約で定めることもできる事項は、ア～エの四つすべてであり、正解は❹となる。

正解 ❹

32 標準管理規約⑯（議決権）

H29-問28

議決権に関連する次の記述のうち、標準管理規約によれば、適切なものはいくつあるか。

ア　専有部分の価値の違いに基づく価値割合を基礎とした議決権割合を定める場合には、分譲契約等によって定まる敷地等の共有持分についても、価値割合に連動させることができる。

イ　専有部分の価値の違いに基づく価値割合を基礎とした議決権割合を定める場合において、事後的にマンションの前方に建物が建築され、眺望の変化等により価値割合に影響を及ぼす変化があったときは、議決権割合の見直しを行う必要がある。

ウ　組合員が代理人によって議決権を行使する場合において、その組合員の住居に同居する親族を代理人として定めるときは、二親等の親族を代理人とすることができる。

エ　組合員が代理人によって議決権を行使する場合において、他の組合員を代理人として定めるときは、当該マンションに居住する他の組合員の中から定めなければならない。

❶　一つ

❷　二つ

❸　三つ

❹　四つ

各住戸の価値に事後的変化が生じても、議決権割合の見直しは原則行わない。

ア　適　切

専有部分の価値の違いに基づく**価値割合**を基礎とした議決権割合を定める場合、分譲契約等によって定まる敷地等の**共有持分**についても、**価値割合に連動**させることができる（標準管理規約10条関係コメント③、46条関係コメント③）。

イ　不適切　**「見直しを行う必要がある」➡「見直しは原則として行わない」**

専有部分の価値の違いに基づく**価値割合**を基礎とした議決権割合を定める場合、前方に建物が建築されたことによる眺望の変化等の各住戸の価値に影響を及ぼすような**事後的な変化**があったとしても、それによる**議決権割合の見直しは原則として行わない**（46条関係コメント③）。

ウ　適　切

組合員が**代理人により議決権を行使**しようとする場合、その代理人は、次のいずれかでなければならない（46条５項１～３号）。

① その組合員の配偶者（婚姻の届出をしていないが事実上婚姻関係と同様の事情にある者を含む）または一親等の親族
② その組合員の住戸に同居する親族
③ 他の組合員

上記②から、**同居する親族**であれば、その**「親等」にはかかわらない**（同２号）。

エ　不適切　**「当該マンションに居住する他の組合員」➡「居住している必要はない」**

ウの③参照。組合員は、**他の組合員を代理人**として議決権を行使できるが、その代理人は同じ**マンションに居住している必要はない**（46条５項３号）。

したがって、**適切なものはア・ウの二つ**であり**正解は❷**となる。

正解 ❷

33 標準管理規約⑰（総会）

  H30-問27 

甲マンションの105号室を所有している組合員Ａの取扱いに係る次の記述のうち、標準管理規約によれば、適切なものはいくつあるか。ただし、甲マンションの規約には外部専門家を役員として選任できることとしていない場合とする。

ア　Ａが区分所有する105号室にＡの孫Ｂが居住していない場合であっても、Ｂ はＡの代理人として総会に出席して議決権を行使することができる。

イ　Ａが区分所有する105号室にＡと同居している子Ｃは、Ａに代わって管理組合の役員となることができる。

ウ　Ａが区分所有する105号室の$\frac{1}{2}$の持分を配偶者Ｄに移転して共有とした場合、議決権はＡとＤがそれぞれの持分に応じて各々が行使することとなる。

エ　Ａが甲マンション外に居住しており、自身の住所を管理組合に届け出ていない場合には、管理組合は、総会の招集の通知の内容をマンション内の所定の掲示場所に掲示することによって、招集の通知に代えることができる。

❶　一つ

❷　二つ

❸　三つ

❹　四つ

同居していない孫➡代理人として「総会に出席・議決権を行使」は不可。

ア　**不適切**　**「議決権を行使できる」➡「できない」**

組合員が**代理人により議決権を行使する**場合、その代理人は、次の者でなければならない（標準管理規約46条５項）。

① その組合員の配偶者（婚姻の届出をしていないが事実上婚姻関係と同様の事情にある者を含む）または**一親等の親族**
② その組合員の住戸に**同居する親族**
③ 他の組合員

したがって、**同居していない孫**Ｂ（二親等の親族）は、代理人として総会に出席して**議決権を行使できない**。

イ　**不適切**　**「役員になることができる」➡「役員になることはできない」**

外部専門家を役員として選任できることとしていない場合、管理組合の役員である**理事**および**監事**は、総会の**決議**によって、**組合員のうちから選任**し、または解任する（35条２項）。議決権の行使のケースと違い、**組合員と同居している子**であるからといって、親に代わって役員に**なることはできない**。

ウ　**不適切**　**「それぞれの持分に応じて各々が行使」➡「あわせて一の組合員とみなす」**

住戸１戸が**数人の共有**に属する場合、その議決権行使については、これら共有者を**あわせて一の組合員**とみなすとされており（46条２項）、それぞれの持分に応じて各々が議決権を行使することはできない。

エ　**適　切**

総会の招集通知は、管理組合に対し組合員が**届出をしたあて先に発する**ものとする。ただし、その**届出のない**組合員Ａに対しては、**対象物件内の専有部分の所在地**（105号室）**あてに発する**が（43条２項）、当該通知は、対象物件内に居住する組合員および**届出のない組合員**に対しては、その内容を所定の**掲示場所に掲示**することによって、代替することができる（同３項）。

したがって、**適切なものはエの一つのみ**であり、**正解は❶**となる。

正解 ❶

総会における議決権行使書の取扱いに関する理事長の次の発言のうち、区分所有法の規定及び標準管理規約によれば、適切なものはどれか。

❶ 住戸１戸を２人が共有している場合において、共有者それぞれから賛否の異なる議決権行使書が提出されている場合には、あらかじめ２人のうち１人を議決権を行使する者として届出があったとしても、それらの議決権行使書は２通とも無効票として取り扱わなければなりません。

❷ マンション管理業者との間で管理委託契約を締結する旨の議案に係る決議に際しては、当該マンション管理業者の役員でもある組合員については、議案に利害関係を有することから、その者から提出された議決権行使書は、当該議案の賛否の計算からは排除しなければなりません。

❸ 規約の変更の議案に係る決議に際し、マンション内に複数の住戸を区分所有している組合員からその有する専有部分の数の議決権行使書が提出された場合でも、「組合員総数」においては１人として賛否を計算しなければなりません。

❹ 総会の招集通知に添付した委任状及び議決権行使書を使用せず、組合員から「すべての議案に反対する」と記載した書面が提出されていますが、これは無効票として取り扱うことになります。

組合員の有する総会での議決権行使は、議案に利害関係があったとしても認められる。

❶ 不適切 「議決権行使者は２通とも無効票」
➡「議決権行使者として届出がされている者の議決権行使書は有効」

住戸１戸が数人の共有に属する場合、共有者は、議決権を行使する者１名を選任し、その者の氏名をあらかじめ総会開会までに理事長に届け出なければならない（標準管理規約46条２項・３項）。そして、議決権行使者として届出がされていない者の議決権行使書は無効となるが、届出がされている者の議決権行使書は有効として取り扱わなければならない。

❷ 不適切 「排除しなければなりません」➡「算入しなければなりません」

組合員の有する総会での議決権行使は、議案に利害関係があったとしても認められる。したがって、議案に利害関係のあるマンション管理業者の役員でもある組合員から提出された議決権行使書も、当該議案の賛否の計算に「算入」しなければならない。

❸ 適　切

複数の専有部分を有する組合員であっても、組合員総数（頭数）においては１人として賛否を計算しなければならない。

❹ 不適切 「無効票として取り扱うことになります」
➡「有効票として取り扱わなければなりません」

ひっかけ

組合員は、書面又は代理人によって議決権を行使できる（46条４項）。この書面等による議決権行使について、総会の招集通知に添付した委任状及び議決権行使書を使用しなければならないという規定は存在しない。したがって、総会の招集通知に添付した委任状及び議決権行使書を使用しなかった場合でも、有効票として取り扱わなければならない。

正解 ❸

総会において議長が議決権行使を有効と判断した取扱いに関する次の記述のうち、民法の規定及び標準管理規約によれば、適切でないものはどれか。ただし、当該管理組合の管理規約では、外部専門家を役員として選任できない旨が規定されているものとする。

❶　総会の招集通知に添付してある一連の出席票・委任状・議決権行使書において、出席とした上で、余白に「万一欠席した場合は、議長に一任する」という手書きの文章が追加されて返信され、総会当日は欠席であったので議長が代理人として議決権を行使した。

❷　自分のパソコンで「全ての議案に反対する」と部屋番号と氏名を記載した議決権行使書を作成し印刷されたものが提出された。

❸　外国居住の区分所有者に住戸購入を媒介した日本の不動産業者が、自らを受任者とする委任状に記名押印して管理組合に郵送してきた。

❹　議決権行使書に、「議案に賛成する」の箇所を○で囲んでいたが、署名のみで住戸番号の記載がなかった。

組合員は、代理人・書面によって議決権を行使できる。

❶ **適　切**

組合員は、代理人によって**議決権を行使**できる(標準管理規約46条4項)。この**代理人による議決権の行使**とは、代理権を証する書面（いわゆる「委任状」）によって、組合員本人から授権を受けた**代理人が総会に出席して議決権を行使する**ことである（46条関係コメント⑥)。また、組合員が代理人により議決権を行使しようとする場合、その代理人となれる者は、①その組合員の配偶者（婚姻の届出をしていないが事実上婚姻関係と同様の事情にある者を含む）又は一親等の親族、②その組合員の住戸に同居する親族、③**他の組合員**でなければならない（46条5項)。本肢の議長は、**上記③に該当**し、代理人となることができる。そして、「万一欠席した場合は、議長に一任する」という手書きの文章が追加されて返信されている以上、当該委任状は議長に対して代理権を与えたものとして有効である。したがって、議長が代理人として議決権を行使した場合に、当該議決権行使を有効と判断した取扱いは適切である。

❷ **適　切**

組合員は、書面によって**議決権を行使**できる（46条4項)。この**書面による議決権の行使**とは、総会には出席しないで、総会の開催前に**議案ごとの賛否を記載した書面**（いわゆる「議決権行使書」）を総会の招集者に提出することである（46条関係コメント⑥)。本肢では、「全ての議案に反対する」と賛否の記載がある以上、当該議決権行使書は有効である。また、部屋番号と氏名の記載があれば、本人による意思決定であると確認できる。したがって、当該議決権行使を有効と判断した取扱いは適切である。

❸ **不適切　「住戸購入を媒介した日本の不動産業者は代理人とはならない」**

❶解説参照。本肢の**住戸購入を媒介した日本の不動産業者**は、代理人の条件に当てはまらず、**代理人となることはできない**。したがって、住戸購入を媒介した日本の不動産業者が、自らを受任者とする委任状に記名押印して管理組合に郵送してきた場合に、当該議決権行使を有効と判断した取扱いは不適切である。

❹ **適　切**

❷解説参照。本肢では、議決権行使書に、「**議案に賛成する**」の箇所を○で囲んでいた以上、賛否の記載があるので当該**議決権行使書は有効**である。また、署名の記載があれば、本人による意思決定であると確認できる。したがって、当該議決権行使を有効と判断した取扱いは適切である。

36 標準管理規約⑳（議決権行使等）

CHECK!　R 4-問29　重要度 B

甲マンション103号室については、当該住戸に居住しているAと、外部に居住しているBの共有となっている。また、総会に先立ち、あらかじめBを議決権行使者とする理事長への届出がなされている。この場合において、総会運営における103号室の取扱いに関する次の記述のうち、標準管理規約によれば、適切でないものはどれか。

❶　Bが通知先としてその住所を管理組合に届け出ていない場合には、総会の招集の通知は103号室あてに発することで、招集手続として有効である。

❷　A及びBがともに総会を欠席したが、Aが議決権行使書を提出していた場合には、定足数の確認においては、103号室の組合員を「出席」と扱ってよい。

❸　Aが総会に出席し、Bが議決権行使書を提出していた場合には、Aの総会の場での賛否の意思表示にかかわらず、Bが提出した議決権行使書の内容を、103号室の賛否とする。

❹　甲マンションの他の組合員Cを代理人として議決権を行使しようとする場合には、Bを委任者、Cを受任者とする委任状を作成し、理事長に提出する必要がある。

組合員または代理人は、代理権を証する書面を理事長に提出する。

❶ **適　切**

総会の招集通知は、管理組合に対し組合員が届出をしたあて先に発するものとする。ただし、その**届出のない組合員**に対しては、**対象物件内の専有部分の所在地あてに発する**ものとする（標準管理規約43条２項）。したがって、Ｂが通知先としてその住所を管理組合に届け出ていない場合、総会の招集の通知は103号室あてに発すれば、招集手続として有効である。

❷ **不適切**　**「出席と扱ってよい」➡「欠席と扱われる」**

住戸１戸が数人の共有に属する場合、その議決権行使については、これら共有者を**あわせて一の組合員**とみなされる（46条２項）。**一の組合員とみなされる者**は、**議決権を行使する者１名を選任**し、その者の氏名をあらかじめ**総会開会までに理事長に届け出**なければならない（同３項）。そして、組合員は、**書面**又は代理人によって**議決権を行使でき**（同４項）、書面又は代理人によって議決権を行使する者は、**出席組合員とみなされる**（47条６項）。本肢では、議決権行使者として届出がされているＢは、総会を欠席している。また、議決権行使者として届出がされていないＡが議決権行使書を提出していても、Ａの議決権行使書は、無効となる。したがって、定足数の確認においては、103号室の組合員は欠席と扱われる。

❸ **適　切**

❷解説参照。本肢では、**Ｂが議決権行使書を提出**しており、当該議決権行使書は有効となる。したがって、Ｂが提出した議決権行使書の内容を、103号室の賛否とすることとなる。

❹ **適　切**

組合員が**代理人により議決権を行使**しようとする場合、その代理人は、①その組合員の配偶者（婚姻の届出をしていないが事実上婚姻関係と同様の事情にある者を含む）又は一親等の親族、②その組合員の住戸に同居する親族、③**他の組合員**でなければならない（46条５項）。そして、**組合員又は代理人**は、**代理権を証する書面を理事長に提出**しなければならない（46条６項）。したがって、他の組合員Ｃを代理人として議決権を行使しようとする場合、Ｂを委任者、Ｃを受任者とする委任状を作成し、理事長に提出しなければならない。

正解 ❷

37 標準管理規約㉑（ＷＥＢ会議システム等による総会）

R４-問28　重要度 B

ＷＥＢ会議システム等を用いた総会の招集等に関する次のマンション管理士の意見のうち、標準管理規約によれば、適切なものはいくつあるか。

ア　総会を招集するには、少なくとも総会開催の日の２週間前までに日時、ＷＥＢ会議システム等にアクセスする方法及び会議の目的を示して組合員に通知を発しなければなりません。

イ　管理者である理事長が総会で管理組合の業務執行に関する報告をするときは、各組合員からの質疑に対して適切に応答する必要があるので、理事長自身は WEB 会議システム等により報告することはできません。

ウ　総会の目的が建替え決議や敷地売却決議であるときは、それらの説明会はＷＥＢ会議システム等で行うことができますが、決議そのものはＷＥＢ会議システム等で行うことはできません。

エ　総会において議決権を行使することができない傍聴人としてＷＥＢ会議システム等を用いて議事を傍聴する組合員については、定足数の算出においては出席組合員には含まれないと考えられます。

❶　一つ

❷　二つ

❸　三つ

❹　四つ

総会開催日の2週間前まで日時・場所等・目的を示し組合員に通知を発送。

ア　適　切

総会を招集するには、少なくとも総会開催日の2週間前（会議目的が建替え決議又はマンション敷地売却決議であるときは2ヵ月前）**までに、会議の日時、場所（WEB会議システム等を用いて会議を開催するときは、その開催方法）**及び**目的**を示して、**組合員に通知**を発しなければならない（標準管理規約43条1項）。そして、WEB会議システム等を用いて会議を開催する場合における通知事項のうち、「**開催方法**」については、当該**WEB会議システム等にアクセスするためのURL**が考えられ、これに合わせて、なりすまし防止のため、WEB会議システム等を用いて出席を予定する組合員に対しては個別にID及びパスワードを送付することが考えられる（同関係コメント）。

イ　不適切　**「報告できません」➡「報告できます」**

理事長は、**通常総会**において、**組合員に対し**、前会計年度における**管理組合の業務の執行に関する報告**をしなければならない（38条3項）。これについては、**WEB会議システム等を用いて開催する通常総会**において、**理事長が当該システム等を用いて出席し報告を行うことも可能**であるが、WEB会議システム等を用いない場合と同様に、各組合員からの質疑への応答等について適切に対応する必要があることに留意すべきである（同関係コメント②）。

ウ　不適切　**「決議そのものはWEB会議システム等で行うことはできません」**
➡「行うことができます」

建替え決議又は**マンション敷地売却決議**を目的とする総会を招集する場合、少なくとも**会議を開く日の1ヵ月前までに**、当該招集の際に通知すべき事項について組合員に対し説明を行うための**説明会を開催**しなければならない（43条7項）。これについては、総会と同様に、**WEB会議システム等を用いて説明会を開催することも可能**である（同関係コメント）。また、**決議そのものもWEB会議システム等で行うことは可能**である（47条1項参照）。

エ　適　切

定足数について、議決権を行使することができる組合員がWEB会議システム等を用いて出席した場合には、定足数の算出において出席組合員に含まれると考えられる。これに対して、議決権を行使できない傍聴人としてWEB会議システム等を用いて**議事を傍聴する組合員**については、**出席組合員には含まれない**と考えられる（47条関係コメント①）。

したがって、**適切なものはア・エの二つ**であり、**正解は❷**となる。

管理組合が、集会所における集会とＷＥＢ会議システムを併用して総会を行おうとする場合の取扱いに関する次の記述のうち、標準管理規約によれば、適切なものはどれか。

❶　ＷＥＢ会議システムにより出席する組合員の議決権行使の取扱いを、あらかじめ管理規約に定めておく必要がある。

❷　理事長は、前会計年度における管理組合の業務の執行に関し報告をして各組合員からの質疑への応答等に適切に対応する必要があることから、集会所における集会に出席しなければならない。

❸　いずれの方法によっても総会に出席できない組合員は、その配偶者が集会所における集会に出席できる場合であっても、ＷＥＢ会議システムにより出席を予定している他の組合員を代理人として議決権を行使することができる。

❹　理事長は、ＷＥＢ会議システムにより出席することを予定している組合員に個別のＩＤ及びパスワードを送付する必要があるため、緊急を要する場合であっても、少なくとも会議を開く日の２週間前までに招集通知を発しなければならない。

WEB会議システムで出席の組合員議決権行使取扱いを規約に定めるのは不要。

❶ **不適切** 「管理規約に定めておく必要がある」
➡「管理規約の定めは不要である」

WEB会議システム等を用いて総会に出席している組合員が議決権を行使する場合の取扱いは、**WEB会議システム等を用いずに総会に出席している組合員が議決権を行使する場合と同様**であり、区分所有法39条3項に規定する**規約の定めや集会の決議は不要**である（標準管理規約46条関係コメント⑧）。

❷ **不適切** 「集会所における集会に出席しなければならない」
➡「WEB会議システム等を用いて出席し報告を行うことも可能」

理事長は、**通常総会**において、**組合員に対し**、前会計年度における**管理組合の業務の執行に関する報告**をしなければならない（38条3項）。これについては、**WEB会議システム等を用いて開催する通常総会**において、**理事長が当該システム等を用いて出席し報告を行うことも可能**であるが、WEB会議システム等を用いない場合と同様に、各組合員からの質疑への応答等について適切に対応する必要があることに留意すべきである（同関係コメント②）。

❸ **適　切**

❶解説参照。そして、組合員が代理人により議決権を行使しようとする場合、その代理人となれる者は、①その組合員の**配偶者**（婚姻の届出をしていないが事実上婚姻関係と同様の事情にある者を含む）、②一親等の親族、③その組合員の住戸に同居する親族、④**他の組合員**、のいずれかである（46条5項）。したがって、いずれの総会に出席できない組合員は、たとえ配偶者が集会所における集会に出席できる場合でも、WEB会議システムにより出席を予定している他の組合員を代理人として議決権を行使できる。

❹ **不適切** 「個別のID及びパスワードを送付する必要があるわけではない」

総会を招集するには、少なくとも会議を開く日の**2週間前**（会議の目的が建替え決議又はマンション敷地売却決議であるときは2ヵ月前）**までに**、**会議の日時**・場所（**WEB会議システム等を用いて会議を開催するときは**、その**開催方法**）及び**目的**を示して、**組合員に通知**を発しなければならない（43条1項）。そして、WEB会議システム等を用いて会議を開催する場合における通知事項のうち、「**開催方法**」については、**当該WEB会議システム等にアクセスするためのURL**が考えられ、これに合わせて、なりすまし防止のため、WEB会議システム等を用いて出席を予定する組合員に対しては**個別にID及びパスワードを送付することが考えられる**（同関係コメント）。つまり、**ID及びパスワードの送付は義務ではない**。なお、**緊急を要する場合**（会議の目的が建替え決議又はマンション敷地売却決議であるときを除く）には、**理事長**は、**理事会の承認**を得て、**5日間**を下回らない範囲において、**通知期間を短縮**することができる（43条9項）。

正解 ❸

標準管理規約㉓（給水管工事）

R元-問26

規約が標準管理規約の定めと同一である甲マンション管理組合では、計画修繕工事で給水管の更新工事を行う予定である。これに関し、理事長が理事会の席上で行った次の説明のうち、標準管理規約によれば、適切なものはどれか。

❶　給水管の更新工事に際し、共用部分である本管と専有部分である枝管の工事を一体として行う場合には、現規約には一体として管理組合が工事を行う旨の規定がないため、規約をその旨変更した上で当該工事を実施する必要があります。

❷　給水管の更新工事に際し、共用部分である本管と専有部分である枝管の工事を一体として行う場合には、専有部分に係るものの費用については各区分所有者が実費に応じて負担すべきです。

❸　給水管の更新工事には修繕積立金を充当することになりますが、修繕積立金を取り崩すには、総会で組合員総数及び議決権総数の各$\frac{3}{4}$以上の決議が必要となります。

❹　給水管の更新工事は共用部分の変更に該当するので、工事を実施するには、総会で組合員総数及び議決権総数の各$\frac{3}{4}$以上の決議が必要となります。

共用部分と構造上一体の専有部分➡規約変更なしに管理組合が行える。

❶ **不適切** **「規約をその旨変更した上で」➡「規約の変更は不要」**

専有部分である設備のうち**共用部分**と**構造上一体**となった部分の管理を共用部分の管理と**一体として行う**必要があるときは、**管理組合がこれを行うことができる**（標準管理規約21条２項）。つまり、規約を変更しなくても行うことができる。

❷ **適　切**

配管の取替え等に要する費用のうち**専有部分に係る**ものについては、各区分所有者が**実費に応じて負担**すべきものである（21条関係コメント⑦）。

❸ **不適切** **「組合員総数および議決権総数の各$\frac{3}{4}$以上」**
➡「出席組合員の議決権の過半数」

修繕積立金を取り崩すには、総会で**出席組合員の議決権の過半数**の**決議**が必要となる（47条２項、48条10号、28条１項）。

❹ **不適切** **「組合員総数および議決権総数の各$\frac{3}{4}$以上」**
➡「出席組合員の議決権の過半数」

頻出

給水管更生・更新工事は**普通決議**（出席組合員の議決権の過半数の決議）で実施可能と考えられる（47条関係コメント⑥オ）。

正解 ❷

管理委託契約書・標準管理規約・その他関連知識

総会の決議に関する次の記述のうち、標準管理規約によれば、適切なものはどれか。

❶　敷地及び共用部分等の変更を決議するに際し、その変更が専用使用部分の使用に特別の影響を及ぼすべきときは、その専用使用部分の専用使用を認められている組合員の承諾を得なければならず、この場合において、当該組合員は正当な理由がなければこれを拒否してはならない。

❷　マンション敷地売却決議は、組合員総数の$\frac{4}{5}$以上及び議決権総数の$\frac{4}{5}$以上で行うことができる。

❸　建物の価格の$\frac{1}{2}$以下に相当する部分が滅失した場合の滅失した共用部分の復旧の決議は、組合員総数の$\frac{3}{4}$以上及び議決権総数の$\frac{3}{4}$以上で行わなければならない。

❹　総会においては、あらかじめ組合員に目的等を示して通知した事項のほか、出席組合員の過半数が同意した事項について決議することができる。

Point マンション敷地売却決議➡「どの場合に」「各$\frac{4}{5}$以上か」を要確認。

❶ 適　切

敷地・共用部分等の変更（その形状・効用の著しい変更を伴わないものおよび耐震改修法25条２項に基づく認定を受けた建物の耐震改修を除く）が、専有部分・専用使用部分の使用に**特別の影響を及ぼすとき**は、その専有部分を所有する組合員またはその専用使用部分の専用使用を認められている**組合員の承諾**を得なければならない（標準管理規約47条８項前段・３項２号）。この場合、その組合員は**正当な理由がなければ**、これを**拒否してはならない**（47条８項後段）。

注：本肢の「共用部分等の変更」について、重大変更か否かは明確ではないが、ここでは「重大変更を含む内容」と判断する。

❷ 不適切　**「組合員総数、議決権総数および敷地利用権の持分の価格の」**

マンション敷地売却決議は、組合員総数・議決権総数・敷地利用権の持分の価格の**各$\frac{4}{5}$以上**で行う（47条５項）

❸ 不適切　**「組合員総数…議決権総数の$\frac{3}{4}$以上」➡「出席組合員の議決権の過半数」**

建物の価格の$\frac{1}{2}$**以下**に相当する部分が滅失した場合の滅失した共用部分の**復旧決議**は、出席組合員の議決権の過半数で決する（47条２項・３項参照）。

❹ 不適切　**「出席組合員の過半数が同意した事項について決議できる」➡「できない」**

ひっかけ

総会においては、**あらかじめ通知**した事項について**のみ**、**決議**できる（47条10項）。本肢のように、**出席組合員の過半数の同意**があったとしても、通知していない事項について**決議できない**。

正解 ❶

41 標準管理規約㉕（配管設備工事等・管理費・修繕積立金）

CHECK!　R 4-問25　重要度 B

配管設備の工事等に関する次のマンション管理士の意見のうち、標準管理規約によれば、適切でないものはどれか。

❶ 共用部分配管設備の清掃等に要する費用は、共用設備の保守維持費として管理費を充当することが可能です。

❷ 共用部分の配管の取替えはそれだけでかなり多額の費用がかかるため、特別決議により実施する必要があります。

❸ 共用部分の配管の取替えと専有部分の配管の取替えを同時に行うことにより、専有部分の配管の取替えを単独で行うよりも費用が軽減される場合には、これらについて一体的に工事を行うことも考えられます。

❹ あらかじめ長期修繕計画において専有部分の配管の取替えについて記載し、その工事費用を修繕積立金から拠出することについて規約に規定しておくことにより、修繕積立金を取り崩すことができます。

給水管更生・更新工事は普通決議で実施可能。

❶　**適　切**

配管の清掃等に要する費用については、「共用設備の保守維持費」として管理費を充当することが可能である（標準管理規約21条関係コメント⑦）。

❷　**不適切**　「特別決議」➡「普通決議」

給水管更生・更新工事は、普通決議により実施可能と考えられる（47条関係コメント⑥（オ））。したがって、共用部分の配管の取替えについては、特別決議により実施する必要はない。

❸　**適　切**

共用部分の配管の取替えと専有部分の配管の取替えを同時に行うことにより、専有部分の配管の取替えを単独で行うよりも費用が軽減される場合には、これらについて一体的に工事を行うことも考えられる（21条関係コメント⑦）。

❹　**適　切**

あらかじめ長期修繕計画において専有部分の配管の取替えについて記載し、その工事費用を修繕積立金から拠出することについて規約に規定するとともに、先行して工事を行った区分所有者への補償の有無等についても十分留意することが必要である（21条関係コメント⑦）。この場合、修繕積立金を取り崩すことができる。

正解 ❷

42 標準管理規約㉖（役員・決議事項）

H29-問26

重要度 A

役員の選任等に関する次の記述のうち、標準管理規約によれば、適切でないものはいくつあるか。

ア　役員は半数改選とし、役員の任期を２年とする旨を規約に定めることができる。

イ　外部専門家を役員として選任できることとした場合、外部専門家が役員に選任された後に組合員となり、その後、その外部専門家が組合員でなくなったときは、当然に役員としての地位を失う。

ウ　正当な理由もなく恒常的に理事会を欠席している監事は、理事会の決議により解任することができる。

エ　理事の選任は総会の決議によるものとし、選任された理事の間で各理事の役職を決定する。

❶　一つ

❷　二つ

❸　三つ

❹　四つ

監事の解任 ➡ 理事会ではなく総会の決議事項！

ア　適　切

役員は**半数改選**とし、役員の**任期を２年**とする旨を規約に定めることができる（標準管理規約36条１項、同関係コメント②）。

イ　不適切　「当然に役員としての地位を失う」
➡「当然に役員としての地位を失うわけではない」

外部の専門家として選任された役員は、**専門家としての地位に着目して役員に選任**されたものであるから、当該役員が役員に選任された後に組合員となった場合にまで、**組合員でなくなれば**当然に役員としての**地位も失う**とするのは、**相当でない**（36条関係コメント③）。

ウ　不適切　「理事会の決議」➡「総会の決議」

ひっかけ

監事の解任は、**総会の決議事項**である（48条２号）。

エ　不適切　「理事の間で」➡「理事会で」

理事の選任は、**総会の決議**による（48条２号）。しかし、**理事長・副理事長・会計担当理事**は、**理事会の決議**によって、理事のうちから**選任**し、または解任する（35条３項）。

したがって、**適切でないものはイ・ウ・エの三つ**であり、**正解は❸**となる。

正解 ❸

ＩＴを活用した管理組合の運営や手続きに関する次の記述のうち、標準管理規約によれば、適切なものはどれか。

❶　組合員が総会において議決権を行使する場合、書面による議決権の行使に代えて、電磁的方法によって行使することは認められていない。

❷　電磁的記録で作成された議事録の閲覧請求があったときは、当該電磁的記録に記録された情報の内容を紙面又は出力装置の映像面に表示する方法により表示したものを請求者の自宅において閲覧させることとなる。

❸　あらかじめ管理規約でＷＥＢ会議システム等を用いて総会が開催できる旨定めている場合に限り、当該方法により総会を開催することができる。

❹　住戸が売買されて組合員の変動が生じた場合の組合員の資格の得喪の届出は、電磁的方法により行うことができる。

組合員は、書面での議決権行使に代え、電磁的方法で議決権行使ができる。

❶ 不適切 「認められていない」➡「認められている」

電磁的方法が利用可能な場合、組合員は、書面による議決権の行使に代えて、**電磁的方法によって議決権を行使できる**（標準管理規約46条7項）。

❷ 不適切 「請求者の自宅」➡「当該議事録の保管場所」

電磁的方法が利用可能な場合において、理事長は、議事録を保管し、組合員又は利害関係人の書面又は電磁的方法による請求があったときは、議事録の閲覧（議事録が電磁的記録で作成されているときは、当該**電磁的記録に記録された情報の内容を紙面又は出力装置の映像面に表示する方法**により表示したものの「**当該議事録の保管場所」における閲覧**をいう）をさせなければならない（49条5項）。したがって、請求者の自宅において閲覧させるとしている本肢は適切でない。

❸ 不適切 「定められている場合に限り」➡「定められていなくても」

「総会の会議（**WEB会議システム等を用いて開催する会議を含む**）は、議決権総数の半数以上を有する組合員が出席しなければならない」とし、WEB会議システム等を用いた方法で総会の会議を開催できる（標準管理規約47条1項）。

❹ 適 切

電磁的方法が利用可能な場合、新たに**組合員の資格を取得し又は喪失した者は、直ちにその旨を書面又は電磁的方法**により**管理組合に届け出な**ければならない（31条）。

正解 ❹

44 標準管理規約㉘（理事会・総会決議）

R元-問29改　重要度 B

管理組合の総会及び理事会の決議に関する次の記述のうち、標準管理規約によれば、適切なものはどれか。ただし、電磁的方法が利用可能ではない場合とする。

❶ 理事会において総会に提出する規約変更案を決議する場合には、理事総数の$\frac{3}{4}$以上の賛成が必要である。

❷ 総会の前の日に共用部分の漏水で緊急に工事が必要となった場合、理事長が、総会当日に理事会を開催し、工事の実施等を議案とする旨の決議を経て総会に提出したとしても、その総会で緊急の工事の実施を決議することはできない。

❸ 各戸の議決権割合が同一である管理組合で、書面決議をすることにつきあらかじめ全員の承諾を得ている普通決議事項の議案は、総戸数の過半数の賛成書面が集まらなければ可決とはならない。

❹ 理事長は、通常総会を、毎年１回新会計年度開始以後１か月以内に招集しなければならない。

総会の決議か理事会の決議かを分類し、整理しよう！

❶ 不適切 「理事総数の$\frac{3}{4}$以上」➡「出席理事の過半数」

理事会の会議（WEB会議システム等を用いて開催する会議を含む）は、理事の半数以上が出席しなければ開くことができず、その議事は**出席理事の過半数**で決する（標準管理規約53条1項）。

❷ 適　切

総会においては、**あらかじめ通知した事項**についてのみ、**決議**できる（47条10項、43条1項）。したがって、本肢のような場合でも、総会で緊急の工事の実施等を**決議できない**。なお、**理事長**は、災害等の緊急時においては、総会または理事会の決議によらずに、敷地および共用部分等の必要な**保存行為**ができる（21条6項）。

❸ 不適切 「総戸数の過半数」➡「出席組合員の議決権の過半数」

規約により総会において決議をすべき場合、**組合員全員の承諾**があるときは、書面**による決議**ができる（50条1項）。規約により総会において決議すべきものとされた事項についての書面による決議は、**総会の決議と同一の効力を有する**（同3項）。したがって、普通決議事項の議案は、**出席組合員の議決権の過半数の賛成により可決**できる（47条2項）。

❹ 不適切 「1ヵ月」➡「2ヵ月」

理事長は、**通常総会**を、毎年1回新会計年度開始以後2ヵ月以内**に招集**しなければならない（42条3項）。

正解 ❷

管理組合の総会において、総会を開催することに代えて、書面又は電磁的方法による決議（この問いにおいて「書面等による決議」という。）をしようとする場合に係る次の記述のうち、区分所有法及び標準管理規約によれば、適切でないものはどれか。ただし、当該管理組合の管理規約において、書面等による決議が可能である旨規定されており、電磁的方法が利用可能ではない場合とする。

❶ 規約により総会において決議をすべき場合において、組合員全員の承諾があるときは、書面等による決議をすることができる。

❷ 書面等による決議をすることの承諾を得た議案について、当該議案が可決されるためには、すべての組合員が賛成することが必要とされる。

❸ 規約により総会において決議すべき事項につき、組合員全員の書面等による合意があったときは、改めて決議を行わなくても、書面等による決議があったものとみなされる。

❹ 書面等による決議がなされた場合には、理事長は、各組合員から提出された書面等を保管し、組合員又は利害関係人の請求があれば、その書面等を閲覧に供しなければならない。

組合員全員の承諾があれば、書面等による決議ができる。

❶ 適　切

頻出

規約により集会（総会）において決議をすべき場合において、区分所有者（組合員）全員の承諾があるときは、書面又は**電磁的方法による決議**（以下「書面等による決議」という）をすることができる（区分所有法45条1項、標準管理規約50条1項）。

❷ 不適切　**「すべての組合員が賛成」➡「決議の内容により異なる」**

書面等による決議をすることになった場合、各議案（決議内容）については、普通決議事項であれば出席組合員の議決権の過半数で、特別決議事項であれば組合員総数及び議決権総数の$\frac{3}{4}$以上あるいは$\frac{4}{5}$以上という多数決で決することとなり、**すべての区分所有者が賛成することが必要とされているわけではない。**

区分所有者全員の承諾により、**書面等による決議**をすることになった場合の「全員の承諾」と、混乱しないようにしよう（肢1参照）。こちらは、**集会を開催せずに**、書面等による決議をすること（**決議の方法**）に対する承諾のことである（区分所有法45条1項、標準管理規約50条1項参照）。

❸ 適　切

区分所有法又は**規約**により集会において決議すべきものとされた事項については、**区分所有者全員の書面等による合意**があったときは、**書面等による決議**があったものとみなされる（区分所有法45条2項、標準管理規約50条3項）。

❹ 適　切

書面等による決議がなされた場合には、理事長は、各組合員から提出された**書面等を保管**し、区分所有者又は利害関係人の**請求**があれば、その書面等を閲覧に供しなければならない（区分所有法45条4項、33条1項・2項、標準管理規約50条5項、49条5項）。

正解 ❷

マンションの区分所有者が、自己の所有する専有部分の修繕を行う場合に関する次の記述のうち、標準管理規約によれば、適切なものはどれか。

❶　理事長の承認を受けて専有部分の設備交換にあわせて専有部分に属する配管（枝管）の取替え工事を行う場合において、共用部分内に係る工事については、管理組合が当該工事を実施するよう理事長に要請しなければならない。

❷　共用部分又は他の専有部分に影響を与えるおそれがない専有部分に係る修繕工事であれば、工事の実施に際し管理組合や理事長に対し特段の手続をとる必要はない。

❸　専有部分の修繕工事の申請に対して、理事長が、理事会の決議に基づき承認又は不承認を決定する場合、理事の過半数の承諾があれば、書面又は電磁的方法により理事会の決議を行うことができる。

❹　理事長の承認を受けて専有部分の修繕工事が実施されたが、その後に工事による影響が共用部分に生じた場合には、当該工事を発注した区分所有者は、当該影響を排除するための措置を講ずべき責任を負う必要はない。

配管（枝管）の取替え工事は、共用部分内でも理事長の承認で区分所有者が行える。

❶ 不適切 「理事長に要請しなければならない」
➡「理事長の承認を得て区分所有者が行うことができる」

配管・配線（枝管・枝線）の取付け・取替え工事を行う場合、共用部分内に係る工事についても、理事長の承認を受ければ、区分所有者が行うことができる（標準管理規約17条関係コメント③）。

❷ 不適切 「特段の手続をとる必要はない」
➡「あらかじめ理事長に届け出なければならない」

区分所有者は、共用部分または他の専有部分に影響を与えるおそれがない修繕工事（「理事長の承認を要しない」とされている修繕等）でも、工事業者の立入り、工事の資機材の搬入、工事の騒音・振動・臭気等工事の実施によって発生する共用部分または他の専有部分への影響について管理組合が事前に把握する必要があるものを行うときは、あらかじめ、理事長にその旨を届け出なければならない（17条７項）。

❸ 適 切

専有部分の修繕工事の申請に対し、理事長が、理事会の決議に基づき承認または不承認を決定する場合、理事の過半数の承諾があれば、書面または電磁的方法により理事会の決議を行うことができる（53条２項、54条１項５号）。

❹ 不適切 「責任を負う必要はない」➡「必要な措置をとらなければならない」

理事長の承認を受けて専有部分の修繕工事が実施された後に、当該工事により共用部分または他の専有部分に影響が生じた場合は、当該工事を発注した区分所有者の責任・負担により、必要な措置をとらなければならない（17条６項）。

正解 ❸

47 標準管理規約㉛(管理組合・理事会)

CHECK! H28-問31 重要度 A

管理組合における代理行為又は代理人に関し、マンション管理士が行った次の助言のうち、標準管理規約によれば、適切なものはどれか。

❶ 理事長に事故があるときは、副理事長が理事長を代理しますが、その場合、個々の代理行為に当たっては理事会の承認を得なければなりません。

❷ 外部専門家を理事に選任している場合には、その理事に事故があるときでも理事会への代理出席を認めるべきではありません。

❸ 監事に事故があるときは、理事会決議により監事の職務を代理する者を選任し、その者が監事の代理人として、管理組合の業務の執行及び財産の状況の監査結果を総会で報告することになります。

❹ 組合員が代理人により議決権を行使しようとする場合に、その代理人の資格について制限を設けることは望ましくありません。

代理人により議決権行使をする場合、代理人資格の制限アリ。

❶ **不適切**「理事会の承認を得なければなりません」➡「理事会の承認は不要」

副理事長は、理事長を補佐し、**理事長に事故**があるときは、その職務を**代理し**、理事長が欠けたときは、その職務を行う（標準管理規約39条）。つまり、副理事長は、理事長に事故があるときは**当然に代理する**ため、個々の代理行為にあたって理事会の承認を**得る必要はない**。

❷ **適　切**

外部専門家など当人の**個人的資質や能力等に着目して選任**されている理事については、**代理出席を認めることは適当でない**（53条関係コメント③）。

❸ **不適切**「このような規定は存在しない」

標準管理規約では、**理事長に事故があるときは**、**副理事長**がその職務を**代理する**旨の規定は存在する。しかし、本肢のような**監事に関する規定は存在しない**。

❹ **不適切**「資格の制限は望ましくありません」➡「資格の制限を設けている」

標準管理規約では、組合員が代理人により議決権を行使しようとする場合、その代理人は、「①その**組合員の配偶者**（婚姻の届出をしていないが事実上婚姻関係と同様の事情にある者を含む）または**一親等の親族**、②その組合員の住戸に**同居する親族**、③**他の組合員**」でなければならない（46条5項）。このように、代理人の資格については、**制限が設けられている**。

管理委託契約書・標準管理規約・その他関連知識

正解 ❷

48 標準管理規約㉜(管理組合・理事会)

CHECK! H28-問30 重要度A

管理組合が、理事長が代表取締役を務める施工会社と共用部分の補修に係る工事請負契約を締結しようとする場合において、理事長がその利益相反取引に関し、理事会を招集し承認を受けようとすることについて、マンション管理士が役員に対して行った次の助言のうち、標準管理規約によれば、適切でないものはどれか。

❶ 理事長がこの理事会で承認を受けるには、当該取引について重要な事実の開示が必要です。

❷ 理事会の承認が得られても、理事長は当該取引では代表権を有しないので、監事か他の理事が、管理組合を代表して契約することになります。

❸ この理事会で決議を行う場合、理事の過半数の承諾があれば、書面又は電磁的方法による決議により行うこともできます。

❹ この理事会で決議を行う場合、理事長は議決権を行使することはできません。

利益相反取引➡書面・電磁的方法による理事会の決議は不可。

❶ 適　切

役員（本肢では、理事長）は、役員が**自己または第三者のために管理組合と取引をしようとする**ときには、理事会において、当該取引につき**重要な事実を開示し、その承認を受けなければならない**（標準管理規約37条の２第１号）。

❷ 適　切

管理組合と理事長との**利益が相反する事項**については、**理事長は、代表権を有しない**。この場合は、監事または**理事長以外の理事**が管理組合を代表する（38条６項）。

❸ 不適切 **「書面または電磁的方法による決議により行うこともできる」**
➡「できない」

①専有部分の修繕工事の承認･不承認、②共用部分等の保存行為の承認･不承認、③窓ガラス等の改良工事についての承認・不承認の決議については、理事の過半数の承諾があるときは、**書面または電磁的方法による決議**によることができる（53条２項、54条５号）。しかし、本肢の「**利益相反取引についての理事会の承認**」は、①～③のような「理事会における理事の過半数の承認があれば行える事項」の例外となり、**書面または電磁的方法による決議で行うことができない**。

❹ 適　切

理事会の決議について特別の**利害関係を有する理事は、議決に加わることができない**（53条３項）。したがって、本肢の「理事長」は、理事会において自己の議決権を行使することができない。

正解 ❸

理事会に関する次の記述のうち、標準管理規約によれば、適切でないものはどれか。

❶ 理事が不正の行為をしたと認める場合には、監事は、理事長に理事会の招集を請求することができるが、その請求から5日以内に、その請求があった日から2週間以内の日を理事会の日とする招集通知が発せられないときは、監事が理事長に代わり、理事会を招集しなければならない。

❷ 理事会は、管理組合の業務執行の決定だけでなく、業務執行の監視・監督機関としての機能を有する。

❸ 理事会は、その責任と権限の範囲内において、専門委員会を設置し、専門委員会は、調査又は検討した結果を理事会に具申する。

❹ 外部専門家を役員として選任できることとする場合、理事及び監事は総会で選任し、理事長、副理事長及び会計担当理事は、理事のうちから、理事会で選任する。

外部専門家を「役員に選任可」➡理事・監事は、総会で選任する。

❶ 不適切 「招集しなければならない」➡「招集できる」

監事は、「理事が不正な行為をしている等の事実があると認める場合」に、必要があるときは、理事長に対し、**理事会の招集を請求できる**（標準管理規約41条５項・６項）。そして、この**請求日から５日以内**に、その**請求日から２週間以内の日を理事会の日**とする理事会の**招集の通知が発せられない**場合は、その請求をした監事は、**理事会を招集できる**（同７項）。つまり、この監事による理事会の招集は、任意であって**義務ではない**。

❷ 適　切

理事会は、管理組合の**業務執行の決定**だけでなく、**業務執行の監視・監督機関**としての機能を有している（51条関係コメント）。

❸ 適　切

頻出

理事会は、その責任と権限の範囲内において、専門委員会を**設置**し、特定の課題を調査・検討させることができる（55条１項）。そして、専門委員会は、その**結果を理事会に具申**する（同２項）。

❹ 適　切

「外部**専門家を役員**として選任できる」とする場合（そうでないときと同様）、**理事および監事**は、総**会の決議で選任**し、または解任する（35条２項）。そして、**理事長、副理事長**および**会計担当理事**は、理事**会の決議**によって、理事のうちから**選任**し、または解任する（同３項）。

ちなみに、組合員以外の者から理事または監事を選任する場合の選任方法については、「細則」で定めなければならないことに注意。

正解 ❶

管理組合の役員及び理事会に関する次の記述のうち、標準管理規約によれば、適切なものはどれか。

❶ 区分所有者が、管理組合を原告とする滞納管理費等請求訴訟において被告となっていることは、役員の欠格事由に当たる。

❷ 監事は、業務監査及び会計監査の権限を有しており、業務の執行又は財産の状況を理事に報告するために、いつでも、自ら理事会の招集をすることができる。

❸ 大規模修繕工事の内容の検討のために建物診断を業者に依頼する場合、管理組合の理事会は、総会の決議を経ずに、理事会のみの判断で、建物診断の発注をすることができる。

❹ マンション管理士が外部専門家として理事に就任している管理組合において、当該組合が当該管理士との間で長期修繕計画作成のための契約を締結する場合には、当該管理士は理事会の承認を得なければならない。

マンション管理士が自己のため管理組合と取引➡理事会の承認が必要。

❶ 不適切 「役員の欠格事由に当たる」➡「当たらない」

①精神の機能の障害により役員の職務を適正に執行するに当たって必要な認知、判断及び意思疎通を適切に行うことができない者又は破産者で復権を得ないもの、②禁錮以上の刑に処せられ、その執行を終わり、又はその執行を受けることがなくなった日から5年を経過しない者、③暴力団員等（暴力団員又は暴力団員でなくなった日から5年を経過しない者をいう）のいずれかに該当する者は、役員となることができない（標準管理規約36条の2）。したがって、上記①～③のいずれにも該当しなければ、管理組合を原告とする滞納管理費等請求訴訟において被告となっていることは、役員の欠格事由に当たらない。

❷ 不適切 「このような規定はない」

監事は、管理組合の業務の執行及び財産の状況を監査し、その結果を総会に報告しなければならない（41条1項）。そして、監事は、管理組合の業務の執行及び財産の状況について不正があると認めるときは、臨時総会を招集できる（同3項）。また、監事は、理事が不正の行為をしている等の事実があると認めるときは、遅滞なく、その旨を理事会に報告しなければならず、この場合、必要があると認めるときは、理事長に対し、理事会の招集を請求できる（同5項・6項）。そして、この請求日から5日以内に、その請求日から2週間以内の日を理事会の日とする理事会の招集の通知が発せられない場合は、その請求をした監事は、理事会を招集できる（同7項）。しかし、本肢のような監事がいつでも自ら理事会の招集ができる旨の規定はない。

❸ 不適切 「総会の決議を経ずに、理事会のみの判断」➡「総会の決議が必要」

管理組合は、建物並びにその敷地及び附属施設の管理のため、長期修繕計画の作成又は変更に関する業務を行う（32条3号）。そして、長期修繕計画の作成又は変更及び修繕工事の実施の前提として、劣化診断（建物診断）を管理組合として併せて行う必要がある（32条関係コメント③）。また、修繕工事の前提としての劣化診断（建物診断）に要する経費の充当については、修繕工事の一環としての経費であることから、原則として修繕積立金から取り崩すこととなる（32条関係コメント④）。このような大規模修繕工事に要する経費は特別の管理に要する経費であり、その経費に充当するための修繕積立金の取崩しについては、総会の決議を経る必要がある（48条10号、28条1項1号、47条2項）。したがって、大規模修繕工事の内容の検討のために建物診断の発注をするには、総会の決議を経る必要がある。

❹ 適　切

役員（本肢では、外部専門家として理事に就任しているマンション管理士）が自己又は第三者のために管理組合と取引（本肢では、長期修繕計画作成のための契約）をしようとするときには、理事会において、当該取引につき重要な事実を開示し、その承認を受けなければならない（37条の2第1号）。したがって、当該マンション管理士は理事会の承認を得なければならない。

正解 ❹

標準管理規約㉟（外部専門家）

R 5-問28

管理組合が、外部専門家を理事長に選任しようとする場合の手続きに関する次の記述のうち、標準管理規約及び外部専門家の活用ガイドライン（国土交通省平成29年６月公表）によれば、適切でないものはどれか。ただし、当該管理組合の管理規約には、標準管理規約に沿って外部専門家を役員として選任できる旨が規定されているものとする。

❶　外部専門家の選任方法については、細則に委任されているので、あらかじめ細則等において、役職も含めて総会で決議する等の特別の手続きを定めておくことが望ましい。

❷　マンション管理士の登録の取消し又はマンション管理に関する分野に係る資格についてこれと同様の処分を受けた者は、役員になることはできないことを細則で定めることができる。

❸　外部専門家を理事長とするためには、管理組合の内部での手続きとあわせ、管理組合と外部専門家との間で、理事長業務の委託契約を締結する必要がある。

❹　外部専門家の導入のための総会決議において、選任方法について細則を定める場合には、組合員総数及び議決権総数の各$\frac{3}{4}$以上の多数による決議が必要となる。

外部専門家の選任方法の細則を定めるには、出席組合員の議決権の過半数で決議。

❶ **適　切**

外部専門家の選任方法については、**細則に委任されている**ので、**あらかじめ細則等**において、**特別の手続**（役職も含めて総会で決議する等）を定めておくことが望ましいと考えられる（外部専門家の活用のガイドライン２（2）②１、標準管理規約35条４項）。

❷ **適　切**

外部の専門家からの役員の選任について、マンション管理に関する各分野の**専門的知識を有する者から役員を選任しようとする場合**にあっては、**マンション管理士の登録の取消し**又は**マンション管理に関する分野に係る資格についてこれと同様の処分を受けた者**は役員となることができないことを**細則に定めることができる**（標準管理規約36条の２関係コメント②）。

❸ **適　切**

標準管理規約では、外部専門家が**理事長**（＝管理者）となることも想定されている（35条２項～４項、全般関係コメント③）。この点、管理組合は、建物、敷地等の管理を行うために区分所有者全員で構成される団体であることを踏まえ、役員の資格要件を、当該マンションへの居住の有無に関わりなく区分所有者であるという点に着目して、「組合員」としているが、全般関係③で示したとおり、必要に応じて、マンション管理に係る専門知識を有する**外部の専門家の選任も可能とするように当該要件を外す**ことも考えられる。この場合、「外部専門家を役員として選任できることとする場合」の35条４項のように、選任方法について**細則で定める**旨の規定を置くことが考えられる（35条関係コメント①）。また、**委託契約を締結する**ことにより、**役員の業務を外部専門家に委託**できる。外部専門家である役員の権限・責任や区分所有者との関係についての基本的な内容は、区分所有法や管理規約、細則等で定められるが、これらで定められた内容やその詳細について、書面で契約として締結して明確化しておくことも有効であると考えられる（外部専門家の活用のガイドライン４（1）①）。したがって、外部専門家を理事長とするためには、管理組合の内部での手続とあわせて、管理組合と外部専門家の間で、理事長業務の委託契約を締結する必要がある。

❹ **不適切**　**「組合員総数及び議決権総数の各$\frac{3}{4}$以上の多数」**
➡**「出席組合員の議決権の過半数」**

頻出

総会決議において、外部専門家の選任方法について**細則を定める場合**、**出席組合員の議決権の**過半数で決する（標準管理規約48条１号、47条２項）。

管理委託契約書・標準管理規約・その他関連知識

盗難被害が発生したマンションの管理組合における今後の防犯対策に関する次の記述のうち、標準管理規約によれば、適切でないものはどれか。

❶ マンションやその周辺における防災・防犯活動のうち、その経費に見合ったマンションの資産価値の向上がもたらされるもので、建物並びにその敷地及び附属施設の管理の範囲内で行われる活動については、管理組合で実施することができる。

❷ 1階部分の住戸の区分所有者から、住戸の窓や扉等の開口部につき防犯機能を強化するための改良工事を、当該区分所有者の責任と負担において実施する旨の申出があった場合において、管理組合が当該工事を速やかに実施できないときは、理事長は、理事会の決議を経て当該工事の実施の承認をすることができる。

❸ 共用部分に防犯カメラを設置する工事や敷地内に防犯灯を設置する工事は、総会の普通決議により実施可能である。

❹ 現在空室となっている住戸に不審者が出入りをしているとの通報があった場合には、理事長は、当該住戸の区分所有者に対し請求をすることなく、直ちに当該住戸に立ち入り、室内を確認することができる。

防犯化工事である防犯カメラ・防犯灯の設置工事は普通決議で実施可能。

❶ 適　切

管理組合による従来の活動の中でいわゆるコミュニティ活動と称して行われていたもののうち、例えば、**マンションやその周辺における**美化や清掃、景観形成、**防災・防犯活動**、生活ルールの調整等で、**その経費に見合ったマンションの資産価値の向上がもたらされる活動**は、それが区分所有法３条に定める管理組合の目的である「**建物並びにその敷地及び附属施設の管理**」の**範囲内で行われる限り**において、**管理組合で実施**できる（標準管理規約32条関係コメント⑧）。

❷ 適　切

区分所有者は、管理組合が共用部分のうち各住戸に附属する**窓枠、窓ガラス、玄関扉**その他の**開口部に係る改良工事**であって、**防犯**、防音又は断熱等の住宅の**性能の向上等に資するもの**について速やかに実施できない場合には、あらかじめ**理事長に申請**して**書面による承認**を受けることにより、当該工事を当該**区分所有者の責任と負担において実施できる**（22条１項・２項）。この場合、**理事長**は、理事会の**決議**により、その**承認又は不承認を決定**しなければならない（同３項、17条３項）。なお、承認の申請先等は理事長であるが、承認・不承認の判断はあくまで**理事会の決議**によるものである（同関係コメント④）。

❸ 適　切

頻出

防犯化工事に関する**防犯カメラ**、**防犯灯の設置工事**は、**普通決議**により**実施可能**と考えられる（47条関係コメント⑥（ウ））。

❹ 不適切　**「直ちに当該住戸に立ち入り、室内を確認できる」**
➡「立ち入ることはできない」

理事長は、**災害**、**事故等が発生**した場合で、緊急に立ち入らないと共用部分等又は他の専有部分に対して物理的に又は機能上重大な影響を与えるおそれがあるときは、**専有部分**又は専用使用部分**に自ら立ち入り**、又は委任した者に立ち入らせることができる（23条４項）。この場合、緊急の立入りが認められるのは、災害時等における共用部分に係る**緊急的な工事に伴い必要**な場合や、**専有部分における大規模な水漏れ**等、そのまま放置すれば、**他の専有部分や共用部分に対して物理的に又は機能上重大な影響を与える**おそれがある場合に限られる（同関係コメント①）。したがって、現在空室となっている住戸に不審者が出入りしているとの通報があった場合では、上記に該当せず、理事長は、直ちに当該住戸に立ち入ることはできない。

正解 ❹

管理組合が実施する災害への備えのための活動に関する次の記述のうち、標準管理規約によれば、適切でないものはどれか。

❶ 管理組合は、近隣の自治会とも連携して地域住民と一体的に行われる防災訓練の費用について、マンション住民の避難訓練に相当する分を、管理費から拠出することができる。

❷ 管理組合は、組合員名簿とは別に、災害発生時に特別な支援を要する者に係る名簿を備えることとし、該当する組合員や居住者に当該名簿への記載の協力を求めることができる。

❸ 災害発生時に共用部分や他の専有部分に対して物理的に又は機能上重大な影響を与えるおそれがあるとして、理事長が緊急に専有部分や専用使用部分に立ち入るため、管理組合が各住戸の合い鍵を預かっておくことを定めることもできる。

❹ 組合員総数及び議決権総数の各４分の３以上の多数による決議で管理規約を改正することにより、災害が発生して総会が開催できない場合には、全員の承諾を要せずに書面決議をすることができる。

避難訓練に相当する分の防災訓練の費用は、管理費から拠出可。

❶ 適　切

マンション住民の避難訓練に相当する分の**防災訓練の費用**は、**防災並びに居住環境の維持及び向上に関する業務**に要する費用として、管理費から拠出できる（標準管理規約27条11号、32条12号、27条関係コメント②、32条関係コメント⑧）。

❷ 適　切

理事長は、**組合員名簿**を作成して保管する義務を負う（64条１項）。また、管理組合は、**防災に関する業務**を行う（32条12号）。この防災に関する業務として、災害発生時に住人の安否を確認するために管理組合で事前に居住者名簿を整備しておくことが挙げられる。特に、特別な支援を要する者への対応が優先してできるように、特別な支援が必要な者には前もって情報を届け出てもらうことが考えられる。したがって、管理組合は、組合員名簿とは別に、**災害発生時に特別な支援を要する者に係る名簿**を備えることとし、該当する組合員等に当該名簿への記載の協力を求めることができる。

❸ 適　切

頻出

理事長は、**災害・事故等が発生**した場合であって、緊急に立ち入らないと共用部分等又は他の専有部分に対して物理的に又は機能上重大な影響を与えるおそれがあるときは、**専有部分又は専用使用部分に自ら立ち入り、**又は委任した者に立ち入らせることができる（23条４項）。この規定の実効性を高めるため、**管理組合が各住戸の合い鍵を預かっておくことを定めること**も考えられるが、プライバシーの問題等があることから、各マンションの個別の事情を踏まえて検討する必要がある（同関係コメント②）。

❹ 不適切　「できる」➡「できない」

規約により総会において決議をすべき場合、**組合員全員の承諾があるときは、書面による決議**ができる（50条１項本文）。この組合員全員の承諾が必要としているのは、組合員が総会に出席して発言や討論をする機会が不当に奪われることがないようにするためである。したがって、管理規約を改正することにより、災害が発生して総会が開催できない場合でも、全員の承諾を要せずに書面決議はできない。

正解 ❹

理事会に関する次の記述のうち、標準管理規約によれば、適切なものはどれか。ただし、会議の目的が建替え決議又はマンション敷地売却決議ではない場合とする。

❶　理事長が理事会を招集するためには、少なくとも会議を開く日の２週間前までに会議の日時、場所及び目的を示して理事に通知すれば足りる。

❷　組合員が組合員総数及び議決権総数の$\frac{1}{5}$以上に当たる組合員の同意を得て、会議の目的を示して総会の招集を請求した場合は、理事長は、臨時総会の招集の通知を発しなければならないが、通知を発することについて理事会の決議を経ることを要しない。

❸　理事会の招集手続については、総会の招集手続の規定を準用することとされているため、理事会においてこれと異なる定めをすることはできない。

❹　理事会には理事本人が出席して、議論に参加し、議決権を行使することが求められているので、理事会に出席できない理事について、書面をもって表決することを認める旨を規約で定めることはできない。

理事長が理事会を招集 ➡ 理事・監事に要通知。

❶ 不適切 「理事に通知」➡「理事・監事に通知」

理事長が理事会を招集するには、少なくとも会議を開く日の２週間前までに、会議の日時・場所（WEB会議システム等を用いて会議を開催するときは、その開催方法）・目的を示して、理事・監事に**通知**を発しなければならない（標準管理規約52条４項、43条１項）。

❷ 適　切

組合員が組合員総数の$\frac{1}{5}$以上および議決権総数の$\frac{1}{5}$以上に当たる組合員の同意を得て、会議の目的を示して**総会の招集**を請求した場合、理事長は、２週間以内にその請求日から４週間以内の日を会日とする臨時総会の招集通知を発しなければならない（44条１項）。そして、**理事長**は、当該**通知を発する**ことにつき、**理事会の決議**は**不要**である。

❸ 不適切 「異なる定めはできない」➡「できる」

理事会の招集手続については、**総会の招集手続**の規定を**準用**するとされているが、理事会において別段の定めができる（52条４項、43条）。

❹ 不適切 「規約で定めることはできない」➡「できる」

理事が理事会をやむを得ず欠席する場合、代理出席によるのではなく、事前に議決権行使書または意見を記載した書面を出せるようにすることが考えられる。これを認める場合、**理事会に出席できない理事**が、あらかじめ通知された事項について、**書面をもって表決すること**を認める旨を、**規約の明文の規定**で定めることが必要である（53条関係コメント④）。

正解 ❷

標準管理規約㊴（理事会）

H29-問29

理事会運営に関する次の記述のうち、標準管理規約によれば、適切なものはどれか。

❶ 理事会に理事がやむを得ず欠席する場合において、事前に議決権行使書又は意見を記載した書面を出すことができる旨を認めるときは、あらかじめ通知された事項について、書面をもって表決することを認める旨を、理事会の決議によって定めることが必要である。

❷ 理事会において外部専門家である理事の代理出席を認める場合には、あらかじめ総会において、外部専門家の理事としての職務を代理するにふさわしい資質・能力を有するか否かを審議の上、その職務を代理する者を定めておくことが望ましい。

❸ 理事会が正式な招集手続に基づき招集され、理事の半数以上が出席していれば、監事が出席していなくても、理事会を開催することができる。

❹ 理事会で専有部分の修繕に係る申請に対する承認又は不承認の決議を行う場合には、理事全員の承諾がなければ書面又は電磁的方法による決議を行うことができない。

修繕申請に対する書面・電磁的決議➡理事の過半数の承諾で可。

❶ 不適切 **「理事会の決議によって定める」➡「規約の明文の規定で定める」**

理事がやむを得ず欠席する場合、代理出席によるのではなく、事前に議決権行使書または意見を記載した書面を出すことができる旨を認めるときは、**理事会に出席できない理事**が、あらかじめ通知された事項について、**書面**をもって**表決することを認める旨**を、規約の明文の規定で**定める**ことが必要である（標準管理規約53条関係コメント④）。

❷ 不適切 **「外部専門家の理事においても、代理する者を定めておくことが望ましい」➡「代理出席を認めることは適当でない」**

理事会において理事（**外部専門家の理事を除く**）の代理出席を認める場合、あらかじめ総会において、それぞれの理事ごとに、理事の職務を代理するにふさわしい資質・能力を有するか否かを審議の上、その職務を代理する者を定めておくことが望ましい。しかし、外部専門家など、当人の個人的資質や能力等に着目して選任されている理事については、**代理出席を認めることは**適当でない（53条関係コメント③）。

❸ 適　切

理事会は、正式な招集手続に基づき招集され、理事の半数以上**が出席**した場合、監事が出席していなくても、**理事会を開催できる**。さらに、監事の欠席は、決議等の有効性には影響しない（53条１項、41条関係コメント②）。

❹ 不適切 **「理事全員の承諾」➡「理事の過半数の承諾」**

専有部分の修繕に係る申請に対する承認・不承認の決議を行う場合、理事の過半数の承諾があるときは、**書面**または**電磁的方法による決議**によることができる（53条２項、54条１項５号、17条）。

正解 ❸

管理委託契約書・標準管理規約・その他関連知識

管理組合の理事会に関する次の記述のうち、標準管理規約によれば、適切なものはどれか。ただし、使用細則や理事会決議で特段の取扱いは定めていないものとする。

❶　理事会に理事長及び副理事長のいずれもが欠席した場合には、理事の半数が出席した場合であっても、その理事会を開催することはできない。

❷　理事が不正の行為をしたと認める場合には、監事は、理事長に対し理事会の招集を請求することができ、請求があった日から５日以内に、その請求があった日から２週間以内の日を理事会の日とする理事会の招集の通知を理事長が発しない場合には、その請求をした監事が理事会を招集することができる。

❸　区分所有者から敷地及び共用部分等の保存行為を行うことの承認申請があった場合の承認又は不承認について、書面又は電磁的方法により決議をするためには、理事全員の同意が必要である。

❹　緊急を要する場合において、理事の過半数の承諾があれば、理事長は、会日の５日前に理事会の招集通知を発することにより、理事会を開催することができる。

理事長は緊急なら理事・監事全員の同意で、一定範囲で理事会の招集期間を短縮可。

❶ 不適切 「開催できない」➡「開催できる」

理事会の会議（WEB会議システム等を用いて開催する会議を含む）は、理事の半数以上が出席しなければ開くことができず、その議事は出席理事の過半数で決する（標準管理規約53条1項）。したがって、理事の半数以上が出席すれば、理事長及び副理事長のいずれもが欠席したとしても、理事会は開催できる。

❷ 適切

監事は、理事が不正な行為をしたと認める場合等には、遅滞なく、その旨を理事会に報告しなければならない（41条5項）。そして、当該報告のため監事は理事長に理事会の招集を請求できるが、（同6項）当該請求があった日から5日以内に、その請求があった日から2週間以内の日を理事会の日とする理事会の招集の通知が発せられない場合は、その請求をした監事は、理事会を招集できる（同7項）。

❸ 不適切 「理事全員の同意」➡「理事の過半数の承諾」

ひっかけ

区分所有者から敷地及び共用部分等の保存行為を行うことの承認申請があった場合の承認又は不承認について、理事の過半数の承諾があるときは、書面又は電磁的方法により決議ができる（53条2項）。

❹ 不適切 「理事の過半数」➡「理事及び監事全員の同意」

緊急を要する場合には、理事長は、理事及び監事全員の同意を得て、5日間を下回らない範囲において、理事会の招集期間を短縮できる（43条9項、52条4項）。

正解 ❷

57 標準管理規約㊶（理事会の運営）

R 2-問33

理事会の運営に係る次の記述のうち、標準管理規約によれば、適切なものはいくつあるか。

ア　理事本人が理事会に出席できない場合に備え、規約に代理出席を認める旨を定めるとともに、総会において、それぞれの理事ごとに、理事の職務を代理するにふさわしい資質・能力を有するか否かを審議の上、その職務を代理する者を定めておくことができる。

イ　総会での決議に４分の３以上の賛成を必要とする総会提出議案についても、理事会で議案の提出を決議する場合は、出席理事の過半数の賛成があれば成立する。

ウ　管理組合と理事との間の利益相反取引に係る承認決議に際しては、当該理事を除く理事の過半数により決議する。

エ　専門委員会のメンバーは、理事会から指示された特定の課題の検討結果を理事会に対して具申することはできるが、理事会決議に加わることはできない。

❶　一つ

❷　二つ

❸　三つ

❹　四つ

理事会は専門委員会を設置➡特定の課題を調査・検討させる。

ア　適　切

理事に事故があり、理事会に出席できない場合において、**代理出席を認める旨の規約を定める**のは、あくまで、やむを得ない場合に限ることに留意が必要であり、この場合においても、あらかじめ、総会において、それぞれの理事ごとに、**理事の職務を代理**するにふさわしい**資質・能力**を有するか否かを**審議**の上、その職務を**代理する者**を定めておくことが望ましい(標準管理規約53条関係コメント③)。

イ　適　切

理事会の会議（WEB会議システム等を用いて開催する会議を含む）は、理事の半数以上が出席しなければ開くことができず、その**議事**は**出席理事の過半数で決する**（53条１項)。したがって、総会での決議に$\frac{3}{4}$以上の賛成を必要とする総会提出議案についても、理事会で議案の提出を決議する場合は、**出席理事の過半数の賛成**があれば**成立**する（54条１項参照)。

ウ　不適切

理事会の決議について**特別の利害関係を有する理事**は、**議決に加わることができない**（53条３項)。したがって、管理組合と理事との間の利益相反取引に係る承認決議に際しては、**当該理事を除く**「出席」理事の過半数により決議することとなる（同１項)。

エ　適　切

理事会は、その責任と権限の範囲内において、**専門委員会**を**設置**し、**特定の課題**を**調査・検討**させることができる（55条１項)。また、専門委員会は、調査・検討した結果を**理事会に具申**するに留まり、そのメンバーは**理事会決議に加わることはできない**（同２項)。

したがって、**適切なものはア・イ・エの三つ**であり、**正解は❸**となる。

正解 ❸

58 標準管理規約㊷（理事・理事会等）

R 4-問31

理事、理事会等に関する次の記述のうち、標準管理規約によれば、適切なものはどれか。

❶ 理事会で、理事長、副理事長及び会計担当理事の役職解任の決議をする場合、WEB 会議システム等によって行うことはできない。

❷ 総会提出議案は、理事の過半数の承諾があれば、書面又は電磁的方法により理事会で決議することができる。

❸ 理事が止むを得ず理事会を欠席する場合には、規約の明文の規定がなくても、あらかじめ通知された事項について書面で賛否を記載し意思表示することが認められる。

❹ 理事長は、未納の管理費等及び使用料の請求に関し、管理組合を代表して訴訟を追行する場合には、理事会の決議を経ることが必要である。

理事長・副理事長・会計担当理事の選任や解任は、理事会の決議で行う。

❶ 不適切 「行うことはできない」➡「行うことができる」

理事会の会議（WEB会議システム等を用いて開催する会議を含む）は、理事の半数以上が出席しなければ開くことができず、その議事は出席理事の過半数で決する（標準管理規約53条1項）。そして、理事長、副理事長及び会計担当理事の選任及び解任は、理事会の決議により行う（54条1項11号）。したがって、理事会で、理事長、副理事長及び会計担当理事の役職解任の決議をする場合、WEB会議システム等によって行うことができる。

❷ 不適切 「決議できる」➡「決議できない」

①専有部分の修繕工事の承認又は不承認、②共用部分等の保存行為の承認又は不承認、③窓ガラス等の改良工事についての承認又は不承認については、理事の過半数の承諾があるときは、書面又は電磁的方法による決議によることができる（53条2項、54条1項5号）。しかし、総会提出議案については、書面又は電磁的方法による決議はできない。

❸ 不適切 「規約の明文の規定がなくても」➡「規約の明文の規定があれば」

理事がやむを得ず欠席する場合、代理出席によるのではなく、事前に議決権行使書又は意見を記載した書面を出せるようにすることが考えられる。これを認める場合、理事会に出席できない理事が、あらかじめ通知された事項について、書面をもって表決することを認める旨を、規約の明文の規定で定めることが必要である（53条関係コメント④）。

❹ 適　切

理事長は、未納の管理費等及び使用料の請求に関して、理事会の決議により、管理組合を代表して、訴訟その他法的措置を追行できる（60条4項）。

正解 ❹

標準管理規約㊸（修繕積立金）

  H28-問29 

修繕積立金の取扱いに関する次の記述のうち、標準管理規約によれば、総会の普通決議で行うことができるものはいくつあるか。

ア　長期修繕計画を作成するための建物診断費用を修繕積立金の取崩しにより支出すること

イ　修繕積立金について、共用部分の共有持分にかかわらず、全戸一律に値上げ額を同一とすること

ウ　給水管の本管と専有部分に属する配管（枝管）の一斉取替費用の全額を修繕積立金の取崩しにより支出すること

エ　修繕積立金の一部を取崩し、現在の区分所有者の所有年数に応じて返還すること

❶　一つ

❷　二つ

❸　三つ

❹　四つ

長期修繕計画の作成等と修繕積立金の取崩し➡普通決議で実施可能。

ア　**普通決議で行うことができる**

長期修繕計画の作成・変更に要する経費および長期修繕計画の作成等のための劣化診断（建物診断）**に要する経費の充当**は、管理組合の財産状態等に応じて、**管理費または修繕積立金のどちらからでも行うことができる**（標準管理規約32条関係コメント④）。そして、それらのための**修繕積立金の取崩し**は、総会での「普通」**決議で実施可能**である（47条3項、48条15号参照）。

イ　**特別決議が必要**

標準管理規約では、管理費等の額については、各区分所有者の**共用部分の共有持分に応じて算出**する（25条2項）。したがって、「全戸一律に値上げ額を同一にする」ためには**規約を改正**しなければならず、総会での「特別」**決議**が必要となる（47条3項1号）。

ウ　**特別決議が必要**

専有部分である設備のうち共用部分と構造上一体となった部分の管理を、共用部分の管理と一体として行う必要があるときは、管理組合が行うことができる（21条2項）。その場合の対象となる設備には、配線、配管等があるが、**配管の取替え等に要する費用**のうち**専有部分に係るもの**については、**各区分所有者が実費に応じて負担すべき**とされている（同コメント⑦）。したがって、配管の取替え等に要する費用のうち専有部分に係るものについても修繕積立金の取崩しによって支出するためには、規約を改正しなければならず、総会での「特別」**決議**が必要となる（47条3項1号）。

エ　**特別決議が必要**

組合員は、「管理費、修繕積立金および使用料」について、**返還請求**または**分割請求**が**できない**（60条6項）。そして、**修繕積立金**を取り崩すことができるのは、「**特別の管理に要する経費に充当する場合**」に限られている（28条1項）。したがって、本肢のように「現在の区分所有者の所有年数に応じて返還する」ために取り崩すためには、規約を改正しなければならず、総会での「特別」**決議**が必要となる（47条3項1号）。

したがって、**普通決議で行うことができるもの**は、**アの一つ**のみであり、正解は❶となる。

正解 ❶

60 標準管理規約㊹（管理費・修繕積立金）

R 2-問27

重要度 A

管理費及び修繕積立金の取扱いに関する次の記述のうち、標準管理規約によれば、適切でないものはいくつあるか。

ア　未収金の増加で管理費が不足するようになったが、修繕積立金に余裕があるので、その一部を管理費に充当した。

イ　管理費に余剰が生じたので、その余剰は、翌年度における管理費に充当した。

ウ　地震保険の保険料が以前より高額になってきたので、その支払に充てるため、修繕積立金を取り崩した。

エ　修繕工事を前提とする建物劣化診断費用の支払に充てるため、修繕積立金を取り崩した。

❶　一つ

❷　二つ

❸　三つ

❹　四つ

管理費に余剰が生じた場合、その余剰は、翌年度における管理費に充当する。

ア　不適切　**「修繕積立金に余裕があっても管理費には充当できない」**

管理費に不足が生じた場合でも、修繕積立金の一部を管理費に充当することを認める規定はない。そのような場合、管理組合は各区分所有者に対して、共用部分の共有持分に応じて、その都度必要な金額の負担を求めることができる（標準管理規約61条２項）。

イ　適　切

管理費に余剰が生じた場合には、その余剰は、翌年度における管理費に充当する（61条１項）。

ウ　不適切　**「修繕積立金を取り崩した」➡「管理費から充当する」**

共用部分等に係る火災保険料、地震保険料その他の損害保険料は、通常の管理に要する費用として管理費から充当する（27条５号）。

エ　適　切

修繕工事の前提としての劣化診断（建物診断）に要する経費の充当については、修繕工事の一環としての経費であることから、原則として修繕積立金から取り崩すこととなる（32条関係コメント④後段）。

したがって、適切でないものはア・ウの二つであり、正解は❷となる。

正解 ❷

61 標準管理規約㊺（会計）

H30-問30

管理組合の会計に関する次の記述のうち、標準管理規約によれば、適切なものはいくつあるか。

ア　理事長は、未納の管理費等及び使用料の請求に関し、管理組合を代表して訴訟を追行する場合には、総会の決議を経ることが必要である。

イ　組合員は、納付した管理費等及び使用料について、その返還請求又は分割請求をすることができない。

ウ　管理組合は、未納の管理費等及び使用料への請求に係る遅延損害金及び違約金としての弁護士費用などに相当する収納金については、その請求に要する費用に充てるほか、修繕積立金として積立てる。

エ　管理組合は、管理費に不足を生じた場合には、通常の管理に要する経費に限り、必要な範囲内において、借入れをすることができる。

❶　一つ

❷　二つ

❸　三つ

❹　四つ

理事長➡理事会の決議で管理組合を代表し、訴訟等の法的措置を追行可。

ア　不適切　「総会の決議」➡「理事会の決議」

理事長は、未納の管理費等・使用料の請求に関して、理事会の決議により、管理組合を代表して、訴訟その他法的措置を追行できる（標準管理規約60条４項）。

イ　適　切

組合員は、納付した管理費等・使用料について、その返還請求または分割請求ができない（60条６項）。

ウ　不適切　「修繕積立金」➡「管理費」

管理組合は、未納の管理費等・使用料への請求に係る遅延損害金および違約金としての弁護士費用等に相当する収納金は、管理費に充当する（60条５項・２項、27条）。

エ　不適切　「借入れができる」➡「借入れはできない」

管理費に不足を生じた場合、管理組合は組合員に対して、共用部分の共有持分に応じて算出された負担割合により、その都度必要な金額の負担を求めることができる（61条２項、25条２項）。つまり、借入れはできない。

したがって、適切なものはイの一つのみであり、正解は❶となる。

正解　❶

災害等の緊急時における管理組合又は区分所有者の対応に関する次の記述のうち、標準管理規約によれば、適切でないものはどれか。

❶ 災害等により総会の開催が困難である場合に、応急的な修繕工事の実施について理事会決議をしたときは、工事の実施に充てるため修繕積立金の取崩しについては理事会決議で行うことができるが、資金の借入れについては総会決議が必要である。

❷ 台風で住戸の窓ガラスが割れた場合には、専有部分への雨の吹き込みを防ぐため、当該専有部分の区分所有者は、理事長の承認を受けなくても、割れたものと同様の仕様の窓ガラスに張り替えることができる。

❸ 理事長は、災害等の緊急時においては、総会又は理事会の決議によらずに、敷地及び共用部分等の必要な保存行為を行うことができ、そのために必要な支出を行うこともできる。

❹ 災害等により総会の開催が困難である場合には、理事会の決議で、給水・排水、電気、ガス、通信といったライフライン等の応急的な更新を実施することができる。

応急的な修繕工事の実施等は、理事会の決議でできる。

❶ **不適切** 「総会決議が必要」➡「理事会で決議できる」

ひっかけ

災害等により**総会の開催が困難**である場合における**応急的な修繕工事の実施**等は、**理事会の決議**でできる（標準管理規約54条1項10号）。そして、この決議があれば、**理事会**は、当該決議に係る応急的な修繕工事の実施に充てるための修繕積立金の取崩しおよび資金の借入れについて、理事会で**決議できる**（同2項）。

❷ **適　切**

専有部分の使用に支障が生じている場合に、当該専有部分を所有する**区分所有者が行う保存行為**の実施が、**緊急を要するもの**であるときは、区分所有者は**理事長の承認を得ずに行うことができる**（21条3項ただし書）。本肢の「台風等で住戸の窓ガラスが割れた場合に、割れたものと同様の仕様の窓ガラスに張り替えること」は、この保存行為に該当する（同コメント⑨）。

❸ **適　切**

理事長は、**災害等の緊急時**においては、**総会または理事会の決議**によらずに、敷地および共用部分等の**必要な保存行為を行う**ことができる（21条6項）。そして、**理事長**は、当該保存行為を行う場合には、そのために必要な支出を自ら**行う**ことができる（58条6項）。

❹ **適　切**

❶解説参照。給水・排水、電気、ガス、通信といった**ライフライン等の応急的な更新**、エレベーター附属設備の更新、炭素繊維シート巻付けによる柱の応急的な耐震補強などは、**応急的な修繕工事に該当**する（54条関係コメント①ウ）。したがって、**災害等により総会の開催が困難**である場合には、これらの工事を「**理事会の決議**」で**実施**できる。

正解 ❶

63 標準管理規約㊼(理事長の対応)

CHECK!

R 2-問30改

管理組合の書類等について閲覧請求があった場合の理事長の対応に関する次の記述のうち、標準管理規約によれば、適切でないものはいくつあるか。ただし、電磁的方法が利用可能ではない場合とする。

ア　専有部分の賃借人から、総会議事録の閲覧請求があったが、理由を付した書面による請求ではなかったため、閲覧を認めなかった。

イ　組合員から、修繕工事の契約方法に疑問があるためとの理由を付した書面により、修繕工事請負契約書の閲覧請求があったので、閲覧を認めた。

ウ　組合員から、役員活動費に係る会計処理を詳しく調べたいためとの理由を付した書面により、会計帳簿に加えこれに関連する領収書や請求書の閲覧請求があったが、会計帳薄のみの閲覧を認めた。

エ　組合員から、理事長を含む理事全員の解任を議題とする総会招集請求権行使のためとの理由を付した書面により、組合員名薄の閲覧請求があったが、閲覧を認めなかった。

❶　一つ

❷　二つ

❸　三つ

❹　四つ

理事長は組合員・利害関係人から書面請求あれば、議事録を閲覧させる。

ア　**不適切**　「閲覧を認めなかった」➡「閲覧を認める必要がある」

理事長は、**総会議事録**を保管し、組合員又は利害関係人の書面による請求があったときは、**議事録の閲覧**をさせなければならない（標準管理規約49条３項）。当該請求書面については、特に**理由を付さなければならないとする定めはない**。

イ　**適　切**

理事長は、長期修繕計画書、設計図書及び修繕等の履歴情報を保管し、組合員又は利害関係人の理由を付した書面**による請求**があったときは、これらを閲覧させなければならない（64条２項）。**修繕工事請負契約書**はこれに**含まれる**（同関係コメント②）。

ウ　**不適切**　「領収書・請求書の閲覧も認める必要がある」

理事長は、**会計帳簿**、什器備品台帳、組合員名簿及びその他の帳票類を、書面により作成して保管し、組合員又は利害関係人の**理由を付した書面による請求**があったときは、これらを**閲覧させなければならない**（64条１項）。当該帳票類には、**領収書**や**請求書**なども**含まれる**（同関係コメント②）。

エ　**不適切**　「閲覧を認めなかった」➡「閲覧を認める必要がある」

上記ウ参照。理事長は、組合員の**理由を付した書面による請求**があったときは、**組合員名簿**を、**閲覧**させなければならない（64条１項）。

したがって、適切でないものはア・ウ・エの三つであり、正解は❸となる。

正解 ❸

64 標準管理規約㊽（管理・会計）

H28-問33

組合員の管理費に滞納が生じた場合の措置又はあらかじめ規約で定めておくべき事項について、理事長から相談を受けたマンション管理士が行った次の助言のうち、標準管理規約によれば、適切でないものはどれか。

❶ 滞納管理費の請求に関し、規約違反を理由として法的措置を講じるときは、理事会の決議を経た上で、理事長が管理組合を代表して訴訟等を追行することになります。

❷ 組合員が所有している専有部分を賃貸に供し、賃貸借契約で賃借人が管理費を負担する旨規定されているときであっても、滞納管理費の請求は区分所有者に対し行います。

❸ あらかじめ規約に、遅延損害金、違約金としての弁護士費用、督促などの諸費用を加算して請求することができる旨規定しているのであれば、請求しないことについて合理的事情がある場合を除き、これらについても請求すべきです。

❹ 規約に遅延損害金を定める場合、その利率の設定については、手間や時間コストなどの回収コストが膨大になったとしても、利息制限法や消費者契約法等における遅延損害金利率を超えることはできません。

「賃借人が管理費を負担する」と定めても、滞納の場合の請求は区分所有者に行う。

❶ 適 切

理事長は、未納の管理費等および使用料の請求に関して、理事会の決議により、管理組合を代表して、訴訟その他法的措置を追行できる（標準管理規約60条４項）。

❷ 適 切

区分所有者は、敷地および共用部分等の管理に要する経費に充てるため、管理費および修繕積立金を管理組合に納入しなければならない（25条１項）。したがって、たとえ賃貸借契約によって、賃借人が管理費を負担する旨を規定した場合でも、滞納管理費の請求は、賃貸人たる区分所有者に対して行う。

❸ 適 切

標準管理規約では、遅延損害金と、違約金としての弁護士費用ならびに督促および徴収の諸費用を加算して、その組合員に対して請求「できる」と規定しているが、これらについては、請求しないことについて合理的事情がある場合を除き、請求すべきものと考えられる（60条関係コメント⑥）

❹ 不適切 「超えることはできません」➡「高く設定することも考えられる」

滞納管理費等に係る遅延損害金の利率の水準については、次のように考えられている。

① 管理費等は、マンションの日々の維持管理のために必要不可欠なものであり、その滞納はマンションの資産価値や居住環境に影響し得る
② 管理組合による滞納管理費等の回収は、専門的な知識・ノウハウを有し大数の法則が働く金融機関等の事業者による債権回収とは違い、手間や時間コストなどの回収コストが膨大となり得る

上記①②等から、遅延損害金利率を、利息制限法や消費者契約法等よりも高く設定することも考えられる（60条関係コメント④）。

正解 ❹

65 標準管理規約㊾(管理・管理組合・会計)

H29-問31

重要度 A

理事長がその職務を行うに当たって、理事会の決議又は承認を経ることなく、単独で行うことができる事項は、標準管理規約によれば、次のうちいくつあるか。

ア　長期修繕計画書、設計図書及び修繕等の履歴情報の保管

イ　災害等の緊急時における敷地及び共用部分等の必要な保存行為

ウ　理事長の職務の他の理事への一部委任

エ　臨時総会の招集

❶　一つ

❷　二つ

❸　三つ

❹　四つ

理事長が他の理事に職務の一部を委任 ➡ 理事会の承認が必要。

ア　**単独で行うことができる**

理事長は、**長期修繕計画書・設計図書・修繕等の履歴情報を保管**し、組合員または利害関係人の理由を付した書面による請求があった場合、これらを閲覧させなければならないが（標準管理規約64条２項）、**理事会の決議・承認を経る必要はない**。

イ　**単独で行うことができる**

理事長は、**災害等の緊急時**には、総会・**理事会の決議によらずに**、**敷地・共用部分等の必要な保存行為**を行うことができる（21条６項）。

ウ　**単独で行うことができない**

理事長は、理事会の承認を受けて、他の理事に、その**職務の一部を委任**できる（38条５項）。

エ　**単独で行うことができない**

理事長は、必要と認める場合には、理事会の決議を経て、いつでも**臨時総会を招集**できる（42条４項）。

したがって、**単独で行うことができるものは、ア・イの二つ**であり、**正解は❷**となる。

正解 ❷

管理委託契約書・標準管理規約・その他関連知識

災害や感染症拡大の影響などで管理組合の運営が困難となっている場合における次の記述のうち、区分所有法の規定及び標準管理規約によれば、適切でないものはどれか。

❶　共用部分の応急的な修繕工事が必要となった場合、理事会も開催できないようなときには、理事長が単独の判断で工事を実施することができる旨を、規約で定めることができる。

❷　書面又は電磁的方法により理事全員の同意を得れば、理事長は、管理費等を長期にわたって滞納している区分所有者に対し、区分所有法第59条に基づき区分所有権及び敷地権に係る競売を申し立てることができる。

❸　任期の満了により退任する役員は、総会が開催されて新役員が就任するまでの間は、引き続きその職務を行うことになる。

❹　災害避難により連絡がつかない区分所有者Aの専有部分内で漏水事故が発生し、至急対応しなければ階下の専有部分等に重大な影響が生じるおそれがあるときは、理事長は、Aの専有部分内に立ち入ることができる。

応急的修繕行為の実施➡総会開催が困難なら理事会決定。

❶ 適　切

災害等の緊急時において、保存行為を超える**応急的な修繕行為の実施**が必要であるが、**総会の開催が困難**である場合には、**理事会**でその**実施を決定**できる（標準管理規約54条１項10号、同関係コメント①）。しかし、大規模な災害や突発的な被災では、理事会の開催も困難な場合があるから、そのような場合、保存行為に限らず、**応急的な修繕行為の実施**まで**理事長単独で判断・実施**できる旨を、**規約で定める**ことも考えられる（21条関係コメント⑩）。

❷ 不適切　**「訴えにより競売請求をする必要がある」**

区分所有者が区分所有法６条１項に規定する共同利益背反行為をした場合又はその行為をするおそれがある場合、その行為による区分所有者の共同生活上の障害が著しく、他の方法によってはその障害を除去して共用部分の利用の確保その他の区分所有者の共同生活の維持を図ることが困難であるときは、他の区分所有者の全員又は管理組合法人は、**集会の決議**に基づき、**訴え**をもって、当該行為に係る区分所有者の区分所有権及び敷地利用権の**競売を請求できる**（区分所有法59条１項、標準管理規約66条）。この請求は**訴え**をもってしなければならず、書面又は電磁的方法により理事全員の同意を得ることにより、競売を申し立てることはできない。

❸ 適　切

任期の**満了**又は辞任によって**退任する役員**は、後任の役員が就任するまでの間、**引き続き**その**職務を行う**（36条３項）。

❹ 適　切

理事長は、災害・事故等が発生した場合で、**緊急**に立ち入らないと共用部分等又は他の専有部分に対して物理的に又は機能上**重大な影響を与えるおそれがある**ときは、**専有部分**又は専用使用部分に**自ら立ち入り**、又は委任した者に立ち入らせることができる（23条４項）。

正解 ❷

67 標準管理規約㊶(管理・雑則)

H28-問4

共用部分等の管理に関する次の記述のうち、標準管理規約によれば、正しいものはいくつあるか。

ア　マンションの駐車場の管理については、駐車場を使用する区分所有者がその責任と負担において行わなければならない。

イ　管理組合は、管理を行うために必要な範囲内において、他の者が管理する専有部分又は専用使用部分への立入りを請求することができ、その請求を正当な理由なく拒否した者は、その結果生じた損害を賠償しなければならない。

ウ　理事長は、災害や事故等により緊急に立ち入らないと共用部分等又は他の専有部分に対して物理的に又は機能上重大な影響を与えるおそれがあるときは、専有部分又は専用使用部分について、立ち入ることができるが、原状回復義務を負う。

エ　計画修繕工事の実施に際し、区分所有者が、専有部分又は専用使用部分への立入りを正当な理由なく拒否し続け、計画修繕工事の円滑な実施を妨げる場合には、理事長は、理事会の決議を経て、その是正等のため必要な勧告、指示等を行うことができる。

❶　一つ

❷　二つ

❸　三つ

❹　四つ

「区分所有者の迷惑行為等」➡理事長は、理事会の決議を経て勧告等OK。

ア　誤り　「駐車場を使用する区分所有者」➡「管理組合」

敷地および共用部分等の管理については、「管理組合」がその責任と負担においてこれを行う（標準管理規約21条1項本文）。そして、駐車場の管理も、同様に、管理組合がその責任と負担で行う（同コメント②）。

イ　正しい

管理組合は、管理を行うために必要な範囲内で、他の者が管理する専有部分または専用使用部分への立入りを請求できる（23条1項）。そして、立入請求をされた者は、正当な理由がなければこれを拒否してはならず、正当な理由なく立入りを拒否した者は、その結果生じた損害を賠償しなければならない（同2項・3項）。

ウ　正しい

理事長は、災害、事故等が発生した場合であって、緊急に立ち入らないと共用部分等または他の専有部分に対して物理的にまたは機能上重大な影響を与えるおそれがあるときは、専有部分または専用使用部分に自ら立ち入り、または委任した者に立ち入らせることができる（23条4項）。そして、立入りをした者（本肢では「理事長」）は、速やかに立入りをした箇所について、原状回復義務を負う（同5項）。

エ　正しい

区分所有者・その同居人または専有部分の貸与を受けた者・その同居人が、法令・規約・使用細則等に違反したとき、または対象物件内で共同生活の秩序を乱す行為を行ったときは、理事長は、理事会の決議を経て、それらの者に対し、その是正等のために必要な勧告または指示・警告ができる（67条1項）。したがって、本肢のとおり、「計画修繕工事の実施に際し、立入りを正当な理由なく拒否し続け、計画修繕工事の円滑な実施を妨げる」場合は、理事長の勧告・指示等の対象となる。

したがって、正しいものはイ・ウ・エの三つであり、正解は❸となる。

正解　❸

監事の職務や権限に関する次の記述のうち、標準管理規約によれば、適切なものの組合せはどれか。

ア　監事は、理事会に出席し、必要があると認めるときは、意見を述べなければならず、また、理事が不正の行為をし、又は当該行為をするおそれがあると認めるときは、遅滞なく、その旨を理事会に報告しなければならない。

イ　理事が不正な行為をし、又は当該行為をするおそれがあると認めるときは、監事は、理事長に対し理事会を招集するよう請求することができるが、一定期間内に理事長が招集しないときは、その請求をした監事が理事会を招集することができる。

ウ　監事は理事会への出席義務があるが、監事が出席しなかった場合には、理事の半数以上が出席していたとしても、理事会における決議等は無効となる。

エ　監事は、理事長が解任され、後任の理事長が選任されていない間に、区分所有者の一人が、規約で禁止している民泊事業（住宅宿泊事業法（平成29年法律第65号）に定める住宅宿泊事業をいう。）を行っていることが確認できたときは、当該区分所有者に対し、規約違反行為の是正等のために必要な勧告等を行うことができる。

❶　アとイ

❷　イとウ

❸　ウとエ

❹　エとア

監事の職務や権限について、整理しよう！

ア　適　切

監事は、理事会に出席し、必要があると認めるときは、意見を述べなければならない（標準管理規約41条４項）。監事は、理事が不正の行為をし、若しくは当該行為をするおそれがあると認めるとき、または法令、規約、使用細則等、総会の決議若しくは理事会の決議に違反する事実若しくは著しく不当な事実があると認めるときは、遅滞なく、その旨を理事会に報告しなければならない（同５項）。

イ　適　切

監事は、理事が不正な行為をしている等の事実がある場合に、必要があると認めるときは、理事長に対し、理事会の招集を請求できる（41条５項・６項）。そして、この請求があった日から５日以内に、その請求があった日から２週間以内の日を理事会の日とする理事会の招集の通知が発せられない場合は、その請求をした監事は、理事会を招集できる（同７項）。

ウ　不適切　「無効」➡「有効」

監事は、理事会への出席義務があるが、監事が出席しなかったことは、理事会における決議等の有効性には影響しない（41条４項、同関係コメント②）。

エ　不適切　「監事は…勧告等を行うことができる」➡「行うことはできない」

区分所有者等が、法令、規約または使用細則等に違反したとき、または対象物件内における共同生活の秩序を乱す行為を行ったときは、理事長は、理事会の決議を経てその区分所有者等に対し、その是正等のため必要な勧告または指示・警告ができる（67条１項）。しかし、理事長が解任され、後任の理事長が選任されていない間であっても、監事が当該勧告等を行うことができる旨の規定はない。

したがって、適切なものはア・イであり、正解は❶となる。

正解　❶

区分所有者が住戸（専有部分）を賃貸している場合における管理組合の運営上の取扱いに関する次の記述のうち、標準管理規約によれば、適切でないものはどれか。

❶ 総会の招集通知は、管理組合に対し区分所有者から届出がなされず、転居先が不明である場合には、現在賃借人が居住している専有部分宛てに送付すればよい。

❷ 管理規約でペットの飼育が禁止されているにもかかわらず、賃借人がペットを飼育したときは、理事長は、賃貸人である区分所有者又は賃借人いずれに対しても勧告や指示等をすることができ、区分所有者は、その是正等のために必要な措置を講じなければならない。

❸ 賃借人が区分所有者の子である場合には、マンション外に居住している区分所有者の委任により、当該賃借人が区分所有者を代理して、総会において議決権を行使することができる。

❹ 賃借人は、会議の目的につき利害関係を有するときは、総会に出席して意見を述べることができる。この場合において、当該賃借人はあらかじめ理事長からその旨の承諾を得ておかなければならない。

所有者から承諾を得た占有者が総会に出席し意見を述べる際、理事長に通知が必要。

❶ **適　切**

総会の招集通知は、管理組合に対し組合員が届出をしたあて先に発するものとする。ただし、その**届出のない組合員に対しては、対象物件内の専有部分の所在地あてに発する**ものとする（標準管理規約43条２項）。したがって、現在専有部分に居住しているのが賃借人であっても、届出がない以上、当該組合員に対しては、その専有部分宛に送付すれば足りる。

❷ **適　切**

区分所有者若しくはその同居人又は**専有部分の貸与を受けた者**若しくはその同居人（以下区分所有者等という）が、法令、**規約**又は使用細則等**に違反したとき**、又は対象物件内における共同生活の秩序を乱す行為を行ったときは、理事長は、理事会の決議を経てその区分所有者等に対し、その**是正等のため必要な勧告又は指示・警告ができる**（67条１項）。また、**区分所有者**は、その同居人又はその所有する**専有部分の貸与を受けた者**・その同居人が**この行為を行った場合**には、その**是正等のため必要な措置を講じなければならない**（同２項）。

❸ **適　切**

組合員が代理人により議決権を行使しようとする場合、一親等の親族（本肢の組合員の子）は、**組合員と同居をしていなくても代理人になることができる**（46条５項１号）。

❹ **不適切**　**「承認を得ておかなければならない」➡「通知しなければならない」**

ひっかけ

区分所有者の承諾を得て専有部分を占有する者は、会議の目的につき利害関係を有する場合には、**総会に出席して意見を述べることができる**。この場合、総会に出席して意見を述べようとする者は、あらかじめ理事長に**その旨を「通知」しなければならない**（45条２項）。しかし、理事長の承認を得ておく必要はない。

正解 ❹

70 標準管理規約54（組合員の配偶者）

□□□ CHECK!　R3-問28　重要度 B

組合員の配偶者に関する次の記述のうち、標準管理規約によれば、適切なものはいくつあるか。ただし、外部専門家を役員として選任できることとしていない場合とする。

ア　組合員の配偶者は、その組合員の住戸に同居していても、役員になることができない。

イ　組合員の配偶者は、その組合員の住戸に同居していなくても、その組合員の代理人として総会に出席することができる。

ウ　組合員が代理人により議決権を行使する場合には、他の組合員の同居する配偶者を代理人に選任することができる。

エ　組合員の住戸に同居する配偶者がマンション内で共同生活の秩序を乱す行為を行った場合において、理事長が是正等のため必要な勧告を行うときは、その組合員に対して行う必要があり、直接その配偶者に対して行うことはできない。

❶　一つ

❷　二つ

❸　三つ

❹　四つ

組合員の配偶者を代理人として議決権行使する場合、組合員と非同居でもよい。

ア　適　切

理事及び監事は、総会の決議によって、組合員のうちから選任し、又は解任する（標準管理規約35条２項）。したがって、組合員ではない配偶者は役員になることができない。

イ　適　切

組合員が代理人により議決権を行使しようとする場合、その組合員の配偶者（婚姻の届出をしていないが事実上婚姻関係と同様の事情にある者を含む）は、組合員と同居をしていなくても代理人になることができる（46条５項１号）。

ウ　不適切　「選任できる」➡「選任できない」

組合員が代理人により議決権を行使において、その組合員の代理人となれるものは、①その組合員の配偶者（婚姻の届出をしていないが事実上婚姻関係と同様の事情にある者を含む）、②一親等の親族、③その組合員の住戸に同居する親族、④他の組合員である（46条５項１～３号）。したがって、他の組合員の同居する配偶者は上記①～④のいずれにも該当せず、代理人に選任することはできない。

エ　不適切　「直接その配偶者に対して行うことはできない」➡「行うことができる」

区分所有者若しくはその同居人又は専有部分の貸与を受けた者若しくはその同居人（以下「区分所有者等」という）が、法令、規約又は使用細則等に違反したとき、又は対象物件内における共同生活の秩序を乱す行為を行ったときは、理事長は、理事会の決議を経てその区分所有者等に対し、その是正等のため必要な勧告又は指示・警告ができる（67条１項）。したがって、組合員の住戸に同居する配偶者がマンション内で共同生活の秩序を乱す行為を行った場合、理事長は、是正等のため必要な勧告を直接その配偶者に対して「行うことができる」。

したがって、適切なものはア・イの二つであり、正解は❷となる。

正解 ❷

手続上、総会決議を経ることなく、理事会の決議又は承認により行うことができる事項は、標準管理規約によれば、次のうちどれか。

❶　敷地及び共用部分等（駐車場及び専用使用部分を除く。）の一部を第三者に使用させること。

❷　役員活動費の額及び支払方法を定めること。

❸　理事会の運営について細則を定めること。

❹　規約に違反した区分所有者に対し、理事長が行為の差止訴訟を提起すること。

理事長が行為差止訴訟を提起➡理事会の決議で足りる。

❶ **理事会の決議または承認により行うことはできない**

管理組合は、総会の決議を経て、**敷地および共用部分等**（駐車場および専用使用部分を除く）**の一部**について、**第三者に使用させる**ことができる（標準管理規約16条２項）。

❷ **理事会の決議または承認により行うことはできない**

役員の選任・解任および**役員活動費の額・その支払方法**については、総会の決議を経なければならない（48条２号）。

❸ **理事会の決議または承認により行うことはできない**

規約および**使用細則**等の**制定・変更・廃止**については、総会の決議を経なければならない（48条１号）。したがって、本肢のように理事会の運営について細則を定めるには（70条）、**総会の決議**を経なければならない。

❹ **理事会の決議または承認により行うことができる**

区分所有者が、**規約**・使用細則等に**違反**した場合、理事長は、理事会の決議を経て、**行為の差止め**・排除・原状回復のための必要な措置の請求に関し、管理組合を代表して、**訴訟その他法的措置を追行できる**（67条３項１号）。

正解 ❹

管理組合において、次のことを行うために管理規約の改正が必要なものはどれか。ただし、現行の管理規約は、標準管理規約と同様であるものとする。

❶　総会提出議案の役員候補として立候補しようとする組合員は、理事会決議で決められた所定の期間内に届け出なければならないとすること。

❷　理事の立候補の届出がない場合に、輪番制で理事の候補者を選任するとすること。

❸　総会の議長は、出席組合員の中から選任するとすること。

❹　役員選任は、役員全員を一括で選任する一括審議ではなく、それぞれの役員について個別に選任する個別信任方式とすること。

総会の議長は、理事長が務める。

❶　**不　要**

標準管理規約では、「総会提出議案の役員候補として立候補しようとする組合員は、理事会決議で決められた所定の期間内に届け出なければならない」とする内容は、直接**規定されていない**。したがって、当該内容を行うためには、別に**細則**を定めればよく（標準管理規約70条）、管理規約の改正は不要である。

❷　**不　要**

標準管理規約では、「理事の立候補の届出がない場合に、輪番制で理事の候補者を選任する」とする内容は、直接**規定されていない**。したがって、当該内容を行うためには、別に**細則**を定めればよく（70条）、管理規約の改正は不要である。

❸　**必　要**

標準管理規約では、「総会の議長は、**理事長が務める**」と規定されている（42条５項）。ただし、総会において、議長を選任する旨の定めをすることもできる（同関係コメント）。したがって、「総会の議長は、出席組合員の中から選任する」とするには、管理規約の改正が必要となる。

❹　**不　要**

標準管理規約では、「役員選任は、それぞれの役員について個別に選任する個別信任方式とする」とする内容は、直接**規定されていない**。したがって、当該内容を行うためには、別に**細則**を定めればよく（70条）、管理規約の改正は不要である。

正解 ❸

73 標準管理規約㊼（管理組合・理事会・会計・雑則）

H29-問30

重要度 A

管理組合の書類の保管及び閲覧等に関する次の記述のうち、標準管理規約によれば、適切なものはどれか。ただし、電磁的方法が利用可能ではない場合とする。

❶　理事長は、利害関係人から、大規模修繕工事の実施状況や今後の実施予定に関する情報についての書面交付について、理由を付した書面による請求があったときは、当該利害関係人が求める情報を記入した書面を交付することができる。

❷　理事長は、総会議事録、理事会議事録及び会計帳簿を保管し、これらの保管場所を所定の掲示場所に掲示しなければならない。

❸　理事長は、組合員から、理由を付した書面による会計帳簿の閲覧請求があった場合には、これを閲覧させなければならないが、利害関係人からの会計帳簿の閲覧請求については、閲覧させることを要しない。

❹　規約が総会決議により変更されたときは、理事長は、変更前の規約の内容及び変更を決議した総会の議事録の内容を１通の書面に記載し、保管しなければならない。

総会議事録➡保管場所の掲示が必要。

❶ **適　切**

理事長は、長期修繕計画書・設計図書・修繕等の履歴情報を保管し、これらを閲覧させなければならないが（標準管理規約64条２項）、**理事長は、閲覧の対象とされる情報について、組合員または利害関係人の理由を付した書面による請求に基づき、当該請求をした者が求める情報を記入した書面を交付できる**（同３項）。

❷ **不適切**　**「保管場所の掲示義務があるのは、総会議事録のみ」**

理事長は、**総会議事録、理事会議事録及び会計帳簿を保管**しなければならない（49条３項、53条４項、64条１項）。ただし、**保管場所の掲示が義務付けられているのは、総会議事録のみ**である（49条４項、53条４項参照）。

❸ **不適切**　**「利害関係人からの閲覧請求については、閲覧不要」➡「閲覧が必要」**

理事長は、会計帳簿を、書面または電磁的記録により作成して保管し、**組合員または利害関係人の理由を付した書面**または電磁的方法による**請求**があったときは、これらを閲覧させなければならない（64条１項）。

❹ **不適切**　**「現に有効な規約の内容と、その内容が規約原本および規約変更を決議した総会の議事録の内容と相違ないことを記載」**

規約が規約原本の内容から**総会決議により変更**されている場合、理事長は、１通の書面に、**現に有効な規約の内容**と、その内容が**規約原本**および**規約変更を決議した総会の議事録の内容と相違ないことを記載**し、署名した上で、この書面を保管する（72条３項）。

正解 ❶

74 標準管理規約㊽（管理組合・会計・雑則）

R5-問26

重要度 B

専有部分の占有者や同居人等に関する次の記述のうち、標準管理規約によれば、適切なものはいくつあるか。

ア　管理費等を上乗せして家賃を支払っている賃借人は、大幅な修繕積立金値上げを議題とする場合には、利害関係人として総会に出席し意見を述べることができる。

イ　区分所有者は、同居している姪（めい）を代理人として議決権を行使させることができる。

ウ　長期海外勤務の区分所有者から住戸の売却の媒介依頼を受けた宅地建物取引業者は、管理組合の帳簿の閲覧を請求することができる。

エ　区分所有者と同居している親族が規約違反行為の是正の対象者になっている場合には、当該親族は、規約や総会決議の議事録の閲覧を請求することができる。

❶　一つ

❷　二つ

❸　三つ

❹　四つ

理事長は、会計帳簿等を作成保管し宅建業者等の書面請求があれば閲覧させる。

ア　**不適切**　**「総会に出席し意見を述べることができる」➡「総会に出席できない」**

区分所有者の承諾を得て専有部分を**占有する者**は、会議の目的につき利害関係を有する場合には、総会に出席して**意見を述べる**ことができる（標準管理規約45条2項前段）。しかし、修繕積立金の支払義務を負うのは区分所有者（賃貸人）である。したがって、**賃借人**は修繕積立金の値上げに**利害関係を有していない**。よって、賃借人は、利害関係人として**総会に出席**することは**認められない**。

イ　**適　切**

組合員が代理人により議決権を行使しようとする場合、その**代理人となれる者**は、①その組合員の配偶者（婚姻の届出をしていないが事実上婚姻関係と同様の事情にある者を含む）又は一親等の親族、②その組合員の住戸に**同居する親族**、③他の組合員でなければならない（46条5項）。本肢の「同居している姪」は、上記②に該当し、代理人となることができる。したがって、同居している姪を代理人として議決権を行使させることができる。

ウ　**適　切**

頻出

理事長は、**会計帳簿**、什器備品台帳、組合員名簿及びその他の帳票類を作成して保管し、組合員又は**利害関係人の理由を付した書面による請求**があったときは、これらを**閲覧**させなければならない（64条1項）。この「**利害関係人**」とは、敷地、専有部分に対する担保権者、差押え債権者、賃借人、組合員からの媒介の依頼を受けた**宅建業者**等法律上の利害関係がある者をいい、単に事実上利益や不利益を受けたりする者、親族関係にあるだけの者等は対象とはならない（64条関係コメント①、49条関係コメント①）。したがって、本肢の区分所有者から住戸の売却の媒介依頼を受けた宅建業者は、利害関係人にあたる。よって、当該宅建業者は、管理組合の帳簿の閲覧を請求できる。

エ　**適　切**

区分所有者又は利害関係人の書面による請求があったときは、理事長は、規約原本、規約変更を決議した総会の議事録及び現に有効な規約の内容を記載した書面並びに使用細則等の**閲覧**をさせなければならない（72条4項）。利害関係人については、肢ウ解説参照。この点、**同居している親族が規約違反行為の是正の対象者**となっている場合は、単に親族関係にあるだけの者ではなく、管理組合に対して規約や総会決議の議事録の閲覧を請求する法律上の**利害関係がある者**と認められる（67条参照）。したがって、当該親族は、規約や総会決議の議事録の閲覧を請求できる。

したがって、**適切なものはイ～エの三つ**であり、**正解は❸**となる。

正解 ❸

標準管理規約㊾・個人情報保護法①

□□□ CHECK!　R 2-問28　重要度 A

管理組合の組合員の氏名等の情報提供及び提供された情報に基づき作成する組合員名簿の管理に関するマンション管理士の次の発言のうち、標準管理規約及び個人情報保護法によれば、適切なものはどれか。

❶　数年前に区分所有者が亡くなって以降、遺産分割につき相続人間で争いが継続している場合には、区分所有権の帰属が確定するまでの間は、組合員の得喪の届出を求めることはできません。

❷　組合員総数及び議決権総数の５分の１以上に当たる組合員の同意による総会招集を行うことを理由として組合員の一人から組合員名簿の閲覧請求があった場合、改めて組合員全員の同意を得るまでの間、その閲覧を拒否することができます。

❸　大規模災害が発生してマンション内の組合員や居住者の生命や財産が失われるおそれがあり、直ちに自治体や関係機関による救助救援が必要なときであっても、管理組合は、組合員の同意を得なければ、自治体等の要請に基づき組合員名簿を提供することはできません。

❹　管理組合は、組合員から提供された情報等に基づいて作成した組合員名簿について、当初の目的には掲げていなかった目的のためであっても、改めて組合員の同意が得られれば利用することができます。

組合員・利害関係人が理事長に書面請求➡組合員名簿の閲覧認める。

❶ 不適切 「組合員の得喪の届出を求めることはできません」➡「できます」

組合員の資格は、区分所有者となったときに取得し、区分所有者でなくなったときに喪失する（標準管理規約30条）。また、**区分所有者が亡くなれば、相続人**がその**地位を承継**することとなる。相続人が数人いるときには、相続財産は、その者たちの**共有**となり、各共同相続人は、その相続分に応じて**被相続人の権利義務を承継する**（民法898条、899条）。したがって、たとえ遺産分割につき相続人間で争いが継続しており、区分所有権の帰属が確定する前であっても、組合員の得喪の**届出を求めることは「できる」**（標準管理規約31条）。

❷ 頻出 不適切 「閲覧を拒否することができます」➡「できません」

理事長は、**組合員名簿を作成して保管**し、組合員又は利害関係人の**理由を付した書面・電磁的方法による請求**があったときは、これらを**閲覧**させなければならない（64条１項）。本肢のように、組合員による総会招集請求を行うという理由で、「組合員名簿の閲覧請求があった場合、改めて組合員全員の同意を得るまでの間、その**閲覧を拒否することができる」とする定めはない**。

❸ 不適切 「組合員名簿を提供することはできません」➡「できます」

個人情報取扱事業者は、次の場合を除くほか、あらかじめ本人の**同意を得ない**で、個人データを**第三者に提供してはならない**（個人情報保護法23条１項）。

① 法令に基づく場合
② 人の**生命**、**身体**又は財産の保護のために必要がある場合であって、本人の同意を得ることが困難であるとき
③ 公衆衛生の向上又は児童の健全な育成の推進のために特に必要がある場合であって、本人の同意を得ることが困難であるとき
④ 国の機関若しくは地方公共団体又はその委託を受けた者が法令の定める事務を遂行することに対して協力する必要がある場合であって、本人の同意を得ることにより当該事務の遂行に支障を及ぼすおそれがあるとき

本肢は、上記②に該当する（23条１項２号）。したがって、「大規模災害が発生してマンション内の組合員や居住者の生命や財産が失われるおそれがあり、直ちに自治体や関係機関による救助救援が必要なときには、管理組合は、あらかじめ本人（組合員）の同意を得ていないときでも、**自治体等の要請に基づき組合員名簿を提供することができる**」。

❹ 適　切

個人情報取扱事業者は、個人情報を取り扱うに当たっては、その**利用の目的をできる限り特定**しなければならず、利用目的を変更する場合には、変更前の利用目的と関連性を有すると合理的に認められる範囲を超えて行ってはならない（15条１項・２項）。また、個人情報取扱事業者は、あらかじめ**本人の同意を得ないで**、特定された利用目的の達成に必要な範囲を超えて、**個人情報を取り扱ってはならない**（16条１項）。本肢のように、「当初の目的には掲げられていなかった目的のためではあっても、改めて組合員の**同意**が得られれば、新たに同意したものと考えられるので、その場合には、管理組合は、**組合員名簿について利用することができる**」。

正解 ❹

管理組合における組合員の氏名等の取扱いに関する次の記述のうち、標準管理規約及び個人情報保護法によれば、適切なものはどれか。

❶ 組合員の氏名は個人情報の保護に関する法律で保護される個人情報に当たることから、新たに区分所有権を取得して組合員となった区分所有者は、その氏名を管理組合に届け出ることを拒否することができる。

❷ 高齢者等の災害弱者に係る情報は、個人のプライバシーに深く関わるため、災害時等の、人の生命、身体又は財産の保護のために必要がある場合であっても、あらかじめ本人の同意を得ていない限り、地域の防災関係組織等に提供することはできない。

❸ 組合員名簿の管理を管理会社に委託するに当たっては、氏名の届出の際に、管理会社に対し情報提供することの同意をあらかじめ得ていない区分所有者の氏名については、第三者提供に当たるので、管理会社に提供することはできない。

❹ 区分所有者の親族を名乗る者から組合員名簿につき閲覧請求を受けた理事長は、その者が親族関係にあることが確認できた場合においても、直ちに閲覧請求に応じることはできない。

管理組合は事前に同意のない区分所有者名を管理会社に提供可。

❶ **不適切** **「拒否できる」➡「拒否できない」**

新たに**組合員**の資格を取得しまたは喪失した者は、直ちにその旨を書面・電磁的方法により**管理組合に届け出**なければならない（標準管理規約31条）。また、管理組合において、組合員が誰であるかは運営上把握すべきものであり、**理事長が組合員名簿を作成し保管**する（64条1項）。したがって、新たに区分所有権を取得して**組合員となった区分所有者**は、その氏名を**管理組合に届け出ることを拒否できない**。

❷ **不適切** **「提供できない」➡「できる」**

個人情報取扱事業者は、次の場合を**除く**ほか、あらかじめ**本人の同意**を得ないで、個人データを**第三者に提供してはならない**（個人情報保護法23条1項）。

① 法令に基づく場合
② **人の生命、身体または財産の保護のために必要がある**場合であって、**本人の同意を得ることが困難**であるとき
③ 公衆衛生の向上または児童の健全な育成の推進のために特に必要がある場合であって、本人の同意を得ることが困難であるとき
④ 国の機関若しくは地方公共団体またはその委託を受けた者が法令の定める事務を遂行することに対して協力する必要がある場合であって、本人の同意を得ることにより当該事務の遂行に支障を及ぼすおそれがあるとき

本肢は、上記②に該当するので（23条1項2号）、高齢者等の災害弱者に係る情報は、災害時等の「人の生命、身体または財産の保護のために必要がある場合」であり、あらかじめ本人の同意を得ていないときでも、**地域の防災関係組織等に提供できる**。

❸ **不適切** **「提供できない」➡「提供できる」**

❷参照。個人情報取扱事業者は、一定の場合、あらかじめ**本人の同意**を得ないで、個人データを**第三者に提供してはならない**が、個人情報取扱事業者が**利用目的の達成に必要な範囲内**において個人データの取扱いの全部または一部を**委託することに伴って**当該**個人データを提供**する場合には、この**必要はない**（23条5項1号）。したがって、個人情報取扱事業者である管理組合が、あらかじめ組合員名簿の情報を提供することの同意を得ていない区分所有者の氏名について、**管理会社に提供できる**。

❹ **適　切**

理事長は、会計帳簿、什器備品台帳、**組合員名簿**およびその他の帳票類を作成して保管し、組合員または**利害関係人**の**理由を付した書面・電磁的方法による請求**があったときは、これらを**閲覧**させなければならない（標準管理規約64条1項）。ここにいう**利害関係人**とは、敷地、専有部分に対する担保権者、差押え債権者、賃借人、組合員からの媒介の依頼を受けた宅地建物取引業者等**法律上の利害関係がある者**をいい、単に事実上利益や不利益を受けたりする者、**親族関係にあるだけの者**等は**対象とはならない**（64条関係コメント①、49条関係コメント①）。

正解 ❹

77 標準管理規約61（団地型①）

CHECK! R5-問33 重要度 C

団地管理組合の運営に関する次の記述のうち、マンション標準管理規約（団地型）及びマンション標準管理規約（団地型）コメント（最終改正 令和3年6月22日 国住マ第33号）によれば、適切なものはどれか。

❶ 駐車場使用料は、駐車場の管理に要する費用に充てるほか、各棟の区分所有者の数に応じて、棟ごとに各棟修繕積立金として積み立てる。

❷ 各棟修繕積立金は各棟の共用部分の特別の管理のために徴収されているため、滞納となっている管理費等の請求に関し、訴訟その他の法的措置を講ずるときは、滞納が発生している棟の総会の決議が必要である。

❸ 専ら団地内の特定の棟の区分所有者や占有者の通行の用に供されている敷地内の通路であっても、その修繕工事の実施は、団地総会において決議し、その費用は団地修繕積立金から支出する。

❹ 団地において大規模修繕工事を実施する場合、各棟修繕積立金は各棟で積み立て、区分経理していることから、各棟の工事の実施については、棟総会における決議が必要である。

敷地内通路の修繕工事は団地総会決議で、費用は団地修繕積立金から。

❶ **不適切**　**「各棟の区分所有者の数に応じて」**

➡「団地建物所有者の土地の共有持分に応じて」

頻出

駐車場使用料その他の土地及び共用部分等に係る使用料は、それらの管理**に要する費用に充てる**ほか、**団地建物所有者の土地の共有持分に応じて**棟ごとに各棟修繕積立金として積み立てる（標準管理規約団地型31条）。

❷ **不適切**　**「総会の決議」➡「理事会の決議」**

理事長は、未納の管理費等及び使用料の請求に関して、理事会の決議により、管理組合を代表して、訴訟その他法的措置を追行することができる（62条４項）。

❸ **適　切**

敷地内の通路は、附属施設である（別表第１）。この附属施設である敷地内の通路の修繕工事を実施するには、団地総会の決議が必要である（50条10号）。そして、その修繕工事の費用は**団地修繕積立金**から支出する（28条１項１号）。

❹ **不適切**　**「棟総会」➡「団地総会」**

各棟の大規模修繕工事を実施するには、**団地総会の決議**が必要である（50条10号、29条１項１号）。なお、管理組合は、それぞれの棟の各区分所有者が納入する**各棟修繕積立金**を積み立てる（29条１項）。そして、**各棟修繕積立金**は、**棟ごとにそれぞれ区分して経理**しなければならない（30条２項）。

正解 ❸

78 標準管理規約㉜（団地型②）

□□□ CHECK!　R元-問32

重要度 C

専有部分のある建物であるＡ棟、Ｂ棟及びＣ棟並びに集会所からなる団地における総会決議に関する次の記述のうち、「マンション標準管理規約（団地型）及びマンション標準管理規約（団地型）コメント」によれば、適切なものはどれか。

❶　集会所を大規模に増改築する場合には、各棟の棟総会での決議が必要である。

❷　Ａ棟の建替えに係る合意形成に必要となる事項の調査の実施及びその経費に充当する場合のＡ棟の修繕積立金の取崩しをするときは、団地総会での決議が必要である。

❸　Ｂ棟の階段室部分を改造し、エレベーターを新たに設置する場合には、Ｂ棟の棟総会での決議が必要である。

❹　計画修繕工事によりＣ棟の外壁補修を行う場合には、団地総会での決議が必要である。

棟総会の決議か団地総会の決議かを区別し、整理しよう！

❶ **不適切　「棟総会での決議が必要」➡「団地総会の決議が必要」**

集会所を大規模に増改築することは、「土地および**共用部分等の変更**（その形状または効用の著しい変更を伴わないものおよび建築物の耐震改修の促進に関する法律25条2項に基づく認定を受けた建物の耐震改修を除く）」にあたり、団地総会において、**組合員総数の$\frac{3}{4}$以上および議決権総数の$\frac{3}{4}$以上**で決しなければならない（標準管理規約団地型49条3項2号）。

❷ **不適切　「団地総会の決議が必要」➡「棟総会の決議が必要」**

標準管理規約（団地型）によると、次の①～⑥に掲げる事項については、**棟総会の決議**を経なければならない（72条1号～6号）。

① 区分所有法で団地関係に準用されていない規定に定める事項に係る規約の制定、変更または廃止
② 区分所有法57条2項、58条1項、59条1項または60条1項の訴えの提起およびこれらの訴えを提起すべき者の選任
③ 建物の一部が滅失した場合の滅失した棟の共用部分の復旧
④ 区分所有法62条1項の場合の建替えおよび円滑化法108条1項の場合のマンション敷地売却
⑤ 区分所有法69条7項の建物の建替えを団地内の他の建物の建替えと一括して建替え承認決議に付すこと
⑥ **建物の建替えに係る合意形成に必要となる事項の調査の実施およびその経費に充当する場合の各棟修繕積立金の取崩し**

本肢は、上記⑥に該当し、**棟総会の決議が必要**である（同4号）。

❸ **不適切　「棟総会の決議が必要」➡「団地総会の決議が必要」**

B棟の**階段室部分を改造し、エレベーターを新たに設置する**ことは、「棟の共用部分の変更」にあたり、**団地総会の決議が必要**である（50条10号、29条1項3号）。

❹ **適　切**

計画的な修繕工事等の特別の管理の実施ならびそれに充てるための団地修繕積立金または各棟の修繕積立金の取崩しには、**団地総会の決議**が必要である（50条10号、29条1項1号）。

正解 ❹

79 標準管理規約㊿(団地型③)

□□□ CHECK!　R３-問31　重要度 B

専有部分のある建物であるＡ棟、Ｂ棟、Ｃ棟及びＤ棟からなる団地における団地総会の決議に関する次の記述のうち、「マンション標準管理規約（団地型）及びマンション標準管理規約（団地型）コメント」によれば、適切なものはどれか。

❶　Ａ棟の区分所有者が行った共同利益背反行為に対し、その行為の停止請求に係る訴訟を提起するとともに訴えを提起すべき者の選任をする場合には、団地総会の決議が必要である。

❷　Ｂ棟の建物の一部が滅失した場合において、滅失したＢ棟の共用部分の復旧を行うときは、団地総会の決議が必要である。

❸　Ｃ棟の屋上の補修を、一定年数の経過ごとに計画的に行う修繕により行う場合には、団地総会の決議が必要である。

❹　Ｄ棟の建替え等に係る合意形成に必要となる事項の調査の実施及びその経費に充当する場合のＤ棟の修繕積立金の取崩しを行うときは、団地総会の決議が必要である。

「団地総会」の決議か「棟総会」の決議かを区別して覚えよう！

❶ **不適切**　**「団地総会の決議」➡「棟総会の決議」**

共同利益背反行為を行った区分所有者に対し、その行為の停止請求に係る訴訟を提起するとともに訴えを提起すべき者の選任をする場合には、「棟総会の決議」が必要である（標準管理規約団地型72条２号）。

❷ **不適切**　**「団地総会の決議」➡「棟総会の決議」**

団地内の建物の一部が滅失した場合に、滅失した棟の共用部分の復旧をするときには、「棟総会の決議」が必要である（72条３号）。

❸ **適　切**

団地内の建物につき、一定年数の経過ごとに計画的に行う修繕を行う場合には、団地総会の決議が必要である（50条10号）。

❹ **不適切**　**「団地総会の決議」➡「棟総会の決議」**

建替え等に係る合意形成に必要となる事項の調査の実施及びその経費に充当する場合の各棟修繕積立金の取崩しをする場合には、「棟総会の決議」が必要である（72条６号）。

正解 ❸

団地管理組合の運営に関する次の記述のうち、「マンション標準管理規約（団地型）及びマンション標準管理規約（団地型）コメント」によれば、適切なものはどれか。

❶ 団地内のA棟の棟総会について、A棟から選出されている理事が招集できるようにするための規約の変更は、A棟の棟総会の決議のみで行うことができる。

❷ 団地総会が成立するためには、それぞれの棟の議決権総数の過半数を有する区分所有者が出席する必要がある。

❸ 敷地内に設置している駐車場の使用料は、駐車場の管理に要する費用に充てるほか、団地修繕積立金として積み立てる必要がある。

❹ 棟総会の議事録は、各棟において保管者を決めて保管し、他の棟の区分所有者を含めた団地管理組合の組合員又はその利害関係人からの請求があれば、閲覧させなければならない。

棟総会に関する管理規約の変更は、棟総会のみで議決できる。

❶ **適　切**

棟総会は、その棟の区分所有者が当該棟の**区分所有者総数の$\frac{1}{5}$以上及び議決権総数の$\frac{1}{5}$以上**に当たる区分所有者の同意を得て、招集する（標準管理規約団地型68条２項）。そこで、本肢のようにA棟から選出されている理事が招集できるようにするためには規約の変更が必要となる。この場合、**棟総会に関する管理規約の変更**は、棟総会のみで議決できる（68条関係コメント②）。したがって、本肢の規約の変更は、A棟の棟総会の決議のみで行うことができる。

❷ **不適切**　**「それぞれの棟の議決権総数の過半数」**

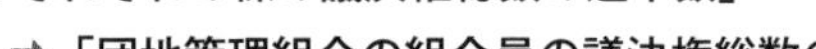

➡「団地管理組合の組合員の議決権総数の半数以上」

団地総会の会議（ＷＥＢ会議システム等を用いて開催する会議を含む）は、**議決権総数の**「**半数以上**」を有する組合員が出席しなければならない（49条１項、48条１項）。

❸ **不適切**　**「団地修繕積立金」➡「各棟修繕積立金」**

駐車場使用料その他の土地及び共用部分等に係る使用料は、それらの**管理に要する費用**に充てるほか、団地建物所有者の土地の共有持分に応じて棟ごとに各棟修繕積立金として積み立てる（31条）。

❹ **不適切**　**「各棟において保管者を決めて保管し、他の棟の区分所有者を含めた団地管理組合員又はその利害関係人」➡「理事長が保管し、その棟の区分所有者又は利害関係人」**

棟総会の議事録は、議長が**理事長**に引き渡さなければならない（74条３項）。そして、理事長は、**棟総会の議事録を保管**し、その棟の区分所有者又は利害関係人の**書面による請求**があったときは、**議事録の閲覧**をさせなければならない（74条４項）。

正解 ❶

81 標準管理規約㊻（団地型⑤）

□□□ CHECK!　H30-問31

団地管理組合や各棟の区分所有者が行うことができる行為に係る次の記述のうち、「マンション標準管理規約（団地型）及びマンション標準管理規約（団地型）コメント」によれば、適切でないものはどれか。

❶　団地内のＡ棟内で、Ａ棟の区分所有者が騒音、臭気等により共同の利益に反する行為を行っている場合に、区分所有法第57条により当該行為の停止を求める訴訟を提起する際には、訴えの提起及び訴えを提起する者の選任を、Ａ棟の棟総会で決議する必要がある。

❷　団地管理組合の使用細則で、共用廊下には団地管理組合の承諾なく物置を設置することが禁止されている場合、当該行為をしているＢ棟の区分所有者に対しては、理事長が、理事会の決議を経て、その是正等のため必要な勧告又は指示若しくは警告を行うことができる。

❸　バルコニーを無断改造してサンルームを設置しているＣ棟の区分所有者に対し、共同の利益に反する行為を停止させるための訴訟を提起する場合、その訴訟の実施に必要となる弁護士費用を団地管理組合の管理費から拠出することについてはＣ棟の棟総会の決議で足りる。

❹　団地の近所に住んでいる者が、団地管理組合の許可なく団地内の敷地に不法駐車をしているときは、理事長は、理事会の決議を経て、その自動車の撤去及び損害賠償を請求する訴訟を提起することができる。

「棟総会の決議・団地総会の決議・理事会の決議」の対象を要整理！

❶ 適　切

本肢のような義務違反の区分所有者に対して、**行為の停止等の請求に関する訴えの提起**および**訴えを提起すべき者の選任**については、棟総会で決議する必要がある（標準管理規約団地型72条２号、区分所有法57条２項）。

❷ 適　切

団地建物所有者・その同居人または専有部分の貸与を受けた者・その同居人（以下「団地建物所有者等」という）が、「法令・規約・**使用細則等に違反**したとき」、または「対象物件内における共同生活の秩序を乱す行為を行ったとき」は、**理事長**は、理事会の決議を経てその団地建物所有者等に対し、その是正等のため必要な**勧告**または**指示・警告**を行うことができる（標準管理規約団地型77条１項）。

❸ 不適切　「棟総会の決議で足りる」➡「団地総会で決議しなければならない」

共同の利益に反する行為を**停止**させるための**訴訟を提起**する場合、訴訟の実施に必要となる**弁護士費用**を**団地管理組合の管理費**から拠出することについては、**棟総会の決議では足りず**、団地総会の決議**が必要**である（25条、50条、72条参照）。

❹ 適　切

団地建物所有者等以外の第三者が土地、団地共用部分および附属施設において**不法行為を行った**ときは、**理事長**は、理事会の決議を経て、行為の差止め・排除・原状回復のための必要な措置・損害賠償の請求に関し、管理組合を代表して、**訴訟その他法的措置を追行できる**（77条３項１号）。

正解 ❸

標準管理規約㊻（団地型・複合用途型①）

CHECK!　R 2-問26　重要度 C

専用使用料等の取扱いに関する次の記述のうち、「マンション標準管理規約（団地型）及びマンション標準管理規約（団地型）コメント」及び「マンション標準管理規約（複合用途型）及びマンション標準管理規約（複合用途型）コメント」によれば、適切なものはどれか。

❶　団地型マンションにおいて、団地敷地内の駐車場使用料は、その管理に要する費用に充てるほか、全体修繕積立金として積み立てる。

❷　団地型マンションにおいて、団地内の各棟の１階に面する庭の専用使用料は、その管理に要する費用に充てるほか、団地建物所有者の土地の共有持分に応じて棟ごとに各棟修繕積立金として積み立てる。

❸　規約に屋上テラスの専用使用料の徴収の定めがある複合用途型マンションにおいて、屋上テラスの専用使用料は、その管理に要する費用に充てるほか、住宅一部修繕積立金として積み立てる。

❹　複合用途型マンションにおいて、店舗前面敷地の専用使用料は、その管理に要する費用に充てるほか、店舗一部修繕積立金として積み立てる。

各棟修繕積立金と全体修繕積立金の対象を覚えよう！

❶ **不適切　「全体修繕積立金」➡「各棟修繕積立金」**

駐車場使用料その他の土地及び共用部分等に係る使用料は、それらの**管理に要する費用に充てる**ほか、団地建物所有者の土地の共有持分に応じて棟ごとに各棟修繕積立金として積み立てる（標準管理規約団地型31条）。

❷ **適　切**

❶解説参照。**専用庭使用料**は、その**管理に要する費用に充てる**ほか、団地建物所有者の土地の共有持分に応じて棟ごとに各棟修繕積立金として積み立てる（31条）。

❸ **不適切　「住宅一部修繕積立金」➡「全体修繕積立金」**

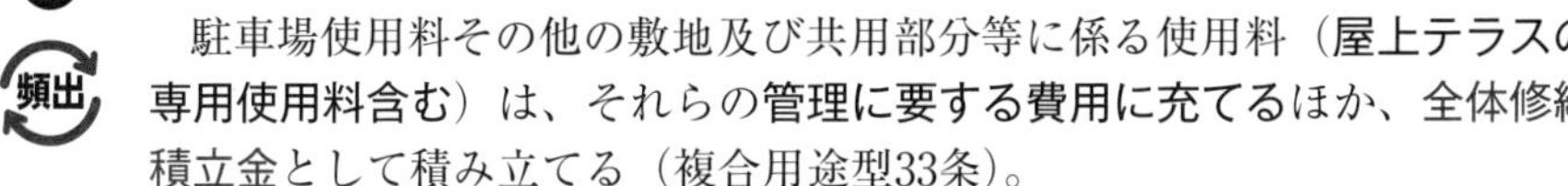

駐車場使用料その他の敷地及び共用部分等に係る使用料（**屋上テラスの専用使用料含む**）は、それらの**管理に要する費用に充てる**ほか、全体修繕積立金として積み立てる（複合用途型33条）。

❹ **不適切　「店舗一部修繕積立金」➡「全体修繕積立金」**

❸解説参照。**店舗前面敷地の専用使用料**は、その**管理に要する費用に充てる**ほか、全体修繕積立金として積み立てる（33条）。

正解 ❷

83 標準管理規約㊲（団地型・複合用途型②）

□□□ CHECK! R 4-問33

総会決議と管理費等に関する次の記述のうち、「マンション標準管理規約（団地型）及びマンション標準管理規約（団地型）コメント」及び「マンション標準管理規約（複合用途型）及びマンション標準管理規約（複合用途型）コメント」によれば、適切でないものはどれか。

❶ 1、2階が店舗、3階以上が住宅の複合用途型マンションの住宅だけに設置されているバルコニーの床の防水工事を計画修繕として行う場合には、総会で決議し、その費用は全体修繕積立金を充当する。

❷ 団地型マンションにおいて、一つの棟の耐震性能が低いため耐震改修工事をすることは、当該棟の共用部分の変更ではあるが、団地総会で決議し、その費用は当該棟の修繕積立金を充当する。

❸ 1、2階が店舗、3階以上が住宅の複合用途型マンションで、店舗の外壁はタイル張り、住宅の外壁はモルタル仕様である場合において、計画修繕として外壁の改修工事を行うときは、店舗部会及び住宅部会でそれぞれの決議をした上で総会で決議し、その費用は店舗一部修繕積立金及び住宅一部修繕積立金を充当する。

❹ 団地型マンションにおいて、マンション管理適正化法第5条の3第1項に基づく管理計画の認定の申請を行う場合には、各棟ごとの決議を経る必要はなく、団地総会で決議し、その費用は管理費を充当する。

住宅部会・店舗部会は、管理組合としての意思を決定する機関ではない。

❶ **適　切**

複合用途型マンションにおいて、マンションの住宅だけに設置されているバルコニーは、**全体共用部分**である（標準管理規約複合用途型別表２）。この**全体共用部分**であるバルコニーの床の防水工事を計画修繕として行うことは、**一定年数の経過ごとに計画的に行う修繕**に該当し、**総会の決議が必要**である（52条10号）。そして、全体共用部分の一定年数の経過ごとに計画的に行う修繕に必要となる費用は、**全体修繕積立金**を取り崩して充当することができる（30条１項１号）。

❷ **適　切**

団地型マンションにおいて、一つの棟の耐震性能が低いため耐震改修工事をすることは、当該**棟の共用部分の変更**に該当し、**団地総会の決議**が必要である（標準管理規約団地型50条10号）。そして、棟の共用部分の変更に必要となる費用は、**各棟修繕積立金**を取り崩して充当できる（29条１項３号）。

❸ **不適切**　**「店舗部会及び住宅部会でそれぞれの決議をした上で」**

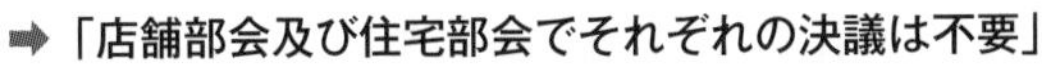

➡「店舗部会及び住宅部会でそれぞれの決議は不要」

複合用途型マンションにおいて、店舗の外壁はタイル張り、住宅の外壁はモルタル仕様である場合に、計画修繕として外壁の改修工事を行うことは、**一定年数の経過ごとに計画的に行う修繕**に該当し、**総会の決議**が必要である（標準管理規約複合用途型52条10号）。また、**住宅部会**及び**店舗部会**は管理組合としての意思を決定する機関ではなく、それぞれ住宅部分、店舗部分の一部共用部分の管理等について協議する組織として位置づけるものである（60条関係コメント①）。したがって、**店舗部会及び住宅部会で決議をする必要はない**。なお、住宅一部共用部分及び店舗一部共用部分の一定年数の経過ごとに計画的に行う修繕に必要となる費用は、住宅一部修繕積立金及び店舗一部修繕積立金を取り崩して充当できる（31条２項１号）。

❹ **適　切**

団地型マンションにおいて、マンション管理適正化法５条の３第１項に基づく**管理計画の認定の申請**を行う場合には、**団地総会の決議**が必要である（標準管理規約団地型50条８号）。そして、管理計画の認定の申請を行う費用は、管理費を充当する（27条４号）。

正解 ❸

84 標準管理規約㊽（複合用途型①）

R 3-問32　重要度 B

複合用途型マンションの管理に関する次の記述のうち、「マンション標準管理規約（複合用途型）及びマンション標準管理規約（複合用途型）コメント」によれば、適切でないものはどれか。

❶　店舗部分の区分所有者は、店舗のシャッターに、その店舗の名称、電話番号その他営業に関する広告を掲示することができる。

❷　店舗のシャッターの破損が第三者による犯罪行為によることが明らかである場合のシャッターの修復の実施については、その店舗の区分所有者がその責任と負担においてこれを行わなければならない。

❸　店舗部分の区分所有者は、店舗前面敷地について、通路として使用するほか、営業用看板を設置することができる。

❹　管理組合が規約で定めれば、店舗のシャッターについてはすべて専有部分とし、利用制限を付すこともできる。

店舗のシャッターはすべて専有部分とし、利用制限を付すことも可能。

❶ **適　切**

各店舗のシャッターについては、営業用広告掲示場所としての用法が認められている（標準管理規約複合用途型別表４）。したがって、店舗部分の区分所有者は、店舗のシャッターに、その店舗の名称、電話番号その他営業に関する広告を掲示できる。

❷ **不適切　「店舗の区分所有者」➡「管理組合」**

店舗のシャッター等の破損が第三者による犯罪行為等によることが明らかである場合の保存行為の実施については、通常の使用に伴わないものであるため、「管理組合」がその責任と負担においてこれを行う（21条関係⑥）。

❸ **適　切**

店舗部分の区分所有者は、店舗前面敷地について、営業用看板等の設置場所及び通路としての用法が認められている（別表４）。

❹ **適　切**

規約で定めれば、店舗のシャッターについてはすべて専有部分とし、利用制限を付すことも可能である（７条関係コメント④）。

正解 ❷

85 標準管理規約㊅㊈（複合用途型②）

H30-問32

複合用途型マンションの管理組合の理事長から、管理規約の変更に係る相談を受けたマンション管理士が行った次の回答のうち、「マンション標準管理規約（複合用途型）及びマンション標準管理規約（複合用途型）コメント」によれば、適切でないものはどれか。

❶　総会の議決権については、住戸部分、店舗部分それぞれの中で持分割合があまり異ならない場合は、住戸、店舗それぞれの中では同一の議決権により対応することが可能です。また、住戸又は店舗の数を基準とする議決権と専有面積を基準とする議決権を併用することも可能です。

❷　当該規約を変更するに当たっては、住宅の区分所有者のみの共有に属する一部共用部分の管理に関する条項を変更する場合であっても、区分所有者全員で構成される総会の決議で行うことになります。

❸　住宅、店舗各々から選出された管理組合の役員が、住宅部会、店舗部会の役員を兼ねるようにすることができます。

❹　店舗共用部分の修繕は、店舗部会の決議があれば、総会の決議がなくても、店舗一部修繕積立金を取り崩してその費用を拠出することができます。

単棟・団地・複合用途型ぜんぶで「規約の変更等」は総会の決議が必要！

❶ **適　切**

住戸部分･店舗部分それぞれの中で**持分割合があまり異ならない場合**は、住戸・店舗それぞれの中では**同一の議決権**により対応することおよび、住戸または店舗の数**を基準とする議決権**と専有面積**を基準とする議決権を併用**して対応することも可能である（標準管理規約複合用途型50条関係コメント②）。

❷ **適　切**

規約の制定・変更・廃止に関する議事は、**総会**において、**組合員総数の$\frac{3}{4}$以上および議決権総数の$\frac{3}{4}$以上**で決する（51条３項１号）。「住宅の区分所有者のみの共有に属する一部共用部分の管理に関する条項を変更」する場合でも、総会決議による。

❸ **適　切**

管理組合には、住戸部分の区分所有者で構成する**住宅部会**および店舗部分の区分所有者で構成する**店舗部会を置く**（60条１項）。また、住宅部会および店舗部会の組織および運営について、住宅・店舗おのおのから選出された管理組合の**役員**が、各部会の役員を兼ねるようにし、各部会の意見が理事会に反映されるような仕組みが有効であると考えられる（同関係コメント②）。

❹ **不適切　「総会の決議がなくても」➡「総会の決議が必要」**

住宅部会および**店舗部会**は、管理組合としての意思を決定する機関ではなく、それぞれ住宅部分、店舗部分の一部共用部分の管理等について協議する組織として位置づけるものである(60条関係コメント①)。したがって、店舗一部修繕積立金を取り崩すには、あくまでも**総会の決議が必要**である(52条８号、31条２項)。

正解 ❹

複合用途型マンションの管理に関する次の記述のうち、「マンション標準管理規約（複合用途型）及びマンション標準管理規約（複合用途型）コメント」によれば、適切なものはどれか。

❶　建物のうち店舗部分の屋上を店舗の来客者専用駐車場として使用する場合、店舗部分の区分所有者から管理組合に対し支払われる駐車場使用料は、当該駐車場の管理費に充てるほか、全体修繕積立金として積み立てる必要がある。

❷　住宅一部共用部分の修繕積立金を取り崩す場合には、総会決議において、全区分所有者の過半数の賛成とともに、住宅部分の区分所有者の過半数の賛成を得る必要がある。

❸　複合用途型マンションでは、全体共用部分、住宅一部共用部分及び店舗一部共用部分ごとに管理費及び修繕積立金があることから、会計担当理事を少なくとも３人選任し、それぞれの部分の会計業務にあたらせる必要がある。

❹　住宅部分の区分所有者から、店舗一部管理費及び店舗一部修繕積立金に係る会計帳簿や帳票について理由を付した書面による閲覧の請求があった場合、理事長は、請求者が、帳票類に関し利害関係を有するかを確認する必要がある。

駐車場使用料等の敷地・共用部分等の使用料➡管理費用に充当と全体修繕積立金として積立て。

❶ 頻出 **適　切**

駐車場使用料その他の敷地及び共用部分等に係る使用料は、それらの管理に要する費用に充てるほか、**全体修繕積立金として積み立てる**（標準管理規約複合用途型33条）。

❷ ひっかけ **不適切　「住宅部分の区分所有者の過半数の賛成を得る必要がある」**
➡「必要はない」

特別の管理の実施並びにそれに充てるための資金の借入れ並びに全体修繕積立金、**住宅一部修繕積立金**及び店舗一部修繕積立金**の取崩し**については、**総会の決議が必要**である（52条10号）。しかし、住宅部分の区分所有者の過半数の賛成を得る必要はない。

❸ ひっかけ **不適切　「会計担当理事を少なくとも３人選任し」**
➡「このような規定は存在しない」

管理組合には、**会計担当理事を置く**こととされているが、その**員数は各マンションで定めることができ**、「会計担当理事を少なくとも３人選任し、それぞれの部分の会計業務にあたらせるという規定」は**存在しない**（39条１項３号）。

❹ ひっかけ **不適切　「利害関係を有するかを確認する必要がある」➡「必要はない」**

理事長は、**会計帳簿**、什器備品台帳、組合員名簿及びその他の帳票類を作成して保管し、**組合員又は**利害関係人**の理由を付した書面による請求**があったときは、これらを**閲覧させなければならない**（69条１項）。しかし、請求者が、帳票類に関し**利害関係を有するかを確認するとはされていない**。

正解 ❶

第 4 編

管理組合の会計・財務等

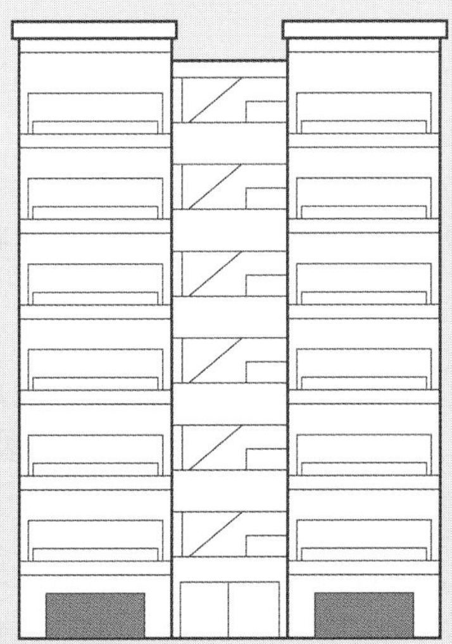

1 収支報告書・貸借対照表①

R 2-問35

甲マンション管理組合の理事会（令和６年４月開催）において、会計担当理事が令和５年度（令和５年４月１日～令和６年３月31日）決算の管理費会計の比較貸借対照表について行った次の説明のうち、収支報告書又は貸借対照表に関する説明として適切でないものはどれか。ただし、会計処理は発生主義の原則によるものとし、資金の範囲は、現金預金、未収金、前払金、未払金及び前受金とする。

比較貸借対照表

甲マンション管理組合（管理費会計）　　（単位：千円）

項　目	令和５年度	令和４年度	増減	項　目	令和５年度	令和４年度	増減
現金預金	800	700	100	未払金	80	120	－40
未収金	90	70	20	前受金	100	90	10
前払金	10	50	－40	正味財産	720	610	110
合　計	900	820	80	合　計	900	820	80

❶　令和５年度収支報告書に計上されている当期収支差額は、110千円のプラスでした。

❷　未払金の額が前年度より40千円減少していますが、これは現金預金が100千円増加した要因の一つになっています。

❸　令和５年度収支報告書に計上されている前期繰越収支差額は、610千円です。

❹　令和６年３月に発生した管理費の滞納額については、令和５年度の収支報告書の管理費収入に計上されるとともに、貸借対照表上は未収金に計上されています。

前期繰越収支差額は、前年度の貸借対照表の正味財産と同額。

❶ **適　切**

当期収支差額は、前年度の貸借対照表の正味財産と今年度の正味財産との差額である。したがって、令和５年度の当期収支差額は、令和５年度の正味財産の**720千円**（720,000円）から、令和４年度の正味財産の**610千円**（610,000円）を差し引いた結果、**110千円**（**110,000円**）のプラスとなる。

❷ **不適切　「現金預金が増加した要因とはならない」**

未払金の額が前年度より40千円（40,000円）**減少した**ということは、前年度に計上されていた未払金40千円（40,000円）の**支払いをした**ということであり、次の仕訳がなされる。

（単位：円）

（借　方）		（貸　方）	
未払金	40,000	現金預金	40,000

したがって、未払金の減少は**現金預金が増加した要因とはならない**。

❸ **適　切**

前期繰越収支差額は、前年度の貸借対照表の正味財産と同額である。したがって、令和５年度の前期繰越収支差額は、令和４年度の正味財産と同額の**610千円**（610,000円）である。

❹ **適　切**

令和６年３月に管理費の滞納が発生した場合、**令和５年度**の会計処理においては、**管理費収入**が計上され、滞納額は**未収金**として計上されるため、次の仕訳がなされる。

（単位：円）

（借　方）		（貸　方）	
未収金	○○○	管理費収入	○○○

正解 ❷

管理組合の会計・財務等

2 収支報告書・貸借対照表②

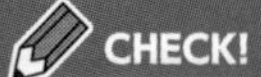
H29-問35

甲マンション管理組合の令和３年度から令和５年度までの３年間の管理費会計比較収支報告書（会計年度は４月から翌年３月まで）は下表のとおりである。これに関し、会計担当理事が理事会で行った次の説明のうち、適切なものはどれか。ただし、会計処理は発生主義の原則によるものとし、資金の範囲は、現金預金、未収金、未払金、前受金及び前払金とする。（表中の×××は、金額を表す。）

比較収支報告書

甲マンション管理組合（管理費会計）　　　　（単位：円）

科　　目	令和３年度	令和４年度	令和５年度
管理費収入	300,000	300,000	300,000
駐車場使用料収入	50,000	50,000	40,000
収入合計	350,000	350,000	340,000
委託業務費	250,000	260,000	220,000
水道光熱費	35,000	33,000	32,000
支払保険料	20,000	20,000	20,000
支出合計	305,000	313,000	272,000
当期収支差額	×××	×××	×××
前期繰越収支差額	290,000	×××	×××
次期繰越収支差額	×××	×××	×××

❶　委託業務費が令和５年度に減少した理由は、令和６年３月17日に実施したエレベーター点検に係る費用を、令和６年４月10日に支払ったことによるものです。

❷　令和５年度の次期繰越収支差額は、決算の結果、395,000円になりました。

❸　令和５年度の駐車場使用料収入の減少は、令和５年度中に滞納金が発生し入金されなかったことによるものです。

❹　令和６年３月24日に、組合員Ａから、令和６年度の管理費１年分を前払する振込がありましたが、令和５年度の管理費収入には計上しないため、前期の額と変動がありませんでした。

比較収支報告書の読み取り方を、ここで確認しよう！

❶ 不適切 **「委託業務費が減少した理由にはならない」**

令和６年３月17日に実施した点検に係る費用は、発生主義の原則により、**発生した月に費用として計上**されている。そのため、当該委託業務費は、令和５年度の委託業務費にあらかじめ含まれており、令和５年度の委託業務費の減少の理由とはならない。

❷ 不適切 **「次期繰越収支差額は395,000円」**
➡「次期繰越収支差額は440,000円」

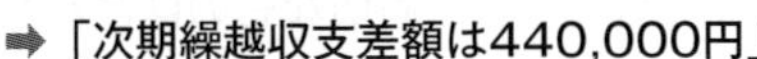

頻出

令和５年度の次期繰越収支差額を求めるために、令和３年度まで遡って各年度の**次期繰越収支差額**を計算していく必要がある。**次期繰越収支差額は、前期繰越収支差額に各年度の当期収支差額を加えた金額となる**。また、各年度の当期収支差額は、収入合計から支出合計を引いて計算する。

① まず、令和３年度の**次期繰越収支差額**は、290,000円に45,000円（＝350,000円－305,000円）を足して335,000円となる。

② 次に、令和４年度の**次期繰越収支差額**は、335,000円に37,000円（＝350,000円－313,000円）を足して372,000円となる。

③ 最後に、**令和５年度の次期繰越収支差額**は、372,000円に68,000円（＝340,000円－272,000円）を足して**440,000円**となる。

以上から、**令和５年度の次期繰越収支差額**は、395,000円ではなく、**440,000円**となる。

❸ 不適切 **「駐車場使用料収入の減少は、滞納金の未入金が原因ではない」**

駐車場使用料収入は、発生主義の原則により、**発生した月に収入として計上**されている。したがって、駐車場使用料収入の減少は、「滞納金が発生し入金されなかったことによる」ものではない。

❹ 適　切

令和６年３月24日に入金された令和６年度分の管理費は、発生主義の原則により、**管理費収入には計上せず、前受金として負債に計上**するため、令和５年度の管理費収入には**影響しない**。

正解 ❹

収支報告書・貸借対照表③

□□□ CHECK!　R 4-問34　重要度 B

甲マンション管理組合の令和４年度と令和５年度の管理費会計比較収支報告書（会計年度は４月から翌年３月まで）は下表のとおりである。これに関し、会計担当理事が理事会で行った次の説明のうち、適切なものはどれか。ただし、会計処理は発生主義の原則によるものとし、資金の範囲は、現金預金、未収入金、前払金、未払金、前受金とする。（表中の×××は、金額を表す。）

比較収支報告書

甲マンション管理組合（管理費会計）　　（単位：千円）

科　目	令和４年度	令和５年度
管理費	300,000	310,000
駐車場使用料	100,000	110,000
収入合計	400,000	420,000
委託業務費	230,000	230,000
水道光熱費	×××	90,000
支払保険料	40,000	30,000
支出合計	×××	350,000
当期収支差額	×××	70,000
前期繰越収支差額	510,000	×××
次期繰越収支差額	×××	630,000

❶　令和５年度の支払保険料が令和４年度より10,000円減少した理由は、令和４年度に令和５年度分の保険料10,000円を前払いしていたためです。

❷　令和４年度の水道光熱費は、80,000円でした。

❸　令和４年度には組合員Ａの管理費の未収が10,000円ありましたが、令和５年度に回収されたため、管理費は10,000円増加しました。

❹　令和４年度の次期繰越収支差額は、580,000円でした。

当期収支差額＝次期繰越収支差額－前期繰越収支差額

発生主義に基づき、以下、検討する。

❶ **不適切**

令和５年度分の保険料１万円については、**令和４年度に前払い**しており、**令和４年度**において前払金として計上している。

(借　方)		(貸　方)	(単位：円)
前払金	10,000	現金預金	10,000

そして、**令和５年度**においては、**令和５年度分の支払保険料**１万円を**計上し**、**令和４年度**において計上した**前払金**１万円を**取り崩す**。

(借　方)		(貸　方)	(単位：円)
支払保険料	10,000	前払金	10,000

したがって、令和５年度分の保険料１万円を支払ったのは令和４年度であるが、**令和５年度分の支払保険料を計上する**のは**令和５年度**である。

よって、令和５年度分の保険料１万円を令和４年度に前払いしたことは、令和５年度の支払保険料が**減少した理由とはいえない**。

❷ **適　切**

水道光熱費は支出科目であり、**支出合計**から**他の支出科目の合計額**（委託業務費23万円＋支払保険料４万円＝27万円）を**差し引く**ことにより算出される（支出合計－他の支出科目の合計額27万円＝水道光熱費）。

この点、令和４年度の支出合計は「×××」となっており、収入合計（40万円）と支出合計の差額が当期収支差額（収入合計－支出合計＝当期収支差額）であるので、支出合計は**収入合計**（40万円）から**当期収支差額**を**差し引く**ことにより算出する（収入合計40万円－当期収支差額＝支出合計）。

さらに、令和４年度の当期収支差額も「×××」となっているところ、当期収支差額は次期繰越収支差額から前期繰越収支差額を差し引くことにより算出する（当期収支差額＝次期繰越収支差額－前期繰越収支差額）。

後述する❹解説の通り、令和４年度の次期繰越収支差額は56万円であり、前期繰越収支差額の51万円を差し引くと、**当期収支差額**は**５万円**と算出される。

そして、この当期収支差額５万円を収入合計40万円から差し引くと、**支出合計**は**35万円**と算出される（収入合計40万円－当期収支差額５万円＝支出合計35万円）。

したがって、この支出合計35万円から他の支出科目の合計額27万円を差し引くと、**水道光熱費は８万円**と算出される。

よって、令和４年度の水道光熱費は８万円とする**本肢は適切**である。

❸ **不適切**

発生主義の原則により、**管理費は該当年度の収入**として**計上**する。そのため、**令和４年度**の管理費に１万円の未収があったとしても、その**未収分**は、**令和４年度の収支報告書の管理費収入に含まれる**。

（借　方）		（貸　方）	（単位：円）
未収金	10,000	管理費収	10,000

そして、この未収分１万円は令和５年度に回収されたため、**令和５年度**においては、**現金預金**１万円を**計上**し、**令和４年度**において計上した**未収**金１万円を**取り崩す**。

（借　方）		（貸　方）	（単位：円）
現金預金	10,000	未収金	10,000

したがって、**令和４年度の管理費の未収分**については、回収したのは令和５年度であるが、すでに**管理費収入**として**令和４年度に計上されている**。

よって、令和４年度の管理費の未収分を令和５年度に回収したことにより、令和５年度の管理費が**増加したとはいえない**。

❹ **不適切**

令和４年度の次期繰越収支差額が「×××」となっているが、**令和４年度の次期繰越収支差額は令和５年度の前期繰越収支差額と同額**であるため、令和５年度より順を追って算出する。

令和５年度の前期繰越収支差額も「×××」となっているところ、次期繰越収支差額は当期収支差額と前期繰越収支差額の合計（次期繰越収支差額＝当期収支差額＋前期繰越収支差額）であるから、次期繰越収支差額から当期収支差額を差し引けば前期繰越収支差額を算出できる（**次期繰越収支差額－当期収支差額＝前期繰越収支差額**）。

そうすると、令和５年度の次期繰越収支差額63万円から当期収支差額７万円を差し引いて、**令和５年度の前期繰越収支差額は56万円**と算出される（63万円－７万円＝56万円）。

したがって、**令和４年度の次期繰越収支差額**は、この令和５年度の前期繰越収支差額と同額であるから、**56万円**である。

正解 ❷

MEMO

令和６年３月25日に、甲マンション管理組合の普通預金口座に、組合員Ａから、管理費450,000円（月額30,000円）が入金された。450,000円の内訳は、令和５年２月分から令和６年４月分までの15ヵ月分であった。令和６年３月に管理組合が行うべき仕訳として適切なものは次のうちどれか。ただし、会計処理は毎月次において発生主義の原則によるものとし、会計年度は令和５年４月１日から令和６年３月31日までとする。

（単位：円）

❶

（借　方）		（貸　方）	
現金預金	450,000	未　収　金	30,000
		管理費収入	390,000
		前　受　金	30,000

❷

（借　方）		（貸　方）	
現金預金	450,000	未　収　金	390,000
		管理費収入	30,000
		前　受　金	30,000

❸

（借　方）		（貸　方）	
現金預金	450,000	未　収　金	360,000
		管理費収入	30,000
		前　受　金	60,000

❹

（借　方）		（貸　方）	
現金預金	450,000	未　収　金	30,000
		管理費収入	360,000
		前　受　金	60,000

（借方）現金預金と（貸方）未収金・管理費収入・前受金の関係を確認！

（1） 令和５年２月から令和６年２月までの各月の処理

発生主義の原則により、各月の管理費収入については、次の処理が行われている。

（借　方）		（貸　方）	（単位：円）
未　収　金	30,000	管理費収入	30,000

なお、令和６年３月時点での未収金の金額は、３万円×13ヵ月（令和５年２月～令和６年２月）＝39万円である。

（2） 令和６年３月の処理

① 未収金の受取り

上記（1）の処理により計上されていた未収金39万円の受取りとして、次の処理を行う。まず、管理組合に入金済みの39万円について、**借方に現金預金を39万円計上**する。次に、**13ヵ月分の未収金39万円**を**貸方に計上**する。

（借　方）		（貸　方）	
現 金 預 金	390,000	未　収　金	390,000

② 管理費の受取り

令和６年３月分の管理費の受取りとして、次の処理を行う。まず、管理組合に入金されている３万円について、**借方に現金預金を３万円計上**する。次に、**３月の管理費３万円は、貸方に管理費収入として計上**する。

（借　方）		（貸　方）	
現 金 預 金	30,000	管理費収入	30,000

③ 前受金の受取り

令和６年４月分の管理費は、発生主義の原則により管理費収入とはせず、前受金として次の処理を行う。まず、管理組合に入金されている３万円について、**借方に現金預金を３万円計上**する。次に、**４月分の管理費**は、**翌期の収入**であるから、令和５年度においては**前受金**として、合計**３万円**を**貸方に計上**する。

（借　方）		（貸　方）	
現 金 預 金	30,000	前　受　金	30,000

以上の①～③をまとめると、次のような仕訳をすることになる。

（借　方）		（貸　方）	
現 金 預 金	450,000	未　収　金	390,000
		管理費収入	30,000
		前　受　金	30,000

したがって、**正解は❷**となる。

正解 ❷

甲マンション管理組合の令和５年度（令和５年４月１日～令和６年３月31日）の会計に係る次の仕訳のうち、適切でないものはどれか。ただし、会計処理は発生主義の原則によるものとする。

❶ 令和６年３月に、令和６年３月分、４月分及び５月分の管理費（１ヵ月分は３万円）の合計９万円が入金された。

（単位：円）

（借　方）		（貸　方）	
現金預金	90,000	前受金	60,000
		管理費収入	30,000

❷ 令和６年８月に完了予定の修繕工事の工事費80万円のうち、着手金として令和６年３月に30万円を支払い、工事完了時に50万円を支払う予定である。

（単位：円）

（借　方）		（貸　方）	
前払金	300,000	現金預金	300,000

❸ 令和５年４月に、建物の事故等に備え、保険期間３年の積立型マンション保険に加入し、３年分の保険料総額30万円を支払った。なお、１年間の掛捨保険料は８万円、３年後の満期返戻金は６万円である。

（単位：円）

（借　方）		（貸　方）	
支払保険料	80,000	現金預金	300,000
前払金	160,000		
積立保険料	60,000		

❹ 令和４年度の貸借対照表に計上されていた管理費の未収金10万円のうち、８万円が令和５年度に入金されたが、２万円はまだ入金されていない。

（単位：円）

（借　方）		（貸　方）	
現金預金	80,000	管理費収入	100,000
未収金	20,000		

翌期以降の掛捨保険料➡前払金、積立保険料➡資産の増加、どちらも借方に計上。

❶ **適　切**

① 管理組合に合計９万円が入金されているので、**借方に現金預金**として**９万円を計上**する。

② **管理費**のうち、**当年度分**である**３月の管理費３万円**は、**貸方に管理費収入**として**計上**する。

③ **４月分・５月分の管理費**は、**翌期の収入**であるから、令和５年度においては、**貸方に前受金**として合計**６万円を計上**する。

以上をまとめると、次の仕訳となり、本肢は適切である。

(借　方)		(貸　方)	(単位：円)
現金預金	90,000	前受金	60,000
		管理費収入	30,000

❷ **適　切**

① 修繕工事は**翌期**である**令和６年８月完成予定**であるから、３月に支払った**着手金30万円**は、**前払金**として**計上**する。

② **残額50万円**は、工事完了時に支払う予定なので、**翌期の支払い**となり、令和５年度に行う仕訳はない。

以上をまとめると、次の仕訳となり、本肢は適切である。

(借　方)		(貸　方)	
前払金	300,000	現金預金	300,000

❸ **適　切**

① ３年分の**掛捨保険料24万円**のうち、**令和５年度分である８万円**は、支払保険料として**借方に計上**する。

② **翌期以降の掛捨保険料16万円**は、**前払金**として**借方に計上**する。

③ ３年後の**満期払戻金**が**６万円**なので、満期払戻金の原資となる保険料部分の**積立保険料は６万円**であり、**資産の増加**として**借方に計上**する。

以上をまとめると、次の仕訳となり、本肢は適切である。

(借　方)		(貸　方)	
支払保険料	80,000	現金預金	300,000
前払金	160,000		
積立保険料	60,000		

❹ **不適切**

① **令和４年度の管理費の未収金**については、令和４年度において、次の仕訳がされている。

(借　方)		(貸　方)	
未収金	100,000	管理費収入	100,000

② 未収金10万円のうち、８万円は令和５年度に入金されているので、**令和５年度**では、**未収金８万円を取り崩し**て減少させる次の仕訳をすべきである。

(借　方)		(貸　方)	
現金預金	80,000	未収金	80,000

したがって、本肢の仕訳は不適切である。

甲マンション管理組合の令和５年度決算（令和５年４月１日～令和６年３月31日）に関して、会計担当理事が行った次の仕訳のうち、適切でないものはどれか。ただし、会計処理は発生主義の原則によるものとする。

❶　令和５年７月に修繕工事が完了し、20万円を支払った。なお、令和５年２月に着手金５万円を支払っている。

（単位：円）

（借　方）		（貸　方）	
修　繕　費	250,000	現金預金	200,000
		前　払　金	50,000

❷　令和６年３月にＡ組合員から、令和５年３月分から令和６年５月分までの管理費30万円（月額２万円）が入金された。

（単位：円）

（借　方）		（貸　方）	
現金預金	300,000	管理費収入	240,000
		未　収　金	20,000
		前　受　金	40,000

❸　令和４年度の貸借対照表に計上されていた管理費の未収金20万円のうち、17万円が令和５年度に入金された。３万円はまだ入金されていない。

（単位：円）

（借　方）		（貸　方）	
現金預金	170,000	未　収　金	200,000
管理費収入	30,000		

❹　令和６年３月末の帳簿上の銀行預金残高より銀行発行の預金残高証明書の金額が５万円少なかったため調査したところ、支払った損害保険料５万円の処理が計上漏れとなっていたため、必要な仕訳を行った。

（単位：円）

（借　方）		（貸　方）	
保　険　料	50,000	現金預金	50,000

（借方）現金預金と（貸方）未収金の関係を確認！

発生主義に基づき、以下、検討する。

適　切

① **令和５年２月**に支払った**着手金５万円**は、同年**２月の時点**において前払金として**借方に計上**されている。

（借　方）		（貸　方）	（単位：円）
前　払　金	50,000	現 金 預 金	50,000

② その後、**令和５年７月に修繕工事が完了**したため、その際に支払った20万円と同年２月に支払った着手金５万円の**合計25万円**を**修繕費**として**借方に計上**する。そして、同年**２月の時点**において計上されていた前払金**５万円**を**貸方に計上**して**取り崩す**。

したがって、令和５年度決算における仕訳は下記の通りであり、本肢は適切である。

（借　方）		（貸　方）	（単位：円）
修　繕　費	250,000	現 金 預 金	200,000
		前　払　金	50,000

適　切

令和６年**３月**に、令和５年３月分から令和６年５月分までの**管理費30万円**が**入金**されているので、**借方**に**現金預金30万円**を**計上**する。

入金された管理費のうち、**令和５年３月分**の管理費**２万円**については、**前年度**（令和４年度）において**借方**に**未収金**として計上されているため、この未収金を**貸方に計上**して**取り崩す**。

そして、**令和５年度分**（令和５年４月分から令和６年３月分まで）の管理費**24万円**（２万円×12ヵ月分）については、**貸方**に管理費**収入24万円**を**計上**する。

さらに、**令和６年４月分**及び**５月分**の管理費合計４万円（２万円×２ヵ月分）は、**次年度**（令和６年度）の収入となるため、**貸方**に**前受金４万円**を**計上**する。

したがって、令和５年度決算における仕訳は次のようになり、本肢は適切である。

（借　方）		（貸　方）	（単位：円）
現 金 預 金	300,000	管理費収入	240,000
		未　収　金	20,000
		前　受　金	40,000

不適切

令和４年度の貸借対照表に計上されていた管理費の未収金20万円については、令和４年度において、次の仕訳がされている。

（借　方）		（貸　方）	（単位：円）
未　収　金	200,000	管理費収入	200,000

その後、令和５年度において、この未収金20万円のうち17万円が入金されたので、すでに計上されていた未収金20万円から17万円分を減少させるため、未収金17万円を貸方に計上して取り崩す。しかし、まだ入金されていない３万円分については、計上しない。

したがって、令和５年度決算における仕訳は次のようになり、本肢は適切でない。

（借　方）		（貸　方）	（単位：円）
現金預金	170,000	未　収　金	170,000

適　切

当年度（令和５年度）において支払った損害保険料５万円については、資産の減少として、現金預金５万円を貸方に計上し、費用の増加として、保険料５万円を借方に計上する。

したがって、令和５年度決算における仕訳は次のようになり、本肢は適切である。

（借　方）		（貸　方）	（単位：円）
保　険　料	50,000	現金預金	50,000

正解 ❸

MEMO

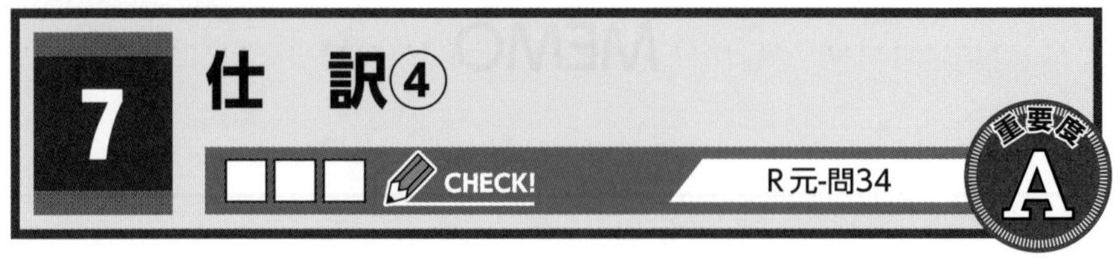

甲マンション管理組合の令和５年度（令和５年４月１日から令和６年３月31日まで）の会計に係る次の仕訳のうち、適切なものはどれか。ただし、会計処理は毎月次において発生主義の原則によるものとする。

❶　令和６年３月に、組合員Ａから、令和４年10月分から令和６年４月分までの19ヵ月分の管理費総額38万円（月額２万円）が、甲の口座にまとめて入金された。

（単位：円）

（借　方）		（貸　方）	
現金預金	380,000	未　収　金	340,000
		管理費収入	40,000

❷　令和６年３月末の帳簿上のＢ銀行預金残高よりＢ銀行発行の預金残高証明書の金額が５万円少なかったため調査したところ、同年３月に支払った損害保険料５万円の処理が計上漏れとなっていたためであることが判明した。このため、必要な仕訳を行った。

（単位：円）

（借　方）		（貸　方）	
未　払　金	50,000	保　険　料	50,000

❸　令和４年度決算の貸借対照表に修繕工事の着手金60万円が前払金として計上されていたが、その修繕工事が令和５年６月に完了し、総額200万円の工事費の残額140万円を請負業者へ同月に支払った。

（単位：円）

（借　方）		（貸　方）	
修　繕　費	2,000,000	現金預金	1,400,000
		前　払　金	600,000

❹　令和６年３月に、組合員Ｃから、３月分管理費２万円と３月分駐車場使用料１万円の合計３万円が甲の口座に入金されたが、誤って全額が管理費として計上されていた。このため、必要な仕訳を行った。

（単位：円）

（借　方）		（貸　方）	
駐車場使用料収入	10,000	管理費収入	10,000

計上漏れや誤って計上されたことが発覚した場合の必要な仕訳を覚えよう。

 不適切

(1) 令和４年10月から令和６年２月までの各月の処理

発生主義の原則により、各月の管理費収入については、次の処理が行われている。

(借　方)		(貸　方)	(単位：円)
未収金	20,000	管理費収入	20,000

そして、令和６年３月時点での**未収金の総額**は、２万円×17ヵ月（令和４年10月～令和６年２月）＝**34万円**である。

(借　方)		(貸　方)	(単位：円)
未収金	340,000	管理費収入	340,000

(2) 令和６年３月の処理

① 未収金の受取り

上記（1）の処理によって計上されていた未収金34万円の受取りとして、次の処理を行う。まず、管理組合に入金された34万円について、**借方に現金預金34万円**を計上する。次に、**貸方に17ヵ月分の未収金34万円**を計上する。

(借　方)		(貸　方)	(単位：円)
現金預金	340,000	未収金	340,000

② 管理費の受取り

令和６年３月分の管理費の受取りとして、次の処理を行う。まず、管理組合に入金された２万円について、**借方に現金預金２万円**を計上する。次に、**貸方に３月分の管理費収入２万円**を計上する。

(借　方)		(貸　方)	(単位：円)
現金預金	20,000	管理費収入	20,000

③ 前受金の受取り

令和６年４月分の管理費は、発生主義の原則により**翌期の収入**となるため、管理費収入とはせず、**前受金**として次の処理を行う。まず、管理組合に入金された２万円について、**借方に現金預金２万円**を計上する。次に、**貸方に前受金２万円**を計上する。

(借　方)		(貸　方)	(単位：円)
現金預金	20,000	前受金	20,000

以上の①～③**をまとめる**と、次のような仕訳をすることになる。

(借　方)		(貸　方)	
現金預金	380,000	未収金	340,000
		管理費収入	20,000
		前受金	20,000

したがって、不適切である。

❷ **不適切**

① **損害保険料５万円**については、**未払金**として、次の仕訳がされていた。

（借　方）		（貸　方）	（単位：円）
保険料	50,000	未払金	50,000

② その後、**損害保険料５万円**については、令和６年３月に**支払がされた**ので、次の仕訳を行う。

（借　方）		（貸　方）	（単位：円）
未払金	50,000	現金預金	50,000

以上の①②**をまとめる**と、次のような仕訳をすることになる。

（借　方）		（貸　方）	（単位：円）
保険料	50,000	現金預金	50,000

したがって、不適切である。

適　切

① 令和４年度において、修繕工事の**着手金60万円**は、前払金として計上されていたので、次の仕訳がなされた。

（借　方）		（貸　方）	（単位：円）
前払金	600,000	現金預金	600,000

② その後、令和５年６月に、本件**修繕工事が完了**し、工事費の**残額140万円を支払った**ので、次の仕訳を行う。

（借　方）		（貸　方）	（単位：円）
修繕費	1,400,000	現金預金	1,400,000

③ そして、令和５年６月に、本件**修繕工事は完了**したことから、①**の前払金を取り崩す**ため、次の仕訳を行う。

（借　方）		（貸　方）	（単位：円）
修繕費	600,000	前払金	600,000

以上の②③**をまとめる**と、次のような仕訳をすることになる。

（借　方）		（貸　方）	（単位：円）
修繕費	2,000,000	現金預金	1,400,000
		前払金	600,000

したがって、適切である。

❹ **不適切**

① 令和６年３月に、入金された３月分管理費２万円と３月分駐車場使用料１万円の**合計３万円**について、**誤って管理費として計上**していたので、次の仕訳がなされた。

（借　方）		（貸　方）	（単位：円）
現金預金	30,000	管理費収入	30,000

② **誤って管理費として計上**していた**３万円**には、**３月分駐車場使用料１万円**が含まれている。そこで、管理費収入３万円のうち**１万円を取り崩す**ため、**逆仕訳**として**借方に管理費収入１万円**を計上する必要がある。その**貸方には駐車場使用料１万円**を計上する。入金された現金預金３万円については誤っていないので仕訳の必要はない。したがって、必要な仕訳は次の仕訳となる。

（借　方）		（貸　方）	（単位：円）
管理費収入	10,000	駐車場使用料収入	10,000

したがって、不適切である。

正解 ❸

甲マンション管理組合の令和５年度（令和５年４月１日～令和６年３月31日）の会計に係る次の仕訳のうち、適切なものはどれか。ただし、会計処理は発生主義の原則によるものとする。

❶　令和４年度の貸借対照表に計上されていた修繕費の前払金10万円に関して、令和５年度に行う予定であった修繕工事を中断し、令和６年度に修繕工事を再開し完了させることとした。

（単位：円）

（借　方）		（貸　方）	
修　繕　費	100,000	前　払　金	100,000

❷　令和４年度の貸借対照表に計上されていた管理費の未収金７万円のうち、４万円は令和５年度に入金されたが、３万円はまだ入金されていない。

（単位：円）

（借　方）		（貸　方）	
現金預金	40,000	管理費収入	70,000
未　収　金	30,000		

❸　令和４年度の貸借対照表に計上されていた令和５年４月分の管理費の前受金５万円の会計処理を令和５年４月に行った。

（単位：円）

（借　方）		（貸　方）	
管理費収入	50,000	前　受　金	50,000

❹　令和４年度の貸借対照表に計上されていた修繕費の未払金８万円に関して、令和５年度に追加工事を発注したため１万円増額となり、令和５年度に総額９万円を支払った。

（単位：円）

（借　方）		（貸　方）	
未　払　金	80,000	現金預金	90,000
修　繕　費	10,000		

（借方）未払金・修繕費と（貸方）現金預金の関係を確認！

❶ **不適切**

修繕費の前払金10万円については、令和４年度に次の仕訳がなされている。

（借　方）		（貸　方）	（単位：円）
前　払　金	100,000	現金預金	100,000

そして、令和５年度に行う予定であった**修繕工事は中断**されているため、令和５年度に、**特に計上する項目はない**。

❷ **不適切**

管理費の未収金７万円については、令和４年度に次の仕訳がなされている。

（借　方）		（貸　方）	（単位：円）
未　収　金	70,000	管理費収入	70,000

この未収金のうち４万円が令和５年度に入金されているので、**入金された４万円の未収金を取り崩して減少**させるため、次の仕訳をする。

（借　方）		（貸　方）	（単位：円）
現金預金	40,000	未　収　金	40,000

そして、**入金されていない３万円**については、**計上の必要はない**。

❸ **不適切**

令和５年４月分の管理費の前受金５万円については、令和４年度に次の仕訳がなされている。

（借　方）		（貸　方）	（単位：円）
現金預金	50,000	前　受　金	50,000

この前受金５万円は、令和５年**４月分の管理費**であるので、令和５年４**月の会計処理**において、**貸方**に**管理費収入**を計上する。そして、令和４年度において、貸方に計上されていた**前受金５万円を取り崩す**ため、**借方**に**前受金**を計上する。

（借　方）		（貸　方）	（単位：円）
前　受　金	50,000	管理費収入	50,000

❹ **適　切**

修繕費の未払金８万円については、令和４年度に次の仕訳がなされている。

（借　方）		（貸　方）	（単位：円）
修　繕　費	80,000	未　払　金	80,000

そして、令和５年度に追加工事を発注したため**修繕費が１万円増額となり、総額９万円を支払っている**。この９万円の支払いについては、**貸方に現金預金９万円**を計上する。

また、修繕費の増額分１万円については、**借方**に修繕費１万円を計上し、令和４年度に**貸方**に計上していた修繕費の**未払金**８万円については、**借方**に計上して**取り崩す**。

以上を**まとめる**と、次のような仕訳をすることになる。

（借　方）		（貸　方）	（単位：円）
未　払　金	80,000	現金預金	90,000
修　繕　費	10,000		

正解 ❹

MEMO

9 管理組合の会計（収支予算案①）

R元-問35

規約が標準管理規約の定めと同一である甲マンション管理組合の令和５年度（令和５年４月１日から令和６年３月31日まで）の収支予算案に関連し、令和５年４月に開催された理事会において、会計担当理事が行った次の説明のうち、適切なものはいくつあるか。ただし､会計処理は発生主義の原則によるものとする。

ア　令和４年度の管理費に未収金があったため、その未収金相当額については、令和５年度収支予算案の管理費に上乗せして計上し、不足が生じないようにしてあります。

イ　今年度は、管理規約改正原案の作成に係る業務で専門的知識を有する者の活用を予定していますので、それに必要な費用については令和５年度収支予算案の管理費会計に計上してあります。

ウ　令和４年度の総会で承認され令和４年11月に工事が開始された大規模修繕工事が、予定どおり令和５年４月20日に完了しました。前年度に前払した工事費の残額の支払を５月10日に予定していますが、５月27日に開催予定の通常総会で収支予算案の承認を得る前に支払う必要があるため、規約に基づき、理事会の承認を得てその支出を行うこととします。

エ　令和４年度収支決算の結果、管理費に余剰が生じましたが、その余剰は令和５年度の管理費会計に繰入れせずに、修繕積立金会計に繰入れすることとします。

❶　一つ

❷　二つ

❸　三つ

❹　四つ

管理費に余剰を生じた場合➡翌年度の管理費に充当。

ア　**不適切**　**「未収金を管理費に上乗せして計上することはできない」**

発生主義の原則によると、**令和４年度の管理費**のうち、**未収金**として計上した分については、収入の増加は発生しない。したがって、その**未収金**相当額は、**令和５年度**の収支予算案の**管理費に上乗せして計上することはできない**。

イ　**適　切**

専門的知識を有する者の活用に要する費用は、通常の管理に要する費用として管理費から充当する（標準管理規約27条９号）。

ウ　**適　切**

理事長は、管理組合の**会計年度開始後**、通常総会における収支予算案の**承認を得るまでの間**に、総会の承認を得て実施している長期の施工期間を要する工事に係る経費であって、通常総会の承認を得る**前**に支出することが**やむを得ないと認められるもの**については、理事会の承認を得て**支出する**ことができる（58条３項２号、54条１項６号）。したがって、本肢のような大規模修繕工事の残額の支出を行うことはできる。

エ　**不適切**　**「修繕積立金に繰入れ」➡「管理費に充当」**

収支決算の結果、**管理費に余剰**を生じた場合、その余剰は**翌年度における管理費に充当する**（61条１項）。したがって、修繕積立金会計に繰入れすることはできない。

したがって、**適切なものはイ・ウの二つ**であり、正解は❷となる。

管理組合の会計・財務等

正解 ❷

10 管理組合の会計（収支予算案②）

CHECK!　R4-問35

甲マンション管理組合の令和５年度（令和５年４月１日から令和６年３月31日まで）の収支予算案に関し、令和５年４月に開催された理事会において、会計担当理事が行った次の説明のうち、適切でないものはいくつあるか。なお、甲マンションの管理規約は標準管理規約の定めと同一であり、会計処理は発生主義の原則によるものとする。

ア　令和５年度の収支予算案は、通常総会で承認を得なければなりませんが、年度途中における収支予算の変更は、理事会限りで承認することができます。

イ　令和５年２月の大雪による修繕費を令和４年度の決算処理で未払金に計上しましたが、実際の支払は令和５年４月になるため、この修繕費は令和５年度の収支予算案に入れることになります。

ウ　令和４年度に組合員Ａの管理費が未納であったため未収金に計上しましたが、将来不足が生じないように令和５年度の収支予算案に令和４年度未収分を上乗せして管理費を予算化しています。

エ　令和４年度に大規模修繕工事が完了し、今後十数年は大規模修繕が見込まれないため、修繕積立金会計から生じる予定の余剰金を管理費会計の令和５年度収支予算案に繰り入れます。

❶　一つ

❷　二つ

❸　三つ

❹　四つ

収支予算を変更する場合、理事長は案を臨時総会に提出し、承認を得る。

発生主義に基づき、以下、検討する。

ア　不適切　**「収支予算の変更は臨時総会の承認を得なければならない」**

理事長は、毎会計年度の収支予算案を通常総会に提出し、その承認を得なければならない（標準管理規約58条１項）。また、収支予算を変更しようとするときは、理事長は、その案を**臨時総会**に提出し、その承認を得なければならない（同２項）。

よって、本肢の説明は**適切でない**。

イ　不適切　**「令和５年２月の修繕費は令和５年度の収支予算案に入れることはできない」**

令和５年２月の大雪による**修繕費**を令和４年度の決算処理で**未払金**に計上したとあるので、発生主義の原則により、**令和４年度**において、**借方**に**修繕費**を計上し、**貸方**に**未払金**を計上する。

（借　方）		（貸　方）	（単位：円）
修繕費	×××	未払金	×××

したがって、この修繕費は、未払いであっても**令和４年度の支出科目**となるため、**令和５年度の収支予算案に入れることはできない**。

よって、本肢の説明は**適切でない**。

なお、令和４年度に未払いであった修繕費を令和５年４月に実際に**支払った場合**には、令和４年度に計上した**未払金**を**取り崩す**。

（借　方）		（貸　方）	（単位：円）
未払金	×××	現金預金	×××

ウ　不適切　**「令和５年度の収支予算案に令和４年度の管理費の未収分を上乗せできない」**

管理費は**該当年度に徴収**するため、発生主義の原則により、**令和４年度**の管理費は、**令和４年度**において**未収分を含めた全額**を**管理費収入**として**計上**する。

（借　方）		（貸　方）	（単位：円）
未払金	×××	管理費収入	×××

したがって、組合員Ａの管理費は、未納でも**令和４年度の収入科目**となるため、**令和５年度の収支予算案に令和４年度の未収分を上乗せすること**はできない。

よって、本肢の説明は適切でない。

エ　不適切　「修繕積立金会計の余剰金を管理費会計に繰り入れることはできない」

修繕積立金については、管理費とは区分して経理しなければならない(28条5項)。

したがって、修繕積立金会計から生じる予定の余剰金については、管理費会計に繰り入れることはできない。

よって、本肢の説明は適切でない。

以上より、適切でないものは、ア～エの四つであり、正解は❹となる。

正解 ❹

MEMO

令和６年４月に行われた甲マンション管理組合の理事会において、会計担当理事が行った令和５年度決算（会計年度は４月から翌年３月まで）に関する次の説明のうち、適切なものはどれか。ただし、会計処理は発生主義の原則によるものとし、資金の範囲は、現金預金、未収金、前払金、未払金及び前受金とする。

❶　令和４年度決算の貸借対照表に計上されていた管理費の未収金10万円のうち、７万円が令和６年３月に入金されましたが、令和５年度決算の貸借対照表の正味財産の増減には影響がありません。

❷　令和６年３月に、組合員Ａから翌４月分の管理費４万円が入金されたため、令和５年度決算の貸借対照表の正味財産が４万円増加しています。

❸　令和６年３月に実施した植栽保守に要した費用９万円については翌４月に支払うこととしたため、令和５年度決算の貸借対照表の正味財産の増減には影響がありません。

❹　令和６年３月に、翌４月実施予定の清掃費用３万円を支払ったため、令和５年度決算の貸借対照表の正味財産が３万円減少しています。

貸借対照表の正味財産額＝「資産の部」マイナス「負債の部」

❶ **適　切**

貸借対照表の正味財産額は、資産の部から負債の部を減じたものとなる。本肢では、令和６年３月に、令和４年度の貸借対照表に未収金として計上されていた金額のうち７万円が入金された場合、次の仕訳が行われる。

（単位：円）

（借　方）		（貸　方）	
現金預金	70,000	未　収　金	70,000

したがって、現金預金が７万円増加したため、**貸借対照表の資産の部が７万円増加**するが、同時に未収金は７万円減少し、**貸借対照表の資産の部も７万円減少**するため、**正味財産額に増減は生じない**。

❷ **不適切　正味財産が４万円増加している」➡「増加していない」**

頻出

令和６年３月に次期である翌４月分の管理費４万円が入金された場合、次の仕訳が行われる。

（単位：円）

（借　方）		（貸　方）	
現金預金	40,000	前　受　金	40,000

したがって、現金預金が４万円増加したため、**貸借対照表の資産の部が４万円増加**するが、同時に前受金が４万円増加し、**貸借対照表の負債の部も４万円増加**するため、**正味財産額に増減は生じない**。

❸ **不適切　「正味財産の増減に影響がない」➡「正味財産は減少している」**

令和６年３月に実施した栽植保守に要した費用９万円が、次期である翌４月に支払われる場合、次の仕訳が行われる。

（単位：円）

（借　方）		（貸　方）	
植栽管理費	90,000	未　払　金	90,000

したがって、未払金が９万円増加し、**貸借対照表の負債の部も９万円増加**するため、**正味財産額は９万円減少**する。

❹ **不適切　「正味財産が減少している」➡「正味財産は減少していない」**

次期である令和６年４月に実施予定の清掃費用３万円を、当期の令和６年３月に支払った場合、次の仕訳が行われる。

（単位：円）

（借　方）		（貸　方）	
前　払　金	30,000	現金預金	30,000

したがって、前払金が３万円増加し、**貸借対照表の資産の部が３万円増加**するが、同時に現金預金が３万円減少し、**貸借対照表の資産の部も３万円減少**するため、**正味財産額に増減は生じない**。

したがって、**正解は❶**となる。

正解 ❶

甲マンション管理組合の理事会（令和６年４月開催）において、会計担当理事が行った令和５年度決算（令和５年４月１日から令和６年３月31日まで）に関する次の説明のうち、適切なものはどれか。ただし、会計処理は発生主義の原則によるものとし、資金の範囲は、現金預金、未収金、前払金、未払金及び前受金とする。

❶　令和６年３月に組合員Ａから令和６年４月分の管理費２万円が入金されたため、令和５年度決算の貸借対照表の正味財産が２万円増加しています。

❷　令和６年３月に行った修繕工事に係る費用８万円については令和６年４月に支払ったため、令和５年度決算の貸借対照表の正味財産の増減には影響がありません。

❸　令和６年３月に令和６年４月分も含めた２ヵ月分のリース料６万円（月３万円）を支払ったため、令和５年度決算の貸借対照表の正味財産が３万円減少しています。

❹　令和４年度決算の貸借対照表に計上されていた管理費の未収金７万円のうち、４万円が令和６年３月に入金されたため、令和５年度決算の貸借対照表の正味財産が４万円増加しています。

貸借対照表上の正味財産=収支報告書の次期繰越収支差額。

貸借対照表上の正味財産は、資産の部から負債の部を引いたもの（**正味財産＝資産－負債**）であるから、**発生主義**に基づき適切な仕訳をした上で、計上した項目を比較して正味財産の増減を判断する。また、正味財産は、収支報告書における次期繰越収支差額と一致する。そして、資金の範囲とされた項目（現金預金・未収金・前払金・未払金・前受金）は、収支計算上、すべて資金（現金及び現金同等物）として扱われるため、**資金の項目同士における対等額での取引**については、収支（正味財産）の**増減に反映**されない。

❶ **不適切** **「正味財産に増減は生じない」**

頻出

令和６年３月に組合員Ａから入金された令和６年**４月分**の管理費２万円は、**翌期の収入**であるため、**３月時点**においては、次の仕訳が行われる。

（単位：円）

（借　方）		（貸　方）	
現金預金	20,000	前　受　金	20,000

そうすると、資産である「**現金預金**」が「**２万円増加**」して貸借対照表の**資産の部**が**２万円増加**するが、同時に負債である「**前受金**」が「**２万円増加**」するため貸借対照表の**負債の部**も**２万円増加**する。

したがって、正味財産に**増減は生じない**。

❷ **不適切** **「正味財産は８万円減少する」**

令和６年３月に行った修繕工事に係る費用８万円については、令和６年**４月**に支払ったため、**３月時点**においては、次の仕訳が行われる。

（単位：円）

（借　方）		（貸　方）	
修　繕　費	80,000	未　払　金	80,000

そうすると、**修繕費は費用**であるから**資産の増加は認められない**が、負債である「**未払金**」が「**８万円増加**」するため貸借対照表の**負債の部が８万円増加**する。

したがって、正味財産は**８万円減少**している。

❸ **適　切** **「正味財産は３万円減少する」**

令和６年３月に令和６年**４月分も含めた２ヵ月分**のリース料６万円（月３万円）を支払ったため、**３月時点**においては、次の仕訳が行われる。

（単位：円）

（借　方）		（貸　方）	
賃貸料	30,000	現金預金	60,000
前払金	30,000		

そうすると、資産である「**前払金**」が「**３万円増加**」して貸借対照表の**資産の部が３万円増加**するが、同時に資産である「**現金預金**」が「**６万円減少**」するため、貸借対照表の**資産の部は６万円減少**する。

したがって、正味財産は３万円減少している。

❹ **不適切** **「正味財産に増減は生じない」**

令和４年度決算の貸借対照表に計上されていた管理費の**未収金**７万円のうち、**４万円**が令和６年３月に入金されたため、**３月時点**においては、次の仕訳が行われる。

（単位：円）

（借　方）		（貸　方）	
現金預金	40,000	未収金	40,000

そうすると、資産である「**現金預金**」が「**４万円増加**」して貸借対照表の**資産の部が４万円増加**するが、同時に令和４年度決算において**資産計上**されていた「**未収金**」が「**４万円減少**」するため、貸借対照表の**資産の部も４万円減少**する。

したがって、正味財産に増減は生じない。

以上より、**正解は❸**となる。

正解 ❸

MEMO

13 管理組合の会計（残高証明書①）

H28-問35

甲マンション管理組合の令和５年度決算（令和５年４月１日～令和６年３月31日）に当たり、令和６年３月31日現在の会計帳簿の現金預金の金額と銀行の預金残高証明書の金額に３万円の差異があった。この原因に関する次の記述のうち、適切でないものはどれか。ただし、会計処理は発生主義の原則によるものとし、資金の範囲は、現金預金、未収金、前払金、未払金及び前受金とする。

❶ 令和６年度分の管理費３万円が令和６年３月に管理組合口座に入金されていたが、会計処理をしなかったため、会計帳簿の現金預金の金額が３万円少ない。

❷ 令和６年３月分のエレベーター保守料３万円を未払金で会計処理していたが、３月中に管理組合口座から自動引落しされていたため、会計帳簿の現金預金の金額が３万円多い。

❸ 令和５年度分と令和６年度分の損害保険料６万円（年間３万円）を令和６年３月に管理組合口座から支払ったが、３万円は前払金として会計処理したため、会計帳簿の現金預金の金額が３万円少ない。

❹ 令和５年度分の管理費３万円を未収金で会計処理していたが、令和６年３月に管理組合口座に入金されていたことを見落としたため、会計帳簿の現金預金の金額が３万円少ない。

「預金残高証明書」と「会計帳簿の現金預金」の金額から判断しよう。

❶ 適　切

本肢では、「令和６年度分の管理費３万円が管理組合口座に入金されていた」ので、銀行の預金残高は３万円増加している。しかし、この会計処理をしなかったため、会計帳簿の金額は３万円増加しておらず、「銀行の預金残高証明書の金額」よりも、「会計帳簿の現金預金の金額」が３万円少ない。

❷ 適　切

本肢では、「エレベーター保守料３万円を未払金で会計処理していた」ので、会計帳簿の現金預金の金額は減少していない。しかし、実際には、３月中に管理組合口座から自動引落しされていたため、銀行預金の残高は３万円減少している。したがって、「銀行の残高証明書の金額」よりも「会計帳簿の現金預金の金額」が３万円多い。

❸ 不適切　「３万円少ない」
➡「銀行の預金残高証明書と会計帳簿の現金預金の金額は一致する」

頻出

本肢では、「令和５年度分と令和５年度分の損害保険料６万円を令和６年３月に管理組合口座から支払った」ので、銀行預金の残高は６万円減少している。また、令和６年度分の３万円を前払金として会計処理した場合、次のような仕訳となる。

（単位：円）

（借　方）		（貸　方）	
支払保険料	30,000	現金預金	60,000
前払金	30,000		

したがって、会計帳簿も現金預金６万円が減少することとなり、「銀行の残高証明書の金額」と「会計帳簿の現金預金の金額」は一致する。

❹ 適　切

本肢では、「令和５年度分の管理費３万円を未収金で会計処理していた」ので、会計帳簿では、現金預金は増加していない。しかし、実際「令和６年３月に管理組合口座に入金されていた」ので、銀行預金の残高は３万円増加している。したがって、「銀行の残高証明書の金額」よりも、「会計帳簿の現金預金の金額」が３万円少ない。

正解 ❸

甲マンション管理組合の令和５年度決算（令和５年４月１日～令和６年３月31日）に当たり、令和６年３月31日現在の会計帳簿の現金預金の金額と銀行の預金残高証明書の金額に２万円の差異があった。この差異原因の説明に関する次の記述のうち、適切なものはどれか。ただし、会計処理は発生主義の原則によるものとする。

❶ 令和６年４月分の管理費２万円が令和６年３月に銀行に入金されていたが、令和６年３月の仕訳で（貸方）管理費収入ではなく前受金で会計処理をしていたため、会計帳簿の現金預金の金額が２万円少ない。

❷ 令和６年３月分のエレベーター保守料２万円を令和６年３月の仕訳で（貸方）未払金で会計処理していたが、３月分の２万円は銀行から自動引き落としされていたため、会計帳簿の現金預金の金額が２万円少ない。

❸ 令和５年度分と令和６年度分の損害保険料４万円（年間２万円）を令和６年３月に支払ったが、令和６年３月の仕訳で令和６年度分の２万円は（借方）前払金として会計処理したため、会計帳簿の現金預金の金額が２万円少ない。

❹ 令和６年３月分の携帯電話基地局設置料収入２万円を令和６年３月の仕訳で（借方）未収金で会計処理していたが、令和６年３月末に銀行に入金されていたことが判明したため、会計帳簿の現金預金の金額が２万円少ない。

勘定科目に（貸方）（借方）と付して仕訳を誘導する「残高証明書」の論点である。

発生主義に基づき、以下、検討する。

❶ **不適切**

令和６年４月分の管理費２万円が**銀行に入金**されていたため、銀行の**預金残高は２万円増加**している。

一方、令和６年３月の仕訳においては、入金された管理費２万円を管理費収入ではなく**前受金**で会計処理したため、**貸方に前受金２万円、借方に現金預金２万円が計上**されており、**現金預金２万円の増加が計上**されている。

（借　方）		（貸　方）	（単位：円）
現金預金	20,000	前　受　金	20,000

したがって、銀行の預金残高と会計帳簿の現金預金の金額は**一致**するため、会計帳簿の現金預金の金額が**２万円少ない**とするのは**適切でない**。

❷ **不適切**

令和６年３月分のエレベーター保守料２万円を**銀行から自動引き落としにより支払った**ため、銀行の**預金残高は２万円減少**している。

一方、令和６年３月の仕訳においては、エレベーター保守料２万円を**未払金**として会計処理したため、**貸方に未払金２万円、借方に保守料２万円が計上**されており、**現金預金２万円の減少は計上されていない**。

（借　方）		（貸　方）	（単位：円）
保　守　料	20,000	未　払　金	20,000

したがって、会計帳簿の現金預金の金額が**２万円少ない**とするのは**適切でない**。

なお、本来なすべき３月分の仕訳は、次のようになる。

（借　方）		（貸　方）	（単位：円）
保　守　料	20,000	現金預金	20,000

❸ **不適切**

令和５年度分と令和６年度分の損害保険料４万円（年間２万円）を**支払った**ため、銀行の**預金残高は４万円減少**している。

一方、令和６年３月の仕訳においては、**令和６年度分**の２万円を**前払金**として会計処理したため、**借方に、令和６年度分**（次年度分）として前払金２万円、**令和５年度分**（当年度分）として**保険料２万円が計上**され、これに対する**貸方**には**現金預金４万円の減少が計上**されている。

(借　方)		(貸　方)	(単位：円)
前　払　金	20,000	現金預金	40,000
保　険　料	20,000		

したがって、銀行の預金残高と会計帳簿の現金預金の金額は**一致**するため、会計帳簿の現金預金の金額が**２万円少ない**とするのは**適切でない**。

❹ **適　切**

令和６年３月分の携帯電話基地局設置料収入２万円が**銀行に入金されていたことが判明**したため、銀行の**預金残高は２万円増加**している。

一方、令和６年３月の仕訳においては、携帯電話基地局設置料収入２万円を**未収金**で会計処理したため、**借方に未収金２万円が計上**されており、**現金預金２万円の増加は計上されていない**。

(借　方)		(貸　方)	(単位：円)
未　収　金	20,000	設置料収入	20,000

したがって、会計帳簿の現金預金の金額が**２万円少ない**とするのは**適切**である。

なお、本来なすべき３月分の仕訳は、次のようになる。

(借　方)		(貸　方)	(単位：円)
現金預金	20,000	設置料収入	20,000

正解 ❹

MEMO

15 管理費等の滞納処理

H29-問2

甲マンション101号室の所有権がＡからＢに移転した場合に関する次の記述のうち、区分所有法の規定及び標準管理規約によれば、正しいものはどれか。

❶ Ａが管理費を滞納していた場合、ＡＢ間の合意があれば、ＢはＡの滞納管理費を承継しないことができ、管理組合から請求があっても支払を拒否することができる。

❷ Ｂは、仲介業者からＡに管理費の滞納があると聞いていたので、滞納管理費の支払には応じるが、甲マンションの規約に定める遅延損害金については、責任はＡにあるとして支払を拒否することができる。

❸ Ａがその所有時に甲マンションの規約で定めた義務に違反する行為を行い、規約に定める違約金としての弁護士費用の支払を怠っていた場合、Ｂはその弁護士費用を支払う義務がある。

❹ Ｂが、101号室の抵当権の実行による競売において同室を買い受け、ＡからＢへの所有権の移転が行われた場合、Ａが滞納していた管理費はＢに承継されない。

前所有者による弁護士費用の滞納➡権利承継者に支払義務がある。

❶ **誤り 「支払いを拒否できる」➡「できない」**

区分所有者は、次の①～③の債権について、債務者である区分所有者の特定承継人にも行うことができる（区分所有法８条、７条１項）。

> ① 共用部分・建物の敷地・共用部分以外の建物の附属施設（民法上の共有）につき他の区分所有者に対して有する債権
> ② 規約･集会の決議に基づき他の区分所有者に対して有する債権（管理費・修繕積立金等の支払請求権）
> ③ 管理者・管理組合法人がその職務・業務を行うにつき区分所有者に対して有する債権

本肢は、上記②に該当するので、特定承継人（Ｂ）は、支払を拒否できない。また、標準管理規約上、管理組合が管理費等に有する債権については、区分所有者の特定承継人に対しても履行を請求できる（標準管理規約26条）。

❷ **誤り 「支払を拒否できる」➡「拒否できない」**

❶解説②のとおり、特定承継人（Ｂ）は、当該遅延損害金の支払を拒否できない。また、標準管理規約上、組合員が所定の期日までに納付すべき金額を納付しない場合、管理組合は、その未払金額について、「年利○％」の遅延損害金と、違約金としての弁護士費用と督促・徴収の諸費用を加算して、その組合員に対して請求できる（60条１項・２項）。したがって、当該遅延損害金を、債務者である区分所有者の特定承継人に請求できる（26条）。

❸ **正しい** ❶解説②のとおり、特定承継人（Ｂ）は、規約に定める違約金としての弁護士費用を支払う義務がある。

❹ **誤り 「Ｂに承継されない」➡「Ｂに承継される」**

強制執行や担保権（抵当権等）の実行による売却（競売）を原因として専有部分を買い受けた者も、「特定承継人」に含まれる（８条）。したがって、本肢の滞納管理費は、Ｂに承継される。

正解 ❸

16 滞納管理費等①

CHECK!

R元-問8

重要度 A

甲マンションの管理組合Aの組合員Bは、101号室の区分所有権の購入に際して、C銀行から融資を受けてCのために抵当権を設定し登記を行い、また、現在は同室をDに賃貸して賃料収入を得ている。Bは極めて長期間管理費等を滞納しており、滞納額も多額となったため、Aが再三にわたり督促をしているが、Bは一切無視し続けている。この場合における次の記述のうち、区分所有法、民法、不動産登記法及び民事執行法（昭和54年法律第４号）の規定によれば、誤っているものはどれか。

❶ B及びDは、101号室について、Cの承諾を得なくても賃借権の登記をすることができる。

❷ Bの管理費等の滞納が原因で、建物の修繕に重大な支障が生じるような状況に至っている場合は、Bの滞納は、建物の管理に関し区分所有者の共同の利益に反する行為に該当する。

❸ Bの区分所有権及び敷地利用権の最低売却価額で滞納管理費等を回収できる見込みがない場合でも、Aは区分所有法第59条の規定による競売を請求することができる。

❹ Cが抵当権の実行として101号室を競売し、Eが当該競売における手続きを経て買受人となった場合には、Aは、Eに対して、滞納管理費等を請求することはできない。

Point 区分所有者は、他の区分所有者への一定債権について、特定承継人に対しても行使できる。

❶ **正しい** 賃借権の登記は、**賃借人を登記権利者、賃貸人を登記義務者**として申請することになるので（不動産登記法60条)、101号室の賃貸借契約の当事者であるBおよびDが賃借権の登記をすればよく、**抵当権者であるCの承諾は不要**である。

❷ **正しい** 区分所有者は、建物の保存に有害な行為その他建物の管理または使用に関し区分所有者の**共同の利益に反する行為をしてはならない**（区分所有法6条1項)。この共同の利益に反する行為に該当するか否かは、**行為の必要性の程度や他の区分所有者が被る不利益の態様・程度の諸事情を比較考量**して決する（判例)。管理費等はマンションの維持・保全に不可欠な費用であり、その支払義務は区分所有者に課される最も基本的な義務であるので、Bの管理費等の滞納が原因で**建物の修繕に重大な支障が生じるような状況**に至っている場合は、**他の区分所有者が被る不利益が大きい**と考えられ、共同の利益に反する行為に該当する。

❸ **正しい** 区分所有権の競売請求の目的は、配当により金銭を得ることではなく、区分所有者の共同生活維持のために**義務違反者を排除**することにある。そのため、競売手続の無剰余取消しは適用されず、**最低売却価額とは無関係に競売を請求**できる（判例)。なお、滞納管理費等は、この競売手続により新たに区分所有者となった競落人（特定承継人）に対して支払いを請求すればよい。

❹ **誤り** **「請求できない」➡「できる」**

区分所有者は、①「共用部分、建物の敷地若しくは共用部分以外の建物の附属施設につき他の区分所有者に対して有する債権」または②「規約若しくは集会の決議に基づき他の区分所有者に対して有する債権」について、**債務者たる区分所有者の特定承継人に対しても行使できる**（8条、7条1項)。101号室を競売によって取得した**買受人E**は**特定承継人**にあたるので、AはEに対して、滞納管理費等を**請求**できる。

正解 ❹

滞納となっている管理費の回収のため、管理者が、区分所有法第7条の先取特権（この問いにおいて「先取特権」という。）に基づき滞納者が所有する敷地権付き区分建物を目的とする担保不動産競売の申立てをする場合に関する次の記述のうち、区分所有法、民法、民事執行法及び不動産登記法の規定によれば、誤っているものはどれか。

❶ 敷地権付き区分建物の登記記録の乙区に第一順位の抵当権が登記されている場合、先取特権は優先順位において抵当権に劣後する。

❷ 敷地権付き区分建物の当該建物のみを目的とする先取特権の登記を申請することができる。

❸ 敷地権付き区分建物の登記記録の乙区にあらかじめ先取特権の登記がなされていなくても、担保不動産競売の申立てをすることができる。

❹ 滞納者が死亡し、敷地権付き区分建物につき相続を原因とする所有権移転登記がなされていない場合、管理者が相続人に代位して当該登記を申請することができる。

敷地権付き区分建物の当該建物のみ目的の先取特権登記➡申請不可。

❶ **正しい** 区分所有法７条の先取特権は、優先権の順位及び効力については、一般の先取特権の中で第一順位とされる**共益費用の先取特権**とみなされる（区分所有法７条２項）。そして、一般の先取特権は、不動産について登記をしなくても、特別担保を有しない債権者に対抗できるが、**登記をした第三者**に対しては、**対抗できない**（民法336条）。したがって、第一順位の抵当権が登記されている場合、区分所有法７条の先取特権は優先順位において抵当権に劣後する。

❷ **誤　り** **「先取特権登記の申請ができる」➡「先取特権登記の申請はできない」**

区分所有者は、共用部分、建物の敷地若しくは共用部分以外の建物の附属施設につき他の区分所有者に対して有する債権又は規約若しくは集会の決議に基づき他の区分所有者に対して有する債権について、**債務者の区分所有権（共用部分に関する権利及び敷地利用権を含む）**及び建物に備え付けた動産の上に先取特権を有する（区分所有法７条１項）。そして、敷地権は、専有部分と分離処分のできない敷地利用権が登記されたものである（不動産登記法44条１項９号）。そのため、敷地権付き区分建物には、原則として、当該**建物のみを目的とする担保権に係る権利に関する登記ができない**（73条３項）。したがって、敷地権付き区分建物の当該建物のみを目的とする先取特権の登記申請はできない。

❸ **正しい** 一般の先取特権を有する債権者は、当該**先取特権の存在する文書を提出**していれば、あらかじめ先取特権の登記がなされていなくても、担保不動産競売の申立てを行うことができる（民事執行法180条１号、181条１項４号）。

❹ **正しい** 滞納者が死亡し、敷地権付き区分建物に関して相続を原因とする所有権移転登記がなされていない場合、滞納者が所有する敷地権付き区分建物を目的とする担保不動産競売の申立てをするには、相続人名義に名義変更登記をする必要がある。そこで、債権者は、**債権者代位権に基づき、**相続人に代位して、**相続を原因とする所有権移転登記**を申請できる（民法423条１項本文、不動産登記法59条７号参照）。したがって、債権者である管理者は、相続人に代位して敷地権付き区分建物につき相続を原因とする所有権移転登記を申請できる。

正解 ❷

管理組合及び管理組合法人の税金に関する次の記述のうち、適切なものはどれか。ただし、「収益事業」とは法人税法第２条第13号及び法人税法施行令第５条第１項に規定されている事業を継続して事業場を設けて行うものをいう。

❶ 管理組合法人の場合には、収益事業を行っているときは、課税売上高が1,000万円以下でも、消費税の納税義務は免除されない。

❷ 法人でない管理組合の場合には、移動体通信事業者との間でマンション屋上に携帯電話基地局設置のための建物賃貸借契約を締結し、その設置料収入を得ているときは、収益事業には該当しないため、法人税は課税されない。

❸ 管理組合法人の場合には、区分所有者のみに敷地内駐車場を使用させることができる旨規定されている管理規約に基づき区分所有者に同駐車場を使用させ、その使用料収入を得ているときは、収益事業に該当するため、法人税が課税される。

❹ 法人でない管理組合の場合には、収益事業を行っていないときは、地方税法上は法人とはみなされず、法人住民税（都道府県民税と市町村民税）の均等割額は課税されない。

基準期間と特定期間の課税売上高が1,000万円以下➡消費税は免除。

❶ 不適切 「消費税の納税義務は免除されない」➡「免除される」

頻出

消費税法上、消費税の納税義務者は事業者とされ、法人格を有しない管理組合も**管理組合法人**も、**事業者**として**消費税の納税義務者**となる（消費税法3条）。しかし、**基準期間**（前々事業年度）および特定期間（原則として、前事業年度開始の日以後6ヵ月の期間）における課税売上高が1,000万円以下の場合には、消費税の納税義務が免除される。

❷ 不適切 「法人税は課税されない」➡「課税される」

法人税法上の収益事業とは、販売業・製造業その他の一定の事業で、継続して事業場を設けて行われるものをいい、この一定の事業には**不動産貸付業が含まれる**。そして、本肢のように、携帯電話基地局設置のため、管理組合が賃貸借契約に基づいて**マンション（建物）の一部を他の者に使用させ**、その**対価を得た場合**には、収益事業である**不動産貸付業に該当し**、その収益事業から生じた**所得に対して法人税が課税される**。

❸ 不適切 「法人税が課税される」➡「課税されない」

区分所有者のみが**敷地内駐車場を使用**している場合は、収益事業である**駐車場業に該当せず**（＝非収益事業となる）、管理組合法人に**法人税**は課税されない。

❹ 適　切

管理組合法人には、収益事業を行わない場合でも法人住民税の**均等割額は課税されるが**、法人ではない**管理組合**で、**収益事業を行わない場合**は、それが課税されない。

正解 ❹

管理組合及び管理組合法人の税金に関する次の記述のうち、適切でないものはどれか。ただし、「収益事業」とは法人税法第２条第13号及び法人税法施行令第５条第１項に規定されている事業を継続して事業場を設けて行うものをいう。

❶　移動体通信事業者との間で携帯電話基地局設置のため、屋上の使用を目的とした建物賃貸借契約を結び設置料収入を得ている管理組合の行為は、収益事業の不動産貸付業に該当する。

❷　収益事業を行っている管理組合法人は、法人税が課税されるが、管理組合法人の場合、法人税法上、公益法人等とみなされ、法人税率については、法人でない管理組合よりも低い税率が適用される。

❸　駐車場が恒常的に空いているため、区分所有者及び区分所有者以外の者に対して、募集は両者を分けず広く行い、利用方法は区分所有者の優先性を設けず、常に同一条件で駐車場の賃貸を行っている管理組合の場合、区分所有者に対する賃貸及び区分所有者以外の者に対する賃貸は、すべてが収益事業に該当するため法人税が課税される。

❹　消費税法上、課税期間の基準期間（前々事業年度）における課税売上高が1,000万円以下であっても、その課税期間の特定期間（前事業年度開始の日以後６月の期間）における課税売上高が1,000万円を超えた場合は、消費税の納税義務は免除されない。

基準期間の課税売上高が1,000万円以下でも特定期間で1,000万円超➡原則消費税の納税義務発生。

❶ 適　切

法人税法上の収益事業とは、販売業、製造業その他の政令で定める事業で、継続して事業場を設けて行われるものをいう（法人税法２条13号）。その他の政令で定める事業には、不動産貸付業も含まれる（施行令５条５号）。

したがって、マンションの屋上を賃借して携帯電話基地局を設置した移動体通信事業者から管理組合が設置料収入を得ることは、収益事業の不動産貸付業に該当する。

❷ 不適切 「低い税率が適用されるわけではない」

法人でない管理組合は、法人税法上、法人格のない社団として公益法人と同様の取扱いがされる（法人税法２条８号、３条）。そして、法人税については、収益事業所得に対してのみ課税され、非収益事業所得は非課税である（４条１項ただし書、７条）。

一方、管理組合法人は、法人でない管理組合より不利にならないように、法人税法その他法人税に関する法令の規定の適用については、公益法人とみなされる（区分所有法47条13項前段）。ただし、法人税法上、管理組合法人の収益事業所得に対する税率については普通法人と同様に扱われる（同13項後段、法人税法66条）。

したがって、管理組合法人は、収益事業所得に対しては、普通法人と同様に課税されるため、法人でない管理組合よりも低い税率が適用されるわけではない。

❸ 適　切

❶解説参照。法人税法上の収益事業とは、販売業、製造業その他の一定の事業（不動産貸付業も含む）で、継続して事業場を設けて行われるものをいい、駐車場業も収益事業に該当する。

そして、管理組合が駐車場の使用にあたって区分所有者と区分所有者以外の者とを分けずに広く募集し、両者に対する使用条件が同一とされる場合には、一般の駐車場業と同視できるため、駐車場使用料のすべてが収益事業に該当し、法人税の課税対象となる（「マンション管理組合が区分所有者以外の者への駐車場の使用を認めた場合の収益事業の判定について」平成24年２月３日国住マ第43号）。

❹ 適　切

消費税の納税義務者は、事業者（法人・個人事業者）とされており、法人格のない社団も法人とみなされる（消費税法３条）。そのため、法人でない管理組合及び管理組合法人は、事業者として納税義務者となる。

そして、基準期間（前々事業年度）における課税売上高が1,000万円を超える場合には、消費税の納税義務が生じる（９条）。ただし、基準期間における課税売上高が1,000万円以下であっても、特定期間（前事業年度開始の日以後６ヵ月の期間）における課税売上高が1,000万円を超える場合には、原則として、消費税の納税義務が生じるので（９条の２）免除されない。

正解 ❷

第5編

マンションの維持・保全等

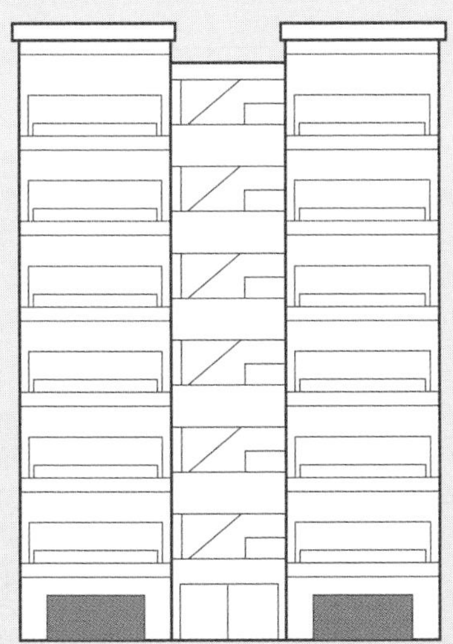

地域地区に関する次の記述のうち、都市計画法（昭和43年法律第100号）の規定によれば、正しいものはどれか。

❶　特定用途制限地域は、用途地域内の一定の地区における、当該地区の特性にふさわしい土地利用の増進、環境の保護等の特別の目的の実現を図るために、制限すべき特定の建築物等の用途の概要を定める地域である。

❷　特定街区は、市街地の整備改善を図るため街区の整備又は造成が行われる地区について、その街区内における建築物の容積率並びに建築物の高さの最高限度及び壁面の位置の制限を定める街区である。

❸　高度利用地区は、建築物の容積率の最高限度及び最低限度並びに建築物の高さの最高限度及び最低限度を定める地区である。

❹　準都市計画区域については、都市計画に、用途地域を定めることができない。

高度「利用」地区は、高度地区とは違って高さを定める地区ではない。

❶ 頻出

誤り 「用途地域内」➡「用途地域以外の区域（市街化調整区域を除く）内」

特定用途制限地域は、**用途地域が定められていない土地の区域**（市街化調整区域を除く）内において、その良好な環境の形成または保持のため当該地域の特性に応じて合理的な土地利用が行われるよう、制限すべき特定の建築物等の用途の概要を定める地域である（都市計画法９条14項）。

❷ 頻出

正しい 特定街区は、**市街地の整備改善**を図るため**街区の整備**または**造成**が行われる地区について、その街区内における**建築物の容積率**や、**建築物の高さの最高限度・壁面の位置の制限**を定める街区である（９条20項）。

❸ 

誤り 「高さの最高限度および最低限度を定める」➡「これらは定めない」

高度利用地区は、用途地域内の市街地における土地の合理的かつ健全な高度利用と都市機能の更新とを図るため、①**容積率の最高限度**および**最低限度**、②**建蔽率の最高限度**、③**建築面積の最低限度**、④（必要な場合）**壁面の位置の制限**を定める地区である（９条19項）。

❹ 頻出

誤り 「定めることができない」➡「定めることはできる」

準都市計画区域については、都市計画に、**用途地域**を定めることはできる（８条２項）。

正解 ❷

地域地区に関する次の記述のうち、都市計画法の規定によれば、誤っているものはどれか。

❶ 準住居地域は、道路の沿道としての地域の特性にふさわしい業務の利便の増進を図りつつ、これと調和した住居の環境を保護するため定める地域である。

❷ 田園住居地域は、農業の利便の増進を図りつつ、これと調和した低層住宅に係る良好な住居の環境を保護するため定める地域である。

❸ 高度地区は、用途地域内において市街地の環境を維持し、又は土地利用の増進を図るため、建築物の高さの最高限度又は最低限度を定める地区である。

❹ 特別用途地区は、用途地域が定められていない土地の区域（市街化調整区域を除く。）内において、当該地域の特性にふさわしい土地利用の増進、環境の保護等の特別の目的の実現を図るため定める地区である。

特別用途地区 ➡ 用途地域内のみで定められる。

❶ **正しい**　準住居地域は、**道路の沿道としての地域の特性**にふさわしい**業務の利便の増進**を図りつつ、これと**調和した住居の環境を保護**するため定める地域である（都市計画法9条7項）。

❷ **正しい**　田園住居地域は、**農業の利便の増進**を図りつつ、これと**調和した低層住宅に係る良好な住居の環境を保護**するため定める地域である（9条8項）。

❸ **正しい**　高度地区は、用途地域内において市街地の環境を維持し、または土地利用の増進を図るため、建築物の**高さの最高限度または最低限度**を定める地区である（9条18項）。

❹ **誤り**　**「用途地域が定められていない土地の区域（市街化調整区域を除く）内」**
　　➡「用途地域内」

特別用途地区は、用途地域内の一定の地区における当該地区の特性にふさわしい土地利用の増進・環境の保護等の**特別の目的の実現**を図るため、当該**用途地域の指定を補完**して定める地区である（9条14項）。

マンションの維持・保全等

正解 ❹

地域地区に関する次の記述のうち、都市計画法の規定によれば、誤っているものはどれか。

❶　市街化区域については、少なくとも用途地域を定めるものとし、市街化調整区域については、原則として用途地域を定めないものとされている。

❷　特定街区については、市街地の整備改善を図るため街区の整備又は造成が行われる地区について、その街区内における建築物の容積率並びに建築物の高さの最高限度及び壁面の位置の制限を定めるものとされている。

❸　第一種中高層住居専用地域においては、都市計画に、高層住居誘導地区を定めることができない。

❹　準都市計画区域については、都市計画に、高度地区を定めることができない。

市街化区域には、少なくとも用途地域を定める。

❶ 頻出

正しい　市街化区域については、少なくとも**用途地域を定める**ものとし、**市街化調整区域**については、原則として**用途地域を定めない**ものとする（都市計画法13条１項７号）。

❷ 頻出

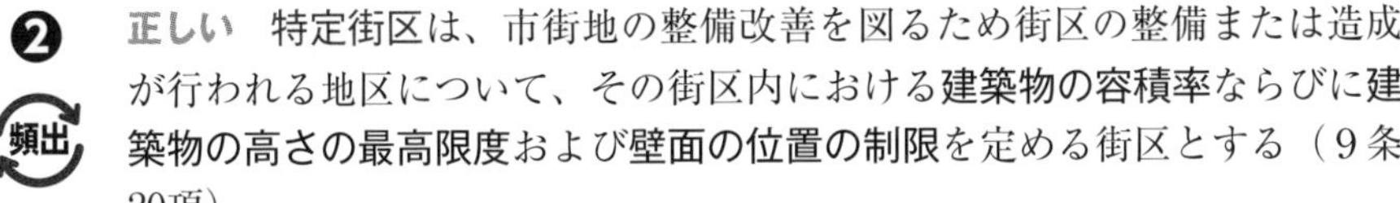

正しい　特定街区は、市街地の整備改善を図るため街区の整備または造成が行われる地区について、その街区内における**建築物の容積率**ならびに**建築物の高さの最高限度**および**壁面の位置の制限**を定める街区とする（９条20項）。

❸ 頻出

正しい　**高層住居誘導地区**は、住居と住居以外の用途とを適正に配分し、利便性の高い高層住宅の建設を誘導するため、**第一種・二種・準住居地域**、**近隣商業地域**または**準工業地域**でこれらの地域に関する都市計画において建築物の容積率が$\frac{40}{10}$または$\frac{50}{10}$と定められたものの内において、建築物の容積率の最高限度、建築物の建蔽率の最高限度および建築物の敷地面積の最低限度を定める地区とする（９条17項）。したがって、「第一種中高層住居専用地域」は、対象外である。

❹ ひっかけ

誤り　**「定めることができない」➡「定めることはできる」**

準都市計画区域については、都市計画に、用途地域、特別用途地区、特定用途制限地域、**高度地区**、景観法の規定による景観地区、風致地区等を**定めることはできる**（８条２項）。

地域地区に関する次の記述のうち、都市計画法の規定によれば、誤っているものはどれか。

❶ 準都市計画区域においては、都市計画に、用途地域を定めることができる。

❷ 市街化調整区域においては、都市計画に、特定用途制限地域を定めることができない。

❸ 第二種低層住居専用地域においては、都市計画に、特例容積率適用地区を定めることができる。

❹ 第一種住居地域においては、都市計画に、開発整備促進区を定めることができない。

特定用途制限地域➡市街化調整区域では定められない。

❶ 頻出

正しい 準都市計画区域については、都市計画に、①用途地域、②特別用途地区、③特定用途制限地域、④高度地区、⑤景観地区、⑥風致地区、⑦緑地保全地域、⑧伝統的建造物群保存地区を**定めることができる**（都市計画法８条２項）。

❷ 頻出

正しい 特定用途制限地域は、用途地域が定められていない土地の区域（**市街化調整区域を除く**）内において、その良好な環境の形成又は保持のため当該地域の特性に応じて合理的な土地利用が行われるよう、制限すべき特定の建築物等の用途の概要を定める地域である（９条15項）。

❸ 頻出

誤り **「定めることができる」➡「定めることはできない」**

特例容積率適用地区は、①**第一種・二種中高層住居専用地域**、②**第一種・二種・準住居地域**、③**近隣商業地域**、④**商業地域**、⑤**準工業地域**、⑥**工業地域内**の適正な配置及び規模の公共施設を備えた土地の区域において、建築物の容積率の限度からみて未利用となっている建築物の容積の活用を促進して土地の高度利用を図るため定める地区である（９条16項）。したがって、「第二種低層住居専用地域」には、特例容積率適用地区を定めることはできない。

❹ ハイレベル

正しい 開発整備促進区は、①**第二種住居地域**、②**準住居地域**、③**工業地域**が定められている土地の区域又は**用途地域が定められていない土地の区域**（市街化調整区域を除く）に**定めることができる**（12条の５第４項４号）。したがって、「第一種住居地域」には、開発整備促進区を定めることはできない。

正解 ❸

都市計画法に関する次の記述のうち、誤っているものはどれか。

❶ 都市計画区域については、都市計画に、当該都市計画区域の整備、開発及び保全の方針を定めるものとされている。

❷ 準都市計画区域については、都市計画に、地区計画を定めることができない。

❸ 市街化区域及び区域区分が定められていない都市計画区域については、少なくとも道路、公園及び医療施設を定めるものとされている。

❹ 促進区域は、市街化区域又は区域区分が定められていない都市計画区域内において、主として関係権利者による市街地の計画的な整備又は開発を促進する必要があると認められる土地の区域について定めることとされている。

市街化区域・非線引都市計画区域には、少なくとも道路・公園・「下水道」を定める。

❶ **正しい**　都市計画区域については、都市計画に、当該**都市計画区域の整備、開発及び保全の方針を定める**（都市計画法６条の２第１項）。

❷ **正しい**　準都市計画区域については、都市計画に、①用途地域、②特別用途地区、③特定用途制限地域、④高度地区、⑤景観地区、⑥風致地区、⑦緑地保全地域、⑧伝統的建造物群保存地区を定めることができる（８条２項）。しかし、**地区計画を定めることはできない**。

❸ **誤り**　**「医療施設」➡「下水道」**

市街化区域及び**区域区分が定められていない都市計画区域**については、少なくとも**道路**、**公園**及び「**下水道**」**を定める**（13条１項11号）。

❹ **正しい**　**促進区域**は、**市街化区域**又は**区域区分が定められていない都市計画区域内**において、主として関係権利者による**市街地の計画的な整備**又は**開発を促進する必要があると認められる土地の区域**について定める（13条１項８号）。

マンションの維持・保全等

正解 ❸

都市計画法に関する次の記述のうち、正しいものはどれか。

❶　都市計画区域外においては、都市計画に、都市施設を定めることができる。

❷　都市計画区域においては、都市計画に、地区計画を定めなければならない。

❸　工業地域においては、都市計画に、建築物の建蔽率を定めるものとするとされているが、準工業地域においては、建築物の建蔽率を定めるものとするとはされていない。

❹　現に土地の利用状況が著しく変化しつつあり、又は著しく変化することが確実であると見込まれる土地の区域における地区計画については、都市計画に、再開発等促進区を定めなければならない。

商業地域「以外」の用途地域には、建蔽率を定める。

❶ **正しい** 都市計画区域には、都市計画に、都市施設を定めることができる。この場合、特に必要があるときは、当該都市計画区域「外」にも、これらの施設を定めることができる（都市計画法11条1項）。

❷ **誤り** **「地区計画を定めなければならない」➡「定めることができる」**
都市計画区域については、都市計画に、地区計画を定めることが「できる」（12条の4第1項1号）。地区計画を定めなければならないわけではない。

❸ **誤り** **「準工業地域には建蔽率を定めるものとはされていない」**
➡「建蔽率を定めるものとされている」
ひっかけ
商業地域「以外」の用途地域には、建築物の建蔽率を定めるものとする（8条3項2号ロ・ハ）。したがって、工業地域及び準工業地域においても、建築物の建蔽率を定めるものとされている。

❹ **誤り** **「再開発等促進区を都市計画に定めなければならない」**
➡「定めることができる」
現に土地の利用状況が著しく変化しつつあり、又は著しく変化することが確実であると見込まれる土地の区域である等の一定の条件に該当する土地の区域における地区計画については、土地の合理的かつ健全な高度利用と都市機能の増進とを図るため、一体的かつ総合的な市街地の再開発又は開発整備を実施すべき区域（再開発等促進区）を都市計画に定めることが「できる」（12条の5第3項1号）。再開発等促進区を定めなければならないわけではない。

正解 ❶

都市計画法に関する次の記述のうち、正しいものはどれか。

❶ 都道府県が定めた都市計画が、市町村が定めた都市計画と抵触するときは、その限りにおいて、市町村が定めた都市計画が優先するものとされている。

❷ 都市計画区域のうち、市街化調整区域内においては、地区計画を定めることができない。

❸ 地区計画については、都市計画に、地区計画の名称、位置、区域の面積を定めなければならない。

❹ 市街地開発事業については、都市計画に、市街地開発事業の種類、名称及び施行区域を定めなければならず、土地区画整理事業については、これに加えて、公共施設の配置及び宅地の整備に関する事項を都市計画に定めなければならない。

市街化調整区域内 ➡ 地区計画を定めることも可能。

❶ **誤り** **「市町村が定めた都市計画が優先」➡「都道府県が定めた都市計画が優先」**
市町村が定めた都市計画が、都道府県が定めた都市計画と**抵触**するときは、その範囲内では、「**都道府県**」が定めた都市計画が**優先**される（都市計画法15条4項）。

❷ **誤り** **「定めることができない」➡「できる場合もある」**
地区計画を定めることができるのは、①用途地域が定められている土地の区域、②**用途地域が定められていない土地の区域**のうち、一定の要件を満たした土地の区域である（12条の5第1項）。そして、**市街化調整区域**には、「原則として」用途地域を定めないとされている。つまり、**市街化調整区域内でも地区計画を定める**ことができる場合もある。

❸ **誤り** **「区域の面積を定めるのは、努力義務である」**

地区計画等については、都市計画に、**地区計画**等の種類、**名称**、**位置**および区域を定めるとともに、「区域の面積」その他政令で定める事項を**定めるよう**「努める」（12条の4第2項）。

❹ **正しい** **市街地開発事業**については、都市計画に、**市街地開発事業の種類**、**名称および施行区域を定める**。なお、「施行区域の面積その他政令で定める事項」については定めるよう**努める**（12条2項）。
そして、**土地区画整理事業**については、これに**加え**、**公共施設の配置および宅地の整備に関する事項**を都市計画に**定めなければならない**（同3項）。

正解 ❹

地区計画に関する次の記述のうち、都市計画法の規定によれば、正しいものはどれか。

❶　地区計画については、地区計画の種類、名称、位置及び区域のほか、区域の整備、開発及び保全に関する方針を都市計画に定めなければならない。

❷　地区計画は、市街化を抑制すべき区域である市街化調整区域には定めることができない。

❸　地区整備計画においては、建築物等の用途の制限、建築物等の形態又は色彩その他の意匠の制限等について定めることができるが、建築物の緑化率の最低限度については定めることができない。

❹　地区整備計画が定められている区域内において、土地の区画形質の変更や建築物の建築等を行おうとする者は、原則として、当該行為に着手する日の30日前までに、市町村長に届け出なければならない。

「定めなければならない」と「定めるよう努める」ものの対象を区別しよう！

❶ 誤り 「区域の整備、開発及び保全に関する方針を定めなければならない」
➡「定めるよう努めるものとする」

地区計画については、都市計画に、地区計画等の種類、名称、位置及び区域を定めるものとするとともに、区域の面積その他の政令で定める事項を定めるよう努めるものとする（都市計画法12条の4第2項）。また、地区施設及び建築物等の整備並びに土地の利用に関する計画（地区整備計画）を定めるものとするとともに、当該地区計画の目標、当該区域の整備、開発及び保全に関する方針を定めるよう「努める」ものとする（「努力義務」12条の5第2項）。

❷ 誤り 「市街化調整区域には定めることができない」➡「定めることができる」

地区計画は、建築物の建築形態、公共施設その他の施設の配置等からみて、一体としてそれぞれの区域の特性にふさわしい態様を備えた良好な環境の各街区を整備し、開発し、及び保全するための計画とし、用途地域が定められている土地又は用途地域が定められていない土地（本肢の市街化調整区域等）のうち①住宅市街地の開発その他建築物若しくはその敷地の整備に関する事業が行われる、又は行われた土地の区域、②建築物の建築又はその敷地の造成が無秩序に行われ、又は行われると見込まれる一定の土地の区域で、公共施設の整備の状況、土地利用の動向等からみて不良な街区の環境が形成されるおそれがあるもの、③健全な住宅市街地における良好な居住環境その他優れた街区の環境が形成されている土地の区域のいずれかに該当するときは、地区計画を定めることができる（12条の5第1項2号）。

❸ 誤り 「緑化率の最低限度については定めることができない」
➡「定めることができる」

地区整備計画においては、①地区施設の配置及び規模、②建築物等の用途の制限、建築物の容積率の最高限度又は最低限度、建築物の建蔽率の最高限度、建築物の敷地面積又は建築面積の最低限度、建築物の敷地の地盤面の高さの最低限度、壁面の位置の制限、壁面後退区域における工作物の設置の制限、建築物等の高さの最高限度又は最低限度、建築物の居室の床面の高さの最低限度、建築物等の形態又は色彩その他の意匠の制限、建築物の緑化率の最低限度その他建築物等に関する事項で政令で定めるもの、③現に存する樹林地、草地等で良好な居住環境を確保するため必要なものの保全に関する事項を定めることができる（12条の5第7項）。

❹ 正しい 地区計画の区域（再開発等促進区若しくは開発整備促進区又は地区整備計画が定められている区域に限る）内において、土地の区画形質の変更、建築物の建築その他政令で定める行為を行おうとする者は、原則として、当該行為に着手する日の30日前までに、行為の種類、場所、設計又は施行方法、着手予定日その他一定事項を市町村長に届け出なければならない（58条の2第1項）。

正解 ❹

建築基準法（昭和25年法律第201号）に関する次の記述のうち、正しいものはどれか。

❶　特定行政庁は、建築基準法令の規定に違反することが明らかな建築工事中の建築物については、当該建築物の建築主等に対して当該工事の施工の停止を命じなければならない。

❷　幅が2.5mの共同住宅の階段で、けあげが10cm、かつ、踏面が25cmのものの中間には手すりを設けなければならない。

❸　共同住宅の居住のための居室には、採光のための窓その他の開口部を設け、その採光に有効な部分の面積は、その居住の床面積に対して10分の１以上としなければならない。

❹　高さ31mを超える共同住宅で、高さ31mを超える部分を階段室の用途に供するものには、非常用の昇降機を設ける必要はない。

階段幅が３m超の場合、中間に手すりを設けなければならない。

❶ 頻出

誤り **「命じなければならない」➡「命ずることができる」**

特定行政庁は、建築基準法令の規定等に**違反することが明らかな建築工事中の建築物**については、緊急の必要があって意見書の提出等の手続によることができない場合に限り、これらの**手続によらないで**、当該建築物の建築主等に対して、当該工事の施工の停止を命ずることができる（建築基準法９条10項）。工事の施工の停止を命じることは任意であり、命じなければならないのではない。

❷

誤り **「設けなければならない」➡「設ける必要がない」**

階段の幅が３mを超える場合、**中間に手すりを設けなければならない**（施行令25条３項）。本肢では、階段の幅が2.5mであるから、中間に手すりを設ける必要がない。

❸

誤り **「$\frac{1}{10}$以上」➡「原則$\frac{1}{7}$～$\frac{1}{10}$以上」**

共同住宅の居住のための居室には、採光のための窓その他の開口部を設け、その**採光に有効な部分の面積**は、その居室の床面積に対して、**原則$\frac{1}{7}$～$\frac{1}{10}$以上**としなければならない（建築基準法28条１項）。

❹ 頻出

正しい 高さ31mを超える建築物には、原則として、**非常用の昇降機を設けなければならない**（34条２項）。ただし、高さ31mを超える部分を階段室、昇降機その他の建築設備の機械室、装飾塔、物見塔、屋窓その他これらに類する用途に供する建築物等には、**非常用の昇降機を設ける必要はない**（施行令129条の13の２第１号）。

建築基準法に関する次の記述のうち、誤っているものはどれか。

❶ 各階の床面積がそれぞれ300㎡の３階建ての共同住宅について、その１階部分の用途を事務所に変更しようとする場合は、建築確認を受ける必要はない。

❷ 床面積の合計が300㎡である共同住宅について、大規模の修繕をしようとする場合は、建築確認を受ける必要はない。

❸ 特定行政庁は、緊急の必要がある場合においては、建築基準法の規定に違反した共同住宅の所有者等に対して、当該者からの意見書の提出等の手続によらないで、仮に、当該共同住宅の使用禁止又は使用制限の命令をすることができる。

❹ 共同住宅の屋外に設ける避難階段に屋内から通ずる出口に設ける戸の施錠装置は、屋内からかぎを用いることなく解錠できるものとし、かつ、当該戸の近くの見やすい場所にその解錠方法を表示しなければならない。

特殊建築物で用途部分の床面積合計が200㎡超の用途変更➡建築確認が必要。

❶ **正しい**　建築物を「**特殊建築物**でその用途に供する部分の**床面積の合計が200㎡を超えるもの**」に用途変更する場合は、**建築確認を受ける必要がある**（建築基準法６条１項１号）。しかし、本肢の「**事務所**」は**特殊建築物に該当しない**ので（別表第１）、**建築確認を受ける必要はない**。

❷ **誤り**　**「建築確認を受ける必要はない」➡「必要がある」**

ひっかけ

特殊建築物でその用途に供する部分の**床面積の合計が200㎡を超えるもの**について、**大規模の修繕**をしようとする場合は、**建築確認を受ける必要がある**（６条１項１号）。

❸ **正しい**　特定行政庁は、**建築基準法令の規定**又はこの法律の規定に基づく許可に付した条件に**違反した建築物**又は建築物の敷地について、緊急の必要がある場合においては、当該建築物の所有者等に対して、当該者からの**意見書の提出等の手続によらないで、仮に、使用禁止**又は**使用制限の命令ができる**（９条７項）。

❹ **正しい**　屋外に設ける**避難階段に屋内から通ずる出口に設ける戸の施錠装置**は、当該建築物が法令の規定により人を拘禁する目的に供せられるものである場合を除き、屋内から**かぎを用いることなく解錠できる**ものとし、かつ、当該戸の近くの見やすい場所にその**解錠方法を表示**しなければならない（施行令125条の２第１項）。

正解 ❷

建築基準法に関する次の記述のうち、誤っているものはどれか。

❶ 共同住宅に設ける昇降機の所有者（所有者と管理者が異なる場合においては、管理者）は、定期に、一級建築士若しくは二級建築士又は建築設備等検査員資格者証のうち昇降機等検査員資格者証の交付を受けている者に検査をさせて、その結果を特定行政庁に報告しなければならない。

❷ 共同住宅の各戸の界壁は、小屋裏又は天井裏に達するものとするほか、その構造が、隣接する住戸からの日常生活に伴い生ずる音を衛生上支障がないように低減するために界壁に必要とされる性能に関して政令で定める技術的基準に適合するもので、国土交通大臣が定めた構造方法を用いるもの又は国土交通大臣の認定を受けたものとしなければならない。

❸ 防火地域又は準防火地域内にある共同住宅で、外壁が耐火構造のものについては、その外壁を隣地境界線に接して設けることができる。

❹ 共同住宅の住戸及び住戸から地上に通ずる廊下、階段その他の通路には、非常用の照明装置を設けなければならない。

非常用の照明装置は、共同住宅の住戸に設置しなくてもよい！

❶ **正しい**　共同住宅における**昇降機の所有者**（所有者と管理者が**異なる場合、管理者**）は、定期に、**一級建築士・二級建築士**または**建築設備等検査員資格者証**のうち**昇降機等検査員資格者証の交付を受けている者**に**検査**をさせて、その結果を**特定行政庁に報告**しなければならない（建築基準法12条3項、施行規則6条の5第2項）。なお、建築設備等検査員資格者証の種類には、他に、「建築設備検査員資格者証」と「防火設備検査員資格者証」、つまり計3種類がある。

❷ 頻出 **正しい**　共同住宅の各戸の**界壁**は、次の基準に適合するものとしなければならない（建築基準法30条1項）。

① その構造が、**隣接する住戸からの日常生活に伴い生ずる音を衛生上支障がないように低減**するために界壁に必要とされる性能に関して一定の技術的基準に適合するもので、国土交通大臣が定めた構造方法を用いるものまたは国土交通大臣の認定を受けたものであること

② **小屋裏または天井裏に達する**ものであること。

❸ **正しい**　**防火地域**または**準防火地域内**にある建築物で、**外壁が耐火構造**のものは、その**外壁を隣地境界線に接して設ける**ことができる（63条）。

❹ 頻出 **誤り**　**「共同住宅の住戸には、非常用の照明装置を設けなければならない」**

➡**「設ける必要はない」**

一定の建築物の居室および居室から地上に通ずる**廊下・階段その他の通路**（採光上有効に直接外気に開放された通路を除く）ならびに、これらに類する建築物の部分で照明装置の設置を通常要する部分には、**非常用の照明装置を設けなければならない**（建築基準法施行令126条の4本文）。ただし、共同住宅の住戸には、非常用の照明装置を**設ける必要はない**（同1号）。

正解 ❹

建築基準法に関する次の記述のうち、誤っているものはどれか。

❶　準防火地域内にある共同住宅で、外壁が耐火構造のものについては、その外壁を隣地境界線に接して設けることができる。

❷　高さ25mの共同住宅について、周囲の状況によって安全上支障がない場合は、避雷設備を設ける必要はない。

❸　共同住宅の住戸から地上に通ずる廊下及び階段で、採光上有効に直接外気に開放されていないものには、非常用の照明装置を設けなければならないが、共同住宅の住戸に非常用の照明装置を設ける必要はない。

❹　延べ面積が250㎡の２階建て共同住宅の敷地内には、屋外に設ける避難階段から道又は公園、広場その他の空地に通ずる通路を設けなければならず、当該通路の幅員は0.9m確保すればよい。

共同住宅の住戸には非常用の照明装置を設ける必要はない。

❶ 頻出 **正しい** 防火地域又は**準防火地域内**にある建築物で、**外壁が耐火構造のもの**については、その**外壁を隣地境界線に接して設けること**ができる（建築基準法63条）。

❷ 頻出 **正しい** **高さ20mを超える（本肢では25m）**建築物には、原則として有効に**避雷設備を設けなければならない**。ただし、周囲の状況によって安全上支障がない場合、この**必要はない**（33条）。

❸ 頻出 **正しい** 共同住宅の**居室から地上に通ずる廊下、階段その他の通路**（採光上有効に直接外気に開放された通路を除く）並びにこれらに類する建築物の部分で照明装置の設置を通常要する部分には、**非常用の照明装置を設けなければならないが、共同住宅の住戸には非常用の照明装置を設ける必要はない**（施行令126条の４第１項１号）。

❹ ひっかけ **誤り** **「0.9m確保すればよい」➡「1.5m以上を確保しなければならない」**

敷地内には、屋外に設ける避難階段及び屋外への出口から道又は公園、広場その他の空地に通ずる**幅員が1.5m（階数が３以下で延べ面積が200㎡未満の建築物の敷地内にあっては、0.9m）以上の通路を設けなければならない**（128条）。本肢の建築物は延べ面積が200㎡以上なので、原則どおり、敷地内の通路の幅員は1.5m以上を確保しなければならない。

正解 ❹

建築基準法に関する次の記述のうち、誤っているものはどれか。

❶　延べ面積が1,000㎡を超える耐火建築物は、防火上有効な構造の防火壁によって有効に区画し、かつ、各区画における床面積の合計をそれぞれ1,000㎡以内としなければならない。

❷　１階及び２階が事務所で３階から５階までが共同住宅である建築物は、事務所の部分と共同住宅の部分とを１時間準耐火基準に適合する準耐火構造とした床若しくは壁又は特定防火設備で区画しなければならない。

❸　建築物が防火地域及び準防火地域にわたる場合において、当該建築物が防火地域外において防火壁で区画されているときは、その防火壁外の部分については、準防火地域内の建築物に関する規定を適用する。

❹　延べ面積が700㎡である共同住宅の階段の部分には、排煙設備を設ける必要はない。

耐火・準耐火建築物 ➡ 1,000㎡以内の有効な区画不要。

❶ ハイレベル **誤り** 「有効に区画し…1,000㎡以内としなければならない」
➡「区画をする必要はない」

延べ面積が**1,000㎡を超える**建築物は、防火上有効な構造の**防火壁**または防火床によって**有効に区画**し、かつ、各区画における床面積の合計をそれぞれ**1,000㎡以内としなければならない**。ただし、**耐火建築物**または準耐火建築物については、このような**区画をする必要はない**（建築基準法26条１項１号）。

❷ **正しい** **３階以上**の階に**共同住宅**の用途に供されているものがある場合、その部分とその他の部分とを**１時間準耐火基準**に適合する準耐火構造とした床若しくは壁または特定防火設備で区画しなければならない(27条１項、施行令112条18項)。

❸ **正しい** 建築物が**防火地域および準防火地域にわたる**場合、その**全部**について**防火地域**の規定が適用される。ただし、建築物が**防火地域外**において**防火壁で区画**されている場合、その**防火壁外**の部分については、**準防火地域内**の規定が適用される（建築基準法65条２項）。

❹ ハイレベル **正しい** 一定の特殊建築物で延べ面積が500㎡を超えるもの、階数が３以上で延べ面積が500㎡を超える建築物には、排煙設備を設けなければならないが、「**階段の部分**」、昇降機の昇降路の部分（当該昇降機の乗降のための乗降ロビーの部分を含む）その他これらに類する建築物の部分には**設置が不要**である（施行令126条の２第１項３号）。

正解 ❶

14 建築基準法⑥（総合）

□□□ CHECK!　H30-問21　重要度 B

共同住宅に関する次の記述のうち、建築基準法の規定によれば、誤っているものはどれか。

❶ 建築主は、防火地域及び準防火地域外にある共同住宅を増築しようとする場合で、その増築に係る部分の床面積の合計が５㎡であるときは、建築確認を受ける必要はない。

❷ 政令で定める技術的基準に従って換気設備を設けた場合を除き、共同住宅の居室には換気のための窓その他の開口部を設け、その換気に有効な部分の面積は、その居室の床面積に対して、$\frac{1}{20}$以上としなければならない。

❸ 主要構造部が準耐火構造である共同住宅の３階（避難階以外の階）については、その階における居室の床面積の合計が150㎡である場合、その階から避難階又は地上に通ずる２以上の直通階段を設けなければならない。

❹ 防火地域内にある共同住宅の屋上に設ける高さ２mの看板は、その主要な部分を不燃材料で造り、又はおおわなければならない。

防火地域内の屋上看板等➡高さに関係なく主要部分を不燃材料で造る。

❶ 頻出 **正しい** **防火地域および準防火地域外**において、建築物を**増築**・改築・移転する場合で、それらに係る部分の床面積の合計が**10㎡**以内であれば、**建築確認は**不要である（建築基準法６条２項）。

❷ **正しい** 居室には、**換気のための窓その他の開口部**を設け、その**換気に有効な部分の面積は**、その**居室の床面積**に対して、$\frac{1}{20}$以上としなければならない。ただし、政令で定める**技術的基準**に従って換気設備を設けた場合は、不要である（28条２項）。

❸ ハイレベル **誤り** **「２以上の直通階段を設けなければならない」➡「設けなくてもよい」**

共同住宅の**避難階以外の階**（その階の居室の床面積の合計が100㎡以内のものを除く）では、その階から**避難階または地上**に通ずる２以上の直通階段を設けなければならないのが**原則**である（施行令121条１項５号）。もっとも、本肢のように**主要構造部が準耐火構造**であるか、または**不燃材料**で造られている建築物の場合は、「100㎡以内」が「**200㎡以内」と緩和**される（同２項）。本肢の共同住宅は、床面積の合計が150㎡であるため、２以上の直通階段を設ける必要はない。

❹ ひっかけ **正しい** 防火地域内にある**看板**・広告塔・装飾塔その他これらに類する工作物で、①**建築物の屋上に設けるもの**、または②高さ３ｍを超えるものは、その**主要な部分を不燃材料**で造り、またはおおわなければならない（建築基準法64条）。屋上に設けるものは、「高さが無関係」なことに注意。

15 建築基準法⑦（総合）

CHECK!　R 4-問21　重要度 A

建築基準法に関する次の記述のうち、誤っているものはどれか。

❶　床面積の合計が200㎡を超える共同住宅（国、都道府県又は建築主事を置く市町村が所有し、又は管理するものを除く。）の場合、その所有者又は管理者は、その建築物の敷地、構造及び建築設備を常時適法な状態に維持するため、必要に応じ、その維持保全に関する準則又は計画を作成し、その他適切な措置を講じなければならない。

❷　防火地域又は準防火地域において共同住宅を改築しようとする場合、その改築に係る部分の床面積の合計が10㎡以内であれば、建築確認を受ける必要はない。

❸　防火地域内にある共同住宅の屋上に高さ２ｍの広告塔を設ける場合、その主要な部分を不燃材料で造り、又は覆わなければならない。

❹　共同住宅の居室の天井の高さは、居室の床面から測り、一室で天井の高さが異なる部分がある場合、その平均の高さが2.1ｍ以上でなければならない。

居室の天井高さ ➡ 2.1m以上で、一室で高さが異なれば平均の高さによる。

❶ **正しい** 共同住宅で、その用途に供する部分の**床面積の合計が100㎡を超えるもの**（当該**床面積の合計が200㎡以下**のものにあっては、**階数が3以上**のものに限る）の所有者又は管理者は、その建築物の敷地、構造及び建築設備を常時適法な状態に維持するため、必要に応じ、**維持保全に関する準則等の作成をしなければならない**（建築基準法8条2項1号、施行令13条の3第1項1号）。

❷ **誤り** **「建築確認を受ける必要はない」➡「建築確認を受ける必要がある」**

ひっかけ

建築確認の申請が必要な場合でも、**防火地域及び準防火地域「外」**において増築、**改築**又は移転しようとする場合で、当該改築等に係る部分の床面積の合計が**10㎡以内**であるときについては、建築確認を受ける必要はない（建築基準法6条2項）。本肢は**防火地域又は準防火地域「内」**なので、改築等に係る部分の床面積の合計が10㎡以内であっても**建築確認を受ける必要がある**。

❸ **正しい** **防火地域内**にある**看板**、広告塔、装飾塔その他これらに類する工作物で、建築物の屋上に設けるもの、又は**高さ3mを超えるもの**は、その主要な部分を**不燃材料**で造り、又は覆わなければならない（64条）。

❹ **正しい** 居室の天井の高さは、**2.1m以上**でなければならない。そして、天井の高さは、室の床面から測り、一室で**天井の高さの異なる部分がある場合**においては、その**「平均」の高さ**による（施行令21条）。

正解 ❷

建築基準法に関する次の記述のうち、誤っているものはどれか。

❶　準防火地域内にある木造建築物は、その外壁の開口部で延焼のおそれのある部分に防火戸その他の政令で定める防火設備を設け、かつ、床その他の建築物の部分及び当該防火設備を通常の火災による周囲への延焼を防止するためにこれらに必要とされる性能に関して防火地域及び準防火地域の別と建築物の規模に応じて政令で定める技術的基準に適合するもので、国土交通大臣が定めた構造方法を用いるもの又は国土交通大臣の認定を受けたものとしなければならない。

❷　建築物の敷地が防火地域及び準防火地域にわたる場合においては、当該建築物又は当該建築物の敷地の全部について、敷地の過半に属する地域の建築物に関する建築基準法の規定又は建築基準法に基づく命令の規定を適用する。

❸　高さ31mを超える共同住宅で、高さ31mを超える部分の各階の床面積の合計が400㎡のものについては、非常用の昇降機を設ける必要はない。

❹　建築主は、共同住宅の用途に供する建築物で、その用途に供する部分の床面積の合計が250㎡であるものの大規模の模様替えをしようとする場合、建築確認を受けなければならない。

31m超の各階床面積合計が500㎡以下➡非常用昇降機は不要。

❶ 頻出

正しい　防火地域又は準防火地域内にある建築物は、その**外壁の開口部で延焼のおそれのある部分に防火戸**その他の政令で定める**防火設備を設け**、かつ、壁・柱・**床**その他の建築物の部分及び当該防火設備を通常の火災による周囲への延焼を防止するためにこれらに必要とされる性能に関して防火地域及び**準防火地域の別**と**建築物の規模**に応じて政令で定める**技術的基準**に適合するもので、国土交通大臣が定めた構造方法を用いるもの又は国土交通大臣の認定を受けたものとしなければならない。なお、①防火地域・準防火地域内の門又は塀で２m以下のもの、又は②準防火地域内にある建築物（木造建築物等を除く）に附属するものはこの必要がない（建築基準法61条１項、施行令136条の２）。

❷

誤り　**「建築物の敷地が……敷地の過半に属する地域」**

➡ **「建築物が……防火地域」**

共同住宅を含めた**建築物が防火地域および準防火地域にわたる**場合、その**全部**について、厳しい方の**「防火地域」の規定が適用**される（建築基準法65条２項本文）。

また、建築物が防火地域外において防火壁で区画されている場合は、その防火壁外の部分について、準防火地域内の規定が適用される（同２項ただし書）ことも、あわせて確認しておこう。

なお、「敷地」の過半の属する地域等の建築物に関する規定からは、防火地域および準防火地域は除かれていることにも注意（91条）。

❸ ハイレベル

正しい　**高さ31mを超える建築物**（本肢は共同住宅）には、**原則**として**非常用の昇降機を設置**しなければならない（34条２項）。ただし、次のものについては、**設置が不要**である（施行令129条の13の２第２号）。

① 高さ31mを超える部分を階段室、昇降機等の機械室等の用途に供する建築物

② **高さ31mを超える部分の各階の床面積の合計が500㎡以下の建築物**

③ 高さ31mを超える部分の階数が４以下の特定主要構造部が耐火建築物で床面積100㎡以内ごとに防火区画したもの

本肢は「400㎡」で上記②に該当するため、非常用の昇降機を設ける必要はない。

❹

正しい　建築主は、**共同住宅**の用途に供する部分の床面積の合計が**200㎡を超えるもの**（本肢は「250㎡」）について、**大規模の模様替え**をしようとする場合、**建築確認**を受けなければならない（建築基準法６条１項１号）。

正解 ❷

警備業務に関する次の記述のうち、警備業法（昭和47年法律第117号）の規定によれば、誤っているものはどれか。

❶ 事務所、住宅、興行場、駐車場、遊園地等における盗難等の事故の発生を警戒し、防止する業務であって、他人の需要に応じて行うものは警備業法に定める警備業務に該当する。

❷ 警備業を営もうとする者は、警備業務を開始した後、速やかに主たる営業所の所在地を管轄する都道府県公安委員会に対して、内閣府令で定める事項を記載した届出書を提出しなければならない。

❸ 警備業者は、自己の名義をもって他人に警備業を営ませてはならず、認定を受けていない者に名義を貸すことはもとより、他の警備業者に名義を貸すことをも禁止されている。

❹ 警備業者は、警備業務を行おうとする都道府県の区域を管轄する公安委員会に当該警備業務を行うに当たって携帯しようとする護身用具の種類、規格その他内閣府令で定める事項を記載した届出書を提出しなければならない。

警備業を営もうとする者は、都道府県公安委員会の認定を受け、認定申請書を提出する。

❶ 頻出

正しい　事務所・住宅・興行場・駐車場・遊園地等（警備業務対象施設という）における**盗難等の事故の発生を警戒し、防止する業務は、警備業務に該当する**（警備業法２条１項１号）。

❷ ひっかけ

誤り　**「届出書を提出しなければならない」⇒「認定を受けなければならない」**

警備業を営もうとする者は、警備業を営んではならない者のいずれにも該当しないことについて、**都道府県公安委員会の認定を受けなければならない**（４条）。また、当該認定を受けようとする者は、その主たる営業所の所在地を管轄する公安委員会に、一定の事項を記載した**認定申請書を提出しなければならない**（５条１項）。

❸

正しい　警備業者は、**自己の名義**をもって、**他人に警備業を営ませてはならない**（「**名義貸しの禁止**」13条）。この名義貸しの禁止の規定は、認定を受けていない者に名義を貸すことのみならず、**認定を受けている者に名義を貸すことをも禁じた**ものである（警備業法等の解釈運用基準第11）。

❹ 頻出

正しい　**警備業者**は、警備業務を行おうとする都道府県の区域を管轄する公安委員会に当該警備業務を行うに当たって携帯しようとする**護身用具の種類・規格**その他内閣府令で定める事項を記載した**届出書を提出しなければならない**（警備業法17条２項）。

正解 ❷

警備業務に関する次の記述のうち、警備業法の規定によれば、誤っているものはどれか。

❶ 警備業者は、警備業務の依頼者と警備業務を行う契約を締結しようとするときは、当該契約をするまでに、当該契約の概要について記載した書面をその者に交付（電磁的方法による提供を含む。）しなければならない。

❷ 警備業者が機械警備業務を行おうとするときは、基地局又は警備対象施設の所在する都道府県の区域ごとに、当該区域を管轄する公安委員会の許可を受けなければならない。

❸ 機械警備業者は、基地局ごとに、警備業務用機械装置の運用等の管理監督を行う機械警備業務管理者を、機械警備業務管理者資格証の交付を受けている者のうちから、選任しなければならない。

❹ 警備業者は、自己の名義をもって、他人に警備業を営ませてはならず、これに違反した場合は、100万円以下の罰金に処される。

Point 警備業者が機械警備業務を行う➡公安委員会に届出書を提出。

❶ 頻出

正しい **警備業者**は、警備業務の依頼者と警備業務を行う契約を締結しようとする場合、当該**契約をするまでに**、当該**契約の概要について記載した書面を依頼者に交付**（電磁的方法による提供を含む）しなければならない（警備業法19条1項・3項）。

❷ ひっかけ

誤り **「公安委員会の許可」➡「届出書の提出で足りる」**

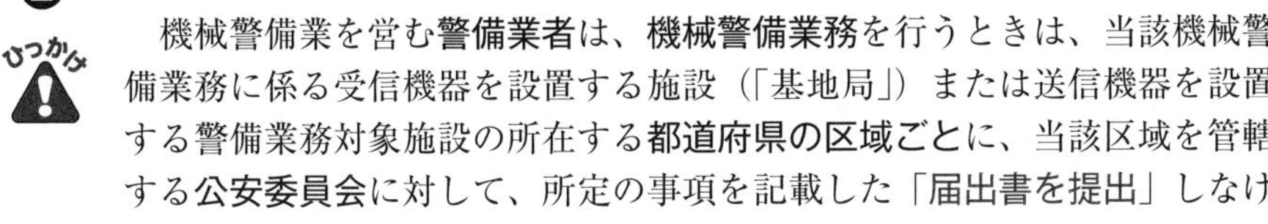

機械警備業を営む**警備業者**は、**機械警備業務**を行うときは、当該機械警備業務に係る受信機器を設置する施設（「基地局」）または送信機器を設置する警備業務対象施設の所在する**都道府県の区域ごと**に、当該区域を管轄する**公安委員会**に対して、所定の事項を記載した「**届出書を提出**」しなければならない（40条）。

❸

正しい **機械警備業者**は、**基地局ごと**に、**警備業務用機械装置の運用を監督**し、警備員に対する指令業務を統制し、その他機械警備業務を管理する業務で内閣府令で定めるものを行う機械警備業務管理者を、**機械警備業務管理者資格者証の交付を受けている者のうちから**、**選任**しなければならない（42条1項）。

❹

正しい 警備業者は、**自己の名義**をもって、**他人に警備業を営ませてはならない**（13条）。そして、この規定に**違反**して他人に警備業を営ませた者は、**100万円以下の罰金**に処せられる（57条3号）。

正解 ❷

警備業に関する次の記述のうち、警備業法の規定によれば、誤っているものはどれか。

❶　警備業を営もうとする者は、都道府県公安委員会から認定を受けなければならず、認定を受けないで警備業を営んだ者は、刑事処分の対象となる。

❷　警備業法における警備業務とは、他人の需要に応じて盗難等の事故の発生を警戒し、防止する業務をいうが、例えば、デパートにおいて、その従業員が商品の万引き防止のために店内の警戒を行う業務も警備業務に該当する。

❸　警備業法は、警備員又は警備員になろうとする者について、その知識及び能力に関する検定を行うことを定めているが、検定に合格したとしても、18歳未満の者は警備員となってはならない。

❹　警備業者は、警備業務の依頼者と警備業務を行う契約を締結しようとするときは、当該契約をするまでに、その概要について記載した書面を交付しなければならず、契約を締結したときは、遅滞なく、当該契約の内容を明らかにする書面を依頼者に交付（電磁的方法による提供を含む。）しなければならない。

警備業務とは、他人の需要に応じ盗難等の事故発生を警戒・防止する業務。

❶ **正しい** **警備業を営もうとする者**は、警備業を営んではならない者のいずれにも該当しないことについて、**都道府県公安委員会の認定を受けなければならない**（警備業法4条）。また、当該認定を受けようとする者は、その主たる営業所の所在地を管轄する公安委員会に、一定の事項を記載した**認定申請書を提出しなければならない**（5条1項）。そして、この認定の申請をしないで、警備業を営んだ者は、**100万円以下の罰金**（刑事処分の1つ）**に処される**（57条1号）。

❷ **誤り** **「警備業務に該当する」➡「警備業務に該当しない」**

警備業法における**警備業務**とは、**他人の需要**に応じて**盗難等の事故の発生を警戒し、防止する業務**をいう（2条1項）。デパート等においてその**従業員が通常必要とされる範囲で行う「保安業務」**（本肢の商品の万引き防止のために店内の警戒を行う業務）は、**警備業務に該当しない**（警備業法等の解釈運用基準2条関係（1））。

❸ **正しい** 公安委員会は、警備業務の実施の適正を図るため、その種別に応じ、**警備員又は警備員になろうとする者**について、その**知識及び能力に関する検定を行う**（警備業法23条1項）。この場合でも、警備業者は、**18歳未満の者**を警備業務に従事させてはならない（14条2項）。

❹ **正しい** **警備業者**は、警備業務の依頼者と警備業務を行う契約を締結しようとするときは、当該**契約をするまで**に、当該**契約の概要について記載した書面**をその者に**交付しなければならない**（19条1項）。また、警備業者は、警備業務を行う**契約を締結したときは**、**遅滞なく**、一定事項について当該**契約の内容を明らかにする書面**を当該**警備業務の依頼者に交付しなければならない**。

正解 ❷

20 マンションに関わる法令①(バリアフリー)

□□□ CHECK!　H28-問41　重要度 B

マンションのバリアフリーに関する次の記述のうち、適切なものはどれか。

❶ 高齢者、障害者等の移動等の円滑化の促進に関する法律（平成18年法律第91号）に規定する特定建築物に該当するマンションでは、建築基準法に基づく建築確認が必要となる大規模の修繕を行う場合、建築物移動等円滑化基準に適合させなければならない。

❷ 品確法に基づく住宅性能表示制度では、新築住宅については高齢者等配慮対策等級が定められているが、既存住宅については定められていない。

❸ 建築基準法によれば、高さ１ｍをこえる階段には手すりを設けなければならない。

❹ 建築基準法によれば、階段に代わる傾斜路を設ける際は、勾配が$\frac{1}{12}$をこえてはならない。

高さ１m超の階段➡手すりを設置する。

❶ 不適切 「適合させなければならない」➡「適合させるよう努めなければならない」

建築主等は、特定建築物の建築物特定施設の修繕または模様替をしようとするときは、当該建築物特定施設を建築物移動等円滑化基準に**適合**させるために必要な措置を講ずるよう**努めなければならない**（バリアフリー法16条２項）。つまり、あくまで**適合「努力」義務**であって、適合義務ではない。

❷ 不適切 「既存住宅については定められていない」➡「定められている」

品確法に基づく住宅性能表示制度では、**新築**住宅のみならず、既存住宅についても「**高齢者等配慮対策等級**」が定められている（「日本住宅性能表示基準」３条）。

❸ 適　切

高さ１mを超える階段には**手すり**を設けなければならない（建築基準法施行令25条１項・４項）。

❹ 不適切 「$\frac{1}{12}$」➡「$\frac{1}{8}$」

階段に代わる傾斜路についての規定は、次のとおりである（26条１項）。

① 勾配は、$\frac{1}{8}$**を超えない**こと
② 表面は、粗面とし、またはすべりにくい材料で仕上げること

マンションの維持・保全等

正解 ❸

21 マンションに関わる法令②(バリアフリー)

□□□ CHECK!　R 4-問42　重要度 B

マンションのバリアフリーに関する次の記述のうち、適切でないものはどれか。

❶ 高齢者、障害者等の移動等の円滑化の促進に関する法律における建築物特定施設には、敷地内の通路や駐車場が含まれる。

❷ 高齢者が住むことが想定される住戸とエレベーターホールをつなぐ共用廊下は、仕上材を滑りにくい材料とし、段差のないつくりとした。

❸ 階段の代わりに設けた傾斜路の両側に、手が置きやすいように床面から85cmの位置に手すりを設けた。

❹ 建築物移動等円滑化基準に、不特定かつ多数の者が利用し、又は主として高齢者、障害者等が利用する階段は、踊場を含めて手すりを設けることが定められている。

高齢者・障害者等が利用する階段は、踊場を除き、手すりを設けること。

❶ **適　切**

建築物特定施設とは、出入口、廊下、階段、エレベーター、便所、敷地内の通路、駐車場その他の建築物又はその敷地に設けられる施設で政令で定めるものをいう（バリアフリー法２条20号）。

❷ **適　切**

不特定かつ多数の者が利用し、又は主として**高齢者、障害者等が利用する廊下等**について、その**表面**は、粗面とし、又は滑りにくい材料で仕上げなければならない（施行令11条１号）。また、共用廊下の**床**は、段差のない構造としなければならない（国土交通省告示1108号）。

❸ **適　切**

不特定かつ多数の者が利用し、又は主として**高齢者、障害者等が利用する傾斜路**（階段に代わり、又はこれに併設するものに限る）は、勾配が12分の１を超え、又は高さが16cmを超える傾斜がある部分には、手すりを設ける必要がある（バリアフリー法施行令13条１号）。そして、手すりを設ける場合は、手すりが１本の場合は**75cm〜85cm程度の高さ**とし、２本の場合は、60〜65cm程度の高さの手すりを加える（高齢者、障害者等の円滑な移動等に配慮した建築設計標準2.14A.手すり）。

❹ **不適切　「踊場を含めて」➡「踊場を除き」**

不特定かつ多数の者が利用し、又は主として**高齢者、障害者等が利用する階段は、踊場を除き、手すりを設けること**（バリアフリー法施行令12条１号）。

マンションの維持・保全等

正解 ❹

マンションの共用部分のバリアフリー設計に関する次の記述のうち、品確法に基づく住宅性能表示制度における高齢者等配慮対策等級の等級５の基準に適合しないものはどれか。

❶ 共用階段の両側に、踏面の先端からの高さが800mmの手すりを設けた。

❷ エレベーターホールに、直径が1,200mmの円形が収まる広さの空間を確保した。

❸ エレベーター出入口の有効な幅員を800mmとした。

❹ エレベーターから建物出入口に至る共用廊下の幅員を1,400mmとした。

「高齢者等配慮対策の等級５」を問うハイレベルな問題。

❶ **適合する**

高齢者等配慮対策等級の「**等級５**」の基準（最高基準：介助をするにあたり、最も余裕を生じさせるレベル）として、**共用階段の手すりは**、「**両側に、かつ、踏面の先端からの高さが700mmから900mmの位置に設け**られていること」とされている。したがって、800㎜であれば、この基準を満たす。

❷ **適合しない**　「1,200㎜」➡「1,500㎜」

ハイレベル

「等級５」の基準として、**エレベーターホールは**、「**一辺を1,500mmとする正方形の空間を確保**できること」とされている。したがって、直径が1,200mmの円形が収まる広さの空間を確保しただけでは、この基準を満たさない。

❸ **適合する**

「等級５」の基準として、**エレベーター出入口は**、「**有効幅員が800mm以上**」とされている。したがって、800mmであれば、この基準を満たす。

❹ **適合する**

「等級５」の基準として、**共用廊下の幅員は**、「**1,400mm以上**」とされている。したがって、エレベーターから建物出入口に至る共用廊下の幅員が1,400mmであれば、この基準を満たす。

正解 ❷

23 マンションに関わる法令④

□□□ CHECK!　H29-問37　重要度 C

マンションの建物の維持保全に関する法令の規定に関する次の記述のうち、誤っているものはどれか。

❶　マンション管理適正化法によれば、宅地建物取引業者は、管理組合の管理者等に対し、建築基準法第６条に規定される確認申請に用いた設計図書を交付しなければならない。

❷　建築基準法第８条第２項に規定されている建築物の維持保全に関する計画には、維持保全の実施体制や資金計画等を定めることとされている。

❸　長期優良住宅の普及の促進に関する法律（平成20年法律第87号）においては、長期優良住宅建築等計画の認定基準として、新築、増築又は改築のいずれの場合にあっても、新築後、増築後又は改築後の維持保全の期間は30年以上と定められている。

❹　品確法の規定による住宅性能表示制度において、鉄筋コンクリート造の既存住宅の劣化対策等級の評価基準には、コンクリートの中性化深さ及びコンクリート中の塩化物イオン量が含まれている。

宅建業者が管理者等に交付する設計図書に、確認申請に用いたものは含まれない！

❶ ハイレベル

誤り **「建築基準法６条に規定される確認申請に用いた設計図書」**
➡「工事が完了した時点の当該建物・その附属施設に係る図書」

宅建業者は、自ら売主として人の居住用の独立部分がある建物（新たに建設された建物で人の居住用に供したことがないものに限る）を分譲した場合、一定の期間内に当該建物・その附属施設の管理を行う管理組合の管理者等が選任されたときは、速やかに、当該管理者等に対し、当該建物・**その附属施設の設計に関する**一定の**図書を交付**しなければならない（マンション管理適正化法103条１項）。そして、この「**一定の図書**」は、「**工事が完了した時点の当該建物・その附属施設に係る図書**」とされている（施行規則102条）。そのため、本肢のような「建築基準法６条に規定される確認申請に用いた設計図書」は含まれない。

❷ ハイレベル

正しい 「建築基準法８条２項に規定されている**建築物の維持保全に関する計画**」には、おおむね**次の項目**につき、それぞれ一定の**事項を定める**とされている（建設省告示606号「建築基準法12条１項に規定する建築物の保全に関する準則または計画の作成に関し必要な指針」第３）。

① 建築物の利用計画
② **維持保全の実施体制**
③ 維持保全の責任範囲
④ 占有者に対する指導等
⑤ 点検
⑥ 修繕
⑦ 図書の作成・保管等
⑧ **資金計画**
⑨ 計画の変更
⑩ その他、維持保全を行うため必要な事項

❸ **正しい** 「**建築**」とは、住宅の**新築・増築・改築**をいう（長期優良住宅の普及の促進に関する法律２条２項）。そして、長期優良住宅建築等計画の認定基準には、「**建築後**の住宅の維持保全の期間が**30年以上**であること」が定められている（６条１項５号ロ）。

❹ **正しい** 住宅性能表示制度において、**鉄筋コンクリート造の既存住宅の劣化対策等級の評価基準**には、**コンクリートの中性化深さ**および**コンクリート中の塩化物イオン量**が含まれている（「**評価方法基準**」国土交通省告示1108号）。

正解 ❶

マンションに関わる法令⑤（建築物省エネ法）

H29-問42改

重要度 B

建築物省エネ法に関する次の記述のうち、誤っているものはどれか。

❶ 建築主は、既存の住宅専用マンションにおいても、増築又は改築に係る部分の床面積の合計が300㎡以上となる場合は、その建築物のエネルギー消費性能の確保のための構造及び設備に関する計画を、所管行政庁に届け出なければならない。

❷ 建築主には、修繕若しくは模様替又は空気調和設備等の設置若しくは改修をしようとする建築物について、エネルギー消費性能の向上を図る努力義務が課せられている。

❸ 既存建築物の所有者は、エネルギー消費性能の向上のための修繕、模様替等をしなくても、所管行政庁に対し、当該建築物について建築物エネルギー消費性能基準に適合している旨の認定を申請することができる。

❹ 建築物エネルギー消費性能誘導基準に適合する建築物を新築する場合、当該建築物について、建築基準法による容積率制限及び高さ制限の特例が適用される。

住宅部分の増・改築が300㎡以上➡着手の21日前まで一定計画の届出要。

❶ **正しい**　建築主は、既存の居宅専用マンションにおいて、増築・改築に係る部分の床面積が300㎡以上となる場合には、その工事着手日の21日前までに、当該行為に係る**建築物のエネルギー消費性能の確保のための構造・設備に関する計画を、所管行政庁に届け出なければならない**（建築物省エネ法19条1項2号、施行令8条2項）。

❷ **正しい**　①**建築主**は、修繕等（**修繕・模様替**、建築物への**空気調和設備等の設置**又は建築物に設けた**空気調和設備等の改修**）をしようとする建築物について、②建築物の所有者・管理者・占有者は、その所有し、管理し、又は占有する建築物について、**エネルギー消費性能の向上を図るよう努めなければならない**（建築物省エネ法6条2項）。なお、建築主（一定の規定が適用される者を除く）は、その建築（新築・増築・改築）をしようとする建築物について、建築物エネルギー消費性能基準に適合させるために必要な措置を講ずるよう努めなければならない（同1項）。

❸ **正しい**　**建築物の所有者**は、所管行政庁に対し、当該建築物について**建築物エネルギー消費性能基準に適合している旨の認定を申請**できる（36条1項）。そして、既存建築物の所有者は、当該建築物がエネルギー消費性能向上のための**修繕・模様替等をしなくても**、その基準を満たしていれば、この申請をすることが**可能**である。

❹ **誤り**　**「高さ制限の特例が適用される」➡「高さ制限の特例は存在しない」**

建築物の新築等が、建築物エネルギー消費性能誘導基準に適合すること等について所管行政庁の認定を受けると、**容積率の特例**を受けることができる（35条）。この**特例**とは、省エネ性能向上のための設備について、通常の建築物の床面積を超える部分が不算入となる扱いを受ける。しかし、**「高さ制限」に関する特例は存在しない。**

正解 ❹

消防法（昭和23年法律第186号）の規定によれば、居住者数50人以上のマンションの管理について権原を有する者によって定められた防火管理者が行うものではない業務は、次のうちのどれか。

❶　消防用設備等について定期に点検を行い、その結果を消防長又は消防署長に報告すること。

❷　防火対象物についての消防計画を作成すること。

❸　消火、通報及び避難の訓練を実施すること。

❹　避難又は防火上必要な構造及び設備について維持管理を行うこと。

管理権原者から選任された防火管理者の業務を確認しよう！

共同住宅では、収容人員（居住者数）50人以上の場合、管理権原者は、一定の資格者のうちから防火管理者を定め、当該防火対象物について、①消防計画の作成、②当該消防計画に基づく消火・通報・避難の訓練の実施、③消防の用に供する設備、消防用水または消火活動上必要な施設の点検・整備、④火気の使用・取扱いに関する監督、⑤避難・防火上必要な構造、設備の維持管理および収容人員の管理、⑥その他防火管理上必要な業務を行わせなければならない（消防法８条１項、施行令１条の２第３項１号ハ、３条）。

上記を前提に、以下検討する。

❶ **防火管理者が行う業務ではない**

「消防用設備等に関する定期の点検およびその結果の消防長または消防署長への報告」は、「一定の防火対象物の関係者」（所有者・管理者・占有者）に課された義務であり、防火管理者が行う業務ではない（消防法17条の３の３）。

❷ **防火管理者が行う業務である**

上記①に該当する。

❸ **防火管理者が行う業務である**

上記②に該当する。

❹ **防火管理者が行う業務である**

上記⑤に該当する。

正解 ❶

26 消防法②（共同住宅の防火管理等）

□□□ CHECK!　R 3-問23

消防法の規定によれば、消防法施行令（昭和36年政令第37号。この問いにおいて「政令」という。）別表第一（五）項ロに掲げる防火対象物である共同住宅における防火管理等に関する次の記述のうち、誤っているものはどれか。

❶ 居住者が50人の共同住宅の管理について権原を有する者は、防火管理者を解任したときは、遅滞なくその旨を所轄消防長（消防本部を置かない市町村においては、市町村長。）又は消防署長に届け出なければならない。

❷ その管理について権原が分かれている共同住宅にあっては、当該共同住宅の防火管理者は、消防計画に、当該共同住宅の当該権原の範囲を定めなければならない。

❸ 延べ面積が2,500㎡で、50人が居住する共同住宅における防火管理者には、当該共同住宅において防火管理上必要な業務を適切に遂行することができる管理的又は監督的な地位にあるもので、市町村の消防職員で管理的又は監督的な職に1年以上あった者を選任することができる。

❹ 高さが30mで、100人が居住する共同住宅の管理者、所有者又は占有者は、当該共同住宅において使用するカーテンについて、防炎性能を有しないカーテンを購入し、政令で定める基準以上の防炎性能を与えるための処理をさせたときは、総務省令で定めるところにより、その旨を明らかにしておかなければならない。

管理権原者が複数→防火・防災管理者単位で防火管理者を定め消防計画を作成。

❶ 頻出 **正しい** 収容人員（居住者）が**50人以上**の共同住宅の管理について権原を有する者は、**防火管理者を定めたときは**、遅滞なくその旨を**所轄消防長**（消防本部を置かない市町村においては、市町村長）又は**消防署長に届け出なければならない**。これを解任したときも、**同様**である（消防法８条２項）。

❷ **正しい** 消防計画は**管理権原の及ぶ範囲について作成する**ことが必要である。この場合、管理について権原を有するものが複数存する防火対象物のときは、**個々の管理権原者単位**（すなわち選任された防火・防災管理者単位）**で防火管理者を定め、消防計画を作成させる必要がある**ので、個々の消防計画に当該共同住宅の当該権原の範囲を定めなければならない（消防計画作成ガイドライン）。

❸ ハイレベル **正しい** マンションの容人員が**50人以上**で、**延べ面積が500㎡以上**（本肢では2,500㎡）の場合、甲種防火対象物に該当するので、**甲種防火管理者**の選任が必要となる（消防法施行令１条の２第３項１号ハ、３条１項１号・２号）。そして、**市町村の消防署員で、管理的又は監督的な職に１年以上あった者**その他政令で定める者であって一定の地位にあるものは、**甲種防火管理者に選任できる**（３条１項１号）。

❹ ひっかけ **誤り** **「明らかにしておかなければならない」➡「明らかにする義務はない」**

高さ**31ｍ超**の共同住宅において使用する防炎対象物品について、当該防炎対象物品若しくはその材料に**防炎性能を与えるための処理をさせ**、又は防炎性能を有するものである旨の表示若しくは指定表示が付されている生地その他の材料からカーテンその他の防炎対象物品を作製させたときは、総務省令で定めるところにより、**その旨を明らかにしておかなければならない**（消防法８条の３第１項）。本肢の共同住宅は高さ31ｍを超えていないので、防炎性能を与えるための処理をさせ、その旨を明らかにしておく義務はない。

正解 ❹

27 消防法③（共同住宅の防火管理）

R 2-問23改

共同住宅の管理について権原を有する者（この問いにおいて「管理権原者」という。）、防火管理者等に関する次の記述のうち、消防法の規定によれば、誤っているものはどれか。

❶　高さ31mを超える共同住宅でその管理について権原が分かれているもの又は地下街でその管理について権原が分かれているもののうち消防長又は消防署長が指定するものの管理権原者は、当該建築物の全体について防火管理上必要な業務を統括する防火管理者を協議して定めなければならない。

❷　防火管理者は、消防計画を作成し、所轄消防長又は消防署長に届け出るとともに、これに基づいて消火、通報及び避難の訓練等を定期的に実施しなければならない。

❸　防火管理者は、共同住宅の廊下、階段、避難口その他の避難上必要な施設について避難の支障になる物件が放置され、又はみだりに存置されないように管理し、かつ、防火戸についてその閉鎖の支障になる物件が放置され、又はみだりに存置されないように管理しなければならない。

❹　延べ面積が1,000㎡以上の共同住宅のうち、消防長又は消防署長が火災予防上必要があると認めて指定するものの関係者は、当該共同住宅における消防用設備等について、機器点検は６ヵ月に１回、総合点検は１年に１回、消防設備士免状の交付を受けている者又は総務省令で定める資格を有する者に実施させなければならない。

機器点検は６ヵ月に１回、総合点検は１年に１回実施。

❶ **正しい** 「高層建築物（高さ31m超の建築物）その他政令で定める防火対象物で、その管理について権原が分かれているもの」又は「地下街でその管理について権原が分かれているもののうち**消防長若しくは消防署長が指定するもの**」の管理について権原を有する者（**管理権原者**）は、**統括防火管理者を協議して定め**、当該防火対象物の全体についての消防計画の作成、当該消防計画に基づく消火、通報及び避難の訓練の実施、当該防火対象物の廊下、階段、避難口その他の避難上必要な施設の管理その他当該**防火対象物の全体についての防火管理上必要な業務**を行わせなければならない（消防法８条の２第１項）。

❷ **正しい** **防火管理者**は、当該防火対象物についての防火管理に係る**消防計画を作成し、所轄消防長又は消防署長に届け出なければならない**（施行令３条の２第１項）。また、消防計画に基づいて、当該防火対象物について**消火、通報及び避難の訓練の実施**、消防の用に供する設備、消防用水又は消火活動上必要な施設の点検及び整備、火気の使用又は取扱いに関する監督、避難又は防火上必要な構造及び設備の維持管理並びに収容人員の管理その他**防火管理上必要な業務を行わなければならない**（同２項）。

❸ **誤り** **「防火管理者」➡「管理権原者」**

共同住宅の管理権原者は、当該防火対象物の**廊下、階段、避難口その他の避難上必要な施設**について**避難の支障になる物件が放置され**、又は**みだりに存置されないように管理**し、かつ、**防火戸**についてその**閉鎖の支障になる物件が放置され、又はみだりに存置されないように管理しなければならない**（消防法８条の２の４）。

❹ **正しい** **延べ面積1,000㎡以上**で、消防長又は消防署長が火災予防上必要と認めて指定する共同住宅は、定期に**消防設備士免状の交付を受けている者又は総務省令で定める資格を有する者**に点検させ、その結果を消防長又は消防署長に報告しなければならない（17条の３の３、施行令36条２項２号、施行規則31条の６第６項）。また、**機器点検は６ヵ月に１回、総合点検は１年に１回**実施しなければならない（31条の６、消防庁告示９号）。

正解 ❸

28 消防法④（防災物品・消防用設備等）

CHECK!　H28-問23　重要度 B

共同住宅における防災物品又は消防用設備等に関する次の記述のうち、消防法の規定によれば、正しいものはどれか。ただし、いずれも無窓階はないものとし、危険物及び指定可燃物の貯蔵及び取扱いはないものとする。また、消防用設備等については、消防長又は消防署長が、防火対象物の位置、構造又は設備の状況から判断して、同法の規定する基準を適用しないと認める場合を除くものとする。

❶　高さ31mを超える共同住宅の１階の住戸で使用されるじゅうたん（織りカーペット（だん通を除く。）をいう。）については、政令で定める基準以上の防炎性能を有するものでなくともよい。

❷　地上２階建、延べ面積500㎡の共同住宅においては、消火器又は簡易消火用具（以下「消火器具」という。）を、階ごとに、当該共同住宅の各部分から一の消火器具に至る歩行距離が20m以下となるように配置しなければならない。

❸　共同住宅の地階であって、駐車の用に供する部分の存する階（駐車するすべての車両が同時に屋外に出ることができる構造の階を除く。）で、当該部分の床面積が100㎡以上のものには、自動火災報知設備を設置しなければならない。

❹　地上３階建、延べ面積500㎡の共同住宅においては、屋内消火栓を階ごとに設けなければならない。

延べ面積150㎡以上の共同住宅➡消火器・簡易消火用具を設置。

❶ **誤り 「防炎性能を有しなくともよい」➡「有するものでなければならない」**

高さ31ｍを超える共同住宅等において使用する防炎対象物品（どん帳・カーテン・展示用合板その他これらに類する物品で「**政令で定めるもの**」をいう）は、**一定基準以上の防炎性能を有するもの**でなければならない（消防法８条の３第１項）。そして、この**政令で定める物品**には、**じゅうたん**（だん通以外の「織りカーペット」をいう）**が含まれる**（施行令４条の３第３項、施行規則４条の３第２項１号）。

❷ **正しい** 延べ面積が**150㎡以上の共同住宅**には、消火器または簡易消火用具（「消火器具」）**を設置**しなければならない（施行令10条１項２号）。そして、消火器具は、**階ごとに**、当該共同住宅の**各部分から**一の消火器具に至る**歩行距離が20ｍ以下となるように**、**配置**しなければならない（施行規則６条６項・１項）。

頻出

❸ **誤り 「100㎡以上」➡「200㎡以上」**

共同住宅の**地階**であって、**駐車の用に供する部分の存する階**（駐車するすべての車両が同時に屋外に出ることができる構造の階を除く）のうち、当該部分の**床面積が200㎡以上**のものには、**自動火災報知設備を設置**しなければならない（施行令21条１項13号、別表第１）。

❹ **誤り 「500㎡」➡「700㎡以上」**

原則として、延べ面積が700㎡以上の共同住宅には、**屋内消火栓を設**置しなければならない（施行令11条１項２号、別表第１）。

正解 ❷

29 消防法⑤（防炎対象物品の防炎性能）

R 5-問23

重要度 A

高さ31mを超えるマンション（この問いにおいて「高層マンション」という。）における防炎対象物品の防炎性能に関する次の記述のうち、消防法の規定によれば、誤っているものはどれか。

❶ 高層マンションで使用するカーテンは、高さ31m以下の階の住戸であっても、政令で定める基準以上の防炎性能を有するものでなければならない。

❷ 高層マンションの屋上部分に施工する人工芝は、政令で定める基準以上の防炎性能を有するものである必要はない。

❸ 高層マンションで使用する防炎性能を有するカーテンには、総務省令で定めるところにより、政令で定める基準以上の防炎性能を有するものである旨の表示を付することができる。

❹ 高層マンションの管理者、所有者又は占有者は、当該高層マンションで使用するため、防炎性能を有しないカーテンを購入し、これを業者等に委託して政令で定める基準以上の防炎性能を与えるための処理をさせたときは、総務省令で定めるところにより、その旨を明らかにしておかなければならない。

防炎対象物品等には、一定の防炎性能を有するものである旨の表示を付すること可。

❶ **正しい** **高さ31mを超える**高層建築物において使用する防炎対象物品（どん帳、**カーテン**、展示用合板その他これらに類する物品で政令で定めるものをいう）は、政令で定める基準以上の防炎性能**を有するものでなければならない**（消防法８条の３第１項）。そして、高さ31mを超える建築物であれば、**31m以下の階の住戸で使用する防炎対象物品**であっても、政令で定める基準以上の**防炎性能を有するものでなければならない**。

頻出

❷ **誤　り** **「防炎性能を有するものである必要はない」➡「必要がある」**

❶解説参照。そして、**人工芝**は**防炎対象物品に含まれる**ので、政令で定める基準以上の**防炎性能を有するものである必要がある**（施行規則４条の３第２項５号）。

❸ **正しい** 防炎対象物品又はその材料で一定基準以上の防炎性能を有するもの（防炎物品）には、この防炎性能を有するものである旨の表示を付することができる（消防法８条の３第２項）。

❹ **正しい** 防火対象物の関係者は、当該防火対象物において使用する**防炎対象物品**について、当該防炎対象物品若しくはその材料に政令で定める基準以上の**防炎性能を与えるための処理**をさせ、又は政令で定める基準以上の**防炎性能を有する旨の表示**若しくは**指定表示が付されている生地**その他の材料からカーテンその他の**防炎対象物品を作製させたときは**、総務省令で定めるところにより、**その旨を明らかにしておかなければならない**（８条の３第５項）。

頻出

正解 ❷

共同住宅における消防用設備等に関する次の記述のうち、消防法の規定によれば、誤っているものはどれか。ただし、いずれも地階、無窓階はないものとし、危険物又は指定可燃物の貯蔵又は取扱いはないものとする。

❶　地上２階建、延べ面積400㎡の共同住宅には、消火器又は簡易消火用具を、階ごとに、当該共同住宅の各部分からの歩行距離が20m以下となるよう設置しなければならない。

❷　地上５階建、延べ面積3,000㎡の共同住宅には、避難が容易であると認められるもので総務省令で定めるものを除き、全ての階に非常電源を附置した誘導灯を設置しなければならない。

❸　地上11階建の共同住宅においてスプリンクラー設備の設置義務があるのは、11階のみである。

❹　高さ31mを超える共同住宅においては、階数にかかわらず、全ての住戸で使用されるカーテンは、政令で定める基準以上の防炎性能を有するものでなければならない。

高さ31m超の高層建築物➡全ての住戸のカーテンには一定基準以上の防炎性能が必要。

❶ 頻出 **正しい** 共同住宅で、150㎡以上のものは、消火器具（**消火器**または**簡易消火用具**）を、階ごとに、共同住宅の各部分から、一の消火器具に至る歩行距離が20m以下となるように配置しなければならない（消防法施行規則6条6項）。

❷ 頻出 **誤り** **「全ての階」➡「11階以上の階、地階、無窓階」**

誘導灯は、火災時に建物内の人員を避難させるため、非常口や避難通路を示す設備で、共同住宅では、**11階以上の階**、**地階**、**無窓階**に設置が必要となる（消防法施行令26条1項1号）。したがって、全ての階に誘導灯を設置する必要はない。

❸ 頻出 **正しい** 共同住宅においては、その**11階以上の階**（総務省令で定める部分を除く）に**スプリンクラー設備**を設置しなければならない（12条1項12号）。

❹ 頻出 **正しい** 高さ31m超の高層建築物においては、**階数にかかわらず**全ての住戸で使用される**カーテン**について、政令で定める基準以上の**防炎性能**を有するものでなければならない（消防法8条の3第1項）。

正解 ❷

延べ面積1,000㎡以上で消防長（消防本部を置かない市町村においては、市町村長。以下同じ。）又は消防署長が火災予防上必要があると認めて指定している共同住宅（以下「甲住宅」という。）及び延べ面積1,000㎡未満の共同住宅（以下「乙住宅」という。）において、共同住宅の関係者（所有者、管理者又は占有者をいう。以下同じ。）が行う消防用設備等の点検等に関する次の記述のうち、消防法の規定によれば、誤っているものはどれか。

❶ 甲住宅については、消防設備士免状の交付を受けている者又は消防設備点検資格者に、定期に、消防用設備等の点検をさせなければならない。

❷ 乙住宅については、その関係者が、定期に、自ら点検し、その結果を消防長又は消防署長に報告しなければならない。

❸ 甲住宅については、１年に１回、消防用設備等の点検の結果を消防長又は消防署長に報告しなければならない。

❹ 乙住宅については、消防長又は消防署長は、消防用設備等が適法に維持されていないと認めるときは、乙住宅の関係者で権原を有するものに対し、その維持のため必要な措置をなすべきことを命ずることができる。

延べ面積1,000㎡以上の非特定防火対象物の点検➡一定の資格が必要。

❶ 頻出 **正しい** 共同住宅等の防火対象物の関係者（所有者、管理者または占有者）は、当該防火対象物における**消防用設備等**について、定期に、所定の者に点検させ、その**結果を消防長または消防署長に報告**しなければならない（消防法17条の3の3）。ここでいう「所定の者」とは、①**延べ面積1,000㎡以上**で消防長（消防本部を置かない市町村では、市町村長）または消防署長が火災予防上必要があると認めて指定している共同住宅では、消防設備士免状の交付を受けている者**または消防設備点検資格者**を指し、また、②**延べ面積1,000㎡未満**の共同住宅では、関係者自身を指す（施行令36条2項、施行規則31条の6第6項）。本問の**甲住宅**は、上記①に該当する。

❷ 頻出 **正しい** ❶解説②参照。乙住宅は「②**延べ面積1,000㎡未満のもの**」に該当するため、**自ら点検**し、その結果を、消防長または消防署長に報告しなければならない（消防法17条の3の3、施行令36条2項、施行規則31条の6第6項）。

❸ ひっかけ **誤り** **「1年に1回報告」➡「3年に1回報告」**

防火対象物の関係者は、点検を行った結果を、維持台帳に記録するとともに、**共同住宅**の場合には、**3年に1回**、その結果を、消防長または消防署長に報告しなければならない（31条の6第3項2号）。

❹ **正しい** **消防長**または**消防署長**は、共同住宅の消防用設備等が、**設備等技術基準に従って設置**され、または**維持されていない**ときは、当該住宅の関係者で権原を有するものに対し、その設備等技術基準に従ってこれを設置すべきこと、またはその**維持のため必要な措置をすべきことを命ずる**ことができる（消防法17条の4第1項）。なお、このことは、甲住宅・乙住宅でも共通である。

正解 ❸

マンションの消防用設備等に関する次の記述のうち、適切でないものはどれか。

❶　地階を除く階数が７以上のマンションには、連結送水管を設置する必要がある。

❷　建物の１階に床面積が300㎡の屋内駐車場を設ける場合には、泡消火設備を設置する必要がある。

❸　閉鎖型スプリンクラー設備には、配管内を常時充水しておく湿式と空管にしておく乾式などがあり、一般に寒冷地では乾式が使用される。

❹　消防用設備等の総合点検は、１年に１回実施する必要がある。

閉鎖型スプリンクラー設備には湿式と乾式等があり、寒冷地では乾式を使用。

❶ 適　切

共同住宅では、地階を除く階数が７以上のもの又は地階を除く階数が５以上で、延べ面積が6,000㎡以上の場合に連結送水管を設置する必要がある（消防法施行令29条１項１号・２号）。

❷ 不適切　「設置する必要がある」➡「設置する必要はない」

建物の駐車場の存する階（屋上部分を含み、駐車するすべての車両が同時に屋外に出ることができる構造の階を除く）における当該部分の床面積が、地階又は２階以上の階にあっては200㎡以上、１階にあっては500㎡以上、屋上部分にあっては300㎡以上のものには、泡消火設備等を設置する必要がある（13条１項）。本肢の駐車場は１階に設けられていて床面積が300㎡であるから、泡消火設備等を設置は不要である。

❸ 適　切

閉鎖型スプリンクラー設備には、配管内を常時充水しておく湿式と空管にしておく乾式などがあり、一般に寒冷地では乾式が使用される。

❹ 適　切

頻出

消防用設備等の総合点検は、１年に１回実施する必要がある（消防庁告示９号第３）。

正解 ❷

消防用設備等の設置及び点検に関する次の記述のうち、消防法の規定によれば、誤っているものはどれか。ただし、特定共同住宅等はないものとする。

❶　避難口誘導灯及び通路誘導灯は、地階及び無窓階のない、９階建ての共同住宅には設置する必要がない。

❷　非常コンセント設備は、地階のない、10階建ての共同住宅には設置する必要がない。

❸　延べ面積が500㎡の共同住宅の消防用設備等に係る点検は、消防設備士免状の交付を受けている者又は総務省令で定める資格を有する者に行わせなければならない。

❹　共同住宅に設置された消防用設備等の点検結果は、３年に１回消防長（消防本部を置かない市町村においては、市町村長。）又は消防署長に報告しなければならない。

非常コンセント設備は、共同住宅で地階を除く階数が11階以上に設置必要。

❶ 頻出

正しい 避難口誘導灯及び通路誘導灯は、共同住宅では、地階、無窓階及び11階以上の部分に設置が必要となる（消防法施行令26条1項1号・2号）したがって、地階及び無窓階のない、9階建ての共同住宅には設置する必要がない。

❷ 頻出

正しい 非常コンセント設備は、共同住宅では、地階を除く階数が11階以上のものに設置が必要となる（29条の2第1項1号）。したがって、地階のない、10階建ての共同住宅には設置する必要がない。

❸ ひっかけ

誤り 「延べ面積500㎡以上」➡「延べ面積1,000㎡以上」

延べ面積1,000㎡以上で消防長又は消防署長が火災予防上必要があると認めて指定している共同住宅は、定期に、消防設備士免状の交付を受けている者又は総務省令で定める資格を有する者に点検させ、その結果を消防長又は消防署長に報告しなければならない（消防法17条の3の3、施行令36条2項2号）。

❹ 頻出

正しい 防火対象物の関係者は、非特定防火対象物である共同住宅に係る消防用設備等の点検結果を、維持台帳に記録するとともに、3年に1回、消防長（消防本部を置かない市町村では、市町村長）又は消防署長に報告しなければならない（施行規則31条の6第3項2号）。

正解 ❸

マンションの給水設備に関する次の記述のうち、適切でないものはどれか。

❶　高置水槽方式の受水槽のオーバーフロー管を、オーバーフロー管の管径より太い径の排水管でトラップを有するものに直結させた。

❷　ポンプ直送方式で用いる受水槽に、内部の保守点検のために、有効内径60cmのマンホールを設けた。

❸　専有部分に設置する給水管として、耐衝撃性及び耐食性の高い水道用架橋ポリエチレン管を用いた。

❹　20階以上の超高層マンションで、給水圧力が高い場合に、減圧弁の設置等により、専有部分の給水管の給水圧力が300～400kPaの範囲になるように調整した。

オーバーフロー管➡排水口空間を設けて間接排水にする。

❶ **不適切** 「直結させた」➡「間接排水にすべき」

ひっかけ

排水のための配管設備は、**オーバーフロー管に直接連結してはならない**（建設省告示1597号）。逆流による飲料水の汚染防止のために、**排水口空間**を設けて**間接排水**とする必要がある。

❷ **適　切**

頻出

外部から内部の保守点検を容易かつ安全に行うことができる小規模な給水タンク等を除き、受水槽には、**内部の保守点検**のために、**直径60cm以上の円が内接することができるマンホール**を設ける必要がある（同告示）。

❸ **適　切**

水道用架橋ポリエチレン管は、**耐衝撃性**（物体の衝撃を受けても破壊されにくい性質）および**耐食性**（腐食作用に耐える性質）に優れており、主に専有部分に設置する給水管に用いられる。

❹ **適　切**

20階以上の超高層マンションでは、一般的に、減圧弁を設置したり一定階数ごとに区分するゾーニングを行うことで、住戸内の給水管の給水圧力の上限値を**300～400kPaの範囲**になるように、**給水圧力を調整**する。

正解 ❶

マンションの給水設備に関する次の記述のうち、適切なものはどれか。

❶ 水道用架橋ポリエチレン管は、耐衝撃性及び耐食性に優れており、主に共用部分に設置する給水立て管に用いられる。

❷ 給水立て管からの各住戸へ配水する分岐管には、専有部分の給水管の更新工事を行う際に、他の給水系統へ水が逆流しないように逆止弁を設ける。

❸ ポンプ直送方式の給水方式における受水槽の有効容量を、マンション全体の１日の使用水量の$\frac{1}{2}$程度に設定する。

❹ 専有部分のシャワー水栓の給水圧力を、給水に支障が生じないようにするため、30kPaとした。

給水に支障が生じないシャワー水栓の給水圧力には、70kPa以上が必要。

❶ 

不適切 「共用部分に設置する給水立て管」➡「専有部分内に設置する給水管」

水道用架橋ポリエチレン管は、耐衝撃性及び耐食性に優れており、主に「専有部分」に設置する給水管であるさや管ヘッダー方式に用いられる。

❷ 

不適切 「逆止弁を設ける」➡「止水弁を設ける」

給水立て主管からの各階への分岐管等**主要な分岐管**には、分岐点に**近接した部分**で、かつ、**操作を容易に行うことができる部分**に止水弁を設けることが必要である（建設省告示1406号）。

❸ 

適　切

飲料水は、受水槽内で滞留することにより、衛生状態が悪くなっていく。そのため、**受水槽の有効容量**は、一般に１日予想給水量の$\frac{1}{2}$程度とすることが望ましい。

❹ 頻出

不適切 「30kPa」➡「70kPa」

専有部分の**シャワー水栓の給水圧力**を、給水に支障が生じないようにするためには、70kPa以上が必要である。

マンションの維持・保全等

正解 ❸

マンションの給水設備に関する次の記述のうち、適切なものはどれか。

❶ 受水槽のオーバーフロー管及び通気管には、外部からの害虫等の侵入を防ぐために、トラップ又は先端に防虫網を設ける必要がある。

❷ 受水槽を屋内に設置する場合においては、受水槽の天井、底及び周壁と建築物との間に、保守点検のために必要な空間を設けなければならない。

❸ 高層マンションにおいては、高置水槽が不要な給水方式である水道直結増圧方式及びポンプ直送方式は採用することができない。

❹ 受水槽における給水管の流入端からオーバーフロー管下端までの吐水口空間の垂直距離は、150㎜以上としなければならない。

吐水口空間の垂直距離➡給水管径の２倍程度以上を確保する。

❶ **不適切** 「トラップまたは先端に」➡「先端に」

受水槽の**オーバーフロー管**および**通気管**には、外部からの害虫等の侵入を防ぐために、その**先端（管端開口部）に防虫網**を設ける必要がある。しかし、**トラップには不要である**。

❷ **適　切**

頻出

建築物の内部に設けられる飲料用受水槽は、**天井・底・周壁と建築物との間**に、保守点検のために**必要な空間（天井面から100㎝以上、床・壁から60㎝以上）**を設けなければならない（建設省告示1597号）。

❸ **不適切** 「採用できない」➡「採用できる」

高層マンションにおいても、増圧給水ポンプや加圧給水ポンプを複数**階層に設置**することにより、**水道直結増圧方式およびポンプ直送方式を採用できる**。

○＝必要

給水方式	受水槽	高置水槽
水道直結		
増圧直結		
高置水槽（高置水槽まで増圧直結）		○
高置水槽（重力方式）	○	○
圧力タンク	○	
ポンプ直送	○	

❹ **不適切** 「150㎜」➡「一般に給水管径の２倍程度以上を確保する」

受水槽における給水管の流入端からオーバーフロー管下端までの**吐水口空間の垂直距離**は、**一般に給水管径の２倍程度以上**を確保するよう定められている。

正解 ❷

マンションの維持・保全等

37 給水設備④（受水槽）

R元-問43　重要度 A

マンションの飲料水用の受水槽に関する次の記述のうち、適切でないものはどれか。

❶ 受水槽には、給水管への逆流が生じないように、吐水口空間を設けた。

❷ 受水槽を屋内に設置する場合に、受水槽の天井、底及び周壁と建築物との間に、保守点検ができるように、全ての躯体（くたい）面で60cmの空間を設けた。

❸ 受水槽内部の保守点検を行うためのマンホールは、ほこりその他衛生上有害なものが入らないように、受水槽の天井面より10cm以上立ち上げて設置した。

❹ 受水槽内へ排水が逆流しないように、受水槽の下部に設置する水抜き管と排水管との間に垂直距離で15cm以上の排水口空間を設けた。

飲料水用受水槽の重要数字は、正確に暗記しよう！

❶ 適　切

受水槽の流入口の端部からオーバーフロー管の下端までの吐水口空間を設けることにより、受水槽から給水管への逆流を防ぐことが必要である。

❷ 不適切　「全ての躯体面で60cm以上」➡「上部は１m以上」

飲料用の受水槽は、６面点検ができるよう、周囲４面と下部は「60cm」以上、上部は１m以上のスペースが必要である。

❸ 適　切

受水槽内部の保守点検用マンホールは、ほこりその他衛生上有害なものが入らないように、受水槽上面より10cm以上立ち上げる必要がある。

❹ 適　切

受水槽の底部に設置する水抜き管とその排水を受ける排水管との間の排水口空間は、垂直距離で最小15cm（150mm）を確保する。

正解 ❷

マンションの給水設備に関する次の記述のうち、適切でないものはどれか。

❶　さや管ヘッダー工法では、専有部分に設置する配管として耐衝撃性及び耐食性に優れた水道用硬質塩化ビニルライニング鋼管を使用する。

❷　水道直結増圧方式では、水道本管（配水管）が負圧になったときに、水道本管へ建物内の水が逆流しないように逆流防止装置を設ける。

❸　ポンプ直送方式では、水道本管（配水管）から引き込んだ水を一度受水槽に貯水した後、加圧（給水）ポンプで加圧した水を各住戸に供給するため、高置水槽は不要である。

❹　水栓を閉める際に生じるウォーターハンマーの防止策として、給水管内の流速を1.5～2.0m／ｓとすることが有効である。

Point さや管ヘッダー工法➡水道用の架橋ポリエチレン・ポリブデン管等を使用！

❶ 不適切 「水道用硬質塩化ビニルライニング鋼管」
➡「水道用架橋ポリエチレン管や水道用ポリブデン管等」

住戸内のさや管ヘッダー工法における配管（給水管）としては、水道用架橋ポリエチレン管や水道用ポリブデン管等が使用される。

❷ 適　切

水道直結増圧方式とは、水道本管（配水管）から分岐させて引き込んだ水を、**増圧給水ポンプ**を経て**直接各住戸に給水**する方式である。水道本管が負圧になったときに水道本管へ建物内の水が逆流しないよう、**逆流防止装置**を設けなければならない。

❸ 適　切

ポンプ直送方式（タンクレスブースター方式）とは、水道本管から分岐させて引き込んだ水をいったん受水槽へ貯水した後、加圧（給水）ポンプで加圧して各住戸に給水する方式であり、**高置水槽は不要**である。

❹ 適　切

ウォーターハンマーとは、水栓や衛生器具の弁を急に**閉じた**時、瞬間的に給水管内部に異常な衝撃圧力を生じて、**騒音や打撃音、振動等を繰り返す現象**をいう。これを防止するには、給水管内の**流速**を1.5～2.0m／sとすることが有効である。

正解 ❶

マンションの給水設備及び飲料用の受水槽に関する次の記述のうち、適切でないものの組み合わせはどれか。

ア　専有部分の給水管の給水圧力の上限値は、一般的に300～400kPaに設定する。

イ　さや管ヘッダー工法では、専有部分に設置する配管として、耐衝撃性及び強靭(じん)性に優れた水道用ポリエチレン粉体ライニング鋼管を使用する。

ウ　受水槽内に排水が逆流しないように、オーバーフロー管の下端と排水管との間に垂直距離100㎜の排水口空間を確保する。

エ　受水槽の点検用マンホール面は、受水槽上面より10㎝以上立ち上げる。

❶　アとイ

❷　イとウ

❸　ウとエ

❹　エとア

オーバーフロー管の下端と排水管との間に垂直距離150㎜以上の排水口空間を確保。

ア　適　切

専有部分の給水管の給水圧力の上限値は、一般的に300～400kPaに設定する。

イ　不適切　「水道用ポリエチレン粉体ライニング鋼管」
➡「架橋ポリエチレン管やポリブデン管」

さや管ヘッダー工法では、専有部分に設置する配管として、耐衝撃性及び強靭性に優れた架橋ポリエチレン管やポリブデン管を使用する。

ウ　不適切　「100㎜の排水口空間」➡「150㎜以上の排水口空間」

受水槽内に排水が逆流しないように、オーバーフロー管の下端と排水管との間に垂直距離150㎜以上の排水口空間を確保する必要がある。

エ　適　切

受水槽の点検用マンホール面は、受水槽上面より10㎝以上立ち上げる必要がある。

したがって、不適切なものの組み合わせは、イ・ウであり、正解は❷となる。

正解 ❷

マンションの給水設備に関する次の記述のうち、適切でないものはどれか。

❶ 給水設備の計画において、居住者１人当たりの１日の使用水量を250Lとした。

❷ 水道直結増圧方式における給水立て管の頂部に、吸排気弁を設けた。

❸ 高置水槽方式の給水方式における高置水槽の有効容量を、マンション全体の１日の使用水量の$\frac{1}{2}$程度に設定した。

❹ 飲料用水槽の震災対策として、水槽からの給水分岐部に緊急遮断弁を設けた。

高置水槽の有効容量➡マンション全体の1日の使用水量の$\frac{1}{10}$程度。

❶ 適　切

頻出

給水設備の計画における居住者1人当たりの1日の使用水量は、200～350Lで計算する。したがって、居住者1人当たりの1日の使用水量を250Lとしたことは適切である。

❷ 適　切

水道直結増圧方式における給水立て管の頂部には、安全性の確保、逆流防止のために吸排気弁を設ける必要がある。

❸ 不適切　「$\frac{1}{2}$程度」➡「$\frac{1}{10}$程度」

頻出

高置水槽方式の給水方式における高置水槽の有効容量は、マンション全体の1日の使用水量の$\frac{1}{10}$程度に設定する。

❹ 適　切

飲料用水槽の震災対策として、水槽からの給水分岐部に緊急遮断弁を設けることは適切である。

正解 ❸

簡易専用水道に関する次の記述のうち、水道法（昭和32年法律第177号）の規定によれば、誤っているものはどれか。

❶ 簡易専用水道の設置者は、給水栓における水質について、1年以内ごとに1回、地方公共団体の機関又は国土交通大臣及び環境大臣の登録を受けた者の検査を受けなければならない。

❷ 簡易専用水道の設置者は、給水栓における水質の検査事項として、臭気、味、色、色度、濁度及び残留塩素についての検査を受けなければならない。

❸ 簡易専用水道の設置者は、給水栓における水の色、濁り、臭い、味その他の状態により供給する水に異常を認めたときは、水道水質基準の項目のうち必要なもの及び残留塩素について検査を行わなければならない。

❹ 簡易専用水道の設置者は、供給する水が人の健康を害するおそれがあることを知ったときは、直ちに給水を停止し、かつ、その水を使用することが危険である旨を関係者に周知させる措置を講じなければならない。

「残留塩素の検査」➡「給水栓の水質検査」の必要項目。

❶ **正しい** **簡易専用水道の設置者**は、当該簡易専用水道の管理について、国土交通省令（簡易専用水道により供給される水の水質の検査に関する事項については、環境省令）の定めるところにより、**毎年1回以上**定期に、地方公共団体の機関又は国土交通大臣及び環境大臣の登録を受けた者の**検査**を受けなければならない（水道法34条の2第2項、施行規則56条1項）。

❷ **正しい** 簡易専用水道の設置者は、「**給水栓における水質検査事項**」として、**臭気、味、色、色度、濁度**に加え、**残留塩素**についての**検査**を受けなければならない（水道法34条の2第2項、施行規則56条2項、厚生労働省告示262号）。

❸ **誤り** **「管理基準に、残留塩素の検査は含まれていない」**

簡易専用水道の設置者は、次の「**管理基準**（水質基準51項目）」に従い、その水道を管理しなければならない（水道法34条の2第1項、施行規則55条）。

> ① 水槽の掃除を1年以内ごとに1回、定期に行う。
> ② 水槽の点検等有害物、汚水等によって水が汚染されるのを防止するために必要な措置を講ずる。
> ③ 給水栓における水の色・濁り・臭い・味その他の状態により供給する水に異常を認めたときは、**水質基準**に関する省令に掲げる事項のうち必要なものについて検査を行う。
> ④ 供給する水が人の健康を害するおそれがあることを知ったときは、直ちに給水を停止し、かつ、その水を使用することが危険である旨を関係者に周知させる措置を講ずる。

本肢は、「管理基準」である上記③に関するものであり（同3号）、その中で「**残留塩素に関する検査**」は**対象外**である。

なお、上記❷解説のとおり、「給水栓における水質検査」については、「**残留塩素に関する検査」も対象**であることとは別であるから、注意が必要である。

❹ **正しい** ❸解説参照。本肢は❸解説の④に該当する。

正解 ❸

簡易専用水道の設置者の義務に関する次の記述のうち、水道法の規定によれば、誤っているものはどれか。

❶ 水道の管理について、地方公共団体の機関又は国土交通大臣及び環境大臣の登録を受けた者の検査を、毎年１回以上定期に受けなければならない。

❷ 給水栓における水の色、濁り、臭い、味その他の状態により供給する水に異常を認めたときは、水質基準のうち必要な事項について検査を行わなければならない。

❸ 供給する水が人の健康を害するおそれがあることを知ったときは、直ちに給水を停止し、かつ、その水を使用することが危険である旨を関係者に周知させる措置を講じなければならない。

❹ 水道の管理について技術上の業務を担当させるため、水道技術管理者１人を置かなければならない。

水道技術管理者１人を設置するのは専用水道であり、簡易専用水道ではない。

❶ 頻出

正しい　簡易専用水道の設置者は、当該簡易専用水道の管理について、国土交通省令（簡易専用水道により供給される水の水質の検査に関する事項については、環境省令）の定めるところにより、**毎年１回以上定期に、地方公共団体の機関又は国土交通大臣及び環境大臣の登録を受けた者の検査を受けなければならない**（水道法34条の２第２項、施行規則56条１項）。

❷ 頻出

正しい　給水栓における水の色・濁り・臭い・味その他の状態により供給する水に**異常を認めたときは、水質基準のうち必要な事項について検査を行わなければならない**（水道法34条の２第１項、施行規則55条３号）。

❸ 頻出

正しい　供給する水が人の健康を害するおそれがあることを知ったときは、**直ちに給水を停止し、**かつ、その水を使用することが**危険である旨を関係者に周知させる措置**を講ずる必要がある（水道法34条の２第１項、施行規則55条４号）。

❹ ひっかけ

誤り　**「水道技術管理者１人を置かなければならない」➡「置く必要はない」**

簡易専用水道においては、水道の管理について技術上の業務を担当させるための**水道技術管理者１人を置く必要はない**（水道法34条の４参照）。水道技術管理者１人を置かなければならないのは、「専用水道」である。

マンションの維持・保全等

正解 ❹

水道法の規定によれば、簡易専用水道の設置者が１年以内ごとに１回受けなければならない検査に関する次の記述のうち、誤っているものはどれか。

❶ 簡易専用水道に係る施設及びその管理の状態に関する検査は、水槽の水を抜かずに実施する。

❷ 給水栓における、臭気、味、色、色度、濁度、残留塩素に関する検査は、あらかじめ給水管内に停滞していた水も含めて採水する。

❸ 書類の整理等に関する検査の判定基準は、簡易専用水道の設備の配置及び系統を明らかにした図面、受水槽の周囲の構造物の配置を明らかにした平面図及び水槽の掃除の記録その他の帳簿書類の適切な整理及び保存がなされていることと定められている。

❹ 検査者は設置者に対して、検査終了後に検査結果等を記した書類を交付するとともに、判定基準に適合しなかった事項がある場合には、当該事項について速やかに対策を講じるよう助言を行う。

臭気等の検査➡給水管内の水が新水になり、その放流後に採水して行う。

簡易専用水道の設置者は、当該簡易専用水道の管理について、国土交通省令（簡易専用水道により供給される水の水質の検査に関する事項については、環境省令）の定めるところにより、**定期に、地方公共団体の機関又は国土交通大臣及び環境大臣の登録を受けた者の検査**を受けなければならない（水道法34条の２第２項）。

上記を前提に、以下、検討する。

❶ **正しい**　「簡易専用水道に係る**施設およびその管理の状態に関する検査**」は、その施設・管理の状態が当該簡易専用水道の水質に害を及ぼすおそれがあるか否かを検査するものであり、当該簡易専用水道に設置された**水槽の水を抜かずに実施**する（水道法施行規則56条２項、厚生労働省告示262号）。

❷ ひっかけ **誤り**　**「あらかじめ給水管内に停滞していた水も含めて採水」**

➡**「停滞していた水が新しい水に入れ替わるまで放流してから採水」**

給水栓における**臭気・味・色・色度・濁度・残留塩素に関する検査**は、あらかじめ給水管内に**停滞していた水が新しい水に入れ替わり**、それを放流した後に**採水**して行う（施行規則56条２項、厚生労働省告示262号、別表第二）。

❸ ハイレベル **正しい**　「**書類の整理および保存の状況に関する検査の判定基準**」は、①簡易専用水道の**設備の配置・系統**を明らかにした図面、②受水槽の**周囲の構造物の配置**を明らかにした平面図および③**水槽の掃除の記録**その他の帳簿書類の**適切な整理・保存が**なされていることと定められている（施行規則56条２項、厚生労働省告示262号、別表第二）。

❹ **正しい**　**検査者**は、検査終了後、設置者に**検査済みを証する書類を交付**する。そして、検査の結果、**判定基準に適合しなかった事項**がある場合には、設置者に対し、当該事項について**速やかに対策を講じるよう助言**を行う（施行規則56条２項、厚生労働省告示262号）。

正解 ❷

簡易専用水道に関する次の記述のうち、水道法の規定によれば、誤っているものはどれか。

❶ 簡易専用水道は、貯水槽水道のうち、水道事業の用に供する水道から水の供給を受けるために設けられる水槽の有効容量の合計が10㎥を超えるものをいう。

❷ 簡易専用水道に係る検査項目の一つである給水栓における水質の検査では、臭気、味、色及び濁りに関する検査並びに残留塩素に関する検査を行い、異常が認められた場合は、翌日、改めて検査を行う。

❸ 市の区域にある簡易専用水道については、市長は簡易専用水道の管理が国土交通省令で定める基準に適合しないと認めるときは、設置者に対して、期間を定めて、清掃その他の必要な措置を採るべき旨を指示することができる。

❹ 簡易専用水道の設置者は、定期に、地方公共団体の機関又は国土交通大臣及び環境大臣の登録を受けた者の検査を受けない場合、罰金に処せられる。

簡易専用水道➡貯水槽水道のうち水槽の有効容量合計が10㎥超のもの。

❶ 頻出 **正しい**　**水道事業の用に供する水道及び専用水道以外の水道**であって、**水道事業の用に供する水道**から供給を受ける水のみを**水源**とするものは、水槽の**有効容量を問わず**貯水槽水道に該当する（水道法14条2項5号）。そして、**簡易専用水道**は、**貯水槽水道のうち**、水道事業の用に供する水道から水の供給を受けるために設けられる水槽の**有効容量の合計が10㎥を超えるもの**をいう（3条7項、施行令2条）。

❷ **誤り**　**「翌日、改めて検査を行う」➡「速やかに対策を講じる」**

簡易専用水道に係る検査項目の1つである「**給水栓における水質検査**」では、「**臭気・味・色・濁りに関する検査**」と「**残留塩素に関する検査**」を行う（施行規則56条2項、厚生労働省告示262号）。そして、検査の結果、判定基準に適合しなかった事項がある場合には、検査者は、設置者に対し、当該事項について「**速やかに**」**対策を講じるよう助言を行う**こととされている（同告示）。したがって、翌日、改めて検査を行うとはされていない。

❸ 頻出 **正しい**　**知事**（市の区域にある簡易専用水道では**市長**）は、簡易専用水道の管理が国土交通省令で定める**基準に適合していない**と認めるときは、当該簡易専用水道の設置者に対して、期間を定めて、当該**簡易専用水道の管理に関し、清掃その他の必要な措置を採るべき旨を指示**できる（水道法36条3項、48条の2第1項）。

❹ 頻出 **正しい**　簡易専用水道の設置者は、当該簡易専用水道の管理について、定期に、**地方公共団体の機関又は国土交通大臣及び環境大臣の登録を受けた者の検査**を受けなければならないが、これに違反した場合は、**100万円以下の罰金**に処される（54条8号、34条の2第2項）。

正解 ❷

簡易専用水道に関する次の記述のうち、水道法の規定によれば、誤っているものはどれか。

❶　簡易専用水道の設置者が、定期に、地方公共団体の機関又は国土交通大臣及び環境大臣の登録を受けた者の検査を受けない場合、罰金に処せられる。

❷　簡易専用水道の設置者は、定期及び臨時の水質検査を行ったときは、これに関する記録を作成し、水質検査を行った日から起算して５年間保管しなければならない。

❸　都道府県知事は、簡易専用水道の管理の適正を確保するために必要があると認めるときは、簡易専用水道の設置者からその管理について必要な報告を徴することができる。

❹　簡易専用水道の設置者は、給水栓における水質について、臭気、味、色、濁り及び残留塩素に関する検査を受けなければならない。

簡易専用水道の設置者に、水質検査の記録作成や5年間の保管義務はない。

❶ 頻出 **正しい** 簡易専用水道の設置者は、当該簡易専用水道の管理について、国土交通省令（簡易専用水道により供給される水の水質の検査に関する事項については、環境省令）の定めるところにより、定期に、地方公共団体の機関又は国土交通大臣及び環境大臣の登録を受けた者の検査を受けなければならない（水道法34条の2第2項）。そして、この規定に違反した者は、100万円以下の罰金に処する（54条8号）。

❷ ひっかけ **誤り** 「5年間保存しなければならない」
➡「簡易専用水道には準用されていない」

水道事業者は、定期及び臨時の水質検査を行わなければならない（20条1項）。そして、水道事業者は、上記の水質検査を行ったときは、これに関する記録を作成し、水質検査を行った日から起算して5年間、これを保存しなければならない（同2項）。しかし、この規定は簡易専用水道には準用されていない（34条の4）。

❸ **正しい** 知事は、簡易専用水道の管理の適正を確保するために必要があると認めるときは、簡易専用水道の設置者から簡易専用水道の管理について必要な報告を徴し、又は当該職員をして簡易専用水道の用に供する施設の在る場所若しくは設置者の事務所に立ち入らせ、その施設、水質若しくは必要な帳簿書類を検査させることができる（39条3項）。

❹ **正しい** 簡易専用水道の管理に係る検査の方法その他必要な事項に関し、給水栓における水質について、①臭気、味、色及び濁りに関する検査、②残留塩素に関する検査を行うものとする（厚生労働省告示262号第4）。

正解 ❷

46 水道法⑥（貯水槽水道）

H29-問22改

貯水槽水道に関する次の記述のうち、水道法の規定によれば、誤っているものはどれか。

❶ 貯水槽水道とは、水道事業の用に供する水道及び専用水道以外の水道であって、水道事業の用に供する水道から供給を受ける水のみを水源とするものをいう。

❷ 水道事業者は、その供給規程において、貯水槽水道の設置者の責任に関する事項を適正かつ明確に定めなければならない。

❸ 全ての貯水槽水道の設置者は、国土交通省令で定める基準に従い、その水道を管理しなければならない。

❹ 貯水槽水道のうち、水槽の有効容量の合計が10㎥を超えるものの設置者は、水槽の掃除を1年以内ごとに1回、定期に、行うこととされている。

Point

●水質検査
- ①残留塩素　対象　（告示）
- ②大腸菌　対象外（告示なし）

●管理基準（水質基準51項目）
- ①残留塩素　対象外（51項目なし）
- ②大腸菌　対象　（51項目あり）

簡易専用水道（10㎥超）の設置者➡一定基準に従って水道を管理する。

❶ 頻出 **正しい** 貯水槽**水道**とは、①**水道事業**の用に供する水道**および**専用**水道**以外の水道であって、②**水道事業の用に供する水道から供給を受ける水のみを水源**とするものをいう（水道法14条２項５号）。

❷ **正しい** **水道事業者**は、料金・給水装置工事の費用の負担区分その他の供給条件について、供給規程を定めなければならない。そして、当該規程は、次の要件に**適合**する必要がある（14条１項・２項）。

> ①　料金が、能率的な経営の下における適正な原価に照らし、公正妥当なものであること
> ②　料金が、定率・定額をもって明確に定められていること
> ③　水道事業者および水道の需要者の責任に関する事項ならびに給水装置工事の費用の負担区分およびその額の算出方法が、適正かつ明確に定められていること
> ④　特定の者に対して不当な差別的取扱いをするものでないこと
> ⑤　**貯水槽水道**が設置される場合、貯水槽水道に関し、水道事業者および当該貯水槽水道の設置者の責任**に関する事項**が、**適正かつ明確に定められていること**

❸ **誤り** **「全ての貯水槽水道の設置者」**

➡「貯水槽水道のうち簡易専用水道の設置者」

貯水槽水道のうち簡易専用**水道**（「受水槽の有効容量合計10㎥超」、３条７項、施行令２条）の設置者は、国土交通省令で定める基準に従い、その水道を管理しなければならない（34条の２第１項）。

❹ **正しい** 貯水槽水道のうち、受水槽の有効容量合計が10㎥超のものは、**簡易専用水道**であり、その**設置者**は、次の「管理基準」に従って管理する必要がある（34条の２第１項、施行規則55条）。

> ①　水槽の掃除を１年以内ごとに１回、定期に行うこと
> ②　水槽の点検等有害物、汚水等によって水が汚染されるのを防止するために必要な措置を講ずること
> ③　給水栓における**水の色・濁り・臭い・味**その他の状態により供給する水に**異常を認めた**ときは、**水質基準に関する省令に掲げる事項のうち必要なものについて検査**を行うこと
> ④　供給する水が**人の健康を害するおそれ**があることを知ったときは、**直ちに給水を停止**し、かつ、その**水を使用することが危険**である旨を関係者に**周知させる措置**を講ずること

貯水槽水道に関する次の記述のうち、水道法の規定によれば、誤っているものはどれか。

❶　水道事業者は、その供給規程において、貯水槽水道の設置者の責任に関する事項を適正かつ明確に定めなければならない。

❷　水槽の有効容量の合計が20㎥の貯水槽水道の設置者は、水槽の掃除を毎年1回以上定期に行わなければならない。

❸　貯水槽水道とは、水道事業の用に供する水道及び専用水道以外の水道であって、水道事業の用に供する水道から供給を受ける水のみを水源とするものをいう。

❹　簡易専用水道の設置者は、給水栓における水質の検査として、給水栓における臭気、味、色及び大腸菌に関する検査を行わなければならない。

簡易専用水道の設置者の管理基準➡水槽の掃除を毎年１回以上定期に行う。

❶ 頻出 **正しい**　貯水槽水道が設置される場合、水道事業者は、その供給規程において、水道事業者及び貯水槽水道の設置者の責任に関する事項を適切かつ明確に定めなければならない（水道法14条２項５号）。

❷ 頻出 **正しい**　貯水槽水道のうち、有効容量が10㎥を超えるものは簡易専用水道に該当する（３条７項、施行令２条）。そして、簡易専用水道の設置者の管理に関する国土交通省令で定める基準として、水槽の掃除を毎年１回以上定期に行うこととされている（水道法34条の２第１項、施行規則55条）。

❸ 頻出 **正しい**　貯水槽水道とは、水道事業の用に供する水道及び専用水道以外の水道であって、水道事業の用に供する水道から供給を受ける水のみを水源とするものをいう（水道法14条２項５号）。

❹ 頻出 **誤り**　「大腸菌に関する検査を行わなければならない」

➡「行うものとはされていない」

簡易専用水道の設置者が受ける給水栓における水質検査事項として、臭気、味、色及び濁りに関する検査及び残留塩素に関する検査がある（厚生労働省告示262号）。しかし、大腸菌に関する検査は行うものとされていない。

正解 ❹

水道法に関する次の記述のうち、誤っているものはどれか。

❶　水道事業の用に供する水道及び専用水道以外の水道であって、水道事業の用に供する水道から供給される水のみを水源とする水道は、水槽の有効容量を問わず、貯水槽水道である。

❷　水道事業者は、供給規程に基づき、貯水槽水道の設置者に対して指導、助言及び勧告をすることができる。

❸　簡易専用水道の設置者は、給水栓における水質について、定期に、都道府県知事（市又は特別区の区域においては市長又は区長。この問いにおいて同じ。）の登録を受けた者の検査を受けなくてはならない。

❹　都道府県知事は、簡易専用水道の管理の適正を確保するために必要があると認めるときは、簡易専用水道の設置者から簡易専用水道の管理について必要な報告を徴することができる。

簡易専用水道の設置者➡地方公共団体や厚生労働大臣登録者の検査必要。

❶ 頻出 **正しい** ①水道事業の用に供する水道および専用水道以外の水道であって、②**水道事業の用に供する水道から供給を受ける水のみを水源**とするものは、貯水槽水道に該当する（水道法14条２項５号）。①②の要件を満たせば貯水槽水道であり、水槽の有効容量を問わない。

❷ **正しい** 貯水槽水道が設置される場合は、貯水槽水道に関し、**水道事業者**および当該**貯水槽水道の設置者の責任**に関する事項が、供給規程に適正かつ明確に定められている必要がある（14条２項５号）。そして、**水道事業者の責任に関する事項**として、必要に応じて、**貯水槽水道の設置者に対する指導、助言および勧告**を定めるものとされている（施行規則12条の５第１号イ）。したがって、水道事業者は、供給規程に基づき、貯水槽水道の設置者に対する指導、助言および勧告をすることができる。

❸ ハイレベル **誤り** **「知事の登録を受けた者」**
➡**「地方公共団体の機関又は国土交通大臣及び環境大臣の登録を受けた者」**

簡易専用水道の設置者は、当該簡易専用水道の管理について、国土交通省令（簡易専用水道により供給される水の水質の検査に関する事項については、環境省令）の定めるところにより、定期に、**地方公共団体の機関又は国土交通大臣及び環境大臣の登録を受けた者**の検査を受けなければならない（水道法34条の２第２項）。

❹ **正しい** 知事は、簡易専用水道の管理の適正を確保するために必要があると認めるときは、簡易専用水道の設置者から**簡易専用水道の管理について必要な報告を徴し**、または当該職員をして簡易専用水道の用に供する施設の在る場所若しくは設置者の事務所に立ち入らせ、その施設、水質若しくは必要な帳簿書類を検査させることができる（39条３項）。

正解 ❸

マンションの排水設備に関する次の記述のうち、適切でないものはどれか。

❶ 雨水排水ますには、土砂が下水道などに直接流れ込まないよう、泥だまりを設けた。

❷ 台所流しに接続する排水トラップの深さ（封水深）を150mmとした。

❸ マンションの建物内の排水方式として、汚水と雑排水を同一の排水系統で排出させる合流式を採用した。

❹ 敷地内に設置する排水横主管の管径が150mmの場合に、円滑に排水を流すために、勾配を$\frac{1}{200}$以上とした。

敷地内排水系統の合流式➡汚水・雑排水は同一系統、雨水は別系統。

❶ **適　切**

敷地雨水管の起点や合流箇所、方向を変える箇所などに設置する**雨水排水ます**には、土砂が下水道などに直接流れ込まないよう、**深さ150㎜以上の泥だまり**を設ける。

❷ **不適切**　「150㎜」➡「50㎜～100㎜」

封水深は、**50㎜以上100㎜以下**（阻集器を兼ねる排水トラップの場合は50㎜以上）とする必要がある（国土交通省告示243号）。

❸ **適　切**

マンションの排水には、**汚水・雑排水・雨水**の３系統がある。そして、マンションの「敷地内」の**排水系統**は、次のように分類される。

合流式	汚水・雑排水を同じ排水系統にし、雨水※を別の排水系統にする
分流式	汚水・雑排水・雨水※をそれぞれ別々の排水系統にする

※：雨水は常に別系統とする。

なお、「公共下水道」での合流式とは、汚水・雑排水・雨水を同じ管で流す方式であるが、これとは区別しよう。

❹ **適　切**

敷地内に設置する排水横主管の管径が150mm～300㎜の場合、円滑に排水を流すために、**勾配を$\frac{1}{200}$以上**とする必要がある。

マンションの維持・保全等

正解 ❷

マンションの排水設備に関する次の記述のうち、適切でないものはどれか。

❶ 専有部分の浴槽からの排水を受ける、管径が50㎜の排水横引管について、円滑に排水を行うため、その最小勾配は$\frac{1}{50}$とする。

❷ 敷地内に埋設する排水管には、起点、屈曲点、合流点、管径や勾配の変化点、既設管との接続箇所以外にも、維持・管理用に、一定の距離の範囲内で「ます」を設ける。

❸ 結合通気管は、排水立て管と通気立て管を接続し、排水立て管の下層階で生じた負圧、上層階で生じた正圧を緩和するために用いる。

❹ 特殊継手排水システムは、専有部分からの汚水系統や雑排水系統の排水を集約できる機能を有する。

結合通気管➡排水立て管の下層階の「正圧」、上層階の「負圧」を緩和。

❶ 適　切

専有部分の浴槽からの排水を受ける、**管径が65㎜以下**（本肢は50㎜）の**排水横引管**について、円滑に排水を行うための**必要最小勾配は$\frac{1}{50}$**とされている。

❷ 適　切

敷地内に埋設する排水管（つまりが生じやすい状態となる）には、**起点・屈曲点**（排水管の曲がる部分）・**合流点・管径や勾配の変化点・既設管との接続箇所**に「(排水）ます」を設ける。また、これらの箇所以外でも同様に、**維持・管理用**として**一定の距離**の範囲内で「ます」を設けることが必要である。

❸ 不適切　**「下層階で生じた負圧、上層階で生じた正圧」**
➡「下層階で生じた正圧、上層階で生じた負圧」

結合通気管は、排水立て管と通気立て管を接続し、排水立て管の下層階で生じた「**正圧**」、上層階で生じた「**負圧**」を緩和するために用いる。

❹ 適　切

特殊継手排水システムとは、排水立て管内を排水が**旋回**して流れるようにするもので、通気立て管を設置することなく、**伸頂通気管のみで**スムーズに**排水**できるようにしたシステムである。また、この方式は、専有部分からの**汚水系統や雑排水系統の排水を集約**できる機能を有する。

正解 ❸

マンションの排水設備に関する次の記述のうち、適切でないものはどれか。

❶　特殊継手排水システムは、排水立て管と通気立て管を接続することにより、管内の圧力を緩和する機能があるので、専有部分からの汚水系統や雑排水系統の排水を集約できる。

❷　洗面台の洗面器にためた水を一気に流すと、接続された排水管を排水が満流状態で流れることにより、トラップ部の封水が流出してしまうことがある。

❸　敷地内で雨水排水管と汚水排水横主管を接続する場合に、臭気が雨水系統へ逆流しないようにトラップを設けた。

❹　台所に設置する食器洗い乾燥機の排水管に、高温の排水に耐えられるように耐熱性硬質（ポリ）塩化ビニル管を用いた。

排水設備の基本知識は、正確に覚えよう！

❶ **不適切**「通気立て管を接続」➡「通気立て管は不要」

特殊継手排水システムは、排水を旋回させて排水立て管を流れるよう作られているので、配管の中心に空気の通り道（通気）を確保でき、**通気立て管が不要となる**。また、専有部分からの**汚水系統や雑排水系統**の排水を**集約できる**。

❷ **適　切**

洗面台の洗面器に貯めた水を一気に流すと、接続された排水管を排水が満流状態で流れることにより、**自己サイホン作用が生じ、トラップ部の封水が流出してしまうことがある**。

❸ **適　切**

雨水排水管と排水横主管とを接続する場合には、臭気が雨水系統へ逆流しないように、**トラップを設置**する。

❹ **適　切**

台所に設置された**食器洗い乾燥機の排水管**には、高温の排水にも耐えうるように**耐熱性硬質塩化ビニル管**（HTVP）を用いる。

正解 ❶

マンションの排水設備に関する次の記述のうち、適切でないものはどれか。

❶　高層のマンションにおいて、10階間隔程度で通気立て管と排水立て管を接続する結合通気管は、下層階で生じた正圧及び上層階で生じた負圧の両方の緩和に効果がある。

❷　高層のマンションの排水立て管では、3階以内ごと又は15m以内ごとに管内清掃用の掃除口を設置することが望ましい。

❸　敷地内に埋設する排水横管の管径が150㎜の場合、延長が18mを超えない範囲に、保守点検及び清掃を容易にするための排水ますを設置する。

❹　排水立て管に用いる排水・通気用耐火二層管は、配管用炭素鋼鋼管を繊維モルタルで被覆したものである。

排水立て管➡3階以内か15m以内ごと管内清掃用掃除口を設置。

❶ 適　切

結合通気管とは、高層マンションなどで用いられ、排水立て管内の圧力変動を緩和し、空気の流通を円滑にするために、排水立て管から分岐して立ち上げ、通気立て管に接続した逃がし通気管（排水管内圧力の変化を逃がす働きをもつ通気管）をいい、排水立て管の上層階で生じた「負圧」、下層階で生じた「正圧」を緩和するための設備である。

❷ 適　切

高層のマンションの排水立て管では、３階以内ごと又は15m以内ごとに管内清掃用の掃除口を設置することが望ましい（令和４年国土交通省告示1108号）。

❸ 適　切

頻出

排水ますは、敷地排水管の延長が、その管内径の120倍を超えない範囲内において、排水管の維持管理上適切な個所に設ける必要がある（給排水衛生設備基準・同解説）。本肢では、管径が150㎜なので、その120倍である18mを超えない範囲内に排水ますを設置しなければならない。

❹ 不適切　「配管用炭素鋼鋼管」➡「硬質塩化ビニル管」

排水立て管に用いる排水・通気用耐火二層管は、硬質塩化ビニル管等を繊維モルタルで被覆したものである。

正解 ❹

マンションの排水設備に関する次の記述のうち、適切でないものはどれか。

❶ 敷地内に設置する排水横主管の管径が125mmの場合、円滑な排水ができるための最小勾配は$\frac{1}{200}$である。

❷ 排水立て管の頂部の伸頂通気管と排水立て管の基部とを接続する通気立て管方式は、下層階で生じた正圧を逃がすことができる。

❸ ポンプ直送方式の受水槽に設置するオーバーフロー管とその排水を受ける排水管との間には、最小距離150mmの排水口空間を確保する。

❹ 逆わんトラップは、洗濯機からの排水を受ける防水パンなどに設置する。

逆わんトラップは、洗濯機からの排水を受ける防水パンなどに設置。

❶ **不適切** 「$\frac{1}{200}$」➡「$\frac{1}{150}$」

頻出

　敷地内に設置する**排水横主管の管径が125mmの場合**、円滑な排水ができるための**最小勾配は**「$\frac{1}{150}$」である。

❷ **適　切**

　排水立て管の頂部の伸頂通気管と排水立て管の基部とを接続する**通気立て管方式は、下層階で生じた正圧を逃がす**ことができる。

❸ **適　切**

　ポンプ直送方式の受水槽に設置する**オーバーフロー管**とその排水を受ける**排水管との間**には、**最小距離150mmの排水口空間を確保**する。

❹ **適　切**

　逆わんトラップは、洗濯機からの排水を受ける**防水パンなどに設置**する。

正解 ❶

54 排水設備⑥

□□□ CHECK!　R4-問43　重要度 A

マンションの排水設備の清掃・維持管理に関する次の記述のうち、適切でないものはどれか。

❶　高層のマンションの排水立て管では、最上部及び最下部とともに、3階以内ごと又は15m以内ごとに管内清掃用の掃除口を設置することが望ましい。

❷　敷地内に埋設する排水横管の管径が125mmの場合、汚水排水ますは、保守点検及び清掃を容易にするために延長が20mの距離間を目安に設置する。

❸　圧縮空気法による排水管の清掃では、付着物で閉塞した排水管内に水を送り、圧縮空気を放出してその衝撃で付着物を除去する。

❹　高圧洗浄法による排水管の清掃では、高圧の水を洗浄ノズルから噴射し、噴射力で管内の汚れ、付着物を除去する。

排水横管の管径が125mmの場合、管径120倍までの範囲に排水ますを設置。

❶ 適　切

共用の排水管には、共用立管にあっては最上階又は屋上、最下階及び3階以内おきの中間階又は15m以内ごとに掃除口が設けられていることが必要である（国土交通省告示1108号）。

❷ 不適切　「20mの距離間」➡「15mの距離間」

敷地内に埋設する排水横管の管径が125mmの場合、管径（内径）の120倍までの範囲に、保守点検及び清掃を容易にするための排水ますを設置する。したがって、管径が125mmの場合は、125mm×120＝15,000mmとなるので、延長が15mの距離間を目安に排水ますを設置する。

❸ 適　切

圧縮空気法による排水管の清掃では、付着物で閉塞した排水管内に水を送り、圧縮空気を放出してその衝撃で付着物を除去する。

❹ 適　切

頻出

高圧洗浄法は、高圧洗浄機又は高圧洗浄車からホースで導水しホースの先端に取り付けられたノズルから噴射する高速噴流により管内付着・堆積物等を除去する方法をいう。

正解 ❷

マンションの排水設備に関する次の記述のうち、適切なものの組み合わせはどれか。

ア　結合通気管は、排水横枝管から分岐して立ち上げ、通気立て管に接続し、排水横枝管内の圧力を緩和するために用いる。

イ　逆わんトラップは、わん部分を取り外し清掃が容易にできるため、台所流しの排水口に設置する。

ウ　専有部分の浴室系統の排水横枝管の管径が50㎜の場合、円滑に排水を行うために最小勾配は1/50とする。

エ　排水立て管の清掃時に清掃ノズルを挿入する掃除口を、3～5階以内の間隔で設ける。

❶　アとイ

❷　イとウ

❸　ウとエ

❹　エとア

専有部分の排水横枝管の管径が65㎜以下 ➡ 最小勾配は50分の１とする。

ア　不適切　「排水横枝管から分岐して…排水横枝管内の圧力を緩和」

➡「排水立て管から分岐して立ち上げ…排水立て管内の圧力を緩和」

結合通気管は、排水「立て」管から分岐して立ち上げ、通気立て管に接続し、排水「立て」管内の圧力を緩和するために用いる。

イ　不適切　「逆わんトラップ」➡「わんトラップ」

わん部分を取り外し清掃が容易にできるため、台所流しの排水口に設置するのは、わんトラップである。逆わんトラップは、洗濯機の防水パンや浴室の排水口に用いられる。

ウ　適　切

専有部分の排水横枝管の管径が65㎜以下（本肢では管径が50㎜）の場合、円滑に排水を行うために最小勾配は１/50とする。

エ　適　切

高層のマンションの排水立て管では、最上部及び最下部とともに、３階以内ごと又は15ｍ（５階程度）以内ごとに管内清掃用の掃除口を設置することが望ましい。

したがって、適切なものの組み合わせは、ウ・エであり、正解は❸となる。

正解 ❸

マンションの設備の清掃及び保守点検に関する次の記述のうち、適切でないものはどれか。

❶　共用部分の排水管に設置する掃除口は、排水の流れの方向又は流れと直角方向に開口するように設ける。

❷　機械式立体駐車場は、機種、使用頻度等に応じて、１～３ヵ月以内に１度を目安として、専門技術者による点検を受ける。

❸　消防用設備の点検において、誘導灯は、外観から又は簡易な操作により判別できる事項について点検を行う機器点検を、６ヵ月に１回実施する。

❹　エレベーターの保守契約におけるＰＯＧ契約は、定期的な機器・装置の保守・点検のみを行う契約方式で、仕様書で定める消耗品を除き、劣化した部品の取替えや修理等を含まない。

排水管の掃除口➡排水の流れと逆方向または直角方向に開口設置する。

❶ **不適切**　「排水の流れの方向」➡「排水の流れと逆の方向」

共用部分の排水管に設置する**掃除口**は、**排水の流れと逆の方向**または**流れと直角方向**に開口するように設ける。

❷ **適　切**

機械式立体駐車場は、装置が正常かつ安全な状態を維持できるよう、機種・使用頻度等に応じて、１～３ヵ月以内に１度を目安として、**専門技術者による点検**を受け、必要な措置を講じる必要がある（機械式立体駐車場の安全対策に関するガイドラインⅣ）。

❸ **適　切**　頻出

消防用設備の点検では、**誘導灯**は、外観から、または簡易な操作により判別できる事項について行う**機器点検**を、**６ヵ月に１回実施**する（消防庁告示９号第３）。

❹ **適　切**　頻出

エレベーターの保守契約における**ＰＯＧ契約**とは、消耗部品付き契約のことで、**定期的な機器・装置の保守・点検のみを行う契約方式**である。仕様書で定める消耗品を除き、**劣化した部品の取替えや修理等を含まない**。

マンションの維持・保全等

正解 ❶

マンションの設備に関する次の記述のうち、適切でないものはどれか。

❶ 飲料用の受水槽の有効容量は、一般にマンション全体の一日の使用水量の$\frac{1}{2}$程度に計画する。

❷ 屋内消火栓設備の広範囲型２号消火栓は、火災時に、一人でも操作ができる。

❸ 逆わんトラップは、清掃が容易にできるため、台所流しの排水口に設置する。

❹ 地震時のエレベーター内への閉じ込めの防止策の一つとして、初期微動（Ｐ波）を検知して運転を制御する地震時等管制運転装置を設置する。

飲料用の受水槽の有効容量➡1日の使用水量の$\frac{1}{2}$程度。

❶ **適　切**

飲料用の受水槽の有効容量は、受水槽内に水が滞留することによる汚染を防止するため、一般に、マンション全体の1日の使用水量の$\frac{1}{2}$程度に計画する。

❷ **適　切**

屋内消火栓設備の広範囲型2号消火栓とは、1号消火栓と同等の設置間隔（25m）であるため広範囲に放水することができるもので、また、1号消火栓を置き換える際にポンプや消火栓箱の転用を可能としたものである。そして、火災時には、1人でも操作できる。

❸ **不適切**　「逆わんトラップ」➡「わんトラップ」

逆わんトラップとは、わんトラップの「わん（椀）」を逆さにした形状のもので、ユニットバスの床排水部分や洗濯機パン等に用いられるものである。台所の流しの排水口に設置するのは、わんトラップである。

❹ **適　切**

マンション内のエレベーターについては、地震時のエレベーター内での閉込め防止策の1つとして、地震時における初期微動（P波）や主要動（S波）を感知して、運転を制御（自動的にエレベーターを最寄り階で停止して開扉）する地震時等管制運転装置を設置する必要がある。

正解 ❸

マンションの建築設備に関する次の記述のうち、適切なものはどれか。

❶　水栓を閉める際に生じるウォーターハンマーの防止策として、給水管内の流速の上限値を2.5m/ｓとすることが有効である。

❷　ガス給湯器の湯を供給する出湯能力は「号数」で表す。１号は入水温度を20℃上昇させた湯を毎分１ℓ出湯する能力を示す。

❸　敷地内に設置する排水横主管の管径が125㎜の場合に、円滑に排水を流すために、勾配を$\frac{1}{150}$以上とした。

❹　建築基準法によれば、居室では、シックハウス対策として、換気回数0.4回/h以上の機械換気設備の設置が必要である。

ウォーターハンマー防止策➡給水管内の流速を1.5～2.0m/sとするのが有効。

❶ **不適切**　「2.5m/s」➡「1.5～2.0m/s」

水栓を閉める際に生じる**ウォーターハンマーの防止策**として、給水管内の流速を1.5～2.0m/sとすることが有効である。

❷ **不適切**　「20℃上昇」➡「25℃上昇」

ガス給湯器の能力表示における１号とは、毎分流量１Lの水の温度を25℃**上昇させる能力**をいう。

❸ **適　切**

専有部分の排水横引管の管径が125㎜の場合、円滑に排水を行うために**最小勾配は$\frac{1}{150}$**とする。

❹ **不適切**　「0.4回/h以上」➡「0.5回/h以上」

住宅の**居室のシックハウス対策**として、換気回数を0.5回/h以上となるような機械換気設備を設置することが必要とされている（建築基準法施行令20条の８）。

マンションの維持・保全等

正解 ❸

マンションの設備に関する次の記述のうち、適切なものはどれか。

❶ ガス給湯器の能力表示には「号」が一般に用いられ、１号は流量１ ℓ/minの水の温度を20℃上昇させる能力をいう。

❷ 換気設備において、換気による外気の熱負荷を軽減するため、第１種換気方式となる熱交換型換気扇を用いた。

❸ 特殊継手排水システムは、排水立て管と通気立て管を併設し、それらを接続することにより、排水管内の圧力を緩和する機能があるので、専有部分からの汚水系統や雑排水系統の排水を集約できる。

❹ 給水設備において、水道水の水質を確保するためには、給水栓における遊離残留塩素の濃度を、通常0.05mg/ℓ以上にしなければならない。

専有部分の排水横枝管の管径が65㎜以下➡最小勾配は50分の１とする。

❶ 

不適切　**「20℃上昇させる能力」➡「25℃上昇させる能力」**

ガス給湯器の能力表示には「号」が一般に用いられ、１号は流量１ℓ/minの水の温度を「25℃」**上昇させる能力**をいう。

❷ 頻出

適　切　**第一種換気方式**とは、**給気**と**排気**ともに**機械換気**による**方式**をいう。また、**熱交換型換気扇**とは、外気の熱負荷を軽減するために、**排出する室内空気の熱**と**屋外から取り入れる空気の熱**とを**熱交換器で中和する機器**をいい、熱交換型換気扇は、**第一種換気方式**となる。

❸ 

不適切　**「排水立て管と通気立て管を併設」➡「併設しない」**

特殊継手排水システムとは、排水立て管と排水横枝管の合流部に**特殊な継手を使用する方式**である。排水立て管の頂部を伸ばして通気管として使用する伸長通気方式の一種であり、**排水立て管と通気立て管を併設する方式ではない**。

❹ 

不適切　**「0.05mg/ℓ」➡「0.1㎎/ℓ」**

給水設備において、水道水の水質を確保するためには、給水栓における**遊離残留塩素の濃度**を、通常「0.1」mg/ℓ**以上**にしなければならない。

正解 ❷

マンションの設備に関する次の記述のうち、適切でないものはどれか。

❶　既存マンションのインターネットへの接続の方法として、光ファイバーを住棟内へ引き込み、各住戸までは既存の電話回線を利用してＶＤＳＬ方式により接続する方法がある。

❷　高さ20mを超えるマンションに設置する避雷設備を、受雷部システム、引下げ導線システム及び接地システムからなるシステムに適合する構造とした。

❸　自然冷媒ヒートポンプ式給湯器は、二酸化炭素の冷媒を圧縮し高熱にして熱源としており、加熱効率が高い。

❹　ＬＥＤ照明は、白熱灯や蛍光灯とは発光原理が異なり、電源部からの発熱はあるが、ＬＥＤ単体からの発熱はない。

ＬＥＤ単体からの発熱➡ある！

❶ **適　切**

共用スペースに引き込んだ光回線を各戸で共有する共同利用方式には、マンション内の配線によって「**光配線方式**」「**VDSL方式**」「**LAN配線方式**」の３つの方式がある。このうち、「VDSL方式」は、**光ファイバーを住棟内へ**引き込み、**各住戸までは既存の電話回線を利用してVDSL**（Very highbit-rate Digital Subscriber Line）**方式により接続**する方法である。

❷ **適　切**

高さ20m超の建物には、落雷による損傷の危険を減少させるため、周囲の状況に応じて安全上支障がない場合を除いて、**有効に避雷設備**を設けなければならない（建築基準法33条）。そして、ＪＩＳでは、外部雷保護システムとして、**受雷部システム・引下げ導線システム・接地システムで構成されるシステムに適合する構造**とすることが求められている（JIS A4201-2003）。

❸ **適　切**

自然冷媒ヒートポンプ給湯器とは、冷媒として**二酸化炭素**を利用したヒートポンプ給湯器で、**加熱効率が高い**。なお、冷媒とは、ヒートポンプで熱を移動させるために用いられる物質のことである。

❹ **不適切**　「ＬＥＤ単体からの発熱はない」➡「発熱はある」

ＬＥＤ**照明**は、白熱灯の温度放射、蛍光灯の放電発光とは発光原理が異なり、電気を直接光に変えるため、**光源自体の発熱量は非常に少ない**。もっとも、**ＬＥＤ単体から**発熱するので、ＬＥＤ自体の周辺と電源部は高温になる。そのため、ＬＥＤ照明では、照明器具本体の**放熱板**（ヒートシンク）を通して空気中に**放熱**する。

正解 ❹

マンションの換気設備及び給湯設備に関する次の記述のうち、適切でないものはどれか。

❶　ガス機器を使用する台所に設置する換気扇の必要換気量は、設置されているガス機器の燃料消費量に比例する。

❷　熱交換型換気扇は、室内から排気する空気の熱を回収し、屋外から給気する空気に熱を伝えることで熱損失を少なくさせた第二種機械換気設備である。

❸　家庭用燃料電池は、都市ガス等から水素を作り、それと空気中の酸素を反応させて電気を作るとともに、その反応時の排熱を利用して給湯用の温水を作る設備機器である。

❹　ガス給湯器の能力表示には「号」が一般に用いられ、１号は流量１L/minの水の温度を25℃上昇させる能力をいう。

台所換気扇の必要換気量➡ガス機器の燃料消費量に比例。

❶ **適　切**

ガス機器を使用する台所に設置する**換気扇の必要換気量**は、設置されている**ガス機器の燃料消費量に比例する**（建設省告示2465号）。

❷ **不適切　「第二種機械換気設備」➡「第一種機械換気設備」**

熱交換型換気扇は、室内から**排気する空気の熱を回収し**、屋外から**給気する空気に熱を伝えること**で熱損失を少なくさせた**「第一種」機械換気設備**である。

❸ **適　切**

家庭用燃料電池は、都市ガス等から**水素を作り**、それと**空気中の酸素を反応させて電気を作る**とともに、その**反応時の排熱を利用して給湯用の温水を作る**設備機器である。

❹ **適　切**

頻出

ガス給湯器の能力表示には**号**が一般に用いられ、**１号は流量１L/min**の水の温度を**25℃上昇させる**能力をいう。

正解 ❷

マンションの設備に関する次の記述のうち、適切でないものはどれか。

❶ 潜熱回収型ガス給湯機を設置する場合には、潜熱回収時に熱交換器より凝縮水が発生するので、それを排出するために排水管を設置する。

❷ 新設する乗用エレベーターには、駆動装置又は制御器に故障が生じ、かご及び昇降路のすべての出入口の戸が閉じる前にかごが昇降した場合に、自動的にかごを制止する装置を設けなければならない。

❸ 都市ガスのマイコンメーターは、災害の発生のおそれのある大きさの地震動、過大なガスの流量又は異常なガス圧力の低下を検知した場合に、ガスを速やかに遮断する機能を有する。

❹ 消防用設備において、設置後10年を経過した連結送水管は、５年ごとに配管の耐圧性能試験を行わなければならない。

設置後10年を経過した連結送水管➡「3年ごと」に耐圧性能試験を行う。

❶ 適　切

潜熱回収型ガス給湯機とは、単に「排気ロス」として潜熱を排出していた従来型のガス給湯機とは異なり、燃焼ガス排気部に給水管を導き、燃焼時に熱交換して昇温してから従来と同様に燃焼部へ水を送り再加熱することで排気熱を抑えるという、省エネを実現した仕組みのものである。潜熱回収時に熱交換器により凝縮水が発生するため、それを排出するために排水管を設置する必要がある。

なお、「潜熱」とは、物質自体の状態が変化する（例えば、水が気体➡液体➡固体と形を変える）ときに、温度変化を伴わずに吸収・放出される熱エネルギーのことである。

❷ 適　切

新設する乗用エレベーターには、①駆動装置または制御器に故障が生じ、かごの停止位置が著しく移動した場合、②駆動装置または制御器に故障が生じ、かごおよび昇降路のすべての出入口の戸が閉じる前にかごが昇降した場合の対策として、自動的にかごを制止させる装置を設けなければならない（建築基準法施行令129条の10第３項１号）。

❸ 適　切

都市ガスのマイコンメーターは、災害の発生のおそれのある大きさの地震動（震度５弱以上）、過大なガスの流量または異常なガス圧力の低下を検知した場合に、ガスを速やかに遮断する機能を有する。

❹ 不適切　「5年ごと」➡「3年ごと」

消防用設備において、設置後10年を経過した連結送水管は、「３年ごと」に配管の耐圧性能試験を行わなければならない（消防庁告示14号）。

マンションの維持・保全等

正解 ❹

マンションの設備に関する次の記述のうち、適切でないものはどれか。

❶ 居室では、シックハウス対策として、換気回数2回／h以上の機械換気設備の設置が必要である。

❷ 圧縮空気法による排水管の清掃では、付着物で閉塞した排水管内に水を注入し、圧縮空気を放出してその衝撃で付着物を除去する。

❸ 専有部分に設置するさや管ヘッダー方式による給水・給湯システムには、耐食性、耐熱性、可とう性に優れた水道用架橋ポリエチレン管、水道用ポリブテン管等を使用する。

❹ 新設する乗用エレベーターに設置する地震時等管制運転装置には、予備電源を設ける。

マンション各種設備の基本知識は、正確に覚えよう！

❶ **不適切** 「2.0」➡「0.5」

ひっかけ

居室のシックハウス対策として、換気回数が**1時間あたり0.5回以上**となるような機械換気設備を設置することが必要とされている（建築基準法施行令20条の８第１項１号）。

❷ **適 切**

頻出

圧縮空気法による**排水管の清掃**では、付着物で閉塞した排水管内に水を注入し、**圧縮空気を放出**してその**衝撃**で**付着物を除去する**。

❸ **適 切**

頻出

水道用架橋ポリエチレン管や水道用ポリブデン管は、耐衝撃性および耐食性に優れており、専有部分内に設置するさや管ヘッダー方式による給水・給湯方式に用いられる。

❹ **適 切**

新設する乗用エレベーターに設置する地震時等管制運転装置には、**予備電源を設ける必要**がある（国土交通省告示1536号）。

正解 ❶

マンションの設備に関する次の記述のうち、適切でないものはどれか。

❶ ロータンクを持たない直圧方式の大便器の最低必要圧力は、一般水栓の30kPaに比べて高い。

❷ 屋上における雨水排水において、排水管への土砂、ゴミ、木の葉などの流入を防ぐため、ベントキャップを設置した。

❸ 自然冷媒ヒートポンプ式給湯器は、大気の熱を吸収した冷媒（二酸化炭素）を圧縮し、高温の湯を作り貯湯できる機器である。

❹ 小規模マンションで、各住戸の契約電力と共用部分の契約電力の総量が50kVA未満の場合には、原則として低圧引込みにより電気が供給される。

屋上の雨水排水で排水管への土砂・木の葉等の流入防止➡ルーフドレンにストレーナー設置。

❶ **適　切**

ロータンクを持たない直圧方式の大便器の最低必要圧力は、一般水栓の30kPaに比べて高い。

❷ **不適切**　**「ベントキャップを設置」➡「ルーフドレンにストレーナーを設置」**

屋上における雨水排水において、排水管への土砂・ゴミ・木の葉などの流入を防ぐには、**ルーフドレンにストレーナーを設置**する。ベントキャップは外壁に設置する給気や排気の開口部に取り付ける蓋で、雨水の浸入や虫の侵入を防ぐ構造になっている。

❸ **適　切**

自然冷媒ヒートポンプ式給湯器は、**大気の熱を吸収した冷媒**（二酸化炭素）**を圧縮し、高温の湯を作り貯湯できる機器**である。

❹ **適　切**

ひっかけ

小規模マンションで、各住戸の契約電力と共用部分の契約電力の総量が50kVA未満の場合には、原則として低圧**引込み**により電気が供給される。

マンションの維持・保全等

正解 ❷

マンションの住棟形式に関する次の記述のうち、適切でないものはどれか。

❶　センターコア型は、住棟中央部に吹き抜けがあり、その吹き抜けに面した共用廊下より各住戸にアプローチできる。

❷　中廊下型は、住棟を南北軸に配置することが多い。

❸　タウンハウス型は、戸建て住宅の独立性と集合化することによる経済性を併せ持つ。

❹　階段室型は、住棟に設けられた階段室から、直接各住戸にアプローチできるものをいい、その階段室にエレベーターが設置されるものもある。

中廊下型➡廊下の両側に住戸を設ける型式で、住棟を南北軸に配置することが多い。

❶ ひっかけ

不適切 **「住棟中央部に吹き抜け」➡「住棟中央部に共用廊下等を設置」**

センターコア型は、住棟中央部に共用廊下や階段室、エレベーターホール等が設置された型式である。

❷

適　切

中廊下型は、**共用廊下の両側に住戸を設ける型式**であり、住棟を東西軸にしてしまうと北側のみに面する住戸ができてしまうため、**住棟を南北軸に配置**することが多い。

❸ 頻出

適　切

タウンハウス型は、低層の集合住宅で、上下に他の住戸が重ならない棟割長屋型式となっており、**一戸建住宅の独立性**と**集合化することによる経済性**を有する。

❹ 頻出

適　切

階段室型は、階段室から**直接各住戸に入る**（アプローチできる）型式で、廊下型に比べると**独立性が高い**。また、その階段室にエレベーターが設置されるものもある。

正解 ❶

マンションを計画する手法に関する次の記述のうち、適切でないものはどれか。

❶ コーポラティブハウスは、組合を結成した人たちが共同して住宅を取得する方式のことをいう。

❷ コンバージョンとは、既存のマンションにおいて居住性能の向上を目的に改修することをいう。

❸ スケルトン・インフィル住宅は、建物各部の耐用年数や利用形態の違いを考慮して、スケルトンとインフィルを分離して計画する。

❹ 長期優良住宅の普及の促進に関する法律（平成20年法律第87号）による長期優良住宅は、構造及び設備の変更の容易性や維持保全の容易性などのほか、住宅の省エネルギー性能やバリアフリーなどの確保が求められる。

コンバージョン➡一般的に、用途を変更すること。

❶ 適　切

コーポラティブハウスは、組合を結成した人たちが共同して住宅を取得する方式のことをいう。所有者となる人が計画当初から参加するので、自由な設計ができるという特徴がある。

❷ 不適切 「居住性能の向上」➡「用途の変更」

ひっかけ

コンバージョンとは、一般的に、用途を変更することをいう。

❸ 適　切

スケルトン・インフィル住宅は、建物各部の耐用年数や利用形態の違いを考慮して、スケルトン（構造躯体）とインフィル（内装や設備等）を分離して計画する。

❹ 適　切

長期優良住宅は、構造及び設備の変更の容易性や維持保全の容易性等のほか、住宅の省エネルギー性能やバリアフリー（高齢者等対策）等の確保が求められる（長期優良住宅の認定基準）。

正解 ❷

マンション各部の計画に関する次の記述のうち、適切でないものはどれか。

❶　直角駐車する平面駐車場において、普通自動車１台あたりの駐車スペースを幅2.5m×奥行き6.0mとした。

❷　エレベーターの出入口の有効な幅員を80cmとした。

❸　共用玄関の存する階のエレベーターホールの照明設備を、床面において20ルクスの平均水平面照度となるように設けた。

❹　２階にあるバルコニーの周囲に、転落防止のため、高さ1.1mの手すり壁を設けた。

エレベーターの出入口の有効幅員➡品確法の基準やバリアフリー法の基準では80㎝以上。

❶ 適　切

直角駐車する平面駐車場において、普通自動車１台あたりの駐車スペースは、原則として幅2.3m×奥行5.0mとし、そのうち駐車施設の台数の３割以上の駐車スペースを幅2.5m×奥行き6.0mとする必要がある（標準駐車場条例29条２項）。

❷ 適　切

エレベーターの出入口の有効な幅員について、品確法の性能評価基準における「高齢者等への配慮に関すること」では、80㎝以上とされている。また、バリアフリー法による移動等円滑化基準においても、80㎝以上とされている。

❸ 不適切 「20ルクス」➡「50ルクス」

ひっかけ

共用玄関の存する階のエレベーターホールの照明設備は、床面において概ね「50ルクス」以上の平均水平面照度を確保できるものとする（防犯に配慮した共同住宅に係る設計指針第３の２（１）エ）。

❹ 適　切

屋上広場又は２階以上の階にあるバルコニーその他これに類するものの周囲には、安全上必要な高さが1.1m以上の手すり壁、さく又は金網を設けなければならない（建築基準法施行令126条１項）。

正解 ❸

68 長期修繕計画作成ガイドライン①

□□□ CHECK!　R 5-問36　重要度 B

長期修繕計画作成ガイドライン（令和３年９月国土交通省公表）の長期修繕計画の作成に関する次の記述のうち、適切でないものはどれか。

❶ マンションの快適な居住環境を確保し、資産価値を維持するためには、適時適切な修繕工事を行うことが必要である。

❷ 長期修繕計画の目的の一つに、将来見込まれる修繕工事及び改修工事の内容、概算の費用等を明確にし、実施の時期を確定することがある。

❸ 長期修繕計画の目的の一つに、計画修繕工事の実施のために積み立てる修繕積立金の額の根拠を明確にすることがある。

❹ 長期修繕計画の目的の一つに、修繕工事及び改修工事に関する長期計画について、あらかじめ合意しておくことで、計画修繕工事の円滑な実施を図ることがある。

一定事項を目的とした長期修繕計画を作成し、修繕積立金額を設定するのが不可欠。

❶ 適　切

マンションの快適な居住環境を確保し、資産価値を維持するためには、適時適切な修繕工事を行うことが必要である（長期修繕計画作成ガイドライン２章１節１）。

❷ 不適切 「実施の時期を確定する」➡「おおよその時期を明確にする」

長期修繕計画の目的の１つに、将来見込まれる修繕工事及び改修工事の内容、おおよその時期、概算の費用等を明確にすることがある（２章１節１）。

❸ 適　切

長期修繕計画の目的の１つに、計画修繕工事の実施のために積み立てる修繕積立金の額の根拠を明確にすることがある（２章１節１）。

❹ 適　切

長期修繕計画の目的の１つに、修繕工事及び改修工事に関する長期計画について、あらかじめ合意しておくことで、計画修繕工事の円滑な実施を図ることがある（２章１節１）。

正解 ❷

長期修繕計画作成ガイドラインによれば、マンションの長期修繕計画の作成方法に関する次の記述のうち、適切でないものはどれか。

❶ 長期修繕計画の構成は、マンションの建物・設備の概要等、調査・診断の概要、長期修繕計画作成・修繕積立金の額の設定の考え方、長期修繕計画の内容、修繕積立金の額の設定の項目を基本とする。

❷ 長期修繕計画の計画期間は、30年以上で、かつ大規模修繕工事が2回含まれる期間以上とする。

❸ 修繕工事を集約すると、直接仮設や共通仮設の設置費用が増加するなどの経済的なデメリットがある。

❹ 推定修繕工事費は、長期修繕計画用に算出した概算の数量に、調査データや実績等を基に設定した単価を乗じて算定する。

長期修繕計画の構成は、5項目を基本とする。

❶ 適　切

長期修繕計画の構成は、①マンションの建物・設備の概要等、②調査・診断の概要、③長期修繕計画の作成・修繕積立金の額の設定の考え方、④長期修繕計画の内容、⑤修繕積立金の額の設定の項目を基本とする（長期修繕計画作成ガイドライン３章１節１）。

❷ 適　切

頻出

長期修繕計画の計画期間は、30年以上で、かつ大規模修繕工事が２回含まれる期間以上とする（３章１節５）。

❸ 不適切　「『増加』するなどの経済的な『デメリット』がある」

➡「『軽減』できるなどの経済的な『メリット』がある」

ひっかけ

修繕工事を集約すると、直接仮設や共通仮設の設置費用が軽減できるなどの経済的なメリットがある（３章１節７コメント）。

❹ 適　切

推定修繕工事費は、推定修繕工事項目の詳細な項目ごとに、「算出した数量」に「設定した単価」を乗じて算定する（３章１節８三）。そして、数量計算は、新築マンションの場合、設計図書、工事請負契約による請負代金内訳書、数量計算書等を参考として、また、既存マンションの場合、現状の長期修繕計画を踏まえ、保管している設計図書、数量計算書、修繕等の履歴、現状の調査・診断の結果等を参考として、「建築数量積算基準・同解説」等に準拠して、長期修繕計画用に算出する（同８一）。また、単価は、修繕工事特有の施工条件等を考慮し、部位ごとに仕様を選択して、新築マンションの場合、設計図書、工事請負契約による請負代金内訳書等を参考として、また、既存マンションの場合、過去の計画修繕工事の契約実績、その調査データ、刊行物の単価、専門工事業者の見積価格等を参考として設定する（同８二）。

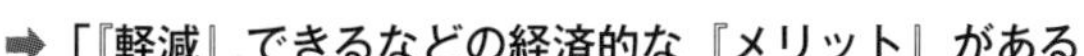

正解 ❸

70 長期修繕計画作成ガイドライン③

□□□ CHECK!　R 2-問38　重要度 A

長期修繕計画の見直しに関する次の記述のうち、「長期修繕計画作成ガイドライン及び同コメント」によれば、適切なものはどれか。

❶ 長期修繕計画は、10年程度ごとに見直すことが必要である。

❷ 長期修繕計画の見直しに当たっては、入居率、賃貸化率、修繕積立金滞納率を考慮する。

❸ 長期修繕計画を見直すときには、外壁の塗装や屋上防水などを行う大規模修繕工事が２回含まれる期間以上の計画期間とする。

❹ 修繕周期は、既存マンションの場合、マンションの仕様、立地条件のほか、建物及び設備の劣化状況等の調査・診断の結果等に基づいて設定するため、経済性は考慮しない。

既存マンション修繕周期の設定➡経済性等を考慮し、推定修繕工事の集約等を検討。

❶ **不適切** **「10年程度ごと」➡「５年程度ごと」**

長期修繕計画は、不確定な事項を含んでいるので、**５年程度ごと**に調査・診断を行い、その結果に基づいて**見直す**ことが必要である（長期修繕計画作成ガイドライン３章１節10）。

❷ **不適切** **「入居率、賃貸化率、修繕積立金滞納率を考慮する」**
➡「このような規定は存在しない」

長期修繕計画の見直しに当たって、**入居率、賃貸化率、修繕積立金滞納率を考慮するとはされていない**（３章１節10参照）。

❸ **適　切**

長期修繕計画の計画期間は、新築・既存とも、マンションの場合は30年以上とする。外壁の塗装や屋上防水等を行う**大規模修繕工事の周期は12～15年程度**なので、見直し時には、これが**２回含まれる期間以上**の計画期間として30年以上と定められている（３章１節５コメント）。

❹ **不適切** **「経済性は考慮しない」➡「経済性等を考慮する」**

修繕周期は、既存マンションの場合、**建物及び設備の劣化状況等の調査・診断の結果等**に基づいて設定し、設定に当たっては、**経済性等を考慮し、推定修繕工事の集約等を検討する**（３章１節７）。

正解 ❸

長期修繕計画に関する次の記述のうち、「長期修繕計画作成ガイドライン及び同コメント」によれば、適切でないものはいくつあるか。

ア　推定修繕工事は、建物及び設備の性能・機能を修繕工事実施時点の一般的住宅水準に向上させる工事を基本とする。

イ　修繕積立金の積立ては、長期修繕計画の作成時点において、計画期間に積み立てる修繕積立金の額を均等にする均等積立方式を基本とする。

ウ　計画期間における推定修繕工事には、法定点検等の点検及び経常的な補修工事を適切に盛り込む。

エ　推定修繕工事として設定した内容や時期等はおおよその目安であり、計画修繕工事を実施する際は、事前に調査・診断を行い、その結果に基づいて内容や時期等を判断する。

❶　一つ

❷　二つ

❸　三つ

❹　四つ

推定修繕工事に、計画期間内の補修工事は含まれ、経常的な補修工事は除かれる。

ア　**不適切**　「修繕工事実施時点の一般的住宅水準」➡「新築時と同等水準」

ハイレベル　推定修繕工事は、建物および設備の性能・機能を新築時と同等水準に維持、回復させる修繕工事を基本とする（長期修繕計画作成ガイドライン２章１節２二①）。

イ　**適　切**

修繕積立金の積立ては、長期修繕計画の作成時点において、計画期間に積み立てる修繕積立金の額を均等にする積立方式（均等積立方式）を基本とする（３章２節１）。

ウ　**不適切**　「経常的な補修工事を適切に盛り込む」➡「経常的な補修工事は除かれている」

ハイレベル　推定修繕工事とは、長期修繕計画において、計画期間内に見込まれる修繕工事〔補修工事（経常的に行う補修工事を除く）を含む〕および改修工事をいう（１章総則４第13号）。

エ　**適　切**

長期修繕計画の推定修繕工事は、設定した内容や時期はおおよその目安であり、費用も概算である。したがって、計画修繕工事の実施の要否、内容等は、事前に調査・診断を行い、その結果に基づいて判断する（２章１節２二）。

したがって、適切でないものはア・ウの二つであり、正解は❷となる。

正解 ❷

「長期修繕計画作成ガイドライン」に関する次の記述のうち、適切でないものはどれか。

❶ 長期修繕計画は、作成時点において、計画期間の推定修繕工事の内容、時期、概算の費用等に関して計画を定めるものである。

❷ 大規模修繕工事とは、建物の全体又は複数の部位について行う大規模な計画修繕工事をいう。

❸ 計画修繕工事における修繕工事には、補修工事（経常的に行う補修工事を除く。）が含まれる。

❹ 単棟型のマンションの場合、長期修繕計画の対象は、管理規約に定めた組合管理部分である敷地、建物の共用部分及び附属施設であり、専有部分が含まれることはない。

単棟型➡長期修繕計画の対象に共用部分の修繕や改修工事に伴い修繕工事が必要な専有部分を含む。

❶ **適　切**

長期修繕計画は、作成時点において、計画期間の**推定修繕工事の内容・時期・概算の費用等**に関して計画を定めるものである（長期修繕計画作成ガイドライン２章１節２三）。

❷ **適　切**

大規模修繕工事とは、**建物の全体**又は**複数の部位**について行う**大規模な計画修繕工事**（全面的な外壁塗装等を伴う工事）をいう（１章総則４第15号）。

❸ **適　切**

計画修繕工事とは、長期修繕計画に基づいて計画的に実施する**修繕工事**及び**改修工事**をいう。そして、修繕工事には**補修工事**（**経常的に行う補修工事を除く**）**が含まれる**（１章総則４第13号・14号）。

❹ **不適切**　**「専有部分が含まれることはない」**

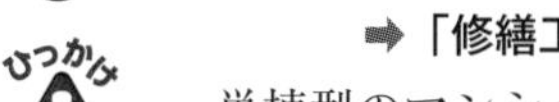

➡「修繕工事が必要となる専有部分も含む」

単棟型のマンションの場合、管理規約に定めた組合管理部分である**敷地**、**建物の共用部分**及び**附属施設**（共用部分の修繕工事又は改修工事に伴って修繕工事が必要となる「**専有部分を含む**」）を対象とする（２章１節２一）。

マンションの維持・保全等

正解 ❹

長期修繕計画の作成及びその見直しに関する次の記述のうち、「長期修繕計画作成ガイドライン及び同コメント」によれば、適切でないものはどれか。

❶　長期修繕計画は、修繕積立金の額も含まれていることから、財務状況が管理組合外へ流出することを防ぐため、外部へは開示していない。

❷　機械式駐車場があり、維持管理に多額の費用を要するため、管理費会計及び修繕積立金会計とは区分して駐車場使用料会計を新設した。

❸　大規模修繕工事直後の長期修繕計画の見直しにおいて、同工事直後の調査・診断を省略し、同工事直前の調査・診断結果を活用した。

❹　想定外の工事の発生、災害や不測の事故などによる緊急の費用負担が発生した場合の一時金の徴収を避けるため、推定修繕工事項目に予備費を設定して長期修繕計画を作成した。

コスト高な機械式駐車場がある➡駐車場使用料会計を設けて区分。

❶ **不適切 「外部へは開示していない」➡「開示が望まれる」**

ひっかけ

　管理組合は、長期修繕計画等の管理運営状況の情報を区分所有者および外部に**開示**することが望まれる（長期修繕計画作成ガイドライン２章３節３）。

❷ **適　切**

　マンション敷地内に機械式駐車場があり、維持管理に多額の費用を要することが想定される場合、管理費会計および修繕積立金会計とは**区分**して**駐車場使用料会計**を設けることが望まれる（３章１節９）。

❸ **適　切**

　長期修繕計画の見直しには、次の３つの場合がある（３章１節10コメント）。

> ①　大規模修繕工事と大規模修繕工事の**中間**の時期に単独で行う場合
> ②　大規模修繕工事の**直前**に基本計画の検討と併せて行う場合
> ③　大規模修繕工事の実施**直後**に修繕工事の結果を踏まえて行う場合

　したがって、本肢のように、「大規模修繕工事直後の長期修繕計画の見直しにおいて、同工事直後の調査・診断を省略し、同工事**直前**の調査・診断結果を活用する」ことも適切である。

❹ **適　切**

「想定外の工事の発生、災害や不測の事故などによる緊急の費用負担が発生した場合の一時金の徴収を避けるため、推定修繕工事項目に**予備費**を設定して長期修繕計画を作成する」のも適切である。

マンションの維持・保全等

正解 ❶

マンションの長期修繕計画に関する次の記述のうち、標準管理規約及び長期修繕計画作成ガイドラインによれば、適切なものはどれか。

❶　修繕工事の実施前に行う建物診断は、長期修繕計画の対象に含まれない。

❷　窓及び玄関の扉などの開口部の改良工事は、長期修繕計画の対象となる工事に含まれる。

❸　長期修繕計画の計画期間は、30年以上、又は大規模修繕工事が２回含まれる期間以上とする。

❹　長期修繕計画の見直しに当たっては、空き住戸率、賃貸化率、修繕積立金滞納率を考慮する。

長期修繕計画見直しでは空き住戸・賃貸化・修繕積立金滞納率を考慮せず。

❶ 不適切 「長期修繕計画の対象に含まれない」➡「含まれる」

ひっかけ

長期修繕計画の作成又は変更及び修繕工事の実施の前提として、劣化診断（建物診断）を管理組合として併せて行う必要がある（標準管理規約32条関係コメント③）。また、修繕工事の前提としての劣化診断（建物診断）に要する経費の充当については、修繕工事の一環としての経費であることから、原則として修繕積立金から取り崩すこととなる（同コメント④）。したがって、修繕工事の前提としての劣化診断（建物診断）は修繕工事の一環であるから、長期修繕計画の対象に含まれる。

❷ 適　切

長期修繕計画には、計画修繕の対象となる工事として外壁補修、屋上防水、給排水管取替え、窓及び玄関扉等の開口部の改良等が掲げられ、各部位ごとに修繕周期、工事金額等が定められているものであることが最低限必要であるとされている（32条関係コメント②２）。

❸ 不適切 「又は」➡「かつ」

長期修繕計画の計画期間は、30年以上で、「かつ」大規模修繕工事が２回含まれる期間以上とすることが最低限必要であるとされている（32条関係コメント②１）。

❹ 不適切 「空き住戸率、賃貸化率、修繕積立金滞納率を考慮する」

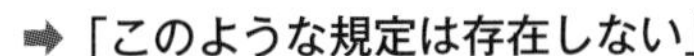

➡「このような規定は存在しない」

長期修繕計画の見直しに当たっては、空き住戸率、賃貸化率、修繕積立金滞納率を考慮するとはされていない（長期修繕計画作成ガイドライン３章１節10参照）。

正解 ❷

「マンションの修繕積立金に関するガイドライン」（令和３年９月国土交通省公表）に関する次の記述のうち、適切でないものはどれか。

❶　修繕積立金の均等積立方式は、安定的な積立てが可能な方式であるが、段階増額積立方式と比べて多額の資金を管理する状況が生じる点に、留意が必要である。

❷　段階増額積立方式は、計画どおりに増額しようとする際に区分所有者間の合意形成ができず修繕積立金が不足する場合がある点に、留意が必要である。

❸　超高層マンション（一般に20階以上）は、戸数、面積が同程度のそれ以外のマンションと比べて、修繕工事費が安くなる傾向にある。

❹　新築マンションにおいて、配管にステンレス管やプラスチック管を使用することは、給排水管に関する修繕工事費の抑制に有効である。

均等積立方式では均等額の積立金を徴収するので、段階増額積立方式に比べ多額資金を管理する。

❶ **適　切**

均等積立方式では、**修繕資金需要に関係なく均等額の積立金を徴収する**ため、段階増額積立方式に比べ、**多額の資金を管理する状況が生じる**点に、留意が必要である（修繕積立金ガイドライン4(2)）。

❷ **適　切**

段階増額積立方式では、将来の負担増を前提としており、計画どおりに増額しようとする際に**区分所有者間の合意形成ができず修繕積立金が不足する場合がある**点に、留意が必要である（ガイドライン4(2)）。

❸ **不適切**　**「安くなる傾向にある」➡「増大する傾向にある」**

超高層マンション（一般に20階以上）は、外壁等の修繕のための**特殊な足場が必要となる**ほか、**共用部分の占める割合が高くなる**等のため、修繕工事費が「**増大する**」傾向にある（ガイドライン3(2)②）。

❹ **適　切**

頻出

近年の**新築マンション**では、ステンレス管やプラスチック管等の**腐食しにくい材料**が使われており、それにより**更生工事の必要性が低下し、取替え工事の実施時期も遅らせることができる**ようになっていることから、給排水管に関する**修繕工事費は少なくて済む**ようになる傾向がある（ガイドライン5②）。

マンションの維持・保全等

正解 ❸

76 長期修繕計画作成・修繕積立金ガイドライン

□□□ CHECK! H29-問39改 重要度 B

大規模修繕工事、長期修繕計画及び修繕積立金に関する次の記述のうち、「長期修繕計画作成ガイドライン及び同コメント」及び「マンションの修繕積立金に関するガイドライン」によれば、適切でないものはどれか。

❶ 2019年に見直した長期修繕計画を大規模修繕工事が完了した2024年に再度見直し、2054年までの計画を作成した。

❷ 長期修繕計画の計画期間内に修繕周期に到達しない項目に係る工事について、参考情報として当該工事の予定時期及び推定修繕工事費を明示するとともに、多額の費用を要するものは修繕積立金を計画的に積み立てる観点から、計画期間に応じた推定修繕工事費に計上し、修繕積立金の算定根拠とした。

❸ 大規模修繕工事の実施の時期を長期修繕計画による実施時期にかかわらず、調査・診断結果に基づいて判断した。

❹ 地上20階未満のマンションについては、建築延床面積の規模に応じて修繕工事費の水準が異なる傾向が見られることから、5,000㎡、10,000㎡及び20,000㎡で区分した上で、目安を示しているが、計画期間全体における修繕積立金の平均額の目安（機械式駐車場を除く）は、20階以上のマンションが、20階未満で建築延床面積20,000㎡以上のマンションより低くなる傾向にある。

20階未満のマンションの修繕積立金額の平均値 ➡ 20階以上より低い。

❶ 適　切

長期修繕計画の見直しは、大規模修繕工事の間隔に合わせて**５年程度**で実施することが望ましい。そして、見直しは、**見直し時点から30年程度以上の計画を作成**する（長期修繕計画作成ガイドライン３章１節10）。したがって、2019年に見直した長期修繕計画を大規模修繕工事が完了した2024年に再度見直した場合、そこから30年先である2054年までの計画を作成したのは、適切といえる。

❷ 適　切

新築時の長期修繕計画の計画期間を**30年**とした場合、修繕周期が計画期間を上回るとき、「修繕周期に到達しないため推定修繕工事費を計上していない」旨を明示する必要がある。本肢のように、計画期間内に修繕周期に到達しない項目に係る工事について、参考情報として当該**工事の予定時期及び推定修繕工事費を明示**するとともに、多額の費用を要するものは修繕積立金を計画的に積み立てる観点から、計画期間に応じた**推定修繕工事費を計上し、修繕積立金の算定根拠とした**のは、適切である（ガイドライン３章１節６コメント）。

❸ 適　切

長期修繕計画の推定修繕工事については、設定した内容や**時期はおおよその目安**であり、費用も概算である。そのため、**計画修繕工事を実施**する際は、その基本計画の検討時において、建物・設備の現状、修繕等の履歴などの**調査・診断**を行い、**その結果に基づいて**内容や**時期等を判断**する（ガイドライン２章１節２二）。したがって、大規模修繕工事の実施の時期を、長期修繕計画による実施時期にかかわらず、調査・診断結果に基づいて判断したのは、適切である。

❹ 不適切　**「低くなる傾向」➡「高くなる傾向」**

地上20階未満のマンションについては、建築延床面積の規模に応じて修繕工事費の水準が異なる傾向が見られることから、5,000㎡、10,000㎡及び20,000㎡で区分した上で、目安を示している。そして、計画期間全体における**修繕積立金の平均額**の目安（機械式駐車場を除く）は、**20階以上**のマンションが、**20階未満**で建築延床面積**20,000㎡以上**のマンションより「**高く**」なる傾向にある（修繕積立金ガイドライン３(2)）。

①	5,000㎡未満	：335円／㎡・月
②	5,000㎡以上～10,000㎡未満	：252円／㎡・月
③	10,000㎡以上～20,000㎡未満	：271円／㎡・月
④	20,000㎡以上	：255円／㎡・月

正解 ❹

マンションの維持・保全等

長期修繕計画の作成・見直し及び修繕設計に関する次の記述のうち、適切でないものはどれか。

❶ 新築時の長期修繕計画において、建具の取替え工事が推定修繕工事項目に設定されていなかったが、計画を見直す際に項目の設定の要否を確認した。

❷ 長期修繕計画の作成・見直しに当たって、計画期間内における推定修繕工事費の総額を削減するために、推定修繕工事の時期を計画期間内で分散させた。

❸ 大規模修繕工事の修繕設計の内容を踏まえて、工事の実施前に長期修繕計画を見直すこととした。

❹ 修繕設計において、外壁補修など、設計段階では施工すべき数量が確定できず、工事が始まってから数量を確定させる工事項目について、調査や経験に基づいて数量を仮定した。

修繕周期の設定➡経済性等を考慮し、推定修繕工事の集約等を要検討。

❶ **適　切**

計画を見直す際に項目設定の要否を確認したのは適切である。なぜなら、「新築時に計画期間を30年とした場合でも、住戸の玄関ドアや窓のサッシ等の**建具の取替え**などは、修繕周期が36年程度であるため含まれていないことがあるので、**見直しの際には注意が必要**」と考えられているからである（長期修繕計画作成ガイドラインコメント）。

❷ **不適切　「分散させた」➡「集約を検討すべき」**

修繕周期は、①新築マンションの場合、推定修繕工事項目ごとに、マンションの仕様・立地条件等を考慮して設定し、②既存マンションの場合、さらに建物・設備の劣化状況等の調査・診断の結果等に基づいて設定する。この設定に当たっては、**経済性等を考慮**し、推定修繕工事の集約等を検討する（ガイドライン）。したがって、推定修繕工事費の総額を削減するために、推定修繕工事の時期を計画期間内で分散させたことは、不適切である。

❸ **適　切**

長期修繕計画の見直しには、①大規模修繕工事と大規模修繕工事の**中間**の時期に単独で行う場合、②大規模修繕工事の**直前**に基本計画の検討に併せて行う場合、または③大規模修繕工事の実施の**直後**に修繕工事の結果を踏まえて行う場合がある（ガイドラインコメント）。したがって、上記②から、大規模修繕工事のために計画した修繕設計の内容を踏まえて、当該工事の実施「前」に長期修繕計画を見直すこととしたのは、適切である。

❹ **適　切**

修繕設計において、外壁補修など、**設計段階では施工すべき数量が確定できず、工事が始まってから数量を確定させる工事項目**もある。そのような場合は、調査や経験に基づいて数量を仮定することも適切である。

正解 ❷

大規模修繕工事に関する次の記述のうち、適切でないものはどれか。

❶　大規模修繕工事では、建物及び設備の性能や機能を新築時と同等水準に維持、回復させる工事とともに、必要に応じて性能を向上させる工事も併せて実施される。

❷　大規模修繕工事を責任施工方式で行う場合は、設計者と施工者との意思疎通が図りやすいため、修繕工事の厳正なチェックが期待できる。

❸　大規模修繕工事の施工会社の選定に当たっては、見積金額だけではなく、修繕工事実績、工事保証能力、施工管理体制、施工計画等から総合的に判断する。

❹　大規模修繕工事のコンサルタントには、マンションの建物の調査・診断や修繕設計等だけでなく、施工会社選定への助言及び協力、長期修繕計画の見直し、資金計画に関する助言等ができることが望まれる。

責任施工方式➡工事の厳正なチェックは期待薄。

❶ **適 切**

大規模修繕工事では、建物および設備の性能や機能を新築時と同等水準に維持、回復させる工事とともに、必要に応じて性能を向上させる工事も併せて実施される。

❷ **不適切 「厳正なチェックが期待できる」➡「期待できない」**

頻出

大規模修繕工事の「責任施工方式」とは、調査診断、修繕設計、工事施工および工事監理を同一業者に委ねる方式を指すのが一般的である。この場合、設計・工事監理と施工とが分離されていない（一体化されており各々を確認できない）ため、工事の厳正なチェックは期待できない。

❸ **適 切**

大規模修繕工事の施工会社の選定は、見積金額だけではなく、修繕工事実績、工事保証能力、施工管理体制、施工計画等から総合的に判断する必要がある。

❹ **適 切**

大規模修繕工事のコンサルタントには、マンションの建物の調査・診断や修繕設計等についてのみに限られず、施工会社選定への助言および協力、長期修繕計画の見直し、資金計画に関する助言等をすることが望まれる。

正解 ❷

マンションの大規模修繕工事における工事請負契約の締結に関する次の記述のうち、適切でないものはどれか。

❶ 工事請負契約の締結は、発注者である管理組合と選定された施工会社との間で行うが、マンション管理適正化法に定める基幹業務を管理会社に委託している場合は、当該管理会社と施工会社との間で行う。

❷ 工事請負契約書には、工事対象物件の所在地、工事内容、工期、工事代金、工事代金の支払い方法等の事項が記載される。

❸ 工事請負契約約款とは、工事請負契約に基づいて、発注者、工事請負者がそれぞれの立場で履行すべき事項を詳細に定めたものである。

❹ 工事請負契約上引き渡すべき図書とした工事保証書は、工事請負者と建築塗料等の材料製造会社との連名により作成される場合がある。

工事請負契約の締結は、管理組合と施工会社との間で行う。

❶ 不適切 「管理会社と施工会社との間で行う」
➡「管理組合と施工会社との間で行う」

ひっかけ

工事請負契約の締結は、発注者である「管理組合」と選定された「施工会社」との間で行う。これは、マンション管理適正化法に定める基幹業務を管理会社に委託している場合も同様である。

❷ 適　切

工事請負契約書には、工事対象物件の所在地・工事内容・工期・工事代金・工事代金の支払い方法等の事項が記載される。

❸ 適　切

工事請負契約約款とは、工事請負契約に基づいて、発注者・工事請負者がそれぞれの立場で履行すべき事項を詳細に定めたものである。

❹ 適　切

工事請負契約上引き渡すべき図書とした工事保証書は、工事請負者と建築塗料等の材料製造会社との連名により作成される場合がある。

正解 ❶

80 大規模修繕③（設計監理方式）

□□□ CHECK!　R元-問39　重要度 B

設計監理方式で実施したマンションの大規模修繕工事に関する次の記述のうち、適切でないものはどれか。

❶　施工者が、工事工程計画、仮設計画、品質管理計画などの計画を作成した。

❷　管理組合が主催者となって工事説明会を開催し、施工者と工事監理者が説明を行った。

❸　工事監理者は、引渡し後に工事監理に関する瑕疵（かし）が判明した場合に対応するため、特定住宅瑕疵担保責任の履行の確保等に関する法律（平成19年法律第66号）に基づき、保険法人と住宅瑕疵担保責任保険契約を締結した。

❹　工事完了時に竣工（しゅんこう）検査として、施工者検査、工事監理者検査、管理組合検査の順に行った。

「保険法人」と住宅瑕疵担保責任保険契約を締結する義務は、「建設業者」にある。

❶ 適　切

工事監理者は、**工事工程計画・仮設計画・品質管理計画**等を内容とする施工実施計画を作成者の**施工者**（施工会社）**から提出させ**、それについて管理組合の要望を取り入れながら細部にわたって検討し、管理組合の確認を得た上で承認し、施工会社に適切に伝える業務を行う。

❷ 適　切

大規模修繕工事着工の半月から１ヵ月前までの段階で、居住者に対する**工事説明会**を開催する。主催は管理組合であるが、説明は**施工者と工事監理者が主体**となって行う。

❸ 不適切 **「工事監理者には、保険法人と住宅瑕疵担保責任保険契約を締結する義務はない」**

ハイレベル

建設業者は、住宅を新築する建設工事の請負契約に基づき発注者に引き渡した新築住宅について、当該発注者に対する特定住宅建設瑕疵担保責任の履行を確保するため、住宅建設瑕疵担保保証金の供託または**保険法人と住宅建設瑕疵担保責任保険契約**を締結しなければならない（住宅瑕疵担保履行法３条１項、２項）。また、**宅地建物取引業者**は、自ら売主となる売買契約に基づき買主に引き渡した新築住宅について、当該買主に対する特定住宅販売瑕疵担保責任の履行を確保するため、住宅販売瑕疵担保保証金の供託または**保険法人と住宅販売瑕疵担保責任保険契約**を締結しなければならない（11条１項･２項）。しかし、**工事監理者にこのような義務はない**。

❹ 適　切

工事完了時に竣工検査を実施するが、これには①**施工者検査**、②**工事監理者検査**、③**管理組合検査**があり、手順としては、**この順番**で検査を行う。

正解 ❸

マンションの大規模修繕工事に関する次の記述のうち、適切でないものはどれか。

❶　CM（コンストラクションマネジメント）方式とは、専門家が発注者の立場に立って、発注・設計・施工の各段階におけるマネジメント業務を行うことで、全体を見通して効率的に工事を進める方式をいう。

❷　責任施工方式では、初期の段階から工事中の仮設計画や工事実施手順等に配慮した検討を行うことができる。

❸　建築基準法の規定により、一級建築士が設計を行う必要がある工事を行う場合においては、責任施工方式の場合でも、一級建築士である工事監理者を定める必要がある。

❹　設計監理方式は、責任施工方式に比べて、工事内容と費用内訳の関係が不明瞭となりやすい。

CM方式➡専門家が発注者の立場で発注・設計・施工の各段階でのマネジメント業務を行い全体を見通す方式。

❶ **適　切**

ＣＭ（コンストラクションマネジメント）方式とは、専門家が発注者の立場に立って、発注・設計・施工の**各段階におけるマネジメント業務を行うことで、全体を見通して効率的に工事を進める方式**をいう（改修によるマンションの再生手法に関するマニュアル１章１．５(2) １))。

❷ **適　切**

責任施工方式では、マンションの事情に精通した信頼できる施工会社がいる場合に採用されることがあり、**初期の段階から施工性（工事中の仮設計画や工事実施手順等）に配慮した検討を行う**ことができることから、設計・監理方式のような専門家の費用を必要としないというメリットがある（１章１．５(2) １))。

❸ **適　切**

建築基準法の規定により、一級建築士が設計を行う必要がある工事を行う場合においては、**責任施工方式の場合**でも、**一級建築士である工事監理者を定める必要**がある（第１章１．５(7) ３))。

❹ **不適切**　**「工事内容と費用内訳の関係が不明瞭となりやすい」➡「明確になる」**

設計監理方式は、**工事内容・工事費の透明性の確保、責任所在の明確さ**などの点で**望ましい方式**である（１章１．５(2) １))。

正解❹

鉄筋コンクリート造のマンションの外壁に生じた劣化や不具合の現象とその原因に関する次の記述のうち、適切でないものはどれか。

❶ ポップアウトは、アルカリ骨材反応が原因の一つと考えられる。

❷ さび汚れは、コンクリートの中性化が原因の一つと考えられる。

❸ 白華（エフロレッセンス）は、紫外線が原因の一つと考えられる。

❹ ひび割れは、コールドジョイントが原因の一つと考えられる。

コールドジョイント対策➡コンクリート打設間隔短縮、前後のコンクリート一体化。

❶ **適　切**

ポップアウトとは、コンクリート**内部**の部分的な**膨張圧**により、コンクリート表面の小部分が**円錐型のくぼみ状**に破壊された状態をいい、凍害や**アルカリ骨材反応**等が原因で生じる。

❷ **適　切**

錆汚れは、**コンクリートの中性化**等により**腐食した鉄筋の錆**がひび割れ部から流出して、仕上げ材やコンクリートの表面に付着している状態をいう。

❸ **不適切**

エフロレッセンスとは、**白華現象**ともいい、**コンクリートの表面に出た白い結晶化した物質**で、**セメント中の石灰**等が水に溶けて表面に浸み出し、空気中の**炭酸ガス**と化合してできた表面劣化現象をいう。

❹ **適　切**

コールドジョイントとは、コンクリートの**打ち重ね時間の間隔を過ぎて打設した**とき、前に打ち込まれたコンクリートの上に後から重ねて打ち込まれたコンクリートが**一体化しない状態**となり、打ち継いだ部分に**不連続な面が生じる**ことをいう。この面のコンクリートは脆弱であり、**ひび割れの原因**となる。

正解 ❸

83 大規模修繕⑥（劣化対策）

R 3-問38

鉄筋コンクリート造のマンションの建物の劣化原因と症状に関する次の記述のうち、適切でないものはいくつあるか。

ア　ひび割れの原因の一つは、コンクリートの乾燥収縮である。

イ　剥落の原因の一つは、コンクリートの中性化による鉄筋の腐食である。

ウ　ポップアウトの原因の一つは、コンクリートの内部の部分的な膨張圧である。

エ　エフロレッセンスの原因の一つは、コンクリートのアルカリ骨材反応である。

❶　一つ

❷　二つ

❸　三つ

❹　四つ

エフロレッセンス➡石灰等が水に溶けコンクリート表面に染み出し空気中の炭酸ガスと化合したもの。

ア　適　切

コンクリート中の水分が蒸発することにより、乾燥収縮が生じ、この収縮による引張力がコンクリートが保有している引張強さを超えると、ひび割れが発生する原因となる。

イ　適　切

コンクリートの中性化が進行することにより、コンクリート中の鉄筋が腐食すると、鉄筋の体積が膨張し、コンクリートのひび割れが発生する原因となる。

ウ　適　切

ポップアウトとは、コンクリート内部の部分的な膨張圧により、コンクリートの表面部分が円錐状に剥離する現象をいう。

エ　不適切　「アルカリ骨材反応」➡「空気中の炭酸ガスと化合」

エフロレッセンスとは、硬化したコンクリートの表面に出た白色の物質をいい、セメント中の石灰等が水に溶けて表面に染み出し、空気中の炭酸ガスと化合してできたものが主成分である。コンクリートのアルカリ骨材反応は、コンクリートのひび割れの原因である。

したがって、適切でないものは、エの一つであり、正解は❶となる。

正解 ❶

マンションの建物の外壁に生じる劣化や不具合の状況と調査内容に関する次の記述のうち、適切でないものはどれか。

❶　外壁の目地部分のシーリング材の劣化が心配されたので、シーリング材を部分的に切り取り、引張強度や伸びを調べた。

❷　外壁タイルのひび割れは、その下地のモルタルやコンクリートが原因であることが多い。

❸　外壁塗装の白亜化は、下地のコンクリート中の石灰等が水に溶けて塗装面にしみ出すことをいう。

❹　外壁のコンクリートのひび割れの調査の結果、ひび割れ幅が0.2㎜～0.4㎜の範囲だったので、漏水の可能性があると判断した。

外壁タイルのひび割れは、その下地のモルタルやコンクリートが原因。

❶ 適　切

外壁の目地部分のシーリング材の**劣化**が心配されたので、シーリング材を部分的に切り取り、**引張強度**や**伸び**を調べたことは適切である。

❷ 適　切

外壁タイルのひび割れは、その**下地のモルタル**や**コンクリート**が原因であることが多い。

❸ 不適切　**「白亜化」➡「白華現象（エフロレッセンス）」**

白亜化とは、**チョーキング**ともいい、紫外線等により**塗装面の表層樹脂が劣化**し、塗料の色成分の顔料がチョークのような**粉状になる現象**をいう。本肢の**下地のコンクリート中の石灰等が水に溶けて塗装面にしみ出すこと**は、**白華現象**（エフロレッセンス）である。

❹ 適　切

頻出

コンクリートのひび割れの**許容限度**は**0.2mm程度以下**であるので、外壁のコンクリートのひび割れの調査の結果、**ひび割れ幅が0.2mm～0.4mmの範囲**だったので、**漏水の可能性がある**と判断したことは適切である。

正解 ❸

マンションの建物の調査機器と調査方法に関する次の記述のうち、適切なものはどれか。

❶ クラックスケールを用いて、コンクリートのひび割れ深さの調査を行った。

❷ タッピングマシンを用いて、外壁タイルの浮きの調査を行った。

❸ 電磁波レーダを用いて、給排水管内部の劣化状況の調査を行った。

❹ 無色透明な市販の粘着テープを用いて、仕上塗材の白亜化（チョーキング）の程度の調査を行った。

クラックスケール➡ひび割れの深さではなく、ひび割れ幅等を調査する。

❶ **不適切**　**「ひび割れ深さ」➡「ひび割れ幅」**

クラックスケールは、コンクリートの**ひび割れの**幅を測定するための器具であり、**深さを図るためのものではない**。なお、ひび割れの深さを図るためには、超音波を用いて測定する方法等がある。

❷ **不適切**　**「外壁タイルの浮き」➡「（軽量）床衝撃音」**

タッピングマシンは、軽量床衝撃音を発生させる装置で、これにより軽量床衝撃音**に対する**遮音性を調査するために用いるものである。

❸ **不適切**　**「給排水管内部の劣化状況」➡「鉄筋の配筋位置やかぶり厚さ」**

電磁波レーダは、コンクリート表面に向けて電磁波を放射し、鉄筋で反射された電磁波を受信して、送信から受信までの時間により**鉄筋の配筋位置やかぶり厚さ**を測定するためのものである。なお、給排水管内部の劣化状況の調査には、ファイバースコープを用いる。

❹ **適　切**

仕上塗材の**白亜化（チョーキング）**の程度の調査は、**無色透明な市販の**粘着テープを用い、テープに粉状のものが付着する程度により行うことができる。なお、白亜化（チョーキング）とは、**充てん材**が雨や紫外線に長期間さらされることで**離脱しやすく**なり、**塗装の表面に劣化**が生じて、**塗料の成分がチョークのような粉状になって消耗**する現象のことをいう。

【マンションの調査項目等と使用機器・道具等】

調査項目・目的・方法	使用機器・道具・方法等
鉄筋の配筋位置・かぶり厚さ	電磁波レーダ・電磁誘導法
コンクリートのひび割れ幅	クラックスケール
コンクリートの中性化の深さ	フェノールフタレイン溶液・ドリル削孔（粉末）法
給水管内の錆の状態	抜管（サンプリング）法
軽量床衝撃音	タッピングマシン
チョーキング程度	無色透明な市販の粘着テープ

正解 ❹

86 大規模修繕⑨（劣化対策）

□□□ CHECK!　H30-問37　重要度 B

マンションの建物及び設備の劣化診断における調査の目的と使用する調査機器に係るア～エの組合せのうち、適切なものの組合せは、❶～❹のうちどれか。

	（調査の目的）		（調査機器）
ア	設備配管の継手の劣化状況	――	引張試験機
イ	コンクリートの塩化物イオン量	――	電磁誘導装置
ウ	設備配管（鋼管）の腐食状況	――	超音波厚さ計
エ	仕上塗材の劣化状況	――	分光測色計

❶ アとイ

❷ イとウ

❸ ウとエ

❹ エとア

分光測色計 ➡ ①仕上塗材色の測定、②塗装の劣化診断に使用。

ア　不適切　「引張試験機」➡「内視鏡、X線透過装置」

　引張試験機は、タイルや塗装等の**付着力強度**の測定に用いる。**設備配管の継手の劣化状況**の診断に用いる調査機器には、**内視鏡**（ファイバースコープ）や**X線透過装置**などがある。

イ　不適切　「電磁誘導装置」➡「電位差滴定装置」

　電磁誘導装置は、コンクリート内の**鉄筋の配筋位置やかぶり厚さ**の測定に用いる。コンクリートの**塩化物イオン量**の診断に用いる調査機器には、**電位差滴定装置**などがある。

ウ　適　切

　超音波厚さ計は、片面から非破壊で設備配管の**厚さ**を測定できる機器で、**設備配管（鋼管）の腐食状況**の診断に用いられる。

エ　適　切

　分光測色計は、仕上塗材の**色**を測定して、**塗装の劣化状況**の診断に用いられる。

以上から、**適切なものの組合せ**はウ・エであり、**正解は❸**となる。

正解 ❸

マンションの建物の点検又は調査・診断に関する次の記述のうち、適切なものはどれか。

❶ 建築基準法第12条第１項に規定される特殊建築物等の定期調査（この問いにおいて「定期調査」という。）に当たるのは、一級建築士又は二級建築士でなければならない。

❷ アルミ製品の調査・診断に当たっては、主に目視調査により耐久性を推定するが、光沢度、塗膜付着性等について計測機器等を使用して計測する方法もある。

❸ 反発度法により推定されたコンクリート強度は、試験結果の精度が高いので、耐震診断においても一般的に適用されている。

❹ 定期調査における外壁タイルの調査・診断では、竣工後又は外壁改修工事実施後10年以内に全ての壁面について打診調査を行わなければならない。

反発度法によるコンクリート圧縮強度診断➡強度が高めに出る。

❶ **不適切** 「一級建築士または二級建築士」
➡「一級建築士もしくは二級建築士または建築物調査員」

建築基準法12条１項の特殊建築物等の定期調査は、**一級建築士・二級建築士**に加えて、建築物調査員資格者証の交付を受けている者（建築物調査員）も行うことが可能である（建築基準法12条１項）。

❷ **適　切**

アルミ製品の調査・診断に当たっては、**主に目視調査**により**耐久性**を推定する。さらに、**光沢度、塗膜付着性**等について**計測機器**等を**使用して計測する方法**もある。

❸ **不適切** 「精度が高いので、一般的に適用」
➡「精度が高いとはいえず、一般的に適用されているわけではない」

ひっかけ

非破壊試験として、リバウンドハンマー（シュミットハンマー）を用いた反発度法**によるコンクリートの圧縮強度を推定する診断**があるが、これにより推定されたコンクリート強度は、破壊試験よりも強度が高めに出ることがあるなど、**試験結果の精度が高いとはいえず、耐震診断において一般的に適用されているわけではない**。

❹ **不適切** 「10年以内に全ての壁面の打診調査が必要とはいえない」

外壁タイル（乾式工法によるものを除く）の劣化および損傷の状況の調査は、**竣工後または外壁改修後10年を超え**、かつ、「**３年以内に落下により歩行者等に危害を加えるおそれのある部分**の全面的なテストハンマーによる打診等を実施していない場合」（つまり、両方の要件が必要である）には、原則として、当該打診等により確認しなければならない（国交省告示282号別表２）。

したがって、本肢のように、「竣工後または外壁改修工事実施後10年以内に全ての壁面について打診調査を行わなければならない」わけではない。

正解 ❷

マンションの調査・診断方法とその目的に関する次の組合せのうち、適切でないものはどれか。

❶ X線法 — 給水管の肉厚の減少や錆こぶの状態

❷ ドリル削孔（粉末）法 — コンクリートの強度

❸ 反発法 — 外壁タイルの浮き

❹ 電磁波レーダ法 — コンクリート中の鉄筋の位置

ドリル削孔（粉末）法はドリルの削孔（粉末）を用いて中性化深さを調査。

❶ 適　切

X線法は、給水管の肉厚の減少や錆こぶの状態を診断する方法である。

❷ 不適切　「コンクリートの強度」➡「コンクリートの中性化」

ドリル削孔（粉末）法は、ドリルの削孔（粉末）を用いて中性化の深さを調査する方法である。

❸ 適　切

反発法は、外壁タイルの浮きを調査する方法である。

❹ 適　切

頻出

電磁波レーダーは、鉄筋の位置や鉄筋径、かぶり厚さの測定をする方法である。

正解 ❷

マンションの建物の調査機器と調査方法に関する次の記述のうち、適切でないものはどれか。

❶ 電磁波レーダを用いて、鉄筋のかぶり厚さの調査を行った。

❷ クラックスケールを用いて、コンクリートのひび割れ幅の調査を行った。

❸ タッピングマシンを用いて、外壁タイルの浮きの調査を行った。

❹ 針入度計を用いて、防水層の劣化度の調査を行った。

タッピングマシン ➡ 建築物の軽量床衝撃音遮断性能の測定に使用。

❶ 適　切

頻出

電磁波レーダは、電磁波をアンテナからコンクリート内に放射し、コンクリート内の鉄筋等から反射して返ってきた電磁波を受信アンテナに受信させ、その電磁波が戻るまでの時間から距離を算出する方法であり、鉄筋のかぶり厚さの調査に用いられる。

❷ 適　切

頻出

クラックスケールは、コンクリート壁、床等に発生したひび割れの幅を測るものをいう。

❸ 不適切　「外壁タイルの浮きの調査」➡「軽量床衝撃音遮断性能の測定」

頻出

タッピングマシンは、建築物の軽量床衝撃音遮断性能の測定に使用される機器である。外壁タイルの浮きの調査に使用する機器ではない。

❹ 適　切

針入度計は、アスファルト防水層の硬さ、劣化度を調査する機器である。

正解 ❸

マンションの建物の調査・診断に関する次の記述のうち、適切なものはどれか。

❶　仕上げ塗材の付着の強さを調べるプルオフ法は、金属面への塗装及びコンクリート面への塗装のいずれにも用いることができる。

❷　外壁タイルの調査に用いる赤外線調査は、壁面に赤外線を照射して、その反射量を測定する。

❸　アスファルトルーフィングの使用状態での劣化度を測定するためには、現地で針入度試験を行う。

❹　コンクリートの中性化の程度を調べるには、手持ち型のpH測定器を用いることができる。

プルオフ法は、金属面・コンクリート面への塗装の付着の強さを調べるのに用いる。

❶ 適　切

プルオフ法は、仕上げ塗材の付着の強さを調べるのに用いる。これは、金属面への塗装およびコンクリート面への塗装のいずれにも用いることができる。

❷ 不適切　「赤外線を照射して」➡「建物から放射されている赤外線を測定する」

外壁タイルの浮きの調査に用いられる赤外線調査は、建物の外壁タイル等から放射されている赤外線を赤外線カメラで感知し、赤外線画像として処理するものである。赤外線を照射するのではない。

❸ 不適切　「使用状態での劣化度を測定」➡「サンプルを採取して行う」

ひっかけ

アスファルトルーフィングの劣化度を測定する方法に針入度試験があるが、使用状態での劣化度を測定するのではなく、サンプルを採取して、所定の試験条件の下で試験室等で測定する

❹ 不適切　「手持ち型のｐＨ測定器を用いることができる」
➡「用いることはできない」

コンクリートの中性化の程度を調べるには、コンクリートの一部をコア抜きし、それにフェノールフタレイン溶液を噴霧して調べる方法等があるが、手持ち型のｐＨ測定器は用いることはできない。

正解 ❶

91 大規模修繕⑭（劣化対策）

□□□ CHECK!　R 2-問36　重要度 C

マンションの建物の調査・診断に関する次の記述のうち、適切でないものはどれか。

❶ 調査・診断のレベルにおける簡易診断とは、現状把握、本調査・診断の要否の判断を目的とした予備調査・診断のことである。

❷ 調査・診断のレベルにおける詳細診断とは、劣化の要因を特定し、修繕工事の要否や内容等を判断する目的で行う２次診断及び３次診断のことである。

❸ ２次診断で行われる非破壊試験とは、被検体である材料あるいは製品の材質や形状、寸法に変化を与えないで、その健全性を調べる試験のことである。

❹ ３次診断で行われる局部破壊試験には、鉄筋のはつり出し、コンクリートのコア抜き試験や配管の抜管試験などがある。

簡易診断➡現状把握・劣化危険性判断目的の一次診断。

❶ 不適切 「本調査・診断の要否の判断……予備調査・診断」
➡「劣化の危険性の判断……一次診断」

ハイレベル

調査・診断のレベルにおける簡易診断とは、現状把握、劣化の危険性の判断を目的とした一次診断のことである。

❷ 適　切

調査・診断のレベルにおける詳細診断とは、劣化の要因を特定し、修繕工事の要否や内容等を判断する目的で行う２次診断及び３次診断のことである。

❸ 適　切

２次診断で行われる非破壊試験とは、被検体である材料あるいは製品の材質や形状、寸法に変化を与えないで、その健全性を調べる試験のことである。

❹ 適　切

３次診断で行われる局部破壊試験には、鉄筋のはつり出し、コンクリートのコア抜き試験や配管の抜管試験等がある。

正解 ❶

92 大規模修繕⑮（マンションの防水）

□□□ CHECK!　R 4-問38　重要度 A

マンションの防水施工に関する次の記述のうち、適切なものはどれか。

❶ ウレタン系シーリング材は、耐候性が高いので屋外の金属と金属との接合部の目地に適したシーリング材である。

❷ 屋上の保護アスファルト防水の改修では、既存防水層を撤去し新たな防水層を施工することが一般的である。

❸ 露出アスファルト防水工法は、ルーフバルコニー等の日常的に使用する場所には採用されない。

❹ シリコーン系シーリング材は、耐久性及び接着性が高く、目地周辺を汚染しないので、使用箇所が限定されない。

露出アスファルト防水工法は、傷がつきやすく強度も低い。

❶ 不適切 「耐候性が高い」➡「耐候性が低い」

ウレタン系シーリング材は、耐候性が低いので屋外の金属と金属との接合部の目地に適さない。

❷ 不適切 「既存防水層を撤去し……一般的」➡「一般的とはいえない」

屋上の保護アスファルト防水の改修では、既存防水層を撤去し新たな防水層を施工する全面撤去方式と、既存の防水層を残すかぶせ方式があるが、全面撤去方式は、工期が長く、工事中の騒音等が問題となるので、全面撤去方式が一般的とはいえない。

❸ 適　切

露出アスファルト防水工法は、傷がつきやすく、強度も低いため、ルーフバルコニー等の日常的に使用する場所には採用されない。

❹ 不適切 「目地周辺を汚染しないので、使用箇所が限定されない」
➡「目地周辺を汚染するので、使用箇所が限定される」

頻出

シリコーン系シーリング材は、耐候性、耐久性及び接着性が高いが、目地周辺を汚染するので、使用箇所が限定される。

正解 ❸

マンションの建物の防水に関する次の記述のうち、適切でないものはどれか。

❶ メンブレン防水の調査・診断では、竣（しゅん）工図で、防水材料、工法、納まりを確認し、漏水箇所の有無及び防水材料の劣化状況等の調査結果と照合して、漏水の原因や今後の耐久性を推定する。

❷ 室内への漏水は、屋根周辺からだけでなく、外壁やサッシまわりからの漏水の場合もある。

❸ シーリング材の劣化症状であるチョーキングとは、シーリング材が収縮し、くびれる現象をいう。

❹ シーリングの早期の剥離や破断の原因には、当初施工時のプライマー不良やシーリング厚さ不足等の施工不良がある。

チョーキング➡シーリング材や塗膜表面が粉状になる現象。

❶ **適　切**

メンブレン防水の調査・診断では、竣工図で、**防水材料・工法・納まり**を確認し、**漏水箇所の有無**及び**防水材料の劣化状況等**の調査結果と照合して、**漏水の原因や今後の耐久性を推定**する。

❷ **適　切**

室内への漏水は、屋根防水層の周辺からだけでなく、**外壁やサッシまわりからの漏水**の場合もある。

❸ **不適切** 「**収縮し、くびれる現象**」➡「**粉状になる現象**」

ひっかけ

シーリングの劣化症状であるチョーキング（白亜化）とは、**シーリング材や塗膜の表面が粉状になる現象**をいう。

❹ **適　切**

シーリングの**早期の剥離や破断の原因**には、当初施工時の**プライマー不良**や**シーリング厚さ不足**等の**施工不良**がある。

正解 ❸

マンションの外壁の補修工事に関する次の記述のうち、適切でないものはどれか。

❶ 外壁パネル等の目地のシーリング材の補修は、既存のシーリング材を除去して新規のシーリング材を施工するシーリング再充填工法（打替え工法）が一般的である。

❷ モルタル塗り仕上げ部分に発生している幅が1.0㎜を超えるひび割れで、ひび割れ幅が変動する場合の補修は、Uカットシール材充填工法とし、充填材にシーリング材を用いるのが一般的である。

❸ 外壁複合改修構工法（ピンネット工法）は、既存のタイルやモルタル等の仕上げ層を撤去せずに、アンカーピンによる仕上げ層の剥落防止と繊維ネットによる既存仕上げ層の一体化により安全性を確保する工法である。

❹ コンクリート部分に発生しているひび割れの補修工事で樹脂注入工法を行う場合、注入する圧力は、樹脂を行き渡らせるために、できるだけ高圧とすることが一般的である。

樹脂注入工法➡低速低圧で行う！

❶ 適　切

外壁パネル等の目地のシーリング材の補修は、既存のシーリング材をカッター等を用いて除去し、目地を十分に清掃した上で、新規のシーリング材を施工するシーリング再充填工法（打替え工法）が一般的である。

❷ 適　切

モルタル塗り仕上げ部分に発生しているひび割れ幅が1.0mmを超えており、その幅が変動する可能性がある場合の補修は、ひび割れ部分をU字型にカットして、その部分にシーリング材等を充填するUカットシール材充填工法が一般的である。

❸ 適　切

外壁複合改修構工法（ピンネット工法）とは、既存のタイルやモルタル等の仕上げ層を撤去せずに残し、その上から、金属製のアンカーピンによる仕上げ層の剥落防止と繊維ネットによる既存仕上げ層の一体化により、安全性を確保する工法である。

❹ 不適切　「高圧」➡「低圧」

コンクリート部分に発生しているひび割れの補修工事として樹脂注入工法を行う場合、確実に樹脂を行き渡らせるためには、低速低圧で注入することが一般的である（自動式低圧樹脂注入工法）。この工法は、圧縮空気等を利用して加圧できる専用の器具を使って、コンクリートに発生したひび割れに補修材料を注入するやり方である。高速高圧で注入すると、ひび割れをさらに広げてしまったり、ひび割れている部分の隅々まで樹脂が行き届かなかったりするおそれがあるからである。

正解 ❹

マンションの外壁の補修工事に関する次の記述のうち、適切でないものはどれか。

❶　コンクリートのひび割れの補修における樹脂注入工法において、ひび割れ幅の変動が大きい場合には軟質形のエポキシ樹脂を注入する。

❷　コンクリートのひび割れの補修におけるシール工法は、ひび割れ幅が0.2㎜未満程度の比較的幅の小さいひび割れの補修に有効な工法である。

❸　吹付けタイル等の塗り仕上げの改修は、ひび割れに沿って塗膜を撤去するのが原則であるが、塗膜が健全でコンクリートとの接着が良い場合は、塗膜を撤去せずにひび割れ改修を行うことがある。

❹　タイル張り外壁の浮き部分の補修におけるアンカーピンニング全面エポキシ樹脂注入工法は、タイルの中央に穿孔して樹脂を注入してタイルを固定させる工法である。

シール工法➡ひび割れ幅0.2㎜未満程度の幅狭な補修に有効。

❶ 適　切

ハイレベル

コンクリートのひび割れの補修における樹脂注入工法において、**ひび割れ幅の「変動**（注：地盤沈下や周辺環境からの振動、温度変化等の影響を受けて動きが発生する「挙動」を指す趣旨と判断する）」**が大きい場合には、「軟質形」のエポキシ樹脂を注入する**。

❷ 適　切

コンクリートのひび割れの補修における**シール工法**は、ひび割れ幅が**0.2㎜未満程度**の比較的幅の小さいひび割れの補修に有効な工法である。

❸ 適　切

吹付けタイル等の塗り仕上げの改修は、**ひび割れに沿って塗膜を撤去する**のが原則である。しかし、**塗膜が健全でコンクリートとの接着が良い場合**は、**塗膜を撤去せずにひび割れ改修**を行うこともある。

❹ 不適切　**「アンカーピンニング全面エポキシ樹脂注入工法」**
➡「注入口付アンカーピンニングエポキシ樹脂注入タイル固定工法」

ハイレベル

タイル張り外壁の浮き部分の補修における**「アンカーピンニング全面エポキシ樹脂注入工法」**は、注入すべき箇所の至近の**「目地」に穿孔する工法**である。

なお、本肢は、「注入口付アンカーピンニングエポキシ樹脂注入タイル固定工法」の説明である。

正解 ❹

マンションの修繕工事に関する次の記述のうち、適切でないものはどれか。

❶　タイル張り外壁の浮き部分の補修では、アンカーピンニング部分エポキシ樹脂注入工法の方が、注入口付きアンカーピンニング部分エポキシ樹脂注入工法よりも、ピンニングの箇所数が多くなる。

❷　ポリマーセメントモルタル充てん工法は、コンクリート表面の剝（は）がれや剝落（はくらく）の発生している欠損部の改修工法であり、表面の軽微な欠損部に適用する。

❸　屋上の保護アスファルト防水の改修では、既存防水層を撤去し新たな防水層を施工することが一般的である。

❹　ウレタンゴム系塗膜防水材を用いた塗膜防水は、開放廊下やバルコニーに適用することができる。

ポリマーセメントモルタル充てん工法➡「軽微な剥がれ等の改修工法」

❶ **適　切**

ハイレベル

タイル張り外壁の浮き部分の補修における工法のうち、アンカーピンニング部分エポキシ樹脂注入工法におけるアンカーピンの本数は、原則として16本／㎡とされる。他方、注入口付きアンカーピンニング部分エポキシ樹脂注入工法（モルタルの浮きを機械的に固定すると同時に、エポキシ樹脂を流し込むことができる特殊な工法）におけるアンカーピンの本数は、剥落に対する安全性を確保することに加え、より耐久性を確保するため、原則としてピンニングの箇所数がより少ない９本／㎡とされる。したがって、アンカーピンニング部分エポキシ樹脂注入工法の方が、注入口付きアンカーピンニング部分エポキシ樹脂注入工法よりも、ピンニングの箇所数が多くなる。

❷ **適　切**

ハイレベル

ポリマーセメントモルタル充てん工法は、コンクリート表面の**比較的軽微な剥がれや浅い欠損部に適した改修工法**である。

❸ **不適切　「撤去し…一般的」➡「かぶせ工法が一般的」**

屋上の保護アスファルト防水の改修において、既存防水層を**撤去し新たな防水層を施工**する「**撤去工法**」は、新築時と同条件で防水が施工できる反面、保護アスファルトの撤去時に生じる**騒音**や撤去した**廃材処理**、**施工中の降雨による漏水の危険性**などがある。そのため、既存防水層の**不良部分のみを撤去**し、適切な下地処理を施した上で、**新規の防水層をかぶせて施工**する「**かぶせ工法**」が**主流**である。

❹ **適　切**

ウレタンゴム系塗膜防水材を用いた塗膜防水は、強度が高いため**開放廊下やバルコニーの改修工事に適用**できる。

正解 ❸

マンションの大規模修繕工事に関する次の記述のうち、適切でないものはどれか。

❶ 工事中の煙や臭いの発生を少なくするため、溶融温度が低い防水工事用改質アスファルトを用いた。

❷ 工事による騒音が、室内において40dBA程度になると、不快感を訴える人が多くなる。

❸ モルタル塗り仕上げ部分に発生している幅が1.0㎜を超えるひび割れで、ひび割れ幅の変動がある場合の補修は、Uカットシール材充填工法とし、充填材にシーリング材を用いるのが一般的である。

❹ 外壁複合改修構工法（ピンネット工法）は、既存のタイルやモルタル等の仕上げ層を撤去せずに、アンカーピンによる仕上げ層の剥落防止と繊維ネットによる既存仕上げ層の一体化により安全性を確保する工法である。

外壁複合改修構工法は、既存のタイルやモルタル等の仕上げ層を撤去しない。

❶ **適　切**

工事中の煙や臭いの発生を少なくするため、溶融温度が低い防水工事用改質アスファルトを用いたことは適切である。

❷ **不適切**　「不快感を訴える人が多くなる」➡「標準的な騒音レベルであるので不快感を訴える人が多くなるとは言えない」

室内において40dBA程度の騒音は、集合住宅の居室や寝室における標準的な騒音レベルである。したがって、工事による騒音が、室内において40dBA程度の場合、不快感を訴える人が多くなるとは言えない。

❸ **適　切**

頻出

モルタル塗り仕上げ部分に発生している幅が1.0㎜を超えるひび割れで、ひび割れ幅の変動がある場合の補修は、Uカットシール材充填工法とし、充填材シーリング材を用いるのが一般的である。

❹ **適　切**

頻出

外壁複合改修構工法（ピンネット工法）は、既存のタイルやモルタル等の仕上げ層を撤去せずに、アンカーピンによる仕上げ層の剥落防止と繊維ネットによる既存仕上げ層の一体化により安全性を確保する工法である。

正解 ❷

大規模修繕㉑（建築材料）

H30-問42

マンションの建物に使用される建築材料に関する次の記述のうち、適切でないものはどれか。

❶ コンクリートは、調合の際に水セメント比を小さくすると強度が増すが、練り混ぜや打ち込みなどの作業性は低くなる。

❷ セラミックタイルは、うわぐすりの有無により「施ゆうタイル」と「無ゆうタイル」に分類されるが、「無ゆうタイル」は、吸水率が高いので、外壁用のタイルには用いられない。

❸ 合板は、木材から切削した単板３枚以上を、主としてその繊維方向を互いにほぼ直角にして、接着したものである。

❹ アスファルトルーフィングは、有機天然繊維を主原料とした原紙に、アスファルトを浸透、被覆し、表裏面に鉱物質粉末を付着させたものである。

セラミックタイル ➡ 施ゆうタイルと無ゆうタイルに分類される。

❶ **適　切**

水セメント比とは、**セメントに対する水の重量の割合**である。したがって、コンクリートの調合の際に水セメント比を小さくすると、水の割合が減ってセメントの割合が増えるため**強度は増す**が、**作業性**（**ワーカビリティー**）**が低く**なり、練り混ぜや打ち込みなどがしにくくなる。

❷ **不適切**　**「吸水率が高いので用いられない」➡「吸水率が低いので用いられる」**

ハイレベル

セラミックタイルは、焼成によって溶けたガラス質の皮膜である「**うわぐすり**」の有無により、うわぐすりに含まれる顔料により表面の色をつくる「**施**(せ)**ゆうタイル**」と、素地そのものの色を味わいとする「**無**(む)**ゆうタイル**」に分類される。いずれも「吸水率が低い」という点に差はなく、**外壁用のタイルにも用いられる**。

❸ **適　切**

合板とは、木材から切削した**単板３枚以上**を、主としてその**繊維方向を互いにほぼ直角**にして、**接着・積層**したものである。

❹ **適　切**

アスファルトルーフィングとは、建築用の**防水材料**の一種で、有機天然繊維を主原料とした**原紙**に、**アスファルトを浸透・被覆**させ、さらに表裏面に**鉱物質粉末を付着**させたものである。

正解 ❷

マンションの室内環境に関する次の記述のうち、適切でないものはどれか。

❶　住宅の省エネルギー基準には、外壁や窓等に関する基準以外に暖冷房や給湯等の住宅設備に関する基準も導入されている。

❷　窓サッシを二重化すると、窓の熱貫流率が小さくなり、室内の温度を安定させるとともに、結露の発生を抑制することができる。

❸　JIS（日本産業規格）でのＦ☆☆☆☆等級に適合する建材は、建築基準法によるシックハウス対策に係る制限を受けることなく内装仕上げに用いることができる。

❹　マンションの界壁の遮音は、空気伝搬音より固体伝搬音の対策を重視しなければならない。

窓サッシの二重化➡熱貫流率が小さくなり結露の発生を抑制できる。

❶ **適　切**

住宅の省エネルギー基準には、外皮（**外壁や窓等**）に関する基準以外に、「**空調・暖冷房設備**」「換気設備」「照明設備」「給湯設備」「昇降機」等の住宅設備に関する基準も導入されている。

❷ **適　切**

熱貫流率とは、**熱伝導率と熱伝達率**からなり、外壁や屋根・間仕切等を伝わって流れる熱の大小を表す数値で、建物各部位における**熱の伝わりやすさ**を表すものである。**窓サッシを二重化**すると、断熱性が高まるために窓の**熱貫流率**が小さくなり、室内の温度を安定させるとともに、**結露の発生を抑制**できる。

❸ **適　切**

JIS（日本産業規格）での「**F☆☆☆☆等級**」とは、ホルムアルデヒド等級の最上位規格を示すマークであり、これに適合する建材は、建築基準法による**シックハウス対策に係る制限を受けることなく、内装仕上げに用いる**ことができる。

❹ **不適切**　**「空気伝搬音より固体伝搬音の対策を重視」**

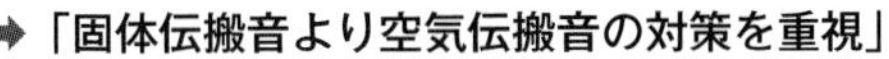

界壁の遮音については、**固体伝搬音**よりも**空気伝搬音の対策を重視**しなければならない。

なお、**固体伝搬音**の対策で特に重視すべきなのは、**床の遮音**であることに注意。

正解 ❹

マンションの維持・保全等

100 大規模修繕㉓（室内環境）

CHECK!　H29-問41　重要度 B

マンションの室内環境に関する次の記述のうち、適切でないものはどれか。

❶　建築基準法の規定による居室に設ける窓その他の開口部の採光に有効な部分の面積の算定方法は、開口部が設置されている壁面の方位により異なる。

❷　低放射複層ガラス（Low-E複層ガラス）は中空層側のガラス面に特殊な金属膜をコーティングしたものであるが、金属膜を屋外側ガラスにコーティングした場合と室内側ガラスにコーティングした場合とでは、室内環境に及ぼす効果が異なる。

❸　遮音対策としては、共用廊下やエレベーター、設備配管からの騒音にも配慮する必要がある。

❹　壁下地材などの内装材として使用されているせっこうボードは、防火性だけではなく遮音性を有している。

居室の採光に有効な部分の面積➡窓の実面積に採光補正係数をかけて算出。

❶ 不適切 「開口部が設置されている壁面の方位」
➡「隣地境界線等までの水平距離等」

ひっかけ

居室に設ける窓その他の**開口部の採光に有効な部分の面積の算定方法**は、**窓の実面積に採光補正係数**をかけて算出するが、この採光補正係数は、**隣地境界線等までの水平距離等**により異なる（建築基準法28条1項、施行令20条2項）。開口部が設置されている壁面の方位によって異なるものではない。

❷ 適 切

低放射複層ガラス（**Low-E複層ガラス**）は、中空層側のガラス面に特殊な金属をコーティングしたもので、標準的な複層ガラスや単板ガラスよりもより**高い断熱性能と日射遮蔽性能**を有する。金属膜を**屋外側**ガラスにコーティングした場合は、**日射遮蔽性能がより高くなり**、**寒冷地**以外に適する。他方、金属膜を**室内側**ガラスにコーティングした場合は**断熱性能がより高くなり**、**寒冷地**に適する。

❸ 適 切

騒音には、建物外部からの騒音（外部騒音）と建物内部の騒音（内部騒音）とがある。それらへの遮音対策としては、**共用廊下やエレベーター、設備配管等からの騒音にも配慮**する必要がある。

❹ 適 切

せっこうボードとは、せっこうをメインに、それに少量の軽量骨材等を混ぜたものを芯にして、その両面をサンドイッチのように厚紙で挟んで板状にしたものである。**防火性、遮音性等に優れ**、壁や天井の内装下地材として多用されている。

正解 ❶

マンションの室内環境に関する次の記述のうち、適切でないものはどれか。

❶ 窓サッシの遮音性能については、JIS（日本産業規格）で定められるT値が大きいほど、遮音性能が高い。

❷ 建築材料の熱の伝わりにくさを示す熱伝導抵抗（熱抵抗）は、熱伝導率の逆数に材料の厚さを掛けることで求めることができる。

❸ 換気計画上、居室と一体的に換気を行う廊下は、建築基準法のシックハウス対策に関わる内装仕上げ制限の対象となる。

❹ 建築物のエネルギー消費性能の向上に関する法律（平成27年法律第53号）において、住宅に関する建築物エネルギー消費性能基準は、設備機器などの一次エネルギー消費量を評価する基準である。

窓サッシの遮音性能➡Ｔ値が大きいほど高い。

❶ 適　切

ハイレベル

窓サッシの遮音性能については、Ｔ値が大きいほど、遮音性能が高い。

❷ 適　切

建築材料の熱の伝わりにくさを示す熱伝導抵抗（熱抵抗）は、熱伝導率の逆数に材料の厚さを掛けることで求めることができる。

❸ 適　切

居室を有する建築物では、石綿等以外の物質でその居室内において衛生上の支障を生ずるおそれがあるものとして政令で定める物質（クロルピリホス・ホルムアルデヒド）の区分に応じ、建築材料及び換気設備について一定の技術的基準に適合しなければならない（建築基準法28条の２第３号）。そして、この場合の居室には、常時開放された開口部を通じてこれと相互に通気が確保される廊下その他の建築物の部分も含まれる（施行令20条の７第１号）。したがって、居室と一体的に換気を行う廊下は、シックハウス対策に関わる内装仕上げ制限の対象となる。

❹ 不適切　**「一次エネルギー消費量を評価する基準」**

➡「外皮性能を評価する基準及び一次エネルギー消費量を評価する基準」

ハイレベル

建築物のエネルギー消費性能の向上に関する法律において、住宅に関する建築物エネルギー消費性能基準は、「**住宅の窓や外壁等の外皮性能を評価する基準**」及び「**冷暖房・換気・給湯・照明等の設備機器等の一次エネルギー消費量を評価する基準**」の**２つ**である（建築物エネルギー消費性能基準等を定める省令１条２号イ・ロ）。

正解 ❹

マンションの維持・保全等

マンションの省エネに関する次の記述のうち、適切でないものはどれか。

❶　建築物のエネルギー消費性能の向上等に関する法律において住宅に適用される基準は、建築物エネルギー消費性能基準と住宅事業建築主基準の２つである。

❷　熱貫流率とは、熱伝導率と熱伝達率の２要素により決まり、値が大きい外壁は熱を通しやすく、値が小さい外壁は保温性が高いことを示す。

❸　夏場の省エネ対策では、日射をいかに防ぐかがポイントとなり、ブラインドやルーバーを用いて直射光が室内に入らないようにすることは有効である。

❹　外壁の仕様を熱伝導抵抗が高いものとしたり建具の気密性を高めることは、熱の出入りを低減し、断熱性能を高めるために有効である。

熱貫流率➡値が大きい外壁は熱を通しやすく、値が小さい外壁は保温性が高い。

❶ ひっかけ

不適切 「建築物エネルギー消費性能基準と住宅事業建築主基準の２つ」

➡「建築物エネルギー消費性能基準、住宅事業建築主基準、誘導基準の３つ」

建築物のエネルギー消費性能の向上等に関する法律において**住宅に適用される基準**は、**建築物エネルギー消費性能基準、住宅事業建築主基準、誘導基準**の**３つ**である。

❷ 頻出

適　切

熱貫流率とは、熱伝導率と熱伝達率の**２要素**により決まり、**値が大きい外壁**は**熱を通しやすく、値が小さい外壁**は**保温性が高い**ことを示す。

❸

適　切

夏場の省エネ対策では、**日射をいかに防ぐかが**ポイントとなり、**ブラインドやルーバー**を用いて**直射光が室内に入らないようにする**ことは**有効**である。

❹

適　切

外壁の仕様を**熱伝導抵抗が高い**ものとしたり**建具の気密性を高め**たりすることは、熱の出入りを低減し、**断熱性能を高めるために有効**である。

マンションの維持・保全等

正解 ❶

マンションの室内環境に関する次の記述のうち、適切でないものはどれか。

❶ 窓サッシを二重化すると、窓の熱貫流率が小さくなり、室内の温度を安定させることができる。

❷ 建築基準法の規定によれば、採光に有効な窓その他の開口部（天窓を除く。）の面積の算定方法は、当該開口部が設けられている方位にかかわらず同じである。

❸ ホルムアルデヒドを発散する建築材料を使用しない場合でも、居室には、原則として換気設備の設置が必要である。

❹ 重量床衝撃音に対する遮音性能は、同じ厚さのコンクリート床の場合、梁（はり）によって囲まれた正方形の床版においては、面積が大きいほど高くなる。

重量床衝撃音の遮音性能(同じコンクリート床)➡梁で囲まれた正方形の床版では面積が大ほど低い。

❶ **適　切**

窓サッシを**二重化**すると、窓の**熱貫流率が小さくなり**、**室内の温度を安定させる**ことができる。

❷ **適　切**

居室の開口部の採光有効面積は、**居室の開口部ごとの面積**に「**採光補正係数**」を**乗じて得た面積を合計して算定**する（建築基準法施行令20条）。この採光補正係数は、当該開口部が設けられている**方位にかかわらず同じ**である。

❸ **適　切**

ホルムアルデヒドを発散する建築材料を使用しない場合でも、家具からホルムアルデヒドが発散する可能性があるため、**居室には**、原則として**換気設備の設置が必要**である（建築基準法28条の２第３号、施行令20条の８）。

❹ **不適切**　「面積が大きいほど高くなる」➡「低くなる」

重量床衝撃音に対する遮音性能は、同じ厚さのコンクリート床の場合、梁によって囲まれた正方形の床版においては、**面積が大きいほど**「**低く**」**なる**。

マンションの維持・保全等

正解 ❹

マンションの照明設備における、防犯上の設計に関する次の記述のうち、「共同住宅に係る防犯上の留意事項及び防犯に配慮した共同住宅に係る設計指針について」（平成18年４月国住生第19号）によれば、適切でないものはどれか。

❶　共用廊下･共用階段の照明設備は、極端な明暗が生じないよう配慮しつつ、床面において概ね20ルクス以上の平均水平面照度を確保することができるものとする。

❷　駐車場の照明設備は、極端な明暗が生じないよう配慮しつつ、床面において概ね３ルクス以上の平均水平面照度を確保することができるものとする。

❸　共用玄関の存する階のエレベーターホールの照明設備は、床面において概ね20ルクス以上の平均水平面照度を確保することができるものとする。

❹　児童遊園、広場又は緑地等の照明設備は、極端な明暗が生じないよう配慮しつつ、地面において概ね３ルクス以上の平均水平面照度を確保することができるものとする。

共用玄関がある階のエレベーターホール➡50ルクス以上、その他の階➡20ルクス以上。

❶ 適　切

共用廊下・共用階段の照明設備は、極端な明暗が生じないように配慮しつつ、**床面**において**概ね20ルクス以上**の平均水平面照度を確保することができるものとする（防犯に配慮した共同住宅に係る設計指針３－２(6)イ）。

❷ 適　切

駐車場の照明設備は、極端な明暗が生じないように配慮しつつ、**床面**において**概ね３ルクス以上**の平均水平面照度を確保することができるものとする（指針３－２(8)イ）。

❸ 不適切　「20ルクス」➡「50ルクス」

ひっかけ

共用玄関の存する階のエレベーターホールの**照明設備**は、その内側の**床面**においては**概ね50ルクス以上**の平均水平面照度を確保することができるものとする（指針３－２(4)イ）。

❹ 適　切

児童遊園、広場または緑地等の照明設備は、極端な明暗が生じないように配慮しつつ、**地面**において**概ね３ルクス以上**の平均水平面照度を確保することができるものとする（指針３－２(10)イ）。

マンションの維持・保全等

正解 ❸

「共同住宅に係る防犯上の留意事項及び防犯に配慮した共同住宅に係る設計指針について」によれば、マンションのＡ～Ｃの場所において確保すべき照明設備の平均水平面照度に関し、適切なものの組合せは、❶～❹のうちどれか。

［場所］

Ａ　共用玄関内側の床面及び共用メールコーナーの床面

Ｂ　共用玄関以外の共用出入口床面

Ｃ　駐車場の床面及び自転車置場・オートバイ置場の床面

［確保すべき平均水平面照度の組合せ］

❶　Ａは概ね50ルクス以上、Ｂは概ね10ルクス以上、Ｃは概ね３ルクス以上

❷　Ａは概ね40ルクス以上、Ｂは概ね20ルクス以上、Ｃは概ね10ルクス以上

❸　Ａは概ね50ルクス以上、Ｂは概ね20ルクス以上、Ｃは概ね３ルクス以上

❹　Ａは概ね40ルクス以上、Ｂは概ね10ルクス以上、Ｃは概ね３ルクス以上

「防犯に配慮した共同住宅に係る設計指針」の数字は要確認！

「防犯に配慮した共同住宅に係る設計指針３－２」によれば、確保すべき照明設備の平均水平面照度に関しては、次のとおりとなる。

A	共用玄関内側の床面及び共用メールコーナーの床面	概ね50ルクス以上
B	共用玄関以外の共用出入口床面	概ね20ルクス以上
C	駐車場の床面及び自転車置場・オートバイ置場の床面	概ね３ルクス以上

したがって、**適切なものの組合せ**は、Aを「概ね50ルクス以上」、Bを「概ね20ルクス以上」、Cを「概ね３ルクス以上」とする❸となる。

正解 ❸

マンションの防犯に関する次の記述のうち、適切でないものはどれか。

❶ 屋内の共用廊下の照明設備は、床面においておおむね50ルクス以上の平均水平面照度を確保するものとする。

❷ 屋外の共用階段について、住棟外部からの見通しが確保され、各住戸のバルコニーと近接している場合には当該バルコニーに侵入しにくい構造とする。

❸ 敷地内の通路は、共用玄関や居室の窓から見通しが確保され、路面においておおむね3ルクス以上の平均水平面照度を確保できる照明設備を設けるものとする。

❹ 共用玄関の照明設備は、その内側の床面においておおむね50ルクス以上、外側の床面においておおむね20ルクス以上の平均水平面照度をそれぞれ確保するものとする。

共用玄関照明設備➡内側床面で概ね50ルクス以上、外側床面で概ね20ルクス以上。

❶ 不適切 **「50ルクス以上」➡「20ルクス以上」**

共用廊下・共用階段の**照明設備**は、床面において概ね**「20ルクス」以上の平均水平面照度を確保することができるもの**とする（防犯に配慮した共同住宅の設計指針３－２－6（6）イ）。

❷ 適　切

共用階段のうち、**屋外に設置されるもの**については、**住棟外部から見通しが確保されたもの**とすることが望ましく、屋内に設置されるものについては、各階において階段室が共用廊下等に常時開放されたものとすることが望ましい。また、**共用廊下**及び**共用階段**は、各住戸の**バルコニー等に近接する部分**については、当該**バルコニー等に侵入しにくい構造とすることが望ましい**（３－２（6）ア）。

❸ 適　切

通路（道路に準ずるものを除く）は、道路等、**共用玄関**又は**居室の窓等**からの**見通しが確保された位置に配置する**（３－２（9）ア）。また、通路の照明設備は、路面において概ね**３ルクス以上**の**平均水平面照度を確保する**ことができるものとする（同イ）。

❹ 適　切

頻出

共用玄関の照明設備は、その**内側の床面**において概ね**50ルクス以上**、その**外側の床面**において概ね**20ルクス以上**の**平均水平面照度をそれぞれ確保する**ことができるものとする（３－２（1）エ）。

正解 ❶

甲マンションの管理組合から、改修計画において、防犯に配慮した設計とする上で留意すべきことの相談を受けたマンション管理士の次の発言のうち、「共同住宅に係る防犯上の留意事項及び防犯に配慮した共同住宅に係る設計指針について」によれば、適切なものはいくつあるか。

ア　甲マンションには、管理員室が設置されていることから、住戸内と管理員室の間で通話が可能な機能を有するインターホンを設置することが望ましいので、検討してください。

イ　エレベーターのかご内には、防犯カメラを設置するようにしてください。

ウ　接地階の住戸のバルコニーの外側等の住戸周りは、住戸のプライバシー確保及び防犯上の観点から、周囲から見通されないように配慮してください。

エ　居住者の意向による改修は、所有形態、管理体制等による制約条件を整理するとともに、計画修繕に併せて改修すべきものと緊急に改修すべきものとに分けて検討するようにしてください。

❶　一つ

❷　二つ

❸　三つ

❹　四つ

「防犯上の留意事項・防犯に配慮した設計指針」を確認しよう！

ア　**適　切**

インターホンは、管理人室を設置する場合にあっては、**住戸内と管理人室との間で通話が可能な機能**等を有するものとすることが望ましい（防犯に配慮した共同住宅に係る設計指針４－３(2)ア）。

イ　**適　切**

エレベーターのかご内には、**防犯カメラ等**の設備を設置することが望ましい（４－２(5)ア）。

ウ　**不適切**　**「見通されないように」➡「見通しを確保したものとする」**

接地階の住戸のバルコニーの外側等の住戸周りは、住戸の**プライバシーの確保に配慮しつつ、周囲からの見通しを確保したもの**とすることが望ましい（４－３(4)ウ）。

エ　**適　切**

居住者の意向による改修は、所有形態、管理体制等による制約条件を整理するとともに、**計画修繕等に併せて改修すべきものと緊急に改修すべきものとに分けて検討する**（４－１(1)エ）。

したがって、**適切なものはア・イ・エの三つ**であり、**正解は❸**となる。

正解 ❸

108 大規模修繕㉛（共同住宅の防犯指針②）

R 2-問24　重要度 B

「共同住宅に係る防犯上の留意事項及び防犯に配慮した共同住宅に係る設計指針について」（最終改正 平成18年４月20日 国住生第19号）によれば、新築住宅建設に係る設計指針に関する次の記述のうち、適切でないものはどれか。

❶　共用玄関には、玄関扉を設置することが望ましい。また、玄関扉を設置する場合には、外部から建物内部が見えないようにするとともに、オートロックシステムを導入することが望ましい。

❷　共用廊下・共用階段の照明設備は、極端な明暗が生じないよう配慮しつつ、床面において概ね20ルクス以上の平均水平面照度を確保することができるものとする。

❸　ゴミ置場は、道路等からの見通しが確保された位置に配置する。また、住棟と別棟とする場合は、住棟等への延焼のおそれのない位置に配置する。

❹　通路（道路に準ずるものを除く。以下同じ。）は、道路等、共用玄関又は居室の窓等からの見通しが確保された位置に配置する。また、周囲環境、夜間等の時間帯による利用状況及び管理体制等を踏まえて、道路等、共用玄関、屋外駐車場等を結ぶ特定の通路に動線が集中するように配置することが望ましい。

玄関扉➡扉内外を相互に見通せる構造でオートロックシステム導入。

❶ 不適切 「建物内部が見えないようにする」

➡「扉の内外を相互に見通せる構造とする」

共用玄関には、玄関扉を設置することが望ましい。また、玄関扉を設置する場合には、扉の内外を相互に見通せる構造とするとともに、オートロックシステムを導入することが望ましい（防犯に配慮した共同住宅に係る設計指針３－２(1)イ）。

❷ 適　切

共用廊下・共用階段の照明設備は、床面において概ね20ルクス以上の平均水平面照度を確保することができるものとする（３－２(6)イ）。

❸ 適　切

ゴミ置場は、道路等からの見通しが確保された位置に配置する。また、住棟と別棟とする場合は、住棟等への延焼のおそれのない位置に配置する（３－２(12)イ）。

❹ 適　切

通路（道路に準ずるものを除く）は、道路等、共用玄関又は居室の窓等からの見通しが確保された位置に配置する。また、周辺環境、夜間等の時間帯による利用状況及び管理体制等を踏まえて、道路等、共用玄関、屋外駐車場等を結ぶ特定の通路に動線が集中するように配置することが望ましい（３－２(9)ア）。

正解 ❶

109 大規模修繕㉜（共同住宅の防犯指針③）

CHECK!　R 5-問24　重要度 A

「共同住宅に係る防犯上の留意事項及び防犯に配慮した共同住宅に係る設計指針について」によれば、新築住宅建設に係る設計指針に関する次の記述のうち、適切でないものはどれか。

❶ 管理人室は、共用玄関、共用メールコーナー（宅配ボックスを含む。）及びエレベーターホールを見通せる構造とし、又はこれに近接した位置に配置する。

❷ 通路（道路に準ずるものを除く。以下同じ。）は、周辺環境、夜間等の時間帯による利用状況及び管理体制等を踏まえて、道路等、共用玄関、屋外駐車場等を結ぶ特定の通路に動線が集中しないように配置することが望ましい。

❸ エレベーターのかご及び昇降路の出入口の扉に、エレベーターホールからかご内を見通せる構造の窓を設置しても、エレベーターのかご内には、防犯カメラを設置する必要がある。

❹ 集会所等の共同施設は、周囲からの見通しが確保されたものとするとともに、その利用機会が増えるよう、設計、管理体制等を工夫する。

新築住宅建設に係る設計指針と既存住宅改修の設計指針を分類しておこう！

❶ **適　切**

管理人室は、共用玄関、共用メールコーナー（宅配ボックスを含む）及びエレベーターホールを見通せる構造とし、又はこれらに近接した位置に配置する（防犯に配慮した共同住宅の設計指針3－2（2））。

❷ **不適切**　「動線が集中しないように配置する」

➡「動線が集中するように配置する」

頻出

通路（道路に準ずるものを除く）は、道路等、共用玄関又は居室の窓等からの見通しが確保された位置に配置する。また、周辺環境、夜間等の時間帯による利用状況及び管理体制等を踏まえて、道路等、共用玄関、屋外駐車場等を結ぶ特定の通路に動線が集中するように配置することが望ましい（指針3－2（9））。

❸ **適　切**

頻出

エレベーターのかご内には、防犯カメラ等の設備を設置することが望ましい。また、エレベーターのかご及び昇降路の出入口の扉は、エレベーターホールからかご内を見通せる構造の窓が設置されたものとする（指針3－2（5））。

❹ **適　切**

集会所等の共同施設は、周囲からの見通しが確保されたものとするとともに、その利用機会が増えるよう、設計、管理体制等を工夫する（指針3－2（12））。

正解 ❷

マンションの計画に関する次の記述のうち、適切でないものはどれか。

❶　片廊下型の住棟において、住戸のプライバシーに配慮し、共用廊下を住戸から離して設置した。

❷　片廊下型の住棟において、採光に配慮し、居室数の多い大型住戸を端部に、居室数の少ない小型住戸を中間部に配置した。

❸　２階建ての共同住宅（メゾネット型の住戸はなく、各階の居室の床面積の合計がそれぞれ250㎡）において、２階から避難階である１階に通ずる直通階段を１つ設けた。

❹　共用ゴミ置き場は、防犯の観点から、道路からの見通しが確保できる場所に設けた。

共同住宅用の階（居室の床面積合計が100㎡超）では、原則その階から避難階・地上に通ずる２以上の直通階段を設置。

❶ 適　切

片廊下型の住棟では、多くの住民が住戸の前を通ることになり、プライバシーの確保が難しいので、住戸のプライバシーに配慮し、共用廊下を住戸から離して設置したことは適切である。

❷ 適　切

片廊下型の住棟において、採光に配慮し、居室数の多い大型住戸を端部に、居室数の少ない小型住戸を中間部に配置したことは適切である。

❸ 不適切　「直通階段を１つ設けた」➡「２以上の直通階段を設けなければならない」

ひっかけ

共同住宅の用途に供する階でその階における居室の床面積の合計が100㎡を超えるものについては、原則として、その階から避難階又は地上に通ずる２以上の直通階段を設けなければならない（建築基準法施行令121条１項５号）。本肢の共同住宅は各階の床面積の合計が250㎡であるから、２以上の直通階段が必要となる。

❹ 適　切

頻出

共用ゴミ置き場は、防犯の観点から、道路からの見通しが確保できる場所に設けたことは適切である（防犯に配慮した共同住宅に係る設計指針第３の２（12）イ）。

正解 ❸

マンションの各部の計画に関する次の記述のうち、下線部の数値が適切でないものはどれか。

❶　車いす使用者の利用する平面駐車場において、１台当たりの駐車スペースの幅を、<u>3.5m</u>とした。

❷　高低差が50mmある共用部分の傾斜路の勾配を、$\underline{\frac{1}{8}}$とした。

❸　住戸の床面積の合計が200㎡の階において、両側に居室がある共用廊下の幅を、<u>1.6m</u>とした。

❹　屋外に設ける避難階段の出口から道又は公園、広場その他の空地に通ずる通路の幅員を、<u>1.4m</u>とした。

敷地内の通路➡屋外避難階段・屋外出口から道等の空地に通ずる幅員は1.5m以上。

❶ **適　切**

車椅子使用者用駐車施設は、その幅を、3.5m（350cm）以上としなければならない（バリアフリー法施行令17条2項）。

❷ **適　切**

傾斜路の勾配は、原則として$\frac{1}{12}$を超えないものとしなければならない。ただし、**高さが16cm以下**のものにあっては、$\frac{1}{8}$**を超えないもの**とすればよい（18条2項7号ニ⑵）。

❸ **適　切**

頻出

共同住宅では、住戸の床面積の合計が100㎡超**の階**について、廊下の**両側に居室**のある場合は、**廊下の幅が**1.6m以上必要である（建築基準法施行令119条）。

❹ **不適切**　「1.4m」➡「1.5m」

敷地内には、屋外に設ける避難階段および避難階における屋外への出口から道または公園、広場その他の**空地に通ずる幅員**が1.5m（階数が3以下で延べ面積が200㎡未満の建築物の敷地内にあっては、90㎝）以上**の通路**を設けなければならない（128条）。

【敷地内の通路】

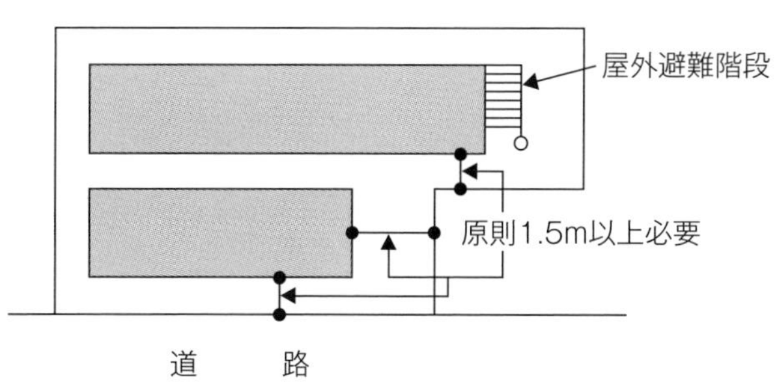

正解 ❹

マンションの維持・保全等

マンションの各部の計画に関する次の記述のうち、適切でないものはどれか。

❶ 中廊下型のマンションは、片廊下型のマンションに比べ、日照や通風などの居住性が劣っている。

❷ 1階部分で壁がなく柱だけで構成された吹き抜け空間のことをピロティという。屋外であっても雨にさらされないため、駐輪場や駐車場として使われることが多い。

❸ マンションで火災が発生した場合、住戸から安全に避難できるよう計画されている必要があるため、避難経路となる全てのバルコニーには、避難器具を設けなければならない。

❹ マンションの管理員室は、管理員の管理事務の空間であるとともに、各種資料の保管場所でもあり、また、居住者から相談を受ける場所でもある。流しやトイレが設置されることもある。

ピロティは雨にさらされないため、主に駐輪場や駐車場として使われる。

❶ **適　切**

頻出

中廊下型のマンションは、片廊下型のマンションに比べ、**共用廊下側には窓を設けることができないため、採光や通風などの居住性で劣る。**

❷ **適　切**

1階部分で**壁がなく柱だけで構成された吹き抜け空間**のことをピロティという。屋外であっても雨にさらされないため、駐輪場や駐車場として使われることが多い。

❸ **不適切**　**「全てのバルコニーには、避難器具を設けなければならない」**

➡「設けなければならないわけではない」

ひっかけ

共同住宅等の地階又は**2階以上の階で、収容人員30人以上のものには、避難器具を設けなければならない**（消防法施行令25条第1項）。そして、避難器具の個数については、**収容人員100人以下は1個、以降100人を超えるごとに1個増やす**こととされている（同2項）。したがって、全てのバルコニーに避難器具を設けなければならないわけではない。

❹ **適　切**

マンションの**管理員室**は、**管理員の管理事務の空間**であるとともに、**各種資料の保管場所**でもあり、また、**居住者から相談を受ける場所**でもある。**流しやトイレが設置される**こともある。

正解 ❸

113 マンションの構造①

□□□ CHECK! H29-問40 重要度 A

マンションの建物に用いられる構造形式に関する次の記述のうち、適切でないものはどれか。

❶ ラーメン構造は、柱と梁を剛接合して建物の骨組みを構成し、荷重及び外力に対応する構造形式であり、構造耐力を増すために耐力壁を設ける場合もある。

❷ 壁式構造は、壁や床などの平面的な構造部材を一体として構成し、荷重及び外力に対応する構造形式であり、高層の建物より中低層の建物に採用されることが多い。

❸ 鉄筋コンクリート構造は、鉄筋とコンクリートのそれぞれの長所を活かすように組み合わせた構造形式であるが、施工現場において鉄筋及び型枠を組み立て、コンクリートを打つ必要があり、工業化はされていない。

❹ 鉄骨構造は、外力に対して粘り強い構造形式であるが、耐火被覆や防錆処理が必要となるだけでなく、鉄筋コンクリート構造に比べて揺れが大きくなりやすい。

鉄筋コンクリート構造は、工業化されている。

❶ **適　切**

ラーメン構造は、柱と梁をしっかり固定（**剛接合**）して建物の**骨組み**を構成し、**荷重や外力に対応**する構造形式である。構造耐力を増すために、**耐力壁**を設ける場合もある。

❷ **適　切**

壁式構造は、壁や床等の**平面的な構造部材を一体として構成**し、**荷重や外力に対応**する構造形式である。高層の建物よりも**中低層の建物**に多く用いられる。

❸ **不適切**　「工業化はされていない」➡「工業化されている」

鉄筋コンクリート構造は、圧縮強度は高いが引張強度が低いコンクリートの短所を、圧縮強度は劣るが引張強度が高い鉄筋によって補った、**それぞれの長所を活かすように組み合わせた構造形式**である。施工現場において鉄筋及び型枠を組み立て、コンクリートを**打つ工法**のほかにも、あらかじめ工場で生産したものを用いる工法（**プレキャスト工法**）もあり、工業化されている。

❹ **適　切**

鉄骨構造（「**鋼構造**」ともいう）は、外力に対して粘り強い構造形式であり、超高層建築物（上層階部分）や大スパン構造物に適している。もっとも、鉄は熱に弱く、錆びやすいことから、**耐火被覆や防錆処理が必要**である。また、鉄筋コンクリート構造に比べて**揺れが大きくなりやすい**ため、居住性の側面から、マンションでの採用例は少ない。

正解 ❸

マンションの構造などに関する次の記述のうち、適切でないものはどれか。

❶ 鉄骨鉄筋コンクリート構造は、鉄骨を鉄筋コンクリートで被覆した構造形式であり、コンクリートの中性化が起きにくい。

❷ 鉄筋コンクリート構造、鉄骨鉄筋コンクリート構造の施工には、多量の水を使用する湿式工法が用いられる。

❸ 鉄骨構造は、地震力などに対して粘り強い構造であるが、鉄筋コンクリート構造と同等の耐火性を備えようとすると、耐火被覆や防錆処理が必要となる。

❹ 地盤改良に用いられる工法は複数あるが、土の間隙部分、特に間隙水をどう処理するかということがポイントとなる。

（鉄骨）鉄筋コンクリート構造の施工には多量の水を使用する湿式工法を用いる。

❶ **不適切　「中性化が起きにくい」➡「中性化が起きにくいわけではない」**

鉄骨鉄筋コンクリート構造は、鉄骨を鉄筋コンクリートで被覆した構造形式であり、コンクリートのアルカリ性により、鉄骨や鉄筋が腐食しないように保護する効果が期待できるが、空気中の二酸化炭素の接触・浸透により、コンクリートがアルカリ性を失い、中性化は避けられない。したがって、中性化が起きにくいわけではない。

❷ **適　切**

鉄筋コンクリート構造、鉄骨鉄筋コンクリート構造の施工には、多量の水を使用する湿式工法が用いられる。

❸ **適　切**

頻出

鉄骨構造は、地震力などに対して粘り強い構造であるが、鉄筋コンクリート構造と同等の耐火性を備えようとすると、耐火被覆や防錆処理が必要となる。

❹ **適　切**

地盤改良に用いられる工法は複数あるが、土の間隙部分、特に間隙水をどう処理するかということがポイントとなる。

正解 ❶

115 マンションの構造③（耐震改修）

CHECK!　H28-問40　重要度 B

マンションの構造に関する次の記述のうち、適切なものはどれか。

❶ 地震で被災した際、被災建築物応急危険度判定で「危険（赤色）」と判定されたため、修繕が不可能と判断し、建物を取り壊すことにした。

❷ 免震構造は、建築物の基礎と上部構造との間に免震装置を設ける構造であるため、建築物の新築時から免震装置を設置しておかなくてはならない。

❸ 建築基準法による耐震基準は、震度６強から震度７程度の地震に対して、主要構造部は被害を受けないことを目標としている。

❹ 耐震改修工法については、壁やブレース、柱、梁を増設、補強する工法だけではなく、逆に柱に取り付く壁と柱の間に隙間を設けることで耐震性能を改善する工法もある。

既存建築物でも、事後的に免震構造化できる。

❶ 不適切 「修繕が不可能と判断し、建物を取り壊す」
➡「立ち入ることが危険と判断」

ひっかけ

応急危険度判定とは、大地震により被災した建築物を調査し、その後の余震等による倒壊の危険性や外壁・窓ガラスの落下、付属設備の転倒などの危険性を判定することにより、二次災害を防止することを目的としている。この応急危険度判定における「危険（赤色）」は、「立ち入ることが危険」である旨の判断を示すにとどまり、「修繕が不可能で建替えが必要」との判断を示すものではない。

❷ 不適切 「新築時から免震装置を設置」
➡「既存建築物でも事後的に免震構造化できる」

免震構造は、建築物の基礎と上部構造との間などに免震装置を設置したもので、建物への外力による水平方向の震動を抑制（建物の曲げや変形を抑える）する構造である。「マンションの新築時に免震装置を設置する」方法のほか、「既存マンションにおいて、免震改修工法によって事後的に免震構造化する」こともできる。

❸ 不適切 「主要構造部は被害を受けない」
➡「建物に損傷は生じても倒壊・崩壊しない」

ひっかけ

建築基準法による耐震基準は、中規模程度の地震（震度５強程度）に対して、建築物の柱・梁等の構造体にほとんど被害が生じないことを目標とし、大規模な地震（震度６強から震度７程度）に対して、建物に損傷は生じても倒壊、崩壊しないことを目標としている。

❹ 適 切

耐震改修工法については、「壁やブレース、柱、梁を増設、補強する工法」がある。その逆に、垂れ壁や腰壁によって柱が拘束されて短柱化し、せん断き裂破壊を生ずるのを防ぐため、「柱に取り付く壁と柱の間に隙間（耐震スリット）を設けることで耐震性能を改善する工法」もある。

正解 ❹

116 マンションの構造④

□□□ CHECK!　R5-問40　重要度 A

マンションの構造に関する次の記述のうち、適切でないものはどれか。

❶ 震度６強から震度７程度の地震がおきても、人命に危害を及ぼすような倒壊等を生じないことを目標として、建築基準法の耐震基準は定められている。

❷ 壁と床を鉄筋コンクリートで一体的につくり、様々な荷重や外力に対応する壁式構造は、中層や低層のマンションに適している。

❸ 多くのマンションで採用されている耐震構造は、建物の剛性を高めて地震力に抵抗する構造方式である。

❹ チューブ状の鋼管の中にコンクリートを詰めて、柱などの主要構造材としたものを鉄骨鉄筋コンクリート構造（ＳＲＣ造）といい、鉄筋コンクリート構造（ＲＣ造）と同様に、鉄とコンクリートの特性を補い合う優れた性能を持つ。

コンクリート充填鋼管構造➡チューブ状の鋼管の中にコンクリートを詰め主要構造材としたもの。

❶ **適　切**

頻出

　震度6強から震度7程度の地震がおきても、**人命に危害を及ぼすような倒壊等を生じない**ことを目標として、建築基準法の耐震基準は定められている。

❷ **適　切**

頻出

　壁と床を鉄筋コンクリートで一体的につくり、様々な荷重や外力に対応する**壁式構造**は、**中層や低層のマンションに適している**。

❸ **適　切**

　多くのマンションで採用されている**耐震構造**は、**建物の剛性を高めて地震力に抵抗する構造方式**である。

❹ **不適切**　**「鉄骨鉄筋コンクリート構造」➡「コンクリート充填鋼管構造」**

　チューブ状の鋼管の中に**コンクリートを詰めて**、柱などの主要構造材としたものを**コンクリート充填鋼管構造**（ＣＦＴ構造）という。

正解 ❹

マンションの建物及び設備の維持管理に関する次の記述のうち、適切でないものはどれか。

❶ 大規模修繕工事前に実施する調査・診断の一環として、竣工図書、過去に行った調査・診断結果、修繕履歴等の資料調査を行う。

❷ 予防保全の考え方にたって、計画的に建物及び設備の点検、調査・診断、補修・修繕等を行い、不具合や故障の発生を未然に防止することとした。

❸ 建築基準法第12条第１項に規定する特定建築物の定期調査のうち、竣工後３年以内に実施する外壁タイルの調査は、目視により確認する方法で足りる。

❹ 中低層鉄筋コンクリート造の既存マンションに対して一般的に行われている耐震診断の評価方法には、計算のレベルが異なる第１次診断法、第２次診断法及び第３次診断法があるが、第１次診断法は、簡易な診断法であるため、耐震性能があると判定するための構造耐震判定指標の値が高く設定されている。

外壁タイルの調査➡目視プラス打診で確認。

❶ **適　切**

大規模修繕工事前に実施する**調査・診断**として、竣工図書や過去に行った調査・診断結果、修繕履歴等の**資料調査**を行うのは適切である。

❷ **適　切**

予防保全とは、**不具合や故障が発生する前に対策**をとり、それらを未然に防止することである。したがって、**計画的に建物および設備の点検、調査・診断、補修・修繕等を行う**ことは、**予防保全**の考え方に立った行為として適切である。

❸ **不適切**　**「目視…で足りる」➡「目視のみならず打診も必要」**

特定建築物の定期調査のうち、外壁タイル（乾式工法を除く）の調査は、原則として、「開口隅部・水平打継部・斜壁部等のうち**手の届く範囲をテストハンマーによる打診等により確認し、その他の部分は必要に応じて双眼鏡等を使用し目視により確認し、**異常が認められた場合は、**落下により歩行者等に危害を加えるおそれのある部分を全面的にテストハンマーによる打診等により確認する**」とされている（建築基準法12条１項、施行規則５条２項、国土交通省告示282号）。

❹ **適　切**

中低層鉄筋コンクリート造の既存マンションに対して一般的に行われている**耐震診断の評価方法**には、計算のレベルが異なる**第１次診断法**、**第２次診断法**および**第３次診断法**がある。このうち、**第１次診断法**は、**簡易な診断法**であるため、耐震性能があると判定するために必要とされている**構造耐震判定指標の値が高く設定**されている。

正解 ❸

マンションの構造に関する次の記述のうち、適切でないものはどれか。

❶ 鉄骨鉄筋コンクリート構造は、鉄骨の骨組みの周囲に鉄筋を配しコンクリートを打ち込んだものである。

❷ 建築物の地上部分に作用する地震力を計算する際に使われる地震層せん断力係数は、同じ建築物であれば上階ほど大きい。

❸ 耐震改修において、免震装置を既存建築物の柱の途中に設置する工法もある。

❹ 固定荷重とは、建築物に常時かかる躯体（くたい）、内外装の上げ、家具等の重量の合計である。

固定荷重 ➡自分の重量のこと、積載荷重 ➡荷重位置が変更できる荷重のこと。

❶ **適　切**

鉄骨鉄筋コンクリート構造は、鉄骨の骨組みの周囲に鉄筋を配し、コンクリートを打ち込んだものである。

❷ **適　切**

建築物の地上部分に作用する地震力を計算する際に使われる地震層せん断力係数は、上階が1階部分の何倍揺れるかを示したもので、上階ほど大きくなり、最上階が最大となる。

❸ **適　切**

既存建物の耐震改修において、免震装置を柱の途中に設置する柱頭免震工法等がある。

❹ **不適切**　**「家具等の重量は積載荷重である」**

固定荷重とは、構造物における骨組みや間仕切り壁など（躯体）の自重、およびそれに付随する仕上材料・設備関係（内外装の仕上げ）の自重を合計した荷重をいう。家具等の重量は積載荷重である。

正解 ❹

マンションの構造に関する次の記述のうち、適切でないものはどれか。

❶ 支持杭は、杭の先端を安定した支持層に到達させ、主に杭先端の支持力によって上部荷重を支えるものである。

❷ 防火地域内にある階数が２で延べ面積が500㎡の共同住宅は、原則として、耐火建築物又はこれと同等以上の延焼防止性能を有する建築物としなければならない。

❸ 建築基準法上の主要構造部とは、建築物の自重若しくは積載荷重、風圧、土圧若しくは水圧又は地震その他の震動若しくは衝撃を支えるものをいう。

❹ 耐震改修工法には、柱のじん性（粘り強さ）を向上させることを目的として、柱に鋼板を巻きつけて補強する工法もある。

主要構造部と構造耐力上主要な部分は別の定義。区別して覚えよう！

❶ **適　切**

支持杭とは、杭基礎の一種で、**杭の先端を安定した支持層に到達**させ、主に**杭先端の支持力**によって**上部荷重を支える**ものである。

❷ **適　切**

防火地域内では、**延べ面積100㎡超**の建築物「**又は**」**階数が3以上**の建築物は、原則として、**耐火建築物**又はこれと**同等以上の延焼防止性能を有する建築物**としなければならない（建築基準法61条、施行令136条の2第1号）。

❸ **不適切　「主要構造部」➡「構造耐力上主要な部分」**

ひっかけ

主要構造部とは、**壁・柱・床・はり・屋根・階段**をいい、建築物の構造上重要でない間仕切壁・間柱・付け柱・揚げ床・最下階の床・回り舞台の床・小ばり・ひさし・局部的な小階段・屋外階段その他これらに類する建築物の部分を除くものをいい（建築基準法2条5号）、**主として防火上の見地から定義づけされるもの**である。なお、本肢のように建築物の自重・積載荷重、風圧、土圧・水圧または地震その他の震動・衝撃を支えるものは、「構造耐力上主要な部分」である。

❹ **適　切**

柱に**薄型鋼板**を巻きつけて補強する工法は、**柱のじん性**（粘り強さ）を**向上させることを目的**として行われる、**耐震改修工法の一種**である。

正解 ❸

マンションの構造に関する次の記述のうち、適切でないものはどれか。

❶ 建築基準法によれば、建築物の基礎及び基礎ぐいは、主要構造部に含まれる。

❷ 免震装置には、建築物に伝わる地震の揺れを和らげる機能と揺れのエネルギーを減衰させる機能がある。

❸ ラーメン構造において耐力壁を設ける場合は、その耐力壁は、柱や梁（はり）と構造的に一体となるようにする。

❹ 建築基準法において、建築物に作用する固定荷重のうち、屋根、床、壁等の建築物の部分については、部分別に定められた数値により計算することができる。

屋根・床・壁等の固定荷重➡部分別に定められた数値で計算。

❶ ひっかけ

不適切 「基礎及び基礎ぐいは、主要構造部に含まれない」

主要構造部とは、壁・柱・床・はり・屋根・階段をいい、建築物の構造上重要でない間仕切壁・間柱・付け柱・揚げ床・最下階の床・回り舞台の床・小ばり・ひさし・局部的な小階段・屋外階段その他これらに類する建築物の部分を除くものとされている（建築基準法２条５号）。「基礎及び基礎ぐい」は、主要構造部に含まれない。

❷ 頻出

適　切

免震装置には、建築物に伝わる地震の揺れを和らげる機能と揺れのエネルギーを減衰させる機能がある。

❸ 頻出

適　切

ラーメン構造において耐力壁を設ける場合は、その耐力壁は、柱や梁と構造的に一体となるようにする。

❹

適　切

建築物の各部の「固定荷重」は、当該建築物の実況に応じて計算しなければならない。ただし、屋根・床・壁等の一定の建築物の部分の固定荷重については、部分別に定められた数値により計算できる（施行令84条）。

正解 ❶

第 6 編

マンション管理適正化法

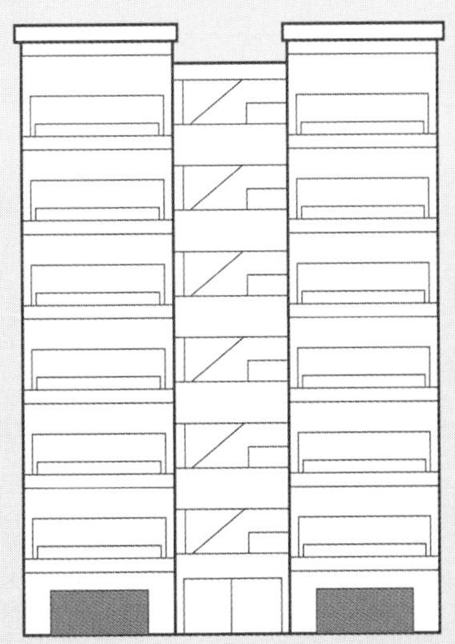

マンションに関する次の記述のうち、マンション管理適正化法の規定によれば、正しいものはどれか。

❶　木造で２階建て以下の建物は、マンションに該当しない。

❷　マンションとは、２以上の区分所有者がいる建物のことであり、その敷地や附属施設は含まれない。

❸　２以上の区分所有者がいる建物において、人の居住の用に供する専有部分がすべて長期間空室となって使用されていないときは、その期間はマンションに該当しない。

❹　２以上の区分所有者がいる建物において、人の居住の用に供する専有部分のすべてを賃貸しているときであっても、その建物はマンションに該当する。

マンションに該当する建物の「敷地・附属施設」もマンションである。

❶ **誤り 「マンションに該当しない」➡「マンションに該当する」**

２以上の区分所有者が存する建物で、人の居住の用に供する専有部分のあるものであれば、本肢のような木造２階建て以下の建物であっても、マンションである（マンション管理適正化法２条１号イ）。

❷ **誤り 「敷地や附属施設は含まれない」➡「敷地や附属施設も含まれる」**

マンションとは、上記❶解説の要件を満たしている建物であり、このマンションに該当する建物の「敷地・附属施設」もマンションである（２条１号イ）。

❸ **誤り 「マンションに該当しない」➡「マンションに該当する」**

２以上の区分所有者が存する建物で、人の居住の用に供する専有部分がすべて長期間空室となって使用されていないときであっても、その期間はマンションである（２条１号イ）。

❹ **正しい** ２以上の区分所有者が存する建物で、人の居住の用に供する専有部分のすべてを賃貸しているときであても、その建物はマンションである（２条１号イ）。

頻出

2 用語の定義②

H30-問50　重要度 A

マンション管理適正化法の規定によれば、次の記述のうち、正しいものはどれか。なお、語句の定義については、同法第２条の規定によるものとする。

❶ 「マンション管理業」とは、管理組合から委託を受けて管理事務を行うものであり、マンションの区分所有者等が当該マンションについて行うものも含む。

❷ 「マンション管理業者」とは、国土交通省に備えるマンション管理業者登録簿に登録を受けて、マンション管理業を営む者をいう。

❸ 「管理組合」は、マンションの管理を行う区分所有法第３条に規定する団体に限られる。

❹ 「マンション管理士」とは、国土交通大臣（指定登録機関が登録の実務に関する事務を行う場合は指定登録機関）の登録を受け、マンション管理士の名称を用いて、専門的知識をもって、管理組合の運営その他マンションの管理を行うことを業務とする者をいう。

管理組合 ➡「3条の団体」+「団地管理組合」+「管理組合法人」

❶ **誤り 「区分所有者等が行うものも含む」➡「除く」**

「マンション管理業」とは、管理組合から委託を受けて管理事務を行う行為で、業として行うもの（区分所有者等が当該マンションについて行うものを「除く」）をいう（マンション管理適正化法２条７号）。

❷ **正しい** 「管理業者」とは、管理業者登録簿に登録を受けてマンション管理業を営む者をいう（２条８号、44条１項）。

❸ **誤り 「3条の団体に限られる」➡「3条の団体に限られない」**

「管理組合」には、マンションの管理を行う区分所有法「３条に規定する区分所有者の団体」以外に、「65条に規定する（団地建物所有者）団体（団地管理組合）」、「47条１項に規定する法人（管理組合法人）」がある（２条３号）。

❹ **誤り 「マンション管理を行うことを業務とする」**
➡「管理組合の管理者等または区分所有者等の相談に応じ、助言・指導その他の援助を行うことを業務とする」

「マンション管理士」とは、国土交通大臣（指定登録機関）の登録を受け、その名称を用いて、専門的知識をもって、管理組合の運営その他マンションの管理に関し、管理組合の管理者等または区分所有者等の相談に応じ、助言、指導その他の援助を行うことを業務とする者をいう（２条５号）。なお、マンション管理士の業務には、他の法律において行うことが制限されるものは除かれることに注意。

正解 ❷

3 管理適正化推進計画・管理計画の認定等①

□□□ CHECK!　R 4-問48　重要度 B

マンション管理適正化法に関する次の記述のうち、正しいものはいくつあるか。

ア　マンション管理適正化推進計画は、都道府県又は市の区域にあっては当該市が作成することとされており、町村は作成することができない。

イ　地方住宅供給公社は、管理計画認定マンションについて、委託により修繕に関する企画又は実施の調整に関する業務を行うことができる。

ウ　都道府県知事等は、管理組合の運営がマンション管理適正化指針に照らして著しく不適切であることを把握したときは、マンション管理業者に対し、マンション管理適正化指針に則したマンションの管理を行うよう勧告することができる。

エ　都道府県等は、マンション管理適正化推進計画に基づく措置の実施に関して特に必要があると認めるときは、関係地方公共団体や管理組合のほか、マンション管理業者に対しても調査を実施するために必要な協力を求めることができる。

❶　一つ

❷　二つ

❸　三つ

❹　四つ

知事等は著しく不適切な管理組合の管理者等に、指針に即した勧告が可能。

ア　**誤り**　**「町村は作成できない」➡「町村も作成できる」**

国土交通大臣は、マンションの管理の適正化の推進を図るための基本的な方針（以下「基本方針」という）を定めなければならない（マンション管理適正化法３条１項)。そして、**都道府県**（**市の区域内**にあっては当該市、**町村**であってマンション管理適正化推進行政事務を処理する**町村の区域内**にあっては当該「**町村**」。以下「都道府県等」という）は、この基本方針に基づき、当該都道府県等の区域内におけるマンションの管理の適正化の推進を図るための計画（マンション管理適正化推進計画）**を作成**できる（３条の２第１項)。

イ　**正しい**

地方住宅供給公社は、地方住宅供給公社法に規定する業務のほか、**委託**により、管理計画認定マンションの修繕に関する企画又は実施の調整に関する**業務を行う**ことができる（５条の11第１項)。

ウ　**誤り**　**「管理業者に対し」➡「管理者等に対し」**

知事（市又はマンション管理適正化推進行政事務を処理する町村の区域内にあっては、それぞれの長。以下「知事等」という）は、管理組合の運営がマンション管理適正化指針に照らして著しく不適切であることを把握したときは、当該管理組合の管理者等に対し、マンション管理適正化指針に即したマンションの管理を行うよう勧告できる（５条の２第２項)。

エ　**正しい**

都道府県等は、マンション管理適正化推進計画の作成及び変更並びにマンション管理適正化推進計画に基づく措置の実施に関して特に**必要がある**と**認める**ときは、関係**地方公共団体**、**管理組合**、**管理業者**その他の関係者に対し、**調査を実施するため必要な**協力を求めることができる（３条の２第６項)。

したがって、**正しいものはイ・エの二つ**であり、**正解は❷**となる。

正解 ❷

マンション管理適正化法

4 管理適正化推進計画・管理計画の認定等②

CHECK! R5-問46 重要度 A

マンションの管理に関する次の記述のうち、マンション管理適正化法の規定によれば、正しいものはいくつあるか。

ア 都道府県等は、マンション管理適正化指針に即し、管理組合の管理者等（管理者等が置かれていないときは、当該管理組合を構成するマンションの区分所有者等。）に対し、マンションの管理の適正化を図るために必要な助言及び指導をすることができる。

イ マンションの区分所有者等は、マンションの管理に関し、管理組合の一員としての役割を適切に果たすよう努めなければならない。

ウ マンション管理計画の認定は、5年ごとにその更新を受けなければ、その期間の経過によって、その効力を失う。

エ 都道府県等は、マンション管理適正化推進計画の作成及び変更並びにマンション管理適正化推進計画に基づく措置の実施に関して特に必要があると認めるときは、関係地方公共団体、管理組合、マンション管理業者その他の関係者に対し、調査を実施するため必要な協力を求めることができる。

❶ 一つ

❷ 二つ

❸ 三つ

❹ 四つ

区分所有者等には、管理組合の一員としての役割を適切に果たす努力義務がある。

ア **正しい** 都道府県等は、マンション管理適正化指針に即し、管理組合の**管理者等**（管理者等が置かれていないときは、当該管理組合を構成する**区分所有者等**）に対し、マンションの管理の適正化を図るために**必要な助言及び指導**ができる（マンション管理適正化法５条の２第１項）。

イ **正しい** 区分所有者等は、マンションの管理に関し、**管理組合の一員としての役割**を適切に果たすよう努めなければならない（「**努力義務**」５条２項）。

ウ **正しい** マンション**管理計画の認定**は、**５年ごとにその更新**を受けなければ、その期間の経過によって、その**効力を失う**（５条の６第１項）。

頻出

エ **正しい** 都道府県等は、**マンション管理適正化推進計画の作成及び変更**並びに**マンション管理適正化推進計画に基づく措置の実施**に関して特に必要があると認めるときは、**関係地方公共団体、管理組合、管理業者その他の関係者**に対し、**調査を実施するため必要な協力を求める**ことができる（３条の２第６項）。

頻出

したがって、**正しいものはア～エの四つ**であり、**正解は❹**となる。

マンション管理適正化法

正解 ❹

マンション管理適正化法に定める管理計画の認定に関する次の記述のうち、正しいものはどれか。

❶ 都道府県知事は、マンション管理適正化推進計画の策定の有無にかかわらず、管理計画の認定をすることができる。

❷ 管理計画の認定は、10年ごとにその更新を受けなければ、その期間の経過によって、その効力を失う。

❸ 管理計画を認定するためには、長期修繕計画の計画期間が30年以上であるか、又は長期修繕計画の残存期間内に大規模修繕工事が２回以上含まれるように設定されていることが必要である。

❹ 管理計画を認定するためには、管理組合が組合員名簿、居住者名簿を備えていることに加え、１年に１回以上は内容の確認を行っていることが必要である。

管理計画の認定は、5年ごと更新を受けないと期間経過でその効力を失う。

❶ ひっかけ

誤り 「マンション管理適正化推進計画の策定の有無にかかわらず、認定できる」➡「策定した場合は、認定できる」

管理組合の管理者等は、当該管理組合によるマンションの管理に関する計画（以下「管理計画」という）を作成し、**マンション管理適正化推進計画を作成した**都道府県等の長（以下「計画作成知事等」という）の認定を**申請**できる（マンション管理適正化法5条の3第1項）。したがって、**マンション管理適正化推進計画の策定をした**計画作成知事等は、**管理計画の認定**ができる（5条の4）。

❷ 頻出

誤り 「10年ごと」➡「5年ごと」

管理計画の認定は、**5年ごとにその更新**を受けなければ、その期間の経過によって、その**効力を失う**（5条の6第1項）。

❸ 頻出

誤り 「計画期間が30年以上であるか、又は残存期間内に大規模修繕工事が2回以上」➡「計画期間が30年以上で、かつ、残存期間内に大規模修繕工事が2回以上」

マンション管理適正化法5条の4に基づく管理組合によるマンションの管理計画の認定基準について、長期修繕計画の実効性を確保するため、計画期間が**30年以上**で、「**かつ**」、残存期間内に**大規模修繕工事が2回以上含まれる**ように設定されていることが必要である（基本方針別紙二4(3)）。

❹ 頻出

正しい マンション管理適正化法5条の4に基づく管理組合によるマンションの管理計画の認定基準について、管理組合が区分所有者等への平常時における連絡に加え、災害等の緊急時に迅速な対応を行うため、**組合員名簿・居住者名簿を備えている**とともに、**1年に1回以上は内容の確認を行っている**ことが必要である（基本方針別紙二5（1））。

正解 ❹

マンション管理適正化法

マンション管理適正化法第５条の４に基づく管理計画の認定基準に関する次の記述のうち、誤っているものはどれか。

❶ 監事が選任されていること。

❷ 長期修繕計画の実効性を確保するため、計画期間が30年以上で、かつ、残存期間内に大規模修繕工事が２回以上含まれるように設定されていること。

❸ マンションの管理状況に係る書面の散逸、毀損防止のため、管理規約において、管理組合の管理に関する情報の保管等を電磁的方法によるものと定めていること。

❹ 管理組合がマンションの区分所有者等への平常時における連絡に加え、災害等の緊急時に迅速な対応を行うため、組合員名簿、居住者名簿を備えているとともに、１年に１回以上は内容の確認を行っていること。

監事が選任されていることは、「管理計画の認定基準」の1つである。

❶ **正しい** 「**監事が選任されていること**」は、「**管理計画の認定基準**」に**適合**すべきものである（マンション管理適正化法５条の４第３号、施行規則１条の５第１号、マンション管理適正化基本方針別紙二１（2））。

❷ 頻出 **正しい** 「**長期修繕計画の実効性を確保するため、計画期間が30年以上で、かつ、残存期間内に大規模修繕工事が２回以上含まれるように設定されていること**」は、「**管理計画の認定基準**」に**適合**すべきものである（マンション管理適正化法５条の４第１号、施行規則１条の４第２号、マンション管理適正化基本方針別紙二４（3））。

❸ **誤り** **「マンション管理適正化法５条の４に基づく管理計画の認定基準の対象外である」**

「マンションの管理状況に係る書面の散逸、毀損防止のため、管理規約において、管理組合の管理に関する情報の保管等を電磁的方法によるものと定めていること」は、「管理計画の認定基準」の**対象ではない**。

❹ 頻出 **正しい** 「**管理組合がマンションの区分所有者等への平常時における連絡に加え、災害等の緊急時に迅速な対応を行うため、組合員名簿、居住者名簿を備えているとともに、1年に1回以上は内容の確認を行っていること**」は、「管理計画の認定基準」に適合すべきものである（マンション管理適正化法５条の４第３号、施行規則１条の５第３号、マンション管理適正化基本方針別紙二５（1））。

甲マンションの区分所有者Ａとマンション管理士Ｂに関する次の記述のうち、マンション管理適正化法の規定によれば、正しいものはどれか。

❶　Ｂが甲マンションの区分所有者である場合、マンション管理士として甲マンション管理組合に対し、助言、指導等を行うことはできない。

❷　Ｂがマンション管理士登録証を亡失し、国土交通大臣（指定登録機関が登録の実施に関する事務を行う場合は指定登録機関）に再交付を申請している期間中であっても、マンション管理士の名称を使用し、Ａからの個別の相談について助言、指導を行うことができる。

❸　Ｂが、Ａから受けた相談に関し知り得た秘密を漏らした場合、Ａに金銭的損害が生じていなければ、マンション管理士の登録の取消しや名称の使用停止処分を受けることはない。

❹　Ｂは、Ａからの個別の相談について助言、指導を行っている場合は、その業務が終了するまでは、甲マンションの他の区分所有者から新たな依頼を受けることができない。

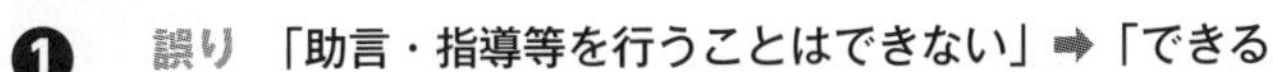

❶ **誤り 「助言・指導等を行うことはできない」➡「できる」**

マンション管理士は、一定の**登録**を受け、**マンション管理士の名称を用いて**、専門的知識をもって、管理組合の運営その他マンションの管理に関し、管理組合の管理者等又は区分所有者等の**相談に応じ、助言・指導**その他の**援助**を行うことを業務（他の法律においてその業務を行うことが制限されているものを除く）とする者をいう（マンション管理適正化法２条５号)。「マンション管理士が甲マンションの区分所有者である場合に、マンション管理士として甲マンション管理組合に対し、助言・指導等を行うことはできない」とする制限はない。

❷ **正しい** 国土交通大臣は、マンション管理士の登録をしたときは、申請者に一定事項を記載した登録証を交付する（31条）。この登録証の携帯までは要求されていないので、**登録証を紛失**した場合、マンション管理士の**名称を使用できないとする規定はない**。したがって、マンション管理士がその**登録証を亡失**し、国土交通大臣（又は指定登録機関）に**再交付を申請している期間中**であっても、マンション管理士の**名称を使用**し、甲マンションの区分所有者からの個別の相談について**助言・指導を行うことができる**。

❸ **誤り 「金銭的損害がなければ、登録の取消しや名称の使用停止処分を受けることはない」➡「金銭的損害の有無にかかわらず、処分を受けることがある」**

国土交通大臣は、マンション管理士が**秘密保持義務**（42条）等の規定に**違反した**ときは、その登録を取り消し、又は期間を定めてマンション管理士の名称の使用停止を命ずることができる（33条２項）。マンション管理士が、甲マンションの区分所有者Ａの秘密を漏らした場合、このＡに金銭的損害が生じていなくても、登録の取消しや名称の使用停止処分を受けることがある。

❹ **誤り 「マンション管理士は、ある業務を終了するまで他の新たな依頼を受けることはできない」➡「このような定めはない」**

マンション管理士は、甲マンションの区分所有者Ａからの個別の相談について**助言・指導を行っている**場合でも、その**業務の終了如何にかかわらず**、甲マンションの他の区分所有者からも**新たな依頼を受けることができる**（２条５号参照)。

正解 ❷

マンション管理適正化法の規定によれば、マンション管理士に関する次の記述のうち、誤っているものはいくつあるか。なお、語句の定義については、同法第２条の規定によるものとする。

ア　マンション管理士でない者は、マンション管理士又はこれに紛らわしい名称を使用してはならない。

イ　マンション管理士は、マンション管理士登録簿に登載された事項に変更があったときは、遅滞なく、その旨を国土交通大臣（指定登録機関が登録の実務に関する事務を行う場合は指定登録機関）に届け出なければならない。

ウ　マンション管理士は、５年ごとに、国土交通大臣の登録を受けた者が国土交通省令で定めるところにより行う講習を受けなければならない。

エ　マンション管理士は、正当な理由がなく、その業務に関して知り得た秘密を漏らしてはならないが、マンション管理士でなくなった後においては、その限りでない。

❶　一つ

❷　二つ

❸　三つ

❹　四つ

管理士でなくなった「後」でも、秘密は墓場まで持っていくべし！

ア　**正しい**　マンション管理士でない者は、マンション管理士またはこれに紛らわしい名称を使用してはならない（「名称の使用制限」、マンション管理適正化法43条）。

頻出

イ　**正しい**　マンション管理士は、管理士登録簿に登載された事項に変更があったときは、遅滞なく、その旨を国土交通大臣に届け出なければならない（32条1項、30条2項、施行規則26条1項）。

ウ　**正しい**　マンション管理士は、5年ごとに、国土交通大臣の登録を受けた者（登録講習機関）が行う講習を受けなければならない（マンション管理適正化法41条、施行規則41条）。

エ　**誤り**　「その限りでない（秘密を漏らしてもよい）」

➡「管理士でなくなった後も同様に、秘密を漏らしてはならない」

マンション管理士は、正当な理由がなく、その業務に関して知り得た秘密を漏らしてはならない。マンション管理士でなくなった後においても、同様である（マンション管理適正化法42条）。

したがって、誤っているものはエの一つのみであり、正解は❶となる。

正解 ❶

Aは、マンション管理士試験に合格し、マンション管理士となる資格を有する者である。この場合におけるマンション管理士の登録に関する次の記述のうち、マンション管理適正化法の規定によれば、正しいものはいくつあるか。

ア　Aは、国土交通大臣（指定登録機関が登録の実施に関する事務を行う場合は指定登録機関）の登録を受けていないが、マンション管理士となる資格を有しているため、マンション管理士の名称を使用することができる。

イ　Aが禁錮以上の刑に処せられ、その執行を終わり、又は執行を受けることがなくなった日から２年を経過していなければ、マンション管理士の登録を受けることができない。

ウ　Aは、マンション管理士試験の合格日から１年以内にマンション管理士の登録の申請を行わなければ、登録を受けることができない。

エ　Aは、マンションの管理事務に関して２年以上の実務を経験した後にマンション管理士の登録を受けた場合であっても、登録講習機関が行う講習の受講義務は免除されない。

❶　一つ

❷　二つ

❸　三つ

❹　四つ

管理士試験合格者が、管理士の登録を申請するか否かは任意。

ア　誤り　**「登録を受けていないが、マンション管理士の名称使用ができる」**

➡「登録を受けないと、名称使用はできない」

ひっかけ

マンション管理士試験に**合格**しその**資格を有する者**は、マンション管理士となる資格を有するが、国土交通大臣（又は指定登録機関）の**登録を受けないと、マンション管理士の名称を使用できない**（マンション管理適正化法43条）。

イ　正しい　マンション管理士試験に**合格**しその**資格を有する者**が**禁錮以上の刑**に処せられ、その執行を終わり、又は執行を受けることがなくなった日から**2年を経過していなければ、マンション管理士の登録**を受けることはで**きない**（30条1項1号ただし書）。

ウ　誤り　**「合格日から1年以内に登録申請を行わなければ、登録できない」**

➡「登録は任意」

ひっかけ

マンション管理士試験に**合格**しその**資格を有する者**がマンション管理士の**登録を申請するか否か**は、**任意**である。したがって、試験合格日から1年以内にマンション管理士の登録申請を行う義務はない（30条1項本文）。

エ　正しい　マンション管理士には、**5年ごと**に、登録講習機関が行う**講習の受講義務がある**（41条、施行規則41条）。この受講義務は、マンションの管理事務に関して一定の実務経験があっても、免除されない。

頻出

したがって、**正しいものはイ・エの二つ**であり、**正解は❷**となる。

正解 ❷

10 マンション管理士④（登録等）

□□□ CHECK!　R 2-問48　重要度 B

マンション管理士に関する次の記述のうち、マンション管理適正化法の規定によれば、正しいものはいくつあるか。

ア　マンション管理士は、３年ごとに、国土交通大臣の登録を受けた者が行う講習を受けなければならない。

イ　マンション管理士は、正当な理由がなく、その業務に関して知り得た秘密を漏らした場合は、国土交通大臣により、その登録を取り消され、又は期間を定めてマンション管理士の名称の使用の停止を命じられる場合がある。

ウ　マンション管理士が、国土交通大臣により、その登録を取り消された場合は、その通知を受けた日から起算して10日以内に、登録証を国土交通大臣（指定登録機関が登録の実施に関する事務を行う場合は指定登録機関）に返納しなければならない。

エ　マンション管理士の登録を取り消された者は、取り消された日から１年を経過しなければ、その登録を受けることができない。

❶　一つ

❷　二つ

❸　三つ

❹　四つ

管理士の登録取消し ➡ 10日以内に登録証を返納。

ア　**誤り**　**「3年ごと」➡「5年ごと」**

マンション管理士には、**5年ごと**に、国土交通大臣の登録を受けた登録講習機関が行う**講習の受講義務**がある（マンション管理適正化法41条、施行規則41条）。

イ　**正しい**　**マンション管理士**は、正当な理由がなく、その業務に関して知り得た**秘密を漏らしてはならない**。マンション管理士でなくなった後においても、同様である（マンション管理適正化法42条）。この義務に**違反**した場合、

国土交通大臣は、その登録を取り消し、又は期間を定めて**マンション管理士の名称使用の停止を命ずる**ことができる（33条２項）。なお、この場合も、取り消さなければならない（義務）わけではない。

ウ　**正しい**　マンション管理士が、国土交通大臣により、その**登録を取り消された場合**は、その**通知を受けた日から10日以内**に、**登録証**を国土交通大臣（指定登録機関）に**返納**しなければならない（33条１項、施行規則30条２項）。

エ　**誤り**　**「1年を経過しなければ」➡「2年を経過しなければ」**

マンション管理士の**登録を取り消された者**は、取消日から**2年を経過**しなければ、その**登録ができない**（マンション管理適正化法30条１項３号、33条１項・２項）。

したがって、**正しいものはイ・ウの二つ**であり、**正解は❷**となる。

正解 ❷

マンション管理適正化法

マンション管理士に関する次の記述のうち、マンション管理適正化法の規定によれば、正しいものはどれか。

❶ マンション管理士は、正当な理由がなく、その業務に関して知り得た秘密を漏らしたときは、１年以下の懲役又は30万円以下の罰金に処される。

❷ マンション管理士でない者が、マンション管理士又はこれに紛らわしい名称を使用したときは、１年以下の懲役又は50万円以下の罰金に処される。

❸ マンション管理士は、マンション管理士の信用を傷つけるような行為をしたときは、１年以下の懲役又は50万円以下の罰金に処される。

❹ マンション管理士は、３年ごとに、国土交通大臣又はその指定する者が行う講習を受けなければならないが、これに違反したときは、国土交通大臣はその登録を取り消すことができる。

管理士に守秘義務違反➡1年以下の懲役・30万円以下の罰金。

❶ 頻出 **正しい** マンション管理士は、正当な理由がなく、その業務に関して**知り得た秘密を漏らした**ときは、「**1年以下の懲役または30万円以下の罰金**」に処せられる（マンション管理適正化法107条1項2号、42条）。

❷ 頻出 **誤り** 「50万円以下の罰金」➡「30万円以下の罰金」

マンション管理士でない者が、マンション管理士またはこれに紛らわしい名称を使用した場合には、「**30万円以下の罰金**」に処せられる（109条1項3号、43条）。

❸ ひっかけ **誤り** 「1年以下の懲役または50万円以下の罰金」➡「罰則はない」

マンション管理士は、マンション管理士の**信用を傷つけるような行為をしてはならない**（「**信用失墜行為の禁止**」、40条）。しかし、これに違反した場合でも、**罰則はない**。

❹ **誤り** 「3年ごと」➡「5年ごと」

マンション管理士は、「**5年」ごと**に、登録講習機関が行う講習を受けなければならない（「**講習受講義務**」、41条）。また、この「**講習受講義務**」に違反したときは、国土交通大臣より、その**登録を取り消され**、または期間を定めて**マンション管理士の名称の使用の停止を命じられる**ことがある（33条2項、41条、施行規則41条）。

【マンション管理士の「3大義務」】

① 信用失墜行為の禁止（40条）	マンション管理士は、その信用を傷つけるような行為をしてはならない。	罰則なし
② 講習の受講義務（41条）	マンション管理士は、5年ごとに、登録講習期間が行う講習を受けなければならない。	罰則なし
③ 秘密保持義務（42条）	マンション管理士は、正当な理由がなく、その業務に関して知り得た秘密を漏らしてはならず、マンション管理士でなくなった後も同様である。	罰則あり

正解 ❶

12 マンション管理士⑥（罰則等）

□□□ CHECK!　R4-問46　重要度 C

マンション管理士に関する次の記述のうち、マンション管理適正化法の規定によれば、正しいものはいくつあるか。

ア　マンション管理士という名称を使用して区分所有者の相談に応じるためには、マンション管理士試験に合格するほか、国土交通大臣（指定登録機関が登録の実施に関する事務を行う場合は指定登録機関）の登録を受ける必要がある。

イ　マンション管理士は、マンション管理士の信用を傷つけるような行為をした場合は、その登録が取り消されるほか、30万円以下の罰金に処される。

ウ　マンション管理士は、５年ごとに、国土交通大臣の登録を受けた者が行う講習を受講しなければならない義務があり、受講しない場合は、マンション管理士の登録の取消し又は期間を定めたマンション管理士の名称の使用停止命令を受けることがある。

エ　マンション管理士は、その事務を行うに際し、マンションの区分所有者から請求があったときは、マンション管理士登録証を提示しなければならない義務がある。

❶　一つ

❷　二つ

❸　三つ

❹　四つ

マンション管理士には、請求があったときでも、登録証の提示義務はない。

ア　**正しい**

マンション管理士という名称を使用して区分所有者の相談に応じるためには、マンション管理士試験に**合格**するほか、国土交通大臣（指定登録機関が登録の実施に関する事務を行う場合は指定登録機関）の**登録を受ける必要がある**（マンション管理適正化法30条1項、43条）。

イ　**誤り**　**「30万円以下の罰金」➡「罰金等の罰則はない」**

マンション管理士は、マンション管理士の**信用を傷つけるような行為をしてはならない**（**「信用失墜行為の禁止」**40条）。しかし、これに違反した場合でも、罰則はない。

ウ　**正しい**

マンション管理士は、**5年ごと**に登録講習機関が行う講習を受けなければならない（**「講習受講義務」**41条、施行規則41条）。この**「講習受講義務」**に違反したときは、国土交通大臣より、その登録を取り消され、又は期間を定めて**マンション管理士の名称の使用の停止を命じられる**ことがある（マンション管理適正化法33条2項、41条）。

エ　**誤り**　**「登録証の提示義務がある」➡「提示義務はない」**

マンション管理士は、その事務を行うに際し、区分所有者から請求があったときでも、**登録証の提示義務はない**（31条参照）。

したがって、**正しいものはア・ウの二つ**であり、**正解は❷**となる。

正解 ❷

13 マンション管理士⑦（罰則等）

□□□ CHECK!　H29-問47　重要度 A

マンション管理士に関する次の記述のうち、マンション管理適正化法の規定によれば、誤っているものはどれか。

❶ マンション管理士は、マンション管理士の信用を傷つけるような行為をしてはならないが、国土交通大臣は、これに違反した者に対し、登録の取消し、又は期間を定めてマンション管理士の名称使用の停止を命ずることができる。

❷ マンション管理士は、正当な理由がなく、その業務に関して知り得た秘密を漏らしてはならないが、これに違反した者に対し、国土交通大臣は、登録の取消し、又は期間を定めてマンション管理士の名称使用の停止を命ずることができるほか、１年以下の懲役又は30万円以下の罰金に処する旨の罰則の規定がある。

❸ マンション管理士の登録を取り消された者は、その通知を受けた日から起算して10日以内に、登録証を国土交通大臣（指定登録機関が登録の実務に関する事務を行う場合は指定登録機関）に返納しなければならない。

❹ マンション管理士でない者は、マンション管理士又はこれに紛らわしい名称を使用してはならないが、これに違反した者に対しては、１年以下の懲役又は50万円以下の罰金に処する旨の罰則の規定がある。

管理士以外による管理士等名称使用禁止違反➡30万円以下の罰金。

❶ 頻出 **正しい** **マンション管理士が、その信用を傷つけるような行為**をしたときは、国土交通大臣は、**登録を取り消し**、またはマンション管理士の名称の**使用の停止を命ずる**ことができる（マンション管理適正化法33条２項、40条）。

❷ 頻出 **正しい** マンション管理士は、**正当な理由がなく**、その業務に関して知り得た**秘密を漏らしてはならない**（42条）。これに違反した者に対し、国土交通大臣は、**登録を取り消し**、またはマンション管理士の**名称の使用の停止を命ずる**ことができるほか（33条２項、42条）、**１年以下の懲役**または**30万円以下の罰金**に処される（107条１項２号）。

❸ 頻出 **正しい** マンション管理士は、**マンション管理士の登録**を「**取り消された**」ときは、その処分の**通知日から10日以内**に、マンション管理士**登録証**を**国土交通大臣**に**返納**しなければならない（施行規則30条２項）。

❹ 頻出 **誤り** **「１年以下の懲役又は50万円以下の罰金」➡「30万円以下の罰金」**

マンション管理士でない者が、**マンション管理士またはこれに紛らわしい名称を使用**した場合には、「**30万円以下の罰金**」に処せられる（マンション管理適正化法109条１項３号、43条）。

正解 ❹

14 マンション管理士⑧(罰則等)

CHECK!　R 3-問47　重要度 B

マンション管理士に関する次の記述のうち、マンション管理適正化法の規定によれば、誤っているものはいくつあるか。

ア　マンション管理士は、5年ごとに、登録講習機関が行う講習を受けなければならず、当該講習の課程を修了した者は、修了証の交付を受け、その修了証と引換えに新たなマンション管理士登録証の交付を受けることができる。

イ　マンション管理士の名称の使用の停止を命ぜられた者が、当該停止を命ぜられた期間中に、マンション管理士の名称を使用したときは、30万円以下の罰金に処せられる。

ウ　マンション管理士は、管理組合の管理者等の相談に応じ、助言、指導その他の援助を行うに際し、当該管理者等から請求があったときは、マンション管理士登録証を提示しなければならない。

エ　マンション管理士が死亡し、又は失踪の宣告を受けた場合には、戸籍法（昭和22年法律第224号）に規定する届出義務者又は法定代理人は、遅滞なく、マンション管理士登録証を添え、その旨を国土交通大臣に届け出なければならない。

❶　一つ

❷　二つ

❸　三つ

❹　四つ

管理士には、登録証の提示義務はない。

ア　誤り　「登録証の交付を受ける」➡「登録証の更新を受ける手続ではない」

マンション管理士は、5年ごとに、登録講習機関が行う講習を受けなければならない（マンション管理適正化法41条、施行規則41条）。そして、当該講習の課程を修了した者は、当該登録講習機関から、修了証の交付を受けることができる（42条の4第5号）。登録証の更新を受けるという手続ではないので、「その修了証と引換えに新たな登録証の交付を受ける」とする本肢は誤りとなる。

イ　正しい　マンション管理士の名称の使用停止を命ぜられた者が、当該停止を命ぜられた期間中に、マンション管理士の名称を使用したときは、30万円以下の罰金に処せられる（マンション管理適正化法109条1項2号）。

ウ　誤り　「登録証を提示しなければならない」➡「登録証の提示義務はない」

マンション管理士は、管理組合の管理者等の相談に応じ、助言・指導その他の援助を行うに際し、登録証の提示義務はない（2条5号、31条参照）。したがって、当該管理者等から請求があったときでも、登録証を提示する必要はない。

エ　正しい　マンション管理士が死亡し、又は失踪の宣告を受けた場合には、戸籍法に規定する届出義務者又は法定代理人は、遅滞なく、登録証を添え、その旨を国土交通大臣に届け出なければならない（施行規則31条1号）。

したがって、誤っているものはア・ウの二つであり、正解は❷となる。

正解 ❷

マンション管理士に関する次の記述のうち、マンション管理適正化法の規定によれば、正しいものはいくつあるか。

ア　マンション管理士は、正当な理由がなく、その業務に関して知り得た秘密を漏らしてはならない。マンション管理士でなくなった後においても、同様とする。

イ　マンション管理士でない者は、マンション管理士又はこれに紛らわしい名称を使用してはならない。

ウ　マンション管理士試験に合格しても、国土交通大臣（指定登録機関が登録の実施に関する事務を行う場合は指定登録機関。この問いにおいて同じ。）の登録を受けなければ、マンション管理士の名称を使用することはできない。

エ　国土交通大臣は、マンション管理士登録簿に、氏名、生年月日、事務所の所在地その他国土交通省令で定める事項を登載してマンション管理士の登録をする。

❶　一つ

❷　二つ

❸　三つ

❹　四つ

登録簿に、事務所の所在地を登載する必要はない！

ア **正しい** マンション管理士は、正当な理由がなく、その業務に関して知り得た秘密を漏らしてはならない。マンション管理士でなくなった後においても、秘密を漏らしてはならない（マンション管理適正化法42条）。

頻出

イ **正しい** マンション管理士でない者は、マンション管理士またはこれに紛らわしい名称を使用してはならない（43条）。

頻出

ウ **正しい** マンション管理士は、①国土交通大臣（指定登録機関が登録の実施に関する事務を行う場合は指定登録機関）の登録を受け、②マンション管理士の名称を用いて、専門的知識をもって、管理組合の運営その他マンションの管理に関し、管理組合の管理者等または区分所有者等の相談に応じ、助言・指導・援助を行うことを業務（他の法律によりその業務を行うことが制限されているものを除く）とする者をいう（２条５号）。したがって、マンション管理士試験に合格しても、登録を受けなければ、マンション管理士の名称を使用することはできない。

頻出

エ **誤り** 「事務所の所在地を登載」➡「事務所の所在地は登載事項ではない」

国土交通大臣は、マンション管理士登録簿に、氏名・生年月日・その他国土交通省令で定める事項（住所・本籍等）を登載してマンション管理士の登録をする（30条２項、施行規則26条１項）。

したがって、正しいものはア～ウの三つであり、正解は❸となる。

正解 ❸

管理業務主任者に関する次の記述のうち、マンション管理適正化法の規定によれば、誤っているものはどれか。

❶ マンション管理業者は、既存の事務所がマンション管理適正化法第56条第１項の管理業務主任者の設置に関する規定に抵触するに至ったときは、３月以内に、同項の規定に適合させるため必要な措置をとらなければならない。

❷ 管理業務主任者は、管理組合に管理事務に関する報告をするときは、説明の相手方に対し、管理業務主任者証を提示しなければならない。

❸ 管理業務主任者は、その事務を行うに際し、マンションの区分所有者等その他の関係者から請求があったときは、管理業務主任者証を提示しなければならない。

❹ 管理業務主任者としてすべき事務を行うことを禁止された場合において、その管理業務主任者がその事務の禁止の処分に違反したときは、国土交通大臣は、その登録を取り消さなければならない。

専任管理業務主任者設置義務に抵触➡2週間以内に適合のための必要な措置をとる。

❶ **誤り** 「3ヵ月以内」➡「2週間以内」

管理業者は、既存の事務所が管理適正化法56条1項の管理業務主任者の設置に関する規定に抵触する事務所を開設してはならず、**既存の事務所が**この規定に**抵触するに至った**ときは、2週間以内に、この規定に**適合させるため必要な措置**をとらなければならない（マンション管理適正化法56条3項）。

❷ **正しい** **管理業務主任者**は、管理組合に**管理事務に関する報告**をするときは、説明の 相手方に対し、**管理業務主任者証を提示**しなければならない（77条3項）。

❸ **正しい** **管理業務主任者**は、その事務を行うに際し、**区分所有者等その他の関係者から請求**があったときは、**管理業務主任者証を提示**しなければならない（63条）。

❹ **正しい** 管理業務主任者としてすべき**事務を行うことを禁止**された場合において、その管理業務主任者がその**事務の禁止の処分に違反**したときは、国土交通大臣は、その**登録を取り消さなければならない**（65条1項4号、64条2項）。

マンション管理適正化法

正解 ❶

17 マンション管理士・管理業者・管理業務主任者等

□□□  R 2-問50 重要度 B

マンションの管理に関する次の記述のうち、マンション管理適正化法の規定によれば、正しいものはいくつあるか。

ア　マンション管理業者の更新の登録を受けようとする者は、登録の有効期間満了の日の90日前から30日前までの間に登録申請書を提出しなければならない。

イ　マンション管理士は、国土交通大臣（指定登録機関が登録の実施に関する事務を行う場合は指定登録機関）の登録を受け、マンション管理士の名称を用いて、専門的知識をもって、管理組合の運営その他マンションの管理に関し、管理組合の管理者等又はマンションの区分所有者等の相談に応じ、助言、指導その他の援助を行うことを業務とする者をいう。

ウ　管理事務とは、マンションの管理に関する事務であって、管理組合の会計の収入及び支出の調定及び出納並びにマンション（専有部分を含む。）の維持又は修繕に関する企画又は実施の調整を内容とする基幹事務を含むものをいう。

エ　管理業務主任者が、マンション管理適正化法第72条第１項に基づく重要事項の説明をするときは、説明の相手方に対し、必ず管理業務主任者証を提示しなければならない。

❶　一つ

❷　二つ

❸　三つ

❹　四つ

管理業者更新登録➡満了日の90日前〜30日前に申請書提出。

ア　**正しい**　管理業者の**更新の登録**を受けようとする者は、登録の**有効期間満了日の90日前から30日前までの間に登録申請書を提出**しなければならない（マンション管理適正化法44条３項、施行規則50条）。

イ　**正しい**　**マンション管理士**とは、**登録**を受け、マンション管理士の**名称を用いて**、専門的知識をもって、**管理組合の運営その他マンションの管理に関し、管理組合の管理者等又は区分所有者等の相談に応じ、助言・指導・その他の援助を行う**ことを業務（他の法律においてその業務を行うことが制限されているものを除く）とする者をいう（マンション管理適正化法２条５号）。

ウ　**誤り**　**「マンション（専有部分を含む）」➡「マンション（専有部分を除く）」**

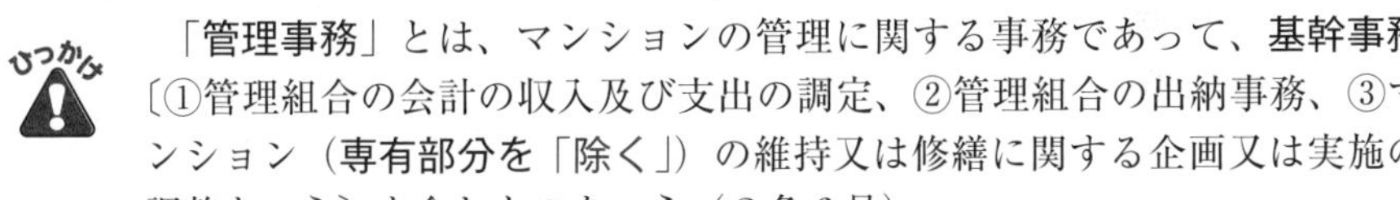

「**管理事務**」とは、マンションの管理に関する事務であって、**基幹事務**〔①管理組合の会計の収入及び支出の調定、②管理組合の出納事務、③マンション（**専有部分を**「**除く**」）の維持又は修繕に関する企画又は実施の調整をいう〕を含むものをいう（２条６号）。

エ　**正しい**　管理業務主任者は、**重要事項の説明**をする場合、説明の相手方に対し、（**必ず**）**管理業務主任者証を提示**しなければならない（72条４項）。

したがって、**正しいもの**はア・イ・エの三つであり、**正解は❸**となる。

正解 ❸

18 マンション管理業者

CHECK! R 2-問46 重要度 B

マンション管理業者に関する次の記述のうち、マンション管理適正化法の規定によれば、誤っているものはいくつあるか。

ア　マンション管理業を営もうとする者は、国土交通省に備えるマンション管理業者登録薄に登録を受けなければならず、その登録の有効期間は5年である。

イ　マンション管理業者は、その事務所ごとに、事務所の規模を考慮して国土交通省令で定める数の成年者である専任の管理業務主任者を置かなければならないが、人の居住の用に供する独立部分が5以下であるマンションの管理組合からの委託を受けて行う管理事務のみを業務とする事務所については、この限りでない。

ウ　マンション管理業者は、自己の名義をもって、他人にマンション管理業を営ませることができる。

エ　マンション管理業者は、事務所の所在地に変更があったときは、その日から30日以内に、その旨を国土交通大臣に届け出なければならない。

❶　一つ

❷　二つ

❸　三つ

❹　四つ

管理業者の事務所の名称・所在地等変更➡30日以内に届出。

ア　**正しい**　マンション**管理業を営もうとする者**は、国土交通省に備えるマンション**管理業者登録簿に登録**を受けなければならず、その登録の**有効期間**は5年である（マンション管理適正化法44条1項・2項）。

イ　**正しい**　管理業者は、その事務所ごとに、事務所の規模を考慮して国土交通省令で定める数の成年者である専任の管理業務主任者を置かなければならないが、人の居住の用に供する**独立部分が5以下**である管理組合からの委託を受けて行う管理事務のみを業務とする事務所については、**設置の必要はない**（56条1項、施行規則62条）。

ウ　**誤り**　**「営ませることができる」➡「営ませてはならない」**

ひっかけ

管理業者は、**自己の名義**をもって、**他人に**マンション**管理業を営ませてはならない**（マンション管理適正化法54条）。

エ　**正しい**　管理業者は、**事務所の**名称及び**所在地**等に**変更**があったときは、その日から**30日以内**に、その旨を国土交通大臣に**届け出**なければならない（48条1項、45条1項2号）。

したがって、**誤っているものはウの一つ**であり、**正解は❶**となる。

19 マンション管理業者の業務①（重要事項の説明）

H30-問46改

重要度 A

次の記述は、マンション管理適正化法において定められている、マンション管理業者が新たに管理事務の委託を受ける場合に関係する条文を抜粋したものである。空白となっている［A］～［D］に下欄のア～クの語句を選んで文章を完成させた場合において、正しい組合せは、❶～❹のうちどれか。なお、語句の定義については、同法第２条の規定によるものとする。なお、電子情報処理組織を使用する方法等については考慮しないものとする。

マンション管理業者は、管理組合から管理事務の委託を受けることを内容とする契約を締結しようとするときは、あらかじめ、国土交通省令で定めるところにより説明会を開催し、当該管理組合を構成するマンションの［A］及び当該管理組合の管理者等に対し、［B］をして、管理受託契約の内容及びその履行に関する事項であって国土交通省令で定めるもの（以下「重要事項」という。）について説明をさせなければならない。この場合において、マンション管理業者は、当該説明会の日の［C］までに、当該管理組合を構成するマンションの［A］及び当該管理組合の管理者等の全員に対し、一定の場合を除き、重要事項並びに説明会の日時及び場所を記載した書面を［D］しなければならない。

［語　句］

ア　管理業務主任者	イ　二週間前	ウ　掲示
エ　マンション管理士	オ　区分所有者等	カ　交付
キ　役員	ク　一週間前	

［組合せ］

❶　Aはオ、Bはア、Cはイ、Dはカ

❷　Aはキ、Bはア、Cはイ、Dはウ

❸　Aはオ、Bはア、Cはク、Dはカ

❹　Aはキ、Bはエ、Cはク、Dはカ

重要事項の説明に関する条文の穴埋め問題。正しい知識の習得が必須！

本問は、**新規に管理事務の委託を受ける場合**の「重要事項の説明」と「重要事項説明書の交付」に関する穴埋め問題である。

マンション管理業者は、管理組合から管理事務の委託を受けることを内容とする契約を締結しようとするときは、あらかじめ、国土交通省令で定めるところにより説明会を開催し、当該管理組合を構成するマンションの［A　区分所有者等］及び当該管理組合の**管理者等**に対し、［B　管理業務主任者］をして、管理受託契約の内容及びその履行に関する事項であって国土交通省令で定めるもの（以下「**重要事項**」という）について**説明**をさせなければならない（マンション管理適正化法72条1項前段）。

この場合において、マンション管理業者は、当該説明会の日の［C　1週間前］までに、当該管理組合を構成するマンションの［A　区分所有者等］及び当該管理組合の**管理者等の全員**に対し、一定の場合を除き、**重要事項**並びに**説明会の日時及び場所を記載した書面**を［D　交付］しなければならない（72条1項後段）。

したがって、**正しい組合せ**は、Aはオ（区分所有者等）、Bはア（管理業務主任者）、Cはク（1週間前）、Dはカ（交付）であり、**正解は❸**となる。

正解 ❸

20 マンション管理業者の業務②(重要事項の説明)

CHECK! R 4-問50 重要度 C

重要事項の説明等について説明した次の文章について、マンション管理適正化法の規定によれば、〔 ア 〕~〔 エ 〕の中に入るべき用語の組合せとして、正しいものはどれか。

マンションの管理業者は、管理組合から管理事務の委託を受けることを内容とする契約を締結しようとするときは、あらかじめ、説明会を開催し、管理組合を構成するマンションの〔 ア 〕に対し、管理業務主任者をして、重要事項について説明させなければならない。説明会の開催に際し、マンション管理業者は、できる限り説明会に参加する参集の便を考慮して開催の日時及び場所を定め、開催日の〔 イ 〕前までに説明会の日時及び場所についてマンションの〔 ア 〕の見やすい場所に掲示するとともに、併せて重要事項を記載した書面を〔 ア 〕の全員に対し交付しなければならない。

また、マンションの管理業者は、従前の管理受託契約と同一の条件で管理組合との管理受託契約を更新しようとするときは、あらかじめ、マンションの〔 ウ 〕全員に重要事項を記載した書面を交付し、また管理者等が置かれている管理組合の場合は、管理業務主任者をして、管理者等に交付・説明させなければならない。ただし、〔 エ 〕から重要事項について説明を要しない旨の意思表明があったときは、重要事項を記載した書面の交付をもって、これらの説明に代えることができる。

	〔 ア 〕	〔 イ 〕	〔 ウ 〕	〔 エ 〕
❶	区分所有者等及び管理組合の管理者等	10日	区分所有者等	理事会等
❷	区分所有者等及び管理組合の管理者等	1週間	区分所有者等	認定管理者等
❸	区分所有者等	10日	区分所有者等及び管理組合の管理者等	認定管理者等
❹	区分所有者等	1週間	区分所有者等及び管理組合の管理者等	理事会等

認定管理者等から重説不要の意思表明➡書面交付で説明に代えること可能。

マンションの管理業者は、管理組合から管理事務の委託を受けることを内容とする契約を締結しようとするときは、あらかじめ、**説明会を開催**し、管理組合を構成するマンションの〔ア　区分所有者等及び管理組合の管理者等〕に対し、管理業務主任者をして、**重要事項について**説明させなければならない(マンション管理適正化法72条1項前段)。説明会の開催に際し、マンション管理業者は、できる限り**説明会に参加する参集の便を考慮して開催の日時及び場所を定め**（施行規則83条1項)、開催日の〔イ　1週間〕**前までに説明会の日時及び場所**についてマンションの〔ア　区分所有者等及び管理組合の管理者等〕の見やすい場所に掲示するとともに(83条2項)、併せて**重要事項を記載した書面を**〔ア　区分所有者等及び管理組合の管理者等〕の**全員に対し交付**しなければならない（マンション管理適正化法72条1項)。

また、マンションの管理業者は、**従前の管理受託契約と同一の条件で**管理組合との管理受託契約を更新しようとするときは、あらかじめ、マンションの〔ウ　区分所有者等〕**全員**に**重要事項を記載した**書面を交付し（72条2項)、また管理者等が置かれている管理組合の場合は、管理業務主任者をして、管理者等に交付・説明させなければならない（72条3項本文)。ただし、〔エ　認定管理者等〕**から重要事項について説明を要しない旨の意思表明**があったときは、**重要事項を記載した**書面の**交付**をもって、これらの説明に代えることができる（同ただし書)。

正解 ❷

21 マンション管理業者の業務③（重要事項の説明）

H28-問49改

マンションの管理業者の行う重要事項の説明に関する次の記述のうち、マンション管理適正化法の規定によれば、正しいものはいくつあるか。ただし、記述の中で「マンションの区分所有者等」「管理者等」とあるのは、同法第２条の規定によるものとする。なお、電子情報処理組織を使用する方法等については考慮しないものとする。

ア　マンション管理業者は、重要事項の説明会を開催する場合、当該説明会の前日までに、マンションの区分所有者等及び当該管理組合の管理者等の全員に対し、一定の場合を除き、重要事項並びに説明会の日時及び場所を記載した書面を交付しなければならない。

イ　マンション管理業者は、従前の管理受託業務と同一の条件で管理組合との管理受託契約を更新しようとするときは、あらかじめ、当該管理組合を構成するマンションの区分所有者等全員に対し、一定の場合を除き、重要事項を記載した書面を交付しなければならない。

ウ　マンション管理業者が、マンションの区分所有者等及び当該管理組合の管理者等全員に対し、一定の場合を除き、書面で交付する重要事項には、マンション管理業者の商号又は名称、住所、登録番号及び登録年月日並びに当該マンション管理業者の前年度の財務状況が含まれる。

エ　マンション管理業者が、重要事項を記載した書面を作成するときは、管理業務主任者をして当該書面に記名させなければならないが、国土交通大臣は、これに違反したマンション管理業者に対して、１年以内の期間を定めて、その業務の全部又は一部の停止を命ずることができる。

❶　一つ

❷　二つ

❸　三つ

❹　四つ

「重要事項」に管理業者の前年度の財産状況は含まれない。

ア　誤り　**「説明会の前日まで」➡「説明会の１週間前まで」**

管理業者は、重要事項の説明会を開催する場合、当該**説明会の日の「１週間」前まで**に、当該管理組合の**「区分所有者等および管理者等の全員」**に対し、一定の場合を除き、**重要事項、説明会の日時・場所を記載した書面を交付**しなければならない（マンション管理適正化法72条１項後段）。

イ　正しい

管理業者は、従前の管理受託契約と**同一の条件**で管理組合との管理受託契約を**更新**するときは、あらかじめ、当該管理組合の「区分所有者等全員」に対し、一定の場合を除き、**重要事項を記載した書面を交付**しなければならない（72条２項）。なお、**書面の交付**をする場合、管理者等の設置・不設置にかかわらず、**「区分所有者等全員」**に行うことに注意。

ウ　誤り　**「管理業者の前年度の財産状況が含まれる」➡「含まれない」**

管理業者が、管理組合を構成する区分所有者等および管理組合の管理者等全員に対し、一定の場合を除き、書面で交付する重要事項には、**「管理業者の商号または名称、住所、登録番号および登録年月日」は含まれるが**（施行規則84条１号）、「管理業者の前年度の財産状況」は含まれない（84条２～11号参照）。

エ　正しい

管理業者は、重要事項説明書を作成するときは、**管理業務主任者**をして、当該書面に記名させなければならない（マンション管理適正化法72条５項）。そして、国土交通大臣は、管理業者がこの規定に**違反**したときは、**１年以内**の期間を定めて、その業務の**全部または一部の停止を命ずること**ができる（82条２号）。

したがって、**正しいものはイ・エの二つ**であり、**正解は❷**となる。

正解 ❷

22 マンション管理業者の業務④（重要事項の説明）

□□□ CHECK!　R3-問48　重要度 B

マンション管理業者が締結する管理受託契約に関する次の記述のうち、マンション管理適正化法の規定によれば、正しいものはいくつあるか。

ア　マンション管理業者は、管理組合との管理受託契約を締結するときに遅滞なく交付する書面に代えて、当該管理組合を構成するマンションの区分所有者等又は当該管理組合の管理者等の承諾を得た場合は、当該書面に記載すべき事項を電子情報処理組織を使用する方法その他の情報通信の技術を利用する方法により提供することができる。

イ　マンション管理業者が、管理組合との管理受託契約を更新する場合において、従前の管理受託契約と比べ管理事務の内容及び実施方法の範囲を拡大し、管理事務費用の額を減額することは、従前の管理受託契約と同一の条件での更新に含まれる。

ウ　マンション管理業者は、従前の管理受託契約と同一の条件で管理組合との管理受託契約を更新しようとするときは、あらかじめ、当該管理組合を構成するマンションの区分所有者等全員に対して、説明会を開催し、管理業務主任者をして、重要事項について説明させなければならない。

エ　マンション管理業者は、管理組合から管理事務の委託を受けることを内容とする契約を締結するに当たって、新たに建設されたマンションが分譲され、住戸部分の引渡しの日のうち最も早い日から１年以内に当該契約期間が満了する場合には、あらかじめ説明会を開催して重要事項の説明をすることは不要となる。

❶　一つ

❷　二つ

❸　三つ

❹　四つ

分譲新マンションの住戸部分「引渡日のうち最も早い日から1年以内」に契約満了➡重説不要。

ア　**正しい**　管理業者は、管理組合との管理受託契約を締結するときに遅滞なく**交付する書面に代えて**、当該管理組合を構成する**区分所有者等**又は当該管理組合の**管理者等の承諾**を得た場合は、当該書面に記載すべき事項を電子情報処理組織を使用する方法その他の**情報通信の技術を利用する方法により提供**できる（マンション管理適正化法72条6項）。

イ　**正しい**　管理業者が、管理組合との管理受託契約を**更新**する場合、従前の管理受託契約と比べ**管理事務の内容及び実施方法の範囲**を拡大し、**管理事務費用の額**を減額することは、従前の管理受託契約と同一の条件での**更新に含まれる**（72条2項、国総動第309号第一5（2））。

ウ　**誤り**　**「説明会を開催」➡「管理者等の設置・不設置にかかわらず、説明会は不要」**

頻出

管理業者は、従前の管理受託契約と同一の条件で管理組合との管理受託契約を更新しようとする場合、「**管理者等が不設置のとき**」は、あらかじめ、当該管理組合を構成する「区分所有者等全員」に対し、一定の場合を除き、**重要事項を記載した書面を交付**しなければならないが、説明・**説明会は不要**である（72条2項）。これに対し、「**管理者等が設置されているとき**」は、当該**管理者等**に対し、管理業務主任者をして、重要事項について、これを記載した**書面を交付**して**説明**をさせなければならないが、**説明会は不要**である（72条2項・3項）。いずれのときでも、説明会は不要である。

エ　**正しい**　管理業者は、管理受託契約を締結するに当たって、①「新たに建設されたマンションの分譲に通常要すると見込まれる期間（**最初の購入者に引き渡し後1年間**）で**満了**する委託契約の場合（完成売りマンション）や②すでに建設されたマンションの再分譲に通常要すると見込まれる期間（再分譲後の最初の購入者に引き渡し後1年間）で満了する委託契約の場合（リノベマンション）は、あらかじめ説明会を開催して**重要事項の説明**をすることは**不要**となる（72条1項かっこ書、施行規則82条）。したがって、上記①より、新たに建設されたマンションが分譲され、住戸部分の「引渡日のうち最も早い日から1年以内」に当該契約期間が満了する場合には、重要事項の説明は不要となる。

頻出

したがって、**正しいものはア・イ・エの三つ**であり、**正解は❸**となる。

正解 ❸

23 マンション管理業者の業務⑤（重要事項の説明）

CHECK!　R５-問50改

マンション管理業者が行うマンション管理適正化法第72条の規定に基づく重要事項の説明等に関する次の記述のうち、誤っているものはいくつあるか。

ア　管理業務主任者は、重要事項の説明を行うに当たり、説明の相手方から要求があった場合にのみ、説明の相手方に対し管理業務主任者証を提示しなければならない。

イ　マンション管理業者は、管理受託契約を更新する場合において、従前の管理受託契約に比して管理事務の内容及び実施方法の範囲を拡大し、管理事務に要する費用の額を同一とする場合、あらかじめ、重要事項の説明会を開催する必要はない。

ウ　マンション管理業者は、従前の管理委託契約と同一の条件で管理組合との契約を更新しようとするとき、当該管理組合の認定管理者等から重要事項について説明を要しない旨の意思の表明があったときは、当該認定管理者等に対してのみ重要事項を記載した書面の交付を行えばよい。

エ　マンション管理業者は、管理組合から管理事務の委託を受けることを内容とする契約に係る説明会の日の５日前までに、当該管理組合を構成するマンションの区分所有者等及び当該管理組合の管理者等の全員に対し、重要事項並びに説明会の日時及び場所を記載した書面を交付しなければならない。

❶　一つ

❷　二つ

❸　三つ

❹　四つ

管理業務主任者は重要事項説明のときは、相手方に（当然）管理業務主任者証を提示する。

ア　誤　り　**「説明の相手方から要求があった場合にのみ、管理業務主任者証を提示」**

➡「説明の相手方からの要求の有無にかかわらず、管理業務主任者証を提示」

管理業務主任者は、**重要事項の説明**をするときは、説明の相手方に対し、（当然）**管理業務主任者証**を提示しなければならない（マンション管理適正化法72条４項）。

イ　正しい　**管理業者**は、従前の管理受託契約と**「同一の条件」**で管理組合との管理受託契約を**更新**する場合には、管理者等が不設置のときでも、管理者等が設置のときでも、**説明会は不要**である（72条２項・３項本文）。本肢は、「**従前の管理受託契約に比して管理事務の内容及び実施方法の範囲を拡大し、管理事務に要する費用の額を同一と**する場合」であるから、「同一の条件で更新」する扱いとなる（国総動第309号第一５（2））。したがって、重要事項の**説明会を開催する必要はない**。

ウ　誤　り　**「認定管理者等に対してのみ書面の交付を行えばよい」**

➡「区分所有者等全員及び認定管理者等に対して書面の交付を行う」

管理業者は、従前の管理受託契約と同一の条件で管理組合との管理受託契約を更新しようとするときは、あらかじめ、当該管理組合を構成する区分所有者等全員に対し、重要事項を記載した書面を交付しなければならない（72条２項）。この場合、管理組合に「管理者等が設置」されているときは、管理業者は、一定の場合を除き、当該管理者等に対し、管理業務主任者をして、重要事項を記載した**書面を交付**して**説明**をさせなければならないが（同３項本文）、当該説明は、認定管理者等**から重要事項について説明を要しない旨の意思の表明があった**ときは、管理業者による当該認定**管理者等に対する重要事項を記載した書面の交付**をもって、**これに代える**ことができる（同ただし書）。つまり、**区分所有者等全員**及び当該認定管理者等に対して重要事項を記載した書面の交付を行うことになる。

エ　誤　り　**「５日前まで」➡「１週間前まで」**

管理業者は、管理組合から管理事務の委託を受けることを内容とする契約に係る**説明会の日の１週間前までに**、当該管理組合を構成する**区分所有者等及び当該管理組合の管理者等の全員**に対し、**重要事項並びに説明会の日時及び場所を記載した書面を交付**しなければならない（72条１項）。

したがって、誤っているものはア・ウ・エの三つであり、**正解は❸**となる。

正解 ❸

マンション管理業者に関する次の記述のうち、マンション管理適正化法の規定によれば、誤っているものはどれか。

❶ マンション管理業者は、管理組合から委託を受けた管理事務について、国土交通省令で定めるところにより、帳簿を作成し、これを保存しなければならない。

❷ マンション管理業者は、従前の管理受託契約と同一の条件で管理組合との管理受託契約を更新しようとするときは、あらかじめ、国土交通省令で定めるところにより、区分所有者等全員に対し、説明会を開催しなければならない。

❸ マンション管理業者は、管理事務の委託を受けた管理組合に管理者等が置かれているときは、国土交通省令で定めるところにより、定期に、当該管理者等に対し、管理業務主任者をして、当該管理事務に関する報告をさせなければならない。

❹ 管理業務主任者は、重要事項について説明をするときは、説明の相手方に対し、管理業務主任者証を提示しなければならない。

従前の管理受託契約と同一条件で更新➡区分所有者等全員に対する説明会は不要。

❶ 正しい　**管理業者**は、管理組合から委託を受けた**管理事務**について、帳簿を作成し、これを保存しなければならない(マンション管理適正化法75条)。

❷ 誤り　**「説明会を開催しなければならない」➡「説明会の開催は不要」**

管理業者は、**従前の管理受託契約と同一の条件**で管理組合との管理受託契約を**更新**しようとする場合、①**管理者等が不設置**の場合、管理業者は、あらかじめ、当該管理組合を構成する区分所有者等全員に対し、一定の場合を除き、重要事項を記載した**書面を交付**しなければならず（72条２項）、②**管理者等が設置**されている場合、管理業者は、当該**管理者等**に対し、原則として、管理業務主任者をして、重要事項について、これを記載した**書面を交付して説明**させなければならない（同３項）。しかし、①②**いずれの場合**も、区分所有者等全員に対する**説明会は不要**である。

❸ 正しい　**管理業者**は、管理事務の委託を受けた管理組合に**管理者等が設置**されている場合、**定期**に、当該管理者等に対し、管理業務主任者をして、当該管理事務に関する報告をさせなければならない（77条１項）。

❹ 正しい　**管理業務主任者**は、重要事項について説明をするときは、説明の相手方に対し、**管理業務主任者証**を提示しなければならない（72条４項）。

頻出

正解 ❷

25 マンション管理業者の業務⑦

CHECK! H29-問50 重要度 A

マンション管理業者の業務に関する次の記述のうち、マンション管理適正化法の規定によれば、誤っているものはどれか。ただし、記述の中で「マンションの区分所有者等」とあるのは、同法第2条の規定によるものとする。

❶ マンション管理業者の使用人その他の従業者は、当該従業者でなくなった後5年を経過するまでは、正当な理由がなく、マンションの管理に関する事務を行ったことに関して知り得た秘密を漏らしてはならない。

❷ マンション管理業者は、使用人その他の従業者に、その従業者であることを証する証明書を携帯させなければ、その者をその業務に従事させてはならない。

❸ マンション管理業者の使用人その他の従業者は、マンションの管理に関する事務を行うに際し、マンションの区分所有者等その他の関係者から請求があったときは、当該マンション管理業者の従業者であることを証する証明書を提示しなければならない。

❹ マンション管理業者の登録がその効力を失った場合には、当該マンション管理業者であった者又はその一般承継人は、当該マンション管理業者の管理組合からの委託に係る管理事務を結了する目的の範囲内においては、なおマンション管理業者とみなす。

秘密保持義務に「期間の限定」はない！

❶ 誤り 「従業者でなくなった後５年を経過するまでは」
➡「従業者でなくなった後でもずっと」

ひっかけ

管理業者の使用人その他の従業者は、正当な理由がなく、マンションの管理に関する事務を行ったことに関して知り得た秘密を、他に漏らしてはならない。管理業者の使用人その他の従業者でなくなった「後」でも、秘密を漏らしてはならない（マンション管理適正化法87条）。つまり、「従業者でなくなった後の期限の定め」はない。

❷ 正しい 管理業者は、使用人その他の従業者に、その従業者証明書を携帯させなければ、その者をその業務に従事させてはならない（88条１項）。

❸ 正しい 管理業者の使用人その他の従業者には、マンションの管理に関する事務を行うに際し、区分所有者等その他の関係者から請求があったときは、従業者であることを証する書面の提示が義務付けられている（88条２項）。

❹ 正しい 管理業者の登録がその効力を失った場合、当該管理業者であった者、またはその一般承継人は、当該管理業者の管理組合からの委託に係る管理事務を結了する目的の範囲内においては、管理業者とみなされる（89条）。

正解 ❶

26 マンション管理業者の業務⑧

□□□ CHECK!　H28-問48　重要度 A

マンション管理業者の業務に関する次の記述のうち、マンション管理適正化法の規定によれば、正しいものはいくつあるか。

ア　マンション管理業を営もうとする者は、国土交通省に備えるマンション管理業者登録簿に登録を受けなければならず、この登録の有効期間は３年である。

イ　マンション管理業者の登録を受けない者は、マンション管理業を営んではならないとされており、これに違反した者は、１年以下の懲役又は50万円以下の罰金に処される。

ウ　マンション管理業者が、その事務所ごとに置かねばならない成年者である専任の管理業務主任者の人数は、管理事務の委託を受けた管理組合（省令で定める人の居住の用に供する独立部分の数が５以下である建物の区分所有者を構成員に含むものは除く。）の数を30で除したもの（１未満の端数は切り上げる。）以上としなければならない。

エ　マンション管理業者は、管理組合から委託を受けた管理事務のうち基幹事務については、これを一括して他人に委託してはならず、国土交通大臣は、これに違反したマンション管理業者に対して、１年以内の期間を定めて、その業務の全部又は一部の停止を命ずることができる。

❶　一つ

❷　二つ

❸　三つ

❹　四つ

無登録で管理業を営む➡1年以下の懲役・50万円以下の罰金。

ア　**誤り**　**「3年」➡「5年」**

マンション管理業を営む者は、国土交通省に備える管理業者登録簿に登録を受けなければならない（マンション管理適正化法44条1項）。その場合の**登録の有効期間**は、「5年」である（同2項）。

イ　**正しい**

管理業者の登録を受けない者がマンション管理業を営んだときは、1年**以下の懲役または50万円以下**の罰金に処せられる（106条2号、53条）。

ウ　**正しい**

管理業者は、事務所ごとに、**30管理組合に1人以上**（端数については切り上げて「1人」と数える）の成年者である**専任の管理業務主任者を設置**しなければならない（56条、施行規則61条、62条）。しかし、例外として、人の居住の用に供する独立部分（専有部分）の数が5以下である建物の区分所有者を構成員に含むものは、除かれる。

エ　**正しい**

管理業者は、管理組合から委託を受けた管理事務のうち**基幹事務**については、これを**一括して他人に委託してはならない**（マンション管理適正化法74条）。国土交通大臣は、管理業者がこの規定に**違反**したときは、当該管理業者に対し、1年**以内**の期間を定めて、その業務の**全部または一部の停止を命ずる**ことができる（82条2号）。

したがって、**正しいものはイ〜エの三つ**であり、**正解は❸**となる。

正解 ❸

27 マンション管理業者の業務⑨

CHECK! H29-問48 重要度 A

マンション管理業者の業務に関する次の記述のうち、マンション管理適正化法の規定によれば、正しいものはいくつあるか。

ア　国土交通大臣は、マンション管理業者が業務に関し他の法令に違反し、マンション管理業者として不適当であると認められるときは、当該マンション管理業者に対し、１年以内の期間を定めて、その業務の全部又は一部の停止を命ずることができる。

イ　国土交通大臣は、マンション管理業の登録申請者が、禁錮以上の刑に処せられ、その執行を終わり、又は執行を受けることがなくなった日から２年を経過しない者である場合は、その登録を拒否しなければならない。

ウ　国土交通大臣は、マンション管理業者が業務に関し、その公正を害する行為をしたとき、又はその公正を害するおそれが大であるときは、その旨を公告しなければならない。

エ　国土交通大臣は、マンション管理業の適正な運営を確保するため必要があると認めるときは、その必要な限度で、その職員に、マンション管理業を営む者の事務所その他その業務を行う場所に立ち入り、帳簿、書類その他必要な物件を検査させ、又は関係者に質問させることができる。

❶　一つ

❷　二つ

❸　三つ

❹　四つ

公告の対象となる監督処分➡「業務停止命令」と「登録の取消し」。

ア　**正しい**

国土交通大臣は、管理業者が業務に関し「**他の法令に違反し、管理業者として不適当であると認められるとき**」は、当該管理業者に対し、**1年以内**の期間を定めて、その業務の全部または一部の**停止を命ずる**ことができる（マンション管理適正化法82条1号、81条3号）。

イ　**正しい**

国土交通大臣は、管理業の**登録申請者**が、**禁錮以上**の刑に処せられ、その執行を終わり、または執行を受けることがなくなった日から**2年を経過しない**者である場合、その**登録を拒否**しなければならない（47条5号）。

ウ　**誤り**　**「公告しなければならない」➡「公告は不要」**

国土交通大臣は、「**業務停止命令**（82条）」「**登録の取消し**（83条）」の処分をしたときは、その旨を公告しなければならない（84条、施行規則91条）。しかし、「**業務に関し、その公正を害する行為をしたとき、またはその行為が公正を害するおそれが大であるとき**」は「**指示**（マンション管理適正化法81条2号）」処分の対象とはなり得るが、業務停止命令等の対象にはならない（82条1号）。

エ　**正しい**

国土交通大臣は、マンション管理業の適正な運営を確保するため必要があるときは、その**必要な限度**で、その**職員**に、マンション管理業を営む者の事務所その他その業務を行う場所に**立ち入り**、帳簿・書類その他必要な物件を検査させ、または関係者に質問させることができる（86条1項）。

したがって、**正しいものはア・イ・エの三つ**であり、**正解は❸**となる。

正解 ❸

マンション管理適正化法

28 マンション管理業者の業務⑩

□□□ CHECK! H30-問47 重要度 A

マンション管理適正化法の規定によれば、マンション管理業者に関する次の記述のうち、正しいものはいくつあるか。なお、語句の定義については、同法第2条の規定によるものとする。

ア　マンション管理業者は、国土交通省令で定めるところにより、当該マンション管理業者の業務及び財産の状況を記載した書類をその事務所ごとに備え置き、その業務に係る関係者の求めに応じ、これを閲覧させなければならない。

イ　マンション管理業者は、自己の名義をもって、他人にマンション管理業を営ませてはならない。

ウ　マンション管理業者は、管理組合から委託を受けた管理事務のうち基幹事務については、これを一括して他人に委託することができる。

エ　マンション管理業者は、管理組合から委託を受けて管理する修繕積立金その他国土交通省令で定める財産については、整然と管理する方法として国土交通省令で定める方法により、自己の固有財産及び他の管理組合の財産と分別して管理しなければならない。

❶ 一つ

❷ 二つ

❸ 三つ

❹ 四つ

基幹事務➡「一括して他人に委託」は×。

ア　**正しい**

管理業者は、当該管理業者の「**業務および財産の状況を記載した書類**」をその**事務所ごと**に備え置き、「**その業務に係る関係者**」の求めに応じ、これを**閲覧**させなければならない（マンション管理適正化法79条）。

イ　**正しい**

管理業者は、**自己の名義**をもって、**他人にマンション管理業を営ませてはならない**（54条）。

ウ　**誤り　「一括して他人に委託できる」➡「一括して他人に委託できない」**

管理業者は、管理組合から委託を受けた管理事務のうち、**基幹事務**については「一括して」（全部）**他人に委託してはならない**（74条）。なお、基幹事務の「一部」であれば、**委託することができる**。

エ　**正しい**

管理業者は、管理組合から委託を受けて管理する**修繕積立金その他一定の財産**については、**整然と管理する方法**により、**自己の固有財産および他の管理組合の財産と分別**して管理しなければならない（76条）。ちなみに、この「分別管理の対象となる財産」とは、修繕積立金および管理組合・区分所有者等から受領した管理費用に充当する金銭・有価証券のことである（施行規則87条１項）。

したがって、**正しいもの**はア・イ・エの**三つ**であり、**正解は❸**となる。

マンション管理適正化法

正解 ❸

29 マンション管理業者の業務⑪・財産の分別管理①

CHECK!　R5-問49　重要度 B

マンション管理業者の業務に関する次の記述のうち、マンション管理適正化法（この問いにおいて「法」という。）によれば、正しいものはいくつあるか。

ア　マンション管理業者は、管理組合から委託を受けた管理事務のうち基幹事務について、複数の者に分割して委託する場合は、その全てを再委託することができる。

イ　マンション管理業者は、法第77条に定める管理事務報告を行うに際して、管理組合に管理者等が置かれていない場合は、当該管理組合を構成するマンションの区分所有者等に対し、管理事務に関する報告を記載した書面を交付すれば足りる。

ウ　マンション管理業者は、管理委託契約を締結したとき、管理組合に管理者等が置かれている場合は、当該管理者等に対し、法第73条に定める契約成立時の書面を交付しなければならない。

エ　マンション管理業者は、管理事務の委託を受けた管理組合における会計の収入及び支出の状況に関する書面を作成し、管理組合の管理者等に交付するときは、管理業務主任者をして記名させなければならない。

❶　一つ

❷　二つ

❸　三つ

❹　四つ

複数の者に分割して委託する場合でも、その全てを再委託できない。

ア　誤り　「全てを再委託できる」➡「全てを再委託できない」

管理業者は、管理組合から委託を受けた管理事務のうち基幹事務については、これを一括して他人に委託してはならない（マンション管理適正化法74条）。複数の者に分割して委託する場合でも、その全てを再委託することは「できない」。

イ　誤り　「管理事務報告書を交付すれば足りる」
➡「管理事務報告書の交付だけではなく説明も必要」

管理業者は、77条に定める管理事務報告を行うに際して、管理組合に管理者等が置かれていない場合は、管理事務報告書を作成し、77条に定める説明会を開催し、管理業務主任者をして、これを、当該管理組合を構成する区分所有者等に交付して説明をさせなければならない（77条２項、施行規則89条１項）。

ウ　正しい　管理業者は、管理受託契約を締結したとき、管理組合に管理者等が置かれている場合は、当該管理者等に対し、73条に定める契約成立時の書面を交付しなければならない（マンション管理適正化法73条１項）。なお、書面の交付に代えて、一定の承諾を得て、当該書面に記載すべき事項を、電子情報処理組織を使用する方法その他の情報通信の技術を利用する方法によっても提供できるが、この場合でも当該書面の交付とみなされる（同３項）。

エ　誤り　「管理業務主任者をして記名」➡「記名は不要」

管理業者は、毎月、管理事務の委託を受けた管理組合のその月（対象月）における会計の収入及び支出の状況に関する書面を作成し、翌月末日までに、当該書面を当該管理組合の管理者等に交付しなければならない（施行規則87条５項前段）。

したがって、正しいものはウの一つであり、正解は❶となる。

正解 ❶

財産の分別管理②

R3-問49改

マンション管理業者に関する次の記述のうち、マンション管理適正化法の規定によれば、誤っているものはいくつあるか。なお、電磁的方法による交付については考慮しないものとする。

ア　マンション管理業者は、管理組合から委託を受けて管理する修繕積立金及び管理組合又はマンションの区分所有者等から受領した管理費用に充当する金銭又は有価証券については、整然と管理する方法として国土交通省令で定める方法により、自己の固有財産及び他の管理組合の財産と分別して管理しなければならない。

イ　マンション管理業者は、管理者等が置かれていない管理組合で、管理者等が選任されるまでの比較的短い期間に限り保管する場合を除き、保管口座又は収納・保管口座に係る管理組合等の印鑑、預貯金の引出用のカードその他これらに類するものを管理してはならない。

ウ　マンション管理業者は、毎月、管理事務の委託を受けた管理組合のその月における会計の収入及び支出の状況に関する書面を作成し、当月末日に、当該書面を当該管理組合の管理者等に交付しなければならない。

エ　マンション管理業者が管理する保管口座とは、マンションの区分所有者等から徴収された修繕積立金又はマンションの区分所有者等から受領した管理費用に充当する金銭等を預入し、一時的に預貯金として管理するための口座で、管理組合等又は管理業者を名義人とするものをいう。

❶　一つ

❷　二つ

❸　三つ

❹　四つ

保管口座は、管理業者を名義人にはできない。

ア　**正しい**　管理業者は、管理組合から委託を受けて管理する**修繕積立金**及び管理組合又は区分所有者等から受領した**管理費用に充当する金銭又は有価証券**については、整然と管理する方法として国土交通省令で定める方法により、**自己の固有財産及び他の管理組合の財産**と分別して管理しなければならない（マンション管理適正化法76条、施行規則87条1項）。

イ　**正しい**　管理業者は、**管理者等が不設置**の管理組合で、**管理者等が選任されるまでの比較的短い期間に限り保管**する場合を除き、**保管口座又は収納・保管口座に係る管理組合等の印鑑・預貯金の引出用のカード**その他これらに類するものを管理してはならない（87条4項）。

ウ　**誤り**　**「当月末日に」➡「翌月末日に」**

管理業者は、**毎月**、管理事務の委託を受けた管理組合のその月における**会計の収入及び支出の状況に関する書面を作成**し、**「翌月」末日に**、当該**書面を当該管理組合の管理者等に交付**しなければならない（87条5項）。なお、この書面は、電磁的方法により交付できる（民間事業者等が行う書面の保存等における情報通信の技術の利用に関する法律6条1項、施行規則別表4）。

エ　**誤り**　**「管理業者が一時的に預貯金として管理…管理組合等又は管理業者を名義人」**
➡「管理業者が管理するものではなく、管理組合等を名義人」

ひっかけ

「保管口座」とは、区分所有者等から徴収された**修繕積立金を預入し**、**又は修繕積立金等金銭や分別管理の対象となる財産の残額を収納口座から移し換え**、これらを**預貯金として管理するための口座**であって、**「管理組合等（管理組合・その管理者等）」を名義人**とするものをいう（87条6項2号）。したがって、保管口座とは、管理業者が一時的に預貯金として管理する口座ではなく、管理業者を名義人にはできない。

したがって、**誤っているものはウ・エの二つ**であり、**正解は❷**となる。

マンション管理適正化法

正解 ❷

「マンション管理適正化推進センター」が行うマンション管理適正化法第92条に規定された業務として、正しいものはいくつあるか。ただし、記述の中で「管理者等」とあるのは、同法第２条の規定によるものとする。

ア　マンションの管理の適正化に関し、管理組合の管理者等その他の関係者に対し技術的な支援を行うこと。

イ　マンションの管理に関する苦情の処理のために必要な指導及び助言を行うこと。

ウ　マンションの管理の適正化に関し、管理組合の管理者等その他の関係者に対し講習を行うこと。

エ　マンション管理業の健全な発達を図るための調査及び研究を行うこと。

❶　一つ

❷　二つ

❸　三つ

❹　四つ

管理“業”に関連するものは、管理業者の団体の業務！

ア　正しい

マンションの管理の適正化に関し、管理組合の管理者等その他の関係者に対し**技術的な支援**を行うことは、「マンション管理適正化推進センター」の業務である（マンション管理適正化法92条2号）。

イ　正しい

マンションの管理に関する苦情の処理のために必要な**指導・助言**を行うことは、「マンション管理適正化推進センター」の業務である（92条4号）。

ウ　正しい

マンションの管理の適正化に関し、管理組合の管理者等その他の関係者に対し**講習**を行うことは、「マンション管理適正化推進センター」の業務である（92条3号）。

エ　誤り　「マンション管理適正化推進センターの業務」➡「管理業者の団体の業務」

マンション「管理業」の健全な発達を図るための**調査・研究**を行うことは、「管理業者の団体」の業務であり、「マンション管理適正化推進センター」の業務ではない（95条2項4号）。

したがって、正しいものはア～ウの三つであり、正解は❸となる。

正解 ❸

32 マンション管理適正化推進センターの業務②

CHECK! R元-問48 重要度 A

次の記述のうち、「マンション管理適正化推進センター」が行う業務として、マンション管理適正化法第92条に規定されていないものはどれか。

❶ マンションの管理の適正化の推進に資する啓発活動及び広報活動を行うこと。

❷ マンションの管理に関する情報及び資料の収集及び整理をし、並びにこれらを管理組合の管理者等その他の関係者に対し提供すること。

❸ マンションの管理の適正化に関し、管理組合の管理者等その他の関係者に対し技術的な支援を行うこと。

❹ マンションの管理に関する紛争の処理を行うこと。

マンション管理の紛争処理➡「管理適正化推進センター」の業務ではない。

❶ **法92条に規定されている**

マンションの管理の適正化の推進に資する**啓発活動および広報活動**を行うことは、「マンション管理適正化推進センター」の業務である（マンション管理適正化法92条6号）。

❷ **法92条に規定されている**

マンションの管理に関する**情報および資料の収集および整理**をし、ならびにこれらを管理組合の管理者等その他の関係者に対し**提供**することは、「マンション管理適正化推進センター」の業務である（92条1号）。

❸ **法92条に規定されている**

マンションの管理の適正化に関し、管理組合の管理者等その他の関係者に対し**技術的な支援**を行うことは、「マンション管理適正化推進センター」の業務である（92条2号）。

❹ **法92条に規定されていない** **「紛争の処理を行うことは業務に含まれていない」**

ひっかけ

「マンションの管理に関する紛争の処理を行うこと」は、「マンション管理適正化推進センター」の業務で**はない**（92条参照）。

正解 ❹

次の記述は、「マンション管理適正化基本方針」において定められている「マンションの管理の適正化の基本的方向」及び「マンションの管理の適正化に関する啓発及び知識の普及に関する基本的な事項」に関するものであるが、正しいものはいくつあるか。

ア　マンションの管理の主体は、マンションの区分所有者等で構成される管理組合であり、管理組合は、マンションの区分所有者等の意見が十分に反映されるよう、また、長期的な見通しを持って、適正な運営を行うことが必要である。

イ　マンションの管理には専門的な知識を要する事項が多いため、管理組合は、問題に応じ、マンション管理士等専門的知識を有する者の支援を得ながら、主体性をもって適切な対応をするよう心がけることが重要である。

ウ　マンションの状況によっては、外部の専門家が、管理組合の管理者等又は役員に就任することも考えられるが、その場合には、マンションの区分所有者等が当該管理者等又は役員の選任や業務の監視等を適正に行うとともに、監視・監督の強化のための措置等を講じることにより適正な業務運営を担保することが重要である。

エ　マンションの管理の適正化を推進するためには、必要な情報提供、技術的支援等が不可欠であることから、国及び地方公共団体は、マンションの実態の調査及び把握に努め、必要な情報提供等について、その充実を図ることが重要である。

❶　一つ

❷　二つ

❸　三つ

❹　四つ

外部専門家が役員等に就任➡区分所有者等が選任・業務監視等を行う。

ア　**正しい**

マンションの**管理の主体**は、区分所有者等で構成される管理組合であり、管理組合は、**区分所有者等の意見が十分に反映**されるよう、また、長期的な見通しを持って、**適正な運営を行う**ことが必要である（マンション管理適正化基本方針三1(1)）。

イ　**正しい**

マンションの管理には専門的な知識を要する事項が多いため、管理組合は、問題に応じ、**マンション管理士等専門的知識を有する者の支援**を得ながら、**主体性**をもって適切な対応をするよう心がけることが重要である（基本方針三1(3)）。

ウ　**正しい**

マンションの状況によっては、**外部の専門家**が、管理組合の管理者等又は役員に**就任**することも考えられるが、その場合には、区分所有者等が当該管理者等又は役員の**選任**や**業務の監視等を適正に行う**とともに、監視・監督の強化のための措置等を講じることにより適正な業務運営を担保することが重要である（基本方針三1(4)）。

エ　**正しい**

マンションの管理の適正化を推進するためには、必要な情報提供、技術的支援等が不可欠であることから、**国及び地方公共団体**は、**マンションの実態の調査及び把握に努め**、**必要な情報提供**等について、その**充実を図る**ことが重要である（基本方針五）。

したがって、**正しいものはア〜エの四つすべて**であり、**正解は❹**となる。

正解 ❹

34 マンション管理適正化基本方針②

R 2-問49改　重要度 A

次の記述は、「マンション管理適正化基本方針」において定められている「マンションの管理の適正化の基本的方向」に関するものであるが、適切なものはいくつあるか。

ア　マンションの管理の主体は、マンションの区分所有者等で構成される管理組合であり、管理組合は、マンションの区分所有者等の意見が十分に反映されるよう、また、長期的な見通しを持って、適正な運営を行うことが必要である。

イ　管理組合を構成するマンションの区分所有者等は、管理組合の一員としての役割を十分認識して、管理組合の運営に関心を持ち、積極的に参加する等、その役割を適切に果たすよう努める必要がある。

ウ　マンションの管理には専門的な知識を要する事項が多いため、管理組合は、問題に応じ、マンション管理士等専門的知識を有する者の支援を得ながら、主体性をもって適切な対応をするよう心がけることが重要である。

エ　マンションの状況によっては、外部の専門家が、管理組合の管理者等又は役員に就任することも考えられるが、その場合には、マンションの区分所有者等が当該管理者等又は役員の選任や業務の監視等を適正に行うとともに、監視・監督の強化のための措置等を講じることにより適正な業務運営を担保することが重要である。

❶　一つ

❷　二つ

❸　三つ

❹　四つ

区分所有者等➡組合員役割を十分認識等し積極的に参加。

ア　適　切

マンションの**管理の主体**は、区分所有者等で構成される管理組合であり、**管理組合**は、**区分所有者等の意見が十分に反映**されるよう、また、長期的な見通しを持って、**適正な運営を行う**ことが必要である（マンション管理適正化基本方針三1(1)）。

イ　適　切

区分所有者等は、管理組合の一員としての**役割を十分認識**して、管理組合の**運営に関心**を持ち、**積極的に参加**する等、その役割を適切に果たすよう努める必要がある（基本方針三1(2)）。

ウ　適　切

マンションの管理には専門的な知識を要する事項が多いため、管理組合は、問題に応じ、マンション管理士等専門的知識を有する者の支援を得ながら、主体性をもって適切な対応をするよう心がけることが重要である（基本方針三1(3)）。

エ　適　切

マンションの状況によっては、**外部の専門家**が、管理組合の管理者等又は役員に就任することも考えられるが、その場合には、**区分所有者等**が当該管理者等又は役員の**選任や業務の監視等を適正に行う**とともに、監視・監督の強化のための措置等を講じることにより**適正な業務運営を担保**することが重要である（基本方針三1(4)）。

したがって、**適切なものはア〜ウの四つ**であり、**正解は❹**となる。

正解 ❹

35 マンション管理適正化基本方針③

H30-問49改

次の記述は、「マンション管理適正化基本方針」において定められている「マンションの管理の適正化のために管理組合が留意すべき事項」に関するものであるが、適切でないものはどれか。なお、語句の定義については、マンション管理適正化法第２条の規定によるものとする。

❶ 管理費の滞納など管理規約又は使用細則等に違反する行為があった場合、管理組合の管理者等は、その是正のため、必要な勧告、指示等を行うとともに、法令等に則り、少額訴訟等その是正又は排除を求める措置をとることが重要である。

❷ 管理組合の管理者等は、マンション管理の目的が達成できるように、法令等を遵守し、マンションの区分所有者等のため、誠実にその職務を執行する必要がある。

❸ 管理規約は、マンション管理の最高自治規範であることから、管理組合として管理規約を作成する必要がある。その作成にあたっては、管理組合は、建物の区分所有等に関する法律に則り、「マンション標準管理規約」を参考として、当該マンションの実態及びマンションの区分所有者等の意向を踏まえ、適切なものを作成し、必要に応じてその改正を行うこと、これらを十分に周知することが重要である。

❹ 管理組合の管理者等は、管理組合の最高意思決定機関である。したがって、管理組合の管理者等は、その意思決定にあたっては、事前に必要な資料を整備し、適切な判断が行われるよう配慮する必要がある。

集会は、管理組合の「最高意思決定機関」。

❶ **適　切**

管理費の滞納など管理規約又は使用細則等に違反する行為があった場合、管理組合の管理者等は、その是正のため、**必要な勧告・指示等を行う**とともに、**法令等に則り**、少額訴訟等その**是正又は排除を求める措置**をとることが重要である（マンション管理適正化基本方針三2(2)）。

❷ **適　切**

管理組合の管理者等は、マンション管理の目的が達成できるように、**法令等を遵守**し、区分所有者等のため、**誠実にその職務を執行**する必要がある（基本方針三2(1)）。

❸ **適　切**

管理規約は、マンション管理の**最高自治規範**であることから、**管理組合として管理規約を作成**する必要がある。その作成にあたっては、**管理組合は、区分所有法に則り、「マンション標準管理規約」を参考**として、当該**マンションの実態および区分所有者等の意向を踏まえ、適切なものを作成**し、必要に応じてその**改正を行う**こと、これらを**十分に周知すること**が重要である（基本方針三2(2)）。

❹ **不適切**　**「管理組合の管理者等」➡「集会」**

「集会」は、管理組合の**最高意思決定機関**である。したがって、管理組合の**管理者等**は、その意思決定にあたっては、**事前に必要な資料を整備**し、**集会において適切な判断が行われる**よう配慮する必要がある（同三2(1)）。

マンション管理適正化法

正解 ❹

36 マンション管理適正化基本方針④

□□□ CHECK!　R元-問46改　重要度 B

「マンション管理適正化基本方針」において定められている「マンションの管理の適正化のために管理組合が留意すべき事項」に関する次の記述のうち、適切なものはいくつあるか。

ア　管理組合は、専有部分と共用部分の範囲及び管理費用を明確にすることにより、トラブルの未然防止を図ることが重要であり、併せて、これに対する区分所有者等の負担も明確に定めておくことが重要である。

イ　管理組合の管理者等は、必要な帳票類を作成してこれを保管するとともに、マンションの区分所有者等からの請求があった時は、これを速やかに開示することにより、経理の透明性を確保する必要がある。

ウ　建設後相当の期間が経過したマンションにおいては、長期修繕計画の検討を行う際には、必要に応じ、建替え等についても視野に入れて検討することが望ましい。建替え等の検討にあたっては、その過程をマンションの区分所有者等に周知させるなど透明性に配慮しつつ、各区分所有者等の意向を十分把握し、合意形成を図りながら進める必要がある。

エ　管理業務の委託や工事の発注等については、事業者の選定に係る意思決定の透明性確保や利益相反等に注意して、適正に行われる必要があるが、とりわけ外部の専門家が管理組合の管理者等又は役員に就任する場合においては、マンションの区分所有者等から信頼されるような発注等に係るルールの整備が必要である。

❶　一つ

❷　二つ

❸　三つ

❹　四つ

管理組合はあらかじめ、(専有部分と) 共用部分の範囲および管理費用を明確にする。

ア　適　切

管理組合は、マンションの快適な居住環境を確保するため、あらかじめ、共用部分の**範囲及び管理費用を明確**にし、トラブルの未然防止を図ることが重要である。特に、専有部分と共用部分の区分、専用使用部分と共用部分の管理及び駐車場の使用等に関してトラブルが生じることが多いことから、適正な利用と公平な負担が確保されるよう、**各部分の範囲**及びこれに対する**区分所有者等の負担を明確に定めておく**ことが重要である（マンション管理適正化基本方針三2(3)）。

イ　適　切

管理組合の**管理者等**は、必要な帳票類を作成してこれを保管するとともに、**区分所有者等からの請求**があった時は、これを**速やかに開示**することにより、経理の透明性を確保する必要がある（基本方針三2(4)）。

ウ　適　切

建設後相当の期間が経過したマンションにおいては、長期修繕計画の検討を行う際には、必要に応じ、建替え等についても視野に入れて検討することが望ましい。建替え等の検討にあたっては、その過程を区分所有者等に周知させるなど**透明性に配慮**しつつ、各区分所有者等の意向を十分把握し、**合意形成を図りながら進める**必要がある（基本方針三2(5)）。

エ　適　切

管理業務の委託や工事の発注等については、**事業者の選定に係る意思決定の透明性確保**や利益相反等に注意して、適正に行われる必要があるが、とりわけ外部の**専門家**が管理組合の管理者等又は役員に就任する場合においては、区分所有者等から信頼されるような**発注等に係る**ルールの**整備**が必要である（基本方針三2(6)）。

したがって、**適切なものはア～エの四つ**であり、**正解は❹**となる。

正解 ❹

マンション管理適正化法

37 マンション管理適正化基本方針⑤

H29-問46改

「マンション管理適正化基本方針」において定められている「マンションの管理の適正化のために管理組合が留意すべき事項」に関する次の記述のうち、適切なものはいくつあるか。

ア　管理組合の自立的な運営は、マンションの区分所有者等の全員が参加し、その意見を反映することにより成り立つものである。そのため、管理組合の運営は、情報の開示、運営の透明化等を通じ、開かれた民主的なものとする必要がある。また、集会は管理組合の最高意思決定機関である。

イ　長期修繕計画の作成及び見直しにあたっては、「長期修繕計画作成ガイドライン」を参考に、必要に応じ、マンション管理士等専門的知識を有する者の意見を求め、また、あらかじめ建物診断等を行って、その計画を適切なものとするよう配慮する必要がある。

ウ　管理業務の委託や工事の発注等については、説明責任等に注意して、適正に行われる必要があるが、とりわけ外部の専門家が管理組合の管理者等又は役員に就任する場合においては、マンションの管理業者から信頼されるような発注等に係るルールの整備が必要である。

エ　特に管理費の使途については、マンションの管理と自治会活動の範囲・相互関係を整理し、管理費と自治会費の徴収、支出を分けて適切に運用する必要がある。なお、このように適切な峻別や、代行徴収に係る負担の整理が行われるとしても、自治会費の徴収を代行することは差し控えるべきである。

❶　一つ

❷　二つ

❸　三つ

❹　四つ

管理業務の委託・工事の発注等は、利益相反等に要注意！

ア **適 切** 管理組合の**自立的な運営**は、区分所有者等の**全員が参加**し、その意見を反映することで成り立つものである。そのため、管理組合の運営は、**情報の開示・運営の透明化**等を通じ、**開かれた民主的**なものとする必要がある。また、**集会**は、管理組合の**最高意思決定機関**である（マンション管理適正化基本方針三2(1)）。

頻出

イ **適 切** 長期修繕計画の作成及び見直しにあたっては、「長期修繕計画作成ガイドライン」を参考に、必要に応じ、マンション管理士等**専門的知識を有する者の意見**を求め、また、あらかじめ**建物診断等**を行って、その**計画を適切なものとするよう配慮**する必要がある（基本方針三2(5)）。

ウ **不適切** **「説明責任等に注意して…管理業者から信頼される」**
➡「事業者の選定に係る意思決定の透明性確保や利益相反等に注意して…区分所有者等から信頼される」

ひっかけ

管理業務の委託や工事の発注等については、「**事業者の選定に係る意思決定の透明性確保や利益相反**」等に**注意**して、**適正**に行われる必要があるが、とりわけ**外部の専門家**が管理組合の管理者等又は役員に**就任**する場合は、「**区分所有者等**」から信頼されるような**発注等に係るルールの整備**が必要である（基本方針三2(6)）。

エ **不適切** **「差し控えるべき」➡「差し支えない」**

特に管理費の使途については、マンションの**管理と自治会活動の範囲・相互関係を整理**し、**管理費と自治会費の徴収、支出を分けて適切に運用**する必要がある。なお、このように**適切な峻別**や、代行徴収に係る**負担の整理**が行われるのであれば、「**自治会費の徴収を代行**」することや、防災や美化などのマンションの管理業務を自治会が行う活動と連携して行うことも**差し支えない**（基本方針三2(7)）。

したがって、**適切なものはア・イの二つ**であり、**正解は❷**となる。

正解 ❷

38 マンション管理適正化基本方針⑥

H28-問46改　重要度 B

次の記述は、「マンション管理適正化基本方針」において定められている「マンションの管理の適正化のために管理組合が留意すべき事項」の三第２(6)(7)を抜粋したものである。空白となっている［A］～［C］に下欄のア～カの語句を選んで文章を完成させた場合において、正しい組合せは、次のうちどれか。

6　発注等の適正化

管理業務の委託や工事の発注等については、事業者の選定に係る意思決定の透明性確保や［A］等に注意して、適正に行われる必要があるが、とりわけ［B］が管理組合の管理者等又は役員に就任する場合においては、マンションの区分所有者等から信頼されるような発注等に係るルールの整備が必要である。

7　良好な居住環境の維持及び向上

一方、自治会及び町内会等（以下「自治会」という。）は、管理組合と異なり、各［C］が各自の判断で加入するものであることに留意するとともに、特に管理費の使途については、マンションの管理と自治会活動の範囲・相互関係を整理し、管理費と自治会費の徴収、支出を分けて適切に運用する必要がある。なお、このように適切な峻別や、代行徴収に係る負担の整理が行われるのであれば、自治会費の徴収を代行することや、防災や美化などのマンションの管理業務を自治会が行う活動と連携して行うことも差し支えない。

［語句］
ア　説明責任　　イ　利益相反　　ウ　外部の専門家
エ　管理業者の管理員　　オ　居住者　　カ　区分所有者

［組合せ］
❶　Aはア、Bはエ、Cはオ
❷　Aはイ、Bはウ、Cはカ
❸　Aはイ、Bはウ、Cはオ
❹　Aはア、Bはエ、Cはカ

自治会は、管理組合と異なり、各居住者が各自の判断で加入する。

以下は、「マンションの管理の適正化のために管理組合が留意すべき事項」の三２(6)及び(7)の穴埋め問題である。

マンション管理適正化基本方針三２
(6)発注等の適正化

管理業務の委託や工事の発注等については、**事業者の選定に係る意思決定の透明性確保や** A（イ）利益相反 **等に注意して、適正**に行われる必要があるが、とりわけ B（ウ）外部の専門家 が管理組合の管理者等または役員に**就任**する場合、区分所有者等から信頼されるような**発注等に係るルールの整備**が必要である。

マンション管理適正化基本方針三２
(7)良好な居住環境の維持および向上

一方、自治会および町内会等（以下「**自治会**」という）は、**管理組合と異なり、各** C（オ）居住者 **が各自の判断で加入**するものであることに留意するとともに、特に管理費の使途については、マンションの管理と自治会活動の範囲・相互関係を整理し、管理費と自治会費の徴収、支出を**分けて適切に運用**する必要がある。なお、このように適切な峻別や、代行徴収に係る負担の整理が行われるのであれば、自治会費の徴収を代行することや、防災や美化などのマンションの管理業務を自治会が行う活動と連携して行うことも差し支えない。

したがって、**正しい組合せ**は、**Aはイ**（利益相反）、**Bはウ**（外部の専門家）、**Cはオ**（居住者）であり、**正解は❸**となる。

正解 ❸

マンション管理適正化法

39 マンション管理適正化基本方針⑦

□□□ CHECK! R5-問47

重要度 B

「マンション管理適正化基本方針」に関する次の記述のうち、適切なものはいくつあるか。

ア　防災・減災、防犯に加え、日常的なトラブルの防止などの観点からも、マンションにおけるコミュニティ形成は重要なものであり、管理組合においても、区分所有法に則り、良好なコミュニティの形成に積極的に取り組むことが重要である。

イ　管理組合の自立的な運営は、マンションの区分所有者等の全員が参加し、その意見を反映することにより成り立つものであるため、管理組合の運営は、情報の開示、運営の透明化等を通じ、開かれた民主的なものとする必要がある。

ウ　管理組合の管理者等は、維持修繕を円滑かつ適切に実施するため、設計に関する図書等を保管することが重要であり、この図書等について、マンション建設業者や宅地建物取引業者の求めに応じ、閲覧できるように配慮することが望ましい。

エ　管理組合の経済的基盤を確立するため、管理費及び修繕積立金等について必要な費用を徴収するとともに、管理規約に基づき、これらの費目を帳簿上も明確に区分して経理を行い、適正に管理する必要がある。

❶　一つ

❷　二つ

❸　三つ

❹　四つ

管理組合は区分所有法に則り、良好なコミュニティ形成に積極的に取り組むのが重要。

ア　適　切

防災・減災、防犯に加え、日常的なトラブルの防止などの観点からも、マンションにおけるコミュニティ形成は重要なものであり、管理組合においても、区分所有法に則り、良好なコミュニティの形成に積極的に取り組むことが重要である（マンション管理適正化基本方針三２（7））。

イ　適　切

管理組合の自立的な運営は、マンションの区分所有者等の全員が参加し、その意見を反映することにより成り立つものである。そのため、管理組合の運営は、情報の開示、運営の透明化等を通じ、開かれた民主的なものとする必要がある（基本方針三２（1））。

ウ　不適切　「マンション建設業者や宅地建物取引業者の求めに応じ、閲覧できるように配慮」➡「区分所有者等の求めに応じ、適時閲覧できるようにする」

ひっかけ

管理組合の管理者等は、維持修繕を円滑かつ適切に実施するため、設計に関する図書等を保管することが重要である。また、この図書等について、「区分所有者等」の求めに応じ、適時閲覧できるようにすることが重要である（基本方針三２（5））。

エ　適　切

管理組合がその機能を発揮するためには、その経済的基盤が確立されている必要がある。このため、管理費及び修繕積立金等について必要な費用を徴収するとともに、管理規約に基づき、これらの費目を帳簿上も明確に区分して経理を行い、適正に管理する必要がある（基本方針三２（4））。

したがって、適切なものはア・イ・エの三つであり、正解は❸となる。

正解 ❸

40 マンション管理適正化基本方針⑧

R 4-問47改　重要度 B

「マンション管理適正化基本方針」(この問いにおいて「基本的な方針」という。)における記載事項に関する次の記述のうち、適切なものはいくつあるか。

ア　基本的な方針では、管理規約や使用細則に違反する行為があった場合は、管理組合の管理者等は、その是正のため、必要な勧告、指示等を行うとともに、法令等に則り、少額訴訟等の方法によってその是正又は排除を求め法的措置をとることが重要であるとされている。

イ　基本的な方針では、管理組合によるマンション管理の適正化について定められており、新築分譲マンションについての記載はない。

ウ　基本的な方針では、住生活基本計画（全国計画）において25年以上の長期修繕計画に基づき修繕積立金を設定している管理組合の割合を国における目標として掲げている旨が記載されているが、地方公共団体における目標設定については言及していない。

エ　基本的な方針では、長期修繕計画の作成にあたっては、あらかじめ建物診断を行って計画を適切なものとする必要があるが、必要に応じ、建替えについても視野に入れて検討することが望ましいとされている。

❶　一つ

❷　二つ

❸　三つ

❹　四つ

建設後相当期間経過のマンションでは、建替え等も視野に入れて検討する。

ア　**適　切**

管理費等の滞納など**管理規約又は使用細則等に違反する行為**があった場合、**管理組合の管理者等**は、その是正のため、必要な勧告・指示等を行うとともに、**法令等に則り、少額訴訟等その是正又は排除を求める措置をとることが重要**である（マンション管理適正化基本方針三２（2））。

イ　**不適切**　**「新築分譲マンションについての記載はない」**

➡「新築分譲マンションについての記載もある」

国においては、既存マンションが対象となる管理計画認定制度に加え、マンションの適切な管理を担保するためには分譲時点から適切な管理を確保することが重要であることから、**「新築」分譲マンションを対象**とした管理計画を予備的に認定する仕組みについても、マンション管理適正化推進センターと連携しながら、必要な施策を講じていく必要がある（基本方針七２）。

したがって、基本的な方針では、新築分譲マンションについての記載もある。

ウ　**不適切**　**「地方公共団体における目標設定については言及していない」**

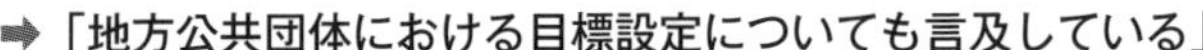
➡「地方公共団体における目標設定についても言及している」

マンションの適切な管理のためには、適切な長期修繕計画の作成や計画的な修繕積立金の積立が必要となることから、国においては、**住生活基本法に基づく住生活基本計画（全国計画）**において、**25年以上の長期修繕計画に基づき修繕積立金を設定している管理組合の割合を目標**として掲げている。また、地方公共団体においては、**国が掲げる目標を参考に**しつつ、マンションの管理の適正化のために**管理組合が留意すべき事項も考慮し、区域内のマンションの状況を把握し、地域の実情に応じた適切な「目標を設定」**することが望ましい（基本方針二）。

エ　**適　切**

長期修繕計画の作成及び見直しにあたっては、「長期修繕計画作成ガイドライン」を参考に、必要に応じ、マンション管理士等専門的知識を有する者の意見を求め、また、**あらかじめ建物診断等を行って、その計画を適切なものとするよう配慮する必要**がある。そして、建設後相当の期間が経過したマンションにおいては、長期修繕計画の検討を行う際には、**必要に応じ、建替え等についても視野に入れて検討することが望ましい**（基本方針三２（5））。

したがって、**適切なものはア・エの二つ**であり、**正解は❷**となる。

MEMO

MEMO